中国人必备枕边书

年轻人要熟知的 2000个 文化常识

白竹 主编

中国华侨出版社
北京

图书在版编目（CIP）数据

年轻人要熟知的2000个文化常识／白竹主编. —北京：中国华侨出版社 2014.4（2020.6重印）

ISBN 978-7-5113-4580-6

I.①年… Ⅱ.①白… Ⅲ.①文化—世界—青年读物 Ⅳ.①G112-49

中国版本图书馆CIP数据核字（2014）第081311号

年轻人要熟知的2000个文化常识

主　　编：	白　竹
责任编辑：	茂　素
封面设计：	韩立强
文字编辑：	朱立春
美术编辑：	张　诚
经　　销：	新华书店
开　　本：	720mm×1020mm　1/16　印张：28　字数：590千字
印　　刷：	鑫海达（天津）印务有限公司
版　　次：	2014年7月第1版　2020年6月第4次印刷
书　　号：	ISBN 978-7-5113-4580-6
定　　价：	68.00元

中国华侨出版社　北京市朝阳区西坝河东里77号楼底商5号　邮编：100028
法律顾问：陈鹰律师事务所
发行部：（010）58815874　　传　真：（010）58815857
网　　址：www.oveaschin.com　　E-mail：oveaschin@sina.com

如果发现印装质量问题，影响阅读，请与印刷厂联系调换。

前言

人类历史的发展成果有很多表现形式，其中非常重要的一项就是文化的积累。作为人类作用于自然界和社会的成果的总和，文化包括一切物质财富和精神财富。确切地说，文化是指一个国家或民族的历史、地理、风土人情、传统习俗、生活方式、文学艺术、行为规范、思维方式、价值观念等。梁启超在《什么是文化》中称，"文化者，人类心能所开释出来之有价值的共业也"，这"共业"包含众多领域，诸如认识领域的语言、哲学、科学、教育，规范领域的道德、法律、信仰，艺术领域的文学、美术、音乐、舞蹈、戏剧，社会领域的制度、组织、风俗习惯，等等。

文化是一个包罗万象的体系，浩如烟海，无穷无尽，任何一个人都无法做到对人类文化面面俱到、事无巨细的了解。即便是专业人士，所掌握的文化知识也不过是人类文化的冰山一角，对于大多数人来说，更是存在着难以计数的文化盲区，即使是一些常识性的问题，也并非每个人都能回答上来。但这并不表示人们乐意做一个无知的人，一个人的文化知识储备往往是其综合素质和能力的体现，了解和掌握必要的世界文化知识精华，是推动社会文化发展繁荣的需要，同时也有助于个人开阔视野、启迪心智、陶冶性情、增长知识，为走向成功的人生打下坚实的基础。

为了帮助读者更方便、更轻松、更快捷地了解和掌握必要的文化常识，开阔文化视野、丰富知识储备、提高人文修养，编者对广博的文化材料进行了恰当的取舍，选取了其中极具代表性的知识和史料，辑成此书。

本书结合丰富的知识类别，娓娓讲述各类文化的精华部分，包括语言文字、文学、艺术、建筑、哲学、宗教、教育、体育竞技、数学物理、医药卫生、天文历法、通讯与传媒、商业经济、法制、军事战争等多个篇章，既有一般常识，也有逸闻趣事和鲜为人知的典故，基本涵盖了世界文化各个方面的知识精华内容，回答了人们需要了解和掌握的世界文化的基本问题。

本书覆盖面大，涉猎面广，具有超强的参考性和指导性，既是一部容纳世界文化百科知识的实用工具书，又是休闲生活中不可或缺的文化快餐。这是一本浓缩了世界文化精华的知识宝库，以科学的体例、通俗的语言加以呈现，具有深沉的历史感和深厚的趣味性，既是一本方便实用的文化速成工具书，又可以作为一本随身阅读的消遣读物，帮助广大读者轻松掌握必备的文化知识，充实和提高自己。

一书在手，让你尽览世界文化全貌；一卷在手，让你轻松掌握文化知识精华。无论你从事什么职业，都可以从本书中获得你最想知道的、最需要知道的、最应该知道的文化常识。

目录

◎中国卷◎

语言文字

"汉语"与"中文"之别 …………… 2
"语文"的由来 …………………… 2
汉语拼音的演变 ………………… 2
雅言·官话·普通话 ……………… 2
平仄与四声 ……………………… 3
仓颉造字的传说 ………………… 3
汉字一共有多少 ………………… 4
汉字之最 ………………………… 4
通假字 …………………………… 4
汉字部首的由来 ………………… 4
古人如何为汉字注音 …………… 5
"天窗字"趣谈 …………………… 5
"曌"字并非武则天所造 ………… 6
《说文解字》 …………………… 6

文学

原始型二言诗 …………………… 7
四言体诗 ………………………… 7
楚辞体 …………………………… 7
赋 ………………………………… 7
乐府体诗 ………………………… 8
古体诗 …………………………… 8
骈体文 …………………………… 8

近体诗 …………………………… 8
笔记 ……………………………… 9
小说 ……………………………… 9
词与词牌 ………………………… 10
曲 ………………………………… 10
散曲 ……………………………… 11
杂剧 ……………………………… 11
《诗经》 ………………………… 11
《尚书》 ………………………… 11
孔子 ……………………………… 12
《战国策》 ……………………… 12
《论语》 ………………………… 12
屈原与《楚辞》 ………………… 12
《垓下歌》与《大风歌》 ……… 13
《子虚赋》与《上林赋》 ……… 13
《过秦论》 ……………………… 13
阿娇与《长门赋》 ……………… 13
中国第一部叙事长诗 …………… 14
《论衡》 ………………………… 14
《四愁诗》 ……………………… 14
《古诗十九首》 ………………… 14
建安文学 ………………………… 15
曹氏一门三文豪 ………………… 15
《洛神赋》 ……………………… 15

《悲愤诗》…… 15	"词林宗匠"：张可久…… 31
"青眼"与"白眼"…… 15	"南曲之宗"：《琵琶记》…… 31
狂生嵇康…… 15	"千秋词匠"：汤显祖…… 32
"洛阳纸贵"话左思…… 16	罗贯中与《三国演义》…… 32
陶渊明…… 16	施耐庵与《水浒传》…… 33
永明体…… 16	吴承恩与《西游记》…… 33
宫体诗…… 17	《金瓶梅》…… 33
竟陵八友…… 17	冯梦龙的"三言"…… 34
《木兰诗》…… 17	凌濛初的"二拍"…… 34
《诗品》与《文心雕龙》…… 17	"前七子"与"后七子"的拟古运动…… 35
初唐四杰…… 18	"三袁"与公安派…… 35
游仙诗小话…… 18	明代神魔小说…… 35
李白…… 18	洪昇与《长生殿》…… 36
王维…… 19	孔尚任与《桃花扇》…… 36
边塞诗派…… 19	李玉用戏曲挽救"颓世"…… 36
杜甫…… 20	桐城派…… 36
古文运动…… 20	蒲松龄与《聊斋志异》…… 37
唐代传奇…… 21	《儒林外史》…… 38
新乐府运动…… 21	曹雪芹…… 38
小李杜…… 22	《红楼梦》…… 39
温庭筠…… 22	《镜花缘》与女性解放思潮…… 39
千古词帝李煜…… 22	四大谴责小说…… 40
花间派…… 23	《醒世姻缘传》…… 41
西昆体…… 23	
天才的全能作家苏轼…… 23	**艺术**
黄庭坚与江西诗派…… 24	金文…… 42
陆游…… 25	鸟虫书…… 42
第二次古文运动…… 26	篆书…… 42
宋代志怪与传奇…… 26	"书同文"：秦刻石…… 43
婉约派与豪放派…… 27	隶书…… 43
《沧浪诗话》…… 27	八分…… 43
"金元文宗"元好问…… 27	行书…… 43
"董西厢"与"王西厢"…… 28	"秦书八体"与"新莽六书"…… 44
唐宋八大家…… 29	草书…… 44
宋元话本…… 29	"草圣"张芝…… 44
元曲四大家…… 29	蔡邕的"飞白书"…… 44
"秋思之祖"：《天净沙·秋思》…… 31	楷书…… 44

"楷书之祖"钟繇	45	晚明画坛宗主董其昌	60
魏碑	45	"八大山人"朱耷	60
"书圣"王羲之	45	扬州八怪	61
"天下第一行书":《兰亭序》	46	任伯年和海派	61
永字八法	47	《龙凤人物图》	62
欧阳询的"欧体"	47	《清明上河图》	62
颠张狂素	47	《富春山居图》	62
褚遂良	48	琴和瑟	63
颜筋柳骨	48	骨哨和骨笛	63
宋徽宗的"瘦金体"	49	埙	63
宋代四大书家:苏黄米蔡	49	编钟	63
《黄州寒食帖》	50	渑池会上的"缶"	64
赵孟頫的"赵体"	51	箜篌	64
草书"明朝第一":祝允明	51	筝	64
郑板桥自创"六分半书"	52	琵琶	65
工笔与写意	52	笛	65
泼墨	52	箫	65
白描	52	三弦和胡琴	65
烘托与渲染	52	江南丝竹	66
岩画	52	最早的乐器分类:八音	66
先秦壁画	53	宫商角徵羽	66
战国帛画	53	十二律	66
汉代墓室壁画	53	孔子的音乐理论	67
张僧繇"画龙点睛"	54	荀子的《乐论》	67
顾恺之与《论画》	54	中国古代十大名曲	67
《历代名画记》	54	雅乐与俗乐	69
山水画	55	《诗经》中的音乐	69
花鸟画	55	"余音绕梁"的典故	70
仕女画	55	阳春白雪	70
文人画	56	汉魏时期的鼓吹乐	70
宰相画家阎立本	56	敦煌曲谱	70
"画圣"吴道子	57	《秦王破阵乐》	71
"米氏云山"的情趣	57	最古老的琵琶曲	71
宋徽宗敕编《宣和画谱》	57	明清时期的俗曲小调	72
赵孟頫的画	58	大司乐	72
王冕画梅	58	师旷	72
明四家	58	乐府	72

周朝的"文舞"与"武舞"	73	最早的根雕作品	85
"翘袖折腰"的汉代宫廷舞	73	"塑圣"杨惠之	85
踏歌	73	泥人张	85
公孙大娘舞剑器	74	红山玉猪龙	85
绿腰舞	74	兵马俑	86
宋代的民间舞队	74	乐山大佛	86
秧歌与高跷	74	天下名器"宣德炉"	86
舞龙与舞狮	75	"中华第一灯":长信宫灯	86
十种"剧"的解释	76	曾侯乙编钟的趣谈	87
中国戏曲之最	76	白陶	87
戏曲的四功五法十要	76	黑陶	87
传统戏衣的样式	77	彩绘陶	88
戏剧名词	77	瓷器的发明	88
俳优	78	青瓷	88
四大声腔	78	白瓷	89
诸宫调	79	青花瓷	89
略说戏曲剧种	79	唐三彩	89
戏班里的忌讳	80	宋瓷的五大名窑	89
中国现存最早的舞台	81	传说中的柴窑	91
梨园	81	红釉	91
子弟书	81	清宫御用的"珐琅彩"	91
鼓词	81	官窑与民窑	92
相声	81		
道情	81	**建筑**	
弹词	82	万里长城	93
木偶戏	82	灿烂辉煌的故宫建筑	94
皮影戏	82	沈阳故宫	94
二人转	82	白帝城——保存最完整的古汉城	95
杂技、戏法、马戏	83	世界上最大的祭天建筑群	95
双簧、评书、数来宝	83	钟楼和鼓楼	95
汉八刀	83	西安碑林	96
说"如意"	83	少林寺	96
中国玉器之最	83	塔寺之祖	96
画像石、画像砖	84	灵隐寺	96
东阳木雕	84	世界现存最高的古代木构建筑	97
潮州木雕	84	中国现存最古老的砖石建筑	97
黄杨木雕	85	大雁塔与小雁塔	97

天下第一桥 ……………………… 98
四大名楼 ………………………… 98
四大名亭 ………………………… 99
四大回音建筑 …………………… 99

哲学

天人之辩 ………………………… 100
义利之辩 ………………………… 100
阴阳五行学说 …………………… 100
简本《老子》的思想 …………… 101
"仁"与"礼" …………………… 101
"白马非马"的诡辩论 ………… 102
五德终始 ………………………… 102
杨朱"一毛不拔" ……………… 102
列子"贵虚" …………………… 102
南华真人庄子 …………………… 102
墨子的"兼爱"与"非攻" …… 103
孟子的"仁政" ………………… 103
性善论 …………………………… 103
性恶论 …………………………… 104
黄老学派 ………………………… 104
《易经》 ………………………… 104
《商君书》 ……………………… 104
韩非子的法、术、势 …………… 104
《吕氏春秋》 …………………… 104
董仲舒设计"大一统" ………… 105
谶纬 ……………………………… 105
儒学十三经 ……………………… 106
经学 ……………………………… 106
清谈 ……………………………… 106
玄学 ……………………………… 107
范缜的《神灭论》 ……………… 107
理学 ……………………………… 107
朱熹 ……………………………… 107
"二程"的洛学 ………………… 108
张载的关学 ……………………… 108
陆九渊创"心学" ……………… 108

王守仁 …………………………… 109
李贽的"童心"说 ……………… 109

宗教

中国第一部佛经 ………………… 110
中国第一个受戒僧人 …………… 110
中国第一支佛教乐曲 …………… 110
中国第一座寺庙 ………………… 110
人生八苦 ………………………… 111
佛教的戒律 ……………………… 111
和尚为什么要吃素 ……………… 111
念珠 ……………………………… 111
三大戒台 ………………………… 112
中国古代四大佛典译师 ………… 112
禅宗及禅宗的传承谱系 ………… 113
慧能弘法 ………………………… 113
鉴真 ……………………………… 113
律宗 ……………………………… 113
五百罗汉 ………………………… 114
十八罗汉 ………………………… 114
"布袋和尚"与弥勒佛 ………… 115
中国佛教四大名山 ……………… 115
四大石窟 ………………………… 116
道教的起源 ……………………… 117
道教的两大派别 ………………… 117
外丹术和内丹术 ………………… 117
道教的戒律 ……………………… 118
道书的分类法 …………………… 118
道藏 ……………………………… 118
奇书《阴符经》 ………………… 118
南北朝道教的三次改革 ………… 118
张天师 …………………………… 119
"小仙翁"葛洪 ………………… 119
王重阳 …………………………… 119
全真道 …………………………… 119
张三丰和武当道派 ……………… 120
道教有多少个"天" …………… 120

三清 …………………………………… 120
道教神仙谱系 ……………………… 120
财神与门神 ………………………… 121
道教四大真人 ……………………… 121

教育

西周的小学与大学 ………………… 122
太学 …………………………………… 122
郡国学校制度 ……………………… 123
从"国子学"到"国子监" ………… 123
唐代的"六学"和"二馆" ………… 123
明代的中央官学 …………………… 123
清代官学沿袭明代旧制 …………… 124
旗学 …………………………………… 124
儒家私学 …………………………… 124
稷下学宫 …………………………… 125
"蒙学"和"精舍" ………………… 125
书院 …………………………………… 125
中国古代著名书院 ………………… 126
"书院"是怎样变成"学堂"的 …… 127
明清时期的蒙学 …………………… 127
京师大学堂 ………………………… 127

体育竞技

"体育"的由来 …………………… 128
"锦标"的由来 …………………… 128
"散手"的由来 …………………… 128
十九路围棋始于何时 ……………… 129
围棋九段制的由来 ………………… 129
象棋的起源 ………………………… 129
中国最具影响力的象棋著作 ……… 129
中国最早的体育奖励和最早的奖杯 … 130
中国古代的举重运动 ……………… 130
中国古代的"田径运动" ………… 130
中国古代的"保龄球" …………… 131
中国古代的花样跳水 ……………… 131
"冠军"原本是官职 ……………… 131
"亚军""季军""殿军"的由来 … 131

"蝉联"的由来 …………………… 132
摔跤 …………………………………… 132
蹴鞠 …………………………………… 132
马球 …………………………………… 133
中国武术的起源 …………………… 134
少林拳 ……………………………… 134
真实的"易筋经" ………………… 134
南拳与北腿 ………………………… 135
内家拳 ……………………………… 135
太极拳 ……………………………… 135
形意拳 ……………………………… 135
董海川与八卦掌 …………………… 136
华佗的"五禽戏" ………………… 136
十八般武艺 ………………………… 136
桩功 …………………………………… 137

数学物理

中国古代的数学专著 ……………… 138
最原始的度量衡 …………………… 138
一"忽"有多长 …………………… 138
天元术 ……………………………… 139
勾股定理出现在何时 ……………… 139
刘徽的割圆术 ……………………… 139
祖冲之的圆周率 …………………… 139
二进制与阴阳八卦 ………………… 140
中国古代的几何学 ………………… 140
中国古代的滑轮力学 ……………… 140
天地运动的"相对论" …………… 141
中国古代的弦乐制造公式 ………… 141
"律管"的作用 …………………… 141
编钟里的"一钟双音" …………… 142
奇妙的鱼洗 ………………………… 142
"慈石"还是"磁石" …………… 142
世界上最早的"潜望镜" ………… 143
中国古代对"浮力"的认识和应用 … 143
中国古代的声音传播理论 ………… 143
中国古代的报警器 ………………… 143

医药卫生

中国最早的骨科专著……145
中国古代的麻醉术……145
世界最早的法医学专著……145
中国古代的人痘接种法……146
中国古代的军医院……146
中国古代使用"病例"的记录……146
中国古代第一位女医生……147
中国古代的医疗体操……147
中国古代的四大医书……147
《本草纲目》……148
针灸疗法的前身……148
中医的"四诊"……149
"葫芦"为何是古代行医的标志……149
宋代的医院……149
"病"的婉转说法……150
"扁鹊"确有其人吗……150
药"堂"的来历……150
"卫生""养生"的来历……150
"牙刷"的起源……151
古代城市是怎样规划环境卫生的……151

天文历法

星官、星宿、星座……152
二十八宿……152
三垣·四象·五纬……152
黄道……153
分野……153
北斗……153
春秋时期的哈雷彗星观测记录……153
世界上最早的流星雨记载……154
世界上最古老的星表……154
世界上最早的太阳黑子活动记录……155
中国古代的地动说……155
世界上最早的子午线长度实测……155
日晷……156
中国古代的天文专著……157

何谓"历法"……158
农历……158
阴历和阳历……158
二十四节气的由来……158
立春为何又叫"打春"……159
闰年……159
十二时辰……159
五更……160
三伏与三九……160
"正月"的由来……160
"日历"的由来……161
中国古代的历法专著……161

通讯与传媒

中国古代的"邮政"……163
缄……163
中国古代的邮符……163
书信的别名……164
中国古代的信箱……164
"鸡毛信"的由来……164
中国第一部邮政法……164
"驿置"的产生……165
私信投递的法律化……165
中国最早的民间邮政系统……165
中国邮政之最……166
邮票的别称……166
邮票中的"四珍五宝"……166
中国邮政标志的变迁……167
邮戳小考……167
常见的古书合称……167
中国古书的"第一"……167
类书……168
历代的重要类书……168
宋代四大书……171
政书……171
三通……171
"会要"与"会典"……172

丛书 …… 172	平籴论 …… 184
《儒学警悟》 …… 172	开源节流 …… 184
《四库全书》 …… 172	中国最早的货币 …… 184
古书不校雠不能读 …… 173	中国最早的货币单位 …… 185
中国古籍版本的三大系统 …… 174	中国古代最早的国家造币厂 …… 185
话说"孤本" …… 174	中国古代的"国际货币" …… 185
中国历史上的禁书 …… 175	中国古代最早的"御书钱" …… 185
中国古代的盗版书 …… 175	中国最早的铁钱 …… 186
少数民族的古籍 …… 175	中国最早的年号钱 …… 186
中国最早的报纸 …… 176	灾年铸币 …… 186
南宋的"小报" …… 176	"钱"的本义 …… 186
京报 …… 176	布币 …… 187
中国近代第一张晚报 …… 177	刀币 …… 187
中国近代第一份中文月刊 …… 177	圜币 …… 187
中国境内第一份中文刊物 …… 177	蚁鼻钱 …… 187
晚清四大小说杂志 …… 177	孔方兄 …… 187
中国境内出版最早的外文报纸 …… 178	阿堵物 …… 187
《申报》 …… 178	五铢钱 …… 188
	金错刀 …… 188

商业经济

"市井"的由来 …… 179	和田马钱——罕见的冲制钱币 …… 188
"税"的起源 …… 179	世界上最早的纸币 …… 188
陶朱公 …… 180	中国最早的不兑换纸币 …… 189
商人的祖师 …… 180	元宝简史 …… 189
唐代的坊市 …… 180	纹银 …… 189
"夜市"的起源 …… 181	罗汉钱 …… 190
中国最早的外贸法 …… 181	古钱上的名家书法 …… 190
中国最早的海关 …… 181	中国铜圆之始 …… 190
富可敌国的沈万三 …… 181	"小头""大头""船洋" …… 191
徽州的"劝商谣" …… 182	中国面额最大的纸币 …… 191
钱庄与票号 …… 182	古代钱币术语 …… 191
互市 …… 182	初税亩 …… 193
"经济"的由来 …… 183	秦汉时期的田租与口赋 …… 193
"会计"的由来 …… 183	曹操与"租调制" …… 193
十三行 …… 183	租庸调制 …… 194
管子的"轻重论" …… 184	两税法 …… 194
"本末"的由来 …… 184	王安石的方田均税法 …… 194
	一条鞭法 …… 194

摊丁入亩 ………………………… 195

法制

"法"的古字源头 …………………… 196
"八议"制度 ………………………… 196
春秋决狱 …………………………… 196
"刑不上大夫"的真实含义 ………… 196
防止冤假错案的"录囚" …………… 197
"签名画押"始于何时 ……………… 197
公堂上的"签票"与"签筒" ……… 197
铁券 ………………………………… 198
"十恶不赦"是哪十恶 ……………… 198
两千年前的"敬老法" ……………… 198
中国古代的治安机构 ……………… 198
中国古代的"沉默权" ……………… 199
中国最早的一部行政法典 ………… 199
中国最早的法学会 ………………… 199
中国古代的第一个专职检察官 …… 200
中国古代的"大赦"制度 …………… 200
中国古代的"家产继承制度" ……… 200
中国古代的检察制度 ……………… 200
中国古代刑法为何要"秋后问斩" … 201
中国古代法律允许"复仇" ………… 201
中国古代监狱名称的来由 ………… 202
中国古代的法律典籍 ……………… 202
五刑 ………………………………… 204
中国历史上的"赎刑" ……………… 204
中国古代的"替亲代刑" …………… 204
中国古代的"拷讯" ………………… 204
中国古代刑罚知多少 ……………… 204
中国古代刑具 ……………………… 206

军事战争

商代军队的编制 …………………… 207
商代的军事培训机构 ……………… 207
文武分职在何时 …………………… 207
"民屯"与"军屯" ………………… 207
府兵制 ……………………………… 208

禁军 ………………………………… 208
厢军 ………………………………… 208
乡兵 ………………………………… 209
中国最早的正规军校 ……………… 209
明代的"三大营" …………………… 209
清代的"火器营" …………………… 209
八旗制度 …………………………… 209
中国兵书的起源 …………………… 210
中国古代兵书著述的三次高潮 …… 210
历代兵书究竟有多少 ……………… 211
《军志》与《军政》 ………………… 212
中国古代十大兵书 ………………… 212
"兵圣"孙武与《孙子兵法》 ……… 212
吴起与《吴子》 …………………… 213
司马穰苴与《司马法》 …………… 213
竹简《孙膑兵法》 ………………… 213
托名姜子牙的《六韬》 …………… 214
黄石公授书张良的传说 …………… 214
《唐太宗李卫公问对》 …………… 215
《武经总要》 ……………………… 215
《武经七书》 ……………………… 215
中国古代第一部城防专著:《守城录》 … 216
中国古代第一部兵制专著:《历代兵制》 … 216
中国古代的海防专著 ……………… 217
唐顺之与《武编》 ………………… 217
《武备志》 ………………………… 217
西洋火炮专著《西法神机》 ……… 218
戈 …………………………………… 219
殳 …………………………………… 219
陌刀 ………………………………… 219
鞭 …………………………………… 219
挝 …………………………………… 219
铜 …………………………………… 219
锤 …………………………………… 220
剑 …………………………………… 220
弓箭 ………………………………… 220
"甲"和"胄" ……………………… 220

盾……………………………………221	撞车与滑车……………………………222
战马的防护装具………………………221	铁蒺藜、地涩…………………………222
攻城兵器………………………………221	蒙冲与斗舰……………………………222

◦世界卷◦

语言文字

结绳记事………………………………224	《摩诃婆罗多》………………………236
古埃及人发明象形文字………………224	迦梨陀娑与《沙恭达罗》……………237
楔形文字………………………………225	印度"国王诗人"戒日王……………237
希腊字母………………………………225	《万叶集》……………………………238
拉丁字母发展史………………………226	《一千零一夜》的由来………………238
斯拉夫字母……………………………226	城市文学的起源………………………239
标点符号的历史………………………227	紫式部与《源氏物语》………………239
阿拉伯数字的发明……………………227	骑士与骑士文学………………………239
世界九大语系…………………………227	乔叟与《坎特伯雷故事集》…………239
世界语…………………………………228	文艺复兴中的文坛三杰………………240
盲文的诞生……………………………229	十四行诗………………………………240

文学

世界第一部史诗《吉尔伽美什》……230	但丁的《神曲》………………………241
《梨俱吠陀》…………………………230	拉伯雷与《巨人传》…………………242
神话的由来……………………………231	《愚人颂》的问世……………………242
童话的起源……………………………231	七星诗社………………………………242
古希腊神话中的十二主神……………231	莎士比亚的戏剧………………………242
普罗米修斯……………………………232	欧洲文学中的四大吝啬鬼……………243
爱神丘比特……………………………232	《堂吉诃德》…………………………244
木乃伊传说……………………………233	班扬的《天路历程》…………………244
通天塔的传说…………………………233	弥尔顿的《失乐园》…………………245
何为"三部曲"………………………234	布瓦洛与古典主义……………………245
古希腊三大悲剧作家…………………234	伏尔泰…………………………………245
古希腊悲剧《俄狄浦斯王》…………234	法国"自由的奠基人"卢梭…………246
女诗人萨福……………………………235	
《荷马史诗》…………………………235	### 艺术
奴隶出身的寓言作家伊索……………236	卡洛林"文艺复兴"…………………247
"喜剧之父"阿里斯托芬……………236	文艺复兴运动…………………………247
	美第奇家族对文艺复兴的影响………248
	巴洛克艺术兴起………………………249
	欧洲启蒙运动…………………………249
	持角杯的女巫…………………………250

古埃及绘画⋯⋯⋯⋯⋯⋯⋯⋯⋯250
爱琴文明时期的绘画艺术⋯⋯⋯⋯250
犍陀罗美术⋯⋯⋯⋯⋯⋯⋯⋯⋯251
浮世绘⋯⋯⋯⋯⋯⋯⋯⋯⋯⋯⋯251
油画的由来⋯⋯⋯⋯⋯⋯⋯⋯⋯252
蒙娜丽莎的微笑⋯⋯⋯⋯⋯⋯⋯252
拉斐尔与《西斯廷圣母》⋯⋯⋯253
"自画像之父"丢勒⋯⋯⋯⋯⋯253
"世界美术教育的奠基人"瓦萨里⋯⋯254
法国画家尼古拉斯·普桑⋯⋯⋯254
"近代欧洲绘画的创始人"戈雅⋯⋯254
德拉克洛瓦与《自由引导人民》⋯⋯255
画家梵高⋯⋯⋯⋯⋯⋯⋯⋯⋯255
《日出·印象》⋯⋯⋯⋯⋯⋯⋯256
法国画家塞尚⋯⋯⋯⋯⋯⋯⋯256
大画家毕加索⋯⋯⋯⋯⋯⋯⋯257
新印象主义⋯⋯⋯⋯⋯⋯⋯⋯257
立体主义的兴起⋯⋯⋯⋯⋯⋯257
西方主要美术流派⋯⋯⋯⋯⋯258
古希腊的雕塑为何多是裸体的⋯⋯258
伟大的雕塑家菲狄亚斯⋯⋯⋯259
《断臂的维纳斯》⋯⋯⋯⋯⋯259
雕塑大师米开朗基罗⋯⋯⋯⋯259
撒尿小孩铜像⋯⋯⋯⋯⋯⋯⋯260
中世纪的印度雕刻艺术⋯⋯⋯260
契瓦拉面具顶饰⋯⋯⋯⋯⋯⋯261
黄金王棺⋯⋯⋯⋯⋯⋯⋯⋯⋯261
波斯地毯⋯⋯⋯⋯⋯⋯⋯⋯⋯261
骨瓷的发明⋯⋯⋯⋯⋯⋯⋯⋯262
莳绘⋯⋯⋯⋯⋯⋯⋯⋯⋯⋯⋯262
五线谱的由来⋯⋯⋯⋯⋯⋯⋯262
吉他⋯⋯⋯⋯⋯⋯⋯⋯⋯⋯⋯263
小提琴溯源⋯⋯⋯⋯⋯⋯⋯⋯263
钢琴溯源⋯⋯⋯⋯⋯⋯⋯⋯⋯264
小夜曲⋯⋯⋯⋯⋯⋯⋯⋯⋯⋯265
奏鸣曲⋯⋯⋯⋯⋯⋯⋯⋯⋯⋯265
协奏曲⋯⋯⋯⋯⋯⋯⋯⋯⋯⋯265

进行曲⋯⋯⋯⋯⋯⋯⋯⋯⋯⋯266
交响曲⋯⋯⋯⋯⋯⋯⋯⋯⋯⋯266
圆舞曲⋯⋯⋯⋯⋯⋯⋯⋯⋯⋯266
军乐⋯⋯⋯⋯⋯⋯⋯⋯⋯⋯⋯267
浪漫主义音乐⋯⋯⋯⋯⋯⋯⋯267
爵士乐⋯⋯⋯⋯⋯⋯⋯⋯⋯⋯267
乐队指挥⋯⋯⋯⋯⋯⋯⋯⋯⋯267
管弦乐的起源与发展⋯⋯⋯⋯268
作曲家拉索⋯⋯⋯⋯⋯⋯⋯⋯268
"西方音乐之父"巴赫⋯⋯⋯⋯268
音乐神童莫扎特⋯⋯⋯⋯⋯⋯269
音乐家贝多芬⋯⋯⋯⋯⋯⋯⋯269
《月光奏鸣曲》⋯⋯⋯⋯⋯⋯270
"小提琴上的魔鬼"帕格尼尼⋯⋯270
《马赛曲》⋯⋯⋯⋯⋯⋯⋯⋯271
"钢琴诗人"肖邦⋯⋯⋯⋯⋯⋯271
交响诗的开创者李斯特⋯⋯⋯271

建筑

埃及金字塔之谜⋯⋯⋯⋯⋯⋯272
狮身人面像⋯⋯⋯⋯⋯⋯⋯⋯272
空中花园⋯⋯⋯⋯⋯⋯⋯⋯⋯273
桑奇窣堵波⋯⋯⋯⋯⋯⋯⋯⋯273
阿旃陀石窟⋯⋯⋯⋯⋯⋯⋯⋯273
婆罗浮屠⋯⋯⋯⋯⋯⋯⋯⋯⋯274
泰姬陵⋯⋯⋯⋯⋯⋯⋯⋯⋯⋯275
塔的起源⋯⋯⋯⋯⋯⋯⋯⋯⋯275
世界上最大的庙宇吴哥窟⋯⋯275
"四百万宝塔之城"蒲甘⋯⋯⋯276
马赛克小史⋯⋯⋯⋯⋯⋯⋯⋯276
水泥溯源⋯⋯⋯⋯⋯⋯⋯⋯⋯276
帕特农神庙⋯⋯⋯⋯⋯⋯⋯⋯277
罗马斗兽场⋯⋯⋯⋯⋯⋯⋯⋯277
圣彼得大教堂⋯⋯⋯⋯⋯⋯⋯278
土耳其索菲亚大教堂⋯⋯⋯⋯279
罗马式建筑⋯⋯⋯⋯⋯⋯⋯⋯279
布鲁塞尔大广场⋯⋯⋯⋯⋯⋯279
克里姆林宫⋯⋯⋯⋯⋯⋯⋯⋯280

巴黎圣母院 … 280
比萨斜塔 … 281
佛罗伦萨大教堂 … 281
卢浮宫的兴建 … 281
哥特式建筑 … 282
米兰大教堂 … 282
建筑师伯鲁涅列斯基 … 283
家具、建筑设计师阿尔托 … 283
莫斯科红场 … 283
巴洛克式建筑的起源 … 284
凡尔赛宫 … 284
唐宁街10号 … 284
白金汉宫 … 285

哲学

古希腊哲学 … 286
德国古典哲学 … 287
印度哲学的发展 … 288
元素说 … 288
归纳法 … 289
唯心主义 … 289
唯物主义 … 289
理性主义 … 290
新托马斯主义 … 290
解构主义 … 290
西方死亡哲学的发展 … 291
西方现代哲学 … 291
分析哲学的产生和发展 … 292
实用主义哲学 … 292
精神分析学说 … 292
存在主义的产生和发展 … 293
智者运动 … 293
犬儒学派的创立 … 294
米利都学派 … 294
伊壁鸠鲁学派 … 295
说谎者悖论 … 296
原子唯物论 … 296
唯意志论 … 296

马克思主义理论 … 297
亚里士多德的"四因说" … 297
苏格拉底的哲学思想 … 298
柏拉图的理念论 … 299
柏拉图式的爱情 … 299
"中世纪哲学之父"爱留根纳 … 300
哲学和科学巨匠笛卡儿 … 300
莱布尼茨的单子论 … 301

宗教

宗教起源说 … 302
图腾崇拜 … 302
禁欲主义 … 302
犹太教 … 303
三位一体 … 303
神父和牧师 … 303
《旧约全书》 … 303
《新约圣经》 … 304
伊甸园 … 304
撒旦 … 304
挪亚方舟 … 304
什一税的产生与废除 … 305
克吕尼运动 … 305
天主教 … 306
红衣主教 … 306
东正教 … 307
俄罗斯正教会的形成和发展 … 307
托马斯主义 … 308
罗马宗教裁判所 … 308
《神学大全》 … 308
阿维农之囚 … 308
西欧宗教改革运动 … 309
基督新教 … 309
马丁·路德的宗教改革 … 310
慈温利的宗教改革 … 311
再洗礼派 … 311
日内瓦教皇加尔文 … 311
在烈火中永生的布鲁诺 … 312

胡格诺战争	312
泛灵论	312
卫斯理宗	313

教育

苏格拉底的"产婆术"	314
古罗马著名教育家昆体良	314
巴黎大学的建立	315
博洛尼亚大学的创立	315
牛津大学	316
剑桥大学	316
伟大的教育家夸美纽斯	316
义务教育的历史	317
哈佛大学	317
耶鲁大学	317
莫斯科大学	318
主日学校	318
幼儿园的诞生	318
学分制的由来	319
艾宾浩斯遗忘曲线	319

体育竞技

奥运会的诞生	320
奥运圣火	320
女子正式参加奥运会的时间	321
首届冬季奥运会	321
亚运会的诞生	321
运动员犯规为何举左手	322
兴奋剂的起源	322
田径运动的由来	323
跳远	323
铅球为何重 7.257 千克	323
飞碟的演变史	324
背越式跳高的诞生	324
马拉松赛的由来	324
障碍跑	325
竞走	325
赛马的起源	325

拳击溯源	326
摔跤的起源和发展	327
柔道	327
跆拳道	328
相扑	328
举重漫谈	329
网球的由来	329
羽毛球小史	330
乒乓球七大奖杯	330
排球	331
体操	331
花样游泳的发明	332
世界杯的起源	332
金球奖和金靴奖	333
黑哨	333
红牌	333
篮球的发明	333
"帽子戏法"	333
盖帽	334
棒球的发明	334
冰上曲棍球趣闻	334
橄榄球溯源	335
手球发展史	335
极限运动	335
蹦极的起源	336
滑雪小史	336
登山运动的由来	337
冲浪小史	337
滑板的发明	337
一级方程式赛车的诞生	338
翼装飞行	338
有氧运动	338

数学物理

十进制溯源	340
勾股定理的发现	340
黄金分割率	341
欧几里得和《几何原本》	341

分数的起源……………………… 342
联立方程式的诞生……………… 342
三角学确立……………………… 343
韦达创造代数符号……………… 343
解析几何的诞生………………… 343
费马大定理的发现……………… 344
微积分的创立…………………… 344
"+、-、×、÷"的发明………… 345
无穷大与无穷小………………… 345
画法几何………………………… 346
"数学王子"高斯……………… 346
湿度计溯源……………………… 347
比重计…………………………… 347
钟表发展简史…………………… 347
显微镜的诞生…………………… 348
牛顿发现万有引力定律………… 348
富兰克林揭开雷电之谜………… 349
避雷针的发明…………………… 349
安培趣闻………………………… 349
载人热气球的升空……………… 350
库仑定律………………………… 350
伏特电池的发明………………… 350
阿伏伽德罗提出分子论………… 351
道尔顿提出原子学说…………… 351
布朗运动的原理………………… 351
欧姆定律的发现………………… 352
法拉第发现电磁感应…………… 352
焦耳定律………………………… 353
麦克斯韦的电磁情缘…………… 353
赫兹证实无线电波的存在……… 353
液晶的发现……………………… 353
伦琴发现X射线………………… 354
塞曼效应的发现………………… 354
无线电之父……………………… 355
电子的发现……………………… 355
量子论的发展历程……………… 355
超导的研究历程………………… 356

爱因斯坦提出广义相对论……… 356
激光的起源……………………… 357

医药卫生

"西方医学奠基人"希波克拉底……… 358
集合巫术和医术的《阿闼婆吠陀》…… 358
最早的病历……………………… 359
"医中之王"阿维森纳…………… 359
黑死病侵袭欧洲………………… 360
血液循环理论的创立…………… 360
输血小史………………………… 360
伦敦大瘟疫……………………… 361
催眠术的起源…………………… 362
体温计的发明…………………… 362
牛痘接种法的诞生……………… 362
帕金森综合征…………………… 363
听诊器的由来…………………… 363
血压计的发明…………………… 363
"微生物学之父"巴斯德………… 364
注射器的历史…………………… 364
国际红十字会…………………… 365
"医学泰斗"科赫……………… 365
阿司匹林的发明………………… 366
维生素的发现…………………… 366
弗莱明发现青霉素……………… 366
世界卫生组织…………………… 367

天文历法

星座的起源……………………… 368
阿里斯塔克斯"日心说"的创立…… 368
哥白尼的"日心说"…………… 368
太阳风的发现…………………… 369
行星运动三定律的发现………… 369
天王星的发现…………………… 370
小行星带的发现………………… 370
变星的命名规则………………… 371
地球自转的证明………………… 371
哈雷彗星发现史………………… 372

古埃及的太阳历……372
60进位制的由来……372
公元、世纪和年代……372
夏令时小史……373
世界统一时间……373
国际日期变更线……373
天文望远镜的发明……374
格林尼治天文台……374

通讯与传媒

报纸发展史……376
记者的由来……376
杂志的起源……377
邮票的诞生……377
首日封的历史……378
明信片的来历……378
普利策奖……379
广播的诞生……379
《福布斯》杂志……380
华纳兄弟……380
BBC……380
美国《时代周刊》……381

商业经济

商标……382
雪崩效应……382
跳蚤市场的起源……382
小费的由来……383
青年旅馆的由来……383
香槟集市……383
超市的发展……384
手工业行会的出现……384
西欧重商主义的产生……385
货币的历史……385
纸币上的水印……385
最早的银行……386
加利福尼亚金矿的发现……386
绿背纸币运动……386

国际货币基金组织……387
汇率产生的原因……387
分期付款小史……387
信用卡的诞生……387
自动取款机……388
欧元简介……388
色诺芬的《经济论》……388
亚当·斯密与《国富论》……389
古典经济学的发展……389
萨伊及其庸俗政治经济学理论……389
《资本论》……390
恩格尔系数……391
熊彼特经济周期理论……391
宏观经济学的产生与发展……391
重农学派的起源……391
边际效用学派……392
新剑桥学派……392
凯恩斯主义……392
保险的起源……393
彩票溯源……393
漫话税收……393
印花税的由来……393
拉弗曲线……394
耻辱的奴隶贸易……394
吸血的东印度公司……395
最惠国待遇溯源……396
西欧封建城市的出现……396
西欧的封建庄园……396
华尔街小史……397
汇票的发明……397
泡沫经济溯源……398
南海泡沫事件……398

法制

《汉谟拉比法典》……399
《摩西十诫》……399
陶片放逐法……400

"公民"的定义与起源 …………… 400
柏拉图的法律思想 …………… 400
陪审制度的渊源 ……………… 401
律师的由来 …………………… 401
宪法的历史起源 ……………… 401
《摩奴法论》 …………………… 401
《查士丁尼法典》 ……………… 402
《萨利克法典》 ………………… 402
田柴科制 ……………………… 402
听证简介 ……………………… 402
金玺诏书 ……………………… 403
英国《航海法案》的颁布 ……… 403
《权利法案》的颁布 …………… 403
英国的《王位继承法》 ………… 403
孟德斯鸠与《论法的精神》 …… 404
《拿破仑法典》 ………………… 404
《玉米法案》 …………………… 405

军事战争

马其顿方阵 …………………… 406
骑兵的由来 …………………… 406
举白旗溯源 …………………… 407
军衔的由来 …………………… 407
军礼的诞生 …………………… 407
西点军校 ……………………… 407
海军陆战队 …………………… 408
特种部队 ……………………… 408
无限制潜艇战 ………………… 408
普鲁士与普鲁士精神 ………… 409
水兵裤的起源 ………………… 410
肩章的由来 …………………… 410
海军帽上为何有两条飘带 …… 410
军装为何大多是草绿色的 …… 410
头盔的来历 …………………… 411
大马士革钢刀 ………………… 411
手枪溯源 ……………………… 411

加农炮 ………………………… 412
步枪发展简史 ………………… 412
护卫舰小史 …………………… 412
刺刀的诞生与发展 …………… 412
西班牙无敌舰队 ……………… 413
地雷的发展史 ………………… 414
火箭炮发展历程 ……………… 414
手榴弹的发展 ………………… 414
潜艇的历史 …………………… 414
机关枪的发展 ………………… 415
战列舰的发展 ………………… 415
鱼雷的发展 …………………… 416
高射炮的起源与发展 ………… 416
驱逐舰的发展 ………………… 417
侦察机的产生和发展 ………… 417
轰炸机简史 …………………… 417
"陆战之王"坦克 ……………… 418
冲锋枪小史 …………………… 419
歼击机的产生 ………………… 419
航空母舰的发展 ……………… 419
直升机发展史 ………………… 420
核武器发展史 ………………… 420
雷达的用途 …………………… 420
贫铀弹 ………………………… 421
卡迭石之战 …………………… 421
希波血战温泉关 ……………… 421
萨拉米海湾之战 ……………… 422
伯罗奔尼撒战争 ……………… 422
高加米拉战役 ………………… 422
布匿战争 ……………………… 423
诺曼征服 ……………………… 423
成吉思汗西征 ………………… 423
英法百年战争 ………………… 424
贞德拯救法国 ………………… 424
欧洲三十年战争 ……………… 425
英荷战争 ……………………… 425

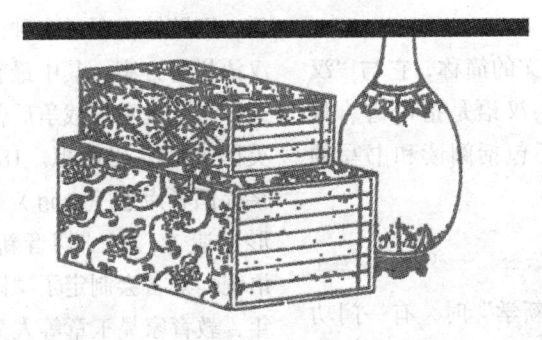

中国卷

语言文字

"汉语"与"中文"之别

"汉语"和"中文"是既有联系又有区别的两个概念。

"汉语"是汉族语言的简称。中国是多民族国家,除汉语以外,尚有满、蒙古、藏、朝鲜等兄弟民族语言,通常说的汉语,不包括其他兄弟民族的语言,但包括使用汉语地区的方言。

"中文"是中国语文的简称,它与"汉语"的区别严格来说,汉语是指口讲、耳听的语言,"中文"还包括阅读和书写的问题。

"语文"的由来

清末废科举、兴"新学"时,有一门功课叫"国文",教的是文言文。五四运动以后,白话文兴起,小学"国文"改称"国语",侧重白话文,提倡教学接近群众实行语言;中学仍称"国文",侧重文言,但加入一定白话文。

1949年6月,华北人民政府教育部在研究全国范围使用的教材时,确定中小学都应以学白话文为主,中学逐渐加点文言文,作文则一律写白话文,并要求学生在口头上和书面上能掌握接近生活实际、切合日常应用的语言。同时,采纳了叶圣陶的建议,不再用"国文"和"国语"两个名称,一律称为"语文"。

汉语拼音的演变

汉字用拉丁字母注音,已有370多年的历史。

明代万历年间,意大利传教士利玛窦就用拉丁字母给汉字注音。后来,法国传教士金尼阁又用25个字母给汉字注音。目的都是为了方便西方人学习和掌握汉语汉文。以后,又陆续出现过多种以拉丁字母为基础的汉语拼音方案,其中最有影响的是"威妥玛式",它是鸦片战争后曾任驻华公使等职的英国人威妥玛所拟。1892年,近代拼音文字提倡者卢戆(gàng)章,仿照拉丁字母笔形自造了一种"切音新字"。1926年,国语统一筹备会制定了"国语罗马字"。1931年,教育家吴玉章等人又制定了"拉丁化新文字",为以后的"汉语拼音方案"的逐步完善起到了积极的推动作用。

1958年,第一届全国人民代表大会第五次会议批准颁布了《汉语拼音方案》,汉语拼音就此诞生。

雅言·官话·普通话

雅言

春秋时期,教育家孔子号称弟子三千,他的学生来自"五湖四海",方言的隔阂可想而知。孔子用以教学的语言,就是"雅言"。《论语》上说"子所雅言,《诗》《书》、执礼,皆雅言也"。

官话

随着社会经济的发展，随着人们交往范围的不断扩大，往来日益频繁，方言便成为人们交际的严重障碍。人们越来越需要有一种全民族、全国通行的共同语，即规范化的语言，推广全国，以利交际。在这种情况下，诞生了由政府向全民推行的"官话"。

元朝曾要求学校教授"天下通语"，即中原音。即使蒙古族儿童在学校也必须讲中原音，否则就要打板子。到了明朝，"官话"的推广已有官定的语音标准——政府敕令编纂的《洪武正韵》（此韵书以北京音作语音规范），并规定人们作文、说话必须合乎《洪武正韵》。

普通话

通过实践，人们认识到，标准音不是可以随意创造的，必须以一种比较通行的方言作基础来确定。1926年召开的"统一国语大会"明确提出了"北京的方言就是标准的方言，就是中华民国的公共语言，就是用来统一全国的标准国语"。新中国成立后，为语言的统一创造了极为有利的条件。1955年，第一次全国文字改革会议决定将汉民族的共同语称作"普通话"，并给普通话议定了一个科学的定义："以北京语音为标准音，以北方话为基础方言，以现代白话文著作为语法规范。"

平仄与四声

平仄

平指平声，仄（zè）指上、去、入三声。齐梁时归纳出汉语语音有四个声调之后，诗赋家们为了使字音配合铿锵和谐，便按一定的要求来选取平声字与仄声字，俗称为调平仄。

四声

四声是平上去入四种高低升降不同的声调总称。有人误认为声调是齐梁人沈约、周颙（yóng）等的发明，其实声调早就存在于汉语之中。只是上古汉语的声调类别与沈约等归纳出的齐梁时期的是否一样，历来说法不一。如段玉裁认为上古无去声，孔广森认为上古无入声，黄侃则说上古只有平、入两声，也有不少人认为四声本就存在于上古汉语中。一般认为从汉代以来汉语音节就已具备了平、上、去、入四个声调。古汉语四声的调值，今天虽然无从知晓，但在古代著作中却留下了一些描述，如唐代处忠的《元和韵谱》说："平声哀而安，上声厉而举，去声清而远，入声直而促。"明代真空的《玉钥匙门法歌诀》说："平声平道莫低昂，上声高呼猛烈强，去声分明哀远道，入声短促急收藏。"这些描述可作为我们了解古汉语四声调值的参考。现代普通话的阴平、阳平、上、去四声是由古汉语四声发展而来。

仓颉造字的传说

传说创造汉字者是黄帝的史官仓颉（也作苍颉）。据《说文解字》记载："黄帝之史仓颉，见鸟兽蹄迒之迹，知分理之可相别异也，初造书契"，即是说，仓颉是从猎人按虎、狼、牛、羊的脚印捕猎的故事中得到启发，造出了象形文字。

仓颉造字的传说由来已久，据《平阳府志》，"文字既成，天为雨粟，鬼为夜哭，龙为潜藏。今城南有仓颉故里碑。"印证了仓颉的故里为今山西临汾尧庙镇西赵村。

刻有甲骨文的商代牛骨
甲骨文是目前中国所发现的最早的成熟文字体系。

但是，现在普遍认为汉字由仓颉一人创造只是传说，仓颉实为汉字的整理者，将流传于先民中的文字加以收集、整理和使用，在汉字创造的过程中起到了重要的作用。而汉字本身，是中国古代集体智慧的结晶。

汉字一共有多少

汉字是语素文字，总数非常庞大。到目前为止，恐怕没人能够答得上来精确的数字。

关于汉字的数量，根据古代的字书和词书的记载，可以看出其发展情况。

秦代的《仓颉》《博学》《爰历》三篇共有3300字，汉代扬雄作《训纂篇》，有5340字，到许慎作《说文解字》就有9353字了，晋宋以后，文字又日渐增繁。据唐代封演《闻见记》所记：晋代的吕忱作《字林》，有12824字；后魏的杨承庆作《字统》，有13734字；梁代的顾野王作《玉篇》，有16917字。此外，唐代的孙强增字本《玉篇》，有22561字；到了宋代，司马光修《类篇》，多至31319字；清代的《康熙字典》则收录了47000多字。1915年，欧阳博存等的《中华大字典》，有48000多字；1959年，日本诸桥辙次的《大汉和辞典》，收字49964个；1971年张其昀主编的《中文大辞典》，有49888字。

随着时代的推移，字典中所收的字数越来越多。1990年，徐仲舒主编的《汉语大字典》，收字数为54678个。1994年，冷玉龙等的《中华字海》，收字数更是惊人，多达85000字。

如果学习和使用汉字真的需要掌握七八万个汉字的音形义的话，那汉字将是世界上没人能够也没人愿意学习和使用的文字了。事实上，在《中华字海》一类字书里收录的汉字绝大部分是"死字"，也就是历史上存在过而今天的书面语里已经废置不用的字。

汉字之最

笔画最少的字：汉字笔画最少的是"一"和"乙"两个字，只有一笔。

笔画最多的字：汉字笔画最多的是"齉（nàng）"，共36笔。

出现频率最高的字：汉字文章中出现最多的是"的"字，大约25个字中就要遇到一个"的"字。

同音字最多的字：同音字最多的是"yī"。《现代汉语词典》里读这个同音字的共103个，《辞海》里读这个同音字的共195个。

通假字

所谓通假，就是用意义毫不相干而仅是读音相同或相近的字借用来代替本字。如催促的"促"借用"趣"字，违背的"背"借用"倍"字，早晚的"早"借用"蚤"字等等。有些借字和本字今音相同或相近，如"早"与"蚤"，"背"与"倍"，有些则相差甚远，如"促"与"趣"。通假有时也称作假借，但和"六书"中的假借有严格的区别。"六书"的假借是造字法的一种，即：为本无其字的词用假借的办法造上一个。这里所说的假借是古人行文时临时借用或借用后再袭用的一种现象。

汉字部首的由来

汉字有将近80%是形声字。形声字一般有意符和音符两个部分。把意符相同的汉字归拢成一部分，并拿一个字作为这一部分的领头，这个汉字就是这一部分的部首。如吐、吓、唱、嘴、吟、吵……都有一个意符"口"，归拢在一起，"口"就是部首。

部首的创制人是东汉经学家、文字学家许慎。他编纂的《说文解字》共收集9353

个汉字。他根据汉字的形体结构特点，将这些汉字加以归类，一类就是一部，一共归纳出540个部，每一个部都把一个共同的构字部件拿出来，作为这一部的代表，在排列时将它列为这一部的第一个字，这第一个字就成为部首。

古人如何为汉字注音

古人读书时，也会碰到不认识的汉字，这就需要加以注音和释义。古人给汉字注音的方法主要有四种。

譬况法

譬况法是最早的注音方法。譬况是用描述性的话来说明一个字的发音状况。

如汉代刘熙的《释名》对"风"字的读音注解："兖豫司冀，横口合唇推气言之，风泛也，其气博乏而动物也；青徐言风，踧（cù）口开唇推气言之，风放也，气放散也。"

读若法

读若法是用一个较常见的同音字来比拟所要注解字的读音，这是古代应用得较广泛的注音方法。"读若"有时写作"读如"。

"读若"法在汉代很盛行，为一般注解经典及制作字书的人所采用。

如《易》"晋如摧如"，郑玄注："摧读如'南山崔崔'之崔。"又如《说文解字》："珣（gǒu），读若苟。""读若""读如"与训诂学中运用的"读为""读曰"不同。"读为""读曰"一般用来表示字音的"假借"或"破读"关系。如《诗经》中的"淇则有泮"，郑玄注"泮读为畔"，即表示这句中的"泮"应当作为"畔"字来解。《尚书》中的"播时百谷"，郑玄注"时读曰莳（shì）"，即此句中的"时"当作"莳"（种植）字来解。

直音法

直音法一般是用来注明一个字的本来读音的方法，盛行于汉代。

如《尔雅》云："填田"，就是用"田"字来注明"填"字的读音。直音有时也表示某字的字音必须变读，如《周易》中的"拔茅茹"，郑玄注"茅音苗"，即表示"茅"字在句中应当读"苗"。有时，还用直音法表示古今有别的读音，如《谷梁传》中杨士勋疏"斩树木，坏宫室曰伐"，并注曰"坏音怪"，表示"坏"当按古音"怪"字读。

反切法

其方法是用两个字拼出另一个字的音来。反切上字的声母来与反切下字的韵母相拼，声调则取反切下字的声调。

如"田"字的读音可以用"徒年切"得到。"徒"念 tú，"年"念 nián，t+ián=tián，也就是"田"的读音。在反切中，上字的韵母、声调和下字的声母不必考虑，所以不能把反切理解为把二个字简单地连读成一个音。由于古今语音的变化，有的反切已不能准确地拼出今天的读音。

"天窗字"趣谈

现代翻印的古版书，对古书中已模糊不清的字句，或是不便见诸现代读者的内容，往往用天窗字（口）来代替。除此之外，有时作者为了某种原因，在诗文中故意留下若干天窗字。所以我们欣赏古今文学作品碰到天窗字，很可以猜测把玩一番，细细体味作者的良苦用心。

唐朝诗人王勃，留下了最著名的天窗字的故事。王勃年幼苦读，七八岁就会写诗，十几岁就做了援朝散郎，但不久就受到豪门贵族的迫害。他寻父南下，在滕王阁登高望远，写成了千古绝唱《滕王阁序》。紧接着，他又一气写了《滕王阁》诗，最后两句是："阁中帝子今何在，槛外长江口自流。"写毕，将笔一扔，扬长而去。在场的不少人平日也称得文章妙手,却也弄不清这个天窗字。有的说可填"水",有的要写"独",有的猜是"一",但都未见神韵,被众人否定了。后来他们派人骑马追问王勃,已飘舟江心的王勃告诉来人:"那个字不是空着吗?那就是个'空'字呀。"这样,诗人把对长江秋水的凭祭、对不学无术诸公的睥睨、对怀才不遇的牢骚,统统放到了一个天窗里。

"曌"字并非武则天所造

据词典类工具书载,"曌"是唐代女皇帝武则天为自己名字造的字,不少学者对此说亦深信不疑。

《新唐书》《旧唐书》《康熙字典》《辞海》等亦说"曌"字是武后的名字,但均未提及何人所造。"曌"字究竟是何人所造呢?

《资治通鉴》中有"凤阁侍郎河东宗秦客,改造'天'、'地'十二字以献,丁亥行之。太后自名'曌',改诏曰制"的记载。另据《宣和书谱》载,"宗秦客共造了十九个怪字",其中即有曌(照)字。《资治通鉴》与《宣和书谱》均载,唐代武周时期,凤阁侍郎河东宗秦客造"曌"等怪字,只是前者说"造十二字",后者说"造十九字",造字数量上略有差异。宗秦客是武则天的远房侄儿,官居凤阁侍郎,是武后的心腹宠臣。

他为了讨武后欢心,不但与其弟宗楚客(官居宰相)、宗晋卿竭力支持武后称帝,改唐为周,而且还造出颇像道字符咒的化简为繁、结构怪僻的字,深受武后赏识。其中改照为"曌",含义是犹如日月当空,无微弗明,无远弗照。

《说文解字》

《说文解字》是中国汉语史上最早且最具权威的汉字字典。作者许慎,字叔重,汝南召陵(今河南郾城)人,中国古代著名经学家、文字学家。该书编撰的目的是为了解决东汉时期今文经学家与古文经学家之间的"文字释义之争"。书中根据古文对汉字的结构形体进行分析,揭示出汉字形、音、义三者的正确关系,从而批判和否定了当时今文经学家以隶书形体解字、望文生义的做法。全书体例完整,编排有序,以小篆为主体,以偏旁为部首,根据不同的偏旁,分540部。其中,以"一"部为开始,以"亥"部为结束,对每个字的解说都采取先义说都采取先义、后形、再声的固定格式,书中收录篆文达9350余字,既收录了先秦时期的字,又包括了汉时期新创的字。《说文解字》对研究汉字的发展历程、汉语文字工具书的编写以及了解中国古代对汉字学理论的研究与发展都有着极其重要的作用。

文学

原始型二言诗

二言诗是一种以单音词为主、每句二字的诗体。由于年代久远，后世流传甚少，只在《吴越春秋》《周易》等书中少量保存。

最早的诗歌由劳动产生，是由劳动中发出的呼喝和歌唱发展而来的。当这些呼喝与歌唱经过凝练，变得富有节奏和音乐性时，二言诗便产生了。

二言诗在结构上有两字一顿的口号式，亦有动宾组合的叙述式。紧锣密鼓的韵律节奏、每句二字的简洁句式、朴素直白的辞采运用、直叙其事的章法构筑，是二言诗的主要体式特点。二言诗的文学价值在于，确定了中国诗歌的双音诗节。

四言体诗

四言诗指通首都是或基本是四字句写成的诗歌。在上古歌谣及《周易》韵语中，已有所见，到中国第一部诗歌总集《诗经》中，虽杂有三、五、七、八、九言之句，而基本上是四言体。

四言体盛行于西周。春秋时期以后，四言诗逐渐衰落，但仍有不少诗人写作四言诗。如三国时期的曹操父子，魏末的嵇康，西晋的陆机、陆云，东晋的陶渊明等。同时，也出现过若干佳作，如曹操的《步出夏门行·龟虽寿》："老骥伏枥，志在千里。烈士暮年，壮心不已。"人们至今吟诵不绝。

楚辞体

楚辞的特点为富于浪漫气息，较多抒情成分，突破了四言定格，形式自由，字句较长，倾向散文化，多用"兮""些"助语势。后世多以《离骚》为楷模，故又名"骚体"。

赋

赋是文体的一种，班固《两都赋序》说："赋者，古诗之流也。"赋由《诗经》《楚辞》发展而来，最早有战国荀况的《赋篇》，汉代形成特定体制。特点是"铺采摛（chī）文，体物写志"。一般都用韵。

古赋：又称"汉赋"。赋的一种。在形式上吸取荀况《赋篇》的体制和《楚辞》词藻的某些特点。篇幅一般较长，韵文中杂夹散文，句式以四言六言为主。又有大赋小赋之分。大赋多写帝王、宫苑、都城，如司马相如《上林赋》、班固《两都赋》；小赋多为抒情之作，如张衡《归田赋》。

俳赋：又称"骈赋"。六朝时的赋。篇幅一般较短小，特点是除用韵外，多用典，句式骈偶。如江淹《别赋》。

律赋：即唐宋科举采用的试体赋。对偶工整、于音律、押韵有严格规定。如范仲淹《金在熔赋》。

文赋：是受唐宋古文运动的影响而产生

的。它的主要特点，是一反俳赋、律赋在骈偶、用韵方面的限制，而接近于古文。也就是说，趋于散文化。唐宋时期著名的文赋作者，也多是当时的古文家，如欧阳修、苏轼等。

乐府体诗

乐府体诗是诗体名，"乐府"原指国家设立的音乐官署，始见于秦，但扩充为大规模的专署，则始于汉武帝时。《汉书》云："自孝武立乐府而采歌谣，于是有代、赵之讴，秦、楚之风。皆感于哀乐，缘事而发，亦可以观风俗，知薄厚云。"但从魏晋起，人们把汉乐府所演唱的"歌诗"（包括文人创制的诗歌和从民间采集来的歌谣）统称为"乐府"，于是乐府就从官署的名称变为带有音乐性的诗体的名称。

汉乐府中的民歌比较广泛地反映了当时人民的疾苦，表现了他们对剥削和压迫、战争和徭役、封建礼教和封建婚姻制度等不合理的社会现象的不满和反抗。它们在艺术上的特色是叙事性较强，人物形象有一定的性格，情节比较完整，语言朴素自然，句子长短不齐，整散不拘，形式自由多样，以五言和杂言居多。名篇有《陌上桑》《战城南》等。《孔雀东南飞》是汉乐府民歌发展的最高峰。

汉乐府民歌无论在思想性方面，还是艺术性方面，均给后代以巨大的影响。它引导后代诗人"缘事而发"，大胆真实地反映社会生活。有的诗人创作"古题乐府"；有的创作"新题乐府"；有的则大力提倡汉乐府的创作精神，掀起一个文学运动。

古体诗

古体诗又称"古诗""古风"。古体诗产生较早，每篇句数不拘，不讲究对仗、平仄，用韵也较自由；有四言、五言、六言、七言、杂言诸体，以五言、七言为多。简称"五古""七古"。

骈体文

南北朝是骈文的全盛时期，成为文章的正宗。唐宋以后，"古文"取代了骈文的正宗地位，但仍有人写作骈文。骈文具有三个特点：

一、骈偶和"四六"。

骈偶就是两两相对，即对仗，这就是骈文得名的由来。所谓"四六"，是指骈文的主要句式是四字句和六字句，故骈文又称"四六文"。在骈文中，要求四六字句各各相对。

二、平仄相对。

从齐、梁开始，骈文要求对仗时以平对仄，以仄对平。

三、用典（用事）。

魏晋以后，骈文逐渐以数典为工，而且不指明出处，讲究选取适用的古语古事，并把它们融化改易，使其同作者要表达的意思相合。

骈文形式整齐，声音谐美，文字典雅，但也容易流于单调板滞、烦冗晦涩，初读者尤其感到困难。就一般情况而论，骈文形式优美，而内容则比较贫弱。

近体诗

近体诗的句数、字数、平仄、用韵等都有严格规定，如：

律诗：近体诗的一种。格律严密，故名。每首八句。分五言、七言两体，简称五律、七律。偶有六律。中间两联须对仗。全首通押一韵，通常限平声韵；第二、四、六、八句押韵，首句可押可不押。每句中用字平仄相间，上下句中的平仄相对。其十句以上者，称为"排律"。

排律：律诗的一种。就律诗定格铺排

延长，故名。又称"长律"。每首在十句以上。除首、末两联外，上下句都对仗。也有隔句相对的，称"扇对"。多用整数韵，如十韵、二十韵、三十韵等，六十韵以上者，往往凑足一百韵。有五言、七言两体，简称"五排""七排"。

绝句：又称"截句""断句""绝诗"。来源于汉及魏晋南北朝歌谣，名称则大约起于南朝。每首仅四句。以五言、七言为主，简称"五绝""七绝"。也偶有六言绝句。梁、陈时绝句泛指四句短诗，押韵、平仄均较自由，又称"古绝句"。唐以后盛行近体，平仄、押韵均有一定规则。

笔记

笔记所记的内容繁杂，包括政治、历史、经济、文化、自然科学及社会生活等。由于南北朝时期崇尚骈俪之文，一般人称注重辞藻、讲求声韵、对偶的文章为"文"，称信笔记录的散行文字为"笔"。梁代刘勰在《文心雕龙》中说："今之常言，有文有笔，以为无韵者笔也，有韵者文也。"所以后人就总称魏晋南北朝以来"残丛小语"式的故事集为"笔记小说"，而把其他一切用散文所写零星琐碎的随笔、杂录统名之为"笔记"。

以"笔记"两字作书名，始于北宋的宋祁，他著有《笔记》三卷。

小说

小说是文学体裁的一种。

作为一种文学样式的小说，在中国起源于神话和传说，《山海经》《穆天子传》之类，可看作小说的萌芽。至汉魏六朝，小说创作盛行，许多作品粗具小说规模，分志怪和轶事两大类。前者的代表作是东晋干宝的《搜神记》，后者的代表作是南朝宋刘义庆的《世说新语》。

至唐代，小说发展为"传奇"。在内容上，能反映复杂的社会生活；在艺术上，故事情节曲折起伏，人物性格突出鲜明，语言清丽畅达，成为一种独立的文学样式。其代表作有李朝威的《柳毅传》，白行简的《李娃传》等。

至宋代，出现了白话小说"话本"，分短篇的"小说"和长篇的"讲史"两类。这些作品比过去的文学作品更广泛地反映了社会生活，特别是城市中小商人、手工业者和下层妇女的生活。叙述深入浅出、畅达流利，善于运用人物的行动、对话、心理描写等刻画人物，在结构上也有一定的特点。现存话本较著名的作品有《碾玉观音》《错斩崔宁》《新编五代史平话》等。宋人话本为后来的小说、戏剧提供了大量的题材。

明、清两代是小说的黄金时代。一方面出现了许多杰出的宏篇巨制，如罗贯中的《三国志通俗演义》，施耐庵的《水浒传》，吴承恩的《西游记》，兰陵笑笑生的《金瓶梅》，吴敬梓的《儒林外史》，曹雪芹的《红楼梦》等；另一方面短篇小说也出现了空前繁荣的局面，如冯梦龙的《喻世明言》《警世通言》《醒世恒言》，凌濛初的《初刻拍案惊奇》《二刻拍案惊奇》，蒲松龄的《聊斋志异》

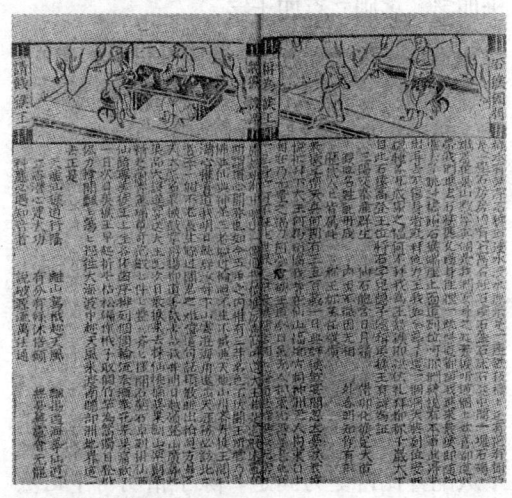

《西游记》书影

等。这一时期的优秀作品，无论是思想性还是艺术性，都达到了前所未有的最高水平，对当时和后代都产生了巨大的影响。

词与词牌

词一般分为小令、中调、长调（慢曲）三种。

词首先在民间流传。文人词在初唐、盛唐时偶有所作，到了中唐，不少诗人也间或作词。到晚唐五代，就出现了词的专家和专集。宋代名家辈出，是词的繁荣期。"宋词"与"唐诗""元曲"一样，在我国文学史上占有相当重要的地位，被称为一代文学之胜。

词从本质上说是诗，具备诗的特点，但又有与诗不同的地方，主要表现在：

一、每首词都有一个调名，称为词调或词牌，如《沁园春》《水调歌头》等。词调表明这首词写作时所依据的曲调乐谱，故作词叫"填词"。宋朝周邦彦、姜夔等，他们自己制谱自己填词，称为"自度曲"。

二、一首词分为一段或数段（片），以分两段（片）的为最多。分片是由于乐谱的规定，一片就是唱一遍。词只有一段的叫"单调"，分两段的叫"双调"，分三段的叫"三叠"，分四段的叫"四叠"。词的字数少则十四字，多则二百四十字。

三、长短句的句式。古体诗也有长短句，近体诗没有，而词大多数是句子参差不齐的。其主要原因，一方面是为了适应曲调和歌唱，另一方面是为了更容易表达复杂的思想感情。

四、押韵的位置，每个词调各不相同。诗基本上是偶句押韵，词的韵位则要依据词调。韵位大都在音乐停顿的地方。

五、字声配合更严格。填词要审音用字，以文字的声调来配合乐谱的声调，因而词的平仄配置比诗更为固定。除了指明可平可仄的外，其他是不可互易的。一般说来，慢词比小令的平仄更严。有些词人除严守平仄之外，还要求分辨四声和阴平阳平。

曲

曲有南曲、北曲之分，一般指的是北曲。北曲又称元曲，是配合北乐而产生的，它又有剧曲和散曲之分。剧曲又称杂剧，是一种以曲词为主，带着宾白（对话、独白）和科介（动作）的歌剧（南曲称为"传奇"）。散曲不是戏剧的组成部分，较近于词，是作者自己抒情的文体。它合乐不用锣鼓，故又称"清曲"。散曲分为小令和套曲（套数）两类。小令相当于一首诗，或一首单调的词，每支独立。套曲是联合数支曲子成为一套。剧曲里没有小令，只有套数。

曲与词一样，有曲调（又叫"曲牌"），每种曲调都有自己的名称，都隶属于一定的宫调，如《天净沙》属越调。曲的本质是词，但也有不同之处，表现在：

一、词的字数有定格，曲的字数也有规定，但它可以增加字，叫"衬字"，这是词与曲的最大的区别。衬字一般加在句首或句中，字数不拘多少，不拘平仄。

二、词韵大致参照诗韵，曲韵则另立韵部。曲与白话关系最为密切，必须完全依照当时北方口语的语音系统。它的特点是没有入声，分四声为阴平、阳平、上声和去声。元代周德清著《中原音韵》，对曲韵做了系统的整理，成为后来作曲的准绳。

三、曲韵是一韵到底的，中间不换韵，而且不忌重韵（一首曲子里出现相同的韵脚字），也可以有赘韵（不必用韵的地方也用了韵）。

四、曲的平仄比较严。尤其是末句，不但平仄是固定的，甚至其中某字该用上声，某字该用去声，也是有讲究的。

散曲

散曲是从宋、金时代的北方民间俚曲、歌调的基础上发展而来，作为一种新诗体，萌芽于宋金之际，成熟于金末，至元代达到全盛。还包括"带过曲（三支以下曲子的联合）与"重头小令"（数支曲子的联合）；后者又称散套、套曲、大令，基本上由同一个宫调的多首曲牌连缀而成，由于篇幅较长，可以包括比较复杂的内容，用以抒情或叙事。与传统诗词相比，它具有用字灵活、用韵自由、对仗形式丰富、通俗易懂等长处。但是它有倚声填词的严格格律，有些方面又更为复杂了。

杂剧

元杂剧是在宋、金时代的北方戏曲基础上发展起来的一种文学样式，创作成就十分突出。它的兴起和繁荣，从杂剧形式自身发展原因来看，一方面是前代各种戏曲艺术的发展提供了借鉴，许多文人运用这一艺术样式参与创作剧本，许多著名演员参与演出，又进一步推动它的繁荣；一方面当时戏剧演出成为时尚，演出的广泛性与商业化带来的竞争性，也促进了它的繁荣。从文学剧本的创作成功来看，又与当时剧作家保持同人民的联系，了解人民的思想感情分不开。

元杂剧的发展大致可分为前后两个时期。前期从蒙古汗国称元，到成宗元贞、大德年间，杂剧创作进入鼎盛时期，作家有关汉卿、王实甫、康进之、马致远、白朴等。他们主要活动在以大都（今北京）为中心的北方，留下了许多优秀作品。后期从大德以后到元朝灭亡，是杂剧逐渐走向衰微的时期，作家有郑光祖、宫天挺等。他们的活动已逐渐转移到以临安（今杭州）为中心的南方。

在元代的各类文学作品中，元杂剧是最具有代表性的一代艺术，有着众多的作家和作品，其中有姓名可考的作家就有80余人，见于书面记载的作品约500种。它比以往任何文学更广泛、更深入地反映社会生活，并且突出地描写了一些社会地位低下的普通人，大大开拓了文学的描写对象。

《诗经》

《诗经》本名《诗》，又名《诗三百》，汉代儒家列为经典之一，故称。中国第一部诗歌总集。约编成于春秋中叶，产生于今陕、晋、豫、鲁、鄂等地，反映500年间社会现实。共三百零五篇，分"风""雅""颂"三类。

《风》有十五国风，《雅》有《大雅》《小雅》，《颂》有《周颂》《鲁颂》《商颂》。《国风》部分，学者一般认为是民间诗歌，多揭露阶级压迫和剥削，反映人民的劳动和爱情，最有价值。

《雅》《颂》部分，或宴会乐歌，或祀神祭祖，虽也有些暴露时政之作，但以歌功颂德、宣扬天命为多。形式以四言为主，杂以三五六言，也有七八言等。普遍运用赋、比、兴手法，其优秀篇章，语言丰富多彩、朴素优美、音节和谐，有很强的艺术感染力。清王先谦《诗三家义集疏》辑注较备。《毛诗》为古文诗学，魏晋以后通行，有汉代郑玄的《毛诗笺》、唐代孔颖达的《毛诗正义》、清代陈奂的《诗毛氏传疏》。宋代朱熹的《诗集传》则杂采《毛诗》《郑笺》，间有三家诗义。《诗经》对中国2000多年来的文学发展有深广的影响。

《尚书》

《尚书》又称《书》《书经》，为一部多体裁文献汇编，是中国现存最早的史书。分为《虞书》《夏书》《商书》《周书》。战国时期总称《书》，汉代改称《尚书》，即"上古之书"。因是儒家五经之一,又称《书经》。

汉武帝时,从孔子故宅中发现用古文字写的《尚书》,比今文《尚书》多十六篇,称为古文《尚书》,这十六篇不久亡佚。晋人伪造古文《尚书》二十五篇,又从今文《尚书》中析出数篇,连同原有的今文《尚书》共为五十八篇,也称古文《尚书》。《十三经注疏》中的《尚书》,就是经过晋人手术的这种古文《尚书》。

孔子

孔子的先辈为宋国贵族,避乱至鲁,遂为鲁人。孔子父亲早逝,幼年贫贱,曾任"委吏"等小官。好学多问,学无常师,相传曾问礼于老聃。中年聚徒讲学,有教无类。史称弟子三千,贤人七十二。

孔子是中国最早的文艺理论批评家。他提出了初具体系的文学理论、文学观点。主张"事君""事父",同时"怨""刺"腐朽的政治与社会现实;主张"行有余力,则以学文","志于道,据于德,依于仁,游于艺",即先德行,后文艺;认为《诗》三百篇"一言以蔽之,曰:思无邪",主张诗应当"兴""观""群""怨",较早较全面地概括了诗的特点,尤其是社会作用;反对"巧言令色",主张"文质彬彬",体现了"中和"的审美观

孔子像

点;其"尽善尽美"论、"文质兼备"论,则较好地阐述了内容与形式的关系。另外,其弟子根据他的言论辑录的《论语》一书,是先秦诸子散文中最早的语录体著作,行文简约含蓄,质朴无华,形象性、哲理性很强。孔子的文艺理论与主张,以及《论语》的文学特色,对后世影响深广而久远。

《战国策》

《战国策》是国别体史料汇编。它主要记载了战国时代谋臣策士的活动和政治主张,反映当时各诸侯国、各阶级、阶层之间尖锐复杂的矛盾和斗争,是一部文学价值很高的历史散文著作。

《战国策》长于叙事,故事性强,情节引人入胜。善于通过叙写人物的言谈、神态及故事情节,展示人物的内心世界和性格特征,成功地刻画了一些人物形象,栩栩如生,富有个性。说理论辩,言辞犀利,纵横反复,击中要害,善用铺陈、夸张、比喻、寓言等手段增加散文表达效果。《战国策》所写的寓言和比喻,饶有风趣,隐喻着深刻的道理,很多后来成了有名的典故,如"画蛇添足""狐假虎威""惊弓之鸟""南辕北辙"等至今仍为人引用。

《论语》

《论语》是孔子与弟子语录的结集,内容以伦理、教育为主,也记载了孔子的许多文艺观点,如"兴""观""群""怨"说,"温柔敦厚"说等,加之历来为士人诵习,对中国文学影响极为深远。《论语》多三言两语为章,形式或问或答,不详其论据,常在简短的言语和动作描写中表现重大的思想。

屈原与《楚辞》

屈原(约公元前340~约前278年),战国时期楚国诗人、政治家。名平,字原。

又自称名正则，字灵均。战国楚人，故里传为今湖北秭归，是与楚王同姓的贵族。

屈原初辅佐怀王，历任左徒、三闾（lú）大夫。力主彰明法度，举贤授能，联齐抗秦。在同保守贵族子兰、靳尚等人的斗争中，遭谗去职。顷襄王时被放逐，长期流浪在沅湘流域，因而接近人民，对黑暗现实日益不满。秦兵攻破楚都郢之后，痛感无力挽救楚国的危亡，政治理想不能实现，于是投汨罗江自杀。

据《汉书》载，屈原有赋25篇。但见于《史记》者，仅《离骚》《天问》《招魂》以及《九章》中的《哀郢（yǐng）》《怀沙》。东汉王逸《楚辞章句》所辑屈赋篇数与《艺文志》相同，但《远游》《卜居》《渔父》诸篇真伪，尚有异说。《招魂》虽也有争议，但近人多认为出自屈原之手，而非宋玉。代表作《离骚》，强烈地表达了进步的政治理想，愤世嫉俗的高洁品格，热爱祖国和人民的炽热感情和献身精神。此后，骚体便成为一个新的诗歌样式。

屈原是中国文学史上第一个伟大的爱国诗人，他个人独立创作的诗篇，对中国人民的精神面貌，对中国文学的优秀传统的形成，都产生了巨大的影响，在中国文学史上有着崇高的地位。

《垓下歌》与《大风歌》

《垓下歌》：诗歌篇名。项羽作。宋郭茂倩《乐府诗集》题名为《力拔山操》，《文选补遗》题为《垓下帐中歌》，冯惟讷《古诗记》题为《垓下歌》。

《史记》载西楚霸王项羽被汉军困于垓下（今安徽灵璧南），兵少粮尽，夜饮帐中，自知败局已定，乃慷慨悲歌："力拔山兮气盖世，时不利兮骓不逝！骓不逝兮可奈何，虞兮虞兮奈若何？"《垓下歌》唱出了气盖一世的英雄之士穷途末路的悲慨。

《大风歌》：诗歌篇名。汉刘邦作。《史记》《汉书》《乐府诗集》均收录。

《史记》载刘邦平定天下后，回到故乡沛（今江苏沛县东），召父老子弟纵酒欢歌。酒酣刘邦击筑自歌："大风起兮云飞扬，威加海内兮归故乡，安得猛士兮守四方？"首句起兴，后两句抒发胜利统一全国后喜悦的心情，表达渴望巩固统治维护政权的愿望。气势雄浑，颇有气魄。

《子虚赋》与《上林赋》

《子虚赋》与《上林赋》均为汉赋名篇。西汉司马相如作。全文保存于《史记》及《汉书》本传中；至《文选》，则以其前半题为《子虚赋》，后半题为《上林赋》。

作者全篇写三个假想人物子虚、乌有先生、亡是公的相互诘难和议论。前二人分别张扬诸侯国楚齐的苑囿之盛，后者则铺叙天子游猎之事，作者在赋末委婉致讽，然整体而言，实是"劝百讽一"。

《过秦论》

《过秦论》散文篇名。西汉贾谊作。分上、下或上、中、下篇。"过秦"是指责秦政之失。文章详尽分析了秦所以能削平六国及其所以迅速灭亡的原因，目的为汉文帝接受历史教训，改革政治提供借鉴。上篇总论秦得天下的形势，及其灭亡的主因。中篇剖析秦在统一后没有统一的政策，和二世未能改正错误。下篇指陈在危迫的情况下，秦王子婴没有救亡扶倾的才力。

阿娇与《长门赋》

《长门赋》，最早见于南朝梁代萧统编著的《昭明文选》。其序言提到西汉司马相如作于汉武帝时。据说是受了失宠的陈皇后的百金重托写成的。武帝读后，大为感动，陈皇后遂复得宠。由于序言提及武帝的谥号，司马相如不可能知道，而且历史上武帝对陈皇后也没有复幸之事。所以有人认为《长门赋》是后人伪作。

中国第一部叙事长诗

中国第一部叙事长诗是汉乐府民歌中的《孔雀东南飞》。大约创作于汉末建安年间。全诗350多句，1700多字。明王世贞称为"长诗之圣"，清沈德潜称为"古今第一首长诗"。

《孔雀东南飞》叙述了一个凄美的爱情故事，作品通过焦仲卿、刘兰芝的婚姻悲剧，揭露了封建礼教、封建家长制的罪恶，歌颂了刘兰芝夫妇忠于爱情宁死不屈的反抗精神。诗的浪漫主义结尾，反映了人民对获得婚姻自由的美好愿望。

在艺术形式上，《孔雀东南飞》汲取了丰富的民歌叙事艺术手法和技巧，剪裁繁简得当，结构完整紧凑，语言朴素生动，既有浓郁的抒情色彩，又有很强的戏剧性，是汉乐府民歌中最杰出的作品，也是中国文学史上现实主义诗歌发展中的重要标志。千百年来始终传诵不衰，五四以后还不断被改编为各种剧本，并搬上舞台，影响十分深远。

《论衡》

《论衡》全书20多万字，共30卷，分85篇，现缺《招致》一篇。其为作者倾毕生精力，历30多年始得完成。他自言《论衡》是一部"疾虚妄"的书。内容具有强烈的战斗性，阐述了"气"是万物本质的学说，唯物主义地解释了人与自然，精神与肉体的关系，深入批判了当时流行的谶纬神学和宗教唯心主义思想。其曾被斥为异端邪说，长期埋没。在书中，作者对当时以辞赋为主的正统文学的"华而不实，伪而不真"的文风也进行了批判，并在许多篇目提出了不少进步

的主张，对魏晋以后的文艺思想产生了很大影响。

《四愁诗》

作为东汉中期最杰出的诗人，张衡写作了中国诗歌史上现存第一首独立的完整的七言诗——《四愁诗》。下面是《四愁诗》的第一节：

"我所思兮在太山，欲往从之梁父艰，侧身东望涕沾翰。美人赠我金错刀，何以报之英琼瑶。路远莫致倚逍遥，何为怀忧心烦劳。"

全诗共四节，以下三节是歌词略作变化的重奏（如首句"我所思兮在太山"改为"在桂林""在汉阳""在雁门"），具有浓厚的民歌风格，显然受到《诗经》中民间歌谣叠章手法的影响。诗中主人公向四面八方寻找自己之所爱，却一再遭受挫折，因而心怀忧愁，表现出对美好爱情的深沉思慕，写得婉转动人。这也是七言诗型第一次被用来写情爱题材，七言句式语调曼婉悠长的优越性，在这首诗中得到了表现。

《文选》载此诗，前有后人所加的小序，谓此诗乃因作者郁郁不得志，"效屈原以美人为君子，以珍宝为仁义，以水深雪雰为小人，思以道术相报，贻于时君，而惧谗邪不得以通"，恐系迂儒之见，未必合于张衡的本意；即使张衡确有此意，他能写出如此真切热烈的恋歌，无疑也是有着生活体验和审美趣味的背景的。

《古诗十九首》

《古诗十九首》传至南朝梁代，萧统《文选》将这些诗组合在一起，题为《古诗十九首》。内容多是写仕途潦倒的感伤，夫妇间的相思，基本上都是离愁别绪，彷徨失意，基调低沉，但也从侧面反映了当时的社会现

实。组诗虽然思想价值不高，但艺术成就较大。诗人们比较成熟地运用五言诗的形式，明白自然、简洁生动的语言，表达深挚的感情，委婉含蓄，耐人寻味，有"一字千金"之誉，不愧是汉代文人五言诗的艺术高峰。

建安文学

建安文学指汉献帝建安至魏初三十至四十年间的文学。它继承了汉乐府民歌的传统，真实地反映了当时动乱的社会生活，出现了许多优秀的诗歌、散文、辞赋，而以诗歌的成就最大。建安文学感情激昂慷慨，语言刚健清新，格调悲凉深沉，后人称为"建安风骨"。

建安文学指代表作家为曹操、曹丕、曹植、"建安七子"及女诗人蔡琰等。

曹氏一门三文豪

曹氏一门都有很高的政治地位和文学成就，故后人合称为"三曹"。亦称二祖陈王——二祖，即魏太祖曹操、魏文帝曹丕；陈王即曹植。

曹操的诗文表现了他作为政治家、军事家的壮阔的胸怀和豪迈气概；曹丕的诗歌清丽隽秀；曹植的作品则骨气奇高，词采华茂。

二祖陈王在文学史中均有较高地位，可谓一门三文豪。这种情况，在中国历史上是不多见的。

《洛神赋》

洛神传为古帝伏羲氏之女。本篇写作者与洛神相遇，两相爱慕，但隔于人神之道，未能交接，不禁情怀怅怨。实际假托洛神寄寓对君主的思慕，反映衷情不能相通的苦闷。旧说以曹植曾求婚甄逸之女不遂，为曹丕所得。后甄被谗死，曹植此赋为有感于甄后而作，故初名《感甄赋》。此属附会之言，不足信。本赋想象丰富，描写细腻，辞采流丽，

抒情意味和神话色彩很浓，艺术魅力很大，为抒情小赋中的名篇。

《悲愤诗》

《悲愤诗》为汉末诗人蔡琰（蔡文姬）的作品。至今传世有两首，一为五言，一为骚体。五言一首较可信，陈述了自己的不幸遭遇，描绘了社会的动乱以及广大人民群众颠沛流离的生活，有强烈的时代精神，是古代叙事诗中的优秀之作。骚体一首所述内容，有与其遭遇不相符处，后人多认为是伪作。

"青眼"与"白眼"

阮籍为人任性不羁，厌恶世俗礼法，蔑视"名教"。《晋书》中载："籍又能为青白眼。见礼俗之士，以白眼对之。常言'礼岂为我设耶？'时有丧母，嵇喜来吊，阮作白眼，喜不怿而去；喜弟康闻之，乃备酒挟琴造焉，阮大悦，遂见青眼。"

两眼正视，露出虹膜，则为"青眼"，以看他尊敬的人；两眼斜视，露出眼白，则为"白眼"，以看他不喜欢的人。

以此为典，后世便出现了"青眼有加"，"白眼看他世上人"等语。

狂生嵇康

嵇康（公元223～263年），三国魏文学家。"竹林七贤"之一。字叔夜，谯郡铚（今安徽宿县）人。少时孤贫，聪慧博学。性情桀骜不驯，刚强疾恶，崇尚老庄之学，反对虚伪礼教。与曹魏宗室有姻亲关系。曾任中散大夫，史称嵇中散。

在司马氏阴谋篡权的正始时期，嵇康隐居于山阳，常与阮籍等六人游于竹林，饮酒服食，清谈玄理。反对礼教，拒绝与司马氏合作，公开声称"非汤武而薄周礼"，"越名教而任自然"。后因钟会构陷，为司马昭所杀。临刑前，嵇康抚《广陵散》曲，并叹

息道:"昔袁孝尼尝从吾学《广陵散》,吾每靳固之,《广陵散》于今绝矣!"

嵇康善为诗,尤长散文。诗歌以四言为佳,风格清峻警峭。《幽愤诗》《赠秀才入军》为其代表作。《幽愤诗》为狱中所作,回顾平生遭际,尽情吐抒心中怨愤,至为沉痛,感人殊深。《赠秀才入军》18首为送兄嵇喜从军之作,表现兄弟间的动人情谊,内容深刻。散文大多阐述老庄自然纯真的哲理,批判传统名教的虚伪变诈,如《释私论》《养生论》《声无哀乐论》《太师箴》等。

"洛阳纸贵"话左思

左思(约公元250~约305年),西晋诗人。字太冲。临淄(今山东淄博)人。出身儒学世家。晋武帝泰始八年(公元272年)前后,以妹左棻被选入宫,举家移居洛阳,官秘书郎,列入当时文人集团"二十四友"。

左思因为貌丑口讷,不好交游,而被很多人看不起。但他并不气馁,反而潜心十年,写就了描写三国都城风貌的《三都赋》。

《三都赋》由《蜀都》《吴都》《魏都》三篇组成。前两篇分别由假想人物西蜀公子和东吴王孙盛称三国时蜀都、吴都的形势之重,物产之丰,宫室之丽,民俗之华,最后一篇则由魏国先生盛赞魏都之宏丽壮观与政治举措之修美,对曹操统一北方的功业多所颂扬。赋中指出了立国之根本在于政治之修明,不在于自然山川之形胜。全赋采用一种纪实写真的笔法,辞采遒丽,气势宏博,虽模拟汉代张衡《二京赋》、班固《两都赋》,但后来居上,超越了前人。

《三都赋》一出,立刻轰动一时,在京城洛阳广为流传,人们啧啧称赞,竞相传抄,一下子使纸价昂贵了几倍("豪贵之家,竞相传写,洛阳为之纸贵")。这便是"洛阳纸贵"的出典。

陶渊明

陶渊明(公元365~427年),晋宋间文学家。字元亮。一说名潜,字渊明。浔阳柴桑(今江西九江)人。大司马陶侃曾孙,后人亦有疑此说者。曾任江州祭酒、镇军参军、建威参军、彭泽令。因不愿"为五斗米折腰",厌恶官场污浊,弃官归隐。南朝宋元嘉初年卒,私谥靖节先生。

陶渊明像

现存诗120余首,散文、辞赋10余篇。其诗多作于归隐后,田园诗占很大比重。《归田园居》《怀古田舍》《庚戌岁九月中于西田获早稻》《移居》《饮酒(其五)》等,描写躬耕,歌颂劳动,赞美淳朴的农村生活,并以此对比于污浊的仕途,显示了不愿与统治者同流合污的精神。前人称他为"隐逸诗人之宗"。而另一面,他"于世事并没有遗忘和冷淡"(鲁迅:《题未定草》七),《读山海经》《咏荆轲》等篇,昂扬嫉世,金刚怒目,为慷慨悲愤之音。陶诗艺术成就很高,语言朴素自然,平淡天成,而又含蓄精练、韵味隽永,感情深厚,委婉自如,创造出一种情、景、意交融的境界。陶渊明在中国文学史上有深远影响。后代有成就的诗人,无不从他汲取营养。传有《陶渊明集》。

永明体

永明体是南朝齐武帝永明年间(公元483~493年)形成的一种诗体、诗风。

《南齐书》云:"永明末盛为文章,吴兴沈约,陈郡谢朓、琅玡王融,以气类相推毂；汝南周颙，善识声韵。约等文皆用宫商，以平上去入为四声。以此制韵，有平头、上尾、蜂腰、鹤膝。五字之中，音韵悉异，两句之内，角徵不同，不可增减。"就是这一诗体所要求严格遵守的"四声八病"说。永明体注重声律，于形式美之外兼求声韵之美，以恢复诗歌从口头歌唱变为案头文学之后所丧失的音乐性。其特点是：平仄协调，音韵铿锵，辞采华美，对仗工整。

永明体是中国诗史上格律诗的开端，对唐代近体诗的影响很大。它的出现，也使南朝唯美文学达到了极盛的顶端。但因要求过于苛细，束缚了艺术的创造性。

宫体诗

宫体诗是南朝梁流行于宫廷中的一种诗风。以梁简文帝为首，附和者有庾肩吾、徐摛、庾信、徐陵等。《梁书》载，萧纲"七岁有诗癖，长而不倦。然伤于轻艳，当时号曰'宫体'"。宫体诗有狭义广义之分；以描写女性本身及男女情爱者，为狭义的宫体诗，即所谓"艳情诗"；以艳情为主而扩及记游宴、咏节候及写景物者为广义的宫体诗。宫体诗的描写手法客观逼真，讲求声律、词采，好用典，形成了轻艳柔靡的风格。其风早出现于宋、齐，至梁，由于皇帝萧纲的提倡及庾、徐的扇扬，"宫体所传，且变朝野"，很快笼罩了诗坛；到了陈后主时代，发展到登峰造极的地步。

竟陵八友

竟陵八友是南朝齐竟陵王萧子良门下的8个文学家。

萧子良雅好文学，广纳名士，一时文人都云集门下。"八友"为最负盛名者。《梁书·武帝本纪》："竟陵王子良开西邸招文学，高祖（梁武帝）与沈约、谢朓、王融、萧琛、范云、任昉、陆倕等并游焉，号曰八友。"

竟陵八友中沈约声誉最高，谢朓的诗歌艺术成就最大。其余任昉善文，当时王公表奏，多请他代笔，有"沈诗任笔"之名。王融、范云以诗见长。萧衍、萧琛也写诗，但文学成就不大。陆倕擅长骈文。

《木兰诗》

《木兰诗》，亦称为《木兰辞》，北朝长篇叙事民歌。梁采入《鼓角横吹曲》。同题诗有二首，"唧唧复唧唧"远胜另一首。此诗约作于北魏末年，最早见于陈光大二年（公元568年）僧人陈智匠所编的《古今乐录》中。《文苑英华》和《古文苑》都误以为是"唐人诗"。

《木兰诗》歌咏了少女木兰女扮男装，代父从军十二年，胜利归来的故事。塑造了木兰端庄从容的行貌和保家卫国的英姿，从而烘托出北方民族战争的背景和在这种背景中北国儿女的尚武精神。全诗具有浓厚的浪漫主义色彩，花木兰显然是北国少女中一切美好品貌的集中代表，冲破了封建社会中重男轻女的观念。诗写得刚健浑朴，具有典型的北朝民歌特色，同时又显得柔情婉转，回环迭唱。从征前"愿为市鞍马，从此替爷征"的场面描写；从征途中"不闻爷娘唤女声，但闻黄河流水鸣溅溅""不闻爷娘唤女声，但闻燕山胡骑声啾啾"的反复咏叹；以及胜利归来后"脱我战时袍，着我旧时装，当窗理云鬓，对镜贴花黄"的绘声绘色，把木兰这位女中豪杰的深细婉转、单纯真挚的情态神气写得栩栩如生，跃然纸上，令人神往，使中国民歌口语化的艺术，达到了峰顶。

《诗品》与《文心雕龙》

《诗品》：诗论专著。南朝梁钟嵘撰。他以五言诗为主，将自汉至梁有成就的诗人区别等第，分为上中下三品，并论其优劣及继承关系。反对当时堆垛典故和刻意追求声律的诗风，批评玄言诗"理过其辞，淡乎寡味"，主张诗作要有"滋味"，强调"风力""自然""真美"。

《文心雕龙》：文论专著。南朝梁刘勰撰。十卷，五十篇，分上、下编。上编从《原道》至《辨骚》共五篇是绪论、总纲。从《明诗》到《书记》的二十篇，对各种文体源流和作品特征及历史发展逐一作了研究和评价。下编从《神思》到《物色》的二十篇，重点研究创作过程，其中的《时序》和后面的《才略》《知音》《程器》等四篇，主要是文学史与批评鉴赏问题的讨论。《序志》为总序，阐述了作者著此书的动机、态度、原则。全书体大思精，内容繁富，涉及文学理论的许多方面。是中国古代文学理论批评的杰出著作，把文学理论批评推向了新阶段，对后世有着很大的影响。此书版本繁多。现存最早写本为唐写本残卷；最早的刻本为元至正本。清代影响最大的为黄叔琳辑注本。今人有黄侃《文心雕龙札记》、范文澜《文心雕龙注》、刘永济《文心雕龙校释》、王利器《文心雕龙校证》、杨明照《文心雕龙校注》和《文心雕龙校注拾遗》等。

初唐四杰

"初唐四杰"是初唐文学家王勃、杨炯、卢照邻、骆宾王的合称。《旧唐书》："炯与王勃、卢照邻、骆宾王以文词齐名，海内称为王杨卢骆，亦号为四杰。"他们的诗文努力摆脱齐梁余风的影响，题材领域有所开拓，感情充沛，风格质朴，对唐代诗风的转变起了一定作用。

游仙诗小话

在中国古代诗歌作品中，有一类专门写企慕神仙生活或游历仙境的诗，称作"游仙诗"。从现存材料看，最早以"游仙"作为诗的篇题的，是建安诗人曹植。其后嵇康、张华、何劭、郭璞等均有游仙之作，后世遂把"游仙诗"视为一种专体。

一般说来，游仙诗名为游仙，实在咏怀。如曹植的《游仙》云："人生不满百，岁岁少欢娱；意欲奋六翮，排雾凌紫虚。蝉蜕同松乔（指赤松子、王子乔，均古仙人名），翻迹登鼎湖（相传黄帝成仙的地方）；翱翔九天上，骋辔远行游。"

这种假托神仙以抒写怀抱的方法，其来源是很久远的。伟大诗人屈原的《离骚》，就曾借与群神遨游，来表现其政治上的不幸遭遇和报国无门的苦闷。"楚辞"中托名屈原的《远游》，就更为明显地说："悲时俗之迫阨兮，愿轻举而远游，……闻赤松之清尘兮，愿承风乎遗则。"另外，在汉乐府中有《王子乔》《步出夏门行》和《董逃行》等作品，也是写游仙内容的。由此可见，"游仙"之名虽始于曹植，而写游仙内容的、假游仙以托怀抱的作品，却是秦汉以前就已经有的。

唐代大诗人李白，也写过一些以游仙为题材的作品，如《梦游天姥吟留别》，他在诗中把神仙世界描写得广阔自由，光明美好，为的是反衬出他所生活的现实世界的黑暗和丑恶。因此在该诗的最后写出了响彻千古的名句："且放白鹿（相传神仙喜骑白鹿）青崖间，须行即骑访名山。安能摧眉折腰事权贵，使我不得开心颜！"

李白

李白（公元701~762年），唐代诗人。字太白，号青莲居士，史称诗仙。祖籍陇西成纪（今甘肃秦安东），先世在隋末因罪徙居西域，故出生于安西都护府所属的碎叶城

（今中亚细亚伊塞克湖西北）。5岁随父迁居绵州彰明县（今四川江油）青莲乡。少时受儒家教育并博览诸子百家，好剑术，轻财任侠，善作诗赋。20岁以后，漫游蜀中，曾登峨眉、青城诸名山。25岁出蜀，远游长江、黄河中下游各地。

唐天宝元年（公元742年），由道士吴筠推荐，被唐玄宗召至长安，供奉翰林。后因受宦官高力士等的谗谤，恳求还山，浮游四方。天宝三载春，在洛阳与杜甫相识，结下深厚友谊。天宝十四载，安史之乱爆发，次年冬，应召参加永王李璘幕府。后李璘因争夺帝位，为肃宗部下所败，李白受牵累被流放夜郎（今贵州桐梓一带），途中遇赦，时已59岁。61岁时仍请缨杀敌，中途因病返回。宝应元年（公元762年）卒于当涂。

今有诗作900余首，内容丰富多彩。有的揭露政治腐败，希望为国立功；有的对封建专制和豪门权贵表示强烈不满，抒发自己理想难以实现的痛苦和愤懑；有的表现了对人民生活的关心和同情，对穷兵黩武、不义战争的强烈谴责；还有不少赞颂祖国的大好河山，描写爱情和友情的诗篇。《蜀道难》《行路难》《梦游天姥吟留别》《静夜思》《早发白帝城》《宣州谢朓楼饯别校书叔云》《将进酒》等，都是流芳千古的名篇。《古风》中有不少批判现实的好作品。强烈的浪漫主义色彩，是李白作品的艺术特点。诗人善于运用大胆的夸张、奇异的想象和神话的离奇境界表达思想感情，抒发理想愿望。写得热烈奔放，雄奇壮丽，洒脱飘逸。语言流转自然，音律和谐多变，善于吸收汉魏六朝乐府民歌的影响，达到了"清水出芙蓉，天然去雕饰"的完美境地。其诗各体均佳，尤长于古诗和绝句。另有词若干篇，文60余篇。

李白与杜甫齐名，并称"李杜"。"李杜文章在，光焰万丈长"（韩愈《调张籍》），正确地指出了二人在中国古典诗歌史上泰山北斗的地位。李白的诗歌是中国古典诗歌发展史上浪漫主义的顶峰，无论在精神上还是在表现手法上，对唐代和后代都产生过巨大的影响。现存《李太白集》，注本有清人王琦《李太白诗集注》。今人瞿蜕园、朱金城《李白集校注》等。

王维

王维（公元701~761年），唐代诗人。字摩诘，原籍祁（今山西祁县东南），其父迁居蒲州（今山西永济西）。开元进士。累官至给事中，安禄山陷长安，迫其任职，乱平后，降为太子中允。后官至尚书右丞，故世称王右丞。先后在终南山和蓝田辋川隐居，弹琴赋诗、绘画、诵佛，优游自乐。40岁前有过一些讥弹贵戚、边塞征旅、游侠浪漫之作，颇多激昂慷慨之气。但主要诗作与成就为此后所写山水、田园诗，其幽静、清新、闲逸的境界与传神、精细、生动的语言，形成了他的独特风格。

边塞诗派

"边塞诗派"是唐诗的一个派别，以高适和岑参为首。故又称"高岑诗派"。重要

李白醉酒

作家还有王昌龄、王之涣等。边塞诗在六朝及唐初即已出现，至唐玄宗开元、天宝间，由于对外战争频繁，征戍为世人普遍关心，以描写边塞生活为内容的边塞诗作遂随之形成。边塞诗人大都有边塞生活的经历，其诗多采用七言歌行和七绝形式描写将士们从戎报国的英雄气概，不畏塞漠艰苦的乐观精神，也反映了征夫思妇的幽怨情绪，揭露了军中苦乐不均的不合理的现象，并描绘了奇特壮丽，寥廓广漠的边地景色。

杜甫

杜甫（公元712～770年），唐代诗人。字子美，原籍襄阳（今属湖北），曾祖时迁居巩县（今河南巩义市东北）。后因居长安杜曲（在少陵原之东），自称杜陵布衣、少陵野老。杜审言之孙。

早年曾漫游各地。天宝初，与李白在洛阳相识，结下深谊。后至长安谋举，潦倒10年。安史乱间，逃至凤翔，官左拾遗。因上疏营救房琯，贬为华州司功参军。后弃官入蜀，筑草堂于成都浣花溪上，世称"浣花草堂"。依剑南节度使严武，任检校工部员外郎，故世称"杜工部"。武卒，乃携家出川，滞留夔州。后乘舟出三峡欲返洛阳，因战乱未已，辗转漂泊至湖南，贫病交加，死于湘江船上。杜甫出生于"奉儒守官"的封建士大夫家庭，处在唐朝由盛转衰的时代，怀抱忠君爱国、积极用世的志向，但因仕途失意，遭遇坎坷，又历经战乱，身受深重的时代苦难，因而能体念和同情人民的疾苦。其诗抒写个人情怀，往往紧密结合时事，思想深厚，境界广阔，有强烈的社会现实意义，深刻地反映了时代，后世称为"诗史"。艺术上博采前人，融合众长，兼备诸体，形成特有的沉郁顿挫的风格，又有"诗圣"之称。

杜甫与李白并称"李杜"。今存诗1400余首，《自京赴奉先县咏怀五百字》《丽人行》《春望》《北征》、"三吏""三别"，最脍炙人口。有《杜工部集》。

古文运动

"古文运动"是中唐时期以复兴儒学为号召，以反对骈文、提倡古文为旗帜的文学革新运动。

所谓"古文"，是相对于骈文而言。自南北朝以来，文坛盛行骈文，追求辞藻声律，不适于用。唐初文坛，骈文仍占据主要地位。刘知几、王勃等曾提倡改革文弊，陈子昂等打出复古旗帜。后来萧颖士、李华、元结等提出宗经明道的主张，采用散体作文，成为古文运动的先驱。韩愈、柳宗元进一步提出完整系统的古文理论，并写出相当数量的优秀古文作品，他们的一批学生追随、响应，形成了一场运动，发生了重大影响，并取得了散文创作的大发展。

韩愈、柳宗元是这一运动的代表。他们倡导古文，是为了推行古道，复兴儒学。他们强调"养气"，重视作家的道德修养；主张"非三代两汉书不敢观"，重视学习经史

杜甫草堂

和屈原、司马相如等古人的作品。他们不仅重道不轻文，还要求自创新词新意，反对模仿因袭，做到"唯陈言之务去"和"文从字顺"。可见，他们在文学上是以复古为旗帜，从事真正的革新的。在他们自己的努力和他们的学生李翱等人推动下，古文运动取得了成就，并开创了中国文学史上新的散文传统。

唐代传奇

"唐代传奇"是唐代的文言短篇小说。由于唐代在长期发展过程中经济繁荣，社会安定，城市增多，市民阶层兴起，为满足人们文化娱乐需要的"市人小说"便应运而生。

初盛唐时期作品数量较少，如最早的《古镜记》，前期的《补江总白猿传》，以及后来的《游仙窟》等，反映了中国小说从六朝志怪向唐传奇发展过渡的面貌，在故事情节、形象描绘及内容题材上，已开始逐步摆脱志怪小说影响，由粗简走向精美。中唐是传奇小说的繁荣时期，名家辈出，作品空前增多，内容题材大大扩展，现实性、艺术性也大大加强了。如沈既济《枕中记》和李公佐《南柯太守传》，讽刺了当时热衷功名的士人，也揭露了朝廷和官场的某些黑暗现实。以爱情为主题的作品，如李朝威的神话爱情小说《柳毅传》、白行简《李娃传》、蒋防《霍小玉传》、元稹《莺莺传》等，有的反映了封建社会妇女的痛苦，有的暴露了封建家长的残暴和虚伪，有的反映了当时婚姻问题上的社会矛盾等，对坚贞不渝的爱情给予歌颂，对封建礼教和门阀制则予以谴责。这些作品故事情节曲折，人物性格鲜明，有的有细腻的心理活动描写，创造了一系列优美的妇女形象。这一时期还出现了以历史故事为题材的传奇小说，如姚汝能的《安禄山事迹》、无名氏的《李林甫外传》等。陈鸿的《长恨歌〈安禄山事迹〉传》和《东城父老传》为

这方面的代表作。这些作品一定程度上反映了封建帝王的荒淫误国，流露出对腐败时政的不满。

晚唐时期出现了大批传奇专集，如牛僧孺《玄怪录》、李复言《续玄怪录》、牛肃《纪闻》、薛用弱《集异记》、袁郊《甘泽谣》、裴铏《传奇》、皇甫枚《三水小牍》等，大多记述神怪，叙事简略，成就远不及前期。这时期单篇传奇较好的有薛调《无双传》、无名氏《灵应传》、皇甫枚《步飞烟》等。唐传奇内容丰富多彩，大都具有积极意义；其中也包含有思想糟粕，如宣传鬼神迷信和宿命论等。唐传奇标志着中国小说的发展已渐趋成熟，小说从此开始成为一种独立的文学样式。

唐传奇作品大都收入宋初李昉等编集的《太平广记》里。鲁迅编有《唐宋传奇集》，汪辟疆编有《唐人小说》。

新乐府运动

"新乐府运动"是中唐时期以创作新题乐府诗为中心的诗歌革新运动。由诗人白居易、元稹等人倡导。

所谓"新乐府"，是指唐人用新题而作的乐府诗。从初唐诗人至杜甫、元结、韦应物等人，都有新题乐府之作，可算作乐府运动的先驱。作为运动，发生于唐安史之乱后的贞元、元和年间，在唐王朝正走向衰落，社会各方面矛盾加剧的社会背景下，一些统治阶级中的有识之士，希望通过改良政治，使唐王朝中兴。因此，在文艺领域，便有韩愈、柳宗元倡导古文运动，白居易、元稹倡导新乐府运动。后者首先由李绅、元稹写了《新题乐府》，互相唱和，后来白居易写了《新乐府》50首正式标举。张籍、王建等人都写了大量体现革新方向的新题、古题乐府诗，从而形成了一个影响很大的诗歌运动。

白居易、元稹分别在他们的书信、诗文中，阐述了新乐府运动的理论，其要点是：以"文章合为时而著，歌诗合为事而作"为创作基本宗旨，主张诗文要反映时代与社会现实；以"救济人病，裨补时阙"与"补察时政""泄导人情"为创作目的，强调诗文要服务于政治；以"惟歌生民病""但伤民病痛"为诗歌的内容，指出诗文要表现人民的生活。同时，他们阐发了诗歌的特性，指出"感人心者，莫先乎情，莫始乎言，莫切乎声，莫深乎义"，要求诗歌内容（"情"与"义"）和形式（"言"与"声"）统一，用"质而径""真而切"的言辞，"顺而肆"的体式反映民间疾苦和社会弊端，使诗歌具有巨大感染力，让人易于接受。他们的乐府诗作如《卖炭翁》（白居易）、《田家词》（元稹）、《野老歌》（张籍）、《水夫谣》（王建）等，比较广阔地反映了中唐社会生活，揭示了当时社会面临的藩镇割据、宦官擅权、贫富悬殊、战祸频仍等尖锐问题，针砭现实，指斥时弊，以比较深刻的现实意义和鲜明的思想倾向，平易通俗和直切明畅的艺术特色，实践了他们的现实主义的理论主张，并展示了运动的实绩。

由于新乐府诗的创作对权势者的触犯，以白居易为首的诗人先后遭受贬斥，运动逐渐衰落下来。但是新乐府运动在中国文学史上留下了光辉的一页，对后世诗歌创作与理论产生了深远的影响。

小李杜

"小李杜"是晚唐诗人李商隐、杜牧的并称。李商隐字义山，杜牧字牧之。清吴锡麟在《杜樊川集注序》中说："义山、牧之，世亦以李杜并称。"

李商隐和杜牧均写有一些指陈时政、同情民生的作品，均长于抒情，又有较浓厚的感伤情调；所作皆反对因袭，力求创新，在晚唐诗坛各树一帜。商隐以七律见长，多用比兴，深情绵邈，绮丽精工；牧则以七绝取胜，画面鲜明，情思豪爽，清丽俊逸。

温庭筠

温庭筠（公元812～870年），晚唐文学家。本名岐，字飞卿。太原祁（今山西祁县）人，祖父做过宰相。少时颖悟，每入试作赋，八韵一篇，叉手而成，时称"温八叉"，但无人援引，故屡举进士不第。又因其生活放浪，恃才傲踞，讥嘲权贵而长期遭排斥，只做过方城尉和国子监助教等小官。

温庭筠是晚唐第一个大力写词的词人。其词善于捕捉富有特征的景物构成艺术境界，表现人物的情思，描写细腻，蕴藉含蓄，精艳绝人，音声繁会，有"香而软"（《北梦琐言》）的特点。《菩萨蛮》（"小山重叠金明灭"）刻画妇女衣饰、容貌和情态，细致入微，尽态极妍，可为代表。而《梦江南》（"梳洗罢"）和《河传》等，写情纯用白描，色泽素淡，情致幽远，则显示温词疏淡的一面。

在晚唐词人中，乃至中国词史上，温庭筠有着特殊地位。其词数量多，艺术技巧高，对词的发展有一定推动作用。如词体到他手里，更为成熟；词主艳情的传统格局定型。但其香而软媚的艺术风格也给后世词人带来不良影响，形成一个以他为鼻祖的"花间词派"。其诗今存300余首，赵崇祚《花间集》收录其词66首。后人辑有《温庭筠诗集》《金荃集》。

千古词帝李煜

李煜（公元937～978年），五代文学家。初名从嘉，字重光。南唐中主李璟第六子，因长兄太子弘冀病亡，宋建隆二年（公元961年）即位金陵，更名煜，史称李后主。徐州（今属江苏）人，一说湖州（今属浙江）人。早年因生具异相，受太子猜忌，乃号钟隐，别号莲峰居士、钟山隐士。中主后期，南唐已附属于宋；后主即位，更卑屈事宋，岁时贡献，府藏为之空竭。后主犹迷信佛教，追逐声色。又中宋反间计，毒死名将林仁肇，不用卢绛，自毁长城。公元974年宋师围金陵，明年城陷，肉袒出降。至汴京，封右千牛卫上将军，违命侯，过着"此中日夕只以眼泪洗面"的生活。后为宋太宗赵光义以牵机药毒毙。

李煜有多种艺术才能，书法学柳公权并创"金错刀"体，画清爽不凡。诗文俱佳，尤精于词。以降宋为界，词分前后两期。前期词反映宫廷生活与男女情爱，如《玉楼春》（"晚妆初了明肌雪"）《一斛珠》（"晚妆初过"），清而不浮，艳而不淫。《清平乐》（"别来春半"）写离别相思，清新可喜。《破阵子》（"四十年来家国"）显示前后期的转变。后期从小皇帝变成囚徒，词多通过凭栏远眺，梦断重归写屈辱的生活、亡国的深痛和往事的追忆，突破了花间月下、声色享乐的题材范围。

王国维曾在他的《人间词话》中评价："李后主词，神秀也……词至后主而眼界始大，感慨遂深，遂变伶工之词而为士大夫词。"

花间派

"花间派"亦称"花间词派"，乃唐末五代词派，因后蜀赵崇祚编《花间集》而得名。"花间"词人奉温庭筠为鼻祖，但只继承了温词中偏于闺情、伤于柔弱、过于雕琢的"柔而软"的词风，多数作品尽力描绘妇女的容貌、服饰和情态，辞藻艳丽，色彩华美，题材狭窄，内容空虚，缺乏意境的创造。其中也有少数作品能够脱去脂粉气，具有较为开阔的生活内容。以韦庄成就最高，牛希济、李珣、欧阳炯等人也有突破"花间"词风的佳作。"花间"词直接影响了北宋词坛，直到清代常州词派。

西昆体

西昆体是北宋初期以《西昆酬唱集》的产生为标志的一个文学流派。

宋初，结束了晚唐五代长期分裂割据的局面，社会由混乱而安定，由衰败而繁荣。宋王朝为了粉饰太平，有意提倡诗赋，常常在庆赏、宴会之时，君臣作诗，彼此唱和。后来，杨亿把这些点缀升平的诗歌汇编起来，名为《西昆酬唱集》，共收十七人的五七言近体诗二百四十八首。该书一出，文人争相仿效，形成了一个势力很大的文学派别，在宋初诗坛上风靡了将近半个世纪。

该派以杨亿、钱惟演、刘筠为领袖。在艺术形式方面，他们宗奉李商隐，但只是片面地发展了李商隐秾丽、雕镂的一面，故一味追求辞藻的华丽，声律的和谐，对仗的工稳，典故的堆砌。有些诗，词意比李商隐更晦涩，简直像"谜子"。有些诗，剽窃前人诗句，七拼八凑，玩弄文字游戏，格调低下。西昆体只重形式、脱离现实的柔弱、浮艳的诗风，是晚唐诗风的畸形发展，遭到了许多人的非难和反对。

天才的全能作家苏轼

苏轼（1037～1101年），宋代文学家、书画家。字子瞻，号东坡居士，世称苏东坡。眉州眉山（今属四川）人。出身于有文化教养的寒门地主家庭。祖父苏序是诗人，父苏洵长于策论，母程氏亲授以书。嘉祐二年（1057年）参加礼部考试，中第二名。仁宗殿试时，与其弟苏辙同科进士及第。因母丧回蜀。嘉祐六年（1061年）经欧阳修推荐，应中制科第三等，被任命为大理评事签书凤翔府判官。任期满后值父丧归里。熙宁二年（1069年）还朝任职，正是王安石推行新法的时期。他强调改革吏治，反对骤变。认为"慎重则必成，轻发则多败"。因意见未被采纳，请求外调，从熙宁四年（1071年）起，先后任杭州通判，密州、徐州、湖州知州。每到一处，多有政绩。元丰二年（1079年），御史中丞李定等人摘取苏轼诗句深文周纳，罗织罪名，以谤讪新政的罪名逮捕入狱。5个月后被贬黄州为团练副使。元丰八年，哲宗立，任用司马光，废除新法。苏轼调回京都任中书舍人、翰林学士知制诰等职，由于与当政者政见不合，再次请调外任。先后任杭州、颖州、扬州知州。后迁礼部兼端明殿、翰林侍读两学士。绍圣元年（1094年）哲宗亲政后，苏轼又被一贬再贬，由英州、惠州，一直远放到儋州（今海南儋州市）。直到元符三年（1100年）徽宗即位，才遇赦北归。死于常州。宋孝宗时追谥文忠。

苏轼政治上几经挫折，始终对人生和美好事物有着执着的追求。他的思想主体是儒家思想，又吸收释老思想中与儒家相通的部分，保持达观的处世态度。文学主张与欧阳修相近。要求有意而言，文以致用。重视文学的艺术价值。创作以诗歌为多，计2700多首，题材丰富多样。诗中表现了对国家命运和人民疾苦的关切，特别是对农民的同情。如《荔枝叹》《陈季常所蓄朱陈村嫁娶图》《五禽言》《吴中田妇叹》等。描写自然景物的诗写得精警有新意，耐人寻味。如《有美堂暴雨》《题西林壁》等。诗歌还反映了各地的风土人情和生活画面，无事不可入诗。写物传神，奔放灵动，触处生春，极富情韵，成一代之大观。苏东坡散文成就很高，为唐宋八大家之一，谈史议政的文章气势磅礴，善于腾挪变化。叙事记游的散文既充满诗情画意，又深含理趣。《喜雨亭记》《石钟山记》、前后《赤壁赋》是其代表作品。其词作多达三百四五十首，突破了相思离别、男欢女爱的藩篱，反映社会现实生活，抒写报国爱民的情怀。"无意不可入，无事不可言"，包括对农民生活的表现。词风大多雄健激昂，顿挫排宕。语言和音律上亦有创新。"指出向上一路，而新天下耳目"。在词的发展史上开创了豪放词派。代表作品有《江城子·密州出猎》《水调歌头·明月几时有》《念奴娇·赤壁怀古》等。爱情词、咏物词均有佳作，表现出多样化的艺术风格。

诗文合刻本有明代的《东坡七集》。诗集有王十朋编的《集注分类东坡诗》25卷。

黄庭坚与江西诗派

江西诗派是以北宋黄庭坚为开山鼻祖的宋诗主要流派。该派因南宋初吕本中作《江西诗社宗派图》而得名。其主要作者有黄庭坚、陈师道、陈与义、曾几等人。

黄庭坚有他自己的诗歌理论。他强调"诗者人之性情也，非强谏诤于庭，怨忿诟于道，怒邻骂座之为也"。如果诗歌表现了"讪谤侵凌"的思想感情，那就"失诗之旨"了。他非常推崇杜诗韩文，但强调的是学习杜韩诗文的"无一字无来处"，把书本知识作为文学创作的源泉。在具体的创作方法上，他有两个著名的论点：一是"点铁成金"说；二是"夺胎换骨"说。主张在意境、典故、语言上向古人借鉴，经过自己的熔铸改造，变化形容而推陈出新，"以俗为雅，以故为新"，"以腐朽为神奇"。他坚决反对陈言熟滥。黄庭坚的这些理论，被江西诗派奉为作诗的准则。

黄诗在当时声誉极高，甚至有人认为超过苏（轼）诗。因此，被他的追随者奉为领袖，成为所谓江西派"三宗"（指黄庭坚、陈师道、陈与义）中最主要的一"宗"。但黄庭坚的诗中，也有一些突破他的"法度"的作品，如《雨中登岳阳楼望君山》《登快阁》等，清新流畅，有真实感受。

江西诗派中另一个在理论与创作上较有成就的是陈师道。他与黄庭坚一样，也反对诗歌的"怨刺"作用，主张"宁拙毋巧，宁朴毋华，宁粗毋弱，宁僻毋俗"。他开始崇拜黄庭坚，进而学习杜甫。他的五律苍坚瘦劲，七律崟奇磊落。有些诗，如《别三子》《送内》《寄外舅郭大夫》等，写得较浅易古朴。

陈与义是江西诗派后期的代表作家，是南北宋之交的杰出诗人。他也尊杜学杜，但直到南渡之后，国破家亡的现实才使他对杜诗的精神实质有了深入领会，写了不少感怀家国的诗篇，苍凉悲壮，从思想内容到句法声调，都颇似杜甫。

江西派其他成员创作成就各不相同，但都不能与该派"三宗"比肩。由于江西派以学习杜甫为号召，创作上独具特色，能别开生面，其理论对于生活狭窄而书本知识丰富的文人又很有吸引力，因此它不仅能在北宋末、南宋初风靡一时，而且一直影响到元、明、清的诗坛。清末的宋诗派，就是它的余波。在中国文学史上，江西诗派的确是一个少见的影响深远的大流派。

陆游

陆游（1125～1210年），字务观，号放翁。越州山阴（今浙江绍兴）人。他从小就受到很好的文化教养和爱国思想的熏陶，绍兴二十四年（1154年），应礼部试，名列第一，但因为名列秦桧的孙子之前，又在文章中论及恢复北方失地，被黜落。孝宗即位后，陆游任枢密院编修官，赐进士出身。宦海遭遇几起几落，在宝谟阁待制任上致仕。

陆游一生自称"六十年间万首诗"，实际存诗9300多首。他的诗歌内容十分丰富，几乎涉及了南宋前期社会生活的各个方面，作品里洋溢着收复中原、统一祖国的爱国热情和壮志难酬的悲愤。陆游的创作大致分为三期：从少年到入蜀之前为第一期。《夜读兵书》《送七兄赴扬州帅幕》《投梁参政》等表达了献身报国的决心。入蜀到罢官东归为第

陆游

二期。由于亲临前线，他写下了很多热情洋溢的爱国诗篇。如《三月十七日夜醉中作》《八月二十二日嘉州大阅》《金错刀行》《观大散关图有感》等。著名的《书愤》（早岁那知世事艰）千百年来为人们广为传诵。这一时期写诗的艺术技巧也日趋成熟。第三个时期是退居故乡直到逝世。这一时期作品最多。诗中表现出清旷淡远的田园风味，也流露出苍凉的人生感慨；并在一定程度上反映了农民的疾苦，如《农家叹》《太息其三》等。在许多作品里也愤怒地揭露和谴责了南宋统治集团苟安误国的罪行，如《关山月》等。到临死前的《示儿》诗，恢复中原、统一祖国这一时代的呼声构成了陆游诗歌的基本主题。

陆游词作存130多首，"其激昂感慨者，稼轩（辛弃疾）不能过"；但多数为清丽缠绵之作。如著名的《钗头凤》倾吐了与表妹唐琬曲折而深挚的恋情；《卜算子·咏梅》寄寓着高尚的襟怀。

陆游的散文著述也很丰富，有的记述生活经历，有的抒发思想感情，有的论文说诗，

有的抒发爱国主义情怀,如《静镇堂记》《铜壶阁记》《书渭桥事》等。《澹斋居士诗序》体现了他的文学主张;《烟艇记》《居记》等颇富情味,类似小品文;随笔式散文《老学庵笔记》,具有史料价值。

第二次古文运动

第二次古文运动又称新古文运动,是北宋以欧阳修为领袖的文学革新运动。

北宋初期,内容空洞、专事雕饰的西昆体诗风靡一时;而唐代韩愈、柳宗元倡导的古文运动早已低落,但影响并未中绝。就在晚唐五代浮靡文风在宋初发展的同时,对立的复古主义思潮也在发展。一些主张复古、取法韩、柳的知识分子,如柳开、王禹偁、穆修、石介等人,主张恢复韩、柳古文的传统,文章应该"明道""致用""尚朴重散",拉开了宋代古文运动的序幕。但终因势单力孤,加上理论和创作上成就不高而未能成功。

欧阳修以自己的政治地位和文坛影响,团结和吸引了一大批文学之士,他既进行古文理论探讨,又进行古文创作实践,形成了一个比唐朝韩、柳时代规模更大的浪潮,文学史上称之为"新古文运动"。

欧阳修是新古文运动的领袖,他在理论上既重道,又重文,但强调道先于文,以道充文。《五代史伶官传序》《醉翁亭记》等是其散文名篇。苏轼的文学成就最大,他的散文历来与韩、柳、欧三家并称。他强调文章应该"有补于国","有为而作",在"不能自己"的精神状态下自然地、真实地抒写自己的思想感情。在语言的运用上,强调"辞达",使客观事物"了然于心",并且"了然于口与手"。他写作时,追求行文自然,故其作品笔力纵横,挥洒自如,波澜迭出,变化无穷。《前赤壁赋》《后赤壁赋》《留侯论》《承天寺夜游记》等,是其名篇。苏轼以他散文创作的高度成就,最后完成了新古文运动。

王安石以政论文见长,风格遒劲峭刻。《本朝百年无事札子》《答司马谏议书》《读孟尝君传》是他散文中的名篇。苏洵长于议论文,作品风格雄健,《权书》《衡论》是其代表作。苏辙的记叙文写得纡徐曲折,汪洋淡泊,饶有情致,《黄州快哉亭记》是其名篇。曾巩的文风从容不迫,委婉亲切,可从《墨池记》一文看出。

宋朝的新古文运动比起唐代的古文运动来,不仅规模大,成就也更为突出。它真正确立了古文的统治地位,骈文从此不能东山再起。

宋代志怪与传奇

宋代志怪与传奇是宋代的文言小说,是六朝志怪和唐代传奇的余波。从总的方面来看,其思想和艺术的成就不如唐传奇。宋代志怪与传奇专集多,单篇少。较早的都收在《太平广记》中;其后辑录的专集有徐铉的《稽神录》、吴淑的《江淮异人传》、刘斧的《青琐高议》、皇都风月主人的《绿窗新话》、洪迈的《夷坚志》等,有的记述了多方面的生活现象,可以反映当时社会的某些侧面。

单篇传奇从题材内容来看,大致分为两类:一类是描绘封建帝王奢侈荒淫和昏庸腐败的;主要是写汉成帝、隋炀帝、唐玄宗和宋徽宗。如秦醇的《赵飞燕外传》,就是描写赵飞燕和昭仪受汉成帝宠爱的故事;又如托名颜师古的《隋遗录》和无名氏的《海山记》《迷楼记》《开河记》,记述的是隋炀帝开运河、游江都、造迷楼、修西苑等暴虐荒恣的行为。另一类则是写爱情故事和表现妓女生活的。如秦醇的《谭意歌传》写谭意歌和张正字曲折的爱情故事，结构和描写明显地受到了唐传奇《霍小玉传》的影响，但以团圆结束；又如张实的《流红记》，根据唐代"红叶题诗"典故渲染成篇。写书生于祐在宫墙外御沟中拣得一片红叶，上有宫女题诗，后来得此宫女为妻的故事。这些作品里的妓女大多是歌颂对象，作者总是赋予她们多才多艺、貌美多姿、感情真挚等美好的外貌、性格和感情，在她们身上倾注着同情，具有对历史和现实的批判意义。

作为一代小说作品，宋代的志怪与传奇对以后的元、明、清三代的小说、戏曲，还是起到了不小的影响作用。

婉约派与豪放派

婉约派与豪放派彼此相对，都是宋词流派名。

当代研究者一般认为，宋词分为婉约派与豪放派两大流派。婉约派上承晚唐五代绮丽词风，多写男女艳情、离愁别绪、个人遭际；形式上讲求音律，遣词造意宛转曲折，含蓄蕴藉。宋代词人多属此派，而风格各异：或清疏峻洁，或和婉明丽，或清新凄怨，或典丽精工，或密实险涩，未可一概而论。此派历来影响极大。前人论词，多奉婉约词为正宗。

豪放派以苏轼为鼻祖。北宋中期，苏轼突破"词为艳科"的藩篱，凡怀古、感旧、抒志、咏史、写景、记游、说理、赠别等内容，皆举以入词，又不拘束于声律，意境清新高远，风格豪迈奔放，遂开创豪放一派。

宋室南渡之后，民族危亡，词人多宗奉苏轼，以豪放之词抒写悲愤激昂之情。至辛弃疾卓然特起，继承发扬苏词传统，进一步扩大词的题材，以抒发爱国情怀，悲歌慷慨，意境雄奇阔大，风格沉郁悲凉。

《沧浪诗话》

《沧浪诗话》是一部诗歌理论著作，南宋严羽著。写成于宋理宗绍定、淳化年间，凡五门：《诗辨》《诗体》《诗法》《诗评》《诗证》。书末附《与吴景仙论诗书》。

《诗辨》阐述了古今诗歌的艺术风格及诗歌的学习和创作方面的问题，是全书的总纲。严羽认为："诗有别材，非关书也；诗有别趣，非关理也。然非多读书，多穷理，则不能极其至。"所以，"学诗者以识为主"。由有识达到妙悟，由妙悟而通禅道，达到"羚羊挂角，无迹可求""言有尽而意无穷"的最高艺术境界。《诗体》叙述历代诗歌风格流派演变的历史。《诗法》讨论诗歌的技法和法度。《诗评》《诗证》与一般诗话内容相似，评论汉魏以来的诗歌，考证作者、异文等。

"金元文宗"元好问

元好问（1190～1257年），金代作家、史学家，字裕之，号遗山；祖系属鲜卑族拓跋部，忻州秀容（今山西忻县）人。

元好问从小受父亲、继父的影响，又从郝天挺学习6年，潜心经传、刻苦学诗；兴定五年（1221年）进士，不就选。哀宗正大元年（1224年）中宏词科，充国史馆编修；历任镇平、内乡、南阳县令，行尚书省左司员外郎等职。金亡以后，他转回家乡，专心著述，经过十多年的努力，编成《中州集》和《壬辰杂编》。元人修《金史》，多取材于这两部书。《中州集》是金诗总集，以诗存史，保存了金代作家的大量资料。

元好问的诗歌创作采取现实主义的创作方法，真实地记录了金末蒙古汗国初期的社会现实。如《壬辰十二月车驾东狩后即事五首》《癸巳四月二十九日出京》《癸巳五月三日北渡三首》等，抒发了国破家亡的悲愤心情,是金亡的史诗。同时,也有描写在苛重的租赋征役的压迫下人民痛苦生活的诗篇,沉挚悲凉;而描写自然景物和抒发个人感情的作品,则写得气势雄伟,意味醇厚。

元好问在诗体和风格上多样化,绝句、七古和七律造诣都很深。金宣宗兴定元年(1217年),他在福昌县三乡镇写下著名的《论诗绝句三十首》。评论了自汉、魏迄于宋代的许多重要诗人和流派,针对时弊,发表了自己对诗歌的主张。他提倡建安风骨,重内容不重形式,重淳朴自然不重雕琢华艳。强调重视现实,以刚健慷慨的风格表现高尚的情怀,提倡清新自然的风格,否定江西诗派的主张。他对陶渊明和谢灵运十分欣赏,主张文道统一,广师博取。这些观点直接影响到了元明文学的发展。

著有《元遗山先生全集》包括诗文40卷、年谱3种、词和小说各4卷。

"董西厢"与"王西厢"

《西厢记》的故事取材于唐代元稹的传奇《莺莺传》,又名《会真记》。《莺莺传》写张生寄寓于山西蒲州普救寺,孀妇崔氏携女莺莺回长安,途中亦寓该寺。恰逢兵乱,张生与蒲州驻将杜确有交谊,得其保护,崔氏母女幸免于难。崔氏设宴答谢张生,席间,张生见到莺莺,为之动情,后得丫鬟红娘相助,两人得成欢好。但剧情的结局却是张生去长安应试后抛弃了莺莺。因为《莺莺传》情节曲折,文辞华美,故事流传很广。到了金代,董解元创作了被后世称作"董西厢"的《西厢记诸宫调》。

"董西厢"对《莺莺传》从立意上做了根本性的改造,张生从轻薄文人变成了多情才子,莺莺则富有反抗精神,剧情的结局为莺莺随张生私奔。

《董西厢》全书用了14种宫调的193个套曲,共5万多字,结构宏伟、情节曲折,直接影响了王实甫的《西厢记》。

董解元,生卒年不详,名字、籍贯、生平事迹均不可考,据《录鬼簿》记载,他是金章宗时人,蔑视礼教、狂放不羁,具备深厚文化修养。所著《西厢记诸宫调》又称《弦索西厢》《西厢搊(chōu)弹词》,通称《董西厢》。

王实甫(1260~1316年),又名德信,大都(今北京)人,生平不详。创作时代大致在元成宗元贞、大德年间,有杂剧作品13种,今只存3种,即:《西厢记》《丽春堂》《破窑记》(一说关汉卿作)。另存《芙蓉亭》《贩茶船》各一折,散曲数首。王实甫的《西厢记》更多地借鉴了"董西厢",故事框架基本一致,但结构更为紧凑,戏剧性更为突出,剧情也有调整,如结尾处张生在惜别莺莺半年后,得中状元,有情人终成眷属等。

《西厢记》,即"王西厢",超越了传统的"才子佳人"模式,崔、张二人追求的已不是封建时代夫贵妻荣、门当户对的婚姻思想,而是真挚热烈的爱情,自始至终,对爱情的执着一直被他们置于功名之上。结尾处,该剧更是第一次在文学和舞台上正面表达了"愿普天下有情人都成了眷属"的美好愿望。在戏剧结构与表演模式上,《西厢记》也称得上是一部创新之作,打破了元杂剧一人主唱的管理,由张生、莺莺、红娘等轮番主唱,体制上的创新丰富了该剧的艺术表现力。

《西厢记》一经问世,便备受瞩目,元明时人把它称为"杂剧之冠""天下夺魁",有人甚至把它与《春秋》相提并论。尽管王实甫《西厢记》的原本已经失传,但自明代以来,坊间出现了大量的《西厢记》刊本,版本不下百种。

唐宋八大家

唐宋八大家是唐代韩愈、柳宗元，与宋代欧阳修、苏洵、苏轼、苏辙、曾巩、王安石等八人的合称。八家之名始于明初朱右选韩、柳等人文所编的《八先生文集》。明代中叶唐顺之编纂《文编》，唐宋文亦仅取此八家。稍后，茅坤辑成《唐宋八大家文钞》，"唐宋八大家"之名遂广泛流传。

唐宋八大家

宋元话本

宋元话本是宋元时期说话艺人的底本。在宋代，"说话"渐渐职业化，而且进一步发展为专门化，有不同的家数和名称。大体上分为小说、讲史、说经、合生四家。小说话本一般取材于现实，一次讲完。内容包括爱情故事、公案故事、英雄故事、神怪故事等。

话本小说既多出自民间艺人之手，且在民间流传，作者姓名身世往往不详，考定作品的创作年代也比较困难。有些作品，如《简帖和尚》《五戒禅师私红莲记》《西湖三塔记》等，创作年代究竟属宋、属元，抑或属明，至今尚无定论。因此只好把它们统归于宋元这个大阶段。谈到话本，习惯上多以宋元并称，原因即在此。

长篇的宋元话本，仅存《新编五代史平话》《宣和遗事》《全相平话五种》及《大唐三藏取经诗话》等数种。这些讲史话本的出现，说明中国民众对于历史事件和人物的浓厚兴趣，也再次证实中国小说与历史的不解之缘。由于每部话本所述的故事都头绪纷繁并有相当的时间跨度，它们往往划分卷次、章节以清眉目，形成了中国古典长篇小说的基本体制。

宋元话本发扬了志怪、传奇等古代小说的优良传统，是中国小说史上的重要发展阶段。它对明清白话小说的发展有着很大的影响，是中国古典长篇小说的源头。

元曲四大家

元曲通常称"四大家"，即关汉卿、白朴、马致远、郑光祖。

关汉卿

关汉卿（约1230~约1300年），号已斋，又作一斋。大都人。其籍贯尚有祁州（今河北安国）伍仁村、解州（今山西运城）等几种不同的说法。《录鬼簿》列他为"前辈才人"56人之首，明代朱权《太和正音谱》说他"初为杂剧之始"，在元代杂剧作家中，他的创作年代较早，被称为"驱梨园领袖，总编修师首，捻杂剧班头"。

关汉卿熟悉舞台，常常"躬践排场，面傅粉墨，以为我家生活，偶倡优而不辞"，和女演员珠帘秀等交往密切。他曾南游扬州、杭州等地，扬州和杭州也都是元杂剧创作和演出活动的中心。

关汉卿现存18种杂剧，根据题材内容大致可以分为三类：社会剧，如《窦娥冤》《蝴蝶梦》和《鲁斋郎》等；爱情婚姻剧；历史剧，如《单刀会》《双赴梦》和《哭存孝》等。

在社会剧中，《窦娥冤》以它对社会的

深刻批判，对人物精湛刻画，以它强烈的反抗精神及全部艺术力量，成为一代悲剧杰作，是关汉卿杂剧的代表作之一。

关汉卿的爱情婚姻剧着重表现他对普通人民的颂扬和尊崇，这类描写爱情婚姻和妇女的作品在关剧中占有相当的比重，包括《救风尘》《望江亭》《拜月亭》《诈妮子》《金线池》《谢天香》《玉镜台》等。关汉卿塑造了赵盼儿、谭记儿和王瑞兰等性格鲜明的妇女形象，反映了元代的社会习俗、婚姻制度和社会矛盾，对妇女，尤其是下层妇女在爱情婚姻上的不幸遭遇，寄予深切的同情，并且把她们描写成有崇高灵魂的人物。关汉卿能够在一些地位低微的女子身上发掘出她们美丽、崇高的思想品德，正是他的进步思想的表现。

历史剧有《单刀会》《西蜀梦》和《哭存孝》等。其中，成就最高、流传最广的是《单刀会》。剧中人物的事迹，不局限于正史的记载，而带有浓厚的民间传说的色彩。与社会剧爱情婚姻剧不同，关汉卿的历史剧在反映客观世界时，更加高扬着作家的主体意识。

白朴

白朴（1226～约1306年），字太素，号兰谷，初名恒，字仁甫。陕州（今山西河曲附近）人。父亲白华为金枢密院判官，金哀宗天兴二年（1233年）蒙古军攻破金都城开封，白朴与母亲在兵乱中失散，由诗人元好问带他到山东聊城。后数年，与父亲重会，不久移居真定（河北正定）。他自失母后即不吃荤腥，并立志不做元朝官吏，经常游山玩水，饮酒赋诗，一度居于南京，晚年北返。后因其子为官，赠白朴嘉议大夫、太常卿。

《梧桐雨》一剧取材于白居易的叙事长诗《长恨歌》，描写唐玄宗李隆基和宠妃杨玉环的爱情悲剧。它借李、杨悲剧来抒发一种美好东西失去后无法再得的寂寞和悲哀，以及人世盛衰无法预料的幻灭感。《墙头马上》的风格则明显不同，取材于唐代白居易新乐府《井底引银瓶》，具有浓厚的戏剧性和生动的戏剧冲突，写李千金与裴少俊相爱而私自结合，在裴家花园匿居7年，生下一儿一女，终被裴父发现赶出，后来，裴少俊赴考得官，裴父向裴少俊赔礼，又获重圆。剧中李千金的形象尤有光彩，她不同于《西厢记》中的莺莺，其个性更多地带有市井民间女子率真、泼辣和豪爽的特点，显得格外新颖。

马致远

马致远，生年不详，卒于元英宗至治元年（1321年）到泰定元年（1324年）之间，号东篱，大都人。约在大德年间，他出任江浙行省务官；在杭州时与散曲作家卢挚唱和；晚年过着隐居生活。所作杂剧今知有15种，现存7种；散曲有辑本《东篱乐府》，计收小令104首，套数17套；代表作为《汉宫秋》。

《汉宫秋》敷演王昭君出塞和亲的故事，马致远把画工毛延寿写成手握权柄而卖国投敌的奸臣，着力描写王昭君不顾个人安危，舍弃与汉元帝的恩情，以出塞和亲来保住国家不亡，最后投江自杀殉国的悲剧历程，从而赋予此剧鲜明的爱国思想主题。

马致远杂剧的思想内容比较复杂，然而却有较大的艺术感染力，如《青衫泪》《荐福碑》等，通过描写儒士的不幸命运，对现实社会有所抨击，同时流露出怀才不遇的思想感情；又如《岳阳楼》《黄粱梦》等神仙道化剧，他的神仙道化剧都是演述全真教的度脱故事，思想倾向贴近全真教教旨。主张逃避现实，提倡修道登仙，但也暴露了当时不公正的社会现实，并对其作出了谴责。

郑光祖

郑光祖，生卒年不详，字德辉，平阳襄

陵（今山西临汾）人，曾任杭州路吏，卒于杭州，葬于西湖灵芝寺。作品数量多，名声甚大，戏曲界称为"郑老先生"。

《倩女离魂》是郑光祖的代表作，根据唐陈玄祐的传奇小说《离魂记》改编而成。写张倩女与王文举原是指腹为亲，王文举上京应试，倩女思念成病，魂离身体去追赶王文举，相随3年。王文举状元及第后，衣锦还乡，携妻到岳母家，倩女的灵魂与躯体合而为一。作品歌颂了倩女对爱情大胆、热烈的追求，封建的伦理道德，扼杀不了她追求爱情、追求幸福婚姻的强烈愿望，这种愿望甚至能使灵魂摆脱受禁锢的躯壳而自由行动，精诚所至，超出人力所及的范围，是一部有独特艺术魅力的爱情婚姻剧，对后世的戏曲和小说影响极大。剧中曲词艳丽而不流于纤弱，情节简单而紧凑，写情写景都有独到之处，在元杂剧里是一流作品，极富有积极浪漫主义精神。

郑光祖的作品注重藻饰而不追求秾郁，文词秀丽流转，并且精于音律。王国维评价说："郑德辉清丽芊绵，自成馨逸，不失为第一流。"

"秋思之祖"：《天净沙·秋思》

马致远的小令《天净沙·秋思》被《中原音韵》誉为"秋思之祖"，曲云：

枯藤老树昏鸦，
小桥流水人家，
古道西风瘦马。
夕阳西下，
断肠人在天涯。

此曲以多种景物并置，组合成一幅秋郊夕照图，让天涯游子骑一匹瘦马出现在一派凄凉的背景上，从中透出令人哀愁的情调，抒发了一个飘零天涯的游子在秋天思念故乡、倦于漂泊的凄苦愁楚之情。小令句法别致，前三句全由名词性词组构成，一共列出九种景物，言简而义丰。全曲仅五句二十八字，语言极为凝练却容量巨大，意蕴深远，结构精巧，顿挫有致。

"词林宗匠"：张可久

张可久（1279～约1354年），号小山，庆元（今浙江宁波）人，曾以路吏转首领官，仕途上不甚得志，时官时隐，足迹遍及江南。他是元代后期散曲的代表作家，也是一代曲风转捩（liè）的关键人物，享誉当时。

张可久一生专写散曲，有《小山乐府》，今存小令850多首，套曲9首。生活的窘困，使他多有抑郁感愤之作，如《庆东原·和马致远先辈韵》九首、《卖花声·怀古》等。他的散曲以山林隐逸和写景之作最多，也最能代表他的艺术风格。在以"归兴""旅思""道中"等命题的作品中，常表现出悲凉的情绪和对安定的田园生活的渴望，与传统的隐逸文学情调不甚相同。他讲究曲律和音韵，着力于炼字炼句，对仗工整，字句优美，熔铸诗词名句，含蓄蕴藉，但有时过于注重形式美，不免失之于雕琢。

"南曲之宗"：《琵琶记》

代表南戏艺术最高成就的，是被誉为戏文中的"绝唱"和"南曲之宗"的《琵琶记》。

《琵琶记》剧写新婚燕尔的蔡伯喈（jiē）迫于父命赴京应试，考中状元后，牛丞相奉旨强招为婿。此时，家乡陈留郡连年荒旱，妻子赵五娘在家历尽艰辛，吃糠咽菜，奉养公婆，公婆相继饿死，五娘罗裙包土埋葬了公婆，一路弹唱琵琶，寻夫到京。最后一夫两妇，庐墓旌表。《琵琶记》把民间文艺中弃亲背妻的蔡伯喈改写成一个孝义两全的正面人物，并宣称"不关风化体，纵好也徒然"，可见高明是以提倡封建道德风化为创作主旨的。可是，当他真正进入剧情构思以后，主要起作用的却是他实际的生活经历和内心对社会现实的忧虑感。因此剧中有力地突出了当时社会的深刻矛盾，展示了广阔的生活画面。剧中主要人物虽然都浸染着作者赋予的封建说教气息，但毕竟是源于生活而且高于生活的艺术形象，所以都各具个性，有血有肉，情态逼真。尤其是赵五娘这位人间苦难肩荷者的形象，更具有震撼人心的艺术感染力。

"千秋词匠"：汤显祖

汤显祖（1550～1616年），字义仍，号海若，又号若士、清远道人、临川人。隆庆四年（1570年）举人，因拒绝首辅张居正招揽，万历十一年（1583年）才中进士；万历二十六年弃官归家，从此即在自建的"玉茗堂"内专心创作戏曲。佛学大师达观和他交谊颇深，罢官后他曾与李贽相会，达观和李贽对汤显祖影响较大。他与袁宏道、屠隆、徐渭、沈懋学、梅鼎祚等人相友善。

汤显祖重视思想内容，反对音律束缚，提倡神情合至，描绘理想境界，主张文章"不在步趋形似"。作品有传奇《紫钗记》《牡丹亭》《南柯记》和《邯郸记》，合称《临川四梦》或《玉茗堂四梦》。诗文和尺牍有《红泉逸草》《问棘邮草》《玉茗堂集》等。《临川四梦》中，以《牡丹亭》的成就最高，堪称绝世之作。

罗贯中与《三国演义》

罗贯中，生卒年不详，活动于1330～1400年前后，名本，字贯中，别号湖海散人。太原人，或钱塘（今浙江杭州）人，或庐陵（今江西吉安）人。曾参加反元斗争，做过元末农民起义领袖张士诚的幕僚，明人王圻在《稗史汇编》中说他"有志图王"，很有政治抱负。明太祖朱元璋统一中国后，

毛宗岗评点的《三国志演义》书影

罗贯中改而从事"稗史"的编写，在民间传说和讲史平话的基础上，加工整理成《三国志通俗演义》。编著了《隋唐志传》《三遂平妖传》《粉妆楼》及杂剧《宋太祖龙虎风云会》等。

在罗贯中的作品中，以《三国演义》成就最高，是中国小说史上长篇章回小说的开山之作，其思想性和艺术成就对后世小说发展产生了深远的影响。作品以宏大的气魄、艺术化的笔墨描述了从汉末三分到三国归晋这将近一个世纪的中国历史。其中对风云变幻的政局、惊心动魄的战争和奇谲诡诈的谋略所做的淋漓尽致的描绘，尤显作者超凡的艺术功力，构成本书情节设置和故事发展的主要特色。小说塑造了曹操、刘备、诸葛亮、关羽、张飞、孙权等栩栩如生的艺术形象，其中曹操和诸葛亮的形象最有典型性。

小说除了曲折惊险、富有传奇色彩而容易吸引人之外，又因为它用浅近文言写成，明快流畅，雅俗共赏，极便于在社会各阶层广为流传。罗贯中写人述事大致"七分事实，三分虚构"，后来的讲史小说多半遵循这个准则。明代以来，市井平民了解古代历史，多依凭这类讲史小说，可见《三国演义》影响之大，传播之广。

施耐庵与《水浒传》

施耐庵（约1296~1370年），元末明初小说作家，《水浒传》的作者。关于他的生平事迹，旧籍记载很少，且歧义甚多。明代高儒《百川书志》称其为钱塘（今杭州）人；《兴化县续志》记载明代王道生撰《施耐庵墓志》称其祖籍姑苏（今江苏苏州），后迁居兴化（今江苏兴化）；吴梅《顾曲麈谈》记施耐庵即元末剧作家施惠。1949年后人民文学出版社曾组织调查，也未获确证。相传，他原是元朝至顺进士，后因不满官场腐败，弃官归乡，从此自绝仕途，闭门著书。所作《水浒传》《三国演义》《隋唐志传》《三遂平妖传》等，均属与人合著。从诸多材料来看，《水浒传》"非成于一时，作于一人之手"，自宋迄明，众多通俗文学家均曾对此增润修饰，其中，以施耐庵贡献最力，影响最大。

《水浒传》是一部为宋代"草莽英雄"树碑立传的长篇小说，取材于宋江起义故事，但并不是历史小说，而是借一点历史的因由和背景来进行大胆的想象与虚构。据史籍记载，北宋宣和年间，宋江等三十六人起义于河朔，威力甚大，致使京东官军数万不敢与之对抗。南宋时，这些草莽英雄的事迹被说书人采入话本，加上许多传奇色彩，广泛地流播于街头巷尾。施耐庵将历代的作品与民间传说中的水浒故事汇集起来，进行梳理和加工，还虚构出诸如武松打虎杀嫂、鲁智深醉打山门、宋江浔阳楼题反诗等热闹精彩情节，连缀构合而形成了这部史诗式巨著。

《水浒传》通过对不同出身、不同经历的社会中下层人物一个个被"逼上梁山"的反抗历程的描绘，深刻地揭示了当时社会中官府、豪绅与广大人民之间的严重对立，并且形象地展示了在黑暗政治下各个社会阶层，包括统治阶级内部的急剧分化和重新组合的必然规律。这部小说塑造造反英雄群像十分成功，几百年来，历代统治者一直将其诋为"诲盗"之作。

吴承恩与《西游记》

吴承恩（约1500~约1582年），字汝忠，号射阳山人。淮安山阳（今江苏淮安）人。父亲热衷功名，屡试不爽，弃儒经商。吴承恩自幼酷爱野史稗言，博览群书，名闻乡里。为人正直，性格"迂疏浪漫"，轻时傲世，颇有骨鲠之气；他屡挫于科场，对八股取士的科举制度种种弊端有着比较深的认识，对"欺伪之术日繁""奸诈之风日竞"的社会现实产生强烈不满，从此走上借神话鬼怪故事发愤懑之情、表达自己理想的道路。

吴承恩根据玄奘西天取经的历史事实和民间传说加工而成的《西游记》是其代表作，小说描绘大闹天宫的孙悟空皈依佛门，和猪八戒、沙和尚一起保护唐僧，经历九九八十一难，去西天取到真经，自己也成"正果"。取经的历程尤为惊险出奇，它由四十多个相对独立又相互关联的故事组成，意在表现孙悟空降魔除妖的神通和不畏艰难险阻的斗争精神。这部小说最独到之处是借魔幻世界来穷尽人间众生相。书中大部分人物，既是神奇的，又有强烈的人性和现实感。孙悟空这个理想化的神话英雄形象，在古代神魔小说形象系列中最有艺术魅力，在民间达到了妇孺皆知的地步。

《西游记》的成功，刺激了当时不少作者竞写神魔小说，西游故事的续书如《续西游记》《西游补》等相继问世。

《金瓶梅》

《金瓶梅》是明代长篇小说，作者为谁，至今未能确认；明代沈德符《野获编》有"闻此为嘉靖间大手笔"语，因此疑为王世贞所作，并不可信。民国年间在山西发现明代万历四十五年丁巳（1617年）刊《金瓶梅词话》，据其序知为兰陵笑笑生作。兰陵系山东峄县（今枣庄）旧称，"笑笑生"生平事迹无考；今人多信为山东无名氏所作。书名取书中潘金莲、李瓶儿、庞春梅三人名字拆合而成。

《金瓶梅》与《三国演义》《水浒传》《西游记》合称为明代"四大奇书"。共100回。借《水浒传》"武松杀嫂"一段为因由衍生而成。写恶霸、官僚、豪商西门庆勾结官府、横行乡里、巧取豪夺、蹂躏妇女，由发迹到灭亡的历史。一定程度上显示了封建社会的腐朽，反映了晚明时期的社会现实，塑造了西门庆及众多的市井人物。描摹世态人情颇为细致，细节描写很成功。语言生动、流畅、明快，多用方言、成语、谚语、歇后语。在题材、手法、结构上对《红楼梦》有很大影响。但作品采用自然主义方法处理情节，多有色情描写，开小说创作描写色情淫秽现象之风。

《金瓶梅》作为中国第一部文人独立创作的长篇，在中国小说发展史上具有里程碑意义。从此文人创作就逐步取代宋元以来根据民间讲唱加工而成的话本，成为小说创作的主流。

冯梦龙的"三言"

冯梦龙（1574～1646年），字犹龙，号龙子犹、墨憨斋主人、顾曲散人、姑苏词奴等。长州（今江苏苏州）人。冯梦龙少有才气，但怀才不遇，57岁才补了一名贡生；曾任江苏丹徒县训导、福建寿宁知县等小职。清兵南下时，参与抗清活动。顺治三年（1646年）死于故乡。

文学上，冯梦龙推崇李卓吾的文学主张，崇尚自然，提倡文学表现人性，打破了以封建道统来衡量文学作品的标准，有一定进步意义。他自己正是在这种进步文学思想的指导下从事文学活动的。他一生致力于通俗文学的搜集、整理和写作。曾刊印《挂枝儿》《山歌》等民歌集；创作《双雄记》等传奇剧本；改编《平妖传》《新列国志》等小说；评纂《古今谭概》《太平广记钞》等作品；还编辑了《喻世明言》《警世通言》和《醒世恒言》三部短篇小说集，简称"三言"。其中，以"三言"影响最大。

"三言"共收小说120篇，其中有宋元旧篇和明人新作，也有冯梦龙的拟作。不过不论是旧篇还是新作，都经过了冯梦龙的增删和润饰。"三言"的编纂虽有明显的"劝讽"世人意图，但故事和人物反映了活生生的社会现实。这些作品与唐宋传奇多写才子佳人和明代前期长篇小说多写历史题材与英雄神怪等趋向都不同，它们以城市生活与商业活动为主要背景，以市井细民为主要角色，以市民的家庭、爱情、公案及恩怨纠葛等为主要题材。

这三部书从总体来讲，代表了明代短篇小说的最高成就，以其众多的典范性作品，推动了古代白话短篇小说的繁荣和发展，影响深远。

凌濛初的"二拍"

凌濛初（1580～1640年），字玄房，号初成，别号即空观主人，乌程（今浙江吴兴）人，出身于官僚地主家庭。早年不得志，专以著作刻书为事。崇祯四年（1631年）任上海县丞，十二年（1639年），擢为徐州通判，两年后在与农民起义军对抗时呕血而死。

凌濛初写小说的时间比冯梦龙晚，因为"三言"在市面走红，他在书坊老板的怂恿下，很快写出"二拍"，即《初刻拍案惊奇》和《二刻拍案惊奇》。据凌濛初说，在取材时，发觉自己原来所见的宋元旧本已被冯梦龙"搜括殆尽"，于是他另取"古今来杂碎事可新听睹、佐谈谐者"来编写成小说。可以说，这是文人不依傍旧话本而独立从事短篇白话小说创作的开端。

"二拍"各收40篇小说，题材内容也以反映明代市民生活及其思想意识者为多，因而多数篇章都有一定的吸引力，语言也比较通俗生动。

"前七子"与"后七子"的拟古运动

拟古运动，是明代"前后七子"倡导的文学运动。"前七子"指李梦阳、何景明、徐祯卿、边贡、康海、王九思和王廷相，以李、何为首，活动在弘治、正德年间。"后七子"指李攀龙、王世贞、谢榛、宗臣、梁有誉、徐中行和吴国伦，以李、王为首。活动在嘉靖、隆庆、万历时期。

"前后七子"不满于台阁体，也不满于当时流行的八股文、"理气诗"，企图以"复古"振衰救弊，改变当时的文风。他们共同的口号是"文必秦汉，诗必盛唐"，主张从模拟入手。"前七子"的"复古"旗帜一树，很快就形成了一个声势浩大的文学运动，"后七子"又继续沿着"前七子"的路线前进，把这一运动推向一个新的高潮。但是，他们倡导的"复古"仅仅是从格调、法度等形式方面学古，实质上是以拟古为复古，谈不上什么革新创造，因而"前后七子"这一持续百年的文学运动只能称之为"拟古运动"。他们的大部分诗文创作就是"拟古"的产物。

"后七子"中的李攀龙在拟古方面走得更远，"其为诗务以声调胜，所拟乐府，或更古数字为己作，文则聱牙戟口，读者至不能终篇"。

"三袁"与公安派

"三袁"是明代后期公安派代表作家袁宗道、袁宏道、袁中道的并称。《明史·文苑·袁宏道传》："袁宏道，字中郎，公安（今湖北公安）人。与兄宗道，弟中道，并有才名，时称三袁。"

"三袁"深受李贽等人思想的影响，追求个性自由，反对伪道学对人性的束缚。在文学主张上，激烈反对复古、拟古，主张独抒性灵，不拘格套，使前后七子所倡导的持续百余年的复古思潮因而衰退。他们还推崇民歌，高度赞赏通俗文学，冲破士大夫独尊传统文体的偏见。创作上大量写清灵通脱、新颖别致的小品文，进一步解放文体。"三袁"中，袁宗道最早反对复古和道学文风，开创了公安派；名声最著，长于论诗，为公安派提出了较系统的文学主张；诗文则感愤国家，关怀民生，率直自然，活脱鲜隽。袁中道于宏道卒后，进一步阐发修正其诗论；作品直抒胸臆，文笔优美。

公安派是明代万历年间出现的文学流派，以袁宏道及其兄袁宗道、其弟袁中道为首，又因三兄弟是公安人而得名。

公安派文人首先以自然之"趣""韵"为理想，肯定独立自然的人类天性，而与前后七子标榜的"学问""理""法"对立；其次以"势"（即事物发展规律）为哲学依据，评析文学现象、文学流派。他们以"性灵说"作为创作论核心，充分肯定文学对人性的表现，写出了大量清新的作品。他们还推重民歌，提倡通俗文学。但他们的作品多数篇章局限于闲情逸致的抒发，偶有抨击时政、表现对道学不满之作、

明代神魔小说

明代神魔小说可以分为两种情况：一种是模仿《西游记》的，如《四游记》《西游补》等；另一种是别叙故事讲神魔之争的，如《封神演义》《三宝太监西洋记》等。其中，《封神演义》是继西游记之后最著名的神魔小说。

《封神演义》写的是中国历史上武王伐

纣的故事，但它不过是借用这一历史故事作为敷衍神话的轮廓和线索，其主要内容都是幻想出来的人物和情节，而历史记载上有根据的一些人物和事件在它的艺术结构中只占有着很次要的位置。它在艺术上受到民间神话传说的一些影响，写出了一些动人的情节和故事，如申公豹的倒行逆施，土行孙的土行法，特别是哪吒闹海的故事，被广为传颂。但是，作品缺少成功的艺术形象，人物大多是一种封建政治、道德标准的提线，性格模糊不清，语言也流于平板拖沓。

洪昇与《长生殿》

洪昇（1645～1704年），字昉思，号稗畦，曾是国子监生，极富才华，诗文俱佳，有杂剧《四婵娟》，分别写古代四位才女风华学识之美，而传奇《长生殿》最为著名。

《长生殿》取材唐明皇、杨贵妃故事，上承白居易《长恨歌》、陈鸿《长恨歌传》、白朴杂剧《梧桐雨》传统，而在歌颂生死不渝的爱情和批判帝王荒淫误国两方面，均有所发展，以致主题思想难以克服的矛盾，在剧中表现得格外突出。

孔尚任与《桃花扇》

孔尚任（1648～1718年），字聘之，一字季重，号东塘、岸堂，自称云亭山人，山东曲阜人，孔子六十四代孙。他自幼习儒，曾应科举，任国子监博士，但仕途并不顺利，而其思想深处的民族意识又非常顽强，所以他写了传奇《桃花扇》。

《桃花扇》一剧，侯方域、李香君的爱情线索贯穿始终，以他们的悲欢离合，勾连起形形色色的人物的活动和命运，从而表现了那个天荒地变的国家倾颓的时代，也触及了相当广阔的社会面。女主人公李香君不但外貌美丽，而且人格高尚，深明大义，鲜明地反衬出男主人公侯方域徒有虚名的外表下孱弱卑琐的灵魂。作者将最深沉的同情给予社会地位卑微而爱国感情炽烈的民间艺人，如柳敬亭、苏昆生等。他们既是普通百姓，又是时代的喉舌，所以往往借他们之口唱出反映主题的歌词。剧中最精彩、最深刻而强烈地抒发故国之思的唱段，如作者借苏昆生编创的北曲套数《哀江南》，堪称千古绝唱。

李玉用戏曲挽救"颓世"

李玉（约1591～约1671年），字玄玉，又作元玉，自号苏门啸侣，又号一笠庵主人。吴县（今江苏苏州）人。崇祯末年中乡试副榜，明亡后专事戏曲创作。

在明清之际，一大批反映东林党人和魏忠贤阉党斗争的戏剧、小说作品，把传统的忠奸斗争的主题推向了前所未有的高度，李玉的代表作《清忠谱》就是其中之一。该剧是以现实的政治斗争为题材，符合历史的真实，具有史剧的规模。

李玉认为，社会之所以黑暗，是因为统治者不施行仁政德治，而推行惨无人道的特务政治和专制统治；权奸邪佞之所以可恶，是因为他们权欲膨胀，图谋不轨，如此等等。因此，他创作传奇，就是要"更锄奸律吕作阳秋，锋如铁"，其理想结局就是逆贼受到惩罚，忠臣扬眉吐气，朝廷政治获得新生。他极力想向人们表明：封建制度并非腐朽透顶，无可救药，它的病态，充其量只是因为一部分悖逆伦理道德的邪恶势力散发着毒素，侵袭了健康的肌体；只要"明王在此"，只要既清且忠的正派官僚重掌朝纲、教权和文柄，那么封建制度就可以凭借自身的道德重整和秩序重建，治愈痼疾，获得新生。

桐城派

桐城派是清代中期、末期文坛上势力最

大、影响最广的一个散文流派。其代表人物方苞、刘大櫆、姚鼐都是安徽桐城人，故名。该派主张师法先秦两汉及唐宋八大家的散文，反对八股文，有一套较为完整的古文理论。

桐城派创始人方苞继承明代归有光的"唐宋派"古文传统，提出"义法"的主张。"义"，是指文章的中心思想、基本观点；"法"，是指表达中心思想或基本观点的形式技巧，包括结构条理、运用材料以及语言等。他要求作文"明于体要"、语言"雅洁"。

刘大櫆补充方苞的理论，认为"义理、书卷、经济"是文章的材料和内容，而"神、气、音节"是作家之"能事"。姚鼐又发展刘大櫆的理论，提倡"义理""考据""文章"三者合一，并对各种文体提出"神、理、气、味、格、律、声、色"八点要求。他把作品的艺术风格分为"阳刚"和"阴柔"两大类。

该派的理论强调义理与辞章的统一，概括了历代古文家在章法、用语上的不少成就，特别强调文章的一整套具体的形式技巧，虽未免戒律过多，但便于掌握。该派的作品中碑志、传状较多，艺术上以典雅、洁净、凝练著称。名篇有方苞的《狱中杂记》、姚鼐的《登泰山记》等。

蒲松龄与《聊斋志异》

蒲松龄（1640~1715年），字留仙，一字剑臣，别号柳泉居士，世称聊斋先生，山东淄川（今淄博市）人。

蒲松龄少有文名，但多次应试，始终不第，不得不依靠做幕僚或坐馆授徒为生，直到年过古稀，才援例得为岁贡生，一生饱尝八股科举之苦。他博学多识，天文地理、农桑医卜之书无不涉猎，尤其喜欢搜奇异闻事，民间谣谚传说，《聊斋志异》凝聚了他一生的心血。

《聊斋志异》书影

《聊斋志异》写成于康熙十八年（1679年），全书近500篇，是在广泛收集民间传说、野史逸闻的基础上，经过作者的艺术加工写成的。一部分系笔记随札式的短章，大部分是"用传奇法而以志怪"的短篇小说。就其内容而言，多叙狐鬼妖魅故事，荒诞不经、超乎常理的情节细节比比皆是，故近于志怪。而手法、技巧则取自传奇，与志怪迥然不同。其故事情节往往曲折婉转，起承转合、悬念高潮、尾声余韵，均由作者用心安排，绝非志怪式的简单记录可比。人物刻画不但注重形貌风采，而且深入内心世界，个性气质、习惯偏嗜乃至说话的声气口吻，均在描绘之列，所以形象之丰满细腻远胜于志怪的粗糙简陋。

以荒诞离奇的情节、犀利辛辣的反讽式语言揭示对社会生活的体认，借以舒泄胸中孤愤，是蒲松龄的主要艺术追求。如《司文郎》《贾奉雉》《王子安》等，不但具有文学价值和美学情趣，更具震撼人心的力量。《聊斋志异》中的恋爱故事，以男性作家的绮思艳想为动机和情节基础，往往写得动情而优美，这些小说成功地塑造出众多性格各异而资质风采俱美的少女形象，都不同程度地表现了中国民间对女子外形美和内在美的理想。尽管这种理想涂上了落魄知识分子的幻想色彩，并有其不可避免的时代局限，但其中流露的对于少女的基本看法和态度，与《红楼梦》中贾宝玉以"女儿为水做的骨肉"近似而相通。

《聊斋志异》以后，仿作者不断，但那些作者或者徒存姑妄言之的狐鬼故事，或者据实纪闻，退回志怪的传统，但也几乎掀起了一个文言小说的创作高潮。

《儒林外史》

《儒林外史》是长篇讽刺小说，作者吴敬梓（1701～1754年），字敏轩，号粒民，晚年自称文木老人，安徽全椒人。《儒林外史》成书于吴敬梓五十岁以前，开始仅以抄本流传。

《儒林外史》原本55回，现在通行的刻本是56回。小说以封建士大夫的生活和精神状态为中心，揭露科举制度对士人心灵的腐蚀，描写了各种类型热衷功名的八股迷们的丑恶嘴脸，以及有些人由儒生变成贪官污吏和土豪劣绅后横行霸道残害人民的罪恶。书中不仅写"儒林"的堕落，还反映了封建统治下以贪酷为能的政治风气，对封建吏治的腐败、礼教的虚伪、世态炎凉等予以深刻的揭露和批判，进而讽刺了整个封建制度的腐朽和不堪救药。书中塑造了许多生动的人物形象，如考到60多岁还是个童生，受尽侮辱嘲弄，而一旦取得"功名"，就立刻改变了社会地位的周进；一直考到胡须花白还没有中举，中举后却疯狂失态的范进；迂腐呆板、满口读书做官论的马二先生；原本纯洁朴实，考取秀才后便六亲不认、招摇撞骗的匡超人；鼓励自己女儿自杀殉夫，后来又"悲悼女儿，凄凄惶惶"的老秀才王玉辉，以及临死还心疼灯盏里点了两根灯草的悭吝财主严监生等。小说还通过王冕、杜少卿、荆元等正面人物形象寄托了作者的理想，希望用儒家的礼、乐、兵、农来挽救即将溃败的社会，反映了作者思想上的矛盾和局限。

《儒林外史》是中国叙事文学中讽刺艺术的高峰，对以后的长篇小说特别是谴责小说，如《官场现形记》《二十年目睹之怪现状》等，产生了深刻的影响。

曹雪芹

曹雪芹（1715？～1763或1764年），名霑（zhān），字梦阮，号雪芹、芹圃、芹溪。

曹雪芹的曾祖曹玺曾任江宁织造，曾祖母孙氏做过康熙帝玄烨的乳母，祖父曹寅历任正白旗包衣佐领，内务府郎中，苏州、江宁织造和两淮盐御史。曹寅死后，由儿子曹颙（yóng）承袭江宁织造。不久曹颙病死，康熙命曹颙之母过继了一个儿子曹頫，继续担任江宁织造。康熙六次南巡，四次都以曹寅任内的江宁织造署为行宫。曹寅的两个女儿都被选做王妃。曹寅善写诗词，又是当时有名的藏书家，著名的《全唐诗》就是他奉皇帝之命主持刊印的。雍正五年

曹雪芹像

（1727年），因清廷内部的政治斗争受牵连，曹頫获罪革职，第二年被查抄，全家迁回北京，家道遂衰。

曹雪芹究竟是曹颙之子还是曹頫之子，现在还难以确定。家庭败落后，他曾一度在北京的右翼宗学当教习或差役，并结识了敦敏、敦诚兄弟；晚年，他在北京西郊"蓬牖茅椽，绳床瓦灶"，过着"举家食粥"的生活。曹雪芹在极其艰苦的条件下，发愤写作，成《红楼梦》80回，未及终稿而一病不起，溘然长逝。

《红楼梦》

长篇小说《红楼梦》的作者是曹雪芹，原稿题名《石头记》，主要以80回抄本的形式在社会上流传。乾隆五十六年（1791年），程伟元首次用活字排印了高鹗续补的120回本，书名改为《红楼梦》。

《红楼梦》是一部百科全书式的小说。其涉及人物从皇妃国戚、贵族阁僚到丫鬟小厮、倡优细民、僧道商农，几乎涵盖当时社会各个阶层。其描写范围，从上层社会的礼仪酬应、庆吊往还、诗酒高会，到平民百工从事的匠作营造、栽花种树、畜禽养鱼乃至医卜星相、演义说唱，刺绣烹饪，可谓无所不包，表现了清代社会生活的方方面面。

小说是从讲故事发展起来的，但成功地塑造人物才是其艺术归宿。《红楼梦》的超绝之处在于它既写得多，又写得好；据统计全书涉及700多个人物，而堪称典型的不下100个，这些形象的美学内涵浓厚广博，令人叹为观止。

如《红楼梦》的男主人公贾宝玉，他在大观园中过着众星捧月般的生活，结果变成一个只愿在脂粉堆里厮混而拒绝读书上进、求官入仕的"不肖孽障"。他有不少怪癖，更有许多妙论，与那些叔侄和兄弟辈的纨绔子弟在思想上、道德上、人品上有许多不同，但他们形象的客观意义却是相辅相成的。他们的存在从两个侧面、两个方向上征兆着封建统治阶级的腐朽和糜烂。

《红楼梦》的叙述语言生动细腻，对话语言酷肖人物身份、性格，大到《芙蓉女儿诔》《葬花词》，小到一则灯谜、一支酒令，无不精妙绝伦。

《红楼梦》是中国古典小说巍峨的丰碑。在它高大身影的映照下，同时和以后的许多小说确难再有突破性的表现。它标志着中国古典小说现实主义的高峰，在中国文学史上产生了巨大影响。

《镜花缘》与女性解放思潮

嘉庆年间出现的《镜花缘》是清代中期继《红楼梦》之后比较优秀的一部小说，其作者为李汝珍。

《镜花缘》写唐代武则天当政后，诏令百花在冬天开放。众花神被迫遵令而被上天所遣，谪于人间。为首的百花仙子托生为秀才唐敖之女唐小山。唐敖赴考得中探花，却被人告发与叛臣徐敬业结拜而被黜革。唐敖因此看破红尘，随妻兄林之洋和舵工多九公出海经商游历，经过四十多个国家，见识了各种各样的风土人情和社会现象，搭救结识了一些由花神转世的少女。后半部则写武则天开科考试，由花神托生的一百名才女全部考中，她们多次举行庆贺宴会，弹琴赋诗、行令论文、谈学论艺，显示各自的才学，末尾则叙徐敬业、骆宾王等人的儿子起兵讨伐武则天，在仙人帮助下，打败了武氏兄弟设下的酒色财气四大迷魂阵，从而使唐中宗复位。

《镜花缘》思想内容中最突出的精华，是李汝珍对封建社会里的男尊女卑现象表现了极大的愤慨和不满。小说颂扬女性的才能，着重写了一百个才女的活动，而她们的活动已不像《红楼梦》那样，仅仅停留在家庭里，而是活动在社会上，其表现出来的才能智慧，绝不亚于男子。由于在封建社会里参加科举是参加政治活动的先声，因此，李汝珍在《镜花缘》里实际上已经接触到女子参政的问题。这种广泛地多方面地写妇女的活动，而且抛开男女性爱来写女性，在中国古典小说中是具有开创意义的。

四大谴责小说

谴责小说是晚清小说的一种。鲁迅在《中国小说史略》中，把大量出现于戊戌维新变法失败以后，以暴露社会黑暗，指摘政治腐败为中心内容的小说称作"谴责小说"。

《官场现形记》

《官场现形记》作者李宝嘉（1867～1906年），又名宝凯，字伯元，号南亭亭长，江苏武进（今常州）人。

《官场现形记》创作于光绪二十八年（1903年）至光绪三十一年（1905年），最初连载于《世界繁华报》，并分5编，每编12回。全书由三十多个短篇故事连缀而成，涉及大小官吏百人以上，上自王公大臣，下至佐杂小吏，无所不有。通过这些故事，作品集中暴露了清末官场的腐败污浊：朝廷公开卖官鬻爵，贿赂公行，官吏无不贪赃枉法，利欲熏心。尽管作者在小说中表达了对官场腐败的深恶痛绝，但缺乏深沉的思考和丰富的内涵。

《官场现形记》在艺术上深受《儒林外史》的影响，没有贯穿始终的中心人物和主要情节，但它开创了专写官场、显其弊恶的小说新格局，是清末新小说中写得较好的一种。此后，描写其他各界如商界、学界、女界等"现形"之作不断涌现，逐渐形成清末谴责小说的创作高潮。

《二十年目睹之怪现状》

《二十年目睹之怪现状》作者吴趼人（1866～1910年），名沃尧，字小允，号茧人，后改研人，广东南海人。

《二十年目睹之怪现状》1903年开始在《新小说》上连载，1906年上海广智书局出版单行本，至1910年出齐8册，共108回。作品描写的是1884年中法之战到1904年前后20年间，社会上的种种怪现状。全书以自号"九死一生"的"我"作线索，把20年来的所见所闻贯穿起来，展示了一幅清王朝崩溃前夕的社会画卷，并从侧面描绘了帝国主义对中国的疯狂侵略。作品的"怪现状"主要指的是：官场的贪污受贿、营私舞弊；官僚的卑鄙龌龊、道貌岸然、畏敌如虎、卖国投敌等，重点在于揭露官场的腐败。对宗教家庭的骨肉相残、亲朋同事间的尔虞我诈，也做了淋漓尽致的描写。

《老残游记》

《老残游记》是四大谴责小说中思想复杂而艺术成就比较突出的一种。作者刘鹗（1857～1909年），原名孟鹏，字铁云，别署洪都百炼生，江苏丹徒（今镇江）人。

《老残游记》塑造了老残形象；老残"摇个串铃"浪迹江湖，以行医糊口，自甘淡泊，不入宦途，浮云富贵，关心国家和民族命运，同情人民疾苦。作品通过老残游历中的所见所闻，反映晚清社会残败景象，揭露过去文学作品很少揭露的"清官"暴政。作者称"历来小说皆揭赃官之恶，有揭清官之恶者，自《老残游记》始"，"清官则自以为不要钱，何所不可？刚愎自用，小则杀人，大则误国"。因此，作品重点描写了"才能功绩卓著"的曹州府长官玉贤的残暴；"清廉得格登登的"齐河县令刚弼的主观武断、刚愎自用，造成魏家的冤案；抚台大人治河，采用错误理论方法，以致造成广大沿河居民蒙受黄河淹没的惨祸。小说客观上反映出当时山东部分地区人民，在官吏残暴统治下，生活悲苦，冤狱累累的景象。艺术上以洁净的语言对自然景物作朴素的摹写，在朴素描写中表现事物的具体形象，鲁迅称之为"叙景状物，时有可观"；还采用比喻、烘托、白描、心理描写等多种艺术手法塑造人物形象。语言畅达、生动形象，富有个性化。

《孽海花》

《孽海花》的作者曾朴（1872～1935年），家谱载名为朴华，初字太朴，改字孟朴，又字小木、籀斋，号铭珊，笔名东亚病夫，江苏常熟人。

《孽海花》共30回，其中前6回为金天翮作。1903年在《江苏》月刊第八期上发表第一、二回，后将原稿寄给曾朴所办的小说林书社，并由曾朴修改和续写。成书于1930年，1931年以后才有30回的单行本。作品以状元金雯青与名妓傅彩云的婚姻故事为线索，串连了一大批高级士子，通过他们的一些琐闻轶事，描写了从同治初年起到甲午战败止的30年间"文化的推移"和"政治的变动"。从中可以看到中法战争、甲午战争重大历史事件的爆发，帝党、后党的激烈斗争以及顽固派、洋务派、改良派、革命派等政治势力的消长演变。小说揭露了帝国主义的侵略野心以及清政府的腐败无能、封建士大夫的昏庸堕落，表达出识洋务、进西学、谋富强的政治主张。

对资产阶级革命党人表示同情，对官僚名士的腐朽生活讽刺尖锐。

《醒世姻缘传》

《醒世姻缘传》是清初出现的一部以家庭为描写中心，以婚姻关系为暴露对象的人情小说，原名《恶姻缘》。现存最早的同治庚午刻本题为"西周生辑著"，"燃藜子校定"。有说西周生即蒲松龄，尚无定论。全书100回。叙写晁源和狄希陈两代冤仇相报的姻缘故事。武城县晁源射杀仙狐，娶娼妓珍哥为妾，纵妾虐妻，使妻计氏自缢身亡。晁源死后托生为狄希陈，死狐托生为狄妻薛素姐，计氏托生为狄妾童寄姐，珍哥托生为妾婢珍珠。妻妾因前世冤仇，逼死珍珠，又肆意凌辱狄希陈。后经高僧点明因果，狄希陈诵《金刚经》万遍方消除冤孽。

全书围绕婚姻主线，广泛描写了封建社会里的城镇和都市的世情风俗，是中国小说史上第一次以现实主义的笔墨，解剖了封建社会的家庭夫妻生活的作品。它严肃而尖锐地揭示了封建社会晚期家庭婚姻中纲常不振的反常现象，反映了封建社会趋向解体时传统的儒家礼教是如何失去维系人心力量的，具有很强烈的现实意义。但作者写作的目的是为了宣扬和维护封建道德，而不是批判封建家庭的关系和道德。另外，作者轮回转世、因果报应的宗教迷信思想，也使作品蒙上了浓厚的宿命论色彩。

艺术

金文

金文是商周以降刻在或铸在青铜器上的铭文。由于古人称"铜"为"金",所以这种文字又被称为"金文"。

与甲骨文相比,金文有意识地省去了甲骨文中的图画成分,字的描摹性特征也明显减弱,一些在甲骨文中直接描摹事物本身形象的字,在金文中已演化为由线条交构而成的距离事物原型很远的"字"。比如甲骨文中的"犬""豕""兔""虎""象"等表示动物的文字,多数都还画成有首有尾有肚腹的样子,而在金文中它们一律减省了肚腹部分,首和尾的表现也不十分明显。

在写法上,金文的书写已在追求整体规范的外部风貌,纵向自动成行,横向更是有意识地排列,字体的大小也更为接近。在造字上,形声字在金文中的比重迅速增大,明显居于主导地位,这意味着金文已基本脱离了象形图画的束缚,越来越向纯粹的线形符号靠拢。

由于金文是刻画或铸造在钟鼎上面的,其刀刻的功力得到了淋漓尽致的发挥,端庄古拙,沉稳浑厚,不仅对后世的书法艺术产生了深刻的影响,而且直接影响到以后的篆刻艺术。时至今日,不仅书法家中有专攻金文者,而且篆刻家中也有专攻金文者。

鸟虫书

鸟虫书是篆书的变体。又称"虫书",在春秋战国时期已出现,大都用在兵器上,鸟形和虫形往往杂见,在这些兵器的铭文里,制作的、工艺的审美原则代替了表现的、即兴的书写,因此从本质上说,鸟虫书属于金文的美术字。

鸟虫书的变化丰富多样,体现了古人对汉字的装饰意识。对于鸟虫书,有人认为它是文字书写向艺术方向发展的标志,也有人认为它牺牲了文字的书写性,沿着这条装饰化、美术化地道路发展下去,最终将导入一个非书法的误区。但是,鸟虫书将汉字作为美的对象,对其点画结构进行美化修饰,这比以前在线条内填涂颜色或错金要高明得多,是一种进步。它体现了古人以汉字为"文"的精神,对中国书法艺术的发展具有不可估量的积极意义。可以肯定地说,篆书演变为分书,线条中出现粗细、长短和方圆变化,出现横、竖、撇、捺、点等不同形状的笔画,都与鸟虫书在人们头脑中留下的装饰意识有直接关系。

篆书

狭义的篆书指大篆和小篆,如春秋战国通行于秦国的籀文(石鼓文)、秦统一六国后的小篆。

大篆有两种含义,一指籀文。《汉书》在

"《史籀》十五篇"下注："周宣王太史作大篆十五篇。"可见有时大篆指的就是籀文。二则泛指秦始皇统一文字以前的甲骨文、金文、籀文和春秋战国时期通行于东土六国的文字。

小篆是大篆的对称，也称秦篆。秦始皇统一中国后，为适应中央集权的需要，采纳李斯的意见，统一文字，以小篆为正字，废止原通行于六国的各类异体字。一般以为李斯所草创。以籀文为基础，加以省改而产生，字体匀圆齐整。现在可以看到的有《泰山刻石》《琅玡刻石》等。

"书同文"：秦刻石

史书记载，秦始皇统一中国后，推行"书同文"政策，在前代文字的基础上，将正体字整理为小篆，将草体字整理为隶书。秦始皇曾到全国各地巡察，在泰山、芝罘、会稽、碣石、琅玡和峄山等处，用小篆字体刻石纪功，一方面推广这种新定的正体文字，另一方面宣扬自己威加海内的丰功伟绩。这些刻石统称为"秦刻石"。

秦刻石是"书同文"的产物，在统一思想和统一文字的政策下，所谓的"同"就是标准化改造。这种改造除了字形的简化之外，在线条上，自始至终粗细一致，简洁匀净，不因为字形的笔画多而使线条变粗，这种严格等粗的线条为小篆的结体带来两个特征，一是汉字比画横比竖多，一样粗细的笔画，为了避免横画在排叠时过分拥挤，只能增加高度。因此，小篆的结体偏长。二是由于线条粗细相等，在纵横排列时，如果稍有倾侧，它所切割的空间就会不匀称，造成结体的不平稳，因此必须严格保持横平竖直，左右对称的结体原则。

这种如同规尺度量般的均衡对称令人惊叹，是秦国实行法制、追求秩序的人文精神在书法艺术上的体现。小篆的秩序化无论是在线条还是在结体上都已达到了前所未有的程度，也达到了后无来者的极致。这意味着，小篆终结了古文字系统，也终结了上古书法艺术，中国汉字的发展面临着一个崭新的转折，中国书法艺术的发展也面临着一个崭新的起点。

隶书

隶书是秦书八体之一。在新莽六书中又称"佐书"。相传是程邈所创。

隶书的发生可追溯到战国时期，当时日渐草率的六国文字就是后来隶书的先河。秦代虽用小篆来统一文字，民间则仍喜简便，统治阶层中人把这种打破小篆结构的文字叫作徒隶之书，即所谓"隶书"；但官狱事繁，也就不得不采用之于公文。秦隶只是把小篆的圆转笔画变为方折，草率而无一定法则，到了西汉末年，才渐趋齐整而有波磔，至唐，隶书又趋刻板。

汉字从篆到隶是一个结构上的重大变革，如果说小篆还可以视为古字的话，那么，隶书则是今字的开端，因为小篆还有点象形化，而隶书则已笔画化，变成了象征符号。

八分

八分传为秦时上谷人王次仲所造，与隶书相似而多波磔。

唐代的张怀瓘在《书断》中记载八分书之所以得名，是由于字的波磔左右分开，如同八字的分背。清代厉鹗在《方君任隶八分辨序》中引用蔡文姬的言论，认为是王次仲割程邈隶字八分，取二分；割李斯篆字二分，取八分：因此称作八分。一般情况下，取张怀瓘的说法。

行书

行书是介于楷书和草书之间的一种字体。因笔势简易流行，故称。

行书既不像草书那样草率而难于辨认，

又不像楷书那样工整而费时费力。因此，自汉末起，通行至今。在行书的发展演变过程中，早期最有名的代表作者是东汉桓、灵时代的刘德升，但其人事迹与作品早已亡佚，世不得见。

"秦书八体"与"新莽六书"

据许慎《说文解字》云："秦书有八体，一曰大篆，二曰小篆，三曰刻符，四曰虫书，五曰摹印，六曰署书，七曰殳（shū）书，八曰隶书。"

八体中，最主要的是大篆、小篆和隶书。

到了王莽时代，情况发生变化，《说文解字》云："新莽时有六书，一曰古文，二曰奇字，三曰篆书，四曰佐书，五曰缪篆，六曰鸟虫书。"秦书八体被改为新莽六书。

比较两者的区别，其改动的核心是保守与复古。秦书八体但曰大篆，不言古文，这说明秦代人给字体取名以今摄古，表现了厚今薄古的政策。而王莽时代，古文特别得到重视，因此成为"六书"之首，而且还把古文中的异体字也专门列作一书，曰"奇字"，这反映了当时人对古代字体的崇仰心态。

草书

草书有草隶、章草、今草、狂草之分。

汉初通行一种"草隶"，即草率的隶书。

肚痛帖 唐 张旭

后来逐渐发展，形成一种具有艺术价值的"章草"。汉末，相传张芝变革"章草"为"今草"，字的体势一笔而成。唐代张旭、怀素又发展为笔势连绵回绕，字形变化繁多的"狂草"

"草圣"张芝

张芝（？～约192年），东汉书法家。字伯英。敦煌酒泉（今甘肃酒泉）人。出身官宦家庭，其父张奂曾任太常卿。

据《四体书势》，张芝书风源自杜、崔两家，尤其得崔氏之法。因为书迹今无墨迹传世，仅北宋《淳化阁帖》中收有他的《八月帖》等刻帖，亦不算可靠，所以张芝擅长的究竟是今草还是章草至今众说纷纭，意见不一。而根据众多文献的综合分析，张芝的字体应当是介乎章草《芝白帖》与今草作品之间。

另外，有一点可以肯定，草书的本质是正体字的快写，趋急速，示简易，便于日常应用。而张芝将其作为一种艺术创作，"下笔必为楷则"，常曰"匆匆不暇草书"。因此可知，张芝的草书将中国书法从实用中解放出来，将书法活动当作毫无功利性质的纯粹的为艺术而艺术的创作，于中国书法功莫大焉。

蔡邕的"飞白书"

飞白书是一种特殊风格的书体，亦称"草篆"。笔画中丝丝露白，如枯笔书就，相传始于汉代书家蔡邕。

汉灵帝时，蔡邕见工匠修饰鸿都门用刷帚写字有奇特效果，受到启发，作"飞白书"。宋黄伯思《东观余论》云："取其若丝发处谓之白，其势飞举谓之飞。"汉、魏时宫阙题字多用之。

楷书

楷书是书体名，又称"真书""正书"，

意为真正的书写方式。楷书的"楷",有楷模、典范的意思。楷书是中国文化中使用频率最高、普及面最广也最为实用的书体。

楷书萌生于西汉时期,先是作为隶书的变体和辅助形式出现的。这个时期的楷书还没有完全摆脱隶书的原有形式,而只是为了便于书写而在笔画上渐为平直,在字体上渐为方正而已。与草书相比,楷书不仅简便易写,而且容易辨认,于是逐渐在社会上普及开来。到了汉末魏初,虽然正式的碑文还是用隶书来撰写,但在书意中已经夹杂了楷书的痕迹。魏国开国之初有《上尊号奏》和《受禅表》两大碑刻,均为隶书,但其字形已趋于方形,字势也向纵向发展,如果去掉字中的波磔,就与楷书相当接近了。因此,在中国书法艺术史上,三国时期一般被视为由隶入楷的一个过渡时期。

而后,楷书盛于南北朝、隋唐,通行至今。

"楷书之祖"钟繇

钟繇(公元151~230年),字元常,颍川长社(今河南长葛)人,是汉末魏初声名显赫的朝廷重臣,在辅佐汉献帝、曹操、曹丕、曹睿执政中起了很重要的作用。

曹操曾委托钟繇经营关中事物,经其治理,长安一带出现了繁荣景象;后来钟繇又率军平定辽阳匈奴之乱和河东卫固、张晟之乱,稳定了当地的局势。魏明帝曹睿即位后,封钟繇为太傅,因此钟繇还有"钟太傅"之别称。80岁时,钟繇因病逝世,封谥为成侯。

钟繇在书法上造诣非凡,他擅长的书体是楷书、隶书和行书。其书古朴典雅,字体大小相同,布局疏朗自然,看似敦厚温柔,实则秀藏其中。他把汉楷中简写的方正平直笔画部分集中起来,以横、捺代替隶书中的"蚕头燕尾",把篆书、草书中的圆转笔法引用过来,形成了"形体方正、笔画平直、可作楷模"的楷书,大大减少了隶书的波磔之势,改变了隶书扁平的体势和行窄字宽的布局,体势微扁,行间茂密,点画厚重,笔法清劲,醇古简静,尽管微存隶意,却蕴含一种自然质朴的意味,彰显了其书体的独特风格。而以自然状书势,在书法艺术中追求自然美,正是中国书法史上的重要美学范畴。

正因为钟繇将楷书中的简易成分集中起来,打破了隶书中的常规,变隶书平扁成楷书的方正,所以钟繇成了"楷书之祖",并与略后时期的王羲之合称为"钟王"。

钟繇创造的楷体书法风靡魏晋,对后世的影响也很大,历代书法家莫不从钟体中汲取养分,如王羲之、王献之、虞世南、颜真卿、柳公权、赵孟頫、文徵明等,都不同程度地受到钟繇的影响。

魏碑

魏碑是指南北朝时期以元魏为主的北朝碑志造像等刻石文字。亦称"北碑"。

魏碑的字的特点是略带隶书笔意,风格古朴拙壮,起笔落笔处,如刀切一般平整有力。其结构、笔势与楷书已很接近。

"书圣"王羲之

王羲之(约公元321~379年),出身于两晋琅琊的王氏望族,曾官至右军将军,会稽内史,故后人称之为"王右军"。他12岁时,父亲即传授其笔法论,"语以大纲,即有所悟"。王羲之少时师从卫夫人,后渡江北游,遍访名山,博采众长。他精研草书和楷书,草书师法张芝,正书得神于钟繇,技法上融会魏晋名家之长,神韵上凝聚魏晋玄学之妙,张扬意趣,自成一家,将外在的规则内化为心灵的需要,达到了一种法无定法的艺术境界。其行书在当时独树一帜,"右军字体,古法一变。其雄秀之气,出于天然,故古今以为师法",达到了"贵越群品,古今莫二"的艺术高度。

与两汉、西晋相比,王羲之书风最明显的特征是用笔细腻,结构多变,其最大成就在于增损古法,变汉魏质朴书风为笔法精致之书体。草书浓纤折中,正书势巧形密,行书遒劲自然。他将汉字书写从日常实用引入到一种注重技法,讲究情趣的精神境界。实际上,这是书法艺术的觉醒,标志着书法家不仅发现书法美,而且能表现书法美。后来的书家几乎没有不临摹王羲之法帖的,因而王羲之才有"书圣"的美誉。

有"天下第一行书"之称的《兰亭序》为王羲之的行书代表作,其真迹几经辗转,相传随唐太宗李世民同葬于昭陵,永绝于世。此外,王羲之的书法刻本还有《乐颜论》《黄庭经》《东方朔画赞》等楷书作品,在中国古代书法史上占有重要位置。

"天下第一行书":《兰亭序》

古人每年三月初三,要到水边游玩,以求消除灾凶,称为修禊。东晋永和九年(公元353年)的三月三日,王羲之与名士孙统、孙绰、谢安、支遁等41人,在会稽山阴的兰亭(今浙江绍兴西南兰渚)行修禊之礼,众人置身茂林修竹,曲水流觞,赋诗抒怀,即兴写下37首诗,结为《兰亭集》,推王羲之为此集作序。王羲之文思泉涌,逸兴大发,一气呵成,书就《兰亭集序》,又称《兰亭序》。

《兰亭序》的章法、结构、笔法相当成熟圆润,纸隙墨缝间散出丰裕的艺术美韵。用笔遒媚劲健,融合了篆书、隶书、草书的章法,中锋起转提按,线条如行云流水。凡324字,每一字都被王羲之塑成一个鲜活的生命,筋骨毕现,血肉丰满,且赋予了不同的秉性、精神和风仪。尺幅之内,有的像楷书,有的像草体,恍如群贤毕至,相携对酌,神态飘逸,气韵横生。王羲之的智慧不仅表现在字体结构的变化多端,更突出地表现在重字的结构上,20多个"之"字书写竟无一字雷同,各具风貌神采。在通篇布局上,以纵行为中心,文字参差相间,错落有致,但又字字相关,不离不散,字里行间流淌着音乐般的韵律。

《兰亭序》写成后,王羲之自己也十分得意,后来又写过十余遍,但都达不到原作的神妙精美之境。这幅行书遂成王家的家传之宝。传到七世孙智永禅师时,还专门修造了收藏《兰亭序》的阁楼。智永临终时,将《兰亭序》传给弟子辩才,辩才将之藏于房梁之上。此时已是唐初,唐太宗李世民酷爱王羲之书法,不惜重金购募王氏真迹。御史萧翼扮成一个穷书生,骗得辩才的信任,盗走了《兰亭序》。唐太宗得到《兰亭序》后,敕令弘文馆书法高手冯承素、赵模等人精心复制一些摹本,赐给皇族和宠臣。此外,还有欧阳询、褚遂良、虞世南等名手的临本传世。唐太宗临终时,遗命将《兰亭序》真迹与其殉葬。《兰亭序》真迹从此沉埋地下,永绝于世。

今天我们看到的《兰亭序》的最好摹本是冯承素的拓本,其卷首有唐中宗李显神龙年号小印,又称"神龙本",现藏北京故宫博物院。

《兰亭集序》帖 东晋 王羲之

永字八法

永字八法是以"永"字的八笔为例来说明书写汉字正楷笔势的方法。

一曰侧，即点；二曰勒，即横画；三曰努，即直画；四曰趯，即钩；五曰策，即斜画向上；六曰掠，即撇；七曰啄，即右之短撇；八曰磔，即捺。相传为隋代名僧智永所传，也有人说是东晋王羲之或唐代张旭所创。

欧阳询的"欧体"

欧阳询（公元557～641年），唐代，潭州临湘（今长沙）人，字信本，楷书四大家之一。其父欧阳纥曾任南陈广州刺史和左卫将军等职。因举兵反陈失败被杀，并株连家族。欧阳询因年幼幸免于难，被父亲好友收养。欧阳询聪敏勤学，涉猎经史，博闻强记。隋朝时，欧阳询曾官至太常博士。因与李渊交好，在大唐盛世累迁银青光禄大夫、给事中、太子率更令、弘文馆学士，封渤海县男，也称"欧阳率更"。

欧阳询在隋时即已书名远扬，入唐后，书风兼具南北，又自成一体，达到了炉火纯青的地步。他的书法的最高成就是楷书，既有北碑的雄劲，又汲取了二王的风韵，既得北朝碑刻方正峻利之势，又有南朝文雅秀润之姿，外观整齐稳重，内力却蕴含变化，笔力刚劲，笔画方润，纤细适中，给人以爽利精神之感，后世称其书法为"欧体"。

欧阳询的书法熔铸汉隶和晋代楷书的特点，融会六朝碑书精华，广采众家之长，用笔从古隶中出，凝重沉着，转折处干净利落，结体紧结，方正浑穆，平正中寓峭劲，点画配合整齐严谨，结构安排有疏有密，字体大都向右扩展，但重心依然十分稳固，无欹斜之感，有一种极为森严的气度，雍容大度中又有险劲之趣。

欧阳询最大的贡献，是他对楷书结构的整理。他充分思考了点画之间的主次关系，穿插挪让，整体的章法和汉字形式的类别方面，使书法成为一种严肃的、郑重其事的创作方式，而后代师从他的书法风格者亦不乏其人。

颠张狂素

狂草的极盛时期在盛唐，其巅峰代表人物是张旭与怀素，世称"颠张狂素"。

张旭（公元675～750年？），字伯高。吴郡（今江苏苏州）人。官左率府长史，因而被称为"张长史"。张旭精楷书，尤擅草书，逸势奇状，连绵回绕，独具风貌。又因时常醉后作狂草，故有"张颠"之称。

张旭是陆彦远的外甥，陆彦远传其父陆柬之的笔法，陆柬之则受业于其舅虞世南，因此，张旭得到笔法真传，颜真卿亦曾向其请教。张旭的书法，始化于张芝、二王一路，字字有法，创造出潇洒磊落、变幻莫测的狂草来，其状惊世骇俗。

张旭曾自称见公主与担夫争道，从而茅塞顿开，领悟到笔法之中顾盼与避让的关系；在河南邺县时，他极爱看公孙大娘舞西河剑器，并以此而得草书行笔之神韵。张旭是一位纯粹而执着的艺术家，他把满腔情感倾注在点画之间，旁若无人，如醉如痴，如癫如狂，后人论及唐人书法，对欧、虞、褚、颜、柳、素等均有褒贬，唯独对张旭赞叹不已，这是艺术史上绝无仅有的。

张旭的传世书迹有《肚痛帖》《古诗四帖》等，正书有碑刻《郎官石记》。

怀素（公元725～785年），僧人，俗姓钱，字藏真。长沙人。幼时出家，为玄奘门人。以善狂草知名。相传秃笔成冢，并广植芭蕉，以蕉叶代纸练字，因名其所居曰"绿天庵"。

怀素好饮酒，时人谓之"醉僧"。兴到运笔，圆转飞动，如骤雨旋风。虽多变代，而法度具备。晚年趋于平淡。前人评价怀素的狂草是集成张旭精华又有新的发展,谓"以狂继颠"。怀素曾说:"吾观夏云多奇峰,辄尝师之",他从缥缈扑朔的云雾和壮观的山峰之间的融合对比中,体味到了书法艺术中的刚柔、虚实、浓淡、舒敛等关系,所以,他的笔下尽显自然风雨之势。张旭擅以中锋笔任意挥作大草,岁书写迅速,率直癫逸,千变万化,但却能于通篇飞草之中极少失误,书艺实在高明。

尽管张旭与怀素并称,但其狂草的风格却不尽相同。单就形体而言,张旭草书喜肥笔,线条偏于丰肥圆劲,厚实饱满,连绵回绕,极尽提按顿挫之妙;怀素则喜瘦劲,笔力纵拔,字里行间轻重缓急,节奏分明,极富动感,点画看似分散,实则笔断意连。从书法的审美上看,张旭书法黑胜于白,以力量见长;怀素书法则白胜于黑,以品味取胜。究其原因,从二人的精神取向看,张旭一生以道家为取向,怀素则天机参悟,一心向佛,人生取向对书法的影响应该是潜移默化的。

"颠张狂素"的书法风格体现了草书"书者,如人也""书品即人品"的书法理论。狂放不羁者,其书豪放飘逸;沉稳成熟者,其字凝重圆润。正因为二人将精神气质契合于书法创作之中,才让笔下的字纸墨生色、神韵横飞,而二人的风华同样千古流芳。

褚遂良

褚遂良(公元596～658年),字登善。钱塘(今浙江杭州)人。官至吏部尚书,封河南郡公,世称"褚河南"。

褚遂良的正书丰艳流畅,变化多姿,对后代书风影响甚大。虞世南去世后,唐太宗李世民苦于再没有人可以谈论书法,魏徵遂引荐褚遂良。当时唐太宗征集王羲之法帖,天下争献,但没有人能断定真伪,褚遂良挺身而出,无一误断。

褚遂良在师法王羲之的同时,特别是对比较含糊的笔法现象进行了改造,把每一个顿挫的技巧夸张得很明显,点、画、撇、捺、顿挫、提、按,藏头护尾,笔笔做到准确无误。这样既不失王羲之的总气氛,同时又对历代学习王羲之的模式做了一些改造,这种改造很重要。对点画技巧的夸张分析,对于唐代建立书法法度的目标而言可以说是一个很好的前兆。褚遂良对书法的贡献正在于此。

颜筋柳骨

盛唐的颜真卿和中唐的柳公权将楷书艺术发展到了巅峰,二人并称为"颜柳""颜筋柳骨"。

颜真卿(公元709～785年),字清臣,琅玡临沂(今属山东)人,一说京兆万年(今陕西西安)人。是颜师古的五世从孙,开元进士,官至吏部尚书,太子太师,封鲁郡公,世称颜鲁公。德宗时,李希烈叛乱,被派前往劝谕,被缢死。

相传颜真卿少时家贫,用黄土扫墙习字。初学褚遂良,后从张旭得笔法。正楷端庄雄伟,气势开张;行书遒劲郁勃,古法为之一变。晚年,颜真卿以篆意融入真书,厚重雄劲,大气磅礴。世称"颜体"。

后世书家多以为颜真卿可以与王羲之、王献之的旧体相抗衡,其行书《祭侄文稿》被誉为"天下第二行书"。碑刻有《多宝塔碑》《麻姑仙坛记》《颜勤礼碑》等。行书有《争座位帖》。书迹有《自书告身》及《祭侄文稿》等。

柳公权(公元778～865年),字诚悬,京兆华原(今陕西铜川市耀州区)人。元和进士,官至太子少师。

柳公权工正、行书,正楷尤其知名。初学王羲之,得力于颜真卿、欧阳询。柳公权的书法骨力遒健,结构劲紧,自成一家,人称"柳体"。柳公权的书法在唐代当时即负盛名，民间有"柳字一字值千金"之说。

柳公权对后世影响很大。书碑很多，以《玄秘塔碑》《金刚经》《神策军碑》为最著。书迹有《送梨帖题跋》。

宋徽宗的"瘦金体"

宋徽宗赵佶在未做皇帝之前，就酷爱书画，是中国历史上一位极有成就的书画家。他的书法早年学薛稷、黄庭坚，参以褚遂良诸家，融会贯通，独辟蹊径，创立了一种笔画瘦直挺秀、结构外松内紧，不刻意藏锋的楷体，称为"瘦金体"。

瘦金体的横画收笔带钩，竖画收笔带点，撇如匕首，捺如切刀，竖钩细长；有些联笔字像游丝行空，其貌已近行书。其用笔源于褚、薛，却写得更瘦劲；结体笔势取黄庭坚大字楷书，舒展劲挺。现代美术字体中的"仿宋体"即模仿瘦金体神韵而创。

宋代四大书家：苏黄米蔡

当泾渭分明的草书和楷书艺术在唐代的张旭、怀素和颜真卿、柳公权处发展到了极致后，一股重归行书的"尚意"之风渐渐笼罩了宋代的书坛，行书艺术也随之抬头，于是，便有了苏、黄、米、蔡四大书家。

苏轼

作为北宋文坛的领袖，苏轼不仅是著名的文学家、画家，也是著名的书法家。苏轼早年学徐浩、柳公权，中年学颜真卿、杨凝式，因而有着一个由"重法"到"尚意"的转变过程。

在创作动机上，苏轼认为书法和绘画一样，只是文人修养的自然表露而已，没有必要刻意而为之，所谓"退笔如山未足珍，读书万卷始通神"，认为写字重要的不是技法上的功夫，而是文化上的素养。他甚至认为"口必至于忘声而后能言，手必至于忘笔而后能书"，只有进入一种忘情的自由状态，才可能在无意间调动出全部的文化积累，创作出富有韵味的作品。

在创作方法上，苏轼反对陈陈相因、恪守死法，主张"出新意于法度之中，寄妙理于豪放之外"，只有懂法而又不拘泥于法，才可能有所创新，有所发展。为此，他自言"吾书虽不甚佳，然自出新意，不践古人，是一快也"。

在创作风格上，苏轼认为书法的妙处既不在工，也不在奇，而只在"天真烂漫"，所谓"短长肥瘠各有态，玉环飞燕谁敢憎？"

在创作实践上，苏轼擅长行、楷，以行书见长。在前人的基础上，他创造出一种刚健有力而又婀娜多姿的独特风格，所谓"貌妍容有矉，璧美何妨椭。端庄杂流丽，刚健含婀娜"。

苏轼不仅居于"宋四家"之首，而且真正将"宋书尚意"的美学倾向确立下来。

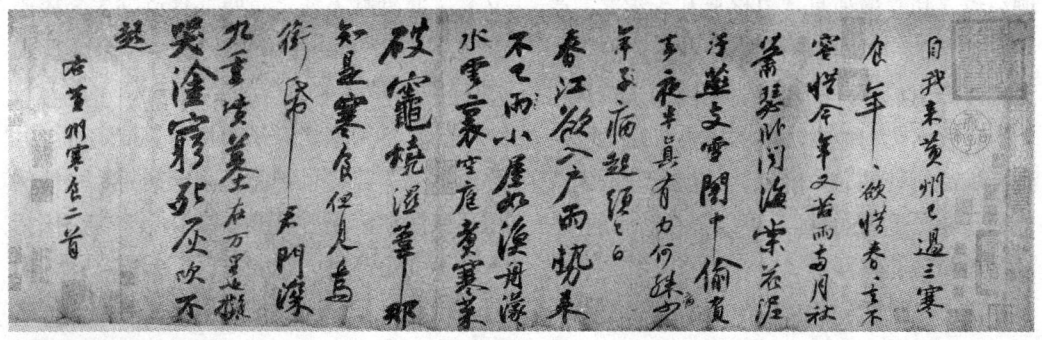

黄州寒食诗卷　北宋　苏轼

黄庭坚

黄庭坚在书法上初以宋代周越为师,后受颜真卿、怀素、杨凝式等人的影响,对于苏轼更是推崇备至。同苏轼一样,黄庭坚也十分重视书家的学识和修养,认为"若使胸中有书数千卷,不随世碌碌,则书不病韵,自胜李西台、林和靖矣"。同苏轼一样,黄庭坚也十分重视学者的人品和个性,认为"一丘一壑,自须胸次有之,但笔尖哪可得"。同苏轼一样,黄庭坚也反对死守陈规,主张发挥个性,认为"随人作计终后人,自成一家始逼真"。

沿着苏轼开辟的道路,黄庭坚进一步颠覆了唐人的法度。在字体结构上,他不像苏轼那样画方为扁,以生动见长,而是中宫紧缩,四缘扩散,甚至运用移位的方法来突破字与字之间的界限。在用笔方式上,他不像苏轼那样化拙为媚,以趣味取胜,而善于用夸张有力而又含蕴深厚的长笔,创造出苍老豪迈的韵味,形成了自己纵横奇崛、波澜老成的独特风格。

米芾

米芾是"宋四家"中唯一没有中进士的人,但从其有关绘画和书法的著作中可以看出,他同样有着很高的文化修养。米芾学书,渊源甚广,上溯魏晋,下及隋唐,钟鼎铭文,竹简碑刻,无所不学。但他学古而不泥古,敢于怀疑甚至批判自己学习的对象。米芾学柳公权,却又说他是"丑怪恶札之祖",学颜真卿,却只肯定他的行书,"真便入俗品"。之所以会出现这样的现象,是因为米芾性格上的狂放不羁和他书法上的风格变换;此外,到了米芾所处的北宋晚期,"尚意"的宋人似乎已有了更多的自信,可以不在前人的"法度"面前顶礼膜拜了。

在"宋四家"中,米芾的笔法变化最多,风格也最为全面。他善于取众家之长化为用,时人称"集古字"。在他的《蜀素帖》中,可以看到苏轼的潇洒飘逸;在他的《虹县诗卷》中,可以发现黄庭坚的老成持重。

从这一意义上讲,米芾可谓北宋书法的集大成者。因而后世的董其昌"以为宋朝第一,毕竟出东坡之上"。总的来说,无论真、行、草、篆,米芾都能以意为主,得天纵之趣。

蔡襄

蔡襄(1012~1067年),字君谟,原籍仙游枫亭乡东垞村,天圣八年(1030年)进士,曾任翰林学士等职,主持建造了我国现存年代最早的跨海梁式大石桥泉州洛阳桥,蔡襄为人忠厚、正直,讲究信义,而且学识渊博,书艺高深。

蔡襄的楷书庄重严谨,得唐人颜真卿之法度,行书则潇洒简逸,承五代杨凝式之意韵。在书法史上,是一个承前启后的转折性人物。在创作态度上,蔡襄表现出"重法"与"尚意"的双重品格。据说,他写《书锦堂记》时不仅严格遵守前人法度,而且每个字都要写上数十遍,择其善者而用之,称为"百衲碑",可谓严谨到了拘谨的程度;然而,在他日常生活的书札中,却常常无意间表露出一种盎然之趣和蓬勃生机,这也正是宋人所要发展和崇尚的东西。

《黄州寒食帖》

《黄州寒食帖》是宋代苏轼撰诗并书,又名《寒食帖》或《黄州寒食诗帖》,墨迹素笺本,横34.2厘米,纵18.9厘米,行书17行,129字。

历代鉴赏家均对《寒食帖》推崇备至,称道这是一篇旷世神品。南宋初年,张浩的侄孙张演在诗稿后另纸题跋中说:"老仙(指苏轼)文笔高妙,灿若霄汉、云霞之丽,山谷(指黄庭坚)又发扬蹈历之,可谓绝代之珍矣"。自此,《黄州寒食二首》诗稿被称之为"帖"。

明代大书画家董其昌则在帖后题曰:"余生平见东坡先生真迹不下三十余卷,必以此为甲观"。清代将《寒食帖》收回内府,并列入《三希堂帖》。乾隆十三年(1748年)四月初八日,乾隆帝亲自题跋于帖后"东坡书豪宕秀逸,为颜、杨后一人。此卷乃谪黄州日所书,后有山谷跋,倾倒至极,所谓无意于佳乃佳……"为彰往事,又特书"雪堂余韵"四字于卷首。

因为有诸家的称赏赞誉,世人遂将《寒食帖》与东晋王羲之《兰亭序》、唐代颜真卿《祭侄稿》合称为"天下三大行书",或单称《寒食帖》为"天下第三行书"。

现藏于台北"故宫博物院"。

赵孟頫的"赵体"

赵孟頫(1254～1322年),字子昂,号松雪、松雪道人,又号水精宫道人、鸥波,中年曾作孟俯,吴兴(今浙江湖州)人。元代著名画家,书法家。赵孟頫博学多才,能诗善文,懂经济,工书法,精绘艺,擅金石,通律吕,解鉴赏。特别是书法和绘画成就最高,开创元代新画风,被称为"元人冠冕"。他也善篆、隶、真、行、草书,尤以楷、行书著称于世。

赵孟頫一生与书法为伴,曾反复学习与临摹过钟繇、王羲之、柳公权、黄庭坚、米芾、智永、褚遂良等人的作品,对王羲之、王献之的书帖更是情有独钟,临写过数百本。在广泛学习古人的基础上,赵孟頫的书法能集晋韵、唐法、宋意于一体,并融会贯通,自成一家。

赵孟頫创立了楷书史上独具特色的"赵体",与唐楷的欧体、颜体、柳体并列为楷书四体。赵体不像欧体或者柳体那样高长,而是字形偏于扁方,结体宽绰而不失古朴;也不像颜体、柳体那样比较注重横轻竖重或提按等传统程式,而是用笔圆润,结体娴雅。这种楷书吸收了行书的一些成分,点、横、撇、捺之间动静相宜,流美动人。同时,其用笔不拖泥带水、不含糊暧昧,起笔、运笔、收笔的笔路都十分清晰,使学书者易懂易学。与唐楷三体相比,赵体楷书既得晋人风流倜傥之神韵,又具唐人法度端严之雍容,读其字,会感到他既能从容不迫地掌控线条,又能在平和淡定之中时露锋芒。就书法风格来讲,如果说欧体险峻遒劲、颜体雍容大度、柳体骨力劲健,赵体则娴雅秀逸,是文人书卷风流气质的典型代表。

草书"明朝第一":祝允明

祝允明(1460～1527年),字希哲,因右手生六指,故自号枝山,长洲(今江苏省苏州市吴中区)人,明代弘治年间举人,官至广东兴宁知县,专任应天府通判,世称"祝京兆"。

祝允明天资聪颖,才思敏捷,5岁能作径尺大字,9岁能写诗文,书法造诣尤其身后,兼重各体,融会贯通,声名斐然。与文徵明、王宠并称"三大家",又与唐寅、文徵明、徐祯卿并称"吴中四才子"。

祝允明的书法集各书家之长,其小楷主要学钟繇、王羲之,谨严端整,笔力稳健;其草书则学怀素、黄庭坚,又吸取唐代虞世南、元代赵孟頫书法之神韵,发扬晋代王羲之、王献之行书、唐代怀素草书之势,自成狂草一体。祝允明无拘无束的气度,表现在"狂草"中,虽偶有失笔,却写得舒展纵逸,气韵生动。他晚年的草书更显笔势雄强,纵横秀逸,为当世所重。

一般认为祝允明的草书受黄庭坚的影响较多。宋人尚意、写意书风的独抒性灵和遣兴游戏的书法理念与祝允明的性情最为吻合,但他力戒片面强调个性而不尊重晋唐传统的做法，即使在研习黄庭坚草书的时候，也时时不忘透过黄书而追踪晋韵，主张"沿晋游唐，守而勿失"，既以晋韵、唐法为根本，又表现自己的个性神貌，追求功、性并存的境界。这种浪漫主义书风，对后世书法的发展产生了巨大影响。

郑板桥自创"六分半书"

郑燮（1693～1765年），字克柔，号板桥，是康熙秀才，雍正举人，乾隆进士，后客居扬州，以卖画为生，诗、书、画号称"三绝"。

郑燮的书法与其画作、诗文相映成趣，构成不可分割的一体。其"六分半书"是一种介乎楷、隶、草之间，而将画法融入其中的书法。传说，郑板桥学书，夜间无意中在妻子徐氏肌肤上练习，徐氏一句"人各有体"启发了他，于是从古人的书体中学一半，撇一半，创立了"六分半体"。

此体可谓自出机杼，别开生面，高古简朴，风姿绰约，墨花流润，意态洒脱。用笔变化多样，撇、捺或带隶书的波磔，或如兰叶飘逸，或似竹叶挺劲，横竖点画或楷或隶、或草或竹，挥洒自然而不失法度。结字不拘陈法，肥瘦大小，偃仰欹斜，随心赋形，呈奇异狂怪之态。

工笔与写意

工笔与写意是国画的一种画法。

工笔画用笔工整，注重细部的描绘和线条美。其技法有描，分，染，罩等。描指的是白描，画者分别用浓磨，淡磨描出底稿；分是指用磨色上色，用清水分蕴开来，表现出画面的层次；染和分是一个意思，只不过用的不再是磨色，而用彩色来分蕴画面；罩色指的是整体上色。

写意是国画的一种画法，俗称"粗笔"，与"工笔"对称。

写意画用笔不求工细，注重神态的表现，在表现对象上是运用概括、夸张的手法，丰富的联想，用笔虽简但意趣生动，表现力强，属于简略一类的画法，要求通过简练概括的笔墨，着重描绘物象的意态神韵。

泼墨

相传泼墨画法始于唐代的王洽。据《宣和画谱》记载，王洽善泼墨成画，时人称他为"王泼墨"。他每欲作图之时，先把墨泼在障上，泼洒的形状像什么就画成什么，或为山，或为水，或为石，或为林泉，"自然天成，倏若造化"，没有人为的痕迹。画完以后，"云霞卷舒，烟雨惨淡，不见其墨污之迹，非画史之笔墨所能到也"。

白描

白描有单勾和复勾两种。以线一次勾成为单勾，有用一色墨，亦有根据不同对象用浓淡两种墨勾成。复勾则光以淡墨勾成，再根据情况复勾部分或全部，其线并非依原路刻板复送一次，其目的是为加重质感和浓淡变化，使物像更具神采。复勾线必须流畅自然，否则易呆板。物象之形、神、光、色、体积、质感等均以线条表现，难度很大。因取舍力求单纯，对虚实、疏密关系刻意对比，故而白描有朴素简洁、概括明确的特点。

白描多用于人物画、花卉画，著名画家有吴道子、李公麟、张渥等。

烘托与渲染

烘托是用水墨或淡的色彩点染轮廓外部，使描绘的物象明显突出。一般画流水、雪景和白描人物常运用此法。

渲染是用水墨或淡颜色涂抹画面，使色彩浓淡匀净，分出阴阳向背。

岩画

近年来，中国境内发现了大量岩画遗存。

如内蒙古阴山岩画、江苏连云港将军崖岩画、广西花山岩画、云南沧源岩画、青海刚察县岩画等。据考古学家鉴定，这些岩画许多是新石器时代人们的创造，其中数量最多、分布最广、延续时间最长的首推内蒙古狼山地区的岩画。最早的距今约有一万年。

狼山位于内蒙古阴山山脉西段，是古代游牧民族生息繁衍的地方，在绵延300公里的崖壁上凿刻着成千上万幅岩画。这些岩画多是用硬石或石质工具敲凿或磨刻而成，轮廓沟深至3厘米，表现内容多与原始部族的狩猎生活有关。当时，人们在坚硬的石壁上雕凿图画，目的不可能仅仅是为了欣赏，还有可能是记事或拜神。据学者考察，凿刻岩画的地点与石质都是经过认真挑选的，其题材与选择位置也有密切关系。

从艺术上看，这些岩画古朴、稚拙、粗犷，很像儿童笔下的形象，既刻画其所见，又直抒其所想，颇具自然天真之美。

先秦壁画

据魏人王肃撰写的《孔子家语》记载，孔丘曾去瞻仰周朝的"明堂"，看到四周的墙壁上，"有尧舜之容，桀纣之像，而各有善恶之状，兴废之戒焉"，"独周公有勋劳于天下，乃绘于明堂"。由此可知，庙堂壁画发展到西周时期已有相当大的规模。

壁画发展到春秋战国时期更为兴盛。据流传甚广的"叶公好龙"的故事所说，楚国贵族叶公喜欢龙，"宫室雕文，尽以写龙"，可知，当时不仅大型的宫殿祠堂绘有壁画，而且贵族府邸也雕梁画壁。可见绘画在当时的社会生活中已是较为普遍的现象。

战国帛画

在湖南长沙发现的公元前3世纪的两幅帛画，可谓时中国绘画史上迄今发现的最古老的绘画作品。这两幅《人物龙凤》与《人物御龙》帛画的内容和手法很相似，它们都埋在尸体旁边，上段缝裹竹篾并有丝绳系之，其用途当是葬仪中的旌幡。联系崇信巫术的楚国习俗，学者们认为途中所画人物大约是墓主或"巫祝"形象，可能是祈求天佑或引魂升天的意思。画法大体用墨线勾描、平涂设色之法。人物比例、形态、服饰的描绘都比较准确。龙凤等动物形象尤为生动，线条流畅，人物头、面部和衣服敷彩痕迹还依稀可见。

汉代墓室壁画

据记载，汉代的绘画艺术已经十分发达，既有规模宏大的壁画，又有传神写照的肖像画，既有表彰功勋、劝诫贤愚的历史画，又有充满幻想色彩的神怪画，题材多样，种类不一。但是，这些作品都未能流传下来。

值得庆幸的是，汉墓中出土的大量壁画生动地记述了两千多年前人们丰富多彩的生活情景。

在众多汉墓壁画中，规模较大、保存最好、内容最丰富的是内蒙古和林格尔县新店子一号汉墓壁画。发现于1971年，总面积100余平方米。壁画主要描绘了墓主人从"举孝廉"到"使持节护乌桓校尉"的仕途生涯。

壁画中有庞大的车骑队列、豪华的县城府舍、众多的历史人物、丰富多彩的生活场景及边塞各少数民族的地方风俗等。场面宏大，情节跌宕，结构复杂，布局缜密。如其中的《百戏图》表现墓主人观看杂技的情形。在乐队的伴奏下，表演者臂系红带，有的束髻，有的赤膊，表演着跳丸、飞剑、舞轮、倒立、爬杆等技艺，各具姿态。不仅反映了汉代杂技艺术状貌，也充满了生活情趣。

张僧繇"画龙点睛"

张僧繇,生卒年不详,南朝画家,吴(今江苏苏州)人梁武帝天监年间(公元502~519年)曾任武陵王国侍郎,后又任直秘书阁知画事、右军将军、吴兴太守等职。

张僧繇以画佛道著称,亦兼善画人物、肖像、花鸟、走兽、山水。在江南的不少寺院中绘制了壁画。绘制的肖像,能收到"对之如面"的效果。

张僧繇善吸取各种表现技法,在建康(今江苏省南京市)一乘寺用天竺(古印度)传入凹凸画法创作壁画,所绘物象,近视则平,远观具有立体感。佛像人物用功最深,形成风格,人称"张家样"。《雪山红树图》相传为其所作。后人将他与顾恺之、陆探微并列为六朝三大家。

另据《历代名画记》载,张僧繇有画龙点睛,乘云腾去的神话,原文为:"金陵安乐寺四白龙,不点眼睛,每云:'点睛即飞去。'人以为妄诞,固请点之,须臾雷电破壁,两龙乘云腾去上天,两龙未点眼者现在。"

顾恺之与《论画》

顾恺之(公元346~407年),字长康,小字虎头,晋陵无锡(今属江苏)人。与张僧繇、陆探微亦称"六朝三杰"。

顾恺之工人像、佛像、禽兽、山水等。时有"才绝、画绝、痴绝"之称。善作点睛之笔,自谓:"四体妍蚩,本无关于妙处;传神写照,正在阿堵之中。"其笔迹紧劲连绵如春蚕吐丝,被称为高古游丝描。着色以浓色微加点缀,不求藻饰。总结了汉魏以来民间绘画和士大夫画的经验,推动了传统绘画的发展。

顾恺之著有《论画》《魏晋胜流画赞》《画云台山记》,其中《论画》认为:"凡画,人最难,次山水,次狗马,台榭一定器耳,难成而易好,不待迁想妙得也。"其观点是,画人最难是因为人的内在精神和灵魂最难把握;顾恺之特别注重人物的"传神",据说他画人物曾数年不肯轻易下笔点睛。后世评论顾恺之的人物画是"得其神",而且"神妙无方",原因就在于他对人物个性品质的精妙把握。

在顾恺之的画论中所阐述的"以形写神""传神"等绘画观点抓住了艺术创作中的一个规律性问题,即要表现人物特征,他的人物画便充分体现了这一点。顾恺之的这一观点不仅成为魏晋风采的点睛之论,而且还对后世人物画产生了深远的影响。后代的画家也渐渐地专注于人物神采的描绘上,使中国人物画更丰满,更具立体感。

《历代名画记》

《历代名画记》是中国画史著作,唐代张彦远著。

张彦远(公元815~907年),字爱宾,河东(治今山西永济西)人,乾符初官大理寺卿。

全书十卷。前三卷是叙论,有15篇:一叙画之源流,二叙画之兴废,三叙历代能画人名,四论六法,五论画山水树石,六论传授南北时代,七论顾、陆、张、吴用笔,八论画体工用揭写,九论名价品第,十论鉴识收藏购求阅玩,十一叙自古跋尾押署,十二叙自古公私印记,十三论装褙褾轴,十四记两京外州寺观画壁,十五述古之秘画珍图。这些叙论部分对绘画各方面内容如历史、理论、技法、工具、鉴赏、装潢等基本上都包括无遗。后七卷编入自轩辕时起至唐会昌元年(公元841年)间画家共三百七十余人的小传。叙述简要,征引俱注明出处,并收录若干画家画论。是中国古代画史的重要著作之一。

山水画

　　山水画是中国传统画科之一，描写山川自然景色为主体的绘画。

　　最早，山水画多作为人物画的背景，魏晋时期逐渐从人物画的背景解放出来，到了唐代，经吴道子、李思训、王维等发扬光大，才成为独立的画种。两宋益趋成熟，此后日盛，遂成为中国画的一大画科。

花鸟画

　　花鸟画是中国传统画科之一，以描写花卉、竹石、鸟兽、虫鱼为主体的绘画。

　　隋唐时期，花鸟画作为一种装饰画，宫廷和上流社会流行用它来装饰宫室厅堂、屏风乃至寺观和墓室。唐代的皇室贵族和官员士人多擅画花鸟。如初唐的薛稷、中晚唐的边鸾、刁光胤等。从艺术角度看，此时的花鸟画风格比较统一，多尚富丽精工，线条精细，设色艳丽，造型上注重写实，题材则多选取单个的花鸟形象。

　　五代时，花鸟画的风格出现了分野，出现了以黄荃为代表的宫廷富贵花鸟，和以徐熙为代表的民间水墨花鸟。两派各有长短，黄派长于用色和短于用笔，徐派长于用笔而短于用色，徐派不及黄派的精工艳丽，黄派不及徐派的气韵潇洒。

　　到了宋代，黄派画风在宫廷画院中一统天下，而民间士林中的水墨花鸟因为宋代文人书画的勃兴也一直并行发展。北宋末年，宋徽宗赵佶充分吸收了黄、徐两派之长，开辟了一种独具皇家气派的花鸟画画法。

　　元代花鸟画受到宋代文同、苏轼的影响，出现了一批专画水墨梅竹的画家，而明代画家中，徐渭的淋漓畅快、陈道复的隽雅洒脱，也代表了花鸟画在文人画中的两种风格。

　　清代，石涛、恽寿平、朱耷和扬州八怪等都在花鸟画发展史上占有重要地位，朱耷的笔墨与造型尤其独树一帜，而恽寿平的没骨花卉也为花鸟画另辟蹊径。

仕女画

　　仕女画又称"士女画"，是人物画的一种，原指以封建社会中上层士大夫和妇女生活为题材的中国画；后为人物画科中专指描绘上层妇女生活为题材的一个分目。

　　这一画风的代表画家是张萱与周昉。

　　唐代仕女画的成功在于它对人物服饰的描绘。在张萱笔下，我们看到的是一般意义上的人物形象；而在周昉的画作中，我们会发现许多工笔画的特殊技巧，如仕女的发髻、披纱的透明效果、服饰的花纹装点、深色纱袖中沿边线而勾勒的白线等，都是从前工笔画中极少见的特殊技法。

　　与前代的仕女画相比，张萱、周昉的仕

芙蓉锦鸡图　宋　赵佶

女画第一次将现实中的宫廷女子推到观者面前。张、周之前的仕女画首推顾恺之，但在他的画作中，女性形象往往作为一段传说或故事的角色出现，人物注重姿态刻画，以衣袂间体现出地神韵取胜，由于基本为中景，人物面部也就并非画家关注的重点。而在张萱、周昉的画作中，往往只截取生活中的一个片断场景，如游春、捣练、簪花、挥扇、对镜等，女性形象也就成为画作的中心，人物多被置于近景，面部表情成为刻画的重点。

张、周开创的仕女画，其影响自晚唐五代一直持续到元代，尽管人物身形略有清减，但题材、神态、脸型、服饰等均沿袭其画风。直到明清时期，社会对女性的审美观发生了根本性的变化，不再以丰肥雍容为美，而转向纤巧玲珑、清绝瘦弱，仕女画的风格才随之转向。除此而外，张、周的仕女画对周边国家也产生了深远的影响，在日本的浮世绘中，至今依然可以明显地看到张、周仕女画的影子。

文人画

文人画，亦称"士夫画""士人画"，是国画的一种。泛指中国封建社会中文人、士大夫所作之画。

明代董其昌称道"文人之画"，以唐代王维为其创始者，并目为南宗之祖。但旧时也往往借以抬高士大夫阶层的绘画艺术，鄙视民间画工及院体画家。

唐代张彦远在《历代名画记》曾说："自古善画者，莫非衣冠贵胄，逸士高人，非闾阎之所能为也。"此说影响甚久。近代陈衡恪则认为"文人画有四个要素：人品、学问、才情和思想，具此四者，乃能完善"。

通常，"文人画"多取材于山水、花鸟、梅兰竹菊和木石等，借以发抒"性灵"或个人抱负，间亦寓有对民族压迫或对腐朽政治的愤懑之情。他们标举"士气""逸品"，崇尚品藻，讲求笔墨情趣，脱略形似，强调神韵，很重视文学、书法修养和画中意境的缔造。

历代文人画对中国画的美学思想以及对水墨、写意画等技法的发展，都有相当大的影响。它不与中国画三门：山水、花鸟、人物并列，也不在技法上与工、写有所区分。他是中国绘画大范围中山水也好，花鸟也好，人物也好的一个交集。陈衡恪解释文人画时讲"不在画里考究艺术上功夫，必须在画外看出许多文人之感想"。

如苏轼所作《枯木竹石图》，画蟠曲枯树一株，顽石一块，石后露出二三小竹和细草，深具意趣。米芾谓："子瞻作枯木，枝干虬屈无端倪，石皴硬，亦怪怪奇奇，如其胸中蟠郁也。"也如他诗中所说："枯肠得酒芒角出，肝肺槎丫生竹石。森然欲作不可回，写问君家雪色壁。"

宰相画家阎立本

阎立本（约公元601~673年），唐代画家，雍州万年（今陕西西安）人，祖籍榆林盛乐（今内蒙古和林格尔）。其父阎毗、兄阎立德俱擅绘画、工艺和建筑。

阎立本工书法，擅画人物、车马、台阁。时人有"丹青神化""冠绝古今"之誉。所绘《步辇图》是现存的重要作品，描绘太宗李世民接见吐蕃赞普松赞干布派来迎接文成公主的使臣禄东赞的情景，反映了汉藏两族友好关系。相传为阎立本的作品还有《古帝王图》《职贡图》等。从其作品所显示出刚劲铁线描，更富有表现力，设色沉着而有变化，人物刻画细致入微，在绘画史上具有重要地位。

阎立本除了擅长绘画外，而且还颇有政治才干。他在唐高祖武德年间即在秦王府任库直，太宗贞观时任主爵郎中、刑部侍郎。高宗显庆元年（公元656年）阎立德殁，他由大将迁升为工部尚书，总章元年（公元668年）擢升为右相，封博陵县男。当时，姜恪以战功擢任左相，因而时人有"左相宣威沙漠，右相驰誉丹青"之说。

"画圣"吴道子

吴道子（约公元686～760年），唐代画家，阳翟（今河南禹县）人。

吴道子少时孤贫，相传曾随张旭、贺知章学书，未成而罢，转习绘画。曾在韦嗣立处当小吏，做过兖州瑕丘（今山东滋阳）的县尉，不久坚辞离去。浪迹洛阳时，玄宗李隆基闻其名，任以内教博士，改名道玄。

吴道子擅画道释人物，亦善画鸟兽、草木、台阁。远师张僧繇，近法张孝师，笔迹磊落，势状雄峻，在长安、洛阳两京寺观所作壁画，达300余堵，而且这些壁画奇踪异状，无有同者。壁画名作《地狱变相图》名噪一时。

早年吴道子行笔较细，风格稠密，中年雄放遒劲，用状如兰叶或莕菜条的笔法来表现衣褶，有飘举之势，人称"吴带当风"。用焦墨勾线，略设淡色，又称"吴装"。因其笔法流转洗练，"笔才一二，象已应焉"，后人将他和张僧繇并称"疏体"，以区别于东晋顾恺之、南朝宋陆探微劲紧连绵的"密体"。

吴道子被后世尊为"画圣"，也被民间工匠尊为祖师，对以后的人物画和白描画风影响极大。

"米氏云山"的情趣

米芾（1051～1107年），初名黻，字元章，号鹿门居士、海岳外史、襄阳漫士等。擅长画水墨山水，在继承董巨一派基础上，师法造化，创造出烟云变幻，苍茫朦胧的"云山"之景，后人称之为"米家山"或"米氏云山"。

米氏云山，可见其子米友仁遗存画迹，山石以水笔润泽，淡墨渲染，山头用大小错落的浓焦墨横点点簇，后称"米点"。云气以淡墨空勾，树木用浓墨勾画，山脚以浓淡相间墨笔横扫。以笔饱蘸水墨，横涤纸面，利用墨与水的相互渗透作用的模糊效果，以表现烟云迷漫、雨雾溟蒙的江南山水，画史称为"米点皴"或"落茄皴"。

存世的《潇湘白云图》，作云山濛浑、树木萧疏之景。自题："夜雨欲霁，晓烟既泮，则其状类此。余盖戏为潇湘写千变万化不可名神奇之趣"。款"元晖戏作"四字。明代董其昌评此画谓："舟次斜阳，蓬底一望空阔，长天云物，怪怪奇奇，一幅米家墨戏也。"米氏云山不仅丰富了山水画的表现力，而且把景物、情趣和笔墨效果结合在一起，更加符合文人画的意趣。

《潇湘白云图》现藏于上海博物馆。

宋徽宗敕编《宣和画谱》

宋徽宗赵佶酷爱书画，即位后全力发展自己的艺术爱好。他对于宋代画院的建设和院体画的发展，对于书画艺术的提倡和创作，以及对于古代艺术的整理与保存是有突出贡献的。他广泛收集民间文物特别是金石书画，命文臣编辑《宣和书谱》和《宣和画谱》等，把皇室内府所藏魏晋以来的大量精品书画编集著录并加以品第。

《宣和画谱》共收录231人的6396件作品，本前有宣和庚子（1120年）序一篇，共二十卷。列十门。卷一至卷四为道释门；卷五至卷七为人物门；卷八为宫室门（舟车附）；卷九为龙鱼门（水族附）；卷十至卷十二为山水门（窠石附）；卷十三至卷十四为畜兽门；卷十五至卷十九为花鸟门；卷二十为墨竹门（小景附）。门下按朝代序次，列画家人名，并附籍里、职官、修养、爱好、专擅、故实。门前有绪论、门末附录宫中所藏绘画作品。可作画家传记，亦可作宋室名画目录。

赵孟頫的画

赵孟頫在绘画方面，开创了元代简率、尚意，以书入画的新风尚，使文人画走向全面成熟。

首先，在创作心态上，赵孟頫作画显得轻松自如，不像他之前的宋代画家那样绘画如视劲敌，不敢有丝毫疏忽。因此，他的绘画形象简练概括，很少细节描绘，而注重整体气势。作为文人画的集大成者，他强调以书入画。作为一代书法大家，赵孟頫用不同笔法表现不同世象，比如石以飞白笔勾勒，竹以八分，而水用篆体。他所独创的荷叶皴，丰富了山水画的表现技法。他还提倡"作画贵有古意"，也就是以古为门面而创造新意。

身为赵宋宗室后裔，赵孟頫却入仕元朝，宦海一帆风顺，使其一生毁誉参半，因为中国有"以人论书"的观点，致使后世对赵孟頫的评价有失公允和偏颇。但明代王世贞曾说："文人画起自东坡，至松雪（赵孟頫）敞开大门"，较为客观地评价了赵孟頫在中国绘画史上的地位。

王冕画梅

王冕（1287～1359年），字元章，号煮石山农、饭牛翁、梅花屋主、会稽外史。诸暨（今属浙江）人。曾属意于仕途，但屡试不中，后以卖画为生，行为渐渐怪诞，其实暗含了其对现实的怨愤。

王冕对梅花情有独钟，留下了大量咏梅的诗句，如"不要人夸颜色好，只留清气满乾坤"。他笔下的梅花是高洁人格的

墨梅图 元 王冕
王冕追求笔墨趣味，崇尚水墨写意。王冕笔下的梅花是他个人精神世界的体现。

象征，也正因为如此，他的墨梅图充满着浓郁的士人情怀。王冕的墨梅继承并发展了扬无咎的圈画技法，扬无咎圈画花瓣时要一笔三顿挫，王冕则改为一笔二顿挫，而后世多袭用王冕之法。王冕又创"胭脂作没骨体"，以朱色加以点染，使得梅花清新可喜。同时，他一改前辈画家写梅疏朗清瘦的特点，而以繁密的梅花见长，被人称作"万蕊千花，自成一家"。

传世作品有《为良佐写墨梅图》《南枝春早图》《墨花图》。著有《梅谱》。

明四家

沈周

沈周（1427～1509年），字启南，号石田，晚号白石翁，长洲（今江苏省苏州市吴中区）相城人。兼工山水、花鸟，也画人物，以山水和花鸟成就突出。

沈周早年承受家学，兼师杜琼。后来博采众长，出入宋元各家。从现存作品看，主要继承董、巨以及元黄公望、王蒙、吴镇的水墨浅绛体系，又参以南宋李、刘、马、夏劲健的笔墨，融会贯通，刚柔并用，形成粗笔水墨的新风格。山水多描写南方山水及园林景物，表现了当时文人生活的悠闲意趣。章法有气势，笔力苍老、雄健、凝重、粗率，用墨圆润。

沈周的画作有"粗沈"和"细沈"两种，称之为"细沈"的工致之作流传极少，被视为珍品。

《庐山高图》，作于成化三年（1467年），时年四十一岁，是其早期山水画名作。取高山仰止之义，为其老师陈宽祝寿而作。画庐山峰峦，中有叠岭重泉，草木繁茂，气势郁郁苍苍。布景严紧，长林巨嶂，云山满幅，变幻无穷。山石树木笔法细密，仿王蒙，兼有董、巨遗风。当为早年"细沈"中至精之作。

沈周是公认的吴门画派创始人。"吴派"自明中叶创立后，逐渐取代宫廷绘画和浙派的地位。成为当时"文人画"的中坚力量和典型代表。后世继承吴派者队伍庞大，但能跳出沈周的框子，自成家数的，唯文徵明一人。

《庐山高图》现藏于台北"故宫博物院"。

文徵明

文徵明（1470～1559年），原名璧，字徵明，后以字行，又改字徵仲，祖籍衡山，故号衡山居士，长洲人。

文徵明是继沈周之后的吴派画家领袖，山水、人物、花卉、兰竹，无一不工。以山水画成就最高。他师从沈周，兼学宋元诸名家，融会变通，自成一路。从现存作品看，影响他的画艺最深的是元代诸大家。他的"小青绿"山水、屋宇人物以及墨笔枯木竹石，明显地带有赵孟頫的风貌；而萧疏幽淡的格调，层叠不重的构图，浓密的苔点以及矾头等，则与黄公望、王蒙、倪瓒、吴镇有一定的继承关系。

文徵明的代表作《江南春》是淡设色水墨画，画面分三段展开，近景数株清乔瘦木新芽初吐，中景洲头桃红柳绿，湖水平静，远处山峦起伏，布局平稳疏朗，设色轻淡柔和，景物明媚秀丽，表现出江南春天山清水秀的景色。

"粗文"水墨山水，则以《古木寒泉》《雨景山水》等为代表。取材苍松悬瀑，风雨交作；笔法刚柔相济，墨色浓淡错综，苍劲郁茂，挥洒淋漓中蕴含翩翩文雅之趣。

唐寅

唐寅（1470～1523年），字伯虎，一字子畏，晚年信佛，号六如居士，别号桃花庵主、逃禅仙史、南京解元、江南第一风流才子等。吴县（今属苏州）人。

唐寅初学画于周臣，临摹李成、郭熙、李唐、马远等人作品，取法于李唐派系，又与赵孟頫、李公麟等文人画相结合，而有创造，因此有出蓝之誉。

唐寅早年的工笔人物有《孟蜀宫妓图》，写前蜀后主王建宫中四个宫女，身着云霞彩饰的道衣，头戴莲花冠，各持器具，相对而立。画法既继承了唐宋以来张萱、周昉、周文矩的仕女造型，又具有时代特点，表现为小眉、小眼、尖削下巴，刻意描绘弱不禁风的情态。衣纹作铁线描，线条细劲，色调浓艳，技法精工。

笔墨粗放的则有《秋风纨扇图》，写仕女独立平坡，手执纨扇，若有所思。自题："秋来纨扇合收藏，何事佳人重感伤，请把世情详细看，大都谁不逐炎凉。"衣褶作抑扬顿挫笔势，流利洒脱。所作仕女，多端庄清秀，流露出对身份卑贱的弱小者的同情。唐寅诗、书、画兼长，具有文人画特色，无论工笔、写意俱佳，为当时吴门派画家所不及，因而声名远播。

《孟蜀宫妓图》现藏于故宫博物院，《秋风纨扇图》现藏于上海博物馆。

仇英

仇英（1482～1559年），字实父，号十洲，原籍太仓，后移居苏州。《虞初新志》称："其初为漆工，兼为人彩绘栋宇，后徙而业画。"画史多称之为漆工。

仇英早年因为善画被名家所器重，与唐寅同出于周臣之门，同宗李唐、刘松年，兼学赵伯驹、伯骕，参以赵孟頫。曾长时期在著名鉴藏家项元汴、周六观家中临摹古画，技艺大进，成就显著。擅长人物、山水、花鸟、楼阁界画，以工笔重彩为主。繁华富丽中带有飘逸优雅的气息，充满蓬勃欢乐的气氛。青绿山水和人物故事画，形象精确，色调淡雅清丽，具有文人画的笔致墨韵。兼作水墨写意，风格清劲潇洒。所绘仕女形象秀美，线条流畅，直趋宋人之室。对尤求、禹之鼎以及清宫廷仕女画都有很大影响，尤其是苏、扬一带临摹仇氏作品之风甚炽，以致形成所谓"苏州片"的流行。

仇英以高超的画艺跻身"四大家"之列，在当时文人画独霸的局面下，一个画工在画坛上能得到如此高的地位，是极不容易的。

《莲溪渔隐图》现藏于故宫博物院。

晚明画坛宗主董其昌

董其昌（1555～1636年），字玄宰，号思白，别号香光居士，谥文敏，华亭人。

董其昌是晚明画坛宗主，执艺坛牛耳数十年，其绘画长于山水，注重师法传统，临过不少古人作品，能集宋元诸家之长，行以己意。

董其昌遍观历代名画，借用禅宗之说，分历代山水画为南北二宗，南宗相当于禅宗中的"南宗"，讲求顿悟，注重天赋、笔墨趣味和率真天性，这一支从唐代的王维开始，到五代的董源、巨然、李成、范宽直到宋代的米氏父子和元四家；北宗相当于禅宗中的"北宗"，讲求渐悟，重苦练、重技法、重精工模拟，这一支从唐代的李思训父子开始，到宋代的赵伯驹兄弟、马远、夏圭等。董其昌明确推举南宗，认为南宗才是文人画的正宗。

从绘画题材看，董其昌善于重复宋元名家的题材，是摹古大家，不过，其摹古并非泥古不化，而是典型的再度创作。具体而言，就是将宋元人的绘画特点加以融会贯通，既有宋人的精致韵味，又兼元人的疏阔风度，再加上本身的书法意趣，使得画作具有了鲜明的董氏风格。

董其昌的绘画对明末清初的画坛影响很大，并波及近代画坛，不少学者称其所生活的17世纪为"董其昌世纪"。

"八大山人"朱耷

朱耷（1626～1705年），明宗室后裔，江西南昌人，谱名朱由桵，字号极多，和尚法名有传綮、号刃庵、雪个、个山、个山驴、人屋、驴屋、八大山人；道士名号有朱月朗、良月、破云樵者等，使用最多的是"八大山人"，署名时字形与"哭之笑之"类似，是因为这最能寄国破家亡之痛。

朱耷工山水、花鸟、竹石。山水受董其昌影响，但并非一味模拟，因此学董而无董痕迹。并上追元黄公望、倪瓒直至北宋董源、巨然。他的水墨大写意，即集先人之大成，大大拓宽了南宋以来水墨写意画的路子。

朱耷的写意花鸟画成就更高，有刻意求神的独特运思，又有技法上的大胆革新。写花卉，简化了浓淡套墨的程序，使笔墨趋向浑沦畅润，有棉里裹针之妙，既有骨又有肉，既丰隆圆厚又筋力遒韧。画鸟，有意迟缓运笔，使水墨浸透画纸，造成羽毛毛茸茸的形质。写荷茎、鸟腿、枯藤、山石、苔点，虽觉笔笔是写，又觉笔笔似真，避免了前人顾真失笔，顾笔失真之弊。

朱耷笔下的物象，有深刻的思想寓意。如冲口而出、委曲求生的瓶菊；出污泥而不染、亭亭玉立的荷花；冲破顽石重压，盘缠向上的葡萄，所绘鱼、鸟、草虫等，形象夸张，嘴、眼多呈方形，面作卵形，上大下小，岌岌可危。画鸟，则多"枯柳孤鸟""枯木孤鸟""竹石孤鸟"，且多为半闭眼睛，一足"上距"、寒冷疲倦之态，特别是眼睛，一圈一点，眼珠顶着眼圈，一副白眼问天的神情。禽鸟蜷足缩颈，一种既受欺又不屈的意态。有的作品，只画一鸟一鱼，残石败枝，虽落墨不多，而有余意无穷的感触，令人深思。

扬州八怪

扬州八怪究竟指的是哪八位画家，众说纷纭，莫衷一是。大致有六种代表性的说法，一般则多依李玉棻《瓯钵罗室书画过目考》所谓"罗聘、李方膺、李鱓、金农、黄慎、郑燮、高翔、汪士慎"。

扬州八怪主要活动在雍正、乾隆年间。他们既不画"四王"山水，也不画恽派的没骨花卉及蒋廷锡的院体花鸟，而是自辟蹊径。艺术上力求创新，善用水墨技法，多写意花鸟，亦画写意人物、山水，画必题诗，并以书法笔意入画，注意"诗书画"三者的有机结合。因此，他们的作品有鲜明的个性，耐人寻味的笔墨情趣和清新狂放的艺术风采，使人为之耳目一新。"八怪"由此而得名。

他们重视对事物的深入理解，以泼墨写意手法作画，"必极工而后能写意，非不工而后能写意也"，并且深入观察生活，金农曾说："予家书屋前后皆植竹，每于雨洗灿开时，辄为此景写照。"

扬州八怪在绘画上的主要成就表现在写意花鸟方面，继承了朱耷、徐渭、石涛等人的画法和创作思想，其中以石涛的影响最大。石涛提出"师造化""用我法"、反对"泥古不化"，提出画家应到大自然中去洗手创作素材，强调作品要有强烈的个性，这些理论被扬州八怪运用于实践之中。

尽管扬州八怪的作品当时只流行于扬州及附近地区，但是它在继承和发展中国传统水墨写意画方面，对后世产生了深刻影响。

任伯年和海派

任伯年（1840～1896年），清代画家。初名润，字小楼，后改名任颐、字伯年。山阴（今浙江绍兴）人，寄寓浙江萧山，父任淞曾为民间画工，幼时随父学画。少年时，曾参加太平军为旗手，早年在扇庄当学徒，后得任熊、任薰指授。中年在上海卖画。擅画人物、花卉、翎毛、山水，尤工肖像。所绘肖像，形神毕露，被誉为"曾波臣后第一手"。花鸟画，远师北宋，近学徐渭、陈淳、石涛等，博采众长，勾勒、泼墨、细笔、阔笔，均能运用自如。得朱耷画册，更能悟得用笔之法，虽极细之画，必悬腕中锋。设色或清淡、或浓艳、或兼用，颇具新意。画风清新、活泼。兼善塑像。其画在江南一带，影响甚大，为"海上画派"之代表人物。

所谓"海上画派"是在上海画坛形成的融中西土洋于一炉的画派，简称"海派"。1840年鸦片战争后，中国社会发生剧变，外来的文化与艺术对中国传统绘画造成冲击；与此同时，绘画消费的群体也在发生变化，宫廷、文人不再是消费主体，绘画的大众化倾向越来越浓厚，与社会生活和社会风尚的联系也越来越多。

上海是中国东南沿海最早与海外通商开埠的城市之一，繁荣的商业带动了这里的绘画市场，也吸引了江浙一带的很多的职业画家聚居于此，他们最先接受了维新思想和外来文化，反对墨守成规、陈陈相袭，他们上承唐宋优良绘画传统，吸收明清陈淳、徐渭、八大山人、石涛和扬州八怪诸家之长，又受清代金石学的影响，因此画风潇洒放纵，且具雄厚古朴气息。

海派画家均为职业画家，绘画目的十分

明确,就是卖画为生,适应市场需要,满足消费者需求。他们的绘画渊源来自文人画,带有明显的诗、书、画、印结合的文人特征,但在新的历史条件下又大都善于吸收异质文化的营养,具有鲜明的革新意识,画风雅俗共赏。其代表作家除任伯年外,还有赵之谦、虚谷、吴昌硕、黄宾虹等。

《龙凤人物图》

《龙凤人物图》是我国现存最古的帛画之一。

画面正中,一妇人左向侧立,头后垂髻,并系装饰物,腰部细瘦,长衣曳地,大袖身,小袖口,双手前伸,向上弯曲,作合掌状。妇人左上方绘一凤鸟,凤鸟之左又绘一龙。

关于此图左边所绘是龙还是夔曾有不同看法,持夔者依据画中之兽仅一足,一足为夔,并将其右侧凤鸟联系解释为凤夔相斗,而以凤胜于夔,寓"美好战胜邪恶"之意。曾名《人物夔凤帛画》。近年来经重新考证,看清了画中之兽的面目,其头部两侧并未出角,而躯体两侧各有一足,尾端不垂,呈卷曲状,因此,认为画的不是夔应是龙。

《龙凤人物图》是战国时期的风俗画,画面描写一个妇人正在为死者祝福,左侧龙凤,引领墓主死后灵魂升天。

现藏于湖南省博物馆。

《清明上河图》

《清明上河图》为宋代张择端所作,绢本,设色。纵24.8厘米,横528.7厘米。通过世俗生活的细致描写,生动地揭示了北宋汴梁(今河南开封)承平时期的繁荣热闹景象。

《清明上河图》以长卷形式,采用散点透视的构图法,记录了中国12世纪城市生活的面貌,这在中国乃至世界绘画史上都是独一无二的。在画中,有仕、农、商、医、卜、僧、道、胥吏、妇女、篙师、缆夫及驴、马、牛、骆驼等人物、牲畜。有赶集、买卖、闲逛、饮酒、聚谈、推舟、拉车、乘轿、骑马等情节。图中大街小巷,百肆杂陈;河港池沼,船只来往;还有官府第宅,茅棚村舍,深刻地把这一历史时期的社会动态和人民的生活状况展示出来。

在艺术处理上,无论对人物的造型、街巷、车辆、楼屋以及桥梁、货船的布置,笔墨章法都非常巧妙。其丰富的思想内涵、独特的审美视角、现实主义的表现手法,都使其在中国乃至世界绘画史上被奉为经典之作。

《清明上河图》在当时及其以后都有很大影响,并博得了各阶层观者的喜爱。宋代以后,出现了不少摹本。

现藏于北京故宫博物院。

《富春山居图》

《富春山居图》为元代黄公望晚年所作,描写浙江富春江一带秋初的山水景色。

此卷卷首起笔为江边景色,然后是峰峦坡石,多有起伏变化,云树苍苍,疏密有致;其间有村落、平坡、亭台、渔舟、小桥等,并写出平沙及溪山深远处的飞泉,"景随人迁,人随景移",达到了步步可观的艺术效果。《富春山居图》用笔利落,平林一带丛树,打上点子叶;高崖峻壑,则用大披皴。不少地方,取法董源的《夏山图》而又自出机杼,为元代文人画中出色的实地写生山水。

此图的流传颇具传奇色彩,最初黄公望是为其道友无用师所作,无用特别请黄公望在图上题写"无用"之名以明确其归属。在后世流传中,明代画家沈周、董其昌都曾拥有过此图,清初时,流传到民间收藏家吴正卿手中,吴对其珍爱备至,朝夕相随;病危之时,曾欲将其火焚以殉,幸亏被他的侄子

富春山居图 元 黄公望

从火中抢出，可惜已被烧去了卷首部分。全图因此被分成两段。

《富春山居图·剩山图》纵 31.8 厘米，横 51.4 厘米，现藏于浙江省博物馆。

《富春山居图·无用师卷》，纵 33 厘米，横 636.9 厘米，现藏于台北故宫博物院。

琴和瑟

神话中的伏羲不仅是上古的帝王，同时也是一位音乐家，据《世本》，他首先发明了中国乐器中的弦乐器：琴、瑟。

据中国最早的百科辞典《广雅》说，伏羲所做的"瑟"有七尺二寸长，上面装有27条弦。

骨哨和骨笛

远古乐器的实物可能保存至今的，主要是骨质、陶质和石（玉）质类，它们在近现代的考古发掘中虽然所得数量不多，但在音乐史学领域中都具有十分重要的研究价值和文化价值。

骨哨和骨笛就是远古先民最早使用的吹奏乐器之一。同时，骨哨还是先民狩猎活动中诱捕动物的工具。浙江余姚市河姆渡和江苏吴江市梅堰新石器时代遗址都出土过此类乐器。骨哨用兽禽的肢骨制成，开一至三孔，可以吹奏简单的曲调，用它模拟兽禽鸣叫，能引诱动物到来进而加以捕猎。

1987 年，在河南舞阳县贾湖新石器时代遗址出土了 10 多支骨笛，经测定，年代为公元前 6500 年至前 5500 年，距今已有 7000 多年的历史。其中完整、无裂纹的一支，长 22.2 厘米，上开七个按音孔，两端直通，一端为吹孔。经试奏与检测，可以吹出两种音列，能奏《小白菜》一类的乐曲。

这支迄今所见世界上最古老的笛箫类吹奏乐器具备的音乐性能，在全世界的远古乐器遗存中还没有先例。

埙

埙（xūn）是中国古代吹奏乐器，历史很久远。

埙呈橄榄形、圆形、椭圆形、鱼形、平底卵形等多种。多件陶埙的发现证明，埙在远古先民音乐生活中得到了比较普遍的使用。到了商代，埙的制作趋向规范化，有的已发展到五个按音孔，可吹出八个连续的半音。

多音孔埙为旋律乐器。后世的多音孔埙为平底卵形，由陶、石、骨、象牙等材料制成，而以陶制品最常见，主要用于古代宫廷雅乐，民间亦有流传。

编钟

钟是古代打击乐器，历史久远。陕西省西安市长安区客省庄龙山文化遗址曾出土陶钟,是新石器时代晚期的遗物。商代以来的钟为铜制,多是大、小三枚组合起来的编钟,成为依一定音列组成的旋律乐器。

商代编钟的甬(钟柄)中空而与内腔相通,钟体饰有简单的兽面纹。春秋末期至战国时期的编钟数目逐渐增多,多以九枚为一组。如河南新郑出土的春秋编钟,长治分水岭269号墓出土的春秋晚期编钟等;也有十三枚一组的;曾侯乙墓出土的编钟共计六十四枚,分三层悬挂。

先秦的钟呈椭圆形,纹饰日趋繁复,常铸有铭文。敲击其隧部和鼓部可发出相差大、小三度或大二度的两个音。一套编钟可构成完整的五声音阶、六声音阶或七声音阶,有的甚至具备十二个半音。

近年在西南地区多次出土战国至两汉时期具有少数民族风格和地方色彩的编钟。如云南楚雄万家坝古墓出土的编钟,外形似铃,断面作桃核形,顶端作双角状等。这些编钟反映了西南各地与中原地区在音乐文化上的密切关系。

渑池会上的"缶"

缶(fǒu),原是古代的一种陶器,类似瓦罐,形状很像一个小缸或钵,是古代盛水或酒的器皿。圆腹,有盖,肩上有环耳;也有方形的,盛行于春秋战国。器身铭文称为"缶"的,有春秋时期的"栾书缶"和安徽寿县、湖北宜城出土的"蔡侯缶"。这种酒器能够成为乐器是由于人们在盛大的宴会中,喝到兴致处便一边敲打着盛满酒的酒器,一边大声吟唱。因此,缶逐渐演变成为乐器。

著名的"击缶"的典故出自《史记·廉颇蔺相如列传》中的渑池会上:"蔺相如前曰:'赵王窃闻秦王善为秦声,请奉盆缶秦王,以相娱乐。'"

箜篌

箜篌是中国古代弹拨乐器。有竖箜篌、卧箜篌、凤首箜篌三种形制。据《史记》记载:"于是塞南越,祷祠太一、后土,始用乐舞,益召歌儿,作二十五弦及空候琴瑟自此起。"唐代杜佑的《通典》载箜篌是"汉武帝使乐人候调所作,以祠太一。或云候晖所作。其声坎坎应节,谓之坎侯。……旧说一依琴制。今按其形,似瑟而小七弦,用拨弹之如琵琶也。"这是属于琴瑟类的卧箜篌。

另一种形制的竖箜篌,在汉代自西域传入中国。凤首箜篌,其形制与竖箜篌相同,而饰以凤首得名。唐代自印度和缅甸传入中国,在燕乐的天竺乐中使用。

近年乐器研制部门参照古代文献记载和现代竖琴原理,设计试制了新型箜篌。称雁柱箜篌。琴体高175厘米,宽85厘米,有琴弦两排,每排44弦。两排对应的弦同音,共44个音。音域为D～e3,按C大调七声音阶排列,已用于音乐实践中。

筝

筝是中国弹拨乐器。春秋战国时代已流行于秦国一带,史称秦筝。用梧桐木刳凿成长方形音箱,面板呈弧形。汉晋以前用12弦,唐宋以后增为13弦,明清以来增至为15、16弦。现代改革筝已有21弦、25弦并设机械变音装置,能转12个调。

传统筝按五声音阶定弦,二变音(fa,si)由左手按住的左侧弦段取得。演奏时用右手的大、食、中三指中任两指弹弦,有肉甲拨弦和义甲弹弦之分。左手的食指、中指或中指、无名指捻弦以取得"按、揉、颤、推"等变化音。如上所述指法名称为:托、勾、抹、挑、剔、擘、连托、连勾、连抹、连挑、连擘、撮、分、拂音多等种。

琵琶

琵琶是中国弹拨乐器。东汉刘熙《释名》云："批把本出于胡中，马上所鼓也。推手前曰批，引手却曰把，象其鼓时，因以为名也。"

公元4世纪，随着与西域的文化交流，有一种半梨形音箱、曲项、四弦四柱、横置胸前用拨或用手弹奏的琵琶传入内地。唐宋以后在此形制基础上不断改进，形成了半梨形音箱，以薄桐木板蒙面，琴项向后弯曲，琴杆与琴面上设四相九至十三品、四弦的琵琶。用手或义甲弹拨。演奏技法逐渐发展成为既能独奏，又能伴奏和参加合奏的重要民族乐器。

现代琵琶有更大的发展，由丝弦改为尼龙缠钢丝弦，品位增加到二十三到二十五个，可奏十二个半音，可转十二个调，扩大了音域和音量。

笛

笛是中国吹管乐器，又称笛子、横笛。竹制，横吹，上开吹孔和膜孔各1个，按音孔6个，尾部有2～4个出音孔。音域可达两个8度以上。

常见的有曲笛与梆笛两种：曲笛又称班笛、苏笛或市笛，过去在中国南方流行，用于昆曲伴奏和南方丝竹乐演奏。曲笛音色丰厚圆润、婉转悠扬，除了参与乐队伴奏以外，在独奏曲中更善于表现优美流畅、连贯舒展、抒情委婉和富于甜美的乐曲。演奏中常以气息技巧见长。梆笛多流行于中国北方并常用于河北吹歌会演奏以及秦腔、河北梆子、蒲剧和评剧等戏曲声腔伴奏。梆笛发音高亢明亮，喜于表现起伏跌宕、活跃欢快和粗犷豪爽的情绪。梆笛演奏以用舌技巧见长，其中有花舌、单吐、双吐、三吐等。

近年对笛进行了多次改革，有的增加了半音指孔和音键，便于转调。

箫

箫是气鸣乐器。中国的吹管乐器。又称洞箫。单管，竖吹。早在汉代就有箫的存在。汉代陶俑和云冈石窟北魏雕刻中已见吹箫形象。唐宋时期的尺八可能为现代箫的前身。

清代文献载："今箫长一尺八寸弱，从上口吹，有后出孔；笛横吹，无后出孔。"古代箫多为竹制，出有玉制或瓷制。现代箫均为竹制，管长约80厘米，上端利用竹节封口，在竹节圆周边侧开半椭圆形吹孔。管身有6个按音孔（前5后1），管下端背面有出音孔。箫音色圆润柔和，但音量较小。用于独奏、琴箫合奏或演奏丝竹乐曲。

传统吹箫有"五宜"和"五忌"之说：一宜气长、二宜音满、三宜朗静、四宜悠远、五宜圆润；一忌躁急、二忌轻浮、三忌错乱、四忌粗暴、五忌懦弱。

三弦和胡琴

三弦是中国弹拨乐器。别称弦子。前身一般认为是秦代的弦鼗（táo），元代始有三弦之名。

三弦的音箱为木制，扁平近椭圆形，两面蒙皮，俗称鼓头。以琴杆为指板，无品，张3条弦，按4、5度关系定弦。常见的三弦有大小两种：大三弦又名书弦，长约122厘米，用于北方大鼓书、单弦的伴奏，现也用于独奏和歌舞伴奏。小三弦又名曲弦，长约95厘米，流行于江南一带，常用于昆曲、弹词伴奏及器乐合奏。

日本学者田边尚雄认为："蒙古帝国时，由西域入中国，至元入扬子江，而盛于江浙福建方面。洪武二十五年（1392年），遣送闽地36姓人入于琉球，彼等多携三弦行，自此琉球乃有蛇皮丝。永禄年间，琉球之贸易船来日本,乃将三弦传入日本盲人之手。以猫皮代蛇皮,又应用琵琶之拨,而成日本之三味线焉。"故三弦在日本又称三味线。

胡琴又称二胡,其前身是古代奚琴。现代二胡均由木制的琴杆、琴筒、琴轴构成,并置有千斤。琴筒有圆形、六角形、八角形多种。一端蒙蛇皮或蟒皮,另一端置雕花音窗。张二弦,用马尾竹弓夹于二弦之间拉奏。普遍采用五度定弦,有时为表现特殊的地方色彩,也用四度定弦。

江南丝竹

丝竹是民间器乐演奏形式,流行于全国,因地域不同而有不同的称谓,如流行于江苏南部、浙江西部及上海地区的丝竹乐,习惯上称为"江南丝竹"。

丝竹的演奏形式是以丝弦和竹管乐器相结合,计有琵琶、二胡、扬琴、三弦、笛、笙、箫、板、木鱼、铃等,以后又加用秦琴、中胡等。演奏时,各种乐器都可在曲调骨干音的基础上加花装饰,各自发挥其特色,但又须有层次地加以安排,在曲调和节奏上相互照应、补充,迂回反复,浑然一体。

丝竹的乐曲大多来源于民间,与婚丧喜庆及庙会等活动有关,群众称之为"细吹细打"有些乐曲则系根据较久地传统乐曲改编。均以"花(花彩)、细(纤细)、轻(轻快)、小(小型)、活(灵活)"为其风格特点。曲调欢快流畅,清新活泼。

最早的乐器分类:八音

八音是中国古代乐器的分类法,它首见于记录西周末年和春秋时期周、鲁等国贵族言论的史籍《国语》。

所谓八音,就是乐器的八大类。当时划分乐器是按照制作材料来归类的,具体为金(如钟、镈)、石(如磬、编磬)、丝(如琴、瑟)、竹(如箫、管)、匏(páo)(如笙、竽)、土(如埙、缶)、革(如鼓、鼗)、木(如柷zhú、敔yú)等八类乐器。

"八音之中,金石为先"。商周时代的金、石类打击乐器,在宫廷和贵族的祭典音乐活动中,往往被视为"重器"而得到特殊的重视。正式表演时,这类乐器都放置在显要的位置并通过它们显示主人的社会地位和权势,所以只有王公贵族才可能拥有这类乐器和享受这类乐器演奏的音乐。

盛行于周朝的乐器分类发"八音",显示出中国先民在两千多年前的音乐实践中已具有较为科学的物理音响学认识,乐器的工艺制作也达到了相当高的水准。后来,随着历史的变迁,"八音"一词渐渐失去了早期的分类学意义。

宫商角徵羽

中国古代将宫、商、角、徵、羽五个音阶合称为"五声",亦叫"五音"。相当于现代简谱中的1、2、3、5、6,五声中各相邻的两声间音程,除角与徵、羽与宫(高八度的宫)之间为小三度处,都是大二度,后来有了变徵与变宫,则近似于简谱中的4和7。五声在我国传统的音阶形式里,如古音阶、新音阶、清商音阶或五、六、七声音阶里,都分别包含有这五个音级。

十二律

十二律是中国古代的定音方法,简称"律吕"。

十二律用三分损益法把一个八度分为十二个不完全相等的半音,即相当于把现代使用的传统七声音阶分为十二个"律",每个律约等于半个音。

狭义的"律",仅指土列十二律中单数的六个律,简称"阳律"或"律"。与之相对的六个双数的律，称之为"吕"，即"六吕"，亦称"六同"。以其于六个"阳律"之间，又称之为"六间"，或"阴吕"。

孔子的音乐理论

孔子是先秦时期的思想家、政治家、教育家，同时也是一位杰出的音乐家。据《史记》记载，孔子35岁时，在齐国曾与乐官太师研讨音乐；学习传统乐舞《韶》时，"三月不知肉味"，受到齐国人的赞赏。年过50岁后，孔子已练就一手高超的击奏石磬的技巧，但仍不满足，还向师襄子刻苦学习古琴，不只满足演奏技术的一般掌握，而且追求琴曲志趣的深刻表达，连师襄子都为之感慨。

孔子的音乐理论，散见于《论语》《礼记》等史籍中，这些言论肯定音乐的"教化"作用，将"乐"与"礼"相结合，构成一种直接为政治和教育服务的"礼乐"观，他所说的"移风易俗，莫善于乐"，作为体现这种礼乐观的言论，一直是后人强调音乐"教化"功能时经常引用的名言。

孔子极力维护音乐要按等级使用的周室传统，当他知道鲁国的季孙氏所用乐舞超过了周室等级之规时，便发出"是可忍也，孰不可忍也"的感叹。他还非常看重音乐形式与内容"尽善尽美"的高度和谐统一。

孔子闻《韶》图

所谓"善"和"美"，照孔子的观点来注释，就是音乐内容如果反映了"礼"及"仁爱"的道德标准，就是"善"；音乐形式结构如果和谐统一，中和雅正，就是"美"；两者若能完美地结合，就尽善尽美了。这就将音乐的内容与形式和审美与人的行为"礼""仁爱"结合起来。

荀子的《乐论》

荀子的《乐论》是迄今所知中国历史上最早的一篇集中阐述儒家音乐思想并有所发挥的音乐理论专题著述。

《乐论》继承了孔子关于音乐在政治、道德和社会风气等方面具有"教化"作用，以及应当从"仁爱"出发，选取"中和"态度去进行音乐审美的礼乐思想，而且还对音乐绝不是人的一种可有可无的行为，其本质是人思想感情的表现，而这种表现则需要用"礼"来加以节制的观点进行了阐述。

中国古代十大名曲

《高山流水》

《高山流水》是琴曲，内容根据《吕氏春秋》中伯牙鼓琴的故事。伯牙在琴曲中先表现高山，又表现流水，他的知音好友钟子期都能深刻领会。表明音乐可以独立进行艺术创造，不必借助于文词。人们常以此为例，说明琴曲很早就可以独奏。

现存曲谱初见于《神奇秘谱》。该书在解题中说："《高山流水》本只一曲，至唐分为二曲，不分段数。宋代分《高山》四段，《流水》八段。"《神奇秘谱》所收为不分段的，后世流传的多为分段的。清代川派琴家张孔山弹奏的《流水》

增加了许多滚拂手法，借以增强水势湍急、波涛汹涌的艺术效果，号称《七十二滚拂流水》或《大流水》，是近代流传最广的曲目之一。

《广陵散》

《广陵散》是琴曲，又名《广陵止息》。汉、魏时期相和楚调单曲之一，既用于合奏，也用于独奏。嵇康因反对司马氏专政而遭杀害，临刑前曾从容弹奏此曲以为寄托。明代宋濂跋《太古遗音》云："其声愤怒躁急，不可为训。"这些，从正反两面说明此曲对统治者表现了一定的反抗性。

现存琴谱最早见于《神奇秘谱》，据该书编者说，此谱传自隋宫，历唐至宋，辗转流传于后。此外，还有《西麓堂琴统》等传谱。各谱分段小标题均有"取韩""投剑"等目。近人因此认为它是源于《琴操》所载《聂政刺韩王曲》。

《平沙落雁》

《平沙落雁》是琴曲，初见于《古音正宗》。现存琴谱刊载同名作品达百种，是近三百年来流传最广的作品。曲调悠扬流畅，通过时隐时现的雁鸣，描写雁群在降落前在空际盘旋顾盼的情景。《天闻阁琴谱》说它"借鸿鹄之远志，写逸士之心胸"。

《平沙落雁》亦是琵琶曲，乐谱最早见于华秋编《琵琶谱》卷上，为直隶王君锡传谱，是六十八板体。李芳园编《南北派十三套大曲琵琶新谱》亦收录此曲，乐曲结构扩充成七段，有"雁阵横空""霜天雁叫"等小标题。一至四段曲调脱胎于华氏谱，五至七段为华氏谱所无。乐曲描写候鸟迁飞时在高空飞翔的情景。浦东派将《海青拿天鹅》称作《平沙落雁》，因此亦有人称前者为"小平沙"，后者为"大平沙"。

《梅花三弄》

《梅花三弄》是琴曲，存谱初见于《神奇秘谱》，解题说，晋代的"桓伊出笛为梅花三弄之调，后人以琴为三弄焉"。曲中泛音曲调在不同徽位上重复三次，故称三弄，用以表现梅花高洁安详的静态。另有急促曲调表现梅花不畏严寒，迎风摇曳的动态。各段多以共同曲调作结。

《十面埋伏》

《十面埋伏》是琵琶曲，简称《十面》。乐谱最早见于华秋苹编《琵琶谱》卷上，标题《十面》，为直隶王君锡传谱。李芳园编《南北派十三套大曲琵琶新谱》亦收录此曲，改名《淮阴平楚》，假托隋代秦汉子作。

乐曲描写公元前202年楚汉战争在垓下最后决战的情景。汉军用十面埋伏的阵法击败楚军，项羽自刎于乌江，刘邦取得胜利。明末清初王猷定在《四照堂集》的"汤琵琶传"中记载过琵琶演奏家汤应曾演奏《楚汉》一曲时的情景："当其两军决战时，声动天地，屋瓦若飞坠。徐而察之，有金鼓声、剑弩声、人马辟易声、金骑蹂践争项王声，使闻者始而奋，既而恐，涕泣之无从也，其感人如此。"《楚汉》可能是此曲的前身。此曲流传甚广，是传统琵琶武套中代表作品之一。

《夕阳箫鼓》

《夕阳箫鼓》是琵琶曲，早在1875年前已有传抄本，全曲共分七段，初无分段标题，1898年陈子敬琵琶谱穿抄本列有"回风""却月""临水""登山""啸嚷""晚眺""归舟"等七段小标题。李芳园编《南北派十三套大曲琵琶新谱》收此曲，名为《浔阳琵琶》，扩充至十段，列有"夕阳箫鼓""花蕊散回风""关山临却月""临水斜阳""枫荻秋声""巫峡千寻""箫声红树里""临江晚眺""渔舟唱晚""夕阳影里一归舟"等小标题。假托唐代虞世南作。

《夕阳箫鼓》是一首抒情写意的文曲，旋律优美流畅，左手多使用推、拉、揉、吟等技法。通过简短的引子模拟箫、鼓声，然后引进主要旋律，以后割断使用合尾的形式，用扩展、收缩、局部增减和高低音区的变换等手法展开全曲。

《渔樵问答》

《渔樵问答》是琴曲，存谱初见于明代《杏庄太音续谱》。在三十多种传谱中，有的附有歌词。

乐曲通过渔樵在青山绿水间自得其乐的情趣，表达对追名逐利者的鄙弃。《琴学初律》说它"曲意深长，神情洒脱。而山之巍巍，水之洋洋，斧伐之丁丁，桡升之欸乃，隐隐现于指下。迨至问答之段，令人有山林之想"。

《胡笳十八拍》

《胡笳十八拍》是琴曲，根据同名诗谱写，歌词最早见于南宋朱熹的《楚辞后语》。现存琴谱主要有两种：一是明代《琴适》中与歌词相配合的琴歌；另一是清楚《澄鉴堂琴谱》及其后各谱所载的独奏曲。后者在琴界流传很广。《五知斋琴谱》所载谱最具代表性。

《汉宫秋月》

《汉宫秋月》是山东筝曲，亦有琵琶曲、二胡曲。

作为山东筝曲的《汉宫秋月》原为"大八板体"曲式结构，即全曲分八段，称八板；每段八拍，惟第五段多四拍，总计六十八拍，民间称六十八板。经过长时间对旋律、节奏的调整和发展，成为一首有标题的筝曲，意在表现古代宫女的悲怨情绪，风格淳朴古雅，是一首有代表性的山东筝曲。

作为琵琶曲的《汉宫秋月》共有同名异曲两首，均表现哀婉情绪。

作为二胡曲的《汉宫秋月》旋律抒情委婉，细腻深情，表现古代宫廷妇女的苦闷与哀怨。在近代曾以多种演奏形式在民间流传。

《阳春白雪》

《阳春白雪》是琴曲，传为春秋时晋国师旷或齐国刘涓子所做。唐代显庆二年（公元657年）吕才曾依琴中旧曲配以歌词。

《神奇秘谱》列《阳春》于上卷宫调，列《白雪》与中卷商调。在《白雪》解题中说："《阳春》取万物知春，和风淡荡之意；《白雪》取凛然清洁，雪竹琳琅之音。"

雅乐与俗乐

雅乐是中国古代帝王祭祀天地、祖先和朝会、宴享等重大典礼时所用的乐舞。相对于俗乐而言，古代视为"正乐"。源于周代的礼乐制度，当时郊社（祭祀天地）、宗庙（祭祀祖先）、宫廷仪礼（朝会、燕飨、宾客等）、射乡（统治者宴享士庶代表人物）以及军事上盛典所用的乐舞，都被儒家看成最为美满，因而称为雅乐。

后世祀奉先贤活动（如祭泰伯、祭孔等）也加以模仿，使用雅乐。

《诗经》中的风、雅、颂，很多是周代雅乐曲目。秦、汉以后的雅乐，除袭用周代雅乐（如《韶》《武》）之外，或另有创作，或自民间俗乐加以改造。隋、唐以后的雅乐与俗乐的区分更加严格，雅乐的僵化程度也日益严重。

相对于雅乐而言，中国古代将民间音乐泛称为"俗乐"，而后世对俗乐的理解，意义更为广泛，包括民乐、民谣、歌舞伴奏音乐等，内容形式均较自由，不受严格的乐派理论约束。

《诗经》中的音乐

《诗经》编成于春秋时代，共305篇，后取其整数，多简称"诗三百"，相传由孔子整理删订，包括《风》《雅》《颂》三部分，大都是可以用乐器伴奏来歌唱的西周至春秋时代的歌曲作品。《史记》云："诗三百五篇，孔子皆弦歌之"。今存《诗经》只有文字，音乐已不可耳闻，但从字里行间及每首作品本身的内容结构方面仍可了解到那个时代丰富的民俗音乐生活，以及诗乐的一般特点和演唱概况。

如《风》大部分是反映地方民情风貌的歌曲，其中有不少民俗音乐生活描写。如《静女》中有"静女其娈，贻我彤管"，就是反映了一位姑娘精心制作一支彩色竹管乐器，赠送给情人留作纪念的故事。

《雅》大部分是祭祀、礼仪歌谣和歌舞曲，其中包含有丰富的音乐祭祀内容。《小雅》中有许多诗篇是宴客礼俗歌，如《鹿鸣》《南山有台》《鱼丽》《南有嘉鱼》等都是宴请客人时歌唱的酒礼歌。

《颂》大部分是祭祀乐歌，多反映商周时代以音乐祭祀天地神灵和祖先的内容。如《时迈》是巡猎祭祀天地时唱的乐歌，《噫嘻》《载芟》是耕种季节祭祀神灵以求丰收唱的歌曲等。

"余音绕梁"的典故

余音绕梁的典故来自韩国的韩娥。

相传韩娥游历到齐国时，粮食耗尽，她就在城门下唱歌求食，歌声深深地感动了周围群众，人们都慷慨地让她分享家中的食粮。韩娥离去三日，当地群众仿佛还听到她那绝妙的歌声在梁上缭绕回荡，从此就有了"余音绕梁，三日不绝"的成语。韩娥离去后，来到一家旅店求宿，店里人侮辱她，她悲伤地用歌声哭泣，周围的男女老少也随着她的歌声相对垂泪，三天咽不下饭菜。人们不忍韩娥离去，追赶着请她回来。韩娥返回后，又为人们放声长歌。听到她的歌声，人人欣喜若狂，都情不自禁地跳起舞来。

由于韩娥歌唱艺术的影响，齐国雍门一带的人们都善于演唱悲伤的歌曲。

阳春白雪

阳春白雪是传说中的古代楚国歌曲名。据《文选》云："客有歌于郢中者，其始曰《下里》《巴人》，国中属而和者数千人。其为《阳阿》《薤露》，国中属而和者数百人。其为《阳春》《白雪》，国中属而和者不过数十人。……是其曲弥高，其和弥寡。"

后来因此典故，将"阳春白雪"比喻高深而不通俗的文艺作品。

汉魏时期的鼓吹乐

鼓吹乐是古乐的一种，即鼓吹曲。源于北方少数民族，用鼓、钲、箫、笳等打击乐器和吹奏乐器组合演奏的音乐形式。

鼓吹乐汉初用于军中，后渐用于朝廷。汉代有：黄门鼓吹（用于皇帝宴乐群臣）；骑吹（用于皇帝出巡）；横吹（用于行军）；短箫铙歌（军队凯旋时奏于宗庙）。鼓吹乐在当时被认为很隆重的音乐，万人将军方可备置。

魏晋以后，鼓吹渐轻，牙门督将五校都可以使用。明、清以来则士庶吉凶之礼和迎神赛会也都会使用。历代鼓吹乐多有歌词配合。近现代民间的吹打乐与鼓吹乐有一定的渊源关系。

敦煌曲谱

位于今甘肃省敦煌市境内的莫高窟是开凿于鸣沙山东麓断崖上的一系列佛教寺庙，已编号洞窟有492个，几乎窟窟都有乐舞图像。这些乐舞图像可以连接成为一幅从北魏经隋唐到宋元的巨幅中国音乐舞蹈画卷，为了解这些朝代的音乐文化，特别是隋唐音乐文化的盛况，提供了大量生动而具体的形象资料和文字资料。

敦煌石窟所藏最为珍贵的音乐文物，是于长兴四年（公元933年）写在"中兴殿应圣节讲经文"卷子背面的25首曲谱,今称"敦煌曲谱"。

令人痛惜的是,这一文物已被法国人伯希和掠走,今存法国巴黎图书馆。

另外散失的乐舞资料有记有"音乐部"的《新集时要用字》《新商略古今字样提其时要并行俗释上卷下卷》;斯坦因和伯希和掠走的《敦煌舞谱》。这些隋唐乐舞资料珍品的流失,不得不说是中国隋唐乐舞研究领域方面的一个重大损失。

《秦王破阵乐》

《秦王破阵乐》是唐代著名歌舞大曲。唐太宗李世民为秦王时,讨平叛将刘武周,河东士庶歌舞于道。军人遂作《秦王破阵乐》之曲,并开始在军中流传。

贞观元年(公元627年),唐太宗大宴群臣,奏《秦王破阵乐》之曲。太宗既以"武功定天下",又要"文德绥海内",因命吕才协音律,魏徵、虞世南、褚亮、李百药等改制歌词,并改名《七德舞》。贞观七年,太宗亲绘《破阵舞图》,其图"左圆右方,先偏后伍,鱼丽、鹅鹳,箕张翼弛,交错屈伸,首尾回互,以象战阵之形"。又命令吕才依图教乐工一百二十八人披甲执戟而舞。

《秦王破阵乐》舞有三变,每变四阵,共十二阵,五十二遍。伴以大鼓,进退有节,战斗击刺,皆合歌声。高宗时,从规模到内容,逐渐改变:显庆元年(公元656年),改名《神功破阵乐》;玄宗时,坐部伎中的《破阵乐》及《小破陈乐》均用四人;甚至改编成数百宫女齐舞的优美舞蹈;德宗时,宫廷宴会上仍有演奏,宪宗太和三年(公元829年),《秦王破阵乐》被列入凯乐四首之曲,歌词内容有讨伐叛镇等;懿宗咸通年间,皇族迎接皇帝时还演奏破阵乐。

《秦王破阵乐》以"发扬蹈厉,声韵慷慨"著称,在民间影响颇大。

最古老的琵琶曲

《海青拿天鹅》是迄今所能确定具体产生年代的一首最古老的琵琶曲,其作者不详,题材源于宋元北方契丹、女真等民族的狩猎生活。

据宋代叶隆礼撰写的《钦定重订契丹国志》记载,每逢正月上旬和七月上旬,契丹王都要率王室成员出行射猎,每至水草丰盛的长泊之处,便"纵海东青"。海东青,简称"海青",是狩猎者所养的一种专门捕猎动物的猛禽,属雕的一种。据元代文学家杨允孚著《滦京杂咏》中一诗:"为爱琵琶调有情,月高未放酒杯停;新腔翻得凉州曲,弹出天鹅避海青",并注:"《海青拿天鹅》,新声也。"表明此曲在元代已是一首曲风新颖、技巧独特并在文人学士界颇有影响的琵琶独奏曲了。

此曲属于"武套",但在演奏上使用了不少属于"文套"的技法,全曲多用吟、挽、轮、挑、拼弦、扫等技巧,讲究音量音色的控制和变化,表现出勇猛的飞禽海东青在天

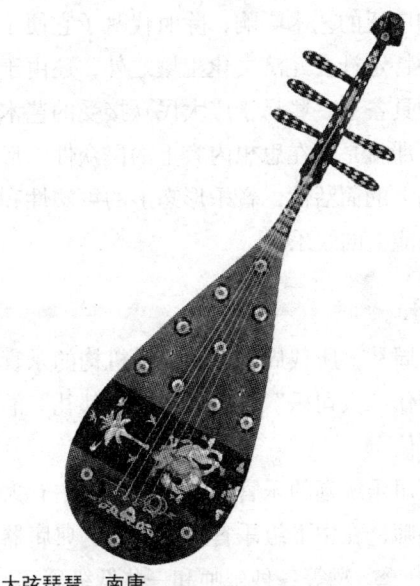

大弦琵琶　南唐

空搏拿天鹅，经过激烈争斗，天鹅终于被海东青捕捉的情景。全曲情绪在激烈中又含悲情，从一个侧面反映出古代北方游牧民族的狩猎生活和彪悍的民族性格。

《海青拿天鹅》在中国音乐史及器乐独奏艺术领域中，是不可多得的宝贵音乐材料。

明清时期的俗曲小调

明清俗曲小调是宋元词调小曲的直接继承和发展，曲调之丰富，内容之庞杂，流传之广泛，又远远超过了宋元时期的同类型民歌。据杨荫浏整理部分史料所列明清俗曲小调名称统计，明代的有《锁南枝》《山坡羊》《打枣杆》等31首；清代的有《闹五更》《寄生草》《王大娘》《鲜花调》等208首。实际上，民间流传的曲目数不胜数，何止百首、千首。

明清俗曲小调以其优美婉转的动听曲调和朴实含蓄的通俗歌词，引起了不少文人学士的关注，他们或收集记录整理成册刊印，或模仿其形式和风格作词谱曲，或发表言论赞赏推崇，表现出了以往时代文人学士对俗曲小调少有的热情。

明清俗曲小调之所以有这样深厚的群众基础和广泛的艺术影响，除时代赋予它便于发展的特定社会经济文化土壤之外，还由于它本身具备了一些易于广大民众接受的艺术特点，那就是它在思想内容上的民众性，形式结构上的简活性，音乐形态上的可塑性和艺术功能上的娱乐性。

大司乐

《周礼》所载周朝王家音乐机构的乐官之长叫作"大司乐"，隶属于"掌邦礼"的春官宗伯。

大司乐统领的乐官，在高级乐师中有大师、小师；在中下级乐官中有典同、典庸器以及钟、磬、舞等各种乐师和一些低级乐官；此外，下属还有人数众多、层次繁杂的各级乐工。大司乐职掌乐律、乐教和大合乐，参加各种典礼活动。

辅佐大司乐，直接掌握乐律的是大师。亲身参与调律工作的有典同。大司乐或乐正，亲自带领大师、小师和有关各级乐官参与礼乐教育活动。礼乐教育的对象主要是王侯和公卿大夫的子弟，也有少数从庶民中精选出来的青年，按照一定的年龄，安排规定的学习内容。

师旷

师旷，生卒年不详，是春秋后期晋国的宫廷乐师，字子野，历事悼公（公元前572～前558年在位）、平公（公元前557～前532年在位）两代，曾在卫灵公访问晋国时演奏琴曲"清徵"和"清角"，并指出卫国乐师师涓所弹的琴曲"清商"是商纣王的"靡靡之乐"，属于"亡国之音"。

师旷目盲，精于审音调律，汉以前的文献中常以他代表音感特别敏锐的人。《左传》记载，当楚国派兵要打晋国时，远处在晋国的师旷却能从吹响律管，听律声而知道"楚必无功"。可见师旷精于审音的特长，早已为人所神化。在《国语》中，记载着师旷批评晋平公喜欢"新声"的话，认为喜欢新声是平公趋于昏庸的反映，还说音乐要通过各地民歌的交流，传播德行到既广且远的地方去。

乐府

中国历史上继周代宫廷"大司乐"后的另一早期官方音乐教育机构是"乐府"。乐府机构始建于秦代，1977年秦始皇陵出土的错银小钟纽侧就镌有篆书"乐府"两字。至汉代，宫廷音乐机构印玺秦乐府建制并进行大规模扩充和改建，从此这一集中各类音乐人才的部门便进行了民间音乐收集、依曲填写歌词，创作改变曲调、编配器乐伴奏和歌唱器乐表演等一系列音乐实践工作。

汉乐府编创和排练的音乐节目，主要使用于宫廷宴会、祭祀、礼仪以及内室娱乐和军旅演习等场合，素材来源于民间音乐，具有很突出的俗乐特点。乐府排演的音乐体裁也比较多样，其中对后世影响较大的品种有用丝竹乐队伴奏的歌曲"相和歌"；歌唱、舞蹈和器乐合为一体的"大曲"；边疆少数民族音乐舞蹈；壮声威、助礼仪的"鼓吹乐"；音乐、舞蹈、杂技和杂耍合为一体的"散乐百戏"。

周朝的"文舞"与"武舞"

据《周礼》记载，周代用为宗庙之乐的乐舞称为"六代之乐"，简称六乐，"以六乐防万民之情，而教之以和"。六乐包括了《云门》《大章》《大韶》《大夏》《大护》《大武》六个乐舞，可分为"文舞"和"武舞"。

六乐的前四个乐舞因是歌颂帝王以文德治天下，故称文舞。表演时，舞者手执籥翟（一种吹管乐器和一种以野鸡尾装饰的舞具）而舞，动作徐缓，节奏缓慢。动作具有礼仪性，舞蹈表演程式化。伴奏乐器有钟、磬、錞、铙、铎、琴、瑟等，表演融诗、舞、乐为一体。秦汉以来，历代宫廷制作不同名目的文舞，以标榜本朝统治者的文德和授命于天。

六乐中的《大护》和《大武》是歌颂帝王以武功定天下，故称武舞。表演时，舞者手执干戚（兵器）而舞。动作猛厉，节奏铿锵。舞蹈表演程式化。伴奏乐器有钟、磬、錞、铙、铎、琴、瑟等，表演融诗、舞、乐为一体。秦汉以来，历代王朝宫廷都制作不同名目的武舞，以标榜本朝统治者武功定天下的功德。

"翘袖折腰"的汉代宫廷舞

汉代乐舞兼收并蓄，融合众技，舞蹈艺术得到了长足的发展，呈现多姿多彩的局面。

其中，最为流行的舞蹈是"袖舞"。汉代画像石的乐舞图上，很多舞蹈者都是以长袖作舞，而且舞袖造型千姿百态，舞姿曼妙灵动。战国时的民谚已有"长袖善舞"的说法。和长袖相联系的还有"细腰"。汉代画像石上描画的舞蹈者的腰肢都十分纤细，腰部的动作绰约多姿。

舞袖与舞腰都是舞蹈技巧中很突出的技术，所以两者常常相提并论。如汉代崔骃在《七依赋》中云："表飞縠之长袖，舞细腰以抑扬。"

另外，汉代还流行"巾舞"，与袖舞有一定联系。巾舞与近代长绸舞的长绸相近，舞者男女均有，舞时有乐队伴奏。据说此舞与鸿门宴故事有关，用巾舞蹈就是取法于鸿门宴上项伯用衣袖遮挡汉高祖的姿态。

"翘袖折腰"构成了汉代舞蹈魅力的主要因素，长袖飘拂，使舞蹈动作更具表现力；腰肢弯扭，使舞蹈动作俯仰倾折，绰约多姿、"绕身若环""柔弱无骨"。"翘袖"与"折腰"是当时舞蹈中具有代表性的尖端技巧，二者组成的美妙舞姿一直传承至今。

踏歌

踏歌是自唐宋流传至今的传统民间舞蹈形式。群众集体歌舞，舞人联臂或拉手，踏足而歌舞。歌舞结合，随歌曲节奏踏、跺、走、跳，并伴随一定的身体摆动，以下肢动作为主。速度自由，随歌曲而定。

史书中较早的关于踏歌的记载见于《西京杂记》，唐宋以来，历代皆有记载。唐代时期，踏歌不仅是民间自娱性舞蹈活动，而且传入宫廷，被改造为宫廷舞蹈，出现缭踏歌、踏金莲、踏歌辞等宫廷舞乐。唐睿宗时，皇家举行过有千余妇女参加的踏歌会。唐代诗人刘禹锡的《踏歌词》描述："春江月出大堤平，堤上女郎连袂行。"宋代马远的《踏歌图》有当时踏歌的形象场面，并题诗："宿雨清畿甸，朝阳丽帝城，丰年人乐业，垅上踏歌行。"

公孙大娘舞剑器

《剑器舞》是唐宋舞蹈的一种，因执剑器而舞，故名。它是由古代击剑的各种姿势发展而成。公孙大娘是唐玄宗时梨园、教坊中的舞蹈家，曾经是唐代《剑器舞》的最佳表演者。

《剑器舞》舞姿矫健而奇妙，杜甫《观公孙大娘弟子舞剑器行》描绘此舞："㸌如羿射九日落，矫如群帝骖龙翔。来如雷霆收震怒，罢如江海凝清光。"说她起舞时，剑光四射，好像神话中的后羿射落了九个太阳，随着她矫健的步法，剑绕身转，寒光闪闪，好像一群仙人乘龙飞翔。鼓声隆隆，常常使观众为之色变，有时使人觉得天空低昂不定，舞罢收剑，又像江海收波，凝聚了清光。

有一种说法是，《剑器舞》的舞者仅是"雄装，空手而舞"；另有一种说法是，剑器类似流星，即两个圆铁球系以丈余彩帛之类。也有人认为剑器是双剑。但晚唐、宋代的《剑器舞》确是舞剑，宋代大曲队舞即称为《剑舞》，舞者还有击刺动作。晚唐时，舞具除剑外还有旗帜、火炬。

绿腰舞

《绿腰舞》也称"六幺""录要""乐世"等，是唐人创制的著名软舞，也是唐宋大曲的一种。贞元年间，乐工献曲，唐德宗命采摘其精华，故名"录要"，后配以舞蹈。

此舞节奏由缓慢而迅疾，入破以后，更急更快。舞姿轻盈柔美，有传统的汉族风格。李群玉作《长沙九日登东楼观舞》诗描写其舞姿云："坠珥时流盼，修裙欲遡空。唯愁捉不住，飞去逐惊鸿。"并称誉它使得"越艳罢前溪，吴姬停白纻"。白居易在《杨柳枝》诗中云："六幺、水调家家唱"，以说明其流传之广。

当时，乐工还把它带往吐蕃，在赞普的宴会上演奏。

南唐顾闳中所绘的《韩熙载夜宴图》也有舞女王屋山舞六幺的场面，图中舞者正在背手分袖，韩熙载亲自击大鼓助兴。这是中国舞蹈史上舞者姓名及形象与舞蹈名称相符合的唯一造型记载。

宋代的民间舞队

舞队是宋代民间舞蹈表演的一种组织形式，是综合性的庞大表演队伍。一般在新年、清明节、元宵节等节日中，举行民间舞蹈表演。

舞队包括了多种节目，名目繁多，比较有代表性的有：《村田乐》，描写农家生活的小型歌舞。《抱锣》，喷火特技的假面舞蹈。《划旱船》，宋代龙船竞渡的风气很盛，此舞是在陆地上表演竞渡。《讶鼓》，扮各种角色的小型歌舞。《舞判》，又称跳判官，表现钟馗的节目。《十斋郎》，带有滑稽性的人物表演。另外还有《耍和尚》《扑蝴蝶》《蛮牌》《竹马》等许多节目。不少节目至今仍在民间流传。

秧歌与高跷

秧歌是中国汉族具有代表性的一种民间舞蹈形式。它起源于插秧和耕田的农业劳动生活，最早是一种"歌唱"的形式，后来才出现了"舞蹈"和"戏剧"的表演形式。现在这三种形式的秧歌广泛流行于全国各地并以陕北秧歌、东北秧歌、河北地秧歌、山东海阳秧歌、胶州秧歌和鼓子秧歌最具代表性。

高跷也是一种民间舞蹈形式，舞者双足踩着木跷作舞，在灯节、庙会等传统节日里，受到群众热烈欢迎。

高跷的表演技艺性很强，要求演员具有很好的武功基础。各地舞者踩的木跷高矮不一，矮的两尺左右，高者达五六尺。有的地区将其分为文、武两种，"文高跷"着重于踩、扭和人物情节的表演，"武高跷"除一般的动作表演外，主要是特技表演。

高跷舞队中扮演的人物，各个地区都不同，在表演形式上也是多样的，有在行进中和广场上边舞边走各种队形的大场；还有各种特技表演和歌舞小戏。

舞龙与舞狮

舞龙即龙舞，是中国民间的舞蹈形式。龙起源于古代的图腾，先民把它视为消灾降福的神物，进入农业社会后，人们又用舞龙来祝愿风调雨顺，以祈求丰收。

汉代的张衡在《西京赋》中已描写过"鱼龙曼延"之戏，千百年来，龙舞的表现形式越来越丰富，到了清代，已经达到相当高的艺术水平。龙舞一般在元宵节，有时也在祈雨时表演。龙舞需要巨大的体力和灵活的技巧，以及集体的紧密合作。龙舞常常要摆出"天下太平"等吉言，还要舞出"金龙戏水""二龙抢宝""古树盘根""龙腾云""龙下海""龙滚潭""龙翻沙""龙出洞""龙脱皮""龙现爪"等套路。和龙舞相配合，有时还有"凤凰龙""虾公龙""青蛙龙"等，有时表演"龙虎斗""鱼化龙""狮龙舞"之类。

舞狮即狮舞，又称狮灯，是中国民间的舞蹈形式，由二人或单人扮狮子而舞，属于民间表演的一种。二人狮舞合披一张假狮皮，各扮头尾，俗称太狮。单人狮舞俗称少狮。舞时有武士或大头和尚等人物手持绣球、拂尘等物逗引。起源无详考。

秦汉间成书的《尔雅》中有"狻麑（ní）"一词，晋人郭璞注解为狮子，出自西域。汉代已有明确的狮子形象。汉代百戏中的"曼延之戏"即扮兽而表演。《汉书》有"象人"之名，三国魏人孟康注曰："若今戏鱼、虾、狮子者"，说明至迟在魏晋时已有确定的舞狮表演。南北朝时，佛教兴盛，狮子形象作为佛之座驾流传开来，具有特殊意义。狮舞更加隆重。唐朝以后，狮舞传入宫廷，宴飨时供人娱乐，名为"太平乐"，又名"五方狮子舞"。宋元以后狮舞广泛传于民间歌舞活动中，直至今天。

狮舞主要流传在中国黄河、长江、珠江流域以及云南、四川、港、台等地。在东南亚、日本、美国等华人居住区内，每逢节庆，也有舞狮习俗。

狮舞在其发展演变过程中，主要形成两种表演流派。"武狮"表演受到中国武术的深刻影响，注重武功和技艺，动作勇猛，技巧高雅，扑、跃、滚、翻、跳等均有武术健

舞狮图

身之形，爬高、踩球、过跷板等惊险动人。"文狮"表演以戏弄、逗趣为艺，模仿打滚、搔痒、瞌睡、舔毛等动作。

十种"剧"的解释

悲剧：描写正面人物所从事的事业或进行的活动，由于遭受恶势力的迫害或本身的过错而失败，甚至个人毁灭，从而激起人们的同情、悲愤以至崇敬的思想感情。

喜剧：运用夸张的手法，讽刺的笔调，巧妙的结构，风趣的台词，嘲讽社会生活中丑恶落后的现象，肯定美好的进步的现实和理想。

正剧：兼有悲剧和喜剧的因素，是更接近日常生活的话剧体裁。

闹剧：喜剧的一种，通过滑稽情节和热闹场面，来揭示剧中人物行为的矛盾。

话剧：以演员的道白与动作为主要表现手段的戏剧形式。

诗剧：用诗的语言展开剧情，人物之间用诗体对话所构成。

歌剧：是综合诗歌、音乐、舞蹈等艺术，以歌唱为主的戏剧。

舞剧：是以舞蹈为主要表现手段，综合音乐、哑剧动作等塑造人物，体现情节发展的戏剧。

哑剧：不靠任何语言，只凭演员的表情、手势及体形动作表达剧情，塑造人物。

杂剧：原是唐代各种杂耍技艺的统称，后来宋代的歌舞戏、滑稽戏，以及有故事内容的清唱，也合称为杂剧。之后便专指元代戏剧。

中国戏曲之最

中国最早的历史戏剧目是唐朝的《兰陵王》。

中国最早的京剧演员是晚清的程长庚、余三胜、张二奎，号称"三鼎甲"。

中国最早以外国题材创作的剧目是清末梁启超的《新罗马》、感惺的《断头台》。

中国现知最早的昆曲剧本是明代的《浣纱记》。

中国最早研究评述南戏的著作是明中期徐渭的《南词叙录》。

中国最早的戏曲论集是元末钟嗣成的《录鬼簿》。

中国最早的戏曲角色分行是金代院本的副净与副末，来源于唐代的参军戏的参军和苍鹘两个角色行当。

中国最早流浪江湖的家庭戏班是唐代的刘采春，她和她丈夫周季崇、大伯周季南、女儿周德华组成以家庭成员为主的戏班。

中国最早的连台本戏是北宋的《目连救母杂剧》。明代的《目连救母劝善戏文》，清朝内廷大戏《戏善金科》（全剧240出，连演十天），都是据此改编发展而成。

中国戏曲最早使用写实布景的是明代的刘晖吉。

中国最早用戏曲表现当代生活题材的剧目是南宋末的《祖杰戏文》。

中国最古老的戏曲声腔是昆山腔（也称昆曲）。

中国最早记录戏曲演员传记的著作是元末散曲作家夏庭芝的《春楼集》，记载了元代120多位演员的生平简历和表演特征。

中国戏曲作家最早的团体组织是九山书会，宋代著名南戏《张协状元》为该会编纂。

中国的第一所戏院是清雍正年间兴建的虎丘戏院。

戏曲的四功五法十要

四功，是戏曲演员的四种基本功夫：唱功、做功、念白与武打。

五法，指的是：手、眼、身、法、步。

手指手势，眼指眼神，身指身段，步指台步。至于法，则解释不一。一说是"身法"，一说应称"手眼身步"法。这样，五法就变成四法了。还有人认为"法"是"发"之误，指的是"水发"的技巧，但是"发"已包括在十要之中。按程砚秋的见解，"法"则应改为"口"，"口法"是为了练好唱念功夫。

十要，包括水袖、髯口、翎子、扇子、蚊帚、帽翅、马鞭、笏板、牙和水发。

传统戏衣的样式

戏衣即戏曲服装，泛指蟒、靠、帔、褶和官衣。

蟒：帝王将相的官服。上绣云龙、花朵、凤凰等，下摆及袖口绣有海水。有男蟒、女蟒之分。色分上五色、下五色。根据人物的地位、性格、脸谱穿用。如皇帝穿黄蟒，包拯、张飞穿黑蟒，小生一般穿下五色。

靠：象征古代的铠甲，是武将的装束，多数插有四面三角小旗，不插旗的叫软靠，根据人物的年龄、性格、脸谱区分颜色，如关云长穿绿靠，周仓穿黑靠。女将穿的叫女靠。

帔：是官员、夫人之常服，也称"对帔"，服色分红、黄、蓝、黑、紫等。红帔常用为豪门、官宦结婚之男女礼服，黄帔为帝王、后妃的便服。

官衣：是文官衣服。胸前背后有绣花"补子"，上绣仙鹤孔雀等。颜色有紫、红、蓝、黑等。紫色是宰相、国老所穿，红色是巡按、府道所穿，蓝色是知县的服装，黑色为门官穿用。

褶子：是平民的服装。花色也分上五色和下五色，上绣花卉或小团花，里子绣花的为武生敞胸时用。上五色多为花花公子、强徒、恶霸所穿，下五色为英雄、义士、侠客、绿林好汉所穿，黑、蓝二色为落难小生、穷书生所穿，黑色上面缀杂色绸块的叫"富贵衣"，是乞丐的服装。这是一般的分类，有些人物的特殊服装，就不在此限。

戏剧名词

科班：旧时训练戏曲艺徒的机构。大都是民办。着重从小锻炼基本功，主要传授技艺，通过频繁的舞台实践提高学生的艺技。多不设文化课。

行头：戏曲角色所穿戴的服装的统称。包括盔帽、蟒、褶、帔、靴等。清李斗《扬州画舫录》："戏具谓之行头。行头分衣、盔、杂、把四箱。"则也可泛称一切戏曲演出用具，衣、盔之外，还包括髯口、鞋靴、面具、乐器和砌末（杂），以及刀枪把子（把）等。在戏曲史上，还有"江湖行头""内班行头""私房行头""官中行头"等名目。

生：戏曲表演主要行当之一，演男性人物。生行初见于宋元南戏，后除元杂剧外，历代都有，一般扮演青壮年男子，是剧中主要人物。随着艺术的发展，生行又据所扮人物的年龄、身份、性格划分为许多专行，如老生、小生、武生等。

旦：戏曲表演主要行当之一。扮演女性人物。旦的名目初见于宋代歌舞，宋杂剧已有装旦，后历代都有这行角色，又大都按扮演人物的年龄、身份、性格及其表演特点划分为许多专行，如正旦、花旦、贴旦、闺旦、武旦、老旦、彩旦等。

净：俗称"花脸""花面"。戏曲表演主要行当之一。一般认为是杂剧和金院本的副净演变而来。面部化妆用脸谱、唱用宽音或假音，动作大开大阖，大都扮演性格刚烈或粗鲁奸险的男性人物。按扮演人物性格、身份及其艺术特点，又划分为许多专行，如京剧的正净、副净、武净等。

末：传统戏曲角色行当。宋杂剧中有副末。元杂剧的正末是同正旦并重的两个主要角色。明清时，成为独立行当，常扮社会地位比较低的人物，表演上唱做并重的中年以上男子。近代多数剧种末已并入老生行。

丑：戏曲表演主要行当之一。喜剧角色。因在鼻梁上抹一块白粉而俗称"小花脸"。又与净角的大花脸、二花脸并列而俗称"三花脸"。宋元南戏已有丑角。可表现幽默、机智的人物，也可表现灵魂丑恶、奸诈卑鄙的人物。按扮演人物身份、性格和技术特点，分为文丑和武丑两大支系。

楔子：原是木匠用来塞紧木作器具斗榫处的小木片，这里作为元杂剧剧本结构上一个段落的名称。元杂剧剧本结构一般分为四折，在四折以外所增加的短小的独立段落叫楔子，用以介绍人物和戏剧矛盾纠葛的由起，一般用在最前面。其作用相当于现代戏剧的序幕，用以衔接剧情，加紧前后折的联系；用在折与折之间，则相当于现代戏剧的过场。楔子所用曲，仅限于《仙吕·赏花时》或《正宫·端正好》小令，不用联套。

折：元杂剧剧本结构的一个段落，按情节发展的层次，每剧一般分为四折，亦有多至五六折的。有些剧本常在折前加一楔子，其作用有如现代剧的序幕，亦有在折与折间加楔子，如现代剧的过场。元杂剧每折用同一宫调的若干曲牌缀联成套，一韵到底。

出：出（齣），明清传奇以"出"为划分段落场次的单位，每剧出数多少不限，多至五十余出，少亦有二十余出。如明汤显祖的《牡丹亭》长达五十五出，清洪昇的《长生殿》多至五十出，不仅铺陈剧情，委婉曲折，淋漓尽致，且其中情节集中，结构相对独立的折，又可成为出头戏，或称折子戏单独演出，如《牡丹亭》的"闹学""游园惊梦"，《长生殿》的"絮阁""惊变""闻铃""骂贼"等。

宾白：传统戏曲剧本中的道白。二人对语曰宾，一人独语曰白。明徐渭《南词叙录》："唱为主，白为宾，故曰宾白。"言其明白易晓也。

介：南戏、传奇剧本中凡演员应作的动作、表情、效果，甚至应答语处都标示"介"，如"见介""笑介""哭介""犬吠介""应介"等。犹元杂剧的"科"。徐渭《南词叙录》："介，戏文于科处皆作介，盖书坊省文以科字作介字，非科介有异也。

票友：旧时对戏曲、曲艺的非职业演员、乐师的通称。相传清代八旗子弟凭清廷所发"龙票"，赴各地演唱子弟书，不取报酬，为清廷宣传，后就把非职业演员称为票友。

票房：清朝初期，统治者想要百姓顺服其统治，组织专人编了一些宣传词句，派人到处演唱。演唱者最先以滦州、乐亭人为多，后来扩大训练了一批人，学成后，考验合格，月领薪水。凡派往京外工作的，每人发给一张龙票为执照，凭此可受州县地方的吃住接待，并负责开设场子，召集听众。原先此事是由官方经办的，不久，有人觉得有利可图，就向官家包办。这种包办处，就称为票房。

俳优

俳优是古代专以乐舞、戏谑为职业的艺人。又称倡优、优伶、伶人等，统称为优。优的记载，最初见于《国语》。一般认为以表演乐舞为主的称倡优，以表演戏谑为主的称俳优。相传黄帝时乐人伶伦作乐，后称乐官及演员为伶人。

四大声腔

"四大声腔"，即海盐腔、弋阳腔、余姚腔、昆山腔。并为明代盛行一时，影响全国的声腔、剧种。

海盐腔产生于浙江的海盐，形成于元末，隆庆年间已流传到杭、嘉、湖和苏州、南京、北京等地，风靡一时。嘉靖、隆庆年间人何元朗《四友斋丛说》曾有这样的记载："近日多尚海盐南曲，士夫禀心房之精，从婉娈之习者，风靡如一，甚者北士亦移而耽之，更数世后，北曲亦失传矣。"海盐腔的特点是在搬演戏文时用锣、鼓、板等打击乐伴奏，清唱时则纯用板，不用弦乐伴奏；曲调典雅，较昆山腔高犷。

弋阳腔产生于江西弋阳，形成于元末明初，嘉靖年间已经流行于南北。弋阳腔的特点，汤显祖《宜黄县戏神清源师庙记》曾说："江以西则弋阳，其节以鼓，其调喧。"清李元调的《剧话》也有这样的记载："弋腔始弋阳，即今'高腔'，所唱皆南曲，又谓'秧腔'。……向无曲谱，以一人唱而众人和之，亦有紧板、慢板。"可知弋阳腔是由一人独唱、众人帮腔。声腔抑扬顿挫，慷慨激昂，其曲文还可加"滚唱"，具有浓郁的乡土气息。弋阳腔演唱时不用乐器，只用金、鼓、铙、钹等按节拍，风格粗犷、豪放、刚健、质朴。

余姚腔产生于浙江余姚，嘉靖年间在常州、镇江、扬州、徐州和安徽池州、太平一带广为流传，主要活跃于民间，演唱时，仅用鼓板和打击乐伴奏。

昆山腔原为流行于吴中苏州一带的一种清唱曲，据说为元人顾坚所创，到嘉靖、隆庆年间，经过以魏良辅为首的一批民间表演艺术家的改造而形成一种新型声腔。昆山腔轻圆舒缓、清柔宛转。徐渭《南词叙录》曾说它"流丽悠远"，"听之最足以荡人，妓女尤妙此。"演唱时，昆山腔最讲求"转喉押调"，"字正腔圆"，要唱出"曲情理趣"。伴奏有笛、管、笙、琵琶等乐器，还用鼓板按节拍。

诸宫调

"诸宫调"是宋金元的说唱艺术，因用多种宫调演唱长篇故事，故名。北宋神宗时，山西泽州人孔三传首创。早期诸宫调已无传本，金元诸宫调亦仅存三种，以金《董解元西厢记》首尾最完整，篇幅最长；金无名氏《刘知远还乡白兔记》残缺近三分之二；元王伯成《天宝遗事》仅存六十套曲文。诸宫调对宋元南戏和北杂剧的正式形成有直接影响，如从《董西厢》到《王西厢》的过渡；《张协状元》本末的介绍，即是用诸宫调这一艺术形式。

略说戏曲剧种

京剧

京剧，乾隆五十五年（1790年）四大徽班陆续进京演出，嘉庆、道光年间，与湖北汉调艺人合作，相互影响。又接受了昆腔、秦腔的部分剧目、曲调和表演方法，并吸收了一些民间曲调，融合、演变、发展而成。音乐基本上是板腔体，唱腔以徽调的二黄和汉调的西皮为主，旧时也称"皮黄"；另有西皮反调、二黄反调、南梆子、四平调、吹腔等，足以表达各种不同的思想感情。表演上歌、舞、乐、白并重，动作多虚拟，念白讲求节奏感与音乐性，是中国民族戏曲"唱做念打"有机结合的艺术典范，对清后期各地剧种影响很大。流行全国，已有二百余年的历史。

秦腔

秦腔是明代中期以前在宋金元铙鼓杂剧和陕、甘一带的民歌基础上形成。在发展过程中，受昆、弋、青阳等剧种的影响，音调激越高亢、节奏鲜明，成为梆子腔（乱弹）系统中的代表剧种，流行在陕、甘、宁、青、新疆一带。乾隆年间，秦腔因魏长生入京演出轰动京师，梆子秦腔压倒众腔而盛行各地。其繁衍支派甚多，流入陕西的就有东、西、中、南四路。抗日战争时期，陕甘宁边区的文艺工作者曾利用秦腔形式创作和演出了不少现代剧。新中国成立后有"易俗社""陕西省戏曲剧院"等秦腔艺术研究团体,对发展秦腔剧种有一定贡献。

黄梅戏

黄梅戏旧称"黄梅调"。流行于安徽及江西、湖北等省部分地区。清乾隆末期,湖北黄梅的采茶调传入安徽安庆地区后,吸收青阳腔、徽剧及民间歌舞、音乐、说唱融合而成。唱腔委婉清新,表演细腻,生活气息浓郁。代表剧目有《打猪草》《天仙配》等。

越剧

越剧流行于浙江、上海及许多省、区、城市。1910年前后,浙江嵊州市一带的"落地唱书"受绍剧、余姚腔等影响发展形成。初时只用笃鼓和檀板伴奏,故称"的笃班"或"小歌班"。1921年后称"绍兴文戏"。初时由男演员演出。1923年后,出现了女演员组成的"文武女班"。1936年后,女班盛行,男班及男女合演渐趋淘汰。1938年(一说1942年)始称越剧。新中国成立后,整理改编了《梁山伯与祝英台》《红楼梦》等,并恢复了男女合演。

豫剧

豫剧又称"河南梆子""河南高调"。明末秦腔与蒲州梆子传入河南后与当地民歌、小调相结合而成。一说由北曲弦索调演变而成。流行于河南及毗邻省的部分地区。有豫西调和豫东调两支派。豫西调以洛阳为中心,多用真嗓、音域较低,俗称"下五音",唱腔悲凉。豫东调以商丘、开封为中心,唱用假嗓,音调高亢,俗称"上五音"。1938年以后,常香玉以豫西调为基础,突破两派界限,形成了新流派。中华人民共和国成立后整理了传统剧目《穆桂英挂帅》等,编演了现代剧《朝阳沟》等。

川剧

川剧流行于四川省及云南、贵州部分地区。清雍正、乾隆年间,昆腔、高腔、胡琴、弹戏和当地的灯戏同时流行。后因各腔经常同台表演,相互影响,形成了较多的共同点,遂统称川剧。有一套完整的表演程式,真实细腻,生活气息很浓。中华人民共和国成立后整理了《柳荫记》《白蛇传》等传统剧目,并编演了《江姐》等现代剧。

川剧《人间好》剧照

评剧

评剧旧称"蹦蹦戏""落子"。1910年左右形成于唐山。流行于华北、东北地区。基础为河北东部一带流行的民间说唱"莲花落"和民间歌舞"蹦蹦",先后吸收河北梆子、京剧等的剧目、音乐和表演艺术等发展而成。表演活泼自由,生活气息浓郁。伴奏乐器以板胡为主。曲调流畅,属极腔体,分尖板、大安板(慢板)、三锤、倒板等不同板式。

戏班里的忌讳

旧戏班内禁忌甚多,就其内容来说,大致可分为这么几部分:

一部分是为了保证演出顺利进行而作出的规定,如"派戏忌翻场"。一次演出若干个戏,派戏者必须考虑到各个戏之间的年代联系及人物关系,如前边派了孙尚香祭奠亡夫刘备的《祭江》,后边就不能再派有刘备出现的《甘露寺》《让徐州》等戏了。其他如后台不许拍掌叫好，不许私窥前台，不许临场告假等都是这一类性质的规矩。

另一部分是寄托艺人们美好愿望而作出的规定，如"伞不进后台"即是一例。戏班要众人一心方得兴旺，而"伞"与"散"同音，向为戏班忌讳。当年，"富连成"科班总教习萧长华每日由家去科班，无论晴雨，必手持布伞而行，即取"不散"之谐音，期望吉利。

中国现存最早的舞台

在山西省临汾市魏村镇牛王庙内，有一座保存完好的元代舞台，是中国现存最早的舞台建筑。舞台建于元初至元二十年（1283年）。700多年来，历经后人修葺增减，主体仍不失元代建筑之风格。舞台三面封顶，一面敞部，无前后场之分，显然是乐楼的形式；也是宋代的勾栏和舞亭发展为金元时期的戏台的固有格局。舞台屋顶的梁架结构设计合理，檐飞斗拱，施工考究，质朴大方，着重实用效果。这清楚地表明，古平阳（今临汾）一带是当时中国戏剧艺术繁荣之地。

梨园

梨园是唐玄宗时教练宫廷歌舞艺人的地方。地址在京都长安光化门北禁苑中。据《新唐书》记载，唐玄宗熟知音律，又酷爱法曲，选坐部伎子弟三百人，教于梨园。对声有误者，亲加教正，称为"皇帝梨园弟子"。梨园的乐工多是来自民间的艺人，经过严格选拔进入宫廷后，刻苦钻研，技艺得到精进，推动了唐代歌乐的发展。后来梨园成为戏班的代称，戏曲演员又被称为梨园子弟。

子弟书

子弟书又名清音子弟书，清代曲艺曲种之一，即鼓词中一种以唱为主的段儿书。起源于明末山东民间，清初盛行，后发展为山东、北京、河北及东北各省的大鼓书。乾隆时由八旗子弟改造为子弟书，只有唱词而无说白。即今所谓"单弦牌子曲"。子弟书文辞、音节俱美，表现手法细腻；题材取自小说、戏曲和社会生活。所存曲目众多。曲本有仅几十句的短篇，亦有长达三十二回的长篇，唱词基本为七字句。

鼓词

鼓词又名鼓儿词。一种以鼓伴唱的民间通俗文艺。起源较早，南宋陆游《舍舟步归》四绝句之一："斜阳古道赵家庄，负鼓盲翁正作场。身后是非谁管得，满村听唱蔡中郎。"所写即为盲艺人演唱鼓词情况。近人徐珂《清稗类钞》："唱鼓词者，小鼓一具，配以三弦，二人唱书，谓之鼓子词。亦有仅一人者，京津有之。"

相声

相声是通过说、学、逗、唱以引人笑乐的曲艺曲种。学、逗、唱是在"说"的过程中进行的，因此相声实际上是一种以"说"为主要手段的艺术。约形成于清中叶以后，最初流行于京、津一带，用北京话讲说。现在各地亦有用当地方言讲说的"方言相声"。相声有单口、对口、群口三种形式。习见的对口相声，一逗一捧，铺垫到一定时机，"抖"出"包袱"，散出笑料来。清初，北京等地也称隔壁戏为"象声""相声"。

道情

道情也名渔鼓，亦有名古文的。流行于浙江、山西、湖北、湖南、四川、江西等地。渊源于唐代的道士曲，以道教故事为题材，宣扬道家的绝尘离俗的思想。是鼓词、鼓子词的一种，宋时始名为道情。宋周密《武林旧事》卷七："后苑小厮儿三十人，打息气唱道情。太上云：'此是张抡所撰鼓子词。'"南宋开始以渔鼓、简板为主要乐器伴奏，在元杂剧中，凡有关道教度化故事，一般都插入一段以渔鼓、简板伴奏唱道情曲。唱词基本为七字句、十字句。明清以来，道情流行极广，近代出现了众多以地方命名的支派，如温州道情、义乌道情、洪赵道情、临县道情等。

弹词

弹词也叫评弹或南词。宋末兴起，流行于南方。最初的弹词如《西厢传奇》，有词曲，无说白；金董解元《西厢记搊弹词》或《弦索西厢》，始有曲有白，一人弹唱，而以代言体脚色制分诸剧中人物，已具备后世弹词或南词之体制。元杨维桢有《四游记弹词》。清代则弹词更为盛行，作品甚富，且多长篇巨著。著名的有乾隆时女作家陈端生所写《再生缘》，咸丰间刊行的《珍珠塔》前后传，以及《笔生花》《天雨花》《凤双飞》等。

木偶戏

木偶戏即傀儡戏。又名窟儡子、魁儡子，南北朝至唐宋又别称为郭秃、郭郎、郭公。作木偶以戏，最早见于《列子·汤问》，谓巧匠偃师所造假人，"領其颐，则歌合律；捧其手，则舞应节。千变万化，唯意所适"。即后来之木偶人。北齐后主高纬，雅好傀儡，谓之郭公，时人戏为《郭公歌》。唐温庭筠亦作《邯郸郭公辞》。至宋时傀儡戏最盛，种类最多。《东京梦华录》《都城纪胜》《武林旧事》《梦粱录》诸书所载有悬丝傀儡、走线傀儡、杖头傀儡、药发傀儡、肉傀儡、水傀儡等。《梦粱录》卷二十"百戏伎艺"："凡傀儡，敷演烟粉、灵怪、铁骑、公案、史书历代君臣将相故事话本。"

皮影戏

皮影戏又称影戏、灯影戏。用灯光照射兽皮或纸板做成的人物剪影等表演故事的戏剧艺术。剧目、唱腔多同地方戏曲相互影响，由艺人一边操纵一边演唱，并配以音乐。渊源可以追溯到汉代。宋代是皮影戏演出繁盛时期，已成为一种行业，当时称为"绘革社"，以演耍皮影戏为业的著名艺人很多。宋吴自牧《梦粱录》说："更有弄影戏者，元汴京初以素纸雕簇，自后人巧工精，以羊皮雕形，用以彩色妆饰，不致损坏。杭城有贾四郎王昇王润卿等，熟于摆布，立讲无差，其话本与讲史书者颇同，大抵真假相半，公忠者雕以正貌，奸邪者刻以丑形，盖亦寓褒贬于其间耳。"到了清代，皮影戏又增加机捩，使四肢能动，更像活人，在全国范围流行。据说皮影戏元代曾传到西亚，并远及欧洲。

二人转

二人转是曲艺曲种之一。俗名蹦蹦。流行于辽宁、吉林、黑龙江三省及内蒙古东部的广大地区。表演方式有一人走唱的"单出头"，二人走唱的"双玩艺"，多人说唱的"群活"等三种。艺术上讲究唱、说、做、舞四种功夫。唱腔丰富，素有"九腔十八调，七十二咳咳"之说，常用曲牌唱调有《胡胡腔》《文咳咳》《武咳咳》《三节板》《四平调》《五字锦》《红柳子》等。伴奏乐器有板胡、唢呐、竹板等。唱词以

皮影戏《西厢记》

七字句和十字句为主，追求滑稽幽默的喜剧效果。以唱为主，唱中有白，边唱边舞。长期流传中，依地域不同而形成了以吉林市为中心的"东路"，以黑山县为重点的"西路"，以营口为中心的"南路"和以北大荒为中心的"北路"等四个支派。其不同风格，有艺谚概括为四句话："南靠浪（舞），北靠唱，西讲板头，东耍棒。"

杂技、戏法、马戏

杂技是表演艺术的一种。以健美有力的动作，灵巧迅速的手法为特点。包括蹬技、顶技、手技、戏法、魔术和马戏等。其高难度的技术表演，显示了人的智慧、毅力和勇敢的精神。中国包括民间杂耍在内的杂技有着悠久的历史。

戏法又称"中国戏法"或"古彩戏法"。杂技节目。演员以灵巧的手法，使观众在视觉、听觉上产生错觉，从而表演出各种物件的增减和隐现。

马戏是杂技节目之一。原为古代一种技艺，专指驯马和马术表演，后成为各种驯兽乃至杂技表演的统称。表演形式大都为马术以及演员指挥各种经过系统训练的动物，做出各种技巧动作，同时穿插杂技和丑角的表演。

双簧、评书、数来宝

双簧是曲艺曲种之一。多由两人表演。一人藏在后面说唱，另一人按后面说唱内容作表演；还有的一人在台前说唱，另一人藏在其身后替代做动作。两种形式均酷似一人表演。表演中偶露破绽以逗乐观众。

评书又称"评词"。曲艺曲种之一。表演者只限一人。讲述传统和民间故事。早先多以长篇为主，一天一回，悬念不断，吸引听众。后也常说独立短篇。

数来宝是曲艺曲种之一。流行于中国北方。一人或两人说唱。用竹板或系以铜铃的牛髀骨打拍。常用句式为可以断开的"三、三"六字句和"四、三"七字句，二句、四句或六句即可换韵。开始是艺人沿街即兴说唱，后进入书场，内容有所变化。

汉八刀

汉八刀是对汉代某些玉器在雕琢工艺上的一种习惯称法，并不是说玉器是仅用八刀琢成的，而是指这类玉器所反映的线条简练，刀法粗犷，毛口没有毛道和崩裂痕。

说"如意"

如意，一般是作为馈赠而制作的器物，在清代尤为盛行。

如意都雕有花纹，有的还在玉制的如意上，粘上碧玺、松石、宝石所雕成的花卉，大多是桃果、灵芝、蝙蝠之类。如意的质料，除玉之外，有用水晶、珊瑚、犀角、竹根、玛瑙、琥珀、金、银等材料制成。大的达1米，小的只有3厘米左右。每逢吉庆佳日，王公大臣手执如意作为互赠礼物，祝福事事如意，岁岁如意，吉祥如意。

中国玉器之最

中国迄今为止发现年代最早的一件玉制品是：距今8000年前，山西湖县旧石器时代晚期遗址出土的用水晶制的小石刀。

中国迄今为止发现年代最早的装饰用彩石玉器是：距今7000～6000年前的浙江余姚河姆渡遗址出土的璜、珠、坠等。

中国迄今为止发现年代最早的俏色玉器是：距今3000年前的殷商时代，河南安阳小屯村北出土的营玉鳖。

中国迄今为止发现年代最早的翡翠制品是：北京明定陵中出土的翡翠如意，距今约360年。

中国迄今为止发现年代最早的汉代玉器是：汉元帝渭陵附近出土的镂空羊脂白玉、仙人奔马、玉熊、玉鹰、玉辟邪，皆以和田玉制成。

中国最大的一件玉制品是：《大禹治水图》玉山子。

中国最早的大件玉器是：元代渎山大玉海。

中国最早的一部金石学图录是：宋代吕大临编纂的《考古图》，上已有玉器图条记载。

中国第一部专门的玉器目录是：元代的《古玉图》，成书于1341年。

中国第一部古玉学术研究专著是：清代光绪十五年（1889年）吴大澂编纂的《古玉图考》。

中国最大的水晶石是：1958年出土于江苏东海县房山镇拓塘村的重达3.5吨的水晶大王。

画像石、画像砖

画像石与画像砖都是陵墓雕塑中数量很大的品种，且都随汉代起始而发达，随汉代中阶而式微，汉代之后，如南朝、唐、宋等时期，虽也有零星出现，但时过境迁，已入末流。

汉代的画像石一般是古代石窟、祠堂、墓室等的石刻装饰画。起于西汉，盛行东汉。在山东、河南、四川、陕西、山西、江苏、安徽等地区均有大量发现。其表现形式，石面有阴刻和阳刻两种。内容有历史人物、神话故事、宴会、狩猎、歌舞、战争、社会生产和生活等。不仅是美术品，同时也是了解当时民情风俗的重要资料。著名的有武氏祠画像、孝堂山画像、沂南画像等，艺术价值很高。

在砖头模子上刻画，再压成砖坯烧制出来的砖叫画像砖。但也有不用模印而是直接刻在砖上的，通常嵌在墓室或建筑物的壁面上，多流行于汉代。既是建筑结构的一部分，又是一种装饰品。

画像砖在四川、河南均有大量的出土，近年在山东、安徽、江苏以及浙江等地也有所发现。其中以四川的画像砖显得最有特色。四川出土的画像砖，内容丰富，刻画细致而又精巧。如成都凤凰山的画像砖详尽地表现了四川自流井盐场的生产过程，既反映了劳动生产场面，也体现了古代劳动人民的聪明与智慧。还有"弋射""收获"图，生动地反映了当时蜀地的农村风光。广汉、彭州市、新繁出土的市井图砖，描写了当时市井的部分场面，有的还较全面地表现了汉代城市中的市场容貌。

东阳木雕

东阳木雕以浙江东阳为主要产地，约始于唐代，宋代的木雕佛像技艺熟练。明清两代形成一套完整的木雕风格，永乐年间（1403～1424年）的卢宅肃雍堂中不乏木雕杰作。至清代中期，东阳木雕名闻遐迩，有数百人曾进京修缮宫殿。内容取材于古典文学名著、神话故事、民间传说、舞台戏曲以及山水花鸟、走兽草虫等。东阳木雕在艺术手法上采用传统的散点透视法，以浮雕技艺为主，构图饱满、层次丰富、富有立体感。

潮州木雕

潮州木雕以广东东部潮安、潮阳、揭阳、饶平、普宁、澄海为主要分布地区。唐代潮州木雕已在建筑装饰上广泛运用，明清十分兴盛。建于唐、明代重修的潮州开元寺的龛桌、禅门、窗棂刻人物、飞禽、花果等，技艺精湛，木雕"千佛塔"更称神品。日用木雕在清代也开始得到流行。除建筑物上使用，日用品有床橱、桌椅、屏风、香炉、礼盒等。

题材多为戏曲故事、花卉翎毛、瓜果鱼虫等，尤以镂空的鱼篓、蟹篓、虾篓等更具地方特色。技法有通雕、浮雕、圆雕等。

黄杨木雕

黄杨木雕以浙江乐清、温州为主要产地。黄杨木雕约有150年的历史，由名艺人叶承荣首创。最早起源于民间元宵"龙灯会"龙灯骨架上的木雕小佛像，到清末从民间龙灯的附属装饰中独立出来，发展成为独特的艺术欣赏品。自在国际赛会上获奖以后，黄杨木雕名扬海内外，促使更多艺人从事创作，推动了它的发展。黄杨木质地坚韧光洁、纹理细腻，色黄如同象牙，古朴雅致，适宜雕刻小件的圆雕工艺品。

最早的根雕作品

根雕是以树根作为基本材料，在充分利用其自然形态的基础上，作适当的雕刻处理而形成的一种造型艺术。因为巧借天成，重在发现，雕刻相对比较简便。

根雕在中国是一种古老的艺术，现存最早的根雕实物，为战国时期的作品《辟邪》和《角形器》。

《辟邪》于1982年在湖北省荆州江陵县马山一号墓发现，制作年代是在公元前340年至公元前270年间。辟邪是一种驱邪除鬼的镇墓兽，其造型为虎头龙身，呈昂首行走状态，叉开的四足雕有蛇、雀、蛙、蝉等图案。

《角形器》是在湖北省荆门市十里镇王场村包山二号墓发现的，制作年代也是在公元前300年前后。它以天然树根的造型加以雕刻，成为两只盘结而成的螭。

"塑圣"杨惠之

杨惠之，生卒年不详，唐代雕塑家（活动于开元、天宝年间，即公元8世纪前期）。吴（今江苏苏州）人。初学绘画，远师南朝张僧繇，后改习雕塑，并在绘画基础上，发展了彩塑艺术，人称"塑圣"。时有"道子画，惠之塑，夺得僧繇神笔路"之誉。

杨惠之曾创壁塑新技法，所塑园林山水，极具立体感。画史载，他曾在洛阳广爱寺塑制楞迦山景及罗汉群像，深受时人褒誉。所塑人物造型，合于相术，故称古今绝技。其还以雕塑肖像见长，宋代刘道醇在《五代名画补遗》记载：杨惠之在京兆府曾塑名优人刘怀亭像，成后并加装染，于市会中面墙而置，京兆人视其背影即能呼出姓名，则其神巧可知。据记载，杨惠之的雕塑作品曾遍于南北各地，尚有长安太华观玉皇大帝塑像，临潼福严寺山水塑像，凤翔东天柱寺维摩居士塑像，洛阳北邙山老君像，开封大相国寺释迦佛及维摩塑像，以及昆山慧聚寺毗沙门天王、侍女塑像等。这些作品，至11世纪的北宋时仍大多保存，并为苏东坡、王谠等诸多文人名士所题咏赞颂。

泥人张

张长林（1826～1906年），清代雕塑家，字明山，河北深州人，后定居天津。承祖、父之业捏塑，勤恳钻研，技艺更精，能状民间风俗故事，曲尽其妙；其向所捏作戏曲人物，各班角色，形象生动逼真。尤做人之小照更见长技，只需与人对面而坐，抟土于手，一刻便就，且形神毕肖，栩栩如生，观者叹绝。故被时人称为"泥人张"。

红山玉猪龙

玉龙是新石器时代红山文化的典型器物。龙是人们幻想中的动物，红山文化玉龙是迄今所知最早的玉龙。

玉龙造型奇特，雕刻精细。龙体卷曲，呈"C"字形；龙吻前伸，略向上翘，嘴紧闭，鼻端平齐；双眼突起呈梳子形，腭及腭底琢刻细密的菱形网状纹；颈脊起长鬣，披向后背；龙尾向内弯曲，末端圆尖；背部近颈处有一圆孔，龙身断面呈椭圆形。

兵马俑

秦代陶塑。位于陕西省西安市临潼区西杨村西南。1974年发掘，1977年就地建成秦始皇兵马俑博物馆。共发现四个俑坑，总面积25380平方米。出土大批与真人、真马等高的陶俑，从装束上大体可分为战袍俑与盔甲俑，从职能又可分为前锋、立射、跪射、骑兵、驭手、武官、将军俑等，并配带实战铜兵器。形象准确，身姿各异，刻画细腻明快，比例适度，色彩绚丽，对比强烈。

乐山大佛

乐山大佛是唐代雕刻，又名凌云大佛，据考证，其官方名称为"嘉州凌云寺大弥勒石像"。位于四川省乐山市城东南凌云山西壁，临岷江与大渡河、青衣江汇流处。

相传乐山大佛是唐开元元年（公元713年）由凌云寺和尚海通发起，就山岩凿成的弥勒佛像。用以企望通过佛的威力镇压水势。共雕凿九十年，至贞元十九年（公元803年）完成。时人誉为"山是一尊佛，佛是一座山"。大佛两侧断崖和登山道上，有许多石龛造像，多是盛唐作品。原有十三层楼阁，毁于明末张献忠乱军。大佛头与山齐，足踏大江，双手抚膝，体态匀称，神势肃穆，细部刻画不算精美，但以体大取胜，气魄雄伟。其头部、手足均有毁坏。

天下名器"宣德炉"

宣德炉是明代的著名工艺美术品。因是明代宣德年间所造的铜香炉，故简称"宣炉"。

宣宗因郊庙所用鼎彝不合古式，命工部重新制造宫廷鼎彝之类祭器，工部尚书吴中采《博古图》《考古图》《祥符礼器图》等有关古籍，从中选出较好图式88种作蓝本，同时选取内府所藏秦汉以来炉、鼎、彝器格式及柴、汝、官、哥、钧、定多窑之精品29种以资借鉴，会同司礼监太监吴城司铸冶千余件，以供宫廷及寺观之用。名工巧匠吸取历代冶炼经验，融汇鎏涞制作优点，使宣德铜炉铜质细腻，色彩丰富，花纹精美，形式新颖。款识自1～16字不等，常见的有"大明宣德年制"6字，扁方楷书，阴印阳文。

宣德炉遗存至今有两种类型，一类是不加装饰花纹的素炉，另一类是经过錾刻镶嵌镂空鎏金等艺术加工的器物。前一类以造型及铜色丰富见长。代表作有"双龙抱柱铜炉""兽耳活环钵式炉"，以光滑温润器形取胜。另一类遗物有"错金仿古铜簋"、宣德款"镂空云龙纹熏炉""錾花兽耳炉"等。

宣德炉炼铜技艺精湛，各种有色金属作不同比例配合，器物铸成后，呈现朱砂斑、茄皮紫、甘蔗红、栗壳色、秋梨白、鹦羽绿、秋葵色、茶叶末等40多种复杂色彩。

"中华第一灯"：长信宫灯

西汉著名铜灯长信宫灯是一件驰名中外的艺术瑰宝。1968年在河北满城西汉中山靖王刘胜妻窦绾墓出土。

灯的设计十分合理、精巧。灯座、灯盘、灯罩皆可拆卸，灯盘为双重直壁，插置两片弧形屏板作灯罩，灯罩可开合，以调节光照度的宽窄。灯盘可转动，屏板可开合，灯光照度和照射方向可调节。宫女的头部和右臂可拆卸，侧举右臂和下垂作灯盖的右袖，视觉上增加了造型的美观，同时使灯盘内空气流通，帮助蜡烛燃烧，右臂为烟的通道，可将烟导入体腔，容纳于宫女器身中，使室内保持清洁。灯各部位可拆卸，便于清除烟垢，击法，以赤、黑、黄色与青铜本色相映衬，显得庄重肃穆、精美壮观。

长信宫灯

设计十分科学。宫女姿态神情塑造得生动细腻。此灯是汉代灯具的代表作。

曾侯乙编钟的趣谈

曾侯乙是战国时期曾国（今湖北随县、枣阳一带）的一个诸侯，姓乙，因此被称作曾侯乙。1978年，曾侯乙墓碑被发现，在墓中沉埋了两千四百余年的大型国宝编钟面世。因为是在曾侯乙墓出土的，因此也将这些编钟称为曾侯乙编钟。

曾侯乙编钟钟架长7.48米，宽3.35米，高2.73米，全套钟架由245个构件组成，可以拆卸，设计精巧，结构稳定。整套编钟共65枚，由青铜铸造。每件钟体上都镌刻有金篆体铭文，正面均刻有"曾侯乙乍时"（曾侯乙作）。全套编钟音域宽广，音列充实，音色优美。每件钟均有呈三度音程的两个乐音，可以分别击发而互不干扰，亦可同时击发构成悦耳的和声，证实了中国古编钟每钟双音的规律。

钟及钟架铜构件是铜、锡、铅的合金，合金比例因用途而异。编钟的装配、布局，从力学、美学、实际操作上，都十分合理。全套钟的装饰，有人、兽、龙、花和几何形纹，采用了圆雕、浮雕、阴刻、彩绘等多种

白陶

白陶是表里和胎质都是白色的一种陶器，土质原料为瓷土和高岭土。白陶器在龙山文化晚期遗址中已有发现，使中国成为世界上最早使用高岭土烧制器皿的国家。

白陶器基本上都是采用手制，以后也逐渐采用了泥条盘制和轮制。白陶的烧成温度不高，不超过商代几何硬纹陶的烧成温度。商代后期是白陶器的高度发展时期，在河南、河北、山西和山东等地都有出土，其中以河南安阳殷墟出土数量最多，制作也相当精致。

常见的白陶的器形有小口短颈、圆肩、深腹、平底罍（léi），小口长颈、鼓腹、圈足壶，小口长颈、鼓腹平底觯（zhì），小口鼓腹双鼻卣（yǒu），敞口鼓腹平底盂和敛口鼓腹圈足簋（guǐ）等。胎质纯净洁白而细腻，器表多刻有饕餮纹、夔纹、云雷纹和曲折纹等，仿制同期青铜礼器的形制和纹饰，白陶烧制工艺技术在这时发展到了顶峰时期。

黑陶

黑陶在新石器时代晚期，黄河下游和东部沿海的大汶口文化、龙山文化、屈家岭文化和良渚文化等遗址中出现。

黑陶的产生与当时生产工艺的进步密切相关。由手工的泥条盘筑法到轮制，使所制器形浑圆工整，器胎厚薄均匀，大大提高了制陶生产力。这时人们已掌握了封窑技术，对陶窑进行了改进，陶窑的火口很小，有较窄较深的火膛，加强了窑室的温度，也便于在烧时封闭而实现还原气氛，提高器物的烧成硬度，并产生灰或黑的色彩效果。这些因素，使采用轮制法的黑陶器皿的口、腹、底

黑釉陶马

皆趋于正圆的形式，器壁很薄，烧成温度达1000度左右，胎骨坚密，具有乌黑的色彩。以素面和磨光的黑陶为多，带纹饰的较少，有弦纹、划纹和镂孔等几种，不似彩陶以彩绘见长，而以造型取胜。

彩绘陶

彩绘陶是烧成后进行彩绘的陶器。它在烧成的陶坯上画花，色料附着性不牢，因而花纹易脱落。

彩绘陶始于春秋时期，到战国得到发展，一直延续到两汉时代。它最初发展于中原，后扩展到长江以南的湖南、江西、广东以及西北和东北。

彩绘陶大都采用轮制，也有模制的，烧制火度很低。彩绘陶系泥质陶，陶胎有灰、褐两色，灰胎一般敷以黑色陶衣，在黑色陶衣上敷层白粉后再加以彩绘，多用黑线、红彩。褐胎一般刷以白粉，也有施黄粉的，然后加以彩绘，多用红色花纹，少见有用金银绘线的。彩绘陶被制成几乎各种生活器皿。装饰纹样常用几何纹，如弦纹、三角纹、菱形纹、圆圈纹、锯齿纹等；也用云纹，分规则和不规则两种；有花瓣纹，如梅花纹、柿蒂纹、卷草纹等；有鸟兽纹，如凤纹、龙纹、铺首纹等。图案组织一般为适合纹样，以二方连续的带状纹样为多。

瓷器的发明

根据考古发掘的资料证明，在制陶工艺长期发展的基础上，中国在商代中期发明了瓷器。

瓷器是用瓷土（高岭土）制胎，表面施一层玻璃质釉，经过1200度以上的高温烧成。瓷器的特点是胎体致密，不渗水，不透气，表面有一层高温烧成的玻璃质釉，不藏污垢，容易拭洗，清洁卫生，庄重典雅，这是陶器所不能比拟的。发明瓷器是中国先民对人类用具的进步作出的一大贡献。

中国瓷器的发现，是最早在河南郑州二里岗商代文化遗址中发现了一种质地坚硬、施玻璃质青釉的器物，如大口尊等，火度很高，敲击能发出悦耳的金属声。此后，在河南、山东、江西、湖南、湖北、江苏、浙江等地都有发现。经测试检验，证明这些器物的原料和历代公认的瓷器原料一致，不是普通的制陶泥土，而是一种高岭土，且烧成的温度达到1200度，这个温度比任何日用陶器的温度都高，与现代瓷器的烧成温度相同。从科学上可证明完全符合瓷器的标准，应是中国最早的瓷器。

青瓷

青瓷釉色的烧成，必须是在窑烧的过程中使燃料不完全氧化，使瓷中所含的铁分完全还原成为氧化亚铁，即铁和氧在1：0.296的比例下结合，呈现出翠绿的青色，如果超过1：0.43比例时，釉中铁就会生成三氧化二铁，因而出现黄色和褐色。有些青瓷的釉色不纯，就是烧成不好的原因所致。

在魏晋六朝时期，青瓷作为一种新兴的手工业在南方得到发展，以东瓯（浙江）缥瓷的质量最高，胎呈灰白色，质地致密，釉色均匀。江苏宜兴的均山窑、浙江温州的瓯窑和浙江金华的婺州窑所产青瓷，也各有特色。

白瓷

白瓷是釉料中没有或只有微量的呈色剂，生坯挂釉，入窑经高温烧成的素白瓷器。北齐范粹墓出土的白瓷，是中国至今所见到的有可靠纪年的最早白瓷。

白瓷由青瓷演变而来，通过对瓷土进行精炼，使原料中铁分减少，经制瓷工人长期实践，控制了胎釉中的含铁量，克服了铁的呈色的干扰，从而发明了白瓷。最初早期白瓷还在胎上施化妆土以增加烧成后的白度，后逐渐减少或不用化妆土加工瓷胎。明代永乐时创烧的甜白瓷，达到了当时瓷器的最高水平。

在白瓷烧制工艺上，明清两代有不少成就，如在瓷胎中逐渐增加高岭土的用量，以减少瓷器的变形；精工粉碎和淘洗原料，去除原料中的粗颗粒和其他有害杂质以增加瓷器的白度和透光度；提高瓷胎的烧成温度以改变其显微结构，从而改进瓷器的强度及其他物理性能；改进瓷器装匣支烧的方法，增加美观并利于实用。明清白瓷烧制工艺的成就，为明清彩瓷的发展繁荣创造了有利的条件。

青花瓷

青花是一种以氧化钴为呈色剂的白底蓝花瓷器。属于釉下彩瓷的一个大宗品种。成熟的青花瓷器是元代由景德镇开始烧造的。

元青花的原料有进口和国产两种，进口料烧成后色泽浓艳，呈宝石蓝色，有黑色斑点，国产青料略呈淡灰色，多用于小件器物。装饰纹样丰富，图案满密，多层次。主题纹饰有花卉、云龙、飞凤、游鱼、走兽等，还有历史人物故事图，如"萧何月下追韩信"，元曲中的"百花亭"等，还有一些充满异国情调，具有西亚风格的题材。

元青花瓷器在当时多用于外销，在国外多次被发现。元青花在明清时期的作品中少见仿制，以现代仿品居多。

唐三彩

唐三彩是唐代的一种低温铅釉的彩釉陶器。用经过精炼的白色黏土制胎。首先用1000度左右的高温烧成陶胎，再用含铜、铁、钴、锰等元素的矿物作釉料的着色剂，在釉里加入很多的炼铅熔渣和铅灰作助熔剂，经过约800度的温度烧制而成，釉色呈深绿、浅绿、翠绿、蓝、黄、白、赭、褐等多种色彩，人们称为"唐三彩"，其实是一种多彩陶器。

因为唐三彩的用料精细，制作规整，所以不变形、不裂缝、不脱釉，加以烧成时各种着色金属氧化物熔于铅釉中向四方扩散、流动，因而形成各种颜色互相浸润后斑斓的色彩，并且釉面光亮，使色彩更加美丽。

唐三彩的制作地点，分布在长安（今西安）和洛阳两地，其制品多作为明器，又可分为器皿、人物、动物三类，尤以塑造的各种舞俑和三彩马俑更为生动。唐三彩的发展大体经历了初创兴盛和衰落三个时期，初唐时期制作较为简单，品种也比较少，多在挂釉后加以彩画。盛唐时期是唐三彩的极盛时期，品种丰富，制作精美，产量很大。安史之乱以后，唐三彩制作进入后期阶段，逐渐衰落。

宋瓷的五大名窑

官窑

北宋官窑是在汝窑的影响下产生的，相传，北宋大观、政和年间，在汴京（今河南开封）附近设立窑场，专烧宫廷用瓷器；最早对"官窑"的记载是《负暄杂录》中所记"宣、政年间,京师自置烧造,名曰官窑"。

后来,宋室南渡,制瓷技术力量也随之南迁,南宋时在浙江杭州凤凰山和郊坛下先后设立了官窑。凤凰山下的官窑称为修内司窑或内窑,沿袭旧制仿烧。在郊坛下设立的新窑,称为郊坛下官窑,窑址在今杭州乌龟山,窑址范围很大。

1956年对宋代官窑做了部分发掘,出土的青瓷薄胎,呈灰、褐、黑三色,施釉厚,釉色以粉青为代表,晶莹润泽,犹如美玉。釉面有蟹爪纹等开片;器口及底部露胎处呈灰或铁色,称为"紫口铁足",器形以洗、碗为多,且有直径大过一尺的大型产品,造型优美,是南宋瓷器中的优秀作品。

汝窑

汝窑的窑址在河南临汝县,临汝古称汝州,故名。汝窑约发展在北宋初期,是在越窑衰微后兴起的。

宋代元祐初年,汝窑曾继定窑之后为宫廷烧造瓷器,历年不久,但质量很精。北宋末年,金人南侵,南宋时,汝窑瓷器已十分难得,传至今已不足百件。为宋代名窑中传世品最少的一个瓷窑。

汝窑无大件器皿,器皿高度一般在20厘米左右,盘、盌、碟等圆器的口径一般在10~16厘米,这是汝窑瓷器的特点。汝窑瓷胎多呈香灰色,透过釉处呈现出微微的粉色。汝窑釉色呈现淡淡的天青色。色调稳定,变化较少;釉面无光泽的较多,有光泽的只占少数;传世汝窑瓷器器底都留有支钉痕,钉痕小如芝麻,支钉以单数居多,小件器物用三个支钉,稍大用五个支钉。

在汝窑瓷器上的铭文仅有两种,一为"奉华",系南宋高宗宠妃刘妃所居奉华堂之名,被宫廷工匠后来刻在器皿上作为"奉华堂"专用品的标志。另一种铭文刻"蔡"字,为宋代蔡家之收藏标记。

定窑

定窑窑址在今河北曲阳县涧磁村、燕子村。曲阳宋属定州,故名。唐代时,定窑已烧制白瓷,到宋代更以白瓷著称。

定窑瓷胎薄而坚致,胎色白而微黄,釉呈米色,施釉极薄,可以见胎。产品多为盘、碗,也有瓶、壶、瓷枕等生产。定窑以白色素瓷闻名。在装饰上,将自然形态经过夸张变形作为装饰图案,构成严谨;有刻花、划花和印花三种装饰方法。

除烧造白瓷外,定窑还烧制黑、酱、紫和绿釉瓷器。北宋后期,定窑曾一度为宫廷烧制用瓷,因定窑首创了覆烧法,口部有芒,故多加金扣,除河北曲阳县外,山西的平定窑、盂县窑、阳城窑、介休窑、四川彭州市窑也烧制白瓷,风格与曲阳定窑相近,属于定窑窑系。

钧窑

钧窑又称均窑、钧州窑。窑址在河南禹县一带,古称钧州,故名。钧窑始烧于北宋,金元时除烧钧瓷外,还兼烧白地黑花及黑釉器。

北宋时,钧窑已在河南省内有影响,金元时期影响面扩大,除禹县外,邻近的临汝、郏县、登封、新安、汤阴、安阳和河北磁县等瓷窑,都仿烧钧窑瓷器,形成了一个钧窑系。

汝窑三足盘

钧瓷胎质细、性坚、体较重，釉具五色，浑厚浓润，以烧制色釉"窑变"为特色。其釉色以通体天青和紫红斑块相间为主，也有绿中微显蓝光的，也有呈紫红色的，蓝呈月白或蔚蓝色的，紫呈玫瑰紫或晚霞红的，有的斑斑点点，青蓝紫红相间，错综复杂，绚烂多彩。

钧窑瓷器的独特之处在于它是一种乳浊釉，釉内还含有少量的铜。首创用铜的氧化物作为着色剂，在还原气氛下烧制成功铜红釉，为中国陶瓷工艺、陶瓷美学开辟了一个新的境界。

哥窑

哥窑瓷器的特点是黑胎厚釉，紫口铁足，釉面开大小纹片。在浙江龙泉的溪口、瓦窑墙等地发现有符合上述特征的窑址。这种裂纹，是由于釉和胎的收缩率不同而在冷却过程中形成的。最初本是烧制的一种缺陷，但由于纹理具有特殊的效果，后人就人为地使它形成自然的装饰。根据开片的不同形状和大小，而赋予它们以各种名称。纹片细小如鱼子的叫鱼子纹，纹片大而呈弧状的为蟹爪纹，纹片大小相间的为百圾碎，大小纹片结合、黄色纹片和黑色纹片参差出现的"金丝铁线"品种称为"传世哥窑"。

哥窑的釉色有粉青和米色等种，在釉中出现大小气泡的称为"聚球攒珠"，也有出现葡萄状锈斑的称为"葡萄斑"。哥窑的瓷胎呈黑褐色，器皿的边缘往往显出一条褐色的边，称为"紫口铁足"。品种以盘、碗、洗、瓶、炉、文具等为多，没有大型的作品。

传说中的柴窑

柴窑，据记载创建于五代后周显德初年（公元954年），在河南郑州，本是后周世宗柴荣的御窑，所以从北宋开始称为柴窑，但至今仍未发现可靠的实物及窑址，故不在当代公认的宋代五大名窑之列。

柴窑的存在，有历史文献的记载和翔实的介绍，清宫内府亦有收藏的记载。如明代文震亨在《长物志》中云："柴窑最贵，世不一见……青如天，明如镜，薄如纸，声如磬"，民国赵汝珍在《古玩指南》中亦有记载："柴窑传世极少，故宫中尚可见之"等。

柴窑是中国瓷窑中唯一一个以皇帝的姓命名的，据清代朱琰《陶说》载，"柴世宗时烧者，故曰柴窑。相传当日请瓷器式，世宗批其状曰：'雨过天青云破处，这般颜色作将来。'"

红釉

明代景德镇的红釉是颜色釉中最名贵的品种之一。今日传世的红釉瓷器以永乐、宣德产品为最佳。

这种红釉，以氧化铜为呈色剂，烧成后色调鲜艳美丽。永乐红釉色调鲜丽而匀润，有的器物伴有黑色小点或血丝状纹。宣德红釉类似永乐，但器物口沿有自然形成的一线白釉，俗称"灯草口"。成化后，红釉虽也有烧造，但数量很少。嘉靖时，由于红釉屡烧不成，干脆改用氧化铁为呈色剂的低温矾红釉代替红釉。清代康熙后，红釉重见广泛烧造，有的仿永乐或宣德。仿永者多仿薄胎器，仿宣者底多有款，但釉色、款识与真品有一定的差距。

清宫御用的"珐琅彩"

珐琅彩瓷器是清代宫廷垄断的一种瓷器，也是清代最名贵的彩瓷。珐琅彩是康熙中晚期从西方引进的一种彩料，原为制作铜胎珐琅器所用料，后转用于瓷器上。清宫旧称"瓷胎画珐琅"，近人多称之为"古月轩"。

珐琅彩的制作顺序通常是从景德镇御厂烧造白釉、色釉瓷器，择其精细者运送北京养心殿造办处加画由宫廷如意馆画家提供画稿的瓷器彩画或纹饰,然后入彩炉低温烘烧。珐琅彩与其他彩瓷的一个明显区别是,彩饰凸起,立体感强,绘画极其精致,色彩绚烂瑰丽。珐琅彩由黄、绿、紫、蓝、白、红等色彩组成。

康熙、雍正、乾隆三朝烧造了大量珐琅彩瓷器,但宫中传世品绝大多数在台湾,内地留存很少。

官窑与民窑

历代皇家所办的瓷窑一般都称官窑。这里是指区别于民窑的官办瓷窑。据记载,明初御器厂成立时有官窑二十座,宣德时增加到五十八座,当时有六种不同的窑:风火窑、色窑、大小爁熿窑、大龙缸窑、匣窑、青窑。其中缸窑三十余座专烧龙缸,青窑烧小件,色窑烧颜色釉,御厂内的二十三作为窑场提供未经烧造的坯体和半成品。至明代中晚期后,御厂实行官搭民烧,即把烧造御器的任务摊派给民窑,这样官窑烧造的数量便大大减少了。清代基本上也是采用晚明的烧造办法。现今习惯上把那些制作规整、底部有工整的朝代年款的瓷器看作官窑作品。

这里所说的民窑特指明清景德镇民用窑业。由于景德镇瓷业的兴盛,名声传遍四方,产品数量多,质量精,销售范围广,各地能工巧匠云集该镇,形成了民窑业的大发展。特别是明后期,民窑事业十分兴旺,嘉靖十九年(1540年),当地以制瓷为生者达到万余人,到万历时逾数万人。当时著名的民窑有崔国懋的崔窑、周丹泉的周窑,还有壶公窑、官庄窑等。到了清代,民窑业更加发展,乾隆时(1736~1795年),民窑有二三百处,工匠、人夫不下数十万。

景德镇成为"瓷都",与历史上民窑事业的发展是分不开的。

建筑

万里长城

长城始建于春秋战国时代，当时各国诸侯为了互相防御，于险要处修筑城墙。后为防御北方匈奴、东胡等族的骚扰，秦、赵、燕三国在北部修筑高大城墙。秦统一中国后，在原有基础上修建万里长城，奠定了现存的规模。以后历代均加以修整，至明代，蒙古与女真族崛起，为加强防御，对长城加以改建，部分地段用砖石重建，增筑烽火台。此时长城更为完整，东起山海关，西迄嘉峪关，横穿河北、北京、山西、内蒙古、宁夏、陕西、甘肃，绵延6700公里，为世界最伟大古建筑之一。

长城东端山海关在河北秦皇岛市东北。明洪武十四年（1381年），徐达在此建关设防。此关北依燕山，南临渤海，山海关之名由此而来。地势险峻，为咽喉要道，系兵家必争之地。山海关的东城门即著名之"天下第一关"，关口为高12米的长方形城台，城台中部为拱门。台上筑箭楼，有两重檐，上为九脊歇山顶，上层檐下高悬"天下第一关"匾额，是明代进士萧显墨迹。长城西端嘉峪关在甘肃嘉峪山西麓，始建于明洪武五年（1372年），关城呈梯形，墙高九米，垛墙高1.7米，四角有角楼，南、北城墙上居中有敌楼。内城开东西两道正门，上筑城台，建有三层木结构关楼，高17米。西瓮城外筑有凸形罗城，长287米，厚6米余，中间开门，门额镌有"嘉峪关"三字。八达岭关城（即居庸关北口）在北京市西北延庆区境，是长城的一个重要隘口。建于明弘治十八年（1505年），东门额题"居庸外镇"，西门额题"北门锁钥"。关城两侧，长城延伸，依山起伏，宛如苍龙盘曲，异常壮观。此段长城高大坚固，皆以特制巨型墙砖砌成外壳，中实碎石黄土，下为条石台基。城上方砖铺地，上有女墙，垛口下有射洞。每隔数百米均筑有城台，城台分三种类型：一为敌台，有两层，顶部为平台，下为守军驻处；一为墙台，台面与墙顶齐平，上有简单小屋，供放哨者躲避风雨之用；一为战台，筑于险要处，共三层，下层为无门窗之高台，中为空室，可储存兵器，有射洞，上层有垛口，供瞭望用。

长城第一台遗址

灿烂辉煌的故宫建筑

故宫是明朝和清朝的皇宫。位于北京城中心,又名紫禁城。从明永乐十九年(1421年),直至清末(1911年),是明、清两朝的皇宫。它是中国现存规模最巨大、保存最完好的古建筑群。1925年在此建故宫博物院后,通称故宫。紫禁城所在位置是元大都城宫殿的前部。明成祖朱棣登位后,于永乐四年(1406年)决定筹建北京宫殿。永乐五年开始征调工匠预制构件,于永乐十八年建在宫殿、坛庙,次年自南京迁都北京。主持筹建的匠师有蔡信、陆祥、杨青等。正式开工后,工程由蒯祥主持。紫禁城采取严格对称的院落式布局,代表中国古代建筑组群布局的最高水平。

紫禁城占地72万多平方米,建筑面积约15万平方米,屋宇9000余间。周围宫墙长约3.4公里,呈长方形,四角有角楼,墙外环绕护城河。午门是正门,经太和门,有著名的太和殿、中和殿、保和殿三大殿。太和殿俗称"金銮殿",最为富丽堂皇。还有乾清宫、交泰殿、坤宁宫等后三宫许多建筑,沿南北中轴线排列,左右对称展开。宫内建筑多为木结构,红墙、黄琉璃瓦顶、青白石底座,彩绘绚丽。建筑气势雄伟、豪华壮观,是中国古代建筑艺术的精华。

沈阳故宫

沈阳故宫位于在辽宁省沈阳市,居沈阳旧城的中心,是清代努尔哈赤和皇太极两朝的宫殿。努尔哈赤于1616年建后金国,于天命十年(1625年)迁都沈阳,开始营建宫殿。清入关定都北京以后,这里成了留都宫殿。

沈阳故宫内由300余间房屋组成10余个院落,占地4.6万平方米,整个建筑分中、东、西三路。其中中路从南到北有大清门、崇政殿、凤凰楼、清宁宫。两侧还有配宫、殿、斋、阁、堂、亭等建筑。外由高大宫墙

辉煌的北京故宫

围起。整个皇宫富丽堂皇，是现存仅次于北京故宫的完整皇宫建筑，充满浓郁的民族风格，是满汉文化交流的辉煌成果。

白帝城——保存最完整的古汉城

白帝古城位于奉节县城东约6公里的三峡之口，雄踞于巍巍瞿塘关之上，三面环水，一面靠山，北缘马岭，东傍瀼溪，西、南临大江，外形像个马鞍。

西汉末年，公孙述据蜀，因此建城。因城内有一井出现白气如龙，公孙述认为是吉祥的象征，便于公元25年自称"白帝"，此城便称"白帝城"，公孙述字紫阳，所以白帝城又有"紫阳城"之称。明、清时期，西南总税关分上、中、下三关，这里为下关所在地，所以白帝又叫"下关城"。又由于白帝城为汉代所建，故又称为"汉城"。

至今，汉城城墙的遗迹还清晰可寻。古城墙原有7000多米，从东、南、西三面江岸直上北面的马岭，蜿蜒盘旋。游人到了那里，尚能亲眼见到"洗马池""皇殿台"等遗迹。至于汉砖、汉瓦，城内到处皆是，有的甚至堆积厚度达2米多。尤为珍奇的是，现在至少还有5000多米的古城墙仍屹立着，北山段城墙保存得尤其好，甚至那城套城的城墙仍历历可见，城墙的高度从1米到6.7米不等。保存得如此好的古汉城，在全国独一无二。

世界上最大的祭天建筑群

世界上最大的祭天建筑群是中国的天坛。天坛位于北京永定门内大街东侧，是明清皇帝祭天和祈祷丰年的地方。天坛始建于明永乐十八年（1420年），原称天地坛，至嘉靖九年（1530年）才分祀天地。经明、清两朝的多次改建和修缮，才成今日的面貌。

天坛是圜丘、祈谷二坛的总称。因有垣墙两重，形成内外坛。坛墙南方北圆，象征天圆地方。主要建筑在内坛，在一条南北向中轴线上，北为祈年殿，南为圜丘坛，中间有墙相隔，并有皇穹宇（其围墙俗称回音壁）等建筑。天坛占地270万平方米，是中国现存最大的古代祭祀性建筑群。

钟楼和鼓楼

钟楼和鼓楼是中国古代在城市、宫殿、寺院中用作报时和显示威仪的建筑。汉唐时期城市实行里坊制，规定宵禁，晨昏都要击鼓为启闭坊门的信号。北宋以后，里坊制取消，却保留了钟鼓报时的习俗。在元大都、明南京和明清北京及许多地方城市的显著位置都建有高大的钟楼和鼓楼。

现存建于明代的西安钟楼便处在城市中心点上。北京现存的钟、鼓楼处在全城中轴线北端，初建于明永乐年间。佛教寺院在唐以前设有钟楼和经楼，对称地放在寺院前部或后部，宋代以后又引入鼓楼，东钟西鼓，多放在寺院前部，藏经楼则被安排到了全寺最后面。钟和鼓在寺院不仅用于报时，也具有宗教宣传作用，《增一阿含经》说："洪钟震响觉群生"，"昼夜闻钟开觉悟"。清钟夜响，发人思绪，无怪唐代诗人张继写下"姑苏城外寒山寺，夜半钟声到客船"的佳句，使得苏州寒山寺一举闻名。清光绪年间重修寒山寺，在大殿后左廊建钟楼，内藏清铸大钟，至今每逢除夕午夜，不少中外游人还要专程到寒山寺听钟。

有关"鼓楼"的来历，有人认为是北魏李崇所创，初用以传递信号，便于擒贼缉盗。据1930年《重修滑县志》记载："北魏时，兖州多盗。李崇为刺史，乃村置一楼，盗发之处，双槌乱击。四面诸村始闻者，挝鼓一通，次复闻者，以二为节次。后闻者以三为节次，各击鼓千槌。诸村闻鼓，皆守要路。是以俄顷之间，声布百里之内。其中险要，悉有伏人，盗窃始发，便尔擒送。诸州置楼悬鼓，自崇始也。宋，薛季宣令武昌亦乡置一楼，盗发伐鼓，瞬息遍百里。盖世多盗，弭道之法，莫良乎此。故后世效之，州县多置鼓楼。

西安碑林

碑林是汉唐以来碑石集中地。在陕西西安市区。始建于北宋元祐五年（1090年），是为保存唐开成年间镌刻的《十三经》而设。历代又有增添，今已荟萃自汉迄清名家手笔镌刻的碑石墓志1000多块，成为中国书法艺术一座宝库。其中包括唐欧阳询、虞世南、褚遂良、颜真卿、柳公权、张旭、怀素等，宋元明清米芾、蔡京、苏轼、赵孟頫等人的作品。

少林寺

少林寺是佛教传入中国后产生的禅宗的祖庭。位于河南登封城西北15公里处少室山北麓五乳峰下，因建寺之前少室山麓丛林满野，故名少林寺。唐初，少林寺僧助唐太宗开国有功，从此僧徒常习拳术，成为少林拳派发源地。现存建筑有山门、客堂、达摩亭、白衣殿、地藏殿和千佛殿等。内有著名的明代500罗汉朝毗卢壁画，清代少林寺拳谱，十三和尚救唐王壁画。寺西的塔林、西北的宋代创修初祖庵与庵后达摩面壁洞等建筑以及唐以来的碑碣石刻，也是重要的文物。

塔寺之祖

位于陕西扶风县的法门寺，因藏有佛祖释迦牟尼指骨舍利，被誉为"关中塔庙之祖"和"佛教圣地"。法门寺为唐、宋两朝皇家宫廷寺院。随着佛教在中国的兴衰，法门寺及其宝塔屡毁屡建。千百年来，法门寺的传说也越传越奇。

1987年4月，法门寺塔基地宫的发现，揭开了历史的迷雾。这里珍藏了大量古代遗物，刻在石碑上的账簿记载有武则天的裙衣。更令人振奋的是，还发现了在塔下埋藏了1000多年的释迦牟尼的真身舍利。

法门寺先有塔后有寺，寺和塔的名称历代不一。明代重修的13级宝塔，正南塔门上方赫然书刻着"真身宝塔"4个遒劲大字。"真身宝塔"是法门寺的中心建筑，它分别由地宫、基座、塔身、塔刹构成。塔身平面呈八角形，塔的层数按照奇数的规律为13层，地宫在塔基下面，用砖石砌就，深达数米，地宫构造复杂，分阶梯、通道、平台、甬道、前室、中室、后室7部分，地宫各室均有石门相隔，地宫内金碧辉煌。这个藏着释迦牟尼佛祖舍利和近千件供奉宝器的地宫是1113年前关闭的。一千多年来地宫从未开启，成为一座完整的唐代珍宝库。法门寺还保存有千佛碑等北魏和唐代的大量碑刻，隋文帝赠送的泼水即现虎形的卧虎石，明成化年间铸造的1500多公斤重的大钟。

法门寺还有许多的趣闻灵异之事。传闻1988年农历十月初一，数百名高僧在法门寺举行释迦如来真身舍利瞻礼法会。午夜时分在隆重庄严的礼拜过程中，忽见舍利涌出虚空，形成耀眼光团，层环相叠，实为千古奇遇。

灵隐寺

灵隐寺位于浙江杭州西湖畔灵隐山麓。建于公元326年。东晋咸和初年印度僧人慧理来此叹曰："此天竺灵鹫山之小岭，不知何年飞来，佛在世日，多为仙灵所隐。"遂面山建寺，取名"灵隐"。前为天王殿，上悬"云林禅寺"匾额，殿中有弥勒佛坐像；其后为大雄宝殿，单层重檐、三叠的歇山式建筑，殿高33.6米，高甍飞宇，琉璃瓦顶。大殿正中为金装释迦牟尼像，高9.1米。天王殿前有建于公元969年的两座经幢和大雄宝殿前建于公元960年的两座经塔，系五代吴越国末期遗物，是极为珍贵的文物。

世界现存最高的古代木构建筑

应县木塔，即山西应县佛宫寺释迦塔，是世界古代木结构建筑中最高大的一座。塔身全为木结构，立于4米多高的石砌台基之上。底层为双重塔檐，下带附阶，上面四层均为单檐，每层带有斗拱支持的平座栏杆。塔的外观为5层，首层重檐及其上几层的平座中夹有4个暗层，内部实为9层。塔底层入门居中是高近10米的释迦坐像，下托莲座，上罩华美藻井。门洞两壁绘有金刚、天王、佛弟子等，门额壁板上绘有女供养人，内槽壁面绘有六幅如来佛像。上面四层居中都有一组佛像。外槽围护的木制门窗之外是平座的栏杆，可凭栏远眺。明成祖所书"峻极神功"及明武宗所书"天下奇观"匾额，悬于三四层塔檐之下。木塔每层内、外槽两圈柱列，用梁枋斗拱联结为完整构架。每层构架按柱位垂直对应叠落上去，渐高渐收，形成优美收分的稳定的梯形塔体。造型具有收放有致轻重呼应的节奏韵律，以及体量庞大但绝不笨重的艺术效果。

中国现存最古老的砖石建筑

嵩岳寺塔中国现存年代最早的密檐砖塔。在河南省登封市西北约6公里的嵩山南麓，建于北魏正光四年（公元523年）。平面为十二边形，也是中国现存古塔中的孤例。塔身稳重，轮廓柔和，比例匀称，外形刚健而秀丽。特别是采用了砖壁空心筒体结构，在中国建筑史上占有重要地位。1961年定为全国重点文物保护单位。

塔高40米。砖砌塔壁厚2.45米。塔室底层东、西、南、北四面均辟有入口，直接进入塔心内室。内室除底层为正十二边开，往上直到顶部均为正八边形直井式，中间用木楼板分隔为十层。全塔分为塔身、塔檐、塔刹三部分。外形轮廓有柔和收分，呈略凸形曲线。塔身部分建于低矮简朴的台基上，用挑出的砖砌叠涩分隔为上下两段。上段比下段稍大。在四个正面上有贯通上下两段的门洞，门洞上部半圆形拱券面做成浮雕式火焰形券。下段除门洞外其余八面都是平光的砖面。塔身上段的非正向八个面上，各砌出一个壁龛，龛座隐起两个壶门，内嵌砖雕狮子，造型古朴。在上段塔身的各转角上，还有砖砌八角形倚柱。柱下有雕砖莲瓣形柱础，柱头有砖雕的火焰和垂莲。塔檐部分位于塔身之上，十五层密接，用叠涩做成。每层檐之间的每面塔壁砌出门形和窗形，只开了七个真正的门洞，作为塔上部的采光口。至于塔身的外部色彩，据残存的石灰面分析，原为白色。塔刹用砖石砌成，其做法是，在简单的台座上置覆钵、束腰和仰莲，上面安相轮七重和宝珠一枚。

大雁塔与小雁塔

大雁塔原为藏经塔。在陕西西安市南4公里慈恩寺内。原为隋朝无漏寺。初为唐代高宗李治为追荐其母冥福而改建。唐永徽三年（公元652年），寺主持僧玄奘为保护他从印度带回的佛教经典，又由高宗资助，在寺内西院修塔。初为砖表土心五层方形塔。武则天长安年间，改修成青砖阁楼式7层方形塔。唐代宗大历年间（公元767～779年）又改建成10层。后因战乱破坏剩下7层。明代在塔身外表加砌面砖，即为今塔。

小雁塔是位于陕西西安城南约1公里处荐福寺内的小塔，是为唐高宗李治献福而于唐文明元年（公元684年）所创建。塔修建于景龙年间（公元707～710年），因比大雁塔小，故名小雁塔。塔身为密檐式方形砖结构建筑，原高15级，约45.8米。后因地震坍塌，今留13级，通高43米。唐代高僧义净从印度回国后，在此寺内译出佛经56部。

天下第一桥

赵州桥又名安济桥，俗称大石桥。位于河北省赵县城南2.5公里处，横跨洨河。赵县古称赵州，故名。隋代李春建筑设计。建于公元605~616年。为敞式单孔圆弧形石拱桥，长50.82米，宽约10米，跨径37.02米，拱圈矢高7.23米，由28条巨石并列砌成。大拱两肩对称地踞伏4个小拱，有减轻重量、节省材料、减弱流水阻力和便于排洪的作用，是世界桥梁史的一项伟大成就。桥两侧栏板、望柱雕刻精美。赵州桥桥型稳重轻盈，雄伟美观，以精美的构思和寓秀逸于雄伟的风格闻名于世。

四大名楼

滕王阁

位于江西南昌市沿江路赣江边。建于公元653年，以唐太宗之弟滕王李元婴封号命名。公元675年9月9日，洪州都督在此大宴宾客，王勃于席间作《滕王阁序》，成为千古名篇。篇中"落霞与孤鹜齐飞，秋水共长天一色"的名句，传颂天下。原建筑规模宏大，屡毁屡建，重建重修达28次。1926年被北洋军阀邓如琢烧毁，遗迹尚存。

蓬莱阁

位于山东蓬莱城北1公里丹崖山。下临大海，殿阁凌空，云烟缭绕，素称"仙境"。建于北宋嘉祐年间，明代扩建，清代重修。阁高15米，双层木构建筑，重檐八角，绕以回廊，上悬"蓬莱阁"匾额。现有1.9万平方米的古建筑群，分中、西、东3个院落，有楼、亭、殿、阁百余间。主要有三清殿、吕祖殿、天后宫、龙王宫、弥陀寺、蓬莱阁等，素有海市蜃楼等十大胜景。神话"八仙过海"相传发生于此，海市蜃楼闻名遐迩，自古为文人学士雅集之地，至今保留述景题刻200余石。阁下有明戚继光防倭寇的水城，又名"备倭城"。

黄鹤楼

位于在湖北武汉市武昌蛇山黄鹤矶头。相传三国吴黄武年间（公元222~229年）创建。后各代屡毁屡修。宏伟瑰丽，又附会了许多神话故事，唐人崔颢《黄鹤楼》一诗，使之闻名于古今。最后一次建于清同治年间（1862~1874年），因失火毁于清光绪十年（1884年）。1985年由该市政府重建落成，楼分五层，总高51.4米，采用塔式结构，重檐舒翼，层楼环廊，轩昂宏伟，飞彩流丹，吸引着大量中外游客。

岳阳楼

中国江南名楼之一，位于湖南洞庭湖畔，岳阳市西门城楼上。素有"洞庭天下水，岳阳天下楼"的美称。相传最早为三国东吴鲁

岳阳楼

肃训练水师的阅兵台。唐诗人杜甫流落江南时，留下名诗《登岳阳楼》。宋庆历五年（1045年），滕子京守巴陵郡时，重修此楼，请范仲淹撰《岳阳楼记》，以"先天下之忧而忧，后天下之乐而乐"的名句传于后世。以后几经兴废。清同治六年（1867年）再建。20世纪80年代初进行了彻底大修。今主楼平面呈长方形，高19.72米，气势雄伟，连同周围地区，辟为公园。主楼左为"仙梅亭"，右为"三醉亭"，相传因吕洞宾三醉岳阳楼而得名。楼旁建有"怀甫亭"，为纪念杜甫而建。历代大诗人李白、杜甫、孟浩然等几乎所有名人骚客都曾登临岳阳楼，留下著名诗篇。公园内收藏有各种珍贵文物及名家墨宝，现已成为游览圣地。

四大名亭

醉翁亭

在安徽滁县琅琊山中。北宋庆历六年，欧阳修被贬到滁州时，常与宾客饮酒亭中，自称"醉翁"，遂名此亭为醉翁亭，并撰写了脍炙人口的《醉翁亭记》。

陶然亭

在北京先农坛，是清康熙三十四年工部郎中江藻所建，初名"江亭"，后以唐代诗人白居易的诗句"更待菊黄家酿熟，与君一醉一陶然"而命名为陶然亭。

爱晚亭

位于湖南长沙的岳麓山半山腰上，修建于清代乾隆年间，后人取唐诗人杜牧的"停车坐爱枫林晚，霜叶红于二月花"的诗句，改为"爱晚亭"。

湖心亭

位于西湖中心的小岛上，又叫振鹭亭，初建于明嘉靖三十一年（1552年），万历年间重建后改称湖心亭。亭子一层二檐，明张岱在《西湖梦录》里赞美湖心亭的丰姿说："游人希之如海市蜃楼，烟云吞吐，恐滕王阁、岳阳楼俱无其伟观也。"

四大回音建筑

回音壁

位于北京天坛内，由于内侧墙面平整光洁，使外来音响沿内弧传递，久久回荡。如站在壁前轻轻哼唱，和声随之而起，深沉婉转，娓娓动听；如放声唤之，则回声四起，洪亮粗犷，萦绕耳畔，荡人心怀。

普救寺塔

位于山西永济市普救寺内，又称舍利音塔。塔身呈方形，有13层，高50米许。登塔者，用石投地，回声即起；投于前地，则声在塔底；投于后地，则声在塔顶。相传为工匠师筑塔时安放了金蛤蟆之故，实为塔身中空所致。又因古典名著《西厢记》源出于此，为了纪念崔莺莺，因而又名"莺莺宝塔"。

蛤蟆声塔

位于河南省郏县境内，建于清康熙年间。塔身虽不高，却以"奇声夺人"而闻名于世。游人若以掌击塔，塔内会发出"咯咯咯……"的鸣声，如有万千只蛤蟆在鼓膜低唱，妙不可言，发人遐思。

大佛寺石琴

位于重庆市潼南区大佛寺，靠近涪江的岸边，有36级石梯，似一把巨大的石琴，每个阶梯，犹如一根琴弦，只要把脚踏上石磴，拾级而上，脚下便会响起美妙悦耳的琴声，故又称"石磴琴声"。

哲学

天人之辩

商周时期，人们把天看作至高无上的神，到了春秋战国时期，"天人之辩"才真正得到了广泛而深入的展开。

儒家的创始人孔子曾对鬼神产生过怀疑，但孔子的学说并未因此发展到唯物主义。道家学派代表人物老子主张道法自然，这种尊重客观规律的思想有一定的合理性，但叫人顺从命运的说法则是消极的。孟子则片面夸大了理性的作用，认为通过思维能够"知天"。

义利之辩

所谓"义"，是指一定的行为道德；所谓"利"，是指个人的利益。讨论行为道德与个人利益之间的关系问题，就是"义利之辩"。

孔子提出"君子喻于义，小人喻于利"，认为"义""利"是矛盾的，解决矛盾的方法是重义轻利。墨家认为义和利是绝对统一的，不存在任何矛盾；认为不存在有利无义或有义无利的现象。孟子认为，追求义是人们行为的唯一目的，而任何对利的关注都有损于人们道德行为的纯洁性和高尚性，所以，利欲是一种有害的念头，必须在思想上加以排除。荀子主张"性恶论"，认为个人的利欲和社会道德的要求是完全相反的，个人的利益只能是恶，而应首先规范的是善，所以在"义""利"问题上，他认为"义""利"不相容，它们之间的关系只可能是一个战胜另一个的关系。

"义利之辩"是现实生活中义和利既矛盾又统一的关系在思想中的反应。各种不同的观点，体现了先秦各个阶级或阶层的不同的利益和当时社会政治经济发展的水平，即一般都认为，在"义利"关系中义是主要的，个人利益应该遵循和服从义。

阴阳五行学说

西周晚期，在自然科学知识发展的基础上，出现了用"五行"（金、木、水、火、土）来说明万物的构成，用阴气和阳气来解答自然界变化的带有一定体系的朴素唯物主义观点，即阴阳五行学说。

到了春秋时代，"五行"的概念经常被明确提起，在理论上也有了一些发展。这些发展虽然仍未完全割断与宗教思想的联系，但已客观地通过天地对立的观念来考察五行。《左传》云："天有六气，降生五味，发为五色，徵为五声，淫生六疾。六气曰阴、阳、风、雨、晦、明也；分为四时，序为五节。"即气的流传，形成四季的变化，派生出事物的各种类型，并影响人体，呈现为不同的疾病等，反映了天人之间的紧密依附关系。

这时的阴阳五行学说与传统的宗教已经迥然不同了，把"天道"和"人道"、自然现象和人事的吉凶祸福加以区分，将自然的变异看作自然本身的运动，这种思想有很大的进步意义。

简本《老子》的思想

简本《老子》在"道"是整个事物的基础和核心将一切现象都看作对立统一的朴素的辩证法思想、以及统治者应"清静""无为""无欲""不争"的主张上，与今本《老子》的思想基本相同，但在以下四大方面与今本相异。

一、老子的"尚仁""贵慈"思想。

长期以来，学术界依据今本《老子》的某些文句一直认为道家是反对儒家仁义思想的。简本《老子》的出土改变了这种认识。它既体现了春秋晚期儒道关系的现实，也反映了老子思想的真实面貌。如今本的"绝圣弃智，民利百倍"在简本中作"绝智弃辩，民利百倍"，这种说法丝毫没有反对仁义的意思。

二、老子思想中的"尚中"思想。

以往学者多认为儒家讲"中"，而忽视道家也尚"中"。简本《老子》中有"致虚，恒也；守中，笃也"，体现了老子的尚中思想，与儒家的"中"所表示的不偏不倚、不趋极端相比，道家的"中"多指醇和心境。道家后学庄子正是在这一基础上，提出了"养中"之说。

三、宇宙生成论"有"与"无"的关系。

"有"与"无"是老子宇宙论中的一对哲学范畴，今本与简本都谈到了这对相成相反的概念，但意义有极大出入。

今本《老子》第四十章："天下万物生于有，有生于无"，简本则作"天下万物生于有、生于无"。虽然只是一字之差，但在哲学解释上，具有重大的意义差别。从老子整体思想看，当以简本为是。

即是说，"有"和"无"是道体的一体两面，二者之间并无先后的问题。

四、儒、道之间的关系。

简本的出土，证明了老子思想不仅不是对儒家思想的批判和否定，而且是对儒家思想的一种补充。因此，儒、道并不强烈冲突，而是互补互济。儒、道早期原典文本的思想比较接近，都是为能解决社会动荡所引起的人与社会、人与人、国与国、君与臣、父与子之间的现实冲突提出的不同方案。因此，老子和孔子一样，具有入世的情怀，而非只落在负面的出世、厌世和超世上或逃避现实、放弃努力。唐、宋、明以来斥道学为虚无，将其与释教放在一起批判，实是今本篡易《老子》原意所致。

"仁"与"礼"

由"仁"与"礼"出发，推断孔子的思想体系有以下几点：

一、在宇宙观上，认为"天何言哉？四时行焉，百物生焉"。对商周以来的鬼神迷信持怀疑态度，以为"未知生，焉知死"，"未能事人焉能事鬼"，不崇拜和夸大天的作用。

老子像

二、在伦理思想上，以"仁"为核心。

三、在政治思想上强调"礼"，认为"为国以礼"，将"礼"和"仁"结合在一起，主张天命论。

四、在经济思想上主张"均无富，和无寡，安无倾"强调"义""利"之辨。

五、在认识论上，承认"生而知之"，但又强调"学而知之"。

六、历史观倾向于"述古""好古"。

七、教育论上主张"有教无类"，教育方法提倡"因材施教"，"学而不厌，诲人不倦"。

"白马非马"的诡辩论

公孙龙在《白马论》中说："马者所以命形也，白者所以命色也；命色者非命形也；故白马非马。"即是说，"马"是指形体的概念，"白"是指颜色的概念，指颜色的概念不是指形体的概念，所以说"白马"不是"马"。

公孙龙子虽然发现了"马"与"白马"即"一般"与"个别"的差异，但夸大了这种差异，并割裂了种属概念之间的联系，把抽象与具体绝然对立起来，否定了共性和一般存在于个性、个别之中的规律，所以陷入了诡辩论。

五德终始

五德终始亦即"五德转移说"，是一种历史循环论。发凡于战国时齐人邹衍。《史记》记载他著有《终始》《大圣》十余万言，"称引天地剖判以来，五德转移，治各有宜，而符应若兹"，认为自从开天辟地以来，五德（即五行）周而复转，每个朝代的统治者恰好与五德相配，以后的朝代也应与之相因，而推演下去的征兆是应验的。

邹衍的著作今已散逸，但《吕氏春秋》中有一些相关的记载。如黄帝属土，夏禹属木代黄帝而兴，是木克土；商汤属金，代夏而起，是金克木；周属火，代商而立，是火克金。他预言"代火者必将水"，"色尚黑"。故秦统一后以水德，尚黑色。

杨朱"一毛不拔"

据《孟子》云："杨朱取为我，拔一毛而利天下不为也。"杨朱主张"贵生""重己"，"贵生"论是"为我"论的基础。不同于墨家的利他主义和儒家推己及人的仁爱学说，杨朱认为人生的价值就在于追求和满足自己的感性欲望，"耳不乐声，目不乐色，口不甘味"的人生毫无意义，"与死无择"。但他并不提倡纵欲主义，以保全身体、生命为行为最高准则，主张适当节制欲望，以利于身心的完善。其学说与墨子学说在战国时造成"杨朱、墨翟之言盈天下。天下之言不归杨则归墨"的局面。其后学有子华子和詹何等人。

杨朱无著作传世。其言论散见于《孟子》《庄子》《韩非子》《吕氏春秋》《淮南子》等书。

列子"贵虚"

列子，生卒年不详，即列御寇，又称圄寇、圉寇。战国时郑人，大致生活在孟子之后，庄子之前，即公元前500年前后。道家思想家。其思想崇尚虚静、无为。《吕氏春秋》中说："子列子贵虚。"

《汉书》著录《列子》八篇，系汉刘向辑录而成，早已佚亡。今存《列子》一书，系魏晋时人张湛的伪作，近代学者已有考证。抑或是张湛辑录原著的一些断简残篇，加以篡改删订而成。其中夹杂有列子的一些思想。

南华真人庄子

庄子继承发展了老子的思想，其学说以

道为核心，认为道是宇宙万物的本根。道无形象，不可感知，是一种抽象的实体存在。作为宇宙本体，道无始无终，永恒固存，并是宇宙万物的本质，"无所不在"。庄子认为事物的存在及其差别都是相对的，"物无非彼，物无非是"，彼是方生，"方生方死，方死方生"。"天下莫大于秋毫之末，而泰山为小"。事物的存在没有确定的客观性质，它们的区别是人"以差观之"的结果。他强调在道的基础上泯灭事物的差别，"以道观之，物无贵贱"，"以生死为一条，以可不可为一贯"。在认识论上，庄子否定人有可靠的认识能力，曾与惠施濠上观鱼，讨论鱼之乐，"子非我，安知我不知鱼之乐"？甚至主体的存在本身是否真实，也值得怀疑，庄周蝴蝶，均为未醒之梦。他认为认识的是非标准是相对的，"因是因非，因非因是，……彼亦一是非，此亦一是非"，无法确定认识的真理性，强调事物存在的无限性与人的存在有限性的冲突，"吾生也有涯，而知也无涯，以有涯随无涯，殆矣"，走向不可知论。庄子提倡安时处顺，无为以保身，崇尚自然清静的生活，轻名利，等生死，齐物我。其妻死，庄子"鼓盆而歌"。庄子追求绝对的精神自由，视世间的一切为累赘，认为要化有待为无待，通过"坐忘""堕肢体，黜聪明，离形去知，同于大通"，与道逍遥无为之境。

庄子的思想消极避世，强调自我精神安慰与调节，曾是中国历史上无数失意士大夫的精神寄托。既有消极的影响，又有调节、缓解社会矛盾的作用。唐玄宗诏封为"南华真人"。

墨子的"兼爱"与"非攻"

墨子初学儒术，后因不满其烦琐，另立新学，遂创墨家学派，影响甚大，与儒家并称"显学"，其学说以"兼爱""非攻"为核心，反对儒家"亲亲有术，尊贤有等"的仁爱，主张"兼以易别"，视人如己，实行无差别的泛爱。"视人之国，若视其国；视人之家，若视其家；视人之身，若视其身"，爱人犹己，提倡"兼相爱交相利"，主张"非攻"，力斥战争之害。反对宗法世袭制的"无故富贵"，主张"不党父兄，不偏富贵"，尚贤举能，做到"官无常贵，民无终贱"，反映了小生产者的利益和要求。

孟子的"仁政"

孟子向来被认为是继承孔子学说的正统。

孟子的主要政治主张是行"仁政"。他把孔子的"德治"主张发展为"仁政"学说，以宗法血缘道德释仁义，主张恢复井田制，反对兼并战争。孟子的"仁政"表现在关心人民的疾苦，要求广大平民生活能够稳定，赋税徭役能够减轻，主张"民为贵，社稷次之，君为轻"。孟子的"仁政"还包括要求统治阶级办教育，要人民懂得"孝""悌"的道德，以维护封建秩序。

孟子主张性善论，这是他哲学思想的基础。他认为只有君子才有"仁""义""礼""智"，而且这不是后天形成的，是本性所固有的。孟子指出，人性的道德修养就是认识的发展过程，建立了哲学与伦理学、认识论与道德修养相统一的学说。

历史上以"思孟学派"称其与子思的学说，对后世影响极大，被视为孔门儒学的正宗。唐韩愈首提道统，以孟子接孔子，程朱予以进一步肯定，成为孔子至宋明理学间唯一正统传孔子之道者，故有"亚圣"之尊。

性善论

性善论是孟子提出的人性论观点。认为"善"是天赋于人的本性。"善"的表现是恻隐、羞恶、恭敬、是非之心，"人皆有之"；

从道德观念讲,就是"仁义礼智"四端。这些皆"非由外铄我也,我固有之也"。

性恶论

"人之性恶",如"目好色,耳好声,口好味,心好利,骨体肤理愉佚(即好逸恶劳)",都是天生的,这叫作"性恶"。而仁义礼智等道德观念,"其善者,伪也"。伪,指后天人为造成的,"可学而能,可事而成之在人者,谓之伪"。

荀子在反对孟子的"性善论"时,含有唯物的因素,但他把人的好色、好味、好利、好逸的意识归之为"本性",也陷入了唯心论。

黄老学派

黄老学派派奉黄帝和老子为创始人,故名。黄老学派以虚无之道为世界的本源,认为事物发展到极端即走向反面,故主张"虚静""无为",以适应天道。汉初,文帝、窦太后都"善治黄老之言",认为"治道贵清静,而民自定",采取与民休息,恢复生产的政策。黄老学派著作早已失传,但1973年长沙马王堆汉墓出土帛书《经法》《十大经》《称》《道原》等著作,是研究该派的重要资料。

《易经》

《易经》即《周易》。又指《周易》中与《传》相对而言的经文部分。它由卦、爻两种符号说明卦的卦辞、说明爻的爻辞构成,分上下二卷,共六十四卦和三百八十四爻。以卦和爻来占卜和象征自然和社会变化的吉凶,虽有宗教迷信的色彩,但也保存了古代社会的一些情况和某些思想认识资料,其中包含着朴素辩证法思想的萌芽。

两汉时《易经》被谶纬化,魏晋时被玄学化,宋明时又被理学化,近代则有人把它混同于自然科学。

《商君书》

《商君书》的成书时间在公元前260年长平之战以后,到了战国末年,它在社会上已很流行。它不是一人或一时的著作,而是卫鞅(商鞅)学派的著作的汇编,也是法家学派的代表作之一。

《商君书》主要发挥过去卫鞅所主张的加强法制和奖励耕战的政策;它主张奖励告发"奸邪盗贼",对轻罪用重刑,从而加强法治的效果。《商君书》十分强调重农政策,认为实行重农政策,可以开垦荒地,增加生产,使得国富兵强,还可以使农民安居而便于统治。《商君书》认为"治国之要",在于坚定不移地推行耕战政策,并且把是否推行耕战提到决定国家兴亡和君主安危的高度。

韩非子的法、术、势

韩非子把当时法家的"法""术""势"三派的得失做了比较,认为必须综合采用三派的长处才能胜利完成统一的帝王之业。他兼用三派的理论,制定了一系列的法家政策,主要有以下三点。

一、加强君主集权,剪除私门势力,选拔"法术之士"。

二、以法为教,以吏为师,禁止私学。

三、厉行赏罚,奖励耕战,谋求国家富强。

韩非提倡极端专制主义,认为人与人的关系,建立在相互的利害关系上。因此治理国家不能靠爱怜,也不能靠讲究仁、义、智、能。他认为只有威势可以禁暴,厚德不足以止乱,所以明主不应该培养"恩爱之心",而要增强"威严之势"。所有这些说法,可以说是性恶论的扩大,都是从维护和加强君主专制制度出发的。

《吕氏春秋》

《吕氏春秋》又称《吕览》,是秦代吕

不韦召集门客所著之书。该书内容广泛，对先秦各家思想兼收并蓄，以儒道思想为主，还引述不少遗闻旧说、科学知识和寓言故事。其文篇幅不长，但结构完整，常运用比喻和寓言围绕中心层层论证，语言较为生动简练。

董仲舒设计"大一统"

董仲舒提出了一套完整的巩固封建专制的理论。奏请"罢黜百家，独尊儒术"，"诸不在六艺之科，孔子之术者，皆绝其道，勿使并进"。为汉武帝采纳后，儒学被定于一尊，成为中国古代两千多年的正统思想。

董仲舒还提出了"天人感应"的神学目的论。他认为天为"万物之祖""百祖之君"，"万物非天不生"，宇宙间的一切皆天所创造，是天的意志的体现。人也是天按照自己的形象创造出来的，提出"人副天数说"。人的刚柔、喜怒哀乐、仁义礼智皆副天数而成。以同类相感应的原理，认为天人同类，故相感应。人的善恶可以感动天，天也以祥瑞灾异遣告人。天有阴阳，人有君臣、父子、夫妇，天道阳尊阴卑，人道则君尊臣卑、父尊子卑，夫尊妻卑，故"王道之三纲，可求于天"，提出了"三纲五常"的伦理思想。以神学目的论论证封建纲常的合理性，为封建集权制秩序服务，对后世影响极大。

董仲舒以"五行""比相生""齐相胜"说明宇宙万物变化发展的规律，并进而比附社会治乱的循环。宣扬"三统三正"的历史循环论。综合孟子、荀子人性论，提出"性三品说"，认为人性有三个不同等级，即"圣人之性""中民之性""斗筲之性"，为封建等级制度和道德教育、法律强制提供了理论依据。

谶纬

"谶"是当时巫师、方士制作的一种预言隐语，作为吉凶福祸的征兆或符验。"纬"对"经典"而言，是方士化的儒生附会儒家经典的各种著作，有《易》《书》《诗》《礼》《乐》《春秋》《孝经》七经之纬。

谶纬起源于原始社会后期河图洛书的神话传说。王莽利用谶纬之说，为其"改制"寻找合法依据。刘秀打败王莽建立东汉，也借助图谶为其张目。东汉章帝召集博士儒生在白虎观讨论五经异同，写成《白虎通义》一书，进一步把迷信的谶纬之学与今文经学混合在一起，使儒学神学化。东汉末期，受到黄巾农民运动的打击，谶纬逐渐衰败，但直至隋炀帝正式禁毁以前，仍流行于社会。

纬书留存至今天的已为数不多，除去迷信部分外，在天文、历数、地理知识等方面，或多或少包含着一些科学史的资料。例如《太平御览》卷三十六引《书纬》："地恒动不止人不知，譬如人在大舟中，闭牖而坐，舟行不觉。"反映了当时人们对地动说的朴素的看法。

董仲舒像

儒学十三经

先秦已有《诗》《书》《礼》《乐》四术和《诗》《书》《礼》《乐》《易》《春秋》六经之名目。汉时《乐经》亡佚，武帝罢黜百家，独尊儒术，立五经于学官，遂有五经之称。唐初又以《周易》《尚书》《毛诗》《周礼》《仪礼》《礼记》《春秋左氏传》《春秋公羊传》《春秋穀梁传》合称九经。唐文宗太和、开成年间，刻石九经于国子学，又增加《论语》《孝经》《尔雅》合为十二经。五代时，蜀主孟昶石刻十一经，于唐十二经中去掉《孝经》《尔雅》而增入《孟子》，此为《孟子》入经部之始。南宋朱熹极力推崇《孟子》，《孟子》在经部之地位最终确立。十三经正文，据郑耕、欧阳修、阎若璩、戴震等学者统计，约六十三万五千字，是我国经部最重要的丛书。十三经之注，唐代已各具备；其疏，则至南宋时伪托的孙奭《孟子疏》出现亦告全部完成。

经学

经学的历史与社会进程和封建政治密切相关。西汉董仲舒把阴阳五行说和今文经《春秋公羊传》相结合，用以巩固当时封建中央集权。到王莽统治时期，又利用刘歆提倡的古文经《周礼》作为托古改制的依据。东汉刘秀称帝后，为改变王莽的政治措施，曾一度重视今文经学，但它不久即失去优势，古文经继续盛行，以研究文字训诂为中心的"小学"开始兴起。东汉末年，马融、郑玄兼采今文学说和古文学说注经，使经学上的派别趋于混同。魏晋时期，经学主要探求义理以纠正东汉古文经学的琐碎寡要。自南朝起，经学受到玄学、佛教的影响，陆续编出比"注"更详细的"义疏"。

唐初，孔颖达受诏撰《五经正义》，企图把异说纷纭的经义统一起来，以适应政治上全国统一的需要，和为科举取士提供统一的依据。宋代的儒学称为"宋学"。它不拘训诂旧说，凭己意自由说经；直接从经文中寻求义理，探讨有关宇宙的起源和构成原理，形成独自的理论体系。宋学中占主导地位的学说是理学，包括思辨哲学和社会伦理学等多方面的内容。元仁宗以后，以宋儒经注取士，理学占了统治地位，一直到明代。

清代乾隆、嘉庆时期，学者继承古文学家的训诂方法而加以条理发明，训解阐述，用之于古籍整理研究和语言文字研究。鸦片战争以后，中国开始沦为半封建半殖民地社会。士大夫们有感于"陆沉之有日"，转而接过今文经《公羊传》中"张三世""过三统"的学说，加以发挥，宣扬"改制"变革。康有为用今文经学说提倡变法维新，今文经学盛行。到五四运动，提倡科学和民主，摧毁封建文化，作为封建文化正统的经学始告结束。

经学对中国封建社会制度的巩固、发展和延续有极重要的关系，对哲学、史学、文学、艺术的影响也很大。经学著述是研究我国封建社会史的重要资料。

清谈

三国时许靖"虽年逾七十，爱乐人物，诱纳后进，清谈不倦"。魏末正始年间，崇尚老庄，清谈演变成"有无""本末"的玄虚之谈，盛行于东晋、南朝，成为士族集团的一种习性。他们摒弃世务，以《易》《老子》《庄子》"三玄"为清谈内容，解释儒家经义，专讲抽象玄理。清谈变成玄谈是贵族对那个时代一种消极绝望的表现。

东晋后佛学兴起，清谈之风因而渐衰。宋明间士大夫盛谈程朱理学和陆王心学，也是一种清谈。如清代钱大昕说："魏晋人言老庄，清谈也；宋明人言心性，亦清谈也。"

玄学

玄学的发展，经历了不同阶段。魏正始年间，何晏作《道德论》，王弼注《老》《易》，皆提倡"贵无"，认为名教出于自然，政治上崇尚"无为"，主张国君要"无为而治"。其后，魏晋之际向秀和晋郭象注《庄子》，在继续主张名教和自然一致的同时，提出了"无不能生有"的命题。裴頠（wěi）作《崇有论》，更明显地与"贵无"说相对立。东晋以后，玄学探研佛理，统治者往往谈玄崇佛，玄佛趋于合流。如张湛的《列子注》，就显然受到了佛学的影响；般若学各宗，则大都用玄学语言来解释佛经。于是佛学渐盛，玄学渐衰。

范缜的《神灭论》

范缜在《神灭论》里说："神即形也，形即神也。是以形存而神存，形谢则神灭也。"也就说，他认为形神是不可分离的统一体，如果肉体死了，精神也就随着消灭，因此形是第一性的，神是第二性的，形为神的基础，神为形的派生物。这与佛教神学形神相异、形神有二的观点尖锐对立。

范缜的《神灭论》在中国古代思想发展史上是划时代的作品，他对于形神关系问题的论证，超过了在他以前的唯物主义哲学家所能达到的水平，在中国长期的封建社会里，以后也没有一位唯物主义者在这个问题上比他作出更深入的论证来。

理学

理学是汉儒古文经学派，侧重于名物训诂，而宋儒则以阐释义理、兼谈性命为主，故有此称。

理学的创始人是周敦颐、邵雍、张载、程颢、程颐。孙复、胡瑗以及石介曾在太学任教，训释经典，自立新义，对当时士大夫影响很大，被称为宋初"三先生"，是宋代理学家的先驱。然而北宋时还没有构筑起完整而系统的理学体系。直到南宋中期，方由朱熹加以完成。朱熹建立的客观唯心主义体系，认为"理"是离开事物独立存在的客观实体，具有永恒的、至高无上的地位。为学应"即物而穷理""穷理以致其知，反躬以践其实"。与朱熹同时代的，还有陆九渊的主观唯心主义一派，与之相对立。他们断言"心"是宇宙的本体，"宇宙便是吾心，吾心即是宇宙"，"此心此理实不容有二"；为学主先"尊德性"，"发明本心"，而"六经皆我注脚"。到了明代，王守仁进一步发展了陆九渊的学说，形成陆、王学派。然而张载的"气一元论"和二程不同，至明代王廷相、清初王夫之等人，曾先后发展张载的学说，以反对程朱和陆王的学说。

朱熹

朱熹的中心思想为"理气论"，认为理是万物的本体，是先于天地而存在的最高实体。理通过气获得现实性、产生万物。理不离气，气是理的"挂搭""安顿"处，但理为形而上之道，是"生物之本"，气为形而下之器，乃"生物之具"，故理为本、气为末，理在先，气在后，理决定气。万物都体现了理的本质，故物物虽各有一理，总天地万物亦只是一理，理一而分殊。认识论上，提倡格物致知，要求广泛地认识具体事物，并深入其本质，连"核子"一并咬破，以穷其理，但又强调顿悟。朱熹承认事物的矛盾对立，指出一分为二是宇宙间普遍现象，矛盾的双方相互渗透、相互依存、相互转化，阴阳矛盾对立促进事物的发展变化。但否认理的可分性，本体之理不可分割。他强调"天理存则人欲亡，人欲胜则天理灭"，提出"存天理，灭人欲"的理论。

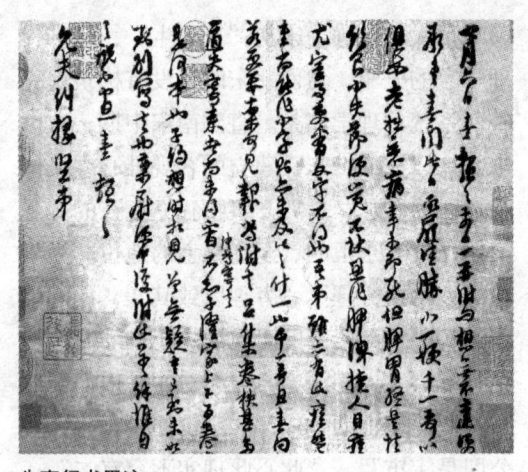

朱熹行书墨迹

朱熹从事著述教育50余年，在整理文献方面有一定贡献。死后，他的思想被奉为官方哲学，在封建社会末期产生了重大影响。

朱熹一生著作甚丰，其中最重要、最有影响的有《四书章句集注》《周易本义》《易学启蒙》《通书解说》等。

"二程"的洛学

二程，指的是北宋哲学家、教育家程颢（1032～1085年）和程颐（1033～1107年）。二程是兄弟，都是周敦颐的学生，创立了著名的"洛学"，主要著作有《二程全书》（后人编纂）、程颢的《识仁篇》，程颐的《周易程氏传》等。他们的学说奠定了宋明理学的基础。

在哲学思想上，二程同把"理"作为哲学的最高范畴，认为万物出自"理"。有"理"就有"气"，气聚成万物人类。认为将客观事物的"理"与内心的"理"相契合，才算是得到"真知"。程颢认为，心就是天，只要尽了本心就可以知道本性与天。他还强调"万物一体"，认为"仁者以天地万物为一体"。而程颐的讲法与他哥哥不同，他强调天道与人道的同一性，认为道只有一个，不存在天人之别。他认为"理"是人内心本所固有的，主张反躬内求的修养方式，通过"去人欲"而"存天理"，进而衍生出"可私己之利欲而维护纲常"的伦理。

张载的关学

张载字子厚，凤翔郿县（今陕西眉县）横渠镇人，世称横渠先生。张载批判佛、道唯心主义理论，反对道家无能生有之说，建立了元气本体论唯物主义哲学体系。认为世界是客观的物质存在，"凡可状，皆有也；凡有，皆象也；凡象，皆气也"。以气为宇宙万物统一的物质基础。规定气为能为人们感知的、具有矛盾运动的宇宙间一切存在与现象。提出"太虚无形，气之本体，其聚其散，变化之客形尔"以太虚为气之本体，万物为气化之聚的产物。宇宙间只一气之聚散，没有绝对的虚无，物质不能从虚无中产生，也不能消灭为无。认识论上坚持人的感觉来源于客观事物，把认识划分为"见闻之知"和"德性之知"，认为见闻之知不足以认识事物的本质，承认先验知识的存在。提出"一物两体"的辩证法思想，气包含着矛盾对立，一与两不可分离。但又强调"有反斯有仇，仇必和而解"，提出"天地之性"和"气质之性"的人性论，以前者为人的本性，主张变化气质。倡导"民胞物与"的泛爱主义学说。

主要著作有《正蒙》《易说》《经学理窟》等。

陆九渊创"心学"

陆九渊曾于江西贵溪象山聚徒讲学，学者称象山先生。幼好思辨，乾道八年（1172年）进士。

陆九渊的学说上宗孟子，近接程颢，不同意朱熹以理为抽象的客观精神本体，而坚持"心即理"，以心为宇宙万物的本体。认为"宇宙便是吾心，吾心即是宇宙"，强调心与理的直接同一："天之所以与我者，即此心也。人皆有是心，心皆具是理，心即理也"。并强调人心的本体意义，它既是每一个主体的主观意识，又是超越时空和个人的永恒存在。"某之心，吾友之心，上而千百载圣贤之心，下而千百载复有一圣贤，其心亦只如此。心之体甚大，若能尽我之心，便与天同"。在认识论上提倡自存本心，"先立乎其大者"，认为万物之理先验地存在于我的心中，"此天之所以予我者，非由外铄我也。思则得之，得此者也；先立乎其大者，立此者也"。认识不是去观察客观事物，而是"减担""发明本心"。轻视读书，注重道德修养，提倡主体自觉。为学提倡"尊德性"，自称为"易简工夫"，讥讽朱熹"道问学"的格物致知"支离"，并在鹅湖之会开展了激烈的辩论。

明代王守仁继承发挥了陆九渊的思想。著作有《陆九渊集》。

王守仁

王守仁的哲学思想集中国古代唯心主义之大成，其主要内容为"心外无物""心外无理"的主观唯心主义的宇宙观；"致良知"的先验唯心主义认识论；"知行合一"的封建伦理道德修养论。

王守仁认为"心即理"，认为心是宇宙万物的本体和主宰，并把此心抽象为人的道德良知；他把"心""良知"等精神意识说成是第一性的，天地万物则是第二性的，是意识所派生的。王守仁认为人人都有良知，"良知"即是"天理"，从社会政治方面来说，即是封建伦理纲常。"致良知"的"致"，是指人们克灭私欲的认识和修养功夫，通过"致"，使"良知"得以明白或恢复，即"存天理，去人欲"，也就是使得人人都能按照封建伦理纲常去行事。王守仁在"知行合一"说中，着重强调了封建道德付之实际行动的重要性；这是因为自朱熹提倡"知先行后"学说后，在士大夫中间逐渐形成了知而不行的弊病，到了王守仁生活的时期，崇尚空谈、不务实际的情形更是弥漫充塞于官僚士大夫中间的缘故。

王守仁促进了思想解放和理学的内部分化，对后世影响极大。著作有《王文成公全书》。

李贽的"童心"说

嘉靖三十一年（1552年），李贽中举，以后做过二十多年地方官。万历九年（1581年），他弃官到湖北黄安定居，从事讲学和著述。

李贽的"童心"说，是由泰州学派罗汝芳的"赤子之心"说发展而来的。他认为"童心"是真诚的，是一种未受官方御用思想腐蚀过的原始的天真纯朴的精神状态。它与王守仁的"良知"说相反，李贽认为义理蒙蔽童心，义理懂得越多，童心丧失得越多；针对当时社会上的弊病，他要求"真心""真人"，这是要求个性解放的一种表现。

李贽批判了男女不平等的偏见，主张寡妇再嫁，婚姻自主，还明确地主张女子也可以学道，认为男女在才智上是平等的。他特别强调物质生活的重要，明确指出穿衣吃饭，解决温饱问题，是老百姓生活最根本的大计，也是最基本的要求。李贽在批判理学家们"道心""天理"等的说教时，公开宣称"自私"是人的天性，认为人类的一切活动，都出于自私自利的动机，即主张利己主义的人性论。

李贽对孔孟传统思想和程朱理学的批评非常广泛，也很尖锐深刻，言论十分大胆。这在中国古代思想家中是少有的。

宗教

中国第一部佛经

中国第一部佛经是由汉代时来华的僧人摄摩腾与竺法兰所译的《四十二章经》。内容主要是阐述早期佛教的基本教理，重点是人生无常和爱欲之蔽。认为人的生命非常短促，世界上一切事物都无常变迁，劝人们抛弃世俗欲望，追求出家修道的修行生活。

中国第一个受戒僧人

三国时期的朱士行（公元203～282年）是中国历史上第一个按律受戒出家的僧人，也是中国历史上第一个出国去西域取经的人。

朱士行法号八戒，祖居颍川（今禹州）。魏齐王曹芳嘉平二年（公元250年），印度律学沙门昙河迦罗到洛阳译经，在白马寺设戒坛，朱士行首先登坛受戒。他出家受戒以后，在洛阳钻研、讲解《小品般若》，感到经中译理未尽。因为当初翻译的人把领会不透的内容删略了很多，讲解起来词意不明，又不连贯。他听说西域有完备的《大品经》，就决心远行去寻找原本。公元260年，他从雍州（今西安市长安区西北）出发，越过流沙到于阗国（今新疆和田一带），果然得到《大品经》梵本。他就在那里抄写，共抄写90章，60多万字。公元282年，朱士行派弟子弗如檀等，把抄写的经本送回洛阳，自己仍留在于阗，后来在那里去世。

中国第一支佛教乐曲

梵呗是赞唱佛、菩萨的颂歌。中国第一支原创的梵呗是由三国时曹操之子曹植所创。

公元229年，曹植封东阿王之后，在东阿潜心著作，研读佛经。在古东阿城东约30里有一座山，叫鱼山，又名吾山。曹植写作、读书之余，常去山上观光游览。据释道世《法苑珠林》记载，曹植"尝游鱼山，忽闻空中梵天之响，清雅哀婉，其声动心，独听良久"，于是"乃摹其音"，据《瑞应本纪经》写成《太子颂》等梵呗。在《法华玄赞》中也有类似记载，曰："陈思王登鱼山，闻岩岫诵经，清婉遒亮，远谷流声，而制梵呗。"

中国第一座寺庙

中国第一座寺庙是创建于东汉明帝永平十一年（公元68年）的河南洛阳东郊的白马寺。它是佛教传入后，由官府营建的佛寺。

史载：东汉永平七年（公元64年），汉明帝刘庄因夜梦金人，遣使西域拜求佛法。三年后，汉使及印度二高僧摄摩腾、竺法兰以白马驮载佛经、佛像抵洛，汉明帝躬亲迎奉。东汉明帝永平十一年，汉明帝敕令在洛阳雍门外建僧院，为铭记白马驮经之功，故

洛阳白马寺

名该僧院为白马寺。

人生八苦

佛教将人生之苦分为八种，分别为：生、老、病、死、怨憎、爱别离、求不得、五阴盛。

生苦：出生，是人生痛苦的开始。

老苦：心理和身体上的衰老常常生出许多病痛。

病苦：人自出生以后，就与疾病结下了不解之缘，生病的滋味是苦。

死苦：人从落地那天起，就在向死亡和坟墓迈进。

怨憎苦：碰到自己厌恶、憎恨的人和事情，怨憎交加是苦。

爱别离苦：与自己所爱的人或事物离别的痛苦。

求不得苦：自己的追求、欲望、爱好得不到满足而带来的痛苦。

五阴盛苦：人对永恒生命追求而不得所产生的痛苦。这种苦是人生一切苦的综合，七苦都由此产生。

佛教的戒律

佛教戒律按照信徒的不同类别分为三种。

一、在家居士持"五戒"，即戒杀生，戒偷盗，戒邪淫，戒妄语，戒饮酒。

二、沙弥、沙弥尼所持"十戒"，即不杀生，不偷盗，不淫，不妄语，不饮酒，不涂饰香料，不歌舞视听，不做高广大床，不非时食，不蓄金银财宝。

三、比丘、比丘尼所持"具足戒"，据《四分律》，比丘的"具足戒"有250条，比丘尼的"具足戒"有348条。

和尚为什么要吃素

在佛教初创时期，并没有要求信徒一定要吃素。

到了南朝梁武帝时期，僧人们才渐渐只吃素。梁武帝萧衍是一个虔诚的佛教徒，他认为食肉就是杀生，违背了佛教"不杀生"的戒条。他发誓断除酒肉，假如再喝酒吃荤，杀害生灵，甘愿受鬼神制裁，并将堕落到阿鼻地狱；他又规定宗庙祭祀用面粉代替牲畜。梁武帝严格遵守誓言，他头戴葛巾，身着布衣，脚穿草鞋，每天只吃豆羹粗饭。僧人们在梁武帝的带动下，也严格吃素食，并以素食招待客人。时间一长，吃素就逐渐成了寺院里的一种必须遵守的戒律。

念珠

念珠是佛教徒念佛时计诵经次数的串珠，又称佛珠或数珠。据《旧唐书》："辅国不茹荤血，常为僧行，视事之隙，手持念珠。"

念珠一般由108颗珠子组成一串，故又名百八丸，也叫百八牟尼，简称百八。如宋代陶毂《清异录器具》云："和尚市语，以念珠为百八丸。"又如明代黄粹吾《续西厢》云："我将手中百八不相忘，向蒲团跏趺里时合掌。"

念珠一般是用菩提子做的。唐代义净译《校量数珠功德经》云："若用菩提子为数珠者，或时掐念，或但手持，诵数一遍，其福无量。"唐代陆龟蒙诗句中也有"暗数菩提子，闲看薜荔花"的句子；菩提子是菩提树的果实。此外，念珠也有用香木车成小圆粒做成的，也有用玛瑙、玉石等制成的。

三大戒台

中国的戒台创始于南朝时期。在现存的戒台中，以北京戒台寺戒台、浙江杭州昭庆寺戒台、泉州开元寺戒台最为著名，并称为中国的"三大戒台"。其中又以北京戒台寺的戒台最为著名。

戒台寺坐落于北京市门头沟区的马鞍山上，始建于唐代武德五年（公元622年），初名"慧聚寺"，辽代时在寺内建立了戒台，而现存的建筑多为清代重建。寺中戒台位于寺的西北部，坛基以精美的汉白玉雕成，整个戒台为三层，高约3米，上面有莲花宝座，塑有释迦牟尼坐像。戒台周围还塑有13个戒神像。

中国古代四大佛典译师

鸠摩罗什

鸠摩罗什（公元344～413年），是中国佛教史上具有划时代意义的人。他是龟兹人，父亲原是国相，7岁时随母亲出家，长大后精通佛法，成为一代宗师，声名远播。前秦君主苻坚征服龟兹，想把他接到长安，但因后来亡国，使鸠摩罗什在后凉滞留达16年之久。之后，后秦君主姚兴将其接到长安，让他安心从事翻译佛经的工作，最后圆寂于长安。

鸠摩罗什在长安组织了中国历史上第一个官办性质的译经场，与弟子共译出佛典74部384卷。主要有《妙法莲花经》《阿弥陀经》《中论》《十三门论》等。他的翻译以意译为主，而且注意修辞，译文流畅，很有文采。

真谛

真谛是印度优禅尼国人，精通大乘佛教，在南北朝梁武帝时携带大量梵文经典乘船来到梁都建康。正准备开始译经时，发生"侯景之乱"，于是他辗转来到富春，才开始译经。之后他又多次辗转各地，在兵荒马乱的年代里，他始终坚持译经。

真谛及其弟子共译出佛典49部142卷，著名的有《无上依经》《十七地论》《摄大乘论》等。

玄奘

玄奘（公元602～664年），通称三藏法师。俗称唐僧。唐代高僧，佛教学者，旅行家，唯识宗的创始人之一。玄奘本姓陈，名祎，洛州（今河南偃师缑氏镇）人。

玄奘在国内遍访名师，感到所说纷歧，难得定论，便决心到天竺学习，求得真义。唐太宗贞观三年（公元629年），另一说为贞观元年，从凉州出玉门关西行赴天竺，在那烂陀寺从戒贤受学。后又游学天竺各地，并同一些学者展开辩论，名震五天竺。经历了17年，贞观十九年回到长安。译出经、论75部，凡1335卷。多用直译，笔法谨严。所译经籍，对丰富祖国文化有一定贡献，并为古印度佛教保存了珍贵的典籍，世称"新译"。他曾编译《成唯识论》，论证"我"（主体）、"法"不过是"识"的变现，都非真实存在，只有破除"我执""法执"，才能达到"成佛"

《阿毗达摩顺正理论》 唐 玄奘译

境界。撰有《大唐西域记》一书，为研究古代印度、尼泊尔、巴基斯坦、孟加拉国以及中亚等地历史地理考古的重要资料。

不空

不空，原名智藏，狮子国（今斯里兰卡）人，唐代时来华，"开元三大士"之一，对中国密宗的形成产生了重要的影响。不空随其师金刚智先来到洛阳，后又到长安，然后他在长安大兴寺设立道场，翻译密宗经典，度僧受戒，使密宗在中国的影响大增。

不空及其弟子共译出佛典100多部，主要是密宗经典，影响最大的是《金刚顶经》等。

禅宗及禅宗的传承谱系

禅宗是中国佛教的重要宗派，印度佛教只有禅而没有禅宗，禅宗是纯粹中国佛教的产物。

南朝宋末菩提达摩由天竺来华传授禅法而创立。由达摩而慧可（公元487～593年）、僧璨（？～606年）、道信（公元580～651年），至第五世弘忍门下，分成北方神秀的渐悟说和南方慧能的顿悟说两宗，有"南能北秀"之称。但后世唯南宗顿悟说盛行，主张不立文字，教外别传，直指人心，见性成佛。

禅宗兴起后，用通俗简易的修持方法，取代佛教其他各宗的烦琐义学，流行日广，影响及于宋明理学。慧能门下，有南岳怀让、青原行思两系。后南岳系下分为沩仰、临济两派；青原系下分为曹洞、云门、法眼三派，世称五家；在临济下又有黄龙、杨岐两派，合称五家七宗。南宋以来，唯临济、曹洞两派盛行，且流传到日本，余均不传。

慧能弘法

慧能（公元638～713年），俗姓卢氏，唐代岭南新州（今广东新兴）人。佛教禅宗祖师，得黄梅五祖弘忍传授衣钵，继承东山法门，为禅宗第六祖，世称禅宗六祖。

唐代龙朔元年（公元661年），慧能于街市听闻《金刚经》开悟，同年，赴黄梅向禅宗五祖弘忍求法，八个月后，作"菩提本无树，明镜亦非台。本来无一物，何处惹尘埃"的佛偈，五祖向慧能秘传衣钵，令其出外躲避。乾封二年（公元667年），慧能至曹溪，后来遁入猎人队伍；仪凤元年（公元676年），慧能在广州论解"风动、幡动"；同年，慧能当众展示五祖衣钵，剃度出家。仪凤二年，慧能率众至韶州，正式开坛说法。

鉴真

鉴真（公元688～763年）是日本律宗的创始者，本姓淳于，扬州江阳县（今江苏扬州）人。

鉴真14岁出家，22岁受具足戒，寻游两京，遍研三藏，后住扬州大明寺，专宏戒律。唐代天宝元年（公元742年），鉴真应日本僧人荣叡、普照等邀请东渡，几经挫折，至天宝十二载第六次航行，与比丘法进、昙静、尼智首，优婆塞潘仙童等始达日本九州萨摩秋妻屋浦（今日本九州南部），第二年，鉴真在奈良东大寺建筑戒坛，传授戒法，为日本佛教徒登坛受戒之始。

律宗

律宗是中国佛教宗派之一。由研习和传持戒律而得名。相传释迦牟尼为约束僧众，制订各种戒律，后各部派佛教对戒律理解不一，故流传的戒律也有差异。东晋后各种戒律传入中国，以《四分律》流传最广。《四分律》为唐道宣加以会通，并在终南山创立戒坛，制订佛教授戒仪式，遂成宗派。

道宣把佛教分为"化教"（定、慧二学）和"制教"（戒学）二类。化教又分成性空教、相空教和唯识圆教。制教又分为实法宗、假名宗、圆教宗。道宣将自创之宗派称为圆教宗，以心法为戒体。又将戒分为止持（诸恶莫作）、作持（诸善奉行）二门。认为《四分律》内容上教众生"自利利他"，共成佛道。唐天宝年间，律宗由鉴真传入日本。

五百罗汉

关于五百罗汉的来历，佛经中说法不一。有说他们是跟随释迦牟尼听法传道的五百弟子，有说他们是参加第一次结集三藏或第四次结集三藏的五百比丘。还有一种说法，说他们前身是五百只大雁。一次，雁王误入猎人网中，猎人将取杀之，一雁在雁王前悲鸣不已，五百大雁亦在半空盘旋不去。猎人见了大为感动，放了雁王，雁群高兴地随雁王飞去。这雁王即释迦牟尼，五百雁是五百罗汉。又有一说，说五百罗汉的前身是五百只蝙蝠，住在一棵大枯树的树洞中，一群商人在树下烧火取暖，不慎烧着枯树。有个商人在树下诵经，蝙蝠们太爱听佛经了，大火烧身亦不离去，最后与枯树同归于尽。它们以后托生为人，后来修成五百罗汉。再有一说，说他们是受佛祖感召的五百强盗，放下屠刀，而成罗汉的。此外，还有一些别的说法。

在五百罗汉来历的各种说法中，有相当一部分当是一些佛教理论家虚张声势，以扩大佛教影响，是为了宣传佛教的感召力而出现的。

到了南宋，高道素由各经中录出五百之数的名号，想方设法把他们一一"落实"了，并刻了一通《江阴军乾明院五百罗汉名号碑》。此后，这件赝品不胫而走，各地罗汉堂五百罗汉名号，皆援用其名。这样一来，反而起到了弄虚成实的效果。

现存的五百罗汉塑像在中国有二十余处，各处造型不尽相同。

十八罗汉

罗汉本是古天竺语的音译，初译"阿罗汉"，又译阿虑汉，俗称为"罗汉"。

佛教故事说，释迦牟尼去世时，就对身边许多弟子中的四个弟子说，你们不必"涅槃"了，就留在世间普度众生吧。这就是四大比丘、四大闻声，也就是通常说的四大罗汉。天地间太广阔了，东南西北，一个罗汉掌握一方任务太重，得充实力量，于是，四四一十六，又出现了十六罗汉的说法。

罗汉由十六位扩充到十八位，是中国人

罗汉图　五代　贯休

的创造。增加的是斯里兰卡的庆友和中国的玄奘。到了清代乾隆年间，乾隆皇帝与章嘉活佛认为庆友和玄奘不应身居十八罗汉之列，商定补上降龙罗汉和伏虎罗汉，十八罗汉就此钦定。

"布袋和尚"与弥勒佛

"大肚能容，容天下难容之事；开口便笑，笑世上可笑之人"。走遍天下名寺圣刹，到处可见大腹便便的"皆大欢喜"大肚弥勒佛。

据《宋高僧传》《佛祖历代通载》载，这大肚弥勒和尚就是历史上著名的"布袋和尚"。真名契此，又号长汀子，五代时吴越奉化人。契此在世时，常常以杖背一布袋入市，人叫"布袋和尚"。他见物即乞，出语无定，随处寝卧，形如疯癫。曾作这样一首歌传世："只个心心心是佛，十方世界最灵物，纵横妙用可怜生，一切不如心真实……万法何殊心何异，何劳更用寻经义。"临死前，他端坐于岳林寺盘石上，说偈："弥勒真弥勒，身分千百亿，时时示时人，时人自不识。"故后人在名寺圣刹处，多塑（雕）他的形象以示弥勒佛身分千百亿处。

中国佛教四大名山

五台山

五台山在山西省五台、繁峙二县境内，属太行山的一个支脉，相传是文殊师利菩萨应化的道场。因为"岁积坚冰，夏仍飞雪，曾无炎暑"，所以五台山又称"清凉山"。

五台山由五座山峰环抱而成，峰顶宽平如台。北魏时期就此建造佛寺。北齐时，五台寺院达200余座。隋文帝时，又下诏在五个台顶各建一寺。唐代关于五台山为文殊菩萨显灵说法之地的传说更加广为流传，狮子国（今斯里兰卡），南天竺（今印度南部）和日本等国的僧人亦来此朝拜。此时寺院已臻极盛，规模宏大。敦煌莫高窟现存的《五台山图》，反映了五代时期五台山寺院的兴盛场面。宋、元、明以及清初，各代皇帝均曾敕建寺院。据20世纪50年代统计，全山有汉僧寺院97处，喇嘛寺25处。

现存寺庙台内有显通寺，塔院塔等39座，台外有佛光寺、南禅寺等8座。五台山还保存了大量具有很高艺术价值的雕塑、碑刻、墓塔及佛经等。

普陀山

普陀山在浙江省普陀县，为舟山群岛的一个岛。相传此处是观音菩萨显灵说法的道场。唐代以前本称梅岭山。传说，大中年间有一印度僧人来到此地，亲睹了观音菩萨现身说法，并授以七色宝石，所以，称此是为观音显圣地。佛经中有观音住南印度普陀洛伽山之说，故略以称岛。

五代时，日本僧人慧锷以五台山得观音像取归回国，船至此地，遇到大风，不能前进，于是他将观音像留下，创建不肯去观音院。自北宋以来，普陀山的观音信仰日盛，寺院渐增，僧众云集。明、清两代更是大力兴建寺院，著名寺院有普济寺、法雨寺和慧济寺等。

峨眉山

峨眉山在四川省峨眉县西南，因山势逶迤，两峰对峙如峨眉而得名。相传是普贤菩萨显灵说法的道场。传说，古时有一老翁入此山采药，见到了普贤菩萨。

峨眉山在魏晋时开始建造佛寺，最著名的有黑水寺和普贤寺。唐、宋时期增修寺宇，北宋太平兴国六年（公元980年），造了一尊重达62吨的普贤铜像置于白水寺（今万年寺）。

九华山

九华山在安徽省青阳县，原名为九子山，传说李白以山有九峰如莲花而改名九华山。

相传为地藏菩萨显灵说法之道场。

传说，地藏菩萨降生于新罗王族，名金乔觉，于唐天宝年间航海到中国，贞元年间圆寂于此山中，山上寺院有80余处，其中以化城寺为中心，相传此处为地藏菩萨成道处。

四大石窟

莫高窟

莫高窟是敦煌石窟群的主要组成部分，开凿在今甘肃敦煌区东南25公里鸣沙山东麓的玉门系砾岩的断面上。据记载，始凿于前秦建元二年（公元366年），至唐初有"窟龛千余"，现存十六国、北魏、西魏、北周、隋、唐、五代、宋、西夏、元等洞窟492个。彩塑3000余身，其中圆雕塑象2000余身，影塑1000余身，壁画45000余平方米，唐宋木构窟檐五座。全部洞窟是建筑、彩塑、壁画相结合的统一体。

石窟的建筑形制有三类，即：传自西域印度僧的房式禅窟，塔庙式中心柱窟和覆斗顶殿堂窟。

由于属于玉门系砾岩，不能雕刻，所以石窟的主体是彩塑。莫高窟的壁画年代分期基本同于雕塑，分早、中、晚三个时期。内容可分七类：

佛像、佛经故事、经变题材、佛教史迹、供养人、有些直接或间接反映当时劳动生产和社会生活情景。

莫高窟的艺术发展多受西域佛教艺术影响，除借鉴佛像造像格式外，还吸收了人体解剖和明暗晕染等技法。

云冈石窟

云冈石窟位于山西大同16公里武州山南麓，石窟依山开凿，东西绵延1公里，现存53个洞窟及许多小窟，共计1100多座小龛，造像5.1万多尊。

开凿始于北魏文成帝和平元年（公元460年），分为三期：第一期开凿昙曜五窟，窟室多模拟平面椭圆形，穹隆顶草庐形式，受犍陀罗艺术影响，造像面相方圆，目深鼻高，衣服质感厚重。第二期约至孝文帝迁都洛阳前。是石窟营建盛期。主要五组：第七、八窟、第九、十窟、第一、二窟、都是双窟，以及另一组第十一、十二、十三窟。第三窟亦在此时开凿。第三期是在孝文帝迁都洛阳（公元494年）后至孝明帝正光年间。隋唐亦有修建，第三窟三尊大像，可能是初唐开雕，辽金在云冈建过寺院和窟檐建筑。开凿在砂岩上，全部题材均用圆雕、浮雕等表现。雕像原色彩已脱落，现有色彩均系后世重妆。

龙门石窟

龙门石窟亦称伊阙石窟，位于河南洛阳南25公里的龙门山（又名伊阙）。北魏孝文帝于太和十八年（公元494年）由平城迁都洛阳，龙门遂成了继云冈后又一个皇室贵族开窟造像的中心。

现存窟龛2100多个、造像10万余身、佛塔40余座、碑刻题记3600多块。从北魏太和年间起经东魏、西魏、北齐、北周、隋

敦煌莫高窟

唐、五代、北宋和金，直到清末一千余年间凿造不断，北魏是它凿建的第一盛期，造像比云冈石窟的更趋汉化。唐代是第二盛期，造像进一步世俗化。龙门石窟聚集了佛教各宗派的造像，还留下了大量的碑碣石铭等古代书法珍品，比如龙门二十品、五十品、褚遂良书写的《伊阙龛碑》三碑，是研究我国古代书体变迁史的宝贵资料。

麦积山石窟

麦积山石窟位于甘肃天水东南45公里处秦岭西端。洞窟开凿在陡峭崖壁上，始凿于后秦，此后经过西秦、北魏、西魏、北周、隋、唐、宋、元、明、清各代开凿和重修。现存最早的雕塑作品相当于北魏早期，尤以北魏、西魏、北周及宋作品最具特色。

北魏多小型平顶方窟，三面开龛造像，题材多三世佛，前期面相方圆，深目高鼻，受西域造像风格影响，后期造像增多，并出现秀骨清像和褒衣博带形式。常以现实生活中人物为原形，泥塑像多等身大小，薄妆淡彩，塑制精细，形象亲切动人。北周多方形四面坡顶洞窟，造像题材以七佛为主，形体丰满圆润，颈短肩宽，腹部较突出。上七佛阁（四窟，俗称"散花楼"）仿木构建筑开凿，是北周规模最大的一窟，其上以薄肉塑和壁画相结合而绘制飞天形象轻柔婀娜，为石窟中所仅见。宋泥塑以165窟为代表，供养菩萨摆脱了宗教艺术程式化束缚，技法细腻，更接近现实中的妇女形象。

道教的起源

鬼神崇拜，即上古时代先民对天帝和祖先崇拜而产生的巫文化，影响了道教的神仙系统和斋醮（jiào）科仪。

方仙信仰，即先秦的方士们想象在山岳和海滨有仙人，通过他们可以求得长生之药，影响了道教的神仙信仰和炼丹术。

黄老学说，即先秦时以黄老为代表的道家文化，以及先秦其他学派的思想，影响了道教的教理。

道教的两大派别

符箓派也叫符水道教，来源于古代的巫祝方术，它是一种利用符、图等请神驱鬼、趋吉避凶的活动。其主要派别有：五斗米道、太平道、北天师道、南天师道、上清派、灵宝派、龙虎宗、茅山派、正一道、太一道、真大道、清微派、神霄派、东华派等。

金丹派也叫丹鼎派或炼养派，是借助服食外丹或修炼内丹等途径，达到成仙得道的目的。其主要派别有：钟吕金丹道、全真道、金丹派南宗、丹法东派、丹法西派、丹法中派、伍柳派等。

外丹术和内丹术

隋唐是外丹炼丹术的黄金时代，特别是唐代，许多帝王宠信方士，迷信神仙方术，炼丹术因而得到了很大发展，加上许多文人学者热衷于问道寻仙、炼丹制药，出现了不少著名的炼丹家和内容丰富的炼丹著作，其中对后世影响最大的是孙思邈及其弟子。

因为外丹术所炼金丹多致人性命，所以方术士不得不改弦更张，由外丹向内丹转变。受佛教禅宗的影响，在道教静功逐渐神秘化的情况下，模拟自然的外丹理论就转变为模拟自然的内丹理论。将代表物质和物质变化的术语，改为代表人体的生理机构和生理变化现象，成为后世道

孙思邈像

教神仙术中最神秘的内容，也是道教丹鼎派教义的核心。

道教的戒律

道教的戒律是约束道士言行，防止违反教规的警戒条纹，其目的是为了教诫、劝诫教徒们止恶从善、舍妄归真，道教一直将其视为修德理身的规范，积功累行的路径。

一般认为，最早的道教戒律是五斗米道的《老君想尔戒》，传说都是神人的诰谕，教导信徒有所为，有所不为。

道教戒律的种类很多，律条有简有繁，制约有松有紧，总的来说，有上品戒、中品戒和下品戒之分。道教中的戒律主要有三戒，即皈依戒、皈神戒、皈命戒。五戒，即不得杀生、不得茹荤酒、不得偷盗、不得邪淫；八戒，即不得杀生以自活、不得淫欲以为悦、不得盗他物以自供给、不得妄语以为能、不得醉酒以恣意、不得杂卧高广大床、不得普习香油以为华饰、不得耽著歌舞以作娼伎。此外还有九戒、十戒、老君二十七戒等。

道书的分类法

道教经书首由南朝宋代道士陆修静于泰始年间编成《三洞四辅目录》，后宋代张君房和明代邵以正督校《道藏》，仍以三洞四辅分类，故三洞四辅成为道藏分类的代称。

三洞指洞真部、洞神部、洞玄部，四辅即太玄部、太平部、太清部、正一部。三洞是经，四辅是对三洞经文的论述和补遗，太玄辅洞真，太平辅洞玄，太清辅洞神，正一则为以上各部的补充。

道藏

道家经书出现于东汉末年，而道经之汇集则始于南北朝。南朝宋代道士陆修静于泰始年间编成《三洞经书目录》1228卷，为最早的一部《道藏》书目。《隋书》载有经戒、服饵、房中、符箓等类共1216卷。唐代道教大盛，玄宗命崇玄馆道士编成《开元道藏》，广为流传，后毁于战乱。宋真宗命王钦若主编道教经典《宝文统录》，凡4359卷。六年后，张君房增修为4565卷，按三洞四辅分类，名曰《大宋天宫宝藏》。金章宗明昌年间，由道士孙明道辑成《大金玄都宝藏》。元代道藏由宋德方、秦志安等主编，称《玄都宝藏》。明正统年间，复由邵以正督校刊成《大明正统道藏》，仍按三洞、四辅、十二类分类。明万历年间又有《万历续道藏》刊行。清彭定求编有《道藏辑要》，闵一得编有《道藏续编》。《道藏》索引以今人翁独健编的《引得》最为完备。

奇书《阴符经》

《阴符经》全名《黄帝阴符经》，作者不详，有多种说法。出书年代也不能确知。估计约在6世纪中叶成书。凡1卷，分3篇，上篇以阴阳五行理论来解释"天下苍发，万变定基"的道理；中篇论述天地盗物，万物盗人，人盗万物的盗机关系；下篇强调遵循天道，守视自养，达到长生。

《阴符经》以老庄之学为基础，用天人相盗理论解释万物与人和社会间的关系，暗合天道，善用天机，是修道务要。在中国道教史和哲学史上有一定地位。历代注疏不绝，唐李荃、张果的《阴符经注》和宋朱熹的《阴符经考异》较为著名。

南北朝道教的三次改革

南北朝的道教改革中大的有三次，分别是北朝道教改革、南朝宋代道教改革和南朝梁代道教改革。

北朝道教改革的改革人物是北魏太武帝和寇谦之，创立了北天师道，改革内容为：

废除交纳五斗米旧制,一年只交纸30张,笔一管,墨一挺;尊老子为太上老君,理顺道教信奉的群仙体系;把原始道教变成贵族和平民都能信奉的正规道教;设立道坛,以礼拜求度为主,辅以炼气服食。

南朝宋代道教改革的改革人物是宋文帝、宋明帝和陆静修,创立了南天师道,改革内容为:整理了道教典籍;规范了道教戒律和斋醮仪式;整顿道教组织,使它适合统治者的要求;始创服饰制度。

南朝梁代的道教改革的改革人物是梁武帝和陶弘景,创立了茅山宗,改革内容为:建立了神仙谱系;发展了道教的修炼理论;儒、释、道三教皆修。

张天师

张天师(约公元34~156年),即张道陵,字辅汉,东汉沛国丰邑(今江苏丰县)人。

传说张道陵是张良的八代孙,曾为巴郡江州(今重庆)令,后来辞官归隐。他自称太上老君授他《正一盟威符箓》,让他推行"正一盟威道",封他为"三天法师正一真人"。他于汉安元年(公元142年)创立五斗米道。汉桓帝永寿二年(公元156年),他在云台峰白日升天,是年123岁。

张天师像

"小仙翁"葛洪

葛洪(公元284~364或343年),字稚川,自号抱朴子,晋代丹阳郡句容(今江苏句容)人。葛洪是三国方士葛玄之侄孙,世称小仙翁。他曾受封为关内侯,后隐居罗浮山炼丹。

葛洪将玄学与道教纳为一体,将神学与道学纳为一体,将方术与金丹融为一体,将儒学与仙学融为一体,他使道教理论化、缜密化,并得到统治阶级的认同,提高了道教的地位,在炼丹术方面,更是起到了承前启后的作用。

王重阳

王重阳(1112~1170年),道教全真道的创始人,原名中孚、威德,入道后改名喆,字知明,号重阳子,咸阳人。

王重阳出身地方望族,金代天眷初年中武选甲科,善骑射,好侠义,不理家业。传说他48岁时在甘河镇(今陕西安市鄠邑区)遇仙,得到修炼秘诀,遂弃家入终南山修道。金世宗大定七年(1167年),王重阳入山东,先后在文登、宁海、登州、莱州建立三教七宝会、三教金莲会、三教三光会、三教玉华会、三教平等会,布道说法。收马钰、谭处端、刘处玄、邱处机、王处一、郝大通、孙不二(女)为徒(后称"北七真")。

元世祖追封其为"重阳全真开化真君",武宗又加封其为"重阳全真开化辅极帝君",全真道尊其为北五祖之一。著有《重阳全真集》《重阳教化集》《主教十五论》。

全真道

全真道亦称全真教、全真派、金莲正宗,与正一道同为元代以后道教的两大宗派。由金代王重阳在山东宁海全真庵聚徒讲道时所创。认为"识心见性"即是全真,主张道、释、儒三教合一,以《孝经》《心经》和《道德经》为典籍。

元代大力扶植道教，成吉思汗曾召见王重阳弟子丘处机，赐号"神仙"，爵"大宗师"，掌管天下道教。丘处机仿照佛教建立全真丛林制，主张出家修真，全神炼气，通过自我修炼得道成仙。该教道士须出家素食，清规戒律与佛教相似。

张三丰和武当道派

武当山很早就是道教圣地，也有各种不同道派传入，一直到明代张三丰在武当山创立武当派，才使武当山名声大振。

西晋谢道通、南宋刘虬、唐代姚简、五代宋初陈抟，都曾在武当山隐居修道。宋真宗时，正一派传入武当山，传下大茅派、三茅派、火居道等支派。宋高宗时，上清派传入武当，世称"武当五龙派"。元代至正年间，全真派和正一道的清微派传入武当，世称"武当清微派"。

明代时，全真教一系道士张三丰，在武当山创立武当派，官方将其归为全真道。张三丰是辽宁辽阳人，曾为中山博陵县令，后来弃官出家为全真道士，于终南山遇火龙道人传以丹诀，道法精进。明太祖时，他带着弟子入武当山修炼多年，后离开武当出游四方，不知所终。张三丰融汇文始丹法与少阳丹法，创以清静阴阳、双修双成为特点的三丰丹法。他观鹤蛇相斗，参合少林外家拳法，创武当内家拳。

道教有多少个"天"

天界是神仙的主要居所，根据中国传统和佛教观点，道教先后产生了九天说、三十二天说和三十六天说的观点，后来，三十六天成为通用说法。

九天说分别是郁单无量天、上上禅善无量寿天、梵监须延天、寂然兜术天、波罗尼密不骄乐天、洞元化应声天、灵化梵辅天、高虚清明天、无想无结无爱天。

三十二天说包括三界二十八天河四梵天四天。"三界"指欲界、色界、无色界。其中，下层欲界六天，欲界的人有凡间的形体，有欲望，是通过阴阳交合而胎生的；中层色界十八天，色界的人也有凡间的形体，但没有欲望，阴阳不交，化育而成；上层无色界四天，无色界的人没有凡间的形体，没有欲望，但仍有形，只是自己看不见，只有真人才能看见。三界之人，可以长寿，但不能不死，是道行较低的神仙。四梵天四天，也叫四种民天，四梵天的人长生不死，是真正道行高深的神仙。

三十六天说是在三十二天说的基础上，又增加了三清天，即清微天玉清境、禹余天上清境、大赤天太清境；三清天之上是大罗天，是最高天界。

三清

三清是道教的三尊神，分别指居于三清仙境中的三位尊神，即玉清境的元始天尊、上清境的灵宝天尊、太清境的道德天尊。又有"一气化三清"之说，认为"三清"皆为元始天尊化身。

据《道教宗源》载：混洞太无元之青气，化生为天宝君，又称元始天尊，居清微天之玉清境，故称玉清；赤混太无元玄黄之气，化生灵宝君，又称灵宝天尊，居禹余天之上清境，故称上清；冥寂玄通元玄白之气，化生神宝君，又称道德天尊，居大赤天之太清境，故称太清。三清为三洞之尊神，统御天神，宇宙万物均为其所创造。

道教神仙谱系

道教神仙谱系的构建是一个历史发展的渐进过程，大约在两宋时定型，将其概括为十个层次，一直流传至今。简单列举如下：

一、三清四御。即元始天尊、灵宝天尊、道德天尊和玉皇大帝、北极大帝、天皇大帝、后土。

二、诸天帝。如九天上帝、五灵五老天君、三十二天帝等。

三、日月星辰。如五斗星君、二十八星宿等。

四、三官大帝、三元真君、四圣真君。

五、历代传经者著名法师。如玄中大法师、灵宝三师、张天师等。

六、雷公、电母、龙王、风伯、雨师。

七、五岳诸山神及靖庐治化洞天福地之神。

八、北阴酆都大帝、水府扶桑大帝及他们所属诸神。

九、各种功曹、使者、金童、玉女。

十、城隍、土地、社稷之神。

财神与门神

财神是道教俗神，中国神话传说中司掌财宝之天神。相传为终南山人赵公明，亦名赵玄坛，又称赵公元帅，受玉皇大帝之封主丹局守护之神。民间多于正月初敬奉，图迎神进财宝之愿。

门神是道教俗神，中国古代传说的司门之神。汉代时指神荼和郁垒。相传东海中有一座度朔山，山上有一棵巨大的桃树，树干盘曲有三千界，在伸向东北的树枝间有万鬼出入的鬼门，由神荼和郁垒二神把守，负责监视众鬼。如果有恶害之鬼，神荼和郁垒就把它捆绑起来，丢到山上去喂老虎。因此，神荼和郁垒的门神形象常与老虎一同出现。

唐代时的门神指秦琼、尉迟恭。相传唐太宗患病心惊，夜里常听见鬼魅的呼号，秦琼和尉迟恭自我推荐守护在宫门外，夜里果然无事。于是唐太宗命画工绘制二人图像挂于宫门，以驱魔辟邪。

道教四大真人

道教中的四大真人是指南华真人、冲虚真人、通玄真人、洞灵真人。

南华真人即庄子，是先秦道家学派的代表人物。唐玄宗时被封为"南华真人"，宋徽宗时被追封为"微妙元通真君"。

冲虚真人即列子，相传列子曾向关尹子问道，拜壶丘子、老商氏、支伯高子为师，得到他们的真传，并在道术上超过了他们。唐玄宗时被封为"冲虚真人"，宋徽宗时被追封为"致虚观妙真君"。

通玄真人即文子，姓辛，名钘（jiān），号计然，葵丘濮上人，是老子的弟子，约与孔子同时，对老子的道论有所发挥，曾游历吴越，是范蠡的老师。唐玄宗时被封为"通玄真人"。

洞灵真人即庚桑子，又名亢桑子、亢仓子、庚桑楚；他认为保养生命要全形保性，像婴儿一样天真无知，方能成为"至人"。传说他得太上老君之道，能以耳朵视物，以眼睛听音。唐玄宗时被封为"洞灵真人"。

教育

西周的小学与大学

据古籍文献记载,西周官学可分为国学和乡学。国学设在周天子所在的王城和各诸侯国的国都,分小学和大学两级。小学在城内宫廷中,大学在南郊。

西周设在宫廷的小学属于贵胄小学,其学生是王太子、公卿太子、大夫元士的嫡子等;其入学年龄从8岁至15岁均可,或许这与贵族的等级有关,高级贵族子弟入学较早,中低级贵族子弟入学较迟。

据《周礼》记载,西周小学强调的是德行教育,重视以道德来教养贵族子弟。课程有礼仪、乐舞、射箭、驾车、书法、计算等,教学内容比较全面。这说明西周小学教育是贵族道德行为准则的培养和社会生活知识技能的训练。

西周大学的设施是比较原始的,以茅草盖的厅堂为主,周围有园林和水池。贵族子弟即在园林、水池中射鱼、射鸟,驱车围攻野兽。西周大学中的渔猎活动,是一种实际训练,培养学生的实践能力。

西周大学不仅是贵族子弟学习之处,同时又是贵族成员集体行礼、聚会、聚餐、练武、奏乐之处,兼有礼堂、会议室、俱乐部、运动场和学校的性质。实际上就是当时贵族公共活动的场所。这说明西周大学还没有完全专业化,是和贵族的社会生活结合在一起的。其教学的主要内容以礼乐和射御为主,这是和贵族教育子弟的目的相关的。因为贵族要把子弟培养成统治者,而礼乐正是当时贵族巩固内部组织和统治人民的重要手段;同时,贵族要把子弟培养成军事骨干,用来保卫既得政权,而射御正是军事训练,舞蹈也带有军事训练的性质。

太学

太学是古代官办的大学。

西周时期,已有太学之名。所谓"帝入太学,承师问道"(《大戴记·保傅》)。汉武帝时,董仲舒建议说:"养士之大者,莫大乎太学,太学者贤之士所关也,教化之本原也,臣愿陛下兴太学,置明师以养天下之士。"(《汉书·董仲舒传》)元朔五年(公元前124年)设五经博士,弟子五十人,为西汉建

正始石经 三国魏 魏正始二年(公元241年),朝廷用古文、篆书和隶书等字体将经典刻于石上,立于洛阳太学门前,以作为经典的范本。

太学之始。东汉太学大为发展。顺帝时有二百四十房，一千八百五十室。质帝时，太学生达三万人。魏晋到明清，或设太学，或设国子学（监），或两者同时设立，名称不一，制度亦有变化，但均为传授儒家经典的最高学府。

郡国学校制度

北魏由于政局相对稳定，因此学校教育相对发达，在地方上普遍建立起郡国学校制度。

其方法是：按郡的大小具体规定博士、助教及学生的名额；大郡立博士二人，助教四人，学生100人；次郡立博士二人，助教二人，学生80人；中郡立博士一人，助教二人，学生60人；下郡立博士一人，助教一人，学生40人。并规定博士要博通经典，道德高尚，年龄40岁以上者。而学生则要"先进高门，次及中第"，即限招收富贵人家的子弟，让贵族享有特权。

从"国子学"到"国子监"

"国子学""国子寺""国子监"等是同一学府在不同时代的称谓，也是中国封建社会的最高学府。

晋武帝咸宁二年（公元276年）始设国子学。据《周礼》"国之贵族子弟国子受教于师"之意而定名。咸宁四年，置国子祭酒、博士各一人，助教十五人，以教生徒。从此国子学与太学并立。

南北朝时，或设国子学，或设太学，或两者同设。北齐改名为国子寺。隋改名为国子监。

唐宋承袭隋制。元代设国子学、蒙古国子学等，也分别称国子监。明洪武十五年（1382年），于南京鸡鸣山下设国子监，成祖永乐元年（1403年）又设北京国子监，明代遂有京师国子监与南京国子监之别。

明清时期，国子监还兼有教育管理机构的职能。光绪三十一年（1905年）设学部，国子监废止。

唐代的"六学"和"二馆"

唐代由中央设立的学校有"六学"和"二馆"。

中央六学属于直系，包括国子学、太学、四门学、书学、算学、律学。六学直隶于国子监，长官为国子祭酒。六学中的前三学属大学性质，后三学属专科性质。"二馆"是崇文馆和弘文馆，属于旁系。弘文馆归门下省直辖；崇文馆归东宫直辖。

"六学"和"二馆"开始学生人数为2200人，到太宗贞观年间，扩充学舍，增加到3200人，后来学生数量猛增，加上邻国派遣的留学生，"六学二馆"共计8000多人。

明代的中央官学

明代的中央官学有南北国子监、宗学、武学。

南北国子监

明代国子监有南北之分，南京国子监规模恢宏，环境优美，除正堂和支堂作为主要教学活动的场所外，还有书楼、射圃、馔堂、号房、仓库、文庙等建筑。永乐元年（1403年），明成祖增设北京国子监，但北监规模不及南监。

明代国子监对其学生待遇之优厚为前代所不及，而其约束之苛严，亦为前代所不曾有；凡上课、起居、饮食、告假出入等，均有详细规定，小有过失动辄体罚。国子监教课由祭酒、司业、博士及助教等担任，每月除初一、十五为例假外，每日分晨、午两课举行。

宗学

明代的宗学是专为贵族子弟设立的贵胄学校，校址设在两京所属的地方。学生称为"宗生"，主持者有"宗正"一人，"宗副"二人，学习内容除四书五经外，还有《皇明祖训》《孝顺事实》《为善阴骘》以及《通鉴》《性理》等，学规规定学制五年，开始每年由提学官组织考试，后允其学生参加科举考试。

武学

明代的武学创于洪武年间，开始仅在大宁等卫儒学内设置武学科目，教导武官子弟。英宗正统六年（1441年）设置京卫武学，第二年又设置南京武学，规模宏大。学生为武官子弟，年龄在10岁以上，教师多用文武重臣。明代对于中央武学是十分关注的。

清代官学沿袭明代旧制

从顺治元年（1644年）到道光二十年（1840年）年近200年间，清代的学校教育基本上是沿袭明代旧制。

清代的国子监，也称国学和太学，始设于顺治元年，置祭酒、司业、监丞、博士、学政等官，设六堂为讲习之所，又设号房521间，为学生读书之所。清代的地方官学有府、州、县、卫学，府、州、县学同于明代，所谓卫学是在军队驻地设立以教育"武臣子弟"，后一般的卫学也并于府、州学。

清代官学评定学生优劣，完全以顺治九年的《训士卧碑文》和康熙三十九年（1700年）的《圣谕十六条》为标准；虽然对学生的为人、求学以及教师的教学提出了一些具体要求，但其实质是禁止学生过问社会现实问题，剥夺其出版与结社的权利，要求他们成为"忠臣清官"，心甘情愿地为清廷效劳。

旗学

旗学是清代八旗子弟学校的总称，包括八旗官学、八旗教场学、八旗蒙古官学、盛京（沈阳）官学、咸安官学、景山官学、八旗义学等。

如八旗官学，始设于顺治元年（1644年），分八旗为四处，每处各设官学一所，派满、蒙、汉教习，教授亲贵以外的八旗子弟。

八旗官学在春秋二季尤重骑射，每五日演习一次，其训练方法，比国子监普通学生更加严格严。康熙三十年（1691年）设立盛京（沈阳）八旗官学，左右两翼各二所，选取各旗俊秀幼童入学，教读满、汉书籍，兼习骑射。

又如景山官学，设于康熙二十四年，宫内北上门两旁官房。选内府三旗佐领、管领以下幼童三百六十名就学。有清书三房，各设教习三人；汉书三房，各设教习四人。学生肄业三年，考列一等为笔帖式，二等为库使、库守。

儒家私学

孔子是儒家私学的创始人。他大约在30岁时，在曲阜城北设学舍，开始私人讲学，后渐渐有了名声，弟子也越来越多，孔子私学成了规模很大的教学团体。孔子开办私学，主张"有教无类"，即教育的对象不分地区、年龄，不分贵族与平民，均可入学。孔子私学的学生主要是由平民组成，真正来自贵族的只有少数几个人。孔子私学教育的对象从贵族推广到平民，适应了当时士阶层兴起的要求，顺应了学术、文化下移的潮流，在中国古代学校教育发展史上具有重大的意义。

孔子私学继承了西周六艺：礼、乐、射、御、书、数的教育传统，其培养目标是"君子"，对"君子"在德才两方面都有严格的要求，所以在教育内容方面比西周六艺较为

孔子讲学图

广泛而深刻。历代相传的"六经"基本上是经过孔子和他的学生不断整理、补充而流传下来的。

孔子私学教学内容中宗教成分较少，他不愿谈论鬼神和死后的问题，显示了对于宗教的冷淡态度，但孔子私学教育内容中涉及生产技艺和理论性的自然知识的研究和传授也比较少。这对中国古代的学校教育产生了深远的影响。中国古代学校教育的轻自然、斥技术的传统，对中国古代自然科学技术的发展是十分不利的。

稷下学宫

稷下学宫是战国时期齐国的高等学府，因设于都城临淄稷下而得名。

稷下学宫是田齐桓公陈午（公元前347～前357年）所立，至齐湣王（公元前300～前284年）时，发展最为昌盛。儒、法、墨、道、阴阳等各学派都汇集于此，兴学论战，评论时政和传授生徒，当时的一些大师如荀子、孟子等都来到这里讲学。

"蒙学"和"精舍"

汉代私学在组织形式上，可分为"蒙学"和"精舍"两种。

蒙学即童蒙学习的地方，也称为"书馆"，教师称为"书师"，学习内容主要是识字习字。书馆所用的字书，现在保存下来的只有《急就篇》，相传是西汉史游编撰的。今本《急就篇》共1244字，全文押韵，没有重复字，内容包括姓氏、衣着、农艺、饮食、器用等方面的应用字。《急就篇》流传较广，是自汉到唐的主要识字课本。

精舍又称精庐，相当于太学，由经师大儒教授。西汉时就已出现，东汉时更为兴盛，在中国历史上是空前的。当时的学生有两种，一为"及门弟子"，是亲身来受教的；二为"著录弟子"，是把学生名字登录在有名望的大师门下，不亲自听教师教授，属挂名求学。

书院

书院是中国古代官方藏书、校书或私人读书治学之所。

书院之名始于唐代。唐玄宗开元六年（公元718年），以乾元院为丽正修书院（亦称丽正书院），十三年又改丽正修书院为集贤殿书院。这种官方设立的书院不同于聚徒讲学的教育组织，其主要任务是校刊、收藏"古今之经籍"，从而帮助皇帝了解经典史籍，并荐举贤才和提某些建议，供皇帝参考和选用，实际上起到了皇家图书馆的作用。

有时间可考的较早的私人书院，是唐贞观九年（公元635年）在遂宁县所办的张九宗书院。贞元中期，李渤隐居读书于庐山白鹿洞，至南唐时，即其遗址建立学馆，以授生徒，称"庐山国学"。唐末至五代，战乱连年，学校废毁，学者多择名山胜地，建立书院，作为研究学术和聚徒教授的场所，开创了私立大学之风。

宋初的著名书院有白鹿洞、石鼓、应天府、岳麓等四大书院。到了南宋，书院大兴，几乎遍及全国。

元、明、清三代书院仍盛，但渐渐演变为准备科举的场所。

中国古代著名书院

书院教育是我国封建教育的重要组成部分。历朝历代的著名书院有石鼓书院、嵩阳书院、应天府书院、白鹿洞书院、岳麓书院、东林书院。

石鼓书院

石鼓书院建于湖南衡州石鼓山，故名。

起初，唐朝刺史齐映，在石鼓山右侧建立合江亭，宪宗元和年间，州人李宽在山巅筑屋，在其中读书。宋太宗至道三年（公元997年），州人李士真请求郡守在这里建立书院，招收生徒讲学。于是朝廷赐下"石鼓书院"的敕额。

据《文献通考》记载，石鼓书院被列为"宋兴之初天下四书院"之一。仁宗时一度荒废，到南宋孝宗时，在书院旧址复院扩建，增大了规模，直到宋末仍十分兴盛。朱熹曾为之作记。

嵩阳书院

嵩阳书院建于河南登封太室山下。原址为嵩阳寺，北魏孝文帝太和年间兴建。五代时后周改为太乙书院。宋太宗至道三年（公元997年）赐名太室书院，颁书赐额。

仁宗景祐二年（1035年）更名为嵩阳书院。

据南宋王应麟辑《玉海》记载，嵩阳书院被列为"宋朝四书院"之一。宋末，书院废弛，清康熙年间重建。院门前有唐天宝三载"圣德感应颂碑"，高约九米，宽二米，书法遒雅，雕刻十分精湛。

岳麓书院

岳麓书院在湖南潭州岳麓山抱黄洞（今湖南善化西）下，是宋太祖开宝九年（公元976年），由潭州郡守朱洞所创。

朱洞筑讲堂五间，斋舍五十二间，接待四方学者。真宗咸平二年（公元999年），郡守李允则重修宇舍，扩大了书院的规模，当时有生徒六十余人，并请国子监颁赐经书。大中祥符五年（1012年），山长周式又加以扩充；八年，宋真宗召见周式，任命他为国子学主簿，并赐予岳麓书院额，为当时四大书院之一。南宋孝宗时，朱熹为潭州守，仿白鹿洞书院，改立学规，内容更为充实，四方学者闻风而来听讲。

白鹿洞书院

白鹿洞书院建于江西庐山五老峰东南，原是唐代李渤于贞元年间（公元785～805年）隐居读书的地方。李渤平时以养白鹿自娱，人称白鹿先生。宝历中（公元825～827年）任江州刺史，在此建筑台榭，名之为白鹿洞。

南唐时，白鹿洞置田建立学馆，命国子监李善道为洞主，教授生徒，称庐山国学。宋太宗时改名为白鹿洞书院，常有生徒数千百人。诏赐国子监刊"九经"供生徒肄习，为当时四大书院之一。南宋孝宗淳熙元年（1174年），朱熹为南康军太守，加以重修，订立教规，并曾讲学其中。

东林书院

东林书院的院址在江苏无锡市。原本是北宋杨时讲学的场所，元代废为僧舍。明万历三十二年（1604年），革职吏部郎中顾宪成，与其弟允成，于杨时讲学旧址重建书院，即"东林书院"，与同好高攀龙共主其事。

东林书院除以朱熹制定的《白鹿洞规》为院规外，又订立《东林会约》，主旨是要求师生继承杨时的精神，上承周敦颐、程颢、程颐，下接朱熹等理学大师，反对王学的陋习。

起初，东林书院纯事讲学，与时政无关。后来顾宪成等在讲学之余，"讽议朝政，裁量人物"，抨击阉党。一时"士大夫抱道忤时者，率退处林野，闻风响附"，一部分在职官吏也"遥相应合"（《明史·顾宪成传》），被称为东林党。

天启五年（1625年），党祸大作，东林书院在天启六年四月被毁。崇祯年间修复重建。

"书院"是怎样变成"学堂"的

最早提出书院改学堂建议的是早期改良主义者郑观应，但他的建议在很长一段时间，未能在社会上产生实际影响。鸦片战争后，顺天府府尹胡燏棻、刑部左侍郎李端棻提出类似建议，引起朝野重视，但清政府认为应采慎重态度，未能采纳。直到光绪二十四年（1898年），康有为再次提出书院改学堂，光绪皇帝才接受了建议，发布上谕："即将各省府厅州县现有之大小书院，一律改为兼习中学西学之学校"。

对于书院如何改革，清政府起初并未明确表态，而是任由各地根据自己的认识和本地实情，采取了不同办法，如张之洞在湖光改书院为学堂；也有的另设新型书院，更多的是对原有书院进行整顿变通，增设时务斋等。但是，由于维新变法运动的失败，慈禧废除新政，停止书院改学堂，令"各省书院请照旧办理，停罢学堂"。

书院改革虽被迫中止，大书院改革已是大势所趋，书院虽称"照旧办理"，但事实上已经不可能了。至光绪二十八年（1902年），大部分省区基本上实现了书院改学堂。

明清时期的蒙学

明清时期的蒙学有三种形式：一是坐馆或教馆，指地主士绅豪富聘请教师在家进行教学；二是家塾或私塾，指教师在自己家内设学；三是义学或义塾，是一种免费私塾。经费主要来源于祠堂、庙宇地租，或由私人捐款资助。

蒙学主要进行读书、习字和作文三方面的教学，是为进入官学、书院及应科举考试做基础准备。而每一方面的教学，又都建立了一定的次序。如读书，首先进行集中识字，待儿童熟记千余字后，进入读"三、百、千"的阶段，进而再读"四书"。

京师大学堂

京师大学堂是中国近代最早的大学，北京大学的前身，创立于光绪二十四年（1898年）。

京师大学堂是戊戌变法"新政"的措施之一，以"广育人才，讲求时务"为宗旨，最初设道学、政学、农学、工学、商学等十科。但是实际上仅办《诗》《书》《易》《礼》四堂及《春秋》两堂，性质仍同于旧式书院。

1900年八国联军侵华时学堂停办。1902年复校，设预备科（政科、艺科）及速成科（仕学馆、师范馆）。1903年增设进士馆、译馆及医学实业馆。辛亥革命前夕发展为经、法、文、格致、农、工、商七科。

体育竞技

"体育"的由来

"体育"一词最早是以身体的教育出现于卢梭的《爱弥儿》一书中。以后又有德国、丹麦、瑞典等国的体育先驱者著书立说，形成体操炼身体系。日本在1868年从欧洲引进"体操"这一词语。1898年"戊戌变法"前后中国有大批留学生渡海去日本求学，其中学教育的为数不少，他们回国后带来了"体育"这个词。

在中国，"体育"这一词最早见于文字是1902年《杭州白话报》连载人西川政宪法著《国民体育学》译文。辛亥革命以后"体育"一词就逐渐用开了。

"锦标"的由来

在唐代，龙船竞渡时已有了锦标。锦标就是在终点的地方插了竹竿，竿头挂上锦彩，先到的龙船拿到锦彩，称为夺标。到了宋代，龙舟夺标成为各地的风俗活动，在北宋的汴梁城（今开封市），每年五月端午，皇帝都要到金明池看龙舟夺标竞赛。《东京梦华录》上有详细的记载，"所谓小龙船，皆列于五殿之东面，对水殿排成行列。则有小舟一军校执一竿，上挂以锦彩银碗之类，谓之'标竿'，插在近殿水中。以旗招之，则龙舟鸣鼓并进，捷者得标，则山呼拜舞"。

"散手"的由来

散手历史悠久，据《汉书》记载：有"手搏六篇"，手搏即为徒手进行的搏斗。古代有打擂台之说，即在特设的台上互相击打，以决胜负。近代又有抢手、散打的说法，皆指散手而言。在1928年和1933年两届国术国考以及其他大型比赛上，散手都是重点比赛项目。比赛时，双方根据规则，可以使用踢（腿法）、打（手法和肘法）、摔（摔法）、拿（擒拿方法）等各种技术。比赛者身着护具，比赛分三个回合，每个回合2～3分钟，以击中或击倒对方为得分，三个回合得分多者为胜。

彩绘陶乐舞杂技俑 汉
据《汉书》记载：有"手搏六篇"，手搏即为徒手进行的搏斗。此杂技俑中就有类似动作的表演者。

十九路围棋始于何时

现在通用的围棋盘是 19 路 361 个交叉点，已经发现的古代围棋史料和著作中，所有的棋谱也都是 19 路的。可见，围棋的路数有一个从少到多的发展过程。那么，19 路围棋到底始于何时？敦煌写本《棋经》内载有"三百一十六道放周天之度"的句子。其中"三百一十六道"显然为"三百六十一道"之误。据成恩元先生考证，《棋经》是北周时期作品。那么，《棋经》就成了北周时期已普遍流行 19 路围棋的确凿证据。再早些，晋人蔡洪的《围棋赋》中有"算涂授卒，三百为群"的词句。可把"三百"解释为 19 路棋实战中所下的着数。这样看来，在晋代就已出现了 19 路围棋与 17 路围棋并存的局面。可见，19 路围棋的出现，不会晚于晋代。

围棋九段制的由来

围棋"九段制"是怎么来的呢？中国古代品评人物有九个等级。《汉书·古今人物表》把古今人物分为九等，即上上、上中、上下；中上、中中、中下；下上、下中、下下。三国魏司空陈群始定九品之制。在郡县设中正评定人材高下，分为九等，即"九品官人之法"。古代职官也分九个等级，周代官有九等之命，从魏晋开始，立九品之制，从一品至九品，定官吏的大小高低，历代王朝沿袭不废。古代品评书画艺术分神品、妙品和能品，其源出南朝梁庾肩吾《书品》的上、中、下三等（每等又分上、中、下，共为九例），称为"三品九等"或"三等九品"。历代书画评论家多承此说。

在中国古代，围棋棋手的等级称为"棋品"。因受人品、官品、书品"九品制"的影响，故棋品也设"九品制"。晋代的范汪撰有《棋九品序录》，南北朝王抗、褚思庄、柳恽都著有《棋品》。柳恽还将当时棋艺登格者共 278 人，等其优劣，分级排定。"九品"名称，最早见于北宋张拟的《棋经》："夫围棋之品有九，一曰入神，二曰坐照，三曰具体，四曰通幽，五曰用智，六曰小巧，七曰斗力，八曰若愚，九曰守拙。"明清两代，围棋等级分为国手、二手、三手、四手。国手有大家、名家之分，其余各手又分先后，也近似于九等。近代学者黄俊在他所著的《弈人传》中说："六朝品棋，褚思庄品于宋，王抗品于齐，柳恽品于梁。张拟著经，分为九品。明清以来，有国手、二手、三手、四手之分。每手又分先后，略近九等。日本效之，称为九段。"

象棋的起源

象棋是一种象征战斗的棋类游戏。关于它的产生时间，众说不一，不过《楚辞·招魂》中已有涉及象棋的文字记载："菎蔽象棋，有六簿些；分曹并进，遒相迫些；成枭而牟，呼五白些。"刘向《说苑》也有"燕则斗象棋而舞郑女"的记载。象棋棋子除"象""炮"外，"将""帅""车""马""士""卒"都符合周代兵制。象棋似产生于周代，战国时已初步成型。唐代军队中出现了石炮，相应地棋子中增加了"炮"，宋初又增加了"象"，象棋最终定型。"白檀象戏小盘平，牙子金书字更明"（宋徽宗《宫词》）。宋代统治者也爱好此项活动，当时的棋盘、棋子制作都十分讲究。

中国最具影响力的象棋著作

随着象棋的普及发展，专门著述象棋战略和战术的书也就随之问世了。宋代的一位学者陈元靓在他晚年编著的日用百科全书《事林广记》中，也辑录了当时许多出色的棋局，这成为中国在 650 多年以前出版的第一部象棋谱。

最具代表性和最有名气以及最为后世人所推崇的棋书，应是明代的《橘中密》和清代的《梅花谱》。《橘中密》是中国已发现的最早的一部系统化的棋书。此书成书于明崇祯五年（1632年），当时分四卷，其中两卷介绍整局棋谱，两卷介绍残局棋谱。书名中的"橘"字，有人疑取"谲"字谐意；另据《搜神记》中载述，古时候在巴邱这地方有一座大橘园，园中有棵老橘树，有人把树剖开后，竟见有两个白胡子老头正在里面下棋，"橘"字也可能据此而来，意寓诡谲多谋和不泄天机之意。

《梅花谱》是清人王再越于康熙年间所著的一部专门研究象棋技艺的书。此书以高度的想象力，引人入胜的50个棋局，以及可供参考的120多种不同的着法，展示了象棋对弈中相克相生、相准相制的变化规律；其中卷首屏风写着当头炮等八局棋谱，精妙异常，堪称绝技，为历代棋手所推崇。此书是一部闪烁着智慧火花的棋苑名著。

中国最早的体育奖励和最早的奖杯

在3000年前，西周成王的马夫和他手下的一个小官令，举行了一次人与马车的比赛，设立的奖品是十家奴隶。结果，小官令的飞毛腿赶过了马车，赢得了十家奴隶。小官令得到了这么多的物质奖励并不满足，他拿这部分钱铸了一个"令鼎"，把这件事记叙在上面，让别人知道他获奖的经过。基本上，这算是中国最早的体育奖励了。

在南北朝时，有一个叫元顺的人，是个英勇善射的大将。有一次，北魏孝武帝元修在洛阳华林园欢宴群臣。酒酣之际，元修叫群臣举行射箭比赛，把一个大银酒杯放在百步之外，作为奖品。谁射中酒杯，谁就把这个银杯拿走。元顺拈弓搭箭，轻舒猿臂，一箭射中，得了这个银杯。但是这个银杯已被元顺射破了一个孔，回家之后，元顺请了高手匠人在破孔处铸了一个足踏金莲的童子，化腐朽为神奇。就记载而言，这个银酒杯是中国历史上最早的奖杯。

中国古代的举重运动

大力士和举重在中国古代已有之。但开始是用于军事，不是用于比赛，也不用杠铃。

据《左传》记载，在一次鲁国军队和僵阳（今山东枣庄南）人作战中，僵阳人大开城门，放进了鲁国军队，而后放下了城门后的"千斤闸"，想要关起门来消灭鲁军，孔子父亲叔梁纥双手托起了千斤闸，救出了鲁国军队。据说孔子也是个大力士，他能双手举起城门后的顶门杠。汉代"百戏"中有"乌获扛鼎"，举重入了杂技项目。将军甘廷寿上阵能用手投十二斤重的石头砸敌人，也算力气不小。唐代宗时有"力能卷铁舒钩"的梁义，唐僖宗时有能身背一船，船上坐上二人，还能背着跳舞的王俳优，这是属于硬气功一类的大力士了。五代时有手使一杆别人举都举不起来，而唯独他能运转如飞的铁枪王彦章，人送绰号"王铁枪"。明初，江苏太仓欧千斤有神力，"既老，尝乘马，遇桥不进，臂挟马趋过"（《太仓州志》）。直到清末太平天国时期，还出现力举几百斤重的石狮子的僮族太平军战士覃贵福。他并且能将石狮置于膝盖上，因而中过太平天国的"武状元"。

中国古代的"田径运动"

在中国古代，跳高与跳远被称为窬高超远。窬高，又作踰高，即跳高项目；超远即跳远项目。最早见于兵书《吴子》，是当时用来训练士兵素质的方法和挑选勇士的标准。而类似铅球的运动叫作投石，是一种投掷运动。用手或石机投出石头。

中国古代的"保龄球"

木射，又称十五柱戏球。唐代出现的一种健身运动。球场一般设在室内，用木棍制成十五根瓶状小柱子，其中十根用朱丹书上"仁""义""礼""智""信""温""良""恭""俭""让"；五根用黑墨写上"傲""慢""佞""贪""滥"，将它们放置在球场一端，赛球者在球场另一端持木球抛滚击木柱，中朱者为胜，中墨者为负。

以上可以看出，这项运动无论是规则还是器械，都和现代的保龄球类似，只是击打目标不同，可以算作现代保龄球运动的雏形。

中国古代的花样跳水

水秋千是中国古代水上运动之一。跳水与荡秋千相结合，似今跳水运动。在彩船船头立秋千，荡秋千时有鼓乐伴奏，当摆到几乎与顶架横木相平时，人体脱离秋千翻跟斗掷身入水。可以称得上古代的花样跳水。

《东京梦华录》中从饮食、建筑、娱乐等很多方面真实描述了宋朝人的生活。在卷七《驾幸临水殿观争标锡宴》一章中，讲述了重视水秋千运动的皇帝宋徽宗是如何组织水秋千表演的。那时表演的时间是在每年三月，作为一种表演项目出现的，而非正式的比赛项目。通常在每年三月二十日左右，宋徽宗赵佶会带着自己的家人和大臣，驾幸皇家无敌水景园林金明池内的临水殿观龙船争标。开赛之前殿前泊有两艘画船，船上立着秋千，船尾有伎人做各种杂技表演，旁边又有一些禁卫军官兵击鼓吹笛助兴。然后一人现身登上秋千，稳稳荡起，越荡越高，当身体与秋千的横架差不多平行时，突然腾空而起，弃秋千而出，在空中翻几个筋斗，最后掷身入水。比起今天的花样跳水，水秋千的视觉效果要好出许多。

水秋千发展到后来，成了一项规则明了的竞技项目。当时是分两队蹴水秋千，通过比动作的优美性和技术的精湛性决出胜负的。

"冠军"原本是官职

冠军一词源于秦末。《史记》中有这样一段记载：秦末，楚国有位大将军宋义，英勇善战，战功卓著，列楚国诸将军之首，将士们都叫他为"卿子冠军"。从魏晋到南北朝，冠军又成为部队军官的一种官衔，叫"冠军将军"。唐代设冠军大将军，到了清朝，皇帝的銮仪卫及旗手卫的首映，也称作"冠军伎"。"冠军"一词一直和武将有关，武将与比武、对抗有关。到了后来，体育比赛与对抗联系在一起，冠军也就成了第一名的代称了。

"亚军""季军""殿军"的由来

亚军是体育比赛中第二名获得者的荣誉称号。《尔雅》对"亚"的解释是"次也"。也就是比第一稍差一点的意思。《史记·项羽本纪》中有："亚父南向坐，亚父者，范增也。"这是因为项羽很尊敬范增，把范增认作仅次于生父的长者。因此，后来人们就

金明池夺标图
传为北宋张择端所绘的《金明池夺标图》里描绘的正是宋徽宗举行竞标的画面。

把体育比赛的第二名成为亚军。

季军是指体育比赛中名次低于冠军、亚军的优胜者，也就是第三名。"季"是末的意思，在中国的旧历中，指一个季度最后一个月。比如：春季的三个月分别叫孟春、仲春和季春。所以，季就是指第三。另外，军队行军中，分前军中军后军，后军在最末，也叫季军。于是，季军就成了第三名的同义词。

殿军是指体育比赛中的第四名。殿军原本的意思是"殿后之军"，是古代军队撤退时，行走在最后、负责掩护的部队。《晋书·王坦之传》："孟反、范燮，殿军后入。"称第四名为殿军，是取"三军之后"的意思。

"蝉联"的由来

蝉的俗名叫"知了"，雄蝉用腹部的发音器来发出声音。蝉的幼虫栖息在土里，成虫依靠针状口器刺进树枝里，吸取汁液来维持生命。幼虫变为成虫时，便脱掉蝉壳，躯体在原来基础上得以延伸，故称为"蝉联"。《遂州长江县孔子庙堂碑》："齐九龙而阔步，一门钟豹变之荣；袭五公而长驱，四代赫蝉联之祉。"（唐·杨炯）《题晋阳遗像》："始从薄宦沾微禄，后来科第仍蝉联。"（清·唐孙华）

为此，在一些体育比赛项目，如连续保持了冠军，就叫"蝉联冠军"；保持了亚军，就叫"蝉联亚军"等等。

摔跤

摔跤的起源可以逆溯到黄帝时代，据史书记载，从西周到春秋战国，摔跤是军事训练的重要项目，秦汉后作为武戏在各地盛行。《周礼》：孟冬之月，天子乃命将帅讲武，习射御、角力。《史记》：秦二世在甘泉宫作乐觳抵、俳优之戏。《汉书》：元封三年春，作角抵戏，三里里皆来观。元封六年夏，京师民观角戏上林平乐馆。另据《汉书·哀帝纪赞》载，当时角抵已和拳术（手搏、卡）明确分开了。《隋书》：郡邑百姓自正月十五日作角抵之戏，递相夸禁至于糜费财力，上奏请禁之。……大业六年丁丑，角抵大戏于端门街，天下奇技异能毕集，经月而罢，帝数微服往观。

唐代《角力记》载：历代皇帝都爱好"角抵之戏"，在宫中常举行角抵大会或者擢用出色的力士。宋代调露子撰写了《角力记》，介绍了摔跤的历史。元代蒙古族人常举行摔跤比赛。清代鼓励摔跤，设"善扑营"培养力士，分东营和西营，实力高者赐"扑虎"（一称"布库"）称号，共分头等、二等、三等。善扑营的力士每年十二月二十三日在紫光阁为皇帝表演比赛，蒙古族力士也参加，十分热闹。清亡，善扑营关闭，力士们散到各地，有的当了教师，有的变成路边卖艺之人，摔跤传到各地，中心在河北的保定以及北京、天津三个地区。民国初年，山东济南镇守使马良组织了"技术队"，聘请摔跤名家做教官。1916年，马良著《新武术·摔跤科》问世。中央国术馆创立伊始，就把摔跤作为正课。1935年，在上海举行的全国运动会，把男女摔跤列为比赛项目，蒙古族也有八名摔跤手参加表演。

蹴鞠

蹴鞠又称踏鞠。中国古代的足球游戏。

春秋战国时期，蹴鞠已很盛行。"临淄甚富而实，其民无不吹竽鼓瑟，弹琴击筑，斗鸡走狗，六博蹋鞠者"（《史记》）。汉代蹴鞠作为训练士兵的一种军事体育项目。"踏鞠，兵势也，所以练武士，知有材也，皆因嬉戏而讲练之"（刘向《别录》）。《汉书·艺文志》中将《蹴鞠》二十五篇列入"兵家伎巧"类。汉初长安城宫苑内的"鞠城",就是很大规模的练习蹴鞠的场地。当时军中的蹴鞠场,两边不设球门,而是在地上挖些小浅坑,称为"鞠域"或"鞠室",比赛时球被踢进"鞠域",就和今天球被射入球门一样。

唐代的蹴鞠运动又有了很大发展。唐徐坚《初学记》介绍:"古用毛纠结为之,今用皮,以胞为里,嘘气闭而蹴之。"这种使用充气方法制作的皮球,无论从重量上还是在弹性上都比实心球优越得多。从唐仲无颜《气球赋》中可以知道当时对球的充气适度也很有研究,认为"终使满而不溢"最佳。唐代蹴鞠场已设有球门。一种设双球门,与今天的足球场相似;一种设单球门,即将球门设在场子的中央,比赛的双方位于球门两边赛球,以进球数字多少决定胜负。非对抗性竞赛不用球门,花样繁多。如"一般场户"中的"一人场",即一人耍球,身体各部分都可以接触球,是个人健身运动;"二人场",是两人耍球,可以对传;"七人场",又称"落花流水",七个人站在一条线上,隔人传球;"九人场",又称"踢花心",一人站在中央,八人在四周,由站在中央的人依次供球。又如"白打场户",也是不用球门的打法,由两人或多人(偶数)对踢。还有以踢高为特征的"趯鞠"。

宋代蹴鞠运动十分盛行。宫廷中设有球队,队员分为三等,头等叫"毬头",二等叫"次毬头",三等为普通队员,每队有毬头一名,次毬头两名,普通队员十余人。朝廷举办的各种盛会中往往有蹴鞠比赛。宋代蹴鞠场的单球门不同于唐代,"约高三丈许,杂彩结络,留门一尺许"(《东京梦华录》)。当时人又称此门为"风流眼"。明朝称无球门的蹴鞠表演为"踢鞠";称有球门的蹴鞠竞赛为"蹴球"。清代此项活动不甚盛行。

马球

马球是骑在马上持棍击球的一种运动。三国时称"击鞠",唐代称"击球"或"打球"。击球棍称作"球杖",长数尺,木头制成,枕头形状如月牙,球也是木制的,大小如拳头,中间被掏空,外面被涂上红漆。从曹植《名都篇》中"连翩击鞠壤"等诗句来看,此项运动最迟在东汉已经产生了。唐代的马球运动很盛行,并成为宫廷体育的主要内容。据记载,自高祖李渊起的二十二个皇帝(包括武则天)中,大多数都爱好马球运动。"上好击球,由此风俗相尚"(《资治通鉴》)。马球运动不仅要求队员有高明的骑术,而且要求队员之间配合默契。这项运动既可以用来提高人们的素质,又可以作为训练士兵提高作战技能的一种手段。《封

打马球彩绘陶俑 唐
马球运动在唐朝十分流行。

氏闻见记》中就有唐太宗命令练习打球的记载。陕西乾县出土的唐代章怀太子墓中的壁画"马球图",生动地再现了当时赛场角逐的情景。唐代女子也喜爱马球运动。五代后蜀花蕊夫人宫词有云:"自教宫娥学打球,玉鞍初跨柳腰柔。上棚知是官家认,遍遍长赢第一筹。"

唐代还有一种"驴鞠"运动,是骑在驴背上持杖击球。《旧唐书》中有"聚女人骑驴击鞠"的记载;《新唐书》中也有"教女伎乘驴击球"的记录。"驴鞠"出现有两个原因,一为马的个头高大,桀骜难驯,而驴的个头较矮,生性温驯;二为唐代骑驴是一种时髦。宋朝马球与驴鞠并存。据《东京梦华录》记载,当时人称驴鞠为"小打";称马球为"大打"。宋代亦以马球训练士兵。明代击鞠也很盛行,并成为典制:每年重五(端午)、重九(重阳)举行击鞠比赛。民间庙会中也常能见到此项运动。清朝康熙年间仍有马球运动。

中国武术的起源

有学者认为中国武术起于宋,成于明,全面大发展于明末清初。兴于先秦的武勇,盛于汉唐的武艺,为宋代武术的形成打下了基础。但不能把武勇、武艺、武术混为一谈。武勇是在原始社会和奴隶社会漫长的历史过程中形成的,是在劳动中产生,在御敌攻战中发展的,从其内容、形式、目的、手段看,均与武术有本质区别。进入封建社会之后,武勇演变为武艺,但这也只是量的飞跃,尚未发展为武术。宋代尚武之风不止于统治者军事目的之所需,亦为庶民百姓强身自卫娱心长寿之所求。这种民间武艺,因平时更突出其强力健身娱心长寿之特定宗旨,比之过去为实战所需的武艺有了质的飞跃,而成为武术。宋代武术形成的一大标志是有关武术著作的陆续问世。这就使武术有了自己的初步理论与独特的技术技法结构,有了自己独特的练功方法与程式,而逐渐演化成系列化的体系。宋代武术形成的另一标志是为娱乐表演所需的武术套路愈加增多,从而促成了武术与军兵脱离。宋代武术开始从武艺中脱胎出来而走上套路化与系列化体系的轨道,具有了中国武术特有的内容、形式与风格,为其后的成型与全面发展打下了良好的基础。

少林拳

少林拳是武术著名拳派之一。源出河南登封嵩岳少室山北麓五乳峰下的少林寺。寺建于北魏孝文帝太和十九年(公元495年)。相传北魏孝明帝三年(公元527年),印度高僧达摩大师到少林寺传授佛教禅宗,为驱除修心静坐带来的疲劳,以及达到健身、防身、护寺的目的,达摩大师创编了"活身法",寺内众僧皆习此术。此后,达摩在"活身法"的基础上,模仿飞禽走兽的动作特征又创编了"罗汉十八手"的套路。此外,还有达摩铲、达摩棍、达摩剑、达摩杖等武术器械套路。少林拳包括拳术、散打、气功、器械等几方面,器械中以棍法著称。少林拳在各地广泛流传,逐渐形成各种流派。有人将潭腿、花拳、洪拳、通臂拳、八卦掌、地趟拳、番子拳、六合拳归为少林拳门类;也有称龙拳、虎拳、豹拳、蛇拳、鹤拳为南派少林精华五拳;南拳的不少流派也自称源于嵩山少林寺。

真实的"易筋经"

真正的《易筋经》是明朝出现的一种保健体操。最初见于明熹宗天启四年(1624年)的一种手抄本。清朝流传的是道光年间傅金铨和咸丰年间来章氏的两种刻本。据称常练可以"俾筋挛者易之以舒，筋弱者易之以强，筋弛者易之以和，筋缩者易之以长，筋靡者易之以壮，即绵涯之身可以立成铁石"（《易筋经·总论》）。清王祖源《内功图说》中载有"易筋经十二势"并配有图解。

南拳与北腿

南拳多用拳，其拳式结构小巧，步法轻灵，运动范围较小；北拳多用腿，架势开展，运动范围大，南拳北腿之说即由此而来。南北拳派的差别是南北方的地理环境及人的体质、气质的不同所造成的。北方多平原，气候寒冷，自然条件比较严酷，与之相应，人的体质健壮，性格直爽，反映在拳式上，多长拳阔步，以进取胜；南方多山丘，气候温和，自然条件比北方为优，而人的体质则稍逊，性格偏于温文，反映在拳式上，多短打小步，以机巧胜。

内家拳

内家拳是武术拳种著名流派之一。相传为武当丹士张三丰创立，故亦称之为武当派。内家著名拳师有明人张松溪，《宁波府志》称："内家则松溪之传为正。"他曾在酒楼上与少林僧比武，"松溪袖手坐，一僧跳跃来踢，松溪稍侧身，举手送之，其僧如飞丸陨空，坠重楼下，几死。众僧始骇服"。清初学者黄宗羲在《王征南墓志铭》中说："少林以拳勇名天下，然主于搏人，人亦得以乘之。有所谓内家者，以静制动，犯者应手即扑，故别少林为外家。"黄宗羲之子黄百家从内家拳名师王征南习武多年，著有《内家拳法》一书，介绍此拳种的技击方法，强调"其法主于御敌"。

太极拳

太极拳是武术拳种之一。关于它的创始人，传说众多：一为梁朝韩拱月、一为唐代道士许宣平、一为宋代武当丹士张三丰、一为元末明初陈卜、一为明代陈王廷。清乾隆年间，山西王宗岳以《易经》中太极阴阳之说阐述此拳原理，著《太极拳论》，从此定名为太极拳。

太极拳套路吸取前人名家拳术各流派之长，结合古导引吐纳之术与中医经络学说，并以古代阴阳学说为理论基础创编而成。基本动作为八法（掤、捋、挤、按、采、挒、肘、靠）和五步（进步、退步、左顾、右盼、中定），故又被称为"十三势"。《十三势行功歌》在民间武术界流传很广。

形意拳

形意拳是武术拳种之一。又称"心意六合拳""心意拳""六合拳""意拳"。相传为明末山西人姬龙凤所创。他精于枪法，考虑到在手无兵刃而遇不测的情况下可以防身御敌，因变枪法为拳路，创编此拳。形意拳是象形拳种之一，要求象形取意，形意合一，故名。主要内容是五行拳：劈拳（金）、钻拳（水）、崩拳（木）、炮拳（火）、横拳（土），十二形拳（模仿十二种动物：龙、虎、熊、蛇、鸱、鹰、马、鼍、猴、燕、鸡、鼍）。由此两种拳配合而编制成套路。特点为形神统一、动作简洁、套路严谨、内部发力大，杀伤力强。习拳时外形上要求头部、躯干、四肢动作统一，内部讲求意、气、力协调。它所以又称"六合拳"，是要求"心与意合，气与力合，筋与骨合，手与足合，肘与膝合，肩与胯合，是谓六合"。清初，形意拳流行于山西，后传授给河南马学礼，此人学成后回家乡传播。姬龙凤的又一弟子曹继武将此拳传给山西戴陵邦、戴龙邦兄弟，戴龙邦又授于河北李洛能。李洛能又分出一派。因而形成了山西派、河南派、河北派三大流派。各派风格相异，手法上也有不同。

五禽戏图
相传华佗发明了五禽戏，经常练习可以使动作轻快敏捷。

董海川与八卦掌

八卦掌因所有技法都开手（用拳）进行，故名"八卦掌"；又根据其技法和动作的特征，称"八卦连环掌""游身八卦掌""龙形八卦掌""八卦游身掌"等，有时也称"八卦拳"。

据说，八卦掌是清乾隆年间河北文安县朱家务（一说朱家坞）人董海川创始的。董海川天生力大过人，自幼爱习武术，常年游历各地。一次游到江南时，在雪花山（一说渝花山）迷路，遇一老道，引至隐居山中的庙里，从此住在庙里从道士学拳，道士授予解说易学原理的《河图·洛书》，他研究易理，乃创八卦掌。

也有人说，江南自古就流传一种与八卦掌极相似的"阴阳八盘掌"，此拳的传递比董海川的生存年代早好多，因此推测董海川学了阴阳八盘掌之后，又用"易理"（卦理）加以研究而创了一种拳命名为"八卦掌"。八卦掌据说在众多的拳法中属于最高级的技术，与对方交手时善于采用轻灵而纵横无尽的步法和临机应变而千变万化的手法。其动作正如"龙形八卦掌"这一名称，身体或拧转，或后弓，或放低，以便极其柔软地转到对手背后，或者钻进对手胯下使对手失却重心，或者突然移动到死角用想不到的方法和无休止的动作把对手打倒。八卦掌技法的原动力是利用"反弹力"，所以一切动作都要求手、身体和腿等配合着进行拧转。

华佗的"五禽戏"

五禽戏是一种模仿五种鸟兽动作编制的医疗保健体操。相传是汉魏之际沛国谯（今安徽亳县一带）人华佗创编的。所谓五禽戏，一曰虎戏，经常练习可以强壮四肢；二曰鹿戏，经常练习可以活络筋脉；三曰熊戏，经常练习可以增长力气，流通血脉；四曰猿戏，经常练习可以灵活手脚；五曰鸟戏，经常练习可以使动作轻快敏捷。南朝陶弘景《养性延命录》收有《华佗五禽戏诀》。到明代，五禽戏又有发展，要求运动时结合行气。

十八般武艺

十八般武艺是各种武艺的统称。元关汉卿杂剧《五侯宴》："孩儿十八岁也，学成十八般武艺。"可见最迟到元朝，南北都已通用十八般武艺一词。但其包括的内容，有各种说法：《水浒传》百回本第二回说是：矛、锤、弓、弩、铳、鞭、简、剑、链、挝、斧、钺、戈、戟、牌、棒、枪、杈。明朱国祯《涌幢小品》则说：一弓、二弩、三枪、四刀、五剑、六矛、七盾、八斧、九钺、十戟、十一鞭、十二简、十三挝、十四殳、十五叉、十六爬头、十七绵绳套索、十八白打（指手搏之戏，即今天的拳术），清代有两种并存的说法：一说为矛、锤、弓、铳、弩、鞭、锏、剑、链、挝、斧、钺、戈、戟、牌、棒、枪、扒；一说为弓、弩、枪、刀、剑、矛、盾、斧、钺、戟、鞭、锏、锤、殳、叉、爬头、绵绳套索、白打。

桩功

"桩功"也写作"椿功"。"桩（椿）"意为打入地中以用基础的木棍或石柱。桩功是武术或气功用来整合意、气、势，增长内力，培养浑圆劲，稳固下盘，中定四方，从而达到强体健身、养生修性、锻炼技击能力为目的练功方法。

由于武术流派或气功门派的传承不同，形成的桩功也不尽相同。但也有拳家并不特别主张桩功，认为慢练拳架和姿势始终处在半蹲状态就是桩功，这些都可以依自己的见解而选择不是非此即彼的关系。

练桩功有它独到的益处，特别是它在"静定"中培百心宁体松，蕴育内气潜换，体味内外三合，培养内力，提高意识修为等都能起到好作用。如"放松"是练太极拳的个难点，尤其是两膀和两胯，通过站桩可以得到较快体悟和改善。站桩"静中寓动"的机能就是活桩，不是死桩。再则"静定"中内含生机，能开发自身第六感冒的潜能，进而提高"见微而知著"的超前感知能力，如"彼不动，己不动；彼微动，而己意先动"的听劲能力，通过桩功练习可得到较快的提高。

数学物理

中国古代的数学专著

《周髀算经》

《周髀算经》是算经十书之一，成书约在公元前1世纪，主要阐述"盖天说"（一种宇宙结构学说）和四分历法，是最早引用勾股定理的著作。

《九章算术》

《九章算术》是算经十书中最重要的一种，系统总结了中国在战国、秦、汉时期的数学成就，传本定型至迟在公元1世纪，共分九章：方田、粟米、衰分、少广、商功、均输、盈不足、方程、勾股等共246个问题及解法。在世界数学史上有重要的地位。《九章算术》中负数的概念及正负数加减法则在世界上是最早的记载，关于一次方程组的解法比西方同类结果早1500多年。

《孙子算经》

《孙子算经》是算经十书之一，成书不迟于3世纪，记述筹算法规则，并记述了著名的求解联立一次同余式的"孙子问题"。

《数书九章》

《数书九章》的作者是南宋数学家秦九韶（1208年~1261年）。书中共列算题81问，分为9类。该书的重要成就主要体现在高次方程数值解法和一次同余式解法。另外还涉及自然现象和社会生活，成为了解当时社会政治和经济生活的重要参考文献。该书在数学内容上颇多创新，是对《九章算术》的继承和发展。它概括了宋元时期中国传统数学的主要成就，标志着中国古代数学的高峰。

最原始的度量衡

手，不但是劳动的主要器官，还长期充当过度量衡具。

《大戴礼记》载："布指知寸，布手知尺，舒肘知寻。""寻"是古代长度单位，一寻为八尺。由于量高度时需侧身展肘，且两臂不可能完全与地面垂直，故不足一寻，只算七尺，古人谓之"仞"。当然，古代的尺比现代的短。在具体使用过程中，古人还注意从实际出发，因地制宜。例如测地域时，总不能趴在地上"舒肘"丈量，于是便使用"足"来代替，一举足为半步，谓之"跬"，再举足才能称"步"，一步为六尺。宽一步，长百步，为一亩。这是古代的田地丈量法。

现在民间有人在估测东西的长短、轻重时，如一时找不到衡量的器具，也有直接用手量长短、掂轻重的。

一"仞"有多长

《夏本纪》说禹"身为度"，这便是以"人""身"作为一个度量常数来衡量他物。

古训注、字词书把表示度量单位的"仞"字训作"八尺""七尺"等等。这只是对仞所表示的尺度做了说明，但为什么是"八尺""七尺"或其他？这就涉及"仞"字词义内涵及来源。

在古籍中"人"与"仞"是常常通用的。"仞"就是取人的高度作单位来度高、度深的，词义来源就是"人"，如今天人们还常说："这坑有一人多深。"这里的"人"就是以身高作为一个度量单位，等于古代的"仞"。《说文》谓"度人之两臂为寻，八尺也"，前人对表示长度单位的"寻"字的解释是对的。"人""寻"的尺度完全相同，不过它们的运用是有区别的：站立的"人"是用来度量"崇"的；伸展两臂的"寻"是用来度量"长"的。这也完全符合我们今天所知道的同一人的高度与其伸展两臂的长度完全相等的科学原理，而这一原理早已被古人发现并使用到生活实践中去了。

天元术

天元术是宋元数学家所习用的表示数字方程的记号系统和演算阵式。也泛指宋元代数学。其中设未知数"元"，立方程，宋人谓之造术。欲按元和幂次排成系数矩阵，且排得合乎逻辑，首先必须合并同类项和将常数项移项而使方程的一端等于零，这对李冶、秦九韶来说，已成习惯，但欧洲人直到1594年才认识到这一点。天元术肇始于北宋刘汝谐的《如积释锁》，而加以系统化和简化，则归功于李冶。

勾股定理出现在何时

勾股定理，又名商高定理。最早出现于公元前1世纪的《周髀算经》中。书中用商高回答周公旦提问的方式陈述了此定理："勾股各自乘，并而开方除之。"又有"勾广三，股修四，径隅五"之语，即今所谓"勾三股四弦五"。《周髀算经》虽然被认为是西汉盖天家们抬出周公来宣扬"天圆地方"论调的著作，但若说勾股定理产生于周代，也并不过分。因为夏禹治水时"左准绳，右规矩"的情形不全是传说，汉赵爽用勾股圆方图对勾股定理作了严格而又巧妙的证明，这种证法被西方数学家认为是"最省力的证明方法"，而从中体现出的象数一致性（代数式与几何关系的统一），则意义尤为深远。

刘徽的割圆术

公元3世纪中期，魏晋时期的数学家刘徽首创"割圆术"，为计算圆周率建立了严密的理论和完善的算法。所谓"割圆术"，就是不断倍增圆内接正多边形的边数，来无限逼近圆周长，进而求取圆周率的方法。

通过"割圆术"，刘徽把圆周率值的精度提高到3.14159。刘徽根据割圆术所测算出的圆周率的精度在当时世界上堪称最佳数据，且比阿基米德的归谬法，事半而功倍。

祖冲之的圆周率

在刘徽之后，南北朝时期杰出数学家祖冲之，把圆周率推算到更加精确的程度，取得了极其光辉的成就。据《隋书·律历志》记载，祖冲之确定了圆周率的不足近似值是3.1415926，过剩近似值是3.1415927，真值在这两个近似值之间。祖冲之圆周率的不足近似值3.1415926和过剩近似值3.1415927，准确到小数点后七位，这在当时世界上非常

《隋书》中关于祖冲之圆周率的记载

先进。直到一千年以后，15世纪数学家阿尔·卡西（？～1436年）和16世纪法国数学家韦达（1540～1603年）才打破了祖冲之的纪录。

二进制与阴阳八卦

《周易》："易有太极，是生两仪，两仪生四象，四象生八卦。"阴、阳两仪，其爻一虚一实。撇开其神秘色彩，则阴即偶数，阳即奇数，而两仪、四象、八卦，适成几何级数；再排列可成六十四卦，每卦又有六爻，共三百八十四爻。此为排列组合的起源。发明微积分和计算机的德国数学家莱布尼兹从邵雍对六十四卦的排列中看出了二进制记数法，他曾与康熙帝通信，把二进制的发明归功于朱熹及其门人蔡元定。

中国古代的几何学

中国古代称从物体中抽象出来的几何图形为象。传说夏禹治水时，"行山表木……左准绳，右规矩"，说明几何始于勾股测量。战国时《墨经》中的几何学，可与古希腊欧几里得《几何原本》相颉颃。《几何原本》到中世纪，成为欧洲仅次于《圣经》的多版书。实际上墨家几何学的立论更为精辟。如定义平（平行）、中（对称）、圜、方（矩形）、端（点）、祇（切点）、次（二维）、厚（三维）等等，都很确切。圜之定义，有今轨迹之概念，为欧氏所无。其"或不容尺"公理与阿基米德公理完全一致，而"小故，有之不必然，无之必不然"，"大故，有之必然"，乃对必要条件和充分条件的高度概括。凡一百年后欧几里得说到的，墨家均已言及。因而可以说，墨家几何学是世界上最早的几何学系统。可惜到了秦汉，墨家在罢黜之列，后世亦无人光大其演绎思想。中国古代的"力"的概念。

《墨经》最早对力作出有物理意义的定义："力，刑之所以奋也。"

"刑"通"形"，表示一切有生命的物体。"奋"的原意是鸟张开翅膀从田野里飞起，墨家用它描述物质的运动或精神的状态改变，同今日常用词"奋飞""奋发""振奋"等词的含义一样。由此可见，墨家定义力是指有形体的状态改变；如果保守某种状态就谈不上奋，也就无须用力了。《墨经》还举了一个例子，从地面上举起重物，就要发"奋"，需要用力。（"力，重之谓。下，与，重奋也。""与"是"举"的省文。）墨家定义力，虽然没有明确把它和加速度联系在一起，但是他们从状态改变中寻找力的原因，实际上包含了加速度概念，它的意义是极其深刻的。

中国古代的滑轮力学

滑轮，古代人称它"滑车"。应用一个定滑轮，可改变力的方向；应用一组适当配合的滑轮，可以省力。

最早讨论滑轮力学的是《墨经》。《墨经》把向上提举重物的力称作"挈"，把自由往下降落称作"收"，把整个滑轮机械称作"绳制"。《墨经》中说：以"绳制"举重，"挈"的力和"收"的力方向相反，但同时作用在一个共同点上。提挈重物要用力，"收"不费力，若用"绳制"提举重物，人们就可省力而轻松。（"挈与收反。""挈，有力也；引，无力也。不必所挈之止于施也，绳制之也。"）又说：在"绳制"一边，绳比较长，物比较重，物体就越来越往下降；在另一边，绳比较短，物比较轻，物体就越来越被提举向上。（"挈，长重者下，短轻者上。"）又说：如果绳子垂直，绳两端的重物相等，"绳制"就平衡不动。（"绳下直，权重相若则正矣。"）如果这时"绳制"

不平衡，那么所提举的物体一定是在斜面上，而不是自由悬吊在空中。

天地运动的"相对论"

在中国古人看来，"天左旋，地右动。"也就是说，以天上星体的东升西落（左旋）来证明地的右旋运动。汉代王充提出了另一种看法：日月星体实际上是附着在天上作右旋运动的，只是因为天的左旋运动比起日月星体的右旋运动来要快，这才把日月星体当成左旋。这种情形就像蚂蚁行走在转动着的磨上，人们见不到蚂蚁右行，而只看见磨左转，因此以为蚂蚁也是左行的。我们暂且不管"天"是什么，是否在运动，仅从物理学看，王充等人的思想是高明的，他们不仅看到了相对运动，而且还企图以相对速度的概念来确定运动的"真实"情况。

在历史上，许多人参加了这场左右旋的争论。到了宋代，由于理学大师朱熹的名气，他所坚持的"左旋说"又占了上风。这场争论，长达二千多年。直到明代，伟大的科学家朱载堉作出物理判决之后，还争论未了。朱载堉说："左右二说，孰是耶？曰，此千载不决之疑也。人在舟中，蚁行磨上，缓速二船，良驽二马之喻，各主一理，似则皆似矣。苟非凌空御气，飞到日月之旁，亲睹其实，孰能辨其左右哉？"天和地、人和舟、蚁和磨、快慢二船、良驽二马，如果没有第三者做参考坐标，就很难辨明它们各自的运动状态。从物理学看，两个彼此做相对运动的物体A和B，既可以看作A动B不动，也可以看作B动A不动。这两种看法都有效。若要争论它们的运动方向或谁动谁静，那真是"千载不决之疑"。朱载堉的回答完全符合运动相对性的物理意义。然而，朱载堉不明白，即使飞到日月旁，也不能"辨其左右"，而只能回答"似则皆似矣"。

以相对运动的观点来解释天地的运动，在古代的东西方都是一致的。但像朱载堉那样对相对运动作出物理判决的人，在西方只有比朱载堉稍后的伽利略算是最早的。

中国古代的弦乐制造公式

弦线发音的高低是由它的振动频率决定的，而振动频率又决定于弦长、线密度和张力。大约公元前6世纪到公元前5世纪的春秋战国时期，人们已经懂得了音调和弦长的定量关系，这就是闻名的"三分损益法"。这个方法是，从一个被认定作为基音的弦长出发，把它分作三等分，再去掉一分（损一）或加上一分（益一），来确定另一音的弦的长度。在数学上，就是把基音的弦长乘以三之分二（损一）或乘以三之分四（益一）。依此类推，计算十二次，就可以在弦上得到比基音高一倍或低一半的音（就是高八度或低八度的音），也就完成了一个八度中的十二个音的计算。从这十二个音中选出五个或七个，就构成了五声音阶或七声音阶。

"三分损益法"的最早记载见于《管子》，比希腊毕达哥拉斯（约公元前580～前500年）提出的基本相同的方法要早得多。

"律管"的作用

"律管"是古代的定音器。古代人常用管作为定音器，用十二支长度不同的竹管（或铜管）来标定接三分损益法计算而得的八度内十二个音，这十二支竹（铜）管就叫作律管。

在历史上，曾经有不少人误以为如果管长和弦长相等，那么它们的发音音高也一致。事实上，由于受惯性影响，管里空气柱的振动要延伸到管外，所以要使管振动和弦振动的音高一致，管长就不能等同于弦长，而是要比弦长稍微短一些；或者使管的内径缩小。这种校正乐器发音的方法在中国古代都曾经被讨论过。特别是朱载堉成功地创造了缩小管内径的校正方法，他所得到的律管管内径的系统的校正公式和校正数据，直到19世纪还受到西方音乐家和声学家的极大推崇。

编钟里的"一钟双音"

在大量已发掘的编钟中，人们发现其中不少编钟有"一钟双音"的现象，就是在一个钟体上敲击它正中位置发出一个乐音，叫中鼓音，敲击它旁侧又发出一个乐音，叫侧鼓音。中鼓音和侧鼓音往往构成三度谐和关系。经过科学家的研究分析，才揭开这个古老的双音之谜。

宗周编钟　西周

原来，这些钟都经过乐师和乐工的磨锉调音，编钟的条形声弓就是调音时磨锉的结果。从声学上看，这两个音的振动模式井然有序，互不相干：中鼓音的振动波腹区是侧鼓音的振动波节区，中鼓音的振动波节区是侧鼓音的振动波腹区。这样，在编钟的两个敲击区分别敲击时，它们的振动波节和波腹恰巧互相错开了。因此，一个钟体能发出两个"基音"。这是古代中国人对壳体振动的最伟大的创造性应用，以致我们今天还花费了众多的科学劳动，应用了几乎最先进的仪器设备，才揭开古代人创制双音钟的声学之谜。

奇妙的鱼洗

古代的"洗"，形状颇似今天的洗脸盆，有木洗、陶洗和铜洗。盆里底上刻鱼的称鱼洗，刻龙的称龙洗。这种器物在先秦时期已在人们生活中被普遍使用。然而，有一种能喷水的铜质鱼洗，是在唐宋期间发明的，一般称它喷水鱼洗。

鱼洗何以能喷水？当然不是洗内刻画的鱼或龙突然显神通，而是有它的科学道理。

当摩擦洗的双耳时，洗周壁发生激烈振动，而洗底由于紧靠桌垫不发生振动。洗的振动如同圆形钟一样，都属于对称的壳体振动。手摩擦双耳，赋予洗振动的能量。在洗周壁对称振动的拍击下，洗里水发生相应的谐和振动。在洗的振动波腹处，水的振动也最强烈，不仅形成水浪，甚至喷出水珠；在洗的振动波节处，水不发生振动，浪花、气泡和水珠都停在不振动的水面波节线上。因此，在观赏鱼洗喷水表演时，看到鱼洗水面有美丽浪花和喷射飞溅的水珠。

值得注意的是，鱼洗中四条鱼的口须（又称喷水沟）总是刻在鱼洗基频振动（四节线）的波腹位置。这证明，古代工艺师了解圆柱形壳体的基频振动。它的效果是能引起鱼在跳跃的错觉。这样，在一个小小的器皿中，把科学技术、艺术欣赏和思辨推测三者结合在一起。这种深邃的智慧和精湛的技艺，不能不令人惊叹。

"慈石"还是"磁石"

中国古代关于磁学的知识相当丰富。古籍中关于磁石的最早记载，是在《管子》中："上有慈石者，下有铜金。"

值得注意的是，书中把"磁石"写作"慈石"，究竟是为什么呢？

原来，古人观察到磁石具有吸铁的特性，就把它比作母子依恋，认为"石，铁之母也。以有慈石，故能引其子；石之不慈者，亦不能引也"。

因此，汉初以前，都是把"磁石"写成"慈石"。

世界上最早的"潜望镜"

利用平面镜反射的原理，中国在公元前2世纪前就制成了世界上最早的潜望镜。汉初《淮南万毕术》一书中，有"取大镜高悬，置水盆于下，则见四邻矣"的记载，这个装置虽然粗糙，但是意义深远，近代所使用的潜望镜就是根据这个道理制造的。

中国古代对"浮力"的认识和应用

浮力原理在中国古代得到广泛应用，史书上也留下了许多生动的故事。如三国时期的曹冲，曾用浮舟来称量大象，留下千古佳话。除了用舟称物之外，中国古人还发明了用舟起重的方法。

据史籍记载，蒲津大桥是一座浮桥。它用舟做桥墩，舟和舟之间架板成桥。唐玄宗开元十二年（公元724年）在修理这桥时，为加固舟墩，在两岸维系巨缆，特增设铁牛八只作为岸上缆柱。每头铁牛重几万斤。300多年后，到宋仁宗庆历年间（1041～1048年），因河水暴涨，桥被毁坏，几万斤的铁牛也被冲入河中。这桥毁后20多年，真定县僧人怀丙提出打捞铁牛、重修蒲津桥的主张。他打捞铁牛的方法是：在水浅时节，把两只大船装满土石，两船间架横梁巨木，巨木中系铁链铁钩，用这铁钩链捆束铁牛。待水涨时节，立即把舟中土石卸入河中。本来就水涨船高，卸去土石后船涨得更高，于是铁牛被拉出水面。另一记载和这方法稍有不同：在一只船上架桔槔，桔槔短臂端用铁链系牛，长臂端系在另一巨船上。待水涨时，在另一船上装满土石。这样，铁牛被桔槔从河底拉起并稍露水面。

可能怀丙打捞铁牛用了这两种方法。怀丙是中世纪伟大的工程力学家。他创造的浮力起重法，曾在16世纪由意大利数学家卡尔达诺（1501～1576年）用来打捞沉船。

中国古代的声音传播理论

约公元1世纪时，东汉思想家王充发现，声音在空气中的传播形式是和水波相同的。他在《论衡》中说："鱼长一尺，动于水中，振旁侧之水，不过数尺，大若不过与人同，所振荡者不过百步，而一里之外淡然澄静，离之远也。今人操行变气远近，宜于鱼等，气应而变，宜与水均。"

这段文字的前一句，描写了游动的鱼搅起水浪的大小浪花传播距离的远近。后一句指出，人的言语行动也使空气发生变化，变动的情况和水波一样。可以认为，王充是世界上最早向人们展示不可见的声波图景的，也是最早指出声强和传播距离的关系。

到了明代，借水波比喻空气中声波的思想更加明确、清楚。明代科学家宋应星（1587～1660年）在《论气》中说道："物之冲气也，如其激水然。……以石投水，水面迎石之位，一拳而止，而其文浪以次而开，至纵横寻丈而犹未歇。其荡气也亦犹是焉。"敲击物体使空气产生的波动如同石击水面波。这就是宋应星的结论。

当然，声波是纵波，水波是横波。古代人由于受到时代的局限性，对这一点分不清，实在是无法苛求的。

中国古代的报警器

在战争环境下，中国古人发明了各种各样的共鸣器，用来侦探敌情。《墨子》记载了其中的几种：

在城墙根下，每隔一定距离挖一深坑，坑里埋置一只容量七八十升的陶瓮，瓮口蒙上皮革（这实际上就做成了一个共鸣器）。

让听觉聪敏的人伏在瓮口听动静，遇到有敌人挖地道攻城的响声，不仅可以发觉，而且还可以根据各瓮瓮声的响度差，识别来敌的方向和位置。另一种方法是：在同一个深坑里埋设两只蒙上皮革的瓮，两瓮分开一定距离，根据这两瓮的响度差来判别敌人所在的方向。还有一种方法：一只瓮和前两种方法所说的相同，也埋在坑道里，另一只瓮大，要大到足以容纳一个人，把大瓮倒置在坑道地面，并让监听的人时刻把自己覆在瓮里听响动。利用同一个人分别谛听这两种瓮的声响情形而确定来敌的方向和位置。

以上几种方法被历代军事家因袭使用，如唐代的李筌、宋代的曾公亮、明代的茅元仪等，都曾在他们的军事或武器著作中记述了类似的方法。

医药卫生

中国最早的骨科专著

中国现存最早的治疗骨折和脱臼的专书是《仙授理伤续断秘方》，成书于唐武宗会昌元年（公元841年），内容十分丰富。其中对人体各部位的骨折和各关节脱臼的整复手法、治疗技术等，提出了十大步骤或称十大原则，诸如：清洁伤部的"煎洗"，检查诊断的"相度损处"，手法牵引的"拔伸"，使移位的断骨复位的"收入骨"，使骨折的两断端正确复位并防止再移位的"捺正"，夹板固定，以及使用通经活血药等。现在来看，这些步骤基本上是正确的。例如复杂骨折是一种比较难治疗的骨折，这部书在强调整复治疗原则的时候指出：如果折断的骨锋刺破肌肉皮肤而穿出体外，或是运用单纯手法整复不能正确复位，可以用最锋利的手术刀削掉断端的骨锋，或是切开皮肉再进行手术整复。这样的处理原则，到现在仍然有现实意义。

中国古代的麻醉术

麻醉术是中医外科手术的重要预备手段之一。麻醉术在中国是古已有之，《列子》记载："鲁公扈、赵齐婴二人有疾……扁鹊遂饮二人毒酒，迷死三日，剖胸探心……投以神药，既悟如初。"

东汉末神医华佗尤擅于止血和麻醉术，《后汉书》："若疾发结于内，针药所不能及者，乃令先以酒服麻沸散，既醉无所觉，因刲破腹背，抽割积聚。若在肠胃，则断截湔洗，除去疾秽，既而缝合，敷以神膏，四五日创愈，一月之间皆平复。"此实为世界外科麻醉史和止血术上的杰出成就。

至今，麻沸散的药物组成早已失传。据现代人研究，它可能和宋代窦材、元代危亦林（1277~1347年）、明代李时珍所记载的睡圣散、草乌散、蒙汗药相类似。窦材的《扁鹊心书》（1146年）记有用睡圣散作为灸治前的麻醉剂，它的主要药物是山茄花（曼陀罗花）。危亦林的正骨手术麻药草乌散，是以洋金花（也是曼陀罗花）为主配成的。

世界最早的法医学专著

中国的法医学有悠久的历史。远在《礼记》中就有命刑法官"瞻伤、察创、视折、审断，决狱讼必端平"的记载。据汉代蔡邕（公元132~192年）解释，损害皮肤叫伤，损害血肉叫创，损害筋骨叫折，骨肉都折叫断。所谓瞻、察、视、审，都是检验的方法。这就是法医学最早的萌芽。

只不过，一直到汉、唐期间，只是积累了一定的法医学知识，还没有一本法医学专书。到五代时期（公元907~960年）和凝父子合著了《疑狱集》（公元951年），这是中国现存最早的法医著作。

另外，还有宋代无名氏的《内恕录》，

赵逸斋的《平冤录》，郑兴裔的《检验格目》，郑克的《折狱龟鉴》，桂万荣的《棠阴比事》等，也都是有关法医检验的书籍。但是上述这些书籍，内容还比较粗糙，体系也不够完整。

真正称得上是中国也是世界上第一部系统的法医学专著的，是宋代宋慈（1186～1249年）所著的《洗冤集录》。

《洗冤集录》又称《洗冤录》。共二卷。以《内恕录》为基础，增以己见，见宋淳祐七年（1247年）成书。内分条令、检复总说、疑难杂说、初验、验骨自缢、溺死、杀伤、火死、汤泼死、服毒、针灸死、验罪囚死、受杖死、跌死、车轮挢死、雷震死、虎咬死、男子作过死、救死方、验状说等53目。宋、元、明、清时刑事检验，多以此为依据。

这部书出版于宋理宗淳祐七年（1247年），而外国最早的法医学专著是1602年意大利人菲德里（1550～1630年）所写，晚于《洗冤集录》350多年。

中国古代的人痘接种法

天花又称痘疮，是一种危害极大的烈性传染病。患此病者，常有生命危险，侥幸治愈者，也常留下痘疤（俗称麻子）。宋元以后，天花日渐猖獗，明清时期，几乎人人难免此病，民间积极采用预防措施，但有很多是迷信，比较科学的是牛痘法，如明初谈伦《试验方》用白水牛虱一岁一枚，和粉作饼与儿空腹服之，取下恶粪，终身可免痘疹之患。但必须此牛曾患痘，血中有抗体，牛虱吸其血，才可得到免疫力。这仅能说明人痘接种术的萌芽，实际难以达到预防目的。

真正有预防作用的是人痘法。人痘接种术，包括《医宗金鉴》的各种痘法，可分为以下几种：

痘衣法：是将出痘小儿的内衣，衣于欲种痘的小儿，使其感染；

痘浆法：是将痘粒之浆，以棉花蘸染即塞入鼻孔；

旱苗法：是以痘痂阴干研细用银管吹入鼻内；

水苗法：是以痘痂调湿，纳入鼻孔。

用上述办法能够产生一定的预防天花作用。故《种痘新书》云："种痘者八九十人，其莫救者二三十耳。"由于有一定的效果，因而在全国各地广泛应用。

中国古代的军医院

春秋战国时期，军队中已有巫医和方技。凡重伤士兵都安顿到临时组成的伤兵医院疗养。

西汉时屯驻边防的部队中已有军医院的设立，并建立了"病书""折伤簿"等一系列制度。

汉桓帝延熹五年（公元162年）皇甫规征陇右时因军中发生流行病，便将传染者安置在临时指定的庵庐中，使之与健康的士卒隔离。

地方军医院的组织始于宋代，记载比较具体的地方设立的军医院是河北知州赵将之设立的"医药院"。

类似兵站医院的组织，在中国历史上似乎直到13世纪才出现。元代曾设安乐堂，其目的在于照顾过往患病的军人，随着元朝的灭亡，这一机构消失了。

中国古代使用"病例"的记录

据《史记》载，中国最早发明和使用临证医案（即今日的门诊病历）的是西汉医学家淳于意。

淳于意（约公元前216～前140年）曾任齐太仓长吏，当时便称他为太仓公，或称仓公。他少年时拜菑川名医公孙光和公乘阳庆学医，得传不少古代秘方及"黄帝、扁鹊之脉书"，淳于意善于辨证审脉，医术精湛高明。他平日为人治病都写有详尽的临诊医案。

《史记》所载，淳于意用以回答汉文帝询问的25例医案，均详细记载了患者的姓名、地址、职业、病名、病理、脉象、辨证、治疗、用药、预后等内容，分属内、外、儿、牙、妇等五科，这是中国医学史上首次记载下来的古代中医临诊医案。

中国古代第一位女医生

汉武帝时的义姁，是中国历史上第一个有记载的女医生，被誉为巾帼医家第一人。

义姁是河东郡（今山西夏县一带）人。传说，义姁自幼聪明伶俐，对民间医药十分偏爱，虚心好学，乐于钻研医术，遇有医生走村串户看病，她总爱跟着学，看医生怎样望、闻、问、切，或竖起耳朵听医生讲解医理，并虚心求教。久而久之，她不仅学到了许多医药知识，而且获得了丰富的实践经验。

有一天，外村抬来一个久治不愈的腹胀病人。病人的肚子胀得像一个充满了气的皮球。义姁对病人仔细诊断后，取出几根针在他的下腹部和大腿部扎了几针，然后拿出一包自制的药粉撒在病人的肚脐上，同时给病人熬服汤药。三天以后，病人腹胀开始消退，呼吸变得均匀，不久就痊愈了。

自此以后，义姁的医名便在方圆百里传开了。汉武帝听人说起义姁医术高超，便派人专程暗访。结果证明义姁不但擅长内科疑难杂症，而且对外科、针灸也颇精通，所用药物虽不贵重，只是些山间的草木藤叶，但疗效极好。于是，汉武帝便召她入宫，封为王太后的特别侍医。

中国古代的医疗体操

中国奴隶社会的末期，出现了用来驱除风湿、舒筋活络的"消肿舞"。据《吕氏春秋》记载："昔陶唐氏之始，阴多滞伏而湛积，水道壅塞，不行其原，民气郁阏而滞著，筋骨缩不达，故作为舞以宣导之。"说的是在尧舜时期，一度洪水泛滥成灾，空气潮湿闷人，使人心情不舒畅，筋骨不舒，两腿肿胀。后来人们通过实践，做一种类似舞蹈的动作，能够使关节得到活动，肿胀得以消除，而且还可以使人觉得心情愉快。这种用于治病的"消肿舞"，可以算是中国最早的医疗体操了。

《黄帝内经》中也有这样一段记载："中央者，其地平以湿，天地所以生万物也众，其民食杂而不劳，故其病多痿厥寒热，其治宜导引按蹻，故导引按蹻亦以中央出也。"中国黄河流域下游一带，河流平缓，常发洪水，使人们常患"痿厥寒热"之病，当时主要是用"导引按蹻"的方法来治疗。所谓"按"就是指现在医疗上常用的按摩推拿；而"蹻"则是手舞足蹈的动作，是指跳舞的意思。

中国古代的四大医书

《黄帝内经》

《黄帝内经》简称《内经》。原书18卷，即《素问》和《针经》（唐以后的传本改称《灵枢》）各9卷，是中国现存最早的中医经典著作之一。全书非一人一时之作，其成书年代，历来未能确说，但一般认为成书于春秋战国时期。全书从脏腑、经络、病机、诊法、治则、针灸、方药等各方面，对人体生理活动、病理变化及诊断、治疗做了全面的系统论述，奠定了中医学的理论基础。本书的后世传本，除《素问》和《灵枢》外，还有《黄帝内经太素》及《针灸甲乙经》两种古传本。

《难经》

《难经》原名《黄帝八十一难经》。3卷（或分为5卷）。原题秦越人撰。成书约在东汉以前（还有一种说法是在秦汉之际）。全书以问答体例，阐明《内经》为主，并有所发挥，在学术上与《内经》并重，故有"内难"之称。是学习研究中医的重要参考文献。

《伤寒杂病论》

《伤寒杂病论》是中国古代著名医术。汉末张仲景撰。约成书于3世纪初。但由于战乱，原书流失。后世根据该书佚文，分别整理成《伤寒论》《金匮要略》。

《伤寒论》经晋王叔和整理，1065年又经北宋校正医书局校订而成。现存最早刊本有明赵开美影宋刻本《伤寒论》（简称"宋本"）和金成无己注本《注解伤寒论》（简称"成本"）。全书22篇，共397法，113方。主要以六经辨证为纲，对伤寒各阶段的辨脉审证大法和立方用药规律，以条文形式作了较全面的论述。

《金匮要略方论》简称《金匮要略》《金匮》。作者原撰《伤寒杂病论》16卷，魏晋时经王叔和整理后，其古传本之一名《金匮玉函要略方》3卷。1065年北宋校正医书局根据当时所存的蠹简文字重予整理编校，取其中以杂病为主的内容，仍厘定为3卷，改名为《金匮要略方论》。书中论述内、外、妇等科杂病，据病辨证，阐述各病的病因、诊断、治疗和方药，载方262首。本书总结了汉以前治疗杂病的经验，为临床医学的发展奠定了基础。

《神农本草经》

《神农本草经》简称《本经》。约成书于秦汉时期（一说战国时期），原书早佚。现行本为后世从历代本草书中集辑的。是中国最早的药学专著。书中总结了药物理论，如配伍原则、七情合和、五味、四气等；并载药物365种，分上品（120种）、中品（120种）、下品（125种）三类，分别记叙了每种药物的别名、性味、主治功用等。后世医家在其基础上不断增补内容，形成了众多的本草学文献。

《本草纲目》

《本草纲目》是中国古代著名的本草学著作。明李时珍撰成于1578年。以每药"标正名为纲，附释名为目"，故名。全书共52卷。载药1892种，其中植物药1094种，由李时珍新增入的药物为374种。书中附有药图1109幅，方剂11096首。每种药物分别释名、集解、正误、修治、气味、主治、发明、附方等项，内容极为丰富。其不仅考正了过去本草学中的若干错误，综合了大量的科学资料，亦提出了较科学的药物分类法，并反映了丰富的临床实践。

李时珍像

针灸疗法的前身

针灸是中国古代医学的一个重要组成部分。在铁针出现以前，针灸主要是用石针来进行的，这种石针被称作针砭或针石。可以说，针砭就是针灸的前身。早在春秋战国时期，针砭已经被广泛地使用，到了战国末期，铁针出现，但石针仍然被人们用来治疗疾病，经久不衰。

针砭主要是利用按脉络、刺穴位的方法

来治病，它被广泛地运用于治疗中风、小儿麻痹、后天性聋哑等疾病。宋朝时，有个叫李行简的人，他的外甥女偶然得病，有如中风，名医曹居白看后，即取出石针在其脚踝外二寸许的地方扎一针，此女当时就苏醒过来了。在宋朝的扬州地区，有一个著名的医生名叫张总管，针砭就是他的看家本领。有一次他外出行医，恰巧扬州的一个妇女突然得恶疾，只好叫他的徒弟诊治。谁知该徒只是粗通医术，虽然找到了穴位，但针却被血气所吸不能拔出，后来通过急星马铺找回张总管，取出石针，才挽救了这妇女的性命。

针砭还被用于孕妇难产。史载，唐太宗皇后长孙氏怀孕，到了第十个月该分娩时却数日没能分娩，于是召宫中医博士李洞玄调治，李通过号脉，指出难产原因是胎儿以手执母心，遇到这种情况，其结果只能是留子母不全，母全子必死，唯一的方法是施用针砭。最后根据长孙皇后的意愿，决定留子，于是李洞玄隔腹针砭，石针穿过长孙皇后的腹部直刺胎儿手心，胎儿手痛才撒手。胎儿因此诞生，而长孙氏却死了，这个胎儿就是后来的唐高宗李治。据说，高宗出生后，有人仍然能看到他手上针砭的瘢痕。由此可知针砭使用之效了。

中医的"四诊"

"四诊"是中医诊断手段最重要的四种方法：切脉、望色、闻声、问病。相传为春秋时扁鹊所创。扁鹊尤善望、切，《史记》："至今天下言脉者，由扁鹊也。"东汉华佗尤擅察声望色，专研脉象，以决疑症。晋王叔和总结了"岐伯以来，逮于华佗"的经论要诀，撰《脉经》十卷，指出脏腑病症之脉象，奠定了后世脉学的基础，切脉遂成为中华民族独创的有效无损诊断。

"葫芦"为何是古代行医的标志

古时候，葫芦与中医有着密切的联系。

据记载，用葫芦作为医生的标志始于汉代。相传，东汉时市井小吏费长房为人聪敏好学。一天，他见一位卖药老翁在市散后跳进酒店墙上悬挂的葫芦里，便觉得此人绝非寻常之辈。于是，费长房便在酒店挂葫芦处备好一桌酒席等候他。待老翁从葫芦中出来，他立即跪拜，请求老翁传授医术。老翁见费长房一片诚心，将他收为徒弟。

从此以后，郎中行医便用葫芦当招牌，以表示医术高超。人们只要在街头寻到葫芦，就可以找到医生。

宋代的医院

在宋代的医院中，以佛家世间有"三佛（福）田"之说而取名的"福田院"出现的较早，它是用来收养老、疾、乞丐的官办慈善医院。置于北宋京都汴梁城四郊，分东西南北四院，每院各有房五十间，每年经费仅五千贯，带有浓重的社会救济色彩。到了北宋末年，"诸城、砦、镇、市户及千以上有知监者"，全都有了为给贫病者治疗而设立的"安济坊"之类的医院。南宋末年苏州又出现了厅堂与廊庑相结合的府级医院——"广惠坊"，并达到"为屋七十楹，定额二百人"的规模。

当时，不少地方还有供四方宾旅患者疗养的"养济院"；各地监狱之内专门收治监犯患者的"病囚院"（亦称"病牢"）；政和四年（1114年），宋徽宗还特地在京都宫城西北角建起了"保寿粹和馆"，专供宫人来养病、治病；宋金战争爆发后，为救护伤病员还设立了带有野战医院性质的"医药院"。宋代统治者还针对各级、各类医院建立了一套较为完整的管理制度。宋代，中央最高的医政领导机构叫"翰林医官院"（元丰五年改称"翰林医官局"），由"翰林医官使"主管，下设直局、医官、医学、祇候等职。各地方州、府也都设有医官，即使是县一级，也设有"惠民局医官提领一人"，负责基层的医政管理。宋代法典——《宋刑统》中还曾就医德及医疗事故责任方面作出过规定。如：利用医药诈取财物者，以匪盗论处；庸医伤人致死者，以法绳之等。对加强医者责任心，保证医疗质量，起了积极作用。

"病"的婉转说法

古人交往，谈及疾病多用讳言、婉语、敬词。这也是古代的一种文明礼貌。

"违和"意谓身体失于调和而不舒适，常用作称他人患病的敬词，如"贵体违和""玉体违和"。语出《南史》："（萧）畅曰：'公去岁违和，今欲发动。'顾左右急呼师视脉。"

"无恙"是无疾无忧、平安无事之意，也是常用的问候之语。典出《战国策》："岁亦无恙耶？民亦无恙耶？王亦无恙耶？"

"采薪之忧"是自称有病之婉辞。语见《孟子》："孟仲子对曰：昔者对王命，有采薪之忧，不能造朝。"朱熹注："言病不能采薪。"后也泛指生病。

"造化小儿相苦"是患者自言疾病的趣语。《新唐书》："（杜）审言病甚，宋之问、武平一等省候何如，答曰：'甚为造化小儿相苦，尚何言！'"造化小儿，谓司命者，用以指命运，是一种风趣的说法。

"勿药"意即不用服药而病自愈。语出《易经》："无妄之疾，勿药有喜。"后沿用称病愈为"勿药"或"勿药之喜"，与现代汉语中常用的"康复""痊愈"等词，意思相同。

"扁鹊"确有其人吗

据考证，史载中国古代名医扁鹊，事实上并无此人，而只是古代神话传说人物。

司马迁在《史记》中，错误地把神话传说人物扁鹊与战国名医秦越人混二为一。秦越人是一位实在的历史人物，战国名医，中国古代向巫医作斗争的医学科学奠基人，中医"望、闻、问、切"诊病方法的创造者、传世《难经》的署名作者。因此，不能将秦越人与神话传说人物扁鹊混为一谈。秦越人的生年约为公元前380年，到卒年公元前308或前307年前后，死时约为70岁。

药"堂"的来历

中国各地的中药店，大多称"堂"，如"乐仁堂""同仁堂""同德堂"等。更有意思的是，一些中医师在签名落款时往往在名字前冠以"坐堂医生"四个字。这是为什么呢？原来出自医圣张仲景坐堂行医之典故。

张仲景，东汉南阳人，自幼聪颖，勤奋好学，博览群书。他从史书上看到扁鹊为人治病的故事，心里很感动，就拜同乡名医张伯祖为师，尽得其传，加上本人勤奋好学，很快超过了他的老师。后来，他官至长沙太守。当时伤寒等疫病流行，为了拯救黎民百姓，他身为太守仍孜孜不倦地钻研祖国医学，为民治病。尤其是公然打破官府清规戒律，坐在办公的大堂上行医，为病人诊脉开方，办公行医两不误，后来，他还常在自己的名字前冠以"坐堂行医"四字。

"卫生""养生"的来历

关于"卫生"一词，有学者认为其出处是《庄子》，细考起来，极有可能在此之前早已有了"卫生"一词。医学史研究证明，"卫生"是个医学名词，义犹"养生"。《黄帝内经》这部中国现存最早的医学基础理论著作由《灵枢》《素问》两书组成，《灵枢》中有一篇名为《营卫生会》，这里出现了"卫生"这个词。《黄帝内经》一书托名黄帝与岐伯讨论医学，而以问答形式写成。其成书年代目前医学界公认为约在战国时期，其流传则当在战国以前很多年。而庄子生活的年代已是战国中后期。因此，我们完全有理由说，"卫生"一词早在《庄子》成书以前若干年就已见诸文字，可查的最早的历史文献可以认为是《黄帝内经》。

"养生"一词在古代医籍中也不乏其例，如明代杨继洲编著的《针灸大成》（成书于1601年）曰："善卫生者养内，不善卫生者养外。"

"牙刷"的起源

据河南安阳殷墟出土的甲骨文记载，远在公元前13世纪的殷商奴隶制社会，中国的祖先就对口腔疾病有了比较详细的记录。但限于当时人们的认识水平，把牙齿患病的原因统统归之于鬼神作怪，自然就不会想到用刷牙来防治牙齿疾病。

战国以后，随着科学技术的进步，鬼神致病论逐渐受到人们的怀疑。一些医生明确指出：受了风和吃了东西后不漱口，是引起龋齿的原因。《史记》载："齐中大夫病龋……得之风及卧开口，食而不漱。"《诸病源候论》："《养生方》云：食毕当漱口数过，不尔，使人病龋齿。"1000多年前，中国人民就有了漱口的习惯，《礼记》中就有"鸡初鸣，咸盥漱"的记载。古时还有一种服玉泉（又称"练精"）的健身方法。"玉泉"即唾液，早晨漱口吞之，可去虫牢齿。《诸病源候论》："鸡鸣时叩齿三十六通讫；舐唇漱口聊上齿表，咽之三过；杀虫补虚劳，令强壮。"所谓叩齿也是古时的一种健齿方法。晋葛洪《抱朴子》："清晨健齿三百过者永不动摇。"

"牙刷"这个名称，最早见于元代，郭玉诗中有句："南洲牙刷寄来日，去垢涤烦一金值。"说明在元代牙刷就已经在上层社会使用，下层社会的人们则多是用柳枝作为揩齿工具。距今1000多年前辽代古墓中出土了两把古代骨制牙刷，明代古墓出土的牙刷与现代的牙刷形状相似，说明中国是世界上最早使用牙刷的国家。牙刷的使用对口腔卫生无疑起了很大的作用。

古代城市是怎样规划环境卫生的

中国古代在对城市环境卫生方面很重视，成就也很突出。

中国古人很早就知道凿井而饮，并订立护井公约，成为大家遵守的法令，且建立了浚井、修井和澄清井水的工作制度。藏冰和变火也是中国人民很早就掌握了的，藏冰可以防热防腐，变火可以御寒消毒，对调节气温起了很大作用。

战国时已有疏通沟渠、建设下水道等设施。这是中国建立下水道最早的历史，约与印度、罗马相当。公元前2世纪未央宫的下水道，即以巨石造成，其坚固远胜过砖类所造。15世纪明代所修的大明濠，迄今虽已五六百年，沟砖仍可连续使用，可见当时已有较完善的排除污水的设施。

公元3世纪时都市中已有处理粪便的公厕。北宋时，在城市中建立了公共浴室，有了熏蚊子、去头虱、去壁虱方等。

特别是中国城市设计符合卫生要求，如选择地势、靠近河流、寻求水源，注意方向和配置等。唐代长安城设计就很有名，其科学性列在当时世界各国之首，并且传至日本。元明时期修建的北京城，是世界上第一个有计划的绿化都市。北京城的配置，仍然为现代卫生学家所称道。

天文历法

星官、星宿、星座

中国古人为认识星辰，观测天象，把若干恒星加以组合，数目多少不同，少的一颗，多的几十颗，这种恒星群叫作星官，就是星宿或星座。

《史记》把星空分成五个大区，把北极星附近的星群叫作中官，把二十八宿中的东方七宿叫作东官苍龙，南方七宿叫作南官朱鸟，西方七宿叫作西官白虎，北方七宿叫作北官玄武。《晋书》把赤道南的星群叫作外官。《隋书·天文志》则以二十八宿为界，二十八宿以北的星属中官，以南的星属外官。

二十八宿

中国古人为观测日、月、五星的运行，选择赤道附近的二十八个星官作为标志，用来说明日、月、五星运行所到的位置，叫作二十八宿。

东方七宿是角、亢、氐、房、心、尾、箕；北方七宿是斗、牛（牵牛）、女（须女或婺女）、虚、危、室（营室）、壁（东壁）；西方七宿是奎、娄、胃、昴、毕、觜、参；南方七宿是井（东井）、鬼（舆鬼）、柳、星（七星）、张、翼、轸。

二十八宿从角宿开始，由西向东排列，和日、月视运动的方向相同。所谓角、亢、氐、房……星、张、翼、轸等，只是各宿的一个星座，代表各宿的主体。所以，二十八宿实际上是把赤道附近的一周天，由西而东地分成二十八个不等分的星座。

二十八宿铜镜 唐

在中国古代文献《尚书》《诗经》《夏小正》等书里，已经有二十八宿中部分星宿的记载，它的起源可以远溯到商末周初。1978年，在湖北省随县擂鼓墩发现的战国早期（公元前433年或稍后一些）曾侯乙墓中出土文物有一个漆箱盖，盖面的中间是一个"斗"字，它的周围是古代二十八宿的名称，并且在盖面的两端绘有头尾方向相反的青龙和白虎图像，可见早在公元前5世纪时，二十八宿的体系已经形成。

三垣·四象·五纬

三垣

中国古代把环绕北极和接近头顶上空的

恒星群分成三个大区，叫作"三垣"，即紫微垣、太微垣和天市垣。三垣加二十八宿，形成了中国独特的观测星象的体系。

四象

中国古代用来表示天空东西南北四个方向的星象。殷商时代，中国古人把天空分成四大区，对星辰进行观测，把春季黄昏时出现于东方的星想象成龙的样子，西方的星想象成虎的样子，南方的星想象成鸟的样子，北方的星想象成龟蛇的样子，叫作四象，也叫四维、四陆或四兽。二十八宿体系形成后，四象和它结合起来，又根据战国以来流行的以五行、五色配四方的说法，把东方的七宿，叫青龙或苍龙；把南方的七宿，叫朱鸟或朱雀；把西方的七宿叫白虎；把北方的七宿叫玄武。

五纬

中国古人把实际观测到的金、木、水、火、土五大行星合称为五纬。

黄道

黄道是中国古人视觉中太阳在一年里运行的轨道。即太阳在恒星之间运行的轨迹，也就是地球的公转轨道平面和天球相交的大圆圈。

简单来说，地球一年绕太阳转一周，我们从地球上看成太阳一年在天空中移动一圈，太阳这样移动的路线叫作黄道——它是天球上假设的一个大圆圈，即地球轨道在天球上的投影。

分野

春秋时期，占星家认为天象的变化和人间的吉凶祸福有联系，"天有五星，地有五行"，于是把天上的某一部分星宿和地上的某一地区对应起来，把天上某一部分星象的变化，用来占卜和它对应地区的人间吉凶祸福。这种和天上星宿对应的地区划分叫作分野。

阴阳五行说在汉代成为统治思想，分野自然也就繁复起来。古人对天区有不同的划分法，因而分野也有不同的对应法。最先的分野划分，大体以十二次为准，战国时期以后，也有用二十八宿来划分的，西汉以后，这二者逐渐协调起来。《晋书》中"十二次度数"和"州郡躔次"两节所载的内容，反映了这种情况。

北斗

北斗也叫北斗七星，是夜空北方排列成斗形的七颗亮星。即天枢、天璇（或写作"璿"）、天玑、天权、玉衡、开阳、摇光七星。

中国古人用假想的线把它们连结起来，像酒斗之形，故称北斗。天枢、天璇、天玑、天权四星组成方形，象斗，叫斗魁，也叫璇玑。玉衡、开阳、摇光三星组成斗柄，叫斗杓，也叫玉衡。北斗七星属于西方大熊座，可以用来辨别方向，确定季节。画一条线连结天璇和天枢，在向上延长五倍处，可以找到北极星，而北极星是北方的标志，所以这两颗星又叫"指极星"。

北斗在不同季节和夜晚的不同时间，出现于天空不同的方位，看起来是在围绕着北极星转动，古人用初昏时候斗柄所指的方向来确定季节：斗柄指东是春天，指南是夏天，指西是秋天，指北是冬天。

春秋时期的哈雷彗星观测记录

中国很早就有关于彗星的记录，并给彗星以孛星、长星、蓬星等名称。古书《竹书纪年》上就有"周昭王十九年春，有星孛于紫微"的记载。但是因为这本书真实年代有待考证，对这件事暂且存疑。最可靠的记录，开始见于《春秋》:"鲁文公十四年秋七月,有星孛入于北斗。"鲁文公十四年是公元前613年,这是世界上最早的一次哈雷彗星记录。《史记·六国表》载:"秦厉共公十年彗星见。"秦厉共公十年就是周贞定王二年,也就是公元前467年。这是哈雷彗星的又一次出现,不过《史记》没有记载它出现的时间。

中国古代的彗星记事,并不限于哈雷彗星。据初步统计,从古代到1910年,记录不少于五百次,这充分证明古人观测的辛勤。

《新唐书》:"上元……三年七月丁亥,有彗星于东井,指北河,长三尺余,东北行,光芒益盛,长三丈,扫中台,指文昌。"唐高宗上元三年是公元676年。这种记录,不但形象描绘逼真,而且位置准确,所经过的亮星都加注记,这正是中国古代天象记录的优点。

世界上最早的流星雨记载

中国是世界上最早发现和记载流星雨的国家之一。《竹书纪年》中就有"夏帝癸十五年,夜中星陨如雨"的记载,最详细的记录见于《左传》:"鲁庄公七年夏四月辛卯夜,恒星不见,夜中星陨如雨。"鲁庄公七年是公元前687年,这是世界上关于天琴座流星雨的最早记录。

中国古代关于流星雨的记录,大约有180次之多。其中天琴座流星雨记录大约有9次,英仙座流星雨大约12次,狮子座流星雨记录有7次。这些记录,对于研究流星群轨道的演变,也将是重要的资料。

流星体坠落到地面便成为陨石或陨铁,这一事实,中国也有记载。《史记》中就有"星陨至地,则石也"的解释。到了北宋,沈括更发现陨石中铁的成分。他在《梦溪笔谈》卷二十里写道:"治平元年,常州日禺时,天有大声如雷,乃一大星,几如月,见于东南。少时而又震一声,移著西南。又一震而坠在宜兴县民许氏园中,远近皆见,火光赫然照天……视地中只有一窍如杯大,极深。下视之,星在其中,荧荧然,良久渐暗,尚热不可近。又久之,发其窍,深三尺余,乃得一圆石,犹热,其大如拳,一头微锐,色如铁,重亦如之。"

宋英宗治平元年是公元1064年。沈括已经注意到陨石的成分了。在欧洲直到1803年以后,人们才认识到陨石是流星体坠落到地面的残留部分。

世界上最古老的星表

战国时期的《石氏星表》是世界上最古老的星表。

战国时期,有个叫作石申的魏国人,他编过一部书,叫《天文》,共八卷。因为这部书有很高的价值,所以被后人尊称为《石氏星经》。

《石氏星经》这部书已经在宋代以后失传,今天我们只能从一部唐代的天文学书籍《开元占经》里见到《石氏星经》的一些片断摘录。从这些片断中我们可以辑录出一份石氏星表来。其中有二十八宿距星(每一宿中取作定位置的标志星叫作这一宿的距星)和其他一些恒星共一百十五颗的赤道坐标位置。

石氏星表的赤道坐标有两种表达方式。一种是二十八宿距星的,叫作距度和去极度。距度就是本宿距星和下宿距星之间的赤经差;去极度就是距星赤纬的余角。还有一种是二十八宿之外的其他星,叫作入宿度和去极度。所谓入宿度就是这颗星离本宿距星的赤经差。不论哪一种方式,它的实质和现代天文学上广泛使用的赤道坐标系是一致的。而在欧洲,赤道坐标系的广泛使用却是在16世纪开始的。

古希腊最早的星表是希腊天文学家依巴谷（约公元前190年~前125年）在公元前2世纪测编的。依巴谷之前还有两位希腊天文学家也测量过一些恒星的位置，但是那也是在公元前3世纪。他们都比石申的工作要晚。

世界上最早的太阳黑子活动记录

太阳黑子是太阳光球层上出现的暗黑色斑点，它的温度比周围要低，所以显得暗一些。黑子的大小和多少，反映了太阳活动的强弱，黑子愈大、愈多，太阳活动就越强。

现今世界公认的最早的黑子记事，是西汉成帝河平元年（公元前28年）三月所见的太阳黑子现象，载于《汉书·五行志》："成帝河平元年……三月己未，日出黄，有黑气大如钱，居日中央。"这一记录把黑子的位置和时间都叙述得很详尽。

事实上，在这以前，中国还有更早的黑子记载。在约成书于汉武帝建元元年（公元前140年）的《淮南子》这一著作的卷七《精神训》中，就有"日中有踆乌"的叙述。踆乌，也就是黑子的现象。而比这稍后的还有：汉"元帝永光元年四月，……日黑居仄，大如弹丸。"（《汉书》引京房（公元前77年~前37年）的《易传》）。这表明太阳边侧有黑子成倾斜形状，大小和弹丸差不多。永光元年是公元前43年，所以这个记载也比前面的记录为早。

中国古代的地动说

春秋战国时期，中国产生了天地都在不断地运动发展的观点。

如《素问》说："岐伯曰：'上者右行，下者左行，左右周天，余而复会也。'"右行是指从东向西，左行是指从西向东。所以，这是试图用天右旋、地左转的观点来说明天体周日视运动的现象。又如，尸佼（约公元前370~约前310年）说："天左舒而起牵牛，地右辟而起毕昂。"当时人们认为牵牛是作为一年之始的冬至点所在的星宿，毕昂是夏至点所在，所以，这是想用天（这里实应指的是太阳）在恒星间左行、地在恒星间右行的观点，说明太阳在恒星间作周年视运动的现象。他们用天和地同时做相反方向运动的观点对周日或周年视运动所作的说明是不尽正确的，但可贵的是，他们都不约而同地引进了地动的观念，成为后世发展的重要起点。

到西汉末年，随着运动相对性原理的阐明，地动说得到了很大的进步。《春秋纬·运斗枢》指出："地动则见于天象"，就是认为地动可以从有关天象的变化中反映出来，也就是把有关天象的变化看作是地动的结果。《河图》指出："地右动起于毕"，这似乎只是尸佼的话的简单重复，但它其实已经屏弃了所谓天动的说法，把太阳在恒星间周年视运动完全归因于地动的结果。

宋代张载在《正蒙》中，对恒星周日视运动和地球自转之间关系做出非常明确的论述。他指出："恒星所以为昼夜者，直以地气乘机左旋于中。"他把昼夜交替现象和恒星自东向西的右旋运动看作是地球自身从西向东左旋的直接结果。这是中国古代地动说最精辟的论述和最科学的应用之一。

地动说在中国古代为不少人所接受。虽然它的论证是思辨性的、初步的，但它比托勒玫的地心说关于地球在宇宙中心静止不动的观点要高明得多。

世界上最早的子午线长度实测

子午线，也就是地球的经度线。测量子午线的长度可以确定地球的大小。子午线长度是地理学、测地学和天文学上的一项重要基本数据。

世界上最早的用科学方法实际测定子午线长度的，是中国的天文学家僧一行（公元683～727年）。

僧一行，本名张遂。唐代杰出天文学家，为了编制《大衍历》，他发起了这项前无古人的测量活动。

这次观测共去了12个地点。观测的项目包括：这一地点的北极出地高度，冬、夏至日和春、秋分日太阳在正南方向的时刻八尺高表的影子长度。

在这次测量中，以南宫说等人在今河南省的四个地点进行的一组最重要。他们除了测量北极高度和日影长度外，还测量了这四个地点之间的距离。这四个地点是白马（今河南滑县）、浚仪（今河南开封）、扶沟和上蔡，它们的地理经度几乎完全相同，误差很小。僧一行根据这些地点实测所得的数据算得：从白马到上蔡，距离五百二十六里二百七十步（唐代尺度），夏至日表影的长度差二寸挂零。同时，这次观测也再一次证明了古代流传的"南北地隔千里，影长差一寸"的说法是错误的。

根据南宫说等人所得的测量数据，很容易就求出，南北距离三百五十一里八十步，北极高度相差一度。这个数据就是地球子午线上一度的长。化成现代的度量单位，子午线一度长为129.22公里。

根据现代的测量，子午线一度长为111.2公里。僧一行所得数据的误差是13.9%。这个误差虽然稍大，但是它是世界上第一次子午线长度的实测。它开创了中国通过实际测量认识地球的道路；它彻底破除了日影千里差一寸的谬见；它把地理纬度测量和距离结合起来，既为制定新的历法创造了条件，又为后来的天文大地测量奠定了基础。

日晷

日晷是测定真太阳时的仪器。起源于圭表，表是直立的竿，圭是南北向平放的尺，二者垂直，根据表影的长短以测定真太阳时。远在春秋时期，古人已用这种方法测定时刻。日晷由一根表（晷针）和刻有时刻线的晷面组成。按照晷面安置的方向，可分为：地平日晷、赤道日晷、立晷（晷面平行卯酉面）、斜晷（晷面置于任何其他方向）等。

中国日晷的早期发展情况还不清楚，目前第一个明确可靠的日晷记载是《隋书·天文志》所载开皇十四年（公元594年）鄜州司马袁充发明的短影平仪，这是一种地平日晷。南宋曾敏行在《独醒杂志》卷二中记载他的族人曾瞻民（字南仲）发明了"晷影图"，所说的结构和后世的赤道日晷基本相同，但晷面是木制的。

元代郭守敬创制的仰仪，兼有球面日晷的作用。节气日晷和其他各种形式的立晷、

汉代日晷

斜晷等大都是明末来华的耶稣会教士传入，或由中国学者学习欧几里得几何之后创作的。明末天启年间（1621～1627年），陆仲玉著《日月星晷式》，介绍了各种日晷的制法，并涉及测星、月用的星晷和月晷。

中国古代的天文专著

《石氏星经》

《石氏星经》是中国古代占星学著作。战国时期，魏人石申著《天文》一书，西汉以后被尊称为《石氏星经》。《史记》和《汉书》等古代史籍引用了该书关于五星运动、交食和恒星等多方面的内容。汉、魏以后，石氏学派继续有所著述，这些著作和《石氏星经》原著都早已佚失，但唐代《开元占经》中有大量节录。其中最重要的是关于121颗恒星位置的记载。这些记载中的一部分可能是汉代观测所得，另一部分则和石申所处的战国时期相合。三国时期，吴太史令陈卓综合石氏、甘氏和巫咸三家观测到的星官，整理成283官1464星的星座体系后，出现了综合三家的占星著作，其中有一种被称为《星经》或《通占大象历星经》的，后来被人伪托为汉代甘公、石申所著，因此，宋代以后又称它为《甘石星经》。但是，该书有唐代的地名，并且有巫咸一家的星官，因此，它和战国、两汉时期流传的《石氏星经》是两回事。

《五星占》

《五星占》是1973年底在长沙马王堆三号汉墓出土帛书中的古天文书。《五星占》全书约八千字，占文保存了甘氏和石氏天文书的一部分，其中甘氏的更多。整理者把《五星占》分成《木星》《金星》《火星》《土星》《水星》《五星总论》《木星行度》《土星行度》《金星行度》九章，最后的三章除了分别列出从秦始皇元年（公元前246年）

到汉文帝三年（公元前177年）的七十年间木星、土星和金星行度外，并且描述了这三颗行星在一个会合周期内的动态。从占文可以看出当时已经知道时间乘速度等于距离这个公式，并且用它来把对行星动态的研究和行星位置的推算工作有机地联系起来，成为后代历法中"步五星"工作的先声。

《五星占》对金星的记载所用篇幅最多，占了一半以上，它记载的金星会合周期是584.4日，五个会合周期恰好是八年，这个会合周期的数字比现在的测值583.92日只大0.48日，它记载的土星会合周期是377日，比现在的测值只小1.09日。它的恒星周期是三十年，比现在的测值29.46年大0.54年。

在《五星占》中，水星又别称为"小白"，这也是其他古书中未曾使用过的。马王堆三号汉墓的安葬日期是汉文帝"十二年二月乙巳朔戊辰（二十四）"，其中的天象记录到汉文帝三年止，从这里可以断定它的写成年代大约在公元前170年前后。在2000年以前，对五大行星的观测能够达到这样精密的程度确是惊人的。《五星占》是中国现存最古的一部天文书，在古代天文学史的研究上有非常重要的价值。

《步天歌》

《步天歌》又名《丹元子步天歌》，是唐代王希明所撰。王希明，别号丹元子。一说隋朝隐者丹元子撰。这部著作按照三国时期吴太史令陈卓所定的星座，分周天为三垣二十八宿共三十一个天区，把各区的星官和星数，编成七字一句的长歌，分别指出各星的名称、位置等。读着歌诀，按照一定方向，一颗颗星地数过去，有助于认识天上的恒星。这是一部中国古代学习天文学的必读书，在古代天文学的宣传普及上起了积极的作用。后来，清朝康熙年间，徐发又按照西洋星座，编了《西步天歌》。

何谓"历法"

历法是组合年、月、日等计时单位计算较长时间段的系统。

最初以昼夜变化计日、季节变化计年，基本特征为物候历。逐步过渡到以天象变化作计时单位的天文历法，即以地球自转周期计日，月相变化周期计月，太阳两次到达同一分、至点的周期计年。实际上日、月、年三个时间单位不能公约，而历法要求这三个时间单位都为整数，因而历法就成为解决这一矛盾的方法，尽可能使历日、历月、历年的平均长度与实际日、月、年长度一致。按这一原则采用不同的组合方式就得到各种各样不同的历法，所以历法就是解决历日、月、年平均长度接近自然日、月、年周期的方法。

农历

中国曾长期采用的一种传统历法，相对公历而言。又名"夏历""中历""旧历"，民间也俗称为"阴历"。它以朔望的周期来定月，用置闰的办法使年的平均长度接近于回归年，兼有阴历月和阳历年的特点，实质上是阴阳合历。农历安排二十四节气指导农业生产活动，主要在农村中使用。

它把日月合朔（太阳和月球的黄经相等）的日期作为月首，即初一，由于朔望月的平均长度是29.530588日，所以有的月份是三十天，称为月大；有的月份二十九天，叫作月小。农历以十二个月为一年，共354或355天，和回归年相差十一天左右，所以隔三年要安插一个闰月，再过两年又要安插一个闰月，古四分历平均十九年有七个闰月。农历月份的名称根据"中气"来确定，如包含"雨水"的月份叫正月，包含"春分"的月份叫二月等。不包含中气的月份定为闰月，沿用上个月的名称叫闰某月。这就是无中气置闰。

中国辛亥革命前，除太平天国曾颁行《天历》外，其余的历法都是阴阳合历。

阴历和阳历

阴历又称太阴历，平均历月长度接近朔望月长，每年12个月的历法。一般来说大月30天，小月29天，平均29.5天的历月接近29.530588天的朔望周期，为解决其间差数的积累会使历与月相不一致的矛盾，也要加闰。历年长354天左右。

阳历又称太阳历，平均历年长度接近季节变化周期回归年长的一种历法，能反映季节变化，有利安排农时。中国古代二十四节气就是一种阳历，现行公历也叫格里历的也是阳历，教皇格里高利十三世1582年命人修订而成，它平年365天，每四年加一个366天的闰年，世纪年能为400除尽的才算闰年，于是在400年里去掉了3个闰年，平均历年长365.2425日，与回归年365.2422日相差甚微。1、3、5、7、8、10、12月为大月31天，2月平年28天、闰年29天，其余月份为小月30天，通用于当今世界。

二十四节气的由来

二十四节气是十二个节气和十二个中气的总称。中国古人把一周年三百六十五又四分之一天分成二十四个等分，用来表示季节的更替和气候的变化，它们分别命名为立春、雨水、惊蛰、春分、清明、谷雨、立夏、小满、芒种、夏至、小暑、大暑、立秋、处暑、白露、秋分、寒露、霜降、立冬、小雪、大雪、冬至、小寒、大寒。从立春开始，单数的叫作节气，双数的叫作中气，或者说月初的叫节气，后半月的叫中气。

二十四节气起源于中国黄河流域，是中

国古代历法特有的重要组成部分和独特创造。早在西周、春秋时期，古人就用圭表测日影的方法，测定冬至和夏至、春分和秋分，往后又测出立春、立夏、立秋、立冬四个季节，逐步完善。汉武帝时期成书的《淮南子》，已经有完整的二十四节气的记载，名称与顺序和现在完全一样。二十四节气的制定是中国古人在长期生产实践中，逐步认识气象变化规律的结果，它反映了太阳的周年视运动，所以在现行公历中的日期基本固定，每个月的节气和中气，上半年分别在三日至五日、十八日至二十二日；下半年在六日至八日、二十三日或二十四日，相差不大。农历因为闰月的关系，每年节气的日期相差较大，闰月没有中气。

长期以来，二十四节气曾在中国的农牧业发展中起过重要的作用，至今还在农业生产中起着一定的作用。

立春为何又叫"打春"

立春是农历一年二十四节气中的第一个节气，中国民间一般称之为"打春"。为什么立春又叫"打春"呢？

据史书记载，"打春"一说源于宋代。北宋孟元老在《东京梦华录》中写道："立春前一日，开封府进春牛入禁中鞭春。开封、祥符两县，置春牛于府前，至日绝早，府僚打春，如方州仪。"这里说的是，立春那一天，宫廷和府县都举行用鞭子象征性地抽打耕牛的仪式，以表示大地解冻，春耕即将开始的意思。后来虽然"鞭牛"之习渐渐被废除，但"打春"之说却留传至今。

闰年

闰年是指阳历（公历）有闰日的一年或阴历（农历）有闰月的一年。

阳历一般每4年有一个闰年。平年365日，闰年366日，这多出来的一天加在2月末，闰年的2月就有29日。这多出来的一天就叫"闰日"。公历年份凡是能被4整除的都是闰年。四年一闰的办法使得一年的平均时间比一年的实际时间多了约1分14秒。为了消除这个误差，现行公历规定，400年间只允许有97个闰年而不是100个闰年。

十二时辰

子时：十二时的第一个时辰，名夜半，又名子夜、夜分、中夜、宵分等。夜指太阳落山到太阳升起这段时间。夜半，即夜的中间时段。

丑时：十二时的第二个时辰，名鸡鸣，又名荒鸡。夜半之后雄鸡开始啼鸣，故曰鸡鸣。半夜鸡鸣，有的不按一定时间乱叫，被称作荒鸡。

寅时：十二时的第三个时辰，名平旦，又名平明、旦明、黎明、早旦、拂晓等。太阳尚未出，天灰蒙蒙亮时叫平旦，旦是会意字，表示太阳刚刚露出地面或水面，意为早晨。

卯时：十二时的第四个时辰，名日出，又名日上、日生、日始、日晞等。指太阳开始露脸，冉冉初升的那段时间。

辰时：十二时的第五个时辰，名食时，又名早食、宴食、蚤食等。古人"朝食"之时，也就是吃早饭的时间，所以取名食时。

巳时：十二时的第六个时辰，名隅中，又名日禺、禺中、日禺中。临近中午的时候称为隅中。隅本意为角，此名得之于太阳与地上两个观测点之间的夹角。

午时：十二时的第七个时辰，名日中，又名日正、日午、日高等。太阳运行到一天的中间阶段，处天的最高空。对在北半球的中国来说，此时日在正南、正中。

未时：十二时的第八个时辰，名日昳，

又名日昃、日仄、日侧等。太阳偏西为日昳。昳也就是跌，太阳已过中午便开始从最高处向下跌落。

申时：十二时的第九个时辰，名晡时，又名䎃时、日晡、夕食等。古时候晡和餔相通，即吃饭的意思。申时人们开始吃一天中的第二餐，所以称为晡时。

酉时：十二时的第十个时辰，名日入，又名日没、日沉、晏食、日旰等。日入意为太阳落山。即夕阳西下的时候。晏意为晚。

戌时：十二时的第十一个时辰，名黄昏，又名日夕、日末、日暮等。此时太阳已经落山，天将黑未黑。天地昏黄，万物朦胧，故称黄昏。

亥时：十二时的第十二个时辰，名人定，又名定昏、夤夜。此时夜色已深，人们也已停止活动，安歇睡眠了。人定也就是人静，夤意为深。

五更

中国古代把夜晚分成五个时段，用鼓打更报时，所以叫作"五更""五鼓"，或称"五夜"。因为夜有长有短，所以，作为夜间的计时单位也就随之而变化了。但无论怎样变，作为夜半的三更天永远是五更的中段，也就是俗话说的"子夜""三更半夜"，相当于23点至次日凌晨1点。而"初更"正是"月牙儿正偏西"，"五更"天也就是拂晓时分，也就是俗话说的"鸡鸣五更"。

三伏与三九

三伏

"三伏天"即初伏、中伏、末伏。中国旧历法上使用天干、地支组合来记载年、月、日的顺序，规定每年按夏至后第三个庚日（有"庚"字的日子）起为初伏（10天），第四庚日起为中伏（有的年是10天，有的年是20天），立秋后的第一庚日起为末伏（10天）。

三九

从冬至日算起（从冬至开始叫"交九"，意思是寒冷的开始），每九天为一"九"，第一个九天叫"一九"，第二个九天叫"二九"，第三个九天为"三九"。人们说："数九寒天，冷在三九。"

"正月"的由来

农历年的第一个月，传统的叫法是"正月"，为什么这么叫呢？这要从古人给月份命名的方式习惯说起。

中国古人除了用序数词标明月次之外，还为各个月份取了别名。月的别称往往显示其季节时令的自然特征，如，一月份时，太阳和月亮的视位置同在陬訾这组星宿的空域内，因此有别名为陬月。三月份是开始采桑养蚕的时节，便又称蚕月。

在中国古代，一月份是天子召集文武朝臣商定一年政治事务的日子，因此，这个月也称"政月"，即"议政之月"。物换星移，春秋迭代，七雄纷争的战国之后，"六王毕，四海一"，出了一个叱咤风云威震宇内的秦始皇。他姓嬴，单名一个"政"字，因此，政月这个称法就犯了忌讳。于是，朝廷敕令改字为"正月"。但是，"政""正"二字读音仍然相同，便又强行变更了字音，读作征月。

不过有人对此表示怀疑。清代黄生在《字诂》一书中说："世传秦始皇讳政，故民间呼正月之正作征音，此说非也。……盖正月之正本平声，后人不解其义，故驾言于祖龙（指秦始皇）耳！"黄生说的"正"字本有"征"音，倒是确有根据，据有些文字学家考证，在钟鼎文中，就有把"正月"写成"征月"的例子，只是较为少见罢了。

另有一种说法，春秋时期，《春王正月》载："正月为一月，人君即位，欲其常居道，故月称正也。"再者，在中国古代的历法中，每年的第一个月，各个朝代不尽相同。夏朝以一月为第一个月；商朝以十二月为第一个月；周朝以十一月为第一个月。每个朝代改正一次月份次序，就将改后的第一个月叫"正月"。"正"是改正的意思。到汉武帝时才正式确定农历一月为正月，一直沿用至今。

"日历"的由来

日历产生在1100多年前的唐顺宗永贞元年（公元805年），那时，皇宫中就已经使用皇历。最初一天一页，记载国家、宫廷大事和皇帝的言行。皇历分为十二册，每册的页数和每月的天数一样，每一页都注明了天数和日期。发展到后来，就把月日、干支、节令等内容事先写在上面，下部空白处留待记事，和现在的"台历"相似。

那时，服侍皇帝的太监在日历空白处记下皇帝的言行，到了月终，皇帝审查证明无误后，送交史官存档，这在当时叫日历。后来，朝廷大臣们纷纷仿效，编制自家使用的日历。

中国古代的历法专著

《夏小正》

《夏小正》是《大戴礼记》中的一篇，记述夏代天文历法，反映中国上古天文物候历代决定季节的天文依据和物候记录。20世纪80年代以来《夏小正》进一步引起学者们的注意，有的学者根据彝族十月历溯源，认为《夏小正》就是中国上古时代的十月太阳历。例证如：书中记正月初昏斗柄悬在下，六月斗柄正在上，五个月中斗柄旋转了180度，经十个月恰转一周；

农耕图
敦煌壁画中的农耕图，历法在古代最重要的作用之一就是应用于农业生产中。

二月春分燕子飞来，七月燕子南归，也是相间五个月；五月白昼最长，十月夜晚最长等等。《夏小正》所记物候，动植物又受到地学、农学、生物学界的注意，成为难得的综合性文献。

《三统历》

《三统历》是中国西汉末刘歆在《太初历》基础上，引入董仲舒天道循环的"三统说"思想，整理而成的历法。《三统历》于绥和二年（公元前7年）行用。《三统历》《三统历谱》载《汉书》，基本数据采用太初历，可以说实际上仍然是太初历，以1统＝81章＝1539年＝562120日＝19035月，1元＝3统＝4617年。但其刻意用《易·系辞传》来解释历法数据，制造历史循环舆论，对后代历法产生了很坏的影响。

《大衍历》

《大衍历》是中国唐开元年间由僧一行编制的一部先进的历法，取《易》里的数据和术语附会其历法而命名。开元十七年（公元729年）起行用，用了29年。他的制历理论、计算方法为后世所宗，影响很大。《大衍历》有历术七篇、历议十篇、略例一篇，历术七篇内容有平朔望和平气，七十二候，太阳、月亮每日位置，每天所见星象和昼夜时刻，日食、月食及五大行星位置，条理分明，结构严谨，为后世历法典范。历法中使用了不等间距二次差内插法和含有三次差的近似内插公式。开元二十一年此历东传日本。

《授时历》

《授时历》是由元代的郭守敬、王恂、许衡等人共同编制的一部历法，至元十八年（1281年）颁用。元世祖忽必烈决定并支持制定一部新的历法，在"历之本在于测验"的指导思想下，研制了许多新仪器，进行了大规模实测，创立了新的数学计算公式，并吸收前人成功的经验和精确的数据，使《授时历》达到很高的水平。

《授时历》中运用招差法求太阳、月亮和行星逐日运行的度数，用弧矢割圆术计算黄经、黄纬与赤经、赤纬之间的换算，以365.2425日为一回归年，29.530593日为一朔望月，彻底以至元十七年冬至时刻为历元，体现了它的创新和对以前优秀成果的继承。《授时历》有很好的实测基础，所定数据全据实测，历史上曾受到朝鲜、日本等国注意并曾东传。

通讯与传媒

中国古代的"邮政"

中国古代，把邮政叫作"邮驿"。何谓"邮"？何谓"驿"？据中国东汉时学者许慎写的字书《说文解字》解释说："邮"，"境上行书舍。从邑垂，垂，边也"。学者们因此认为"邮"是指古时边陲地区传递书信的机构。所谓"驿"，《说文》解释说："驿，置骑也，从马，睪声。""驿"在古代即指传递官方文书的马、车。

自周秦以来，邮驿又各有不同的称呼。周代称"传"或"驲"，春秋战国称"遽"或称"邮"称"置"。秦时统一叫"邮"，汉代叫"驿"，魏晋时"邮""驿"并称，唐时又把"驿"叫作"馆"。宋时则出现了新的名称"急递铺"，元又有"站赤"之称，明代又把元时的站统称为"驿"，清时将"邮""驿"合二为一。

缄

"缄"，原指捆箱子的绳子，《说文》里写道："缄，束箧也。"这里的"箧"是指箱子之类的东西。现在，形容人不发言叫"缄口""缄默"，都是由此而来。缄由"捆"引申为"封"，这和古代公文书信有关。东汉以前没有纸张，公文书信多写在木板或竹简上，并用绳子捆上，叫"札"。绳的打结处再加一块泥。然后在泥上盖印章，以防被拆，这叫"封泥"。用绳子捆叫"缄"，用泥盖印叫"封"，解开绳子叫"开缄"。"缄"和"封"的目的都为了保守"札"中的秘密。

中国古代的邮符

古代发驿遣使，必须持有邮驿牌符，上面注明时日、马匹数量及其公务等。

周代用金属、竹箭等制造的"节"，是最早的邮符。战国时期，"虎符"在诸侯国中通用。到东汉时又曾用"（玺）书"任官发兵，后汉顺帝认为"书者烦扰"，仍用铜虎、竹箭两符。直至魏、晋、宋、梁、陈，一仍如此。

唐续用隋的办法，发给诸州州长的邮符，随方位、按五行配合：东方总管刺史给青龙符；南方给朱雀符；北方给玄武符；西方给白虎符。但是，因为唐高宗李渊的祖父叫李虎，为避讳，白虎符改称"驺虞符"。唐除用传符银牌外，还用纸造的"驿券"。

宋初，曾由枢密院发给"驿券"，后因李飞雄诈骗乘驿，谋反叛乱，"驿券"取消，恢复唐代制度。邮符宽2寸半，长6寸，上面刻隶书："敕走马银牌"。嘉祐三年（1058年），三司使张方平搜集有关资料，编写74条，由仁宗赐名《嘉祐驿令》。内有三种檄牌：一是急脚递（朱漆金字牌）；二是马递（雌黄青字牌）；三是步递（黑漆红字牌）。

元代使用"海青牌"和"虎头金牌"。关汉卿《拜月亭》中有："虎头牌儿腰间悬。"

汪云量《水云集·湖洲歌》中有："文武官僚多二品，还乡尽带虎头牌。"明朝的金牌信符上刻有篆文"皇帝圣旨"，两边标明"合当差发""不信者斩"字样。清代邮符叫"勘合火牌"，由兵部发给。经编号盖印，注明驰驿事由，应得夫、马、舟、车和口粮等。并写上官职姓名。

清代后期，由于邮驿开销太大，官吏不守驿制，管理驿站的官员贪赃枉法，再加上先进科学技术的传入，终于在1913年废除了驿站制度，邮驿牌符的历史遂告终止。

书信的别名

简：在纸发明之前，中国以竹简作为书写材料，信便称为书简。

柬：与简通用。是信件、名片、帖子之类的统称。

素：古代称白绢为素。用白绢（或绸）写成的书信称尺素，后成为书信的代称。

笺：原系精美的小竹片，供题诗作画用。一般信纸也叫笺，后引申为书信的代称。

简册 汉
在纸发明之前，中国以竹简作为书写材料，信便称为书简。

函：原指封套。古代寄信用木匣子邮递，这种匣子叫函。后来就称信件为函。

札：古指书信、公私文书。现仍通用"信札"一词。

中国古代的信箱

据《唐语林》记载，白居易在杭州当刺史时，与湖兴太守钱徽、吴郡太守李穰都是好友，交往密切，常常以诗互赠。后来，元稹守会稽，也参加了他们的诗歌酬唱活动，有《三州唱和集》。因为人各一方，他们就把诗稿放在竹筒里，互相寄送。这种竹筒被称为"邮筒"。

蒲松龄在《聊斋自志》一文中也说过："情类黄州，喜人谈鬼。闻则命笔，遂以成编。久之，四方同人，又以邮筒相寄，因而物以好聚，所积益伙。"由此可见，自唐代至明末清初，一直起着交换信件媒介作用的，而又类似当今信箱的所谓"竹筒"，可算是中国早期信箱、信筒的雏形。

"鸡毛信"的由来

抗日战争时期，游击队常用鸡毛信传送紧急信息。这一点，在很多文学、影视作品中都有体现。那么，"鸡毛信"是怎么来的呢？

鸡毛信源于古代的"羽檄"。《汉书·高帝纪下》："吾以羽檄征天下兵。"颜师古注："檄者，以木简为书，长尺二寸，用征召也。其有急事，则加以鸟羽插之，示速疾也。"从中可知，"羽檄"即插有鸟羽的檄文，表示情况紧急，最初是用于军事。羽檄又称"羽书"，如杜甫《秋兴》诗："直北关山金鼓振，征西车马羽书驰。"

到清朝，"羽檄"这个名词又大量使用了，而且已经不仅仅用于军事，成了地方官府递送紧急文书的一种方式，其中最常见的就是"鸡毛信"。清人陈其元《庸闲斋笔记》说："曾文正公（曾国藩）硕德重望，传烈丰功，震于一时；顾性畏鸡毛，遇有插羽之文，皆不敢手拆。"据说，太平天国时期，书信确确实实是插了羽毛，而且就是鸡毛。

中国第一部邮政法

中国第一部邮政法，是曹魏时期的《邮驿令》。

《邮驿令》是魏文帝（公元220~226年在位）时由大臣陈群等人制定的。

可惜的是，这部邮驿法原文已经失传，只是有些内容可以在《初学记》《太平御览》等一些后人的辑文中看到。比如《太平御览》有几处引用了这部法令中有关曹操行军用声光通信的内容："魏武（即曹操）军令：明听鼓音、旗幡。麾前则前，麾后则后"，"闻雷鼓音举白幡绛旗，大小船皆进，不进者斩"（《太平御览》）。鼓音是声，白幡绛旗是色和光，这是古代声光通信的继续。书里还提到了紧急文"插羽"，即插上羽毛，颇类似后来的鸡毛信。

"驿置"的产生

"驿传"和"驿置"在两汉的史书中是最常见的。

汉朝初年，邮传制度的一个常见名称曰"置"。东汉人应劭写的《风俗通》说："改邮为置。置者，度其远近置之也。"意思是说把原来称为"邮"的邮传设施，改称为"置"。什么叫置呢？就是根据测量出来的远近来设置办公机构。置，实际上是邮传信使的中途休息站。"驿"的名称也是在两汉时普遍出现的，其具体时间大约在汉武帝稍后。由于传车过于笨重，同时也因为武帝以后汉政府财政困难，设备繁杂豪华的传车也就顺应时势，逐渐让位给轻便的单骑传递了。而这种以马骑为主的信递方式，便以"驿"正式命名。至于原来"传"的名称，两汉时虽仍然在使用，但已大部分用于表示一种国家招待所的性质，仍称为"传舍"，变成专门迎送过往官员、提供饮食车马的场所。驿加上传，往往合称为"驿传"或"驿置"。

私信投递的法律化

宋太宗雍熙二年（公元985年），大臣张文灿等人，因朝中诸臣，多有交付家书以求传递的，便至后殿请旨。太宗诏曰："自今的亲实封家书，许令传递，自余亲识，只令通封附去。"这是中国驿递史上由政府批准，用驿站传送私人信件的首例史实。至宋景祐三年（1036年）五月，宋仁宗赵祯又诏示中外臣僚，批准由驿站附递家书，当时，曾明告中外，下进奏院，令依应施行。其具体规定为：传递书信之递角（宋时对官方邮递员之称谓，又曰"递篇""飞邮"等）不得附带他物；京中命官交步递附带寄信，须于内引批齿写明付邮日期，旁人不得开拆；命官的本家有以书信寄还的，亦准许传递。这大约是中国古代民用邮政史上的最初几项"邮政制度"了。此制一颁，京中大小官员，一般士大夫们，受惠众多。自此私人书信，往返不断。至今散见在诸记载中的私人书信，便成为宋代私人通信由邮驿传递之佐证。

中国最早的民间邮政系统

中国最早的民间邮政系统，是创办于明永乐年间的"民信局"。

对于民信局的发源，学术界有两种看法。一种认为，这种联合经营机构最初是从四川兴起的。明朝永乐年间，四川居住着一批湖北麻城、孝感地区的移民。他们长年在外，思念故乡，于是自发组织了同乡协会。每年约集同乡，举行一次集会，在会上推选出代表，返回家乡探望一次。届时，移民们多托代表给家乡带去问好的信件，并托他捎带些家乡特产回来。久而久之，建立了固定组织，俗称为"麻城约"。麻城约多以运带货物为主，同时捎带书信。这就是中国民办的第一个通信组织。

另一种说法，则认为中国民信局最早是从浙江绍兴、宁波等沿海地区兴起的。明代官场多用绍兴人当幕僚，俗称"绍兴师爷"。他们分散在各省督抚巡按衙门中，联系广泛，成为帮派。互相之间经常有书信往来，函件相对较多。久而久之，便形成了初期的民信机构。宁波是绍兴出海的口岸，通信的枢纽，所以也就成为最初民营通信机构的据点。再则，宁波经商的人很多，他们也需要一个经常的信息交流和货物集散的机构，民信组织就应运而生。

到了清朝时候，上海、宁波等地开始把这种组织称为"民信局"，递转民间的信件，成为业务的一项重要内容。

中国邮政之最

中国最早的邮票：是1878年8月15日由海关（当时邮政由海关兼办）发行的"大龙"邮票。票面图为蟠龙，印有"大清邮政局"字样。全套3枚，面值分别为：一分银（绿色），三分银（红色），五分银（黄色）。

中国最早的邮票商店：是于1909年在福建福州成立的"世界邮票社"。

中国最大的邮票：是1905年发行的印制云龙图案的快信邮票，全票长247.5毫米，宽69.8毫米。这也是世界上最大最复杂的邮票。

中国最早的邮政局：1878年3月23日经清政府批准，受直隶总督兼北洋大臣李鸿章和中国海关总税务司英国人赫德指派，天津海关税务司英籍德国人德璀琳在津海新关大公事房内（今和平区营口道2号）创办了"天津海关书信馆"，并开始收寄中外公众邮件，这是中国最早出现的邮政机构。

中国最早的电讯企业：是1880年，由李鸿章设立，盛宣怀总办的天津电报总局。1882

五分银大龙邮票 清
大龙邮票是中国发行最早的邮票，极具收藏价值。

年4月，津沪电报总局改为官督商办。1903年3月29日，又改归官办。

邮票的别称

邮票在中国最早被称作"人头"或也称"老人头"。究其原因，是因为世界上早期发行的邮票多以国家元首头像为主图。比如1840年发行的世界上第一枚"黑便士"邮票即以英国女皇维多利亚的侧面头像为主图。新中国成立前的报纸，有时会刊登"收购人头"的广告。假如不知道这一来历，看了必定会吓一跳。

中国早期邮票多以"龙"为图案，所以人们又把它叫作"龙头"。1878年8月15日中国发行的第一套邮票，票面即印有"龙"的图案，直到20世纪50年代，农村有人在购买邮票时，还会称"买个龙头"。

邮票正式出现在邮政公告或公文中的称呼，早期也叫"信票"。此外还有一些别称，如1880年，上海清心书馆出版的《花图新报》上有一篇文章就称邮票为"信印"和"国印"。1885年，葛显礼翻译英国皇家邮政章程，曾将邮票译为"信资图记"。在不同的时期，不同的地方，邮票还有"邮券""邮钞""邮飞""邮资""邮资券"等别称，至于广东、福建、台湾各省，则管邮票叫"士担"或"士担纸"，那是英文Stamp的音译。

邮票中的"四珍五宝"

中国邮票的四珍是指中国早期邮票中的四种珍贵邮票：红印花票加盖小字"当壹元"邮票；红印花加盖"当伍元"邮票；红印花票倒盖兼覆盖"暂作洋银贰分"邮票；红印花税票四方联。

中国邮票的五宝是指民国时期的五种珍贵邮票：北京一版中心印辟雍贰圆双色邮票；北京一版辟雍壹圆误差"限省新贴用"邮票；

北京一版帆船图叁分倒盖"暂作贰分"邮票；北京二版帆船图肆分倒盖"暂作叁分"邮票；纽约版中心倒印孙中山像贰圆双色邮票。

中国邮政标志的变迁

中国邮政事业自清末开始，最早由英国人葛显礼在海关试办。他规定：信差（即邮递员）要穿海军蓝制服；夏天改用蓝灰色，胸前印有"大清邮政"四个大字。后来，法国人帛黎主管邮政，他又做了新的规定：邮筒、邮政车和船只用黄绿两色，绿色为主要色调，黄色为点缀。

新中国建立以后，在第一次全国邮政会议上，决定用绿色作为邮政的专用标志。绿色象征和平、青春、茂盛和繁荣。由于有了这个规定，中国的邮局、邮筒、邮递员的衣服以及邮包、邮政车都采用绿色的了。

邮戳小考

现知最早的元代"常乐蘸印"即是刻以篆文的邮戳。

邮戳的历史，比邮票的资历还要老。其中颇有趣者，不仅限于它的产生和利用，更含有许多知识，令人刮目相看。

邮戳源于治印，故最早的邮戳都刻以篆文。如明代"阜城驿记"，清代"上海""天津"等。

1902年山东潍县（沂州）所用的"日月戳"，表示盖上此戳的信件将日夜兼程，不会耽误送达之意。1909年由天津寄达山东烟台的信封上销盖图案戳：图案由两人驾着一辆邮车，正扬鞭驱马，往前赶路。此"邮驿图戳"在中国邮戳史上亦极为珍贵。

常见的古书合称

三易：《连山》《归藏》《周易》；

三礼：《周礼》《仪礼》《礼记》；

四梦：《南柯记》《还魂记》《紫钗记》《邯郸记》；

四大千：《太平御览》《册府元龟》《文苑英华》《全唐文》；

四书：《大学》《中庸》《论语》《孟子》；

五经：《诗》《书》《易》《礼》《春秋》；

五大奇书：《红楼梦》《水浒传》《三国演义》《西游记》《金瓶梅》；

十通：《通典》《通志》《文献通考》《续通典》《续通志》《续文献通考》《清通典》《清通志》《清文献通考》《清续文献通考》；

十才子书：《三国演义》《好逑传》《玉娇梨》《平山冷燕》《水浒传》《西厢记》《琵琶记》《白圭志》《斩鬼传》《驻春园小史》；

十三经：《易》《书》《诗》《周礼》《仪礼》《礼记》《春秋左传》《春秋公羊传》《春秋谷梁传》《论语》《孝经》《尔雅》《孟子》。

中国古书的"第一"

第一部字典是《说文解字》；

第一部词典是《尔雅》；

第一部韵书是《切韵》；

第一部方言词典是《方言》；

第一部字书是《字通》；

第一部诗集是《诗经》；

第一部文选是《昭明文选》；

第一部神话集是《山海经》；

第一部神话小说是《搜神记》；

第一部笔记小说集是《世说新语》；

第一部编年体史书是《春秋》；

第一部纪传体通史书是《史记》；

第一部断代史史书是《汉书》；

第一部历史评论著作是《史通》；

第一部古代制度史是《通典》；

第一部农业百科全书是《齐民要术》；

第一部工农业生产技术论著是《天工开物》；

《史记》书影

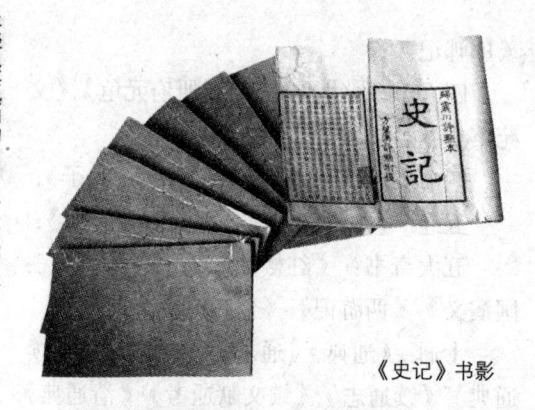

第一部植物学辞典是《全芳备祖》；
第一部药典书是《新修本草》；
第一部药典书籍是《黄帝内经素部》；
第一部地理书是《禹贡》；
第一部建筑学专著是《营造法式》；
第一部珠算介绍书是《盘珠算法》；
第一部最大的断代诗选是《全唐诗》；
第一部绘画理论著作是《古画品录》；
第一部系流的戏曲理论著作是《闲情偶寄》；
第一部戏曲史是《宋元戏曲韵史》；
第一部图书分类总目录是《七略》。

类书

类书源远流长，历史悠久，品种繁多，是中国工具书的一大类别。它是一种采辑群书，将各种材料分类汇编，以供检查资料用的。其内容与形式都较为特殊。它罗列文字、训诂、辞藻、典故，却不是字典、词典；它涉及典章制度、山川、地理、医卜星相、花草树木、禽兽虫鱼，等等，但既不是政典、丛考、方志、舆图，也不是任何一家专著。它包括经史杂传、诸子百家的言论以及诗文作品，但是，按照中国古籍经、史、子、集的四部分类，它却没有合适的部门可以归入。因为类书既非经，又非史，也非子、非集，但又兼包了四部的内容。它以杂见称，这就是类书的突出特点。

由于类书取材广泛，涉及经、史、子、集等全部古籍，内容包括历史事实、人物传记、事物源流、政区沿革、名物制度、诗词歌赋、文章丽句、成语典故，甚至医卜星相，以及天文地理、日月星辰、山川河流、飞禽走兽、花草虫鱼，等等，可以说，它的内容包括了自然界和人类社会的一切知识，所以，它十分接近百科全书。

类书具有"百科全书"和"资料汇编"两者的性质，也就是说，类书是中国古代百科全书式的资料汇编。

历代的重要类书

《皇览》

《皇览》是类书的始祖。曹丕代汉称帝后，命令儒臣王象、桓范、刘劭、韦诞、缪袭等人于黄初元年（公元220年）开始纂集经传，分门别类地编成一书，于黄初三年（公元222年）完成，称为《皇览》。

据记载，此书有40多个部类，通合1000多篇，800多万字。可惜《皇览》因部头太大，在印刷术发明之前，依靠传抄，不可能保存全部，因而逐渐散佚。估计到隋末已散失殆尽。

《华林遍略》

因刘孝标所编《类苑》风评胜于萧衍诏修的《寿光书苑》，萧衍于天监十五年（公元516年）令华林园学士700余人，由徐勉领修《华林遍略》，历时八年完成，共700卷，收录的资料多于《类苑》几倍。

《华林遍略》成书后流传很广，当时南北对峙，《华林遍略》被当作奇货北运，身价可想而知。其影响亦大，在它以后编的类书，有许多即以它为蓝本。

但此书到宋代初年已不存，敦煌莫高窟石室中曾发现唐人抄写的书籍中有一无名的古类书残卷，仅存259行，被认为是《华林遍略》。不过，另有一种说法残卷应为《修文殿御览》。

《修文殿御览》

《修文殿御览》是北齐后主高纬时官修的一部类书，于武平三年（公元572年）二月开始编纂，同年八月编成。共360卷，55个部类，部下240个子目。

《修文殿御览》以《华林遍略》为蓝本，大采特用，只补充《华林遍略》中未收的书籍。

据历史记载，《修文殿御览》的领修人祖珽天性聪明，事无难学，但人品极坏，曾两次盗卖《华林遍略》，并有其他劣迹，但《修文殿御览》却传世最久。这是因为此书编例严谨，很重视体例。后来，北宋编《太平御览》，不但以此书为蓝本，分部数目也完全按照其体系。《修文殿御览》在南宋时还全部存在，大约到明初书已不全，明初后，书不传于世。

《编珠》

《编珠》原有四卷，现存一、二两卷。隋代杜公瞻奉隋炀帝志铭编录。但后来传本非常稀少，《隋书》及旧、新《唐书》都为著录。清代史学家高士奇奉命在宫内南书房检阅内库书籍时，偶然于废纸堆里捡得《编珠》一册，只存一、二卷，便将其抄录下来。康熙二十八年（1689年），高士奇家居无事，把《编珠》按原目补为四卷，即《续编珠》二卷，于康熙三十二年（1693年）刊行于世。

《编珠》原目14个部类，现存者一、二卷5个部类，引书194种。

《编珠》是现存古类书中最早的，虽然残缺，但究竟是原作，非辑佚可比，故《四库全书总目》类书类中，将《编珠》列为类书之首。

《北堂书钞》

《北堂书钞》为虞世南编，当时虞世南在隋末任秘书郎，所以《北堂书钞》为隋代类书。"北堂"为隋代秘书省的后堂，编者就是在北堂抄辑群书中可以作文用的参考材料编成此书，因得名《北堂书钞》。

今本《北堂书钞》160卷，共19部，851类，内容是搜集摘抄古籍中可供吟诗作文用的典故、词语和一些诗文的摘句，分门别类地编辑而成，其中注文时有虞世南的按语。此书在明、清刊刻之前，长期抄写流传，遂造成许多混乱，内容体例也不一致。

《北堂书钞》在清代汉学家治理古籍的工作中，和《艺文类聚》《册府元龟》《太平御览》等类书共同起过重要作用，当时被合称为"四大类书"。

《太平御览》

《太平御览》是宋太宗命李昉等辑编，1000卷，55部，从太平兴国二年（公元977年）三月到太平兴国八年（公元984年）完成，共用六年余。《太平御览》是以《修文殿御览》《艺文类聚》《文思博要》等书为蓝本编纂而成的，也充分利用了当时的皇家藏书。其分类原则与编排方法大抵是以天、地、人、事、物为序，每类下再按经、史、子、集顺序编排，确实是天文、地理、人事等无所不包。

《太平广记》

《太平广记》是宋太宗命李昉等辑编而成，是专门收集小说、异闻、笔记的类书，全书500卷，另有目录10卷，92大类，又有150多个细目。因在太平兴国三年（公元978年）成书，故名《太平广记》。

《太平广记》汇集了从汉代到宋初的各种形式的小说，也包括少量先秦古籍中的传说故事，在92个类目下，共汇集了6970多则故事，每则故事后都注明引自何书。鲁迅称之为"古小说的林薮"。

《太平广记》作为中国第一部大型小说总集型的专门类书，为研究先秦至宋初古小说的发生和发展提供了完备的资料。同时，许多珍贵的古小说及其他遗文佚典，由于《太平广记》的引录，才能保存至今。

《册府元龟》

《册府元龟》是宋真宗赵恒命王钦若、杨亿等人，自景德二年（1003年）到大中祥符六年（1013年）间编纂而成的大型史料分类汇编。"册府"是典策的渊薮，书册的府库；"元龟"为大龟，是古代用以占卜的宝物。《册府元龟》命名的意思，就是说，这部书是一部古籍的大龟，蕴藏丰富，可以作为君臣的鉴戒，是君臣上下行事借鉴的典籍。

《册府元龟》是具有政事历史百科全书性质的类书，专门辑录自上古到五代的历代君臣事迹，按事类、人物分门编撰，选用材料以"正史"为主，概括全部十七史，也采用经、子等书，只是不收杂史、小说。

全书原有正文1000卷，目录10卷，音义10卷，现仅存正文、目录，音义已失传。

《玉海》

《玉海》是专为"博学宏词科"应试用的一部类书，南宋王应麟编，全书200卷，21门，凡24类，书后还附有《辞书指南》四卷，就是指导准备报考此科的人如何编题、作文、诵书，要注意哪些语意等。

王应麟为宋代的著名博学家，他不满于自己的进士出身，而以"通儒"自任，发奋读书，终于考中了极难考中的博学宏词科（只取一人）。此书是他专为准备报考博学宏词科的人而编，显然也包括了他自己的经验。其标分门类和一般类书不同，多录典章制度的文献和吉祥的善事。

《玉海》保存了不少早已散佚的史料，由于王应麟多次任史官，有机会取材于实录、国史、日历、会要等文献，大都为后世史志所不详，十分珍贵。

博学宏词科从宋代一直延续到清代，历来是晋身翰林甚至宰相的重要途径。所以，《玉海》这部类书长期为人们所重视。

《全芳备祖》

《全芳备祖》为宋代陈景沂编，分前后两集，前集只有一部"花部"，27卷；后集有果、卉、草、木、农桑、蔬、药七部，31卷。就目前所知，这种关于植物学的专门性百科全书，在世界上以此书为最早。

此书内每条是一种植物，在体例上每条又分成三个"祖"，第一是事实祖，内容是有关植物的科学知识、故事、传说等；第二是赋咏祖，所收的都是诗句；第三是乐府祖，录的都是词。每祖又分若干小类，体例严谨，前后两集共收植物约307种。

《事林广记》

《事林广记》是日用百科全书型的古代民间类书，为南宋末年陈元靓编，原本亡佚，现在看到的元、明刻本都是经过增广和删改的。

此书特点是内容包括较多的市民文化、市井状态和生活顾问的资料，另外，它首创了类书附载插图的体例。中国自古以来重视图文并茂，所以有"左图右史"的说法，但类书却自《皇览》以来，都没有插图，如南宋唐仲友的《帝王经世图谱》，其实仅有地图五幅而已。真正有插图的类书，是从《事林广记》开始的。

《永乐大典》

《永乐大典》于永乐元年（1403年）七月十九日开始纂修，永乐二年（1404年）十二月二十一日成书，当时赐名《文献大成》；因明成祖朱棣不满意，扩大重修，于永乐六年（1408年）全书告成，正式定名为《永乐大典》。

《永乐大典》的价值主要表现在两方面。首先，在类书编纂史上，它把古类书的编纂形式发展成为具有完整性的百科全书的形式；其次，它内容特别丰富，构成15世纪初年的一个大藏书库，成为后来辑佚工作的资料渊海。特别是其中所收的一些农业、手工业、科技、医学书籍和古典文学书籍的资料，不是封建时代一般类书所具有的。

由于部头过大，卷帙过多，《永乐大典》始终未能刻版，到了明世宗嘉靖三十六年（1557年），宫内奉天门、三殿、午门失火，经抢救，《永乐大典》幸免于难。于是明世宗恐孤本再遭意外，命徐阶、高拱监督儒生109人摹写副本一部，这一工作从嘉靖四十一年（1562年）开始，到明穆宗隆庆元年（1567年）完成。从此，《永乐大典》正本、副本分藏于宫廷内的大图书馆文渊阁和紫禁城外的皇史宬。明亡时，文渊阁被焚，正本可能毁于此时，副本传到清代。

清代，《永乐大典》不受清廷重视，亡佚甚多，清末英法联军、八国联军两次侵入北京，《永乐大典》除被烧毁一部分外，又被肆意糟蹋，甚至被侵略者用来做砂囊、马槽，或用以垫道令炮车通过，所余无几，又几乎全部被侵略者盗运回国。至此，《永乐大典》仅剩64册。

后经多方搜求，现在北京图书馆馆藏160册，台北"中央图书馆"馆藏60册。据统计，中外现存《永乐大典》共797卷，约合原数22937卷的3.4%强。《永乐大典》的命运，折射出国家的兴衰对于文化的重大影响。

《古今图书集成》

《古今图书集成》内容包罗万象。全书分六汇编，首三编是按天、地、人排，一是历象汇编；二是方舆汇编；三是明伦汇编；四是博物汇编；五是理学汇编；六是经济汇编。六汇编下分32典；典下分6109部，规模宏大，囊括万有。

《古今图书集成》的编者为康熙皇帝第三子诚亲王胤祉的门客陈梦雷，于康熙四十年（1701年）十月到康熙四十五年（1706年）四月主持编成，由诚亲王代呈皇帝，康熙钦定名为《古今图书集成》。

由于《古今图书集成》的内容贯穿古今，包罗万象，编制体例细密，而且图文并茂，功能多样，查检较便，编辑时间又距今最近，所以，自问世以来，很为中外学者珍视。

宋代四大书

宋代，类书的编制出现了新的高潮，自开国到太宗时代，统一事业已接近完成，政治比较稳定，经济上也出现繁荣景象。赵光义为安定人心，点缀升平，博得崇尚文治之名，因而以国家力量连续编了几部大书，它们是：以百科知识为范围的《太平御览》、以小说故事为范围的《太平广记》、以辞章为范围的《文苑英华》。

这三部书再加上宋真宗赵恒时编的一部以政事历史为范围的《册府元龟》，合称宋代四大书。

政书

通常，中国古代社会的制度与法令称作"典章制度"，包括土地、田赋、贡税、职官、礼俗、乐律、兵刑、科举等制度，涉及政治、经济、文化、教育等各个方面。

记载典章制度的书，就是政书。

政书的名称是在清代修《四库全书》时才开始使用的。政书专门记载典章制度的严格变化和各项政治、经济、军事、文化制度的演变和发展，具有资料汇编的性质。

三通

三通是《通典》《通志》《文献通考》的合称。

《通典》

《通典》二百卷，唐代杜佑撰，记载自

上古至唐代宗时期历代典制的沿革，分食货、选举、职官、礼、乐、兵刑、州郡、边防八门。杜佑综合经史及历代文集、奏议等分类编纂，内容丰富，对唐代制度叙述尤为详尽。

《通志》

《通志》二百卷，南宋郑樵撰，是上古到隋唐的纪传体通史，包括帝纪、后妃传、年谱、略、列传五部分。多抄录前史和《通典》，唯氏族、六书、七音、都邑、昆虫草木五略系首创。纪、传所据的旧史书有已失传的，可据以校勘现在流行的本子。二十略是本书的精华。

《文献通考》

《文献通考》三百四十八卷，元代马端临撰，记载自上古至宋宁宗时期历代典制沿革，分田赋、钱币、户口、职役、征榷、市籴、土贡、国用、选举、学校、职官、经籍、郊社、宗庙、王礼、乐、兵、刑、舆地、四裔、帝系、封建、象纬、物异二十四门。

"会要"与"会典"

"会要"是分门记述各项制度沿革的史料汇编。"会要"不仅记载一代典制的损益，而且也详列相关的事迹。

"会要"始创于唐苏冕所撰《会要》，该书四十卷，记唐高祖至德宗九朝史实。宣宗时，又令杨绍复等续修，遂成《续会要》四十卷，后即中辍。宋初，王溥集苏、杨二书，补其缺漏，编为《唐会要》一百卷，此后，又撰《五代会要》三十卷。宋代朝廷重视本朝"会要"的编纂，经十余次重修续修，撰成《十三朝会要》，原书已佚，今只存《宋会要辑稿》。元代也曾仿唐、宋《会要》，官修《经世大典》八百余卷，是会要的别名。

"会典"是记载一代典章制度的专史。分类叙述各级政治机构、设官职掌、典章格律等。源于唐代开元年间官修的《唐六典》，宋元以后，内容更加丰富，如《元典章》《明会典》《清会典》等，可称为会要的别体。

丛书

把很多种书籍汇集在一起刊行，总冠以一个名称的一套书，就是丛书。

编刻者把自己认为重要或难得的许多书籍集合起来，给一个总名，刻印传世。这类书籍的特点是"各存原本"，就是收集在里面的书都能保存原本面目。

"丛书"两字连用，最早见于唐代韩愈的《剥啄行》一诗："门以两版，丛书其间。"但这不是书名，而是说关上门，家中聚集着许多书可读的意思。作为书名，是从唐代陆龟蒙的《笠泽丛书》开始的，但这部书只是他个人的小品杂文。到了明代，程荣编辑了汉魏六朝诸家著述，汇集成为《汉魏丛书》，才算是有了名实兼备的丛书。

《儒学警悟》

《儒学警悟》虽然在书名中没有"丛书"二字，但却是中国最早的一部丛书。

它是南宋俞鼎孙、俞经同辑的，辑成于南宋宁宗嘉泰元年（1201年），是一部综合性丛书，全书七集41卷，收录宋代著作六种，包括汪应臣的《石林燕语辨》10卷，程大昌的《演繁露》6卷、《考古编》10卷，马永卿的《懒真子录》5卷，陈善的《扪虱新语》上下集各4卷，以及俞成的《萤雪丛说》上下集共2卷。

《四库全书》

《四库全书》是古代中国卷帙最多的一部丛书，同最大的一部类书《永乐大典》相比，卷数是后者的三倍半。这部书当时一共抄录七部，分藏在七个藏书阁。因七部抄成时间不同，抽补散失等情况各异，所以它们的总数并不相同，现以文津阁本为例，共收书籍3503种，79337卷，36304册。

清代康熙、雍正、乾隆三朝是封建末世中一个比较隆盛的时期，国内较安定，经济上繁荣，文化达到相当水平，清代统治者在文化政策上一方面沿袭明代办法开科取士，笼络知识分子，另一方面推行文化专制主义，大兴文字狱。在高压政策下，很多学者回避现实，将精力集中在整理古书上，适应这种学术空气，就有人提出集中图书，分别在学校和名山、古庙等妥善地方收藏，供学者应用。在有利于加强统治的前提下，乾隆下令征求天下遗书，准备编一部规模空前的大丛书。其目的是一来借修《四库全书》机会在全国范围内征集图书，就此将历代书籍作一次全面审查、评论和总结；二来是借修《四库全书》的机会消除汉族反抗的民族思想意识；三来是借此宣扬文治盛世，显示本朝是超越汉唐文化的太平盛世。于是，乾隆三十七年（1772年）正月初四，乾隆下诏，并在第二年成立了四库全书馆，在武英殿设缮书处。

第一部《四库全书》于乾隆四十六年（1781年）十二月修成，然后又用将近三年时间，陆续完成了第二、三、四部《全书》，分别藏于北京宫中文华殿后的文渊阁、圆明园内的文源阁、奉天（今辽宁沈阳）故宫的文溯阁、热河（今河北承德）避暑山庄的文津阁，即所谓"北四阁"，又称"内廷四阁"。到乾隆五十二年（1787年），四库馆又另外抄出三部《全书》，分别送到镇江金山寺的文宗阁、扬州大观堂的文汇阁、杭州西湖圣因寺行宫里的文澜阁储藏，即所谓的"南三阁"，又称"江浙三阁"。北四阁为皇家藏书，南三阁对外开放，允许读书人入内阅览。

为储藏这部巨著，还特别建筑起七座专用的藏书阁，均仿照宁波天一阁式样建成。

《四库全书》所包括的知识范围，在当时确实达到了相当广泛的程度，共收录著作3500多种，在经、史、子、集下，又分44类，其中15类又分64属。所收书籍，总的来说突出了儒学文献的地位，有利于加强君主专制的统治，对有明显进步思想的著作深恶痛绝。另外还有一个重大缺点是不重视生产技术著作，除农、医、天文、算法外，所收科技书籍很少，对国外的史地也不重视，而对小说、戏曲更是大量禁毁。

由于清代统治者执行"寓禁于征"的政策，在《四库全书》中，对部分书籍内容作了篡改删削，同时又大搞毁书禁书，并厉行文字狱，共计全毁书2400多种，抽毁书400多种，焚毁的书籍在10万部以上，烧毁或铲毁的书版六七万斤，将许多弥足珍贵的古代文献毁于一旦。鲁迅说"清人纂修《四库全书》而古书亡"是有一定道理的。

但是，尽管如此，还应该看到编纂《四库全书》有整理和保存中国古代文化遗产的一面。中国的图书历经战乱，到明末清初时，散失十分严重。修《四库全书》时，以中央政府的力量，花费10年时间在全国范围内大力采集图书，由当时许多著名学者进行整理，对历代学术做了比较全面的总结，保存下了大量的珍贵文献，对研究中国古代政治、经济、科技、哲学思想以及文学艺术等方面都是不可缺少的重要历史资料。

古书不校雠不能读

古书一种著作有好多种版本，文字上有细致与粗糙之分，依据底本有全缺之别，为恢复古籍的本来面目，必须校雠（chóu）。

古书年代久远，众手抄刻，常出现"焉"变成"马"，"己亥"变为"三豕"的错误。历代帝王往往下令篡改古籍原文，如顾亭林的《日知录》，现在看到的刻本，据说就是

北齐校书图 北宋 杨子华
此图所画的是北齐天保七年（556年）文宣帝高洋命樊逊和文士高干和等11人负责刊定国家收藏的《五经》诸史的情景。

经后人删改过的，如雍正年间的抄本，因为害怕干犯清廷禁忌而坐文字狱，就把"夷夏"改成"华夷"，"北虏"改作"北敌"，"夷狄"改作"外寇"，而"胡服"则统统被删去。因此，鲁迅曾说："清朝的考据家有人说过：'明人好刻古书而古书亡'，因为他们妄行校改。我以为这之后，则清人纂修《四库全书》而古书亡，因为他们变乱旧式，删改原文。"

上述可见，古书不校雠不能读。

中国古籍版本的三大系统

中国古籍版本的三大系统即官刻本、私刻本和坊刻本。

凡由官方有关机构负责刊印的书，统称官刻本。

凡私人出资在自己家中刊印的书称私刻本，又称家塾本。这种刻本大都不以营利为目的。史载五代蜀相毋昭裔为布衣时，曾向人借《文选》《初学记》，而人多有难色。于是为相之后，首刻此二书，又刻九经、诸史等等。宋平蜀，尽取蜀书入都，赵匡胤看到这些书卷尾皆刻有毋氏的名字，感到不解，臣僚回答："此毋氏家钱自造。"说明毋昭裔所刻书，乃最早的私刻本。

凡书坊所刻书，皆称坊刻本。书贾刻书的目的在于出售和盈利。

一般来说，官家刻书财力、人力充足，校刻质量应当问题较少，但于当朝违碍回避较多，是其不足。家刻本因其多重家声，故校刻多为精良。坊刻本则较复杂，虽不可一概而论，但因坊刻的目的确实在于盈利，故其刻书希望"易成而速售"是可以理解的。不过，有不少书坊主人，因其结交了不少文人，刊刻精良者也有不少。

话说"孤本"

所谓"孤本"，就是世上仅存此一部的书。这类书有的虽曾刻印过，但已经绝版，如唐代欧阳询所辑、宋刻《艺文类聚》。有的书成后，未刻印，只手抄存世。如明代的《永乐大典》，因卷帙浩繁，付刻不易，当时只抄录正本贮皇史宬。有的仅存手稿，如陕西省博物馆收藏的《京州府志备考》。如此等等。

由于孤本只此一家别无分号，所以为人所重。正因为此，有的人不惜假造"孤本"，如晋代张湛，就曾缀集一些旧书上的材料造出了一本《列子》，冒充"孤本"，还有的人千方百计骗取别人所藏孤本，以欺世盗利。如刘禺生的《世载堂杂忆》就载有此类故事，杨守敬住在武昌的时候，藏有宋刻大观年间的《本草》一部，因为书是孤本，价值昂贵，引得邻居柯逢时眼馋。一天，柯谎称可以高价代售，只希望先借他看一昼夜。杨守敬同意了。柯逢时将书拿回家，动员全家人，一夜之间把书全抄了下来，第二天将书还给杨说："这书并不珍贵，市场上已有刻本可见。"几个月后，书肆上果然有《本草》出售，杨这时才知道上了柯的当，因此，"恨之刺骨，至移家避道,终身不相见"。

中国历史上的禁书

中国文化历史悠久,上起先秦,下迄清末,所禁书目,数以千计。

秦国是第一个推行禁书文化政策的国家,商鞅提出禁止儒家的《诗》《书》,后来秦始皇又焚书坑儒,制造了中国文化史上的第一次浩劫。西汉初期,文化政策有所宽松,西晋虽然禁止民间收藏天文图谶,但从汉至唐,统治者对禁书较少明令规定,因此促进了文化繁荣。宋代禁书范围扩大,不仅禁兵书,而且对宋人记述的史实著作查禁。

真正实行文化专制政策的是明清时期,明代所禁书目范围大大扩大。清代则大兴"文字狱",进一步扼杀言论,所禁书目,涉及诗歌、小说、历史等名家图书。

具体的禁书,宋代曾禁苏轼、司马光、黄庭坚著作;《水浒》《红楼梦》等著作在当时也曾数次被查禁,如明崇祯十五年频令"严禁《水浒》",书版均须"速行烧毁"。清乾隆十八年,圣旨宣称《水浒》"诱人为恶","愚民之惑于邪教,爱近匪人者,概由看此恶书所致",必须严禁。清代对《拍案惊奇》《扬州十日记》《英烈传》《三笑姻缘》也查禁。

中国古代的盗版书

"盗版书"即是未得到作者和原出版社的同意,私自将原书翻印。说起"盗版书",倒不是今人发明,中国古代也有不少"盗版书"的存在。

古人重视宋版书,所以常见的盗版方式是把元版书或明版书上的"牌记"挖掉,重新刻上有宋代年号的"牌记",内容则一字不改,让人误以为是宋版书,以便高价出售。

另一种常见的"盗版书"是擅自更改书名或作者,内容则改变不多,有的只字不改。如元代刘应李编的《新编事文类聚翰墨大全》,是一部记载各种应酬的文字的书,由于实用性较强,因此销路颇好,于是不少书坊都争相盗版,他们有的采取乱改书名、卷数的办法,这部书原有145卷,现在流传的元刊本和明刊本,有的变成194卷,也有的改为98卷或134卷。书名有的改为《新编事文类聚翰墨全书》,也有简称《翰墨大全》的。

少数民族的古籍

少数民族古籍十分珍贵,如保存了满族入关前的大量历史资料的《满文老档》等,都具有重要的史料价值。云南楚雄州双柏县所存彝文医书,记载着370多种药方,成书年代据说比李时珍的《本草纲目》还早17年。藏历、傣历以及彝族的太阳历等文献资料,都反映了这些民族在古代就已掌握了相当准确的天文科学知识。佛教的《大藏经》在我国除汉文外,还有西夏文、藏文、蒙古文、满文和傣文五种文字的不同版本,对了解佛教源流及其影响极为重要。纳西族的东巴文是当今世界上唯一保存了大批完整材料的原始象形文字,是研究文字起源和发展的珍贵资料。东巴文的《送魂经》还生动地描写了纳西族在历史上的迁徙路线,有重要的史料价值。除此以外,还有大量的金石铭刻及拓片,如女真文的《女真译语》及大量金石铭刻,西夏文、突厥文、契丹文等文献,还有不少白文、方块壮字、佉卢文、粟特文等古老民族文字的古籍文献。

中国的少数民族中只有为数不多的民族有文字,没有文字的民族的文化遗产主要靠口耳相传。被誉为我国三大史诗的《格萨尔王传》(藏族)、《江格尔》(蒙古族)和《玛纳斯》(柯尔克孜族),长达十几万行至几十万行，在世界文化宝库中也是屈指可数的。这三部史诗反映社会生活面广，记述的不单是个别杰出人物的思想和行动，而且是全民族的命运。这样的口头作品，其文献价值并不亚于书面古籍。

西南地区一些少数民族口头流传的《创世记》神话，不仅反映这些民族的起源、变迁和历史上的民族关系，而且记录了他们祖先生产、生活和婚姻习俗方面的许多情况，是民族历史的投影。

汉文古籍文献中，记载着大量的有关少数民族的资料，这些资料散见于历史上各个朝代的正史和野史，以及文人墨客的史集丛书中，数量相当可观。这部分资料，也是民族古籍的一个组成部分。

中国最早的报纸

邸报大约出现于公元8世纪初叶，此后经历唐代的初始、宋代的成熟和明清时期的发展三个历史时期。清代末年，西方传教士在中国办报，古代报纸才逐渐为近代报刊所取代。

1982年，英国伦敦不列颠博物馆发现了一份唐代"进奏院状"的实物，是现存的中国最古老的报纸，也是现存的世界上最早的报纸。它产生于唐僖宗光启三年（公元887年），距今已有1100多年的历史。

南宋的"小报"

"小报"是中国古代民间私自发行的新闻传播媒介，最早出现于北宋末年，盛行于南宋。

南宋时，金人不断侵扰，局势动荡，报道朝廷动态的"小报"因此"风行一时，不胫而走"，恰是宋代内忧外患的产物。

"小报"的制造者有"内探""省探""衙探"之说。所谓内探，是指能向宫内、枢密院等打听消息的人；省探，是指能向朝廷各部，如中书省、门下省、尚书省等，打听消息的人；衙探则是指能向各衙门打听消息的人。这些人往往是宋朝政府的进奏官，甚至是高级官吏，其中有的人竟然能够以刺探消息为生。

由于当时政局动荡，一般下级官吏和民众很需要这方面的消息，所以"小报"十分走红，据说当时的"小报"是每日一份，不但有人沿街叫卖，甚至造成奔走相告的盛况，"以先得者为功"。

南宋政府对"小报"的流行大为不满，三令五申，加以禁止，1189年，朝廷下诏，说"今后有私衷小报，唱说事端，许人告发，赏钱二百贯文，犯人编管五百里"。但是，因为"小报"背景复杂，且有官吏从中把持，直到南宋灭亡，始终无法禁绝。

南宋的"小报"曾被"隐而号之曰新闻"，这是我国历史上第一次将"新闻"这一术语与报纸联系在一起，使其具备了时事报道的含义。

京报

清代以军机处为传报的总机关，是直接听命于皇帝的政务机构。皇帝谕旨、官员的奏折和机要公文都在此汇集，由军机处决定把应该公布的内容下达到内阁，再由内阁通知各省驻京提塘官和衙门抄发。这种报纸称"邸报"或"京报"，社会生活也称"邸钞"或"阁钞"。

道光十年（1830年）以后，典籍中不再有"邸报"的字样，而"京报"成为清代中央政府机关报的固定名称。这是中国古代报纸由原始形态向近代形态过渡的明显迹象。

《京报》的主要内容为皇帝的敕令和公告；简要的宫廷消息，包括新闻标题也开始出现。一些生意人看到卖报可以赚钱，就把报纸带到西北各省销售，后来这批贩报人联合起来，在北京正阳门外建立报房，印刷发行《京报》。清廷认为这对广泛宣扬政令有利，就逐渐接受并形成制度。到同治九年（1870年），仅北京就有十几家报房，名号不一。

《京报》，既零售又接受订户，还可以通过提塘送到京城以外的地方，或经信局寄发，其读者多为京城的达官贵人。

1913年前后，《京报》随清王朝的覆亡而停止。

中国近代第一张晚报

中国第一张晚报是上海《泸报》试办的《夜报》，创刊于清末光绪八年（1882年）。它的内容编排首先是论说，其次是皇帝"圣旨"，接着是新闻。但新闻报道没有题目，只按省市集中合写一个标题。如北京的标题为《禁苑秋声》、广州的标上《羊城夕照》等。

这张报纸问世不久就停刊了。

中国近代第一份中文月刊

中国近代第一份中文月刊是《察世俗每月统记传》，1815年8月5日由英国传教士罗伯特·马礼逊（1782～1834年）在南洋马六甲创办，主编米怜。

该刊为木版雕印，每期五至七页，约2000字，免费赠阅，为宗教性月刊，主要宣传基督教教义和基督教的道德观念，同时也介绍一些科学知识和各国概况。该刊从版式到宣传手法上都尽量迎合中国人的口味，如外观看起来很像线装书，每期扉页上都印有从《论语》集来的句子："子曰多闻择其善者而从之"。

1812年，该刊因主编米怜有病离开马六甲而停刊。

中国境内第一份中文刊物

在中国本土出版的第一个近代中文刊物是《东西洋考每月统记传》，由传教士、普鲁士人郭士立（1803～1851年）于1833年在广州创刊。

该刊重视介绍西方的实用科技知识，侧重宣扬"四海之内皆兄弟"的说教，目的在于炫耀西方的文明，消除中国人民对他们的戒备心理。该刊还发表过介绍李白、苏东坡的诗词、汉赋和荷马史诗的文章，对打破当时东西方文明的隔绝状态、沟通中外文化起了一定的作用。

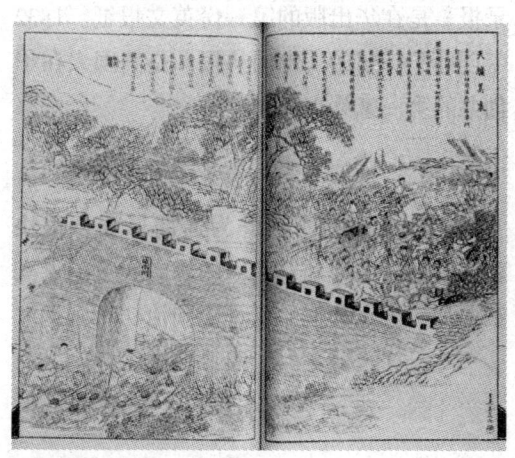

《点石斋画报》

《点石斋画报》为中国最早的旬刊画报，光绪十年（1884年）创刊，光绪二十四年（1898年）停刊，共发表了四千余幅作品，有大量时事和社会新闻内容。

晚清四大小说杂志

《新小说》：梁启超主编，1902年创刊于日本横滨，次年改在上海刊行，1906年元月停刊。共出24期。连载过《二十年目睹之怪现状》《痛史》等名作。

《绣像小说》：李伯元主编，1903年5月创刊于上海，1906年4月停办，共出72期。刊登有《老残游记》《文明小史》等名作。

《月月小说》：1906年9月创刊于上海，初由汪维父编辑，第4期起，由吴沃尧、周桂笙继任笔政。1909年1月停刊，共出24期。以刊登短篇小说为主，开鸳鸯蝴蝶派先河。

《小说林》：黄摩西主编，1907年2

月创刊，1908年10月停刊，共出12期。以刊登翻译小说和小说评论为主。

中国境内出版最早的外文报纸

清代末年，随着来华的外国商人、传教士的增多，以他们和外侨为对象的外文报纸也开始出现。其中，1822年创刊于澳门的葡文《蜜蜂华报》是在中国境内出版最早的外文报纸。1827年创办于广州的《广州纪录报》是在华出版的第一份英文报纸。1832年创办于广州的《中国丛报》是美国人在华创办的第一家英文刊物。

《申报》

1843年，上海被辟为通商口岸，很快就成为通商大埠和冒险家的乐园。英国人安纳斯托·美查和他的哥哥于同治初年到上海经营茶叶和布匹生意，赔本后，美查转向办报牟利，与三位友人共集1600两银子为股本，于1872年4月30日出版了《申报》。

在内容上，《申报》针对市民切身利益的一些问题发表了不少社论，在有限的范围内对某些不合理的社会现象进行了揭露，并且不刊登令中国读者厌倦的西方宗教文章，主要宣传孔孟思想以博取人心。

在发行上，《申报》在杭州设立分销处，以后又逐渐扩展到其他城市。

在售价上，《申报》十分便宜，每份仅铜钱8文。

因此，《申报》销量大涨，甚至使上海的老字号报刊《上海新报》被迫停刊。为保住独家经营地位，《申报》锐意革新，创造了许多重大的新闻形式，成为旧中国的最大报纸，被载入了中国新闻发展史。

商业经济

"市井"的由来

在古代，市井就是物品交换的场所，又称市廛。为什么将"市"与"井"联系在一起？有人说"市"的起源与水井密不可分。在氏族公社时代，"若朝聚井汲水，便将货物于井边货卖，故云市井也"。这表明，在正式的集市出现以前，汲水的水井旁是古代人们交易的主要场所。

商品交易场所的市井初为乡村市场。相传神农作市，那么它无疑是这种乡村集市。到了夏代，一些规模较大的集市成为贵族们聚居的地方，正式发展成为古代城市。按照"面朝后市"的要求，市井的城市空间，被官府定位于宫殿或官衙的背后，与居民所住的里或坊严格分开。市的周围被高高的市墙圈起，四面设门，按时开关。这种被四面高墙围起来的市场酷似水井，尤其是井口上面有井栏、井圈的水井。这种坊市分割的市"井"制度在中国历史上存在达千年之久，终于在两宋时期被打破，出现了商业荟萃的繁华街道、马路。这在《清明上河图》上可以清晰看到。尽管此后围得像井的集市不复出现，但因为历史上"市"与"井"密切相关（不管是水井还是井田），"市井"一词也就世代沿袭下来了。

"税"的起源

据考证，古代"藉而不税"，实际上是"藉"等于"税"，《说文》解"藉"为"税也"。或叫"藉民以力"，或称"什一而藉"，是最早以力役形式出现的土地税，实行了相当长的时期。原始社会氏族公社里有一块公田，作为氏族长率先开耕以示重农和祈年的场地，故称"藉田"；其全部农作则由分得份地的社员共同承担，所得谷物归于公社，用作备荒、祭祀、水利等公共事业的支出。进入阶级社会，公田的形式未变，而其收入逐渐归族邑行政收纳管理，因为这时行政管理公共事务，这种收入实质上就与政府的税收相等。再者，人们起初有一种宗教意识，土生万物，公田和社员份地都是大地所赐，公地收入之一用于祭礼地（社）神，以报本返始。后来有"溥天之下，莫非王土"的思想产生，公地收入归之于政府，也就是天经地义了。这种观念一直贯彻到封建社会的田亩税中。

春秋时期，逐渐废除长期以来农民共耕公田、以收获物上缴当税的制度，实行按凡占有田亩者收取其实物税。"税"字从"禾"的偏旁，表明是收取谷物之义。这就是税亩制度——土地征税制度的确立。如鲁国有"初税亩"，齐国、晋国有"税田"制度等。就连其他的征课（这里主要是说军赋）都改依田亩来征纳。至战国时代，土地征税制度已在全国范围内普遍实行。

陶朱公

陶朱公是范蠡的别名。他辅助越王勾践二十余年，终于攻灭宿敌吴国。大功告成之时，范蠡急流勇退，辞官而去。

范蠡乘船到了齐国，更名改姓，自称"鸱夷子皮"。他在海边耕作，与儿子合力治理产业，不久就积累了不少资财。齐人听说范蠡是贤能之士，邀为国相。范蠡叹息道："住在家里就积累千金财产，做官就达到卿相，这是平民百姓能达到的最高地位了。可是，长久享受尊贵的名号并不吉祥。"于是发散了家产，悄然离去。他来到陶地，认为这里是天下的中心，交易买卖的道路通畅，经营生意可以发财致富。于是在此定居，自称陶朱公。

范蠡早年曾师从计然，研习理财之道。这次再操经商之业，自然驾轻就熟。他每日买贱卖贵，与时逐利，不久又成了富翁。陶朱公的经商之道，一是掌握好供求关系；二是掌握好物价贵贱的幅度；三是加快资金的周转率，所以不多久就富比王侯。天下都知道陶朱公，诸侯争相与他交往。19年之中，他先后三次积累财富至千金，又三次散尽家财救济穷人。

商人的祖师

商人的祖师叫白圭。白圭是战国时期经营农产品的商人，因擅长经商致富而名满天下。他在晚年总结出一套经商理论，为后世经商者所师法。他指出："经商必须乐观时变。"即经常注意农业生产变化动向和市场情况，坚持"人弃我取，人取我与"的原则。他在丰年买进粮食，供应丝、漆；在蚕茧上市时，收购丝、锦和织物，出售粮食。采取这个办法，不用与人争买卖之价，就可得到不少的利润。白圭还有一个薄利多销的原则，认为经商一般谷类等生活必需品，虽然利润不高，但销售量大，资金周转快，仍可赚得很多钱。他重视商品质量，认为质量高的商品能赢得信誉。白圭认为，一个商人应具备"智、勇、仁、强"四个条件。要善于应变，勇于立新，懂得取予，能有所守。他不收缺乏这些才能的门徒。

《史记》中说："盖天下言治生祖白圭。"由于白圭在经商方面成就突出，后世商人便把他尊为本行业的祖师爷。

唐代的坊市

唐代的"市"非常繁荣，史料记载，长安东市"市内货财二百二十行，四面立邸，四方珍奇，皆所积集"。不仅长安等大都市，即便地方州县内亦有米行、绢行、铁行等各行的划分，这里的"行"就是同类货物售卖专区。另外，唐代对"市"的管理也很严格，《唐律疏议》规定："凡官私斗、秤、度尺，每年八月诣寺校印署，无或差谬，然后听用之……诸造器用之物及绢布之属，有行滥、短狭而卖者，各杖六十；得利计赃重者，计利准盗窃论。贩卖者，亦如之。"

这类制度保证了消费者的权益，为市场繁荣作出了很大贡献。在当时的历史条件下，坊市制基本上能够满足城市居民经济生活的需要，对于唐前期城市经济的恢复和发展也具有积极的作用。

坊市制的突出特征之一是将市场交易局限在市中，交易地点有严格的限制，然而实际上，在实行坊市制的唐代前期，即使是长安的坊中，也仍有一些私下的商业活动存在。例如长安宣阳坊有彩缬铺，升平坊里门有"胡人鬻饼之舍"。还有一些走街串巷、在坊内流动的小商人，如见诸史书的"邹骆驼，长安人，先贫，尝以小车推蒸饼卖之"。这些商业活动也有助于便利坊内居民的不时之需。

"夜市"的起源

有一种说法，说中国的夜市最早起源于唐代中后期。事实上，中国最迟在汉代就已经产生了夜市。

最早明确记载夜市的文献是桓谭的《新论》，其中说："扶风漆县之邠亭，部言本太王所处，其民有会日，以相与夜市，如不为期，则有重灾咎。"这里的"夜市"就是指夜间的集市贸易。许慎的《说文解字》中也有关于邠亭夜市的记载。《说文》"邠"字解曰："豳美阳亭，即豳也。民俗以夜市。"

汉代的夜市有三个特点：一是地方性。汉代的夜市尚未普及，仅局限于个别地区。二是时间性。汉代的夜市不是经常性的交易活动，它有一定的时间规定。三是含有一定的非经济因素。汉代夜市的出现主要是汉代商品经济发展的必然结果，但也曾和某些宗教迷信活动混合在一起。这些特点反映了中国夜市在萌芽时期的概貌。

中国最早的外贸法

元丰三年（1080年），北宋制定过一个《广州市舶条法》，这大概是中国最早的外贸法。此法案将民营的海外贸易规定为两个阶段，分别加以管理。

第一，海外流通阶段。即商人从上船放洋到回国上岸以前，纯属私人经营阶段。但舶商、船主和船员放洋必须持有市舶机构颁发的许可证，叫作公凭、公证或公验，以便出入境时交验，否则出洋交易即为非法。

第二，是舶船回国货物上岸以后进入境内流通阶段。无论中外商人载来的商品，都必须由当地市舶司按规定"抽解"（征税）和"博买"（征购）。抽解就是以舶来商品的十分之一或十分之二抵冲税金；博买就是官府以低廉的价格收购大部分舶来商品，编纲运送榷货务，由官方掌管其流通和交易。政府对海外舶来品的主体部分实行禁榷政策，即官府垄断大部分输入商品的运销业务以获取厚利。剩下小部分舶来品才由中外舶商自行销售贩易。

在一定程度上，《广州市舶条法》让当时外贸活动有了依据和规则，对经济起到了推动作用。

中国最早的海关

海关作为对进出国境的人员和货物监督管理的国家行政机关，是伴随着一个国家对外贸易实行限制而产生的。

中国海关的产生，具有悠久的历史。在唐以前，由于航海业不够发达，只有陆地的"边关"，而无"海关"。从唐代开始，在沿海口岸设市舶使（司），以监管海上进出口货物和船舶，征收关税。唐朝内地同时设有26处关，并建立了陆关管理制度，但对陆关的绢马和茶马贸易均不征税，只是严禁兵器出关。宋、元、明各朝代均沿袭了唐代的市舶使制度，建立提举市舶司，除征收关税外，还直接管理对外贸易，其职能比较广泛。市舶使（司）已具有近代海关的特征，可以算是中国最早的海关。

富可敌国的沈万三

沈万三（1330～1376年），本名富，字仲荣，元末明初时期江南的首富。

关于沈万三的发迹，可说是颇有神秘色彩。传说他因为救了渔人捕捉的青蛙，青蛙为了报答他，就给了他一只瓦盆。这只瓦盆神奇无比，放一枚铜钱进去可以变出满盆的铜钱，是只聚宝盆，沈万三也因此而发迹，富可敌国。这当然只是传说。据记载，沈万三曾经是一名海商，他利用白砚江（东江）西接京杭大运河，东入浏河的便利，将江浙一带的丝绸、陶瓷、粮食和手工业品等大量运往海外，因而积累了万贯家财。

洪武元年（1368年），明太祖朱元璋登基称帝，建都南京。几年后，朱元璋召见沈万三，当时朱元璋正在修筑都城的城墙，但因国库匮乏，进展缓慢。沈万三于是主动献上白金千锭，黄金百斤，表示愿意协助修筑城墙的三分之一。两边的工程同时进行，结果沈万三不仅先朝廷三天完工，还提出代为犒赏三军。朱元璋接到奏折后勃然大怒，骂道："匹夫犒天下之军乱民也，宜诛之！"幸亏马皇后苦苦相劝，这才改将沈万三全家流放到云南，家产充公，沈万三颠沛流离，最终客死他乡。

徽州的"劝商谣"

明清时期的徽州商人和当时的扬州商人、宁波商人鼎足于商界，特别是徽商足迹遍布全国，当时就有"无徽不成镇"的说法。由于商业气氛很浓，好多人家让孩子随其本地商人出去，做仆人或店小二。对于小孩，长辈虽恋恋不舍，但为其前途不得不狠心，自然少不了对孩子劝诫一番。

《桃源俗语劝世词》中有一首质朴情真的劝商谣：不要变，不要腆，收起心来重进店，安分守己帮侬家，和气决不讨侬厌。朝早起，夜迟眠，忍心耐守做几年，嬉戏供鸟一切事，都要丢在那旁边，打个会，凑点钱，讨个老婆开个店，莫道手艺不发财，几多兴家来创业。不妥帖，归家难见爷娘面，衣裳铺盖都搅完，一身弄得穿破片。穿破片，可怜见，四处亲朋去移借，倒不如，听我劝，从此收心不要变，托个相好来提携，或是转变或另荐，又不痴，又不呆，放出功夫摆柜台，店倌果然武艺好，老板自然看出来。看出来，将你招，超升管事掌钱财，吾纵无心求富贵，富贵自然逼人来。

钱庄与票号

钱庄是旧中国的一种信用机构，主要分布于江苏、浙江、福建等省各城市。在北京、天津、沈阳、济南、广州、郑州等地则称银号，性质与钱庄相同。在汉口、重庆、成都、徐州等地，钱庄与银号的名称并存。清末新式银行兴起之后，钱庄的地位逐渐被银行所代替。

票号在各地设有分号，初期主要经营汇兑业务，以后存款放款业务逐渐增加。营业对象大都为封建官僚、地主和一般商人。19世纪中叶以后（咸丰、同治、光绪年间），营业甚盛。银行兴起后，票号业务受到影响，逐渐衰落。到20世纪20年代末，少数保留下来的票号改为钱庄，票号遂趋消亡。

互市

汉初与匈奴通商，汉武帝元狩年间，张骞通使西域，与各民族间贸易，《后汉书》也提到"岁时互市"的情况。魏晋以后，西北陆路贸易更见繁荣。《隋书》说："河西诸郡，或用西域金银之钱，而官不禁。"隋代在京师设四方馆，"掌其方国及互市事"，并在西北边地设有交市监。唐代设互市监，"掌蕃国交易之事"。又在沿海一些地点设市舶司，经管海路通商事宜，海路通商有了很大发展。宋开宝四年（公元971年），"置市舶司于广州，后又于杭、明州置司，凡大食、古逻、阇婆、占城、勃泥、麻逸、三佛齐诸蕃，并通货易"。在西北、西南等地区，宋、明在边境上设置榷场互市，以茶、盐等换取各族商人马匹。元、明在沿海设市舶提举司，经管与外商互市事宜，"若国王、王妃及陪臣等附至货物，抽其十分之五，其余官给之直。其番商私赍货物入为市易者，舟至水次，悉封籍之（封存登记），抽其十二，乃听贸易"

（《天下郡国利病书》）。清初有海禁，康熙二十四年（1685年）开禁，规定漳州、云台山、宁波、广州四处作为互市通商之地。乾隆二十四年（1759年）后，又限在广州一地。鸦片战争后，中国逐步沦为半殖民地，帝国主义攫取了租界、海关等，对外贸易的性质发生了变化，互市的自主权就丧失了。

"经济"的由来

汉语中本来也有"经济"两字，比如，清末曾国藩撰"季子自命才高，与人意计时相左"一联，左宗棠对以"藩臣一心为国，问伊经济有何曾"。又如，曾有"司马文章，诸葛经济"的对联。上述二联里皆有"经济"两字，但其原意是"经世济民"或"经世济邦"的意思，它既不是一个专用名词，也不是近代社会科学领域里一门科学的专有术语。

清代末年，西学东来，才有economy一词传入中国。当时有人把这个词译为"富国策"或"富国养民策"，后来又有人根据"国计民生"而译为"生计学"或"理财学"。孙中山先生认为以上译名"皆不足以赅其义，唯有'经济'二字的意思似乎相当"。从此，economy一词译为"经济"和"经济学"为中国学者普遍采用。

"会计"的由来

会计，就是总和计算。会是总的意思，计是计算的意思。在此处，会应读作"侩"。会计这个词起源极早，《史记》载："禹会诸侯江南，计功而崩，因葬焉。命曰会稽。会稽者，会计也。"原来，大禹晚年在浙江绍兴的苗山上大会诸侯，稽核他们的功德，这个行动也就被称为会稽（会计）。

"会计"这个名词用在财务计算上，也是很早的。《孟子》上就有"会计当而已矣"的话。在《战国策》"冯谖为孟尝君市义"这个著名故事里也提到这一名词。当时孟尝君要派人去薛邑收债，问门下诸客"谁习计会？"（古代也把会计称为计会），应声而出者则是冯谖。

十三行

鸦片战争前，清政府在广州指定若干特许的行商（洋货行或外洋行）垄断和经营对外贸易，又被称为"十三行"。

关于"十三行"的命名，过去研究者有不同意见：一说是以广东行商有十三个行数而得名。二说是这个名称，明时已有，清代沿之。三说是因为在粤海未设关之前，外商到粤贸易，地方政府不能不特别组织一个团体来对付，这个团体恰好是前明所留三十六行中之十三行，因称之"十三行"。四说是由习俗和给以特有命名而定。

从行商所具有的职能来分析，"十三行"的名称是由"十三夷馆"而来的。然而，到"十三夷馆"去联系交易的"洋货行"却不一定是十三家，可多可少，不过却只限于经过政府特许的经营对外贸易的"洋货行"。因此，把"十三夷馆"又可称为"十三行"的"十三"的数字概括使用于所有经营这一业务的行帮，实际上是合乎情理的，在称谓上也是确切的。

广州十三行油画 清

管子的"轻重论"

《管子·轻重》对轻重理论作了突出而又详细的论述，构成了《管子》全部经济学说的基础。

例如，关于某一种商品的轻重规律或原则，《国蓄》说："聚则重，散则轻"；又说："少或不足则重，有余或多则轻。"阐明了商品流通和需求的情况决定了商品的价值。关于诸种商品、货币与商品之间的轻重关系的规律或原则，《乘马数》说："谷重而万物轻，谷轻而万物重。"这是通过各种商品的对比关系而确定的轻重原则；《山至数》说："彼币重而万物轻，币轻而万物重。"分析货币与万物的轻重关系，表现在价格的贵贱上。这在阐明商品价值上有着普遍的和重要的意义。轻重论的内容繁多，包括掌握物资、充实财政、调剂盈亏、平衡物价、阻止兼并、防止物资外流、吸取别国物资、进行国与国间垄断贸易等等，归结起来，就是要封建国家采取各种措施，以控制商品货币关系，其中包括通过对货币发行数量的掌握来左右货币的价值，由左右货币的价值，进而改变它与谷物、百货间的轻重关系。后来贾谊对此做了简要的说明："上挟铜积以御轻重，钱轻则以术敛之，钱重则以术散之，货物必平。"

"本末"的由来

"本末"是战国以来对行业分工的一种称谓。"本"又作"本务"或"本事"，指农业。"末"又作"末作""末事""末产"，指手工业和商业。

东汉末的王符对"本末"作了另一种解说："夫富民者以农桑为本，以游业为末；百工者以致用为本，以巧饰为末；商贾者以通货为本，以鬻奇为末。"明清之际的黄宗羲主张以迷信、倡优、奇技淫巧等"不切于民用"的行业为"末"，应一概禁绝；并指出："夫工固圣王之所欲来，商又使其愿出于途者，盖皆本也。"（《明夷待访录》）

平籴论

《史记·货殖列传》记春秋末计然的话："夫籴二十（钱）病农，九十（钱）病末（指工商业）。末病则财不出，农病则草不辟矣。"就是说粮价贱则病农，粮价贵则病末，他建议由国家进行平籴，控制粮价在三十至八十钱之间，则对于农末都有利。战国时李悝和计然的主张相似，他对魏文侯说："善为国者，使民无伤而农益劝。"要做到这一点就是搞平籴，要"谨观岁"，把收成分作上熟、中熟、下熟，"大熟则上籴，三而舍一（农民在余粮四百石中，国家收购三百石），中熟则籴二，下熟则籴一"。采取这样措施，就可以"使民适足，贾（价）平则止"（《汉书》）。

开源节流

"开源节流"是战国时代荀况提出的关于财政收入和生产间关系的理论。《荀子》："故田野鄙县者（指农业生产），财之本也；垣窌仓廪者（指粮食储备），财之末也；百姓时和（按照顺当的天时）、事业得叙者（依次进行耕作），货之源也；等赋府库者（照着等级征税收进国库），货之流也。"根据这些条件，他主张"养其和，节其流，开其源，而时斟酌也"。

中国最早的货币

"贝"是中国最早的一种货币。

《尚书》云："兹予有乱政，同位具乃贝玉。"这里，对于贝的解释是："贝者，水虫，古人取其甲以为货，如今之用钱然。"商周时期的墓葬里，经常出土这种贝币。贝作为货币这一点，从汉字的结构上也可以得之，可见在这些字形成的时候，贝壳已是价值尺度。最早的货币是海生的贝壳，后来由于真贝的数量不够，人们就用仿制品：用蚌壳仿制，用软石仿制，用兽骨仿制，最后，随着商品交换的日益扩大，到了商代晚期便出现了用铜铸造的铜贝，这种铜币是人类最早使用的金属货币。

秦始皇统一中国后，统一币制，废除了贝币，改用钱币。王莽曾一度恢复。在中国云南一带，贝币一直使用到清朝初年。

中国最早的货币单位

"朋"是中国最早的货币单位。中国最早的货币是贝币，而贝币的计算单位就是"朋"。五贝为一串，两串为一朋。甲骨文和青铜器铭文中都有商、周的王和贵族赐给臣属贝的记载，《诗经》云："既见君子，锡（赐）我百朋。"郑玄笺："古者货贝，五贝为朋。"

中国古代最早的国家造币厂

1979年陕西省澄城县坡头村发现了一处古代铸币遗址。该遗址南北长220米，东西宽147米。从断崖中所暴露出的堆积物看，文化层厚度30～80厘米。发掘过程中，除在铜范出土地点周围，采集到大量的薄厚不等的粗、细绳纹板瓦残片、粗绳纹残砖块、灰陶罐残口沿、指甲纹陶片和镰形残铁块、粗绳纹残筒瓦、红烧土色残砖、小灰罐各一件外，还清理发掘出四座陶窑：一号窑坐南面北，窑室约有三分之一的地方受到破坏，仅留工作室、火门、火膛和窑床部分。工作室南北长1.72米，东西宽1.25米，火门南北长32厘米，东西宽60厘米。火膛南北长90厘米，东西宽1.25米。在火膛内发现铜范、陶范和铁器。在工作室发现了炼铜用的铁锅。此属烘范窑。

经专家考证，认定这里正是《汉书》上记载的西汉"上林三官"铸币地，也就是汉武帝于元鼎四年（公元前113年）设立的国家造币厂，这是目前发现的最早的国家造币厂。

中国古代的"国际货币"

北周的"永通万国"钱，意谓永远流通于众多国与国之际的货币。此钱铸作精美，篆法绝工，人称六朝钱币之冠。钱名颇具开拓新意；此前的"五铢"钱名，以纪重为文义。五铢钱历经两汉、魏晋、南北朝至隋，是流通了700余年之久的长寿钱，北周变革钱名，意味着对传统币文的决裂，欲摆脱秤量货币为信用货币，这是顺应货币发展大方向的。然而改名为"永通万国"的钱币是否达到币文所指望的目的呢？

《周书》记载："大象元年……初铸永通万国钱，以一当十，与五行大布并行。"北周大象元年即公元579年，铸行永通万国钱，作前期发行的"五行大布"钱十枚，折五铢钱500枚，而一枚永通万国钱仅重6.1克，因而这种贬值减重的货币当然不受欢迎，最后被逐出货币流通领域。

中国古代最早的"御书钱"

中国最早的御书钱币是北宋初年的"淳化元宝"。

中国古代钱币的钱文有许多都是由皇帝亲自书写的，称为御书钱。其中，宋太宗赵光义（即赵炅），是帝王书写钱文的第一人。

太宗笃爱书法，购求古代法书，汇集名家真迹，命翰林侍书学士王著编纂《淳化阁帖》，遂为学书者的法帖。他刻苦研习王羲之父子及历代名家的法帖，不断提高书写技艺。他用隶书撰写（晋）骠骑将军韩府君道碑铭赐给太师赵普，用草书纨扇分赐给大臣和将军，以示恩泽教化。淳化元年（公元990年），他亲自用真、行、草三种书体书写"淳化元宝"钱文，铸行新币，开了铸造"御书钱"的先河。

"淳化元宝"四字，其真体隐含隶意，行笔沉着稳健，浑厚端庄，笔力含蓄。行、草二体点画飞动，笔走龙蛇，雅有晋宋风范，令人回味不已。

自北宋太宗皇帝后，帝王争相效仿，撰写钱文，以求流芳百世，至宋徽宗时，其"瘦金体"已至登峰造极之绝顶，后世帝王惊叹弗如，自愧难超此峰，遂帝王亲笔撰写钱文之风消匿。"御书钱"文体也就成了书法史上独具风范和地位的瑰宝，为后人研究古代经济、社会发展及帝王学养提供了极其珍贵的史料价值。

中国最早的铁钱

铁钱是用铁铸造的钱币。西汉末年，公孙述在四川铸铁质的五铢钱，这是中国最早的铁钱。

大规模使用铁钱，始于梁武帝普通四年（公元523年）。当时铁钱和铜钱的比价，约两文当一文，任昉诗中有"铁钱两当一"之句。此后，五代、两宋、辽夏也都用过铁钱，使用最多的是两宋，主要通行于四川地区。据史书记载，"川峡铁钱十，值铜钱一"（《宋史》）。清代咸丰年间也曾铸造铁钱。

中国最早的年号钱

年号钱是以皇帝年号命名的钱币。中国最早的年号钱是十六国时期成汉李寿所铸的"汉兴钱"（公元338～343年）。

"汉兴钱"之后，又出现了南朝宋的"孝建五铢"（公元454～456年）和北魏孝文帝的"太和五铢"（公元447～499年）等。年号钱成为制度始于宋代。从北宋太宗到南宋度宗的近三百年间，年号钱连绵不断。宋代年号改得比较频繁，所以年号钱也特别多。

灾年铸币

"灾年铸币"，是指遇到灾祸的年月，如旱灾、水灾、蝗灾等，统治阶层会通过铸币的方式缓解灾祸损失。

中国古代很多典籍中都有灾年铸币的说法，如《国语》："古者天灾降庚，于是乎量资币（指铸币），权轻重，以振救民。"而《管子·山权数》记，夏禹在位时一连五年水灾，夏禹便组织人们"以历山之金铸币"，用以帮助因为没有粮食被迫卖掉子女的人赎回子女。商汤在位时一连七年旱灾，"汤以庄山之金铸币"，也用于帮助因为没有粮食被迫卖孩子的人赎回孩子。《竹书纪年》载："殷商成汤二十一年大旱，铸金币。"《周礼》上也讲："国凶荒札（札，指瘟疫流行）丧，则市无征，而作布（按指布币）。"《盐铁论》中也有类似的记述。

看来至少在先秦以至汉代，灾年铸币的说法是流行很广的，很可能历史上确有此种事。

"钱"的本义

钱的本义是古代的一种农具，其形状如现代的铲，用以铲地除草。《说文》："钱，古者田器。"《诗经》："命我众人，庤（具备）乃（你们的）钱镈（农具的一种）。"郑玄笺云："教我庶民，具汝田器。"古代的钱币本来叫作"泉"，取其可以像泉水一样流通的意思。《周礼》有"泉府"一官，掌管国家税收等事，这个"泉"字在有的书上就写作"钱"，所以贾公彦疏云："泉与钱今古异名。""泉"是一个共同的名称，包括各种质地、形状的钱。后来有一种钱币是模仿铲头的形状铸成的，因此钱币的"钱"

就跟农具的"钱"混而为一。《说文》"贝"字下说："至秦废贝行钱。"就是说，到了秦代，"钱"字已完全转变为货币名称了。

布币

布币是春秋战国时的一种铜币，主要通行于三晋地区。由铲演变而来。最早的布币，完全保留着铲的形状，所以也叫铲币。铲，古书上叫"镈"，是一种铲草的农具。"镈"与"布"二字，古音同，以"布"代"镈"，因有布币之称。布币的种类很多，大体分为两大类：空首布和平首布。前者布首中空，上端可以装柄；后者布首扁平，不能装柄。根据形状的不同，空首布又可分为方肩空首布、斜肩空首布和尖足空首布，平首布又可分为尖足布、方足布和圆足布。布币上一般铸有地名，有的还铸有币值面额、干支等。

刀币

刀币是春秋战国时期流通于燕、赵、齐等国的一种铜币。由作为生产工具的刀演变而成。种类很多，有"齐刀""即墨刀""安阳刀""尖首刀""圆首刀"和"明刀"等。一般铸有铸造地点等文字。秦始皇统一中国后，统一币制，废除刀币，代之以秦半两钱。王莽改制，一度铸造金错刀、契刀（栔刀），行之不久即废。

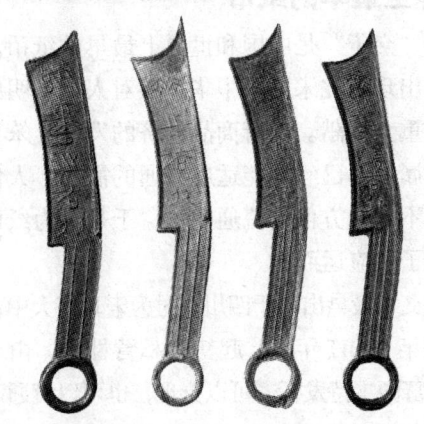

齐刀币 春秋

圜币

圜币又称环钱、圜金。是出现于战国中期的一种铜币，主要流通于周、魏、秦等地区。圆形，中央有一圆孔，分无廓和有廓两种。环钱的由来，一说由纺轮演变而成，一说由璧环演变而成。钱上铸有文字，自一个字到六个字不等。目前发现的最早的环钱，是河南辉县固围村战国墓出土的带"垣"字钱，及山西闻喜县东镇战国墓出土的带"共"字钱。

蚁鼻钱

蚁鼻钱一般被认为是楚国的货币。多在南方出土，和中原货币不同。也有人认为是铜贝的高级形态。最常见的一种上面有阴文，像人面，俗称"鬼脸钱"。其次是"各六朱"，因为上面的文字好像"各六朱"三字的连写，故称。其笔画形如蚂蚁，加以"鬼脸"上有鼻状凸起，故称蚁鼻钱。

孔方兄

孔方兄是钱的别名。因为古钱币中多有方孔，故名。晋鲁褒《钱神论》："钱之为体，有乾坤之象，内则其方，外则其圆。亲之如兄，字曰'孔方'。失之则贫弱，得之则富昌。"这大概是称钱为孔方兄的开始，带有戏谑之意。南北朝时，士人为了自标风雅，不称钱而称孔方，成为一时风气。到了后来，更有人省称为"孔兄""方兄"。

阿堵物

阿堵物，又称阿堵，钱的又一别称。典出西晋的王衍。

王衍（公元256~311年），字夷甫，西晋大臣，是著名的清谈家、魏晋名士，喜老庄学说。王衍一向对钱十分不齿，视之为俗不可耐的东西。无论在怎样的场合，如何避无可避，都绝口不提一个钱字。

有一天，王衍的妻子想试探他，就趁他熟睡之际，让家人用铜钱把他的睡榻团团围住。心想他要起床，必然会唤人把钱搬走，这样肯定避不开钱字。不料，翌日王衍醒来以后，却唤仆人道：快把"阿堵物"搬走！

阿堵物，大概就是"挡道的东西"的意思，是王衍急切中找到的代名词。没想到，他随口这么一说，却成就了钱财的另外一个名字，流传千古。

五铢钱

五铢钱是古铜币的一种。圆形，方孔，有外廓，重五铢。钱上铸有篆文"五铢"二字，故称五铢钱。《汉书》元狩五年（公元前118年）："罢半两钱，行五铢钱。"此后直至隋代700多年间，各个朝代均有铸造，但形制大小不尽相同。唐高祖武德四年（公元621年）废止，但旧五铢钱仍在民间继续流通。钱身的轻重适宜是它在历史上使用最久而获得成功的根本原因。

金错刀

金错刀是古钱币名。又叫"错刀"。刘婴居摄二年（公元7年）所造。钱上铸有"一刀平五千"字样，表示一个金错刀可当五千钱用。当时黄金一斤值万钱，两个金错刀就可以换取黄金一斤。这种大钱造成了通货膨胀。行之不久即废。因为这种钱上的"一刀"两字是用黄金错（镶嵌）成，而钱身又呈刀形，所以叫金错刀。金错刀制作精密，为后世所重，常用作货币的代称和典故，如张衡《四愁诗》："美人赠我金错刀，何以报之英琼瑶。"杜甫《对雪》诗："金错囊徒罄，银壶酒易赊。"

和田马钱——罕见的冲制钱币

和田马钱是古代中国西域钱币的一种。它的学名叫"汉佉二体钱"，它是公元1～3世纪的于阗（今和田）地区自行制造和发行的一种钱币。这种钱币是东西文化的合璧，吸收了东西方两大钱币体系的特点，用汉文和佉卢文双体文字。

和田马钱的最大特点在于，它是一种冲压钱币。和田马钱的外形呈圆形，无孔，正面的中心是一匹马或一峰骆驼的图像，因此人们习惯上称这种钱为"马钱"。马或骆驼的周边是一圈佉卢文字母，是一种颂词，大意是"大王、王中之王、伟大者……（某一位国王的名字）"。圆形的薄片似的铜币，加上打、压印上的文字和图像，这种造钱法可以溯源到古代希腊；然而若翻到钱币的另一面，则又一下子使人走进了另一种文化：背面是汉文篆字"重廿四铢铜钱""六铢钱"等，表示钱币的重量和面值（在古代，人们有时用重量表示面值）。

佉卢文是一种中亚死文字，它源于公元前5世纪的巴基斯坦西北部，公元3～4世纪在塔里木盆地南道的于阗、鄯善等地流行。于阗人借鉴了当时在帕米尔高原以西地区流行的圆形无孔打压钱模式，同时又遵循了中原秦、汉时期流通的钱币铭文和币值、重量体系，创造了这么一种东西合璧的文化花朵。

世界上最早的纸币

"交子"是中国和世界上最早的纸币。首先出现于北宋，是中华民族对人类文明的一项重大贡献。随着商品经济的发展，笨重的金属货币已经不能适应流通的需要，人们不得不另找方便的流通手段，于是作为纸币的交子便应运而生。

交子最早出现于四川，时为宋真宗大中祥符四年（1011年）。起初为私营性质，由十几户富商主持发行，可以兑现，也可以流通。十二年后，即宋仁宗天圣元年（1023年），

交子 北宋

由官府接管，改为国家办理。朝廷在四川设置交子务，作为发行交子的专门机构。交子作为地区性的货币，行用地区大体限于四川。交子的币面价值，最早限于一贯至十贯，数额在发放时临时填写，这与近世的支票有相似之处。后来改为定额印刷，即在交子上印好一定的价值数额，这就与近代纸币很相似了。

北宋交子的一个重大特点是分界发行，定期回收。所谓界，就是交子的有效使用期限。二年或三年为一界。从宋仁宗天圣元年（1023年）开始，到宋徽宗大观元年（1107年）为止，前后共发行了四十二界官营交子。交子的发行总额，起初受到严格控制，规定每界的发行额是一百二十五万贯，绝不滥印滥发，因此币值稳定。后来，朝廷为了弥补财政亏空，或者两界并用，或者滥印滥发，造成交子贬值。在这种情况下，朝廷为了挽救财政危机，采取换汤不换药的办法，在大观元年（1107年）将交子务改名钱引务，从第四十三界起，将交子改名"钱引"。钱引取代交子后，仍作为四川地区性的纸币，分界发行，沿用到南宋。

中国最早的不兑换纸币

中统宝钞是中国最早的不兑换的纸币。始发行于元世祖中统元年（1260年）。分为十种面额：十文、二十文、三十文、五十文、一百文、二百文、三百文、五百文、一贯、二贯。中国使用纸币，到元朝时已有二百多年的历史，但早期的纸币多少带有兑换券的性质，到了中统宝钞的发行，才有了真正的不兑换的纸币。

元宝简史

元宝，始创于元朝初年。

元以前，用作货币或收藏的金银一般都熔铸成条状或板状，称之为"铤"。元世祖忽必烈当了皇帝以后，为了便于货币流通，促进商品交流，听从户部侍郎杨湜的建议，把库银统一铸成了马蹄形，规重五十两，命名为元宝。

元宝有大中小之分，大锭五十两，元朝规定当丝钞千两使用，就是通常小说里说的"大银"；明清时候还有十两、二十两为一锭出现，称为"中锭"，小锭则三五两不等。后来，由于各地都设立银炉，银元宝根据成色不同，名称上也有区别，如"二七宝银""二六宝银""二四宝银"，等等。古时候，对于元宝的铸造是有严格要求的，上边必须注明银匠姓名、铸造日期、地点等，才能用于流通。此处宝银到外地使用，还要经公估局重新评估成色。

1933年4月6日，国民党政府宣布"废两改元"，实行币制改革以后，元宝正式停止作为货币使用。

纹银

纹银是清朝政府规定的全国性的标准银。因其表面有皱纹，故称纹银。当时认为纹银成色很高，故有"十成足纹"之称，但实际含银量为935.37‰，所以纹银也不是十足的纯银，不过是个假设的标准罢了。实际流通的是宝银（也就是元宝），其成色一般较纹银为高，有足宝、二四宝、二五宝、二六宝、二七宝等。所谓足宝就是标准的纹银。二四宝，是说五十两重的宝银，在流通时要申水（提高比价。也叫"升水"）二两四钱，即可折合五十二两四钱纹银。也就是五十两重的二四宝银与五十二两四钱纹银所含的纯银量相等，余依次类推。

罗汉钱

罗汉钱是康熙重宝的俗称。康熙重宝系庆祝康熙六十寿辰而铸的"开炉钱"，大而厚重，挂于宫灯角下为饰物，故别称"万寿钱"。

民间传说杭州净慈寺有康熙至雍正年间施主供奉之"佛脏钱"（佛像泥塑中空处一孔洞，中可置佛经及各种金银钱物等，贮于其中的供奉钱称之），其上有宝泉二字，谐音宝钱，言佩之能避灾祸，且取自罗汉腹中，因名罗汉钱，自道光以后在长江流域广泛流传。

另一说系康熙西征准噶尔缺饷，边地僧侣捐出全部铜佛像及18尊金罗汉像，熔铸为币充军饷，因其中有金，故缺熙字一笔作记认，以便日后回收。有此传说，罗汉钱多为人所收藏。实则当时"开炉钱"为数不多，现流通者多系道光后至光绪间民间私铸仿造者，制作粗疏、字体区别很大。

古钱上的名家书法

中国古代钱币，与碑刻、题词、绘画一样，保存了众多形态、风格、韵味不一的文字。春秋战国时期，流通的钱币上的大篆体的文字是最初的钱文，多出于铸工之手，字无定型、书无定势，浑厚质朴，雅拙自然，和民间的剪纸、版画艺术一样具有自然、古朴之美。秦兼并六国，"书同文"。丞相、书法家李斯用小篆书写了体势修长、匀柔圆健、遒劲有力的"半两""两甾"钱，开名家书钱文的先例。

唐高祖武德四年铸行的"开元通宝"，钱文是大书法家欧阳询的手迹，八方楷意，端正古朴，法度严整，劲健含蓄，于平正中见险绝，于规矩中见飘逸。

北宋初的"淳化元宝"，是宋太宗赵匡义用楷、行、草三种书写的。其楷书浑厚端庄、笔力含蓄；行书隽永流走、结构得中；草书神采飞劲、奔放流畅、颇显功力。它使宋代钱文艺术达到了空前绝后的境地。苏轼书写的"元丰通宝"，其文工稳独到，肉丰而骨劲，态浓而意淡，藏功于拙，体势秀伟，出新意于法度之中，寄妙理于豪放之外，被称之为"东坡元丰"。宋徽宗赵佶亲书的"崇宁通宝""大观通宝"，形体劲挺、锋芒尽露，用笔生动，铁画银钩，犹如美女簪花龙飞凤舞、天孙织绵别致多样，给人以独特的美感。金代文坛领袖、书法家党怀英用玉箸篆所书"泰和重宝"，其文柔婉流动、体势秀逸、精妙诱人，人称"金泰和"，为钱币收藏者不可多得的珍品。清代画家戴醇所书"咸丰通宝"，近似瘦金体，骨体端庄、清峻开阔、神形兼备，打破了南宋"淳熙元宝"以来艺术特征不多、钱面方正呆滞的局面，呈现了创新。

中国铜圆之始

"光绪元宝铜圆"是中国最早的铜圆。

铜圆正面中央铸满文"宝广"，外环铸"光绪元宝"及珠圈，上缘铸"广东省造"，下缘铸纪值文字，左右两侧各铸一花星，背面中间为龙图，外环珠圈，上缘铸英文纪地"广东"，下缘铸英文纪值文字，左右两侧各铸一花星，根据面背纪值文字不同，可分与银圆换算和与制钱换算两大版别体系。继而，福建、江苏、江南等省亦先后仿行，成效显著。鉴此，翌年十二月，清光绪帝谕令沿江沿海各省普铸铜元。此后，安徽、湖南、湖北、直隶、浙江、江西、四川、奉天、山东、河南、广西、云南、吉林等省相继设厂铸造。

由于铸造铜圆可获取盈利，因此，各省竞相添机加铸，漫无限制。数年后，铜圆充斥市面，泛滥成灾。民间往往折价使用，十文铜圆，减至八折、七折不等。同时，各省为维护本省铸造铜圆的利益，往往禁止他省铜圆于本省境内流通，形成铜圆流通各分畛域，一国之币不能畅行一国之弊。且各省铜圆，成色参差，形制各异，币制紊乱。

为整顿币制，光绪三十一年（1905年），清政府颁布"整顿圜法章程"，限制各省铸额，确定铜元成色、形制，令天津户部造币总厂铸造名为"大清铜币"的新式铜圆。并由户部将新币祖模颁发各省，仿效铸造，原有旧币一律停铸，以期划一币制。光绪三十二年（1906年），全国各省除奉天省（清代行政区划）外，均停铸"光绪元宝"铜圆。

"小头""大头""船洋"

"小头""大头"和"船洋"，是中国民间对民国时期铸发的三种银币的俗称。在民国时期，"小头""大头"和"船洋"是人们最常用，流通最广泛的货币。

辛亥革命后，孙中山当选为中华民国临时大总统。不久，天津、南京、四川、广东、湖北等造币厂相继开铸孙中山像开国纪念币（俗称"小头"）。时隔三月后，北洋军阀袁世凯篡夺了辛亥革命胜利果实，孙中山被迫让位于袁世凯。孙中山像开国纪念币停铸。

1914年，北洋政府财政部公布"国币条例"，整顿和统一银圆铸造。根据"国币条例"对银元分量、成色的规定，南京、广东、湖北、天津等造币厂先后开铸俗称"大头"的袁世凯像银币。此币铸发后，很快在全国各地畅行，逐渐取代了清代银币"龙洋"的地位，并进而排斥了"鹰洋"和其他外国银元。

1928年，北伐战争胜利，国民党政府取代北洋政府，停铸了袁世凯像银币，沿用民国元年孙中山像开国纪念币旧模，继续铸造俗称"小头"的银币。与此同时，还新设计铸造了多种孙中山像银币。大部分属试铸样币，未经流通。其中，一种正面为孙中山侧面头像，背面为一帆船图案，俗称"船洋"的银币，在1932年被定为国币，由坐落在上海的中央造币厂大量铸造发行。此后，"船洋"和俗称"大头"的袁世凯像银币成为中国境内的主要通货，其他中外银币渐渐退出流通领域。

1935年11月，国民党政府推行法币政策，规定中央、中国、交通三银行的纸币为法定货币（简称"法币"），将白银收归国有，限期以法币收兑。从此，银圆不再成为合法的通货，各造币厂便停铸银圆。

中国面额最大的纸币

中国面额最大的纸币，是1949年5月10日原新疆省地方银行发行的面额60亿元的纸币。

这种巨额纸币正面上方有"新疆省银行"字样，左边是孙中山头像，右边有"陆拾亿圆"字样，下写"折合金元券一万元"，而背面则是"新疆省银行"的建筑外观。

这种纸币发行时间最多半年，刚面世不久就销声匿迹了。

古代钱币术语

钱面

指钱币有主要铭文的一面。反之为背面，或谓幕。背面一般无文字，称素背、光背。有文字则称背文或幕文。

钱肉

指钱本身的实体。钱体较厚的称肉厚，

较薄的称肉薄。

钱穿

指钱内的方孔，也叫"好"或"钱眼"。方孔上有横的叫"穿上横"，方孔上有星点的叫"穿上星"，方孔呈多角形的叫"花穿"，穿孔大的叫"广穿"。钱肉与钱穿合为"肉好"，乃钱之别称。

外郭

指钱边上一周凸起的弦纹，又叫"外缘""周郭""外轮"。外郭宽的叫"宽缘"，外郭有双线纹的叫"重轮"。"周郭"又为钱的别称。

内郭

指钱内方孔边上的一周凸起线。无内郭的谓之"女钱"，有内郭的谓之"男钱"。《古泉杂咏》中有诗称赞王莽的布泉为男钱："布泉径寸字悬针，鼓铸难忘居摄年，传语闺中消息好，佩来个个是男钱。"唐朝杜佑在《通典》中说："布泉世谓之男钱，妇人佩之，生男也。"

合背钱

铸钱过程中，或有意或无意地把钱的背合在一起，使钱的正反两面都有相同的文字。合背钱在历代古币中均有发现。合背钱均为收藏者宝之。

合面钱

有一种铜币，有孔有郭，但两面无文，都是光背，这是由铸钱时的错误造成的，把钱模的两个面合在一起，故谓合面钱。

綖环钱

东汉晚期，民间有一种行为，把流通的官铸"五铢"钱凿开，分成内外两部分，变成两枚钱，外圈部分叫綖环钱，内面无郭的部分叫对文钱。

剪边钱

东汉时期，民间私铸铜钱很多，为了节省用铜，或解决铜源不足，把许多流通的五铢钱的边缘剪下来作铜料，因此，在古钱中可常见剪边五铢。

传形钱

也叫反文钱，似左读五铢。如"半两"成了"两半"，"五铢"成了"铢五"，并且有的"铢"字左右结构颠倒，成了金在右，朱在左。

榆荚钱

汉代初期，民间铸造荚钱。凡重量不过三铢的小半两钱为荚钱，因形如榆荚，故称榆荚钱或榆荚半两，一般钱径在1厘米左右。

右挑、双挑

唐开元通宝、北宋的宋元通宝，其"元"字的第二横右端往上挑，叫右挑。唐、宋钱一般都是"元"字的一横左端上挑，而右端往上挑者较少见。还有一种"元"字的第二横左右两端都往上挑，叫双挑。双挑钱比右挑钱更少见。据实测，每千枚开元通宝中，右挑者有五枚，双挑者仅一枚。

月痕

在古钱背面的穿上或穿下或穿左或穿右，有像鹅毛月或指甲痕那样的纹饰称"月痕"。最初见于唐"开元通宝"，有人认为是进呈样钱时窦皇后用手指掐的痕迹，也有人附会说是杨贵妃的指甲痕，这都是编造的趣谈。月痕在五代钱和北宋钱上也常见到。有的钱背面穿上穿下都有月痕，叫"对月"，有的穿上为月，穿下为星，称为上月下星。同时月痕又有"仰月""俯月""横月""直月"之分，其中以穿上"仰月"较常见。

星点

在古铜币正面或是背面的穿上或者穿下，有一凸起的圆点，像星星一样，称星点纹。汉代五铢上的星点在钱面上，有"全星"或"半星"之分。唐宋时期铜币上的星点在背面穿上或穿下。唐"开元通宝"正面也有星点。有通上星、通下星、宝上星、宝下星其中通上星、宝上星罕见。梁五铢钱上有四星，分别在钱面四角，也叫四柱。

错版

古代在制模浇铸钱币过程中，偶有不慎，就造成正反范模不合，铸出的钱或正面或后面错位，叫错版。秦汉钱中有发现，唐代"开元通宝"也发现背面错版，近代铜元中也常发现错版现象。但也有人把钱币上的文字错写、花纹错饰叫错版。

记号

汉代以来铸造的铜币，往往会在钱上留下一些记号。除上述那些比较有特点的月、星、云等纹饰外，还有许多不规则的图形与阴阳符号，这都是记号。记号没有固定的形态，也没有固定的部位，多是铸钱者无意或有意留下的痕迹。

初税亩

初税亩是春秋时代鲁国实行的按亩征税的制度。

据《左传》记载："初税亩。"即废除公田制，改为按占有田的实数，不论公田、私田一律征实物税。

国家向私田征税，实际上承认了私田的合法性，从而也就等于承认了新生的封建土地占有关系的合法性，这推动了新兴的封建制生产关系的发展。

秦汉时期的田租与口赋

田租与口赋是秦汉时期最主要的封建赋税制度。

田租即土地税。据《春秋》："十有二年春，用田赋。"这是历史上关于田赋名称最早的记载。春秋后期出现按亩征收田赋的制度。历代田赋名称有所不同，从秦汉到魏晋南北朝，叫作"田租"。

秦代的田租征收量极为沉重，税额占总收获量的三分之二。粟米之外，还要缴纳秸秆，用来满足官府对饲料、燃料和建筑材料的需要。据秦律所载，秦时规定"顷入刍三石，稿二石"，即每百亩土地要缴纳饲草300斤，禾秆240斤。

汉初的田租比秦时大大减轻，税率为十五税一，后来又减为三十税一，并一度免征田租。东汉初年，因军费开支大，田租改行"什一而税"，但全国统一后，又行西汉旧制，三十税一。

口赋即人头税。在田赋之外，增收人头税的目的是增加税收数量，并使占有土地较少或不占有土地的百姓也承担赋税义务，同时加强人口和劳动力资源的掌握和控制。

秦时人头税数量与税率不详，但和田赋一样，也十分沉重。

汉代的人头税有算赋和口赋两种。

算赋实行于公元前203年，规定15岁至56岁的成年男女每人每年向国家缴纳120钱，称为一算，作为战备基金，购置车马兵器之用。

算赋对商贾和奴婢倍算，即每人缴纳240钱，旨在抑制商人和豪强。为了增加人口，也有过妇女怀孕免算赋一年等规定。

口赋亦称"口算""口钱"，是对未成年人征收的人头税。

据《汉书》："（元凤四年正月）毋收四年、五年口赋。"颜师古注引如淳曰："《汉仪注》：民年七岁至十四出口赋，人二十三。二十钱以供天子，其三钱者，武帝加口钱以补车骑马。"在这以前，武帝定为三岁起征。以后，对于口赋起征的年龄和征收钱数屡有变更。到汉末，有的地区规定一岁起征。有时候朝廷也会予以减免。

曹操与"租调制"

公元204年，曹操颁行租调制。

耕作图 东晋

租调制规定百姓每亩田地向国家缴粟四升,称田租;每户出绢二匹,棉二斤,称户调。其他税收项目一律罢止。废除了两汉以来按人头征收的算赋、口赋。

租调制变人头税为户税,而且数额不大,与汉代的口赋、算赋相比更易于征收,有利于减轻无地和少地的农民的负担。强调了豪强地主不得隐瞒田亩,逃避租赋,对增加国家田租收入起到了积极作用。

租庸调制

租庸调制是唐代前期赋役制度的田租、力庸和户调的简称。

在实行均田制的基础上,武德七年(公元624年)规定:租,每丁每年纳粟二石或稻三石;调,随乡土所产,蚕乡每丁每年纳绫、绢、絁各二丈,非蚕乡纳布二丈五尺,麻三斤;庸,每丁每年服役二十日,闰月加二日,如不服役,每日纳庸绢三尺或布三尺七寸五分。

中男(十六岁以上)受田后,纳租调并服役,成丁(二十一岁以上)后,服兵役。如遇水旱虫霜成灾,损四成以上免租,损六成以上免调,损七成以上课役都免。皇室、贵族、勋臣、官吏等租、庸、调均免。

两税法

唐代在安史之乱后,户口消减,按丁收税已不可能。大历四年(公元769年),开始按亩定税,为两税法做了准备。德宗采纳杨炎的建议,于建中元年(公元780年)颁行了两税令。

两税令的主要内容是:各州县不分主户、客户,都按现住地立户籍,不分中男、丁男,都按贫富定等级,分夏、秋两季纳税,夏税不得过六月,秋税不得过十一月,都按钱计算。

从两税法开始,中国的赋税发展史进入了一个新阶段。其标志有二:首先,资产税开始取代人丁税;其次,货币税逐渐取代了实物税。以上的取代过程虽然经过多次反复,但在中国封建社会的后期却一直贯彻着,是田赋制度发展的一个趋势。

王安石的方田均税法

方田均税法是宋代王安石的新法之一,是丈量田地、确定田赋等第、增加税收的措施。

宋代的豪强地主大量隐田逃税,一直是个严重问题。熙宁五年(1072年)颁行《方田均税条约》,规定每年九月由县官派人丈量田地,以东西南北各千步为一方(名"方田",面积相当于40顷66亩160步),按地势、土质分等定税,即以各县原定的赋税总额分派,并设置方账、庄账、甲帖、户帖等作为凭证。

方田均税法先在京东路实行,就受到豪强地主的反对。由于丈量等工作进度缓慢,没有普遍推行,到元丰八年(1085年)废止。

一条鞭法

一条鞭法是明中叶对赋役进行改革而确定的制度。

明代中期,赋役多而杂,官绅凭特权豁免,农民受压榨更重。到了嘉靖年间,出现严重的财政危机,所以,对赋役制度进行了不断的改革,其中最突出的即一条鞭法。《明史·食货志二》云："一条鞭法者，总括一州县之赋役，量地计丁，丁粮毕输于官。"即把赋与役合在一起，通计一省税赋，通派一省徭役，官收官解，除秋粮外，一律改收银两，计亩折纳，总为一条，所以叫一条鞭法。

嘉靖年间，一条鞭法在部分州县试行，万历九年（1581年），在全国推行。这是由实物税向货币税转变的一次重大改革。

清初继承明制，继续实行一条鞭法。到了雍正年间，又在这一基础上进行另一次重大改革，实行"摊丁入亩"。

摊丁入亩

摊丁入亩是清代对赋役进行改革而确定的制度。

清初沿袭明制，一条鞭法实行并不彻底，丁银并未废止。康熙五十五年（1716年），广东、四川等省将丁银并入田赋，叫"地丁"或"地丁钱粮"。雍正以后，各省相继实行，到乾隆时，已基本上推行到全国。

摊丁入地是一条鞭法的延续和发展。它简化了缴税项目和稽征手续，取消了豪强地主不负担丁赋的特权，使农民负担减轻，有积极意义。

法制

"法"的古字源头

中国古代，法制不是理性的产物，而是把公道的正义交给了一种叫"獬豸"的动物。相传尧治天下时，有个管人事纠纷的人叫皋陶，他遇到疑难案件时，命原告和被告双方站好，将獬豸请来，谁被豸的独角顶撞，谁就理屈，败诉。

这种执法方式会意地反映在古代"法"（灋）字的形体上。右边是"廌"字，"豸（廌），解也。"（《汉书注》）左上方的"厽"即"去"字的古写。两者合在一起，表示"古者决讼，令触不直，去之"（《说文》）。左下方的"氺"字，意在"刑也，平之如水"（《说文》）。这就是古代公堂悬挂碧水或獬豸画屏及执法官吏穿戴绣有"廌"图案的"獬豸冠"和补服的来由。

"八议"制度

封建社会中，有八种人犯了死罪，司法部门不得擅自判决，必须上奏皇帝，集合有关大臣讨论，然后决定。这项制度叫八议。

被议的犯人，往往可以得到免刑或减刑。这是统治者所享有的一种特权。八议的内容，据《唐律疏议》，包括：一、议亲。亲，亲属。具体地说，是指皇帝袒免以上亲，太皇太后和皇太后缌麻以上亲，皇后小功以上亲。二、议故。故指皇帝的故旧。三、议贤。贤，指有高尚德行的人。四、议能。能，指有特殊才能的人。五、议功。功，指对国家建有卓越功勋的人。六、议贵。贵，指有高级官爵的人。具体地说，是指三品以上的职事官，二品以上的散官，及有一品爵位的人。七、议勤。勤，指勤劳于国事的人。八、议宾。宾，指旧王朝的子孙。

春秋决狱

又称"春秋断狱"，或"经义决狱"。汉朝司法官吏断狱时，如遇到律元正条义无适当判例可依时，便以春秋经义作为定罪量刑的标准。这种裁断方式，是由西汉中期儒家代表人物董仲舒提出的。

春秋决狱是根据案件的事实，追究犯罪人的动机来断案。如果他的动机是好的，那么一般要从轻处理，甚至可以免罪。如果动机是邪恶的，即使有好的结果，也要受到严厉的惩罚，犯罪未遂也要按照已遂处罚。首犯要从重处罚。

"刑不上大夫"的真实含义

"刑不上大夫"语见《礼记》，通常人们只是从字面上理解为："刑，可以不加在权贵身上。"这样理解是不妥的。

司马迁在《报任少卿书》中已有明确的解释："传曰：'刑，不上大夫'。此言士节不可不勉励也。"这里的"士"即指士大夫。接着，太史公对这句话做了阐述，其大意是说，士的气节不可辱。有节之士在未受刑遭辱之前早就"引决自裁"了。因此刑罚就很难施加到他们身上去了。显而易见，"刑不上大夫"是勉励士大夫应当具有宁死不辱的气节。文章指出，在皇权至高无上的封建社会里，王侯将相也不能享受免刑的特权。中国历史上皇帝"赐死"大臣的情况是常有的。其实，这只不过是以免大臣受辱，顾全体面的做法罢了。所以，"刑不上大夫"的原意并不等于"刑，可以不加在权贵者身上"。

防止冤假错案的"录囚"

录囚从字面意思上看是察看囚徒，其实际含义随着朝代的不同而有所变化。

大体上来说，两汉至隋的录囚，主要是平决冤狱，杜绝错案，属于有关部门的正常职守。《汉书》中记载："每行县录囚徒还，其母辄问不疑：'有所平反，活几何人？'"颜师古注："省录之，知其情状有冤滞与否也。"《后汉书》中也载："诸州常以八月巡行所部郡国，录囚徒，考殿最。"刘昭注引胡广曰："县邑囚徒，皆阅录视，参考辞状，实其真伪。有侵冤者，即时平理也。"

至唐宋时期，"录囚"一般写作"虑囚"。这一时期，除了继承前代属于有关部门的正常职守的录囚以外，主要是恩宥的性质，属于赦的范畴。《唐律疏议》卷二："问曰：'会虑减罪，得同赦降以否？'答曰：'其有会虑减罪，计与会降不殊。'""虑"指虑囚，"降"指德音。王元亮《释文》："赦、降、虑三者，名殊而义归于赦。"可知虑囚在唐代已是属于赦宥的性质。至于如何赦法，宋代则有比较具体的规定。凡遇到录囚，死罪可降为流罪，流罪可降为徒罪。杖罪、笞罪、一律释放，有时连徒罪也释放。

"签名画押"始于何时

我们现在对文书契约上所规定的内容表示承诺，习惯上采用签名形式，这在旧时称作画押。画押也叫押字、花书、花押。又因一般押字于文书契约末尾，又称押尾。

宋朝叶梦得《石林燕语》云："唐人初未有押字，但草书其名，以为私记。余见唐诰书名，未见一楷字，今人押字，或多押名，犹是此意。"可见画押，实是草书签名，表其私记；也有以代替签名的特种符号或字来表示。

《唐书》云：董昌僭位，下制诏皆自署名，或曰："帝王无押诏。"昌曰："不亲署，何由知我为天子？"这表明帝王公开在诏书上签名画押。由此可见画押在五代以前的唐朝就已经通行。而《桯史》则云："押字之制，世以为起于唐韦陟五朵云，而不知晋已有之。"

可以认为，签名画押发端于魏晋，通行于唐、五代之后，画押之风不绝。宋范成大《坐啸斋书怀》诗云："眼目昏缘多押字，胸襟俗为少吟诗。"可见至宋时画押已十分普遍了。

公堂上的"签票"与"签筒"

古代大堂审案、公案桌子上总是摆一个签筒，里面装着很多的签子，大老爷一声令下，抽出一只签票交给衙役们去拘捕人犯，就等于现在的逮捕证。除此之外，殊不知签筒与签票还有一个不被人知的作用。一个签筒正好是量一斗米的容器，一只签子也正好是一尺的尺度。这两件东西放在公堂上很少有人知道它是做何用的。但是，每逢市井买卖，集市铺户，缺斤少尺，有争议者，想到公堂上讲理，于是大堂老爷便可用两件东西去衡量，奸商为财不仁者，当堂施以杖责或罚以重金。

铁券

据历史记载，铁券可能起源于汉代。《汉书》中载，刘邦立汉以后，"又与功臣剖符作誓，丹书铁契，金匮石室，藏之宗庙。"当时分封功臣有一定的典礼和仪式，在典礼上有誓词。誓词用丹砂写在铁制的契券上，契即是券，所以称为"丹书铁券"。为了取信和谨防假冒，将铁券从中剖开，朝廷和诸侯王各存一半。

钱镠铁券　五代
这是皇帝赐给功臣免死或其他特权时所颁发的凭证。此为唐昭宗赐给钱镠的铁券。

"十恶不赦"是哪十恶

十恶是指十种最严重的罪行。

据《唐律疏议》，十恶的具体条款及内容是：一、谋反。指企图推翻君主，改朝换代。二、谋大逆。指企图毁坏皇帝的宗庙、埋葬皇帝的山陵、皇帝居住的宫阙。三、谋叛。即图谋叛国、从伪。四、恶逆。指殴打及谋杀祖父母、父母、杀死伯叔父母、姑、兄、姊、外祖父母、夫、夫之祖父母及父母者。五、不道。指杀死一家非死罪三人，支解人，制造、储藏、传播蛊毒，用魇魅邪法害人。六、大不敬。指偷盗皇帝举行大祭祀时的敬神之物，偷盗御用之物，偷盗和伪造玉玺，合和御药而不按原来处方及标错服用方法，造御膳误犯食禁，御幸舟船不牢固，对皇帝故意直呼其名，不尊重皇帝派出的使臣。七、不孝。指告发、咒骂祖父母、父母，祖父母、父母在世而分家和供养不周，居父母丧而身自嫁娶、歌舞作乐、不穿孝服，听到祖父母、父母的死讯而匿不举哀，祖父母、父母健在而诈言已死。八、不睦。指谋杀及贩卖缌麻以上亲属，殴打及告发丈夫及大功以上尊长和小功尊属。九、不义。指杀死本人所属的府主、刺史、县令及正在授业的老师，吏卒杀死本部五品以上官长，闻夫丧而匿不举哀、居丧作乐、不穿丧服及居丧改嫁。十、内乱。指强奸小功以上亲属，强奸父祖之妾。和奸也包括在内。

十恶的罪名较他罪为重，所以，犯十恶者，"不在八议论赎之限"（《隋书》），"虽常赦不原"（《明史》）。这就是说，十恶的罪行是不可饶恕的，也是无可通融的，因而产生了"十恶不赦"这一成语。

两千年前的"敬老法"

1959年，甘肃武威县出土了一卷西汉竹简，即《王杖诏书令》。

《王杖诏书令》规定，对70岁以上老人，由朝廷授予一种顶端雕有斑鸠形象的特制手杖——"王杖"。持有"王杖"的人，享有各种社会优待。例如：他的社会地位相当于年俸"六百石"的地方小官吏；侮辱或殴打这些老人的官民，都要定为大逆不道的罪名而处以斩首之刑等。同时，对于无亲属的老人、病弱的老人，也都有明确的照顾规定。据考证，这些法律条文是从西汉宣帝到东汉明帝130多年间，几经修改、补充而明确起来的。这是中国最早的关于尊敬和扶养老人的法令。

中国古代的治安机构

如今，北京叫兵马司的地名即来源于明清时在北京城内设立的兵马司衙门。

在没有近代警察之前，中国都城中就有

了地方治安机构，那时称兵马司。

兵马司，按史料所记始于至元九年（1272年），那时元大都设南北城兵马司2个。到了明清时期，北京城内列分中、东、西、南、北五城，设五城兵马司衙门5个。元代兵马司有巡兵千人，主要"掌京城盗贼奸伪拘捕之事"。明代兵马司职权和职责进一步扩大，成为完整的地方治安机构。

到了清代，兵马司职权又进一步增加，按清《光绪会典事例》记述，说兵马司的"指挥、副指挥、吏目专司京师污缉逃盗、稽察奸宄等事"。同时为了防止进京的地方官"钻营属托""交通贿赂"，兵马司还有权"时加污缉"。

虽然兵马司偶尔也搞一些"掌赈恤之政令"，设立乞丐栖流所、施粥厂等等。其实，只是肥了自己，苦了小民。

光绪三十一年（1905年）清政府设立巡警部，兵马司遂被撤销。

中国古代的"沉默权"

中国古代刑法允许包庇亲属犯罪，即所谓"亲属相容隐"，如果不为亲属隐瞒罪行，反而告发检举被认为是犯罪行为，即使告发属实，告发者也要受惩罚。

这一刑法原则的确定，是儒家"父为子隐，子为父隐"思想的直接法律化，也是封建礼法统一的具体表现。它所维护的是封建的尊卑等级关系和纲常伦理，目的在于巩固和加强封建统治。古代国家立法多以儒家思想为指导原则，又以家庭为直接统治对象，帝王都标榜"以孝治天下"，便不得不叫法律迁就孝道。

西周的诉讼制度中就有君臣、父子不能相讼的规定，认为"君臣皆狱，父子将狱，是无上下也"。儿子一般是不许告发父亲的，否则将受到宗法和国法的制裁。孔子将此概括为"父为子隐，子为父隐"，成为一条诉讼原则。

随着历朝历代的变迁，容隐范围不断扩大。汉代亲属相隐的范围限于祖孙、父子、夫妻间，到了明清，则包括了族亲，妻亲等几乎所有亲属关系，甚至连奴婢也应当替主人隐匿罪行。

中国最早的一部行政法典

中国现有的最早的行政法典，是唐朝时期的《唐六典》。

《唐六典》全称《大唐六典》，唐玄宗开元二十六年（公元738年）成书。张说、张九龄、李林甫等先后主持其事。原诏集贤院按周官六典——理典（避高宗李治讳，故改治为理）、教典、礼典、政典、刑典、事典编修，因唐官制与周官不同，乃改以三师、三公、三省、九寺、五监、十二卫等为目，分述职司、官佐、品秩。《唐六典》曾于宋时刊刻，明正德十二年本为现存最古刊本。明清会典均渊源于此。

中国最早的法学会

中国最早的法学会，是清朝宣统二年（1910年）农历十一月，在北京成立的。

光绪三十二年（1906年），在法部侍郎沈家本的操持下，开办了法律学堂。至宣统二年，法律学堂的学员熊煜、王克忠联络汪子健等人，筹建法学会。沈家本极为赞成，并捐资赞助。于是，在同年冬季，法学会宣告成立。法学会成立后，办了两件大事：一是"设立短期法政研究所"；一是"月出杂志一编"。宣统三年（1911年）的春天，短期法政研究所开课。与此同时，编辑《法学会杂志》。1911年的阴历三月《法学会杂志》创刊号出版。

孙中山领导的辛亥革命，推翻了清朝的封建统治，由于政治的变革、社会的动荡，迫使法学会的活动中途废止。中华民国成立后的第二年，法学会的主持人汪子健，重加整顿，并乞政府资助，使法学会得以恢复活动。在当时还举行了庆祝活动，《法学会杂志》亦复刊。

中国古代的第一个专职检察官

据《宋史》载，王曙能明辨冤屈。他原在益州（今成都）任知州，有士卒深夜报告"其军将乱"，王曙"立辨其伪，斩之"。后来任潞州（今山西长治）知州，"州有杀人者，狱已具"，众皆不疑，"独曙疑之"，重新审理后证明果然是冤案，王曙为此"作《辨狱记》，以戒官吏"。因此，朝廷召王曙为御史中丞兼理检使，"理检置使，自此始"。理检使的职责是对狱讼行使检察权，王曙成了中国历史上第一个检察官。

中国古代的"大赦"制度

大赦制度是中国古代的一项重要法律制度。它是从上古的"赦"发展而来的，见诸文献的最早记载是《尚书》中的赦免过失犯罪。《左传》的"肆大眚"是大赦制度的最早运用，在春秋战国时代大赦已开始广泛地运用于各种特殊的场合。

自汉高祖五年定都长安，大赦天下，大赦遂成为定制，历代帝王相沿不改，大赦越来越频繁，运用的范围也越来越广泛。或三年一赦，或比岁一赦，或一岁再赦，以至于一岁三赦或更频繁。每逢皇帝登基、更改年号、刻章玺、立皇后、建皇储、生皇孙、平叛乱、开疆土、遇灾异、郊祀天地、行大典等等，国家凡遇喜庆变革之事，都要大赦一番，用以标榜皇恩浩荡，与民更始。至于那些由于皇帝的喜怒，对某部分罪犯的宥赦，更是多得不可胜数。

大赦有一套隆重的仪式，要立金鸡，陈设大鼓。皇帝驾临丹凤楼，面南而坐，执戟武士环立。群臣分班次在明凤门下朝拜毕，武库令指示鼓手擂响大鼓，按规定挝一千声，不得超过或减少。雷鸣般的鼓声震天动地，造成庄重肃穆的气氛。

皇帝稳坐宝座，接受臣民们的欢呼叩拜。三呼毕，启驾回宫。那些被赦囚徒从此恢复"自由民"身份了。赦书正本存档，其副本用黄绢写就，加盖玺印，用紫泥封口，由驿传颁发各州，州官再命令各县按规定，对在监人犯进行赦免或减刑。

中国古代的"家产继承制度"

中国古代家产继承制的基本原则是诸子继承，即所有儿子对家产有同等的继承权。

诸子继承制确立于商鞅变法时期。法律规定"民有二男不分异者倍其赋""民父子兄弟同室内息者为禁"。强制二男以上的共居家庭分异，分异时，每个儿子均可从父母处得到一份家产。

家产继承有二次性继承、一次性继承、整体性继承三种基本形式。二次性继承即诸子在父母生前通过分家继承部分家产，父母身后又对遗产分配取得一份。商鞅分异令下的继承即属此类。一次性继承即父母身后的家产继承。此受儒家伦理道德影响，分家须俟父母亡故，几乎历代封建王朝都在法律上否定父母在世时的分财。整体性继承即父母死后，不再析分，诸子同居共财。这样，便形成累世同居的大家庭。如宋初李昉"子孙数世，二百余口，犹同居共财，田园邸舍所收及有官者俸禄，计口月给饼饭……分命弟子掌其事"。

中国古代的检察制度

秦汉建立统一的封建帝国以后，将在战国时代原为负责图书秘籍和记录帝王言行的御史，改变为负责纠察弹劾官吏的御史大夫。从而建立起了延续两千多年的同封建君主政体相适应的御史制度。御史大夫执行行政监察和司法弹劾的双重职责，以维护封建的法制。

由唐至宋，再到明清，御史制度一步步扩大和完善。明代时，御史台改为都察院，享有广泛的职权，专职纠劾百司，辩明冤枉，提督各道，对重大刑事案件，可以会同刑部、大理寺审理。到了清代，都察院的权力更大，与刑部、大理寺组成"三法司"，为国家最高司法机关。清代的都察院左都御史，是"九卿会审"的法定成员。刑部判决，大理寺的复核，均受都察院监督。

历代王朝御史制度的隶属关系和官署名称虽有变更，但"纠察百官""辩明冤枉"这种监察、监督的职责，则是始终一贯的。

中国封建社会中的御史，作为"治官之官"，通过对司法实行监督，对各级官吏实行弹劾，加强吏治，提高了封建国家的效能，巩固了中央集权的封建制度。虽然御史制度与现代检察制度形成的历史条件及其组织与活动内容都有很大的差异，但是，作为监督法律的执行，查处官吏的违法失职行为，以维护中央集权的制度，与现代检察制度确有相似之处。

中国古代刑法为何要"秋后问斩"

秋冬行刑，即把死刑的执行安排在秋冬两季进行，这是中国古代在阴阳五行说的理论指导下形成的一种行刑制度。

中国古代的天命思想认为，处死犯人就是执行"天罚"，什么时候执行"天罚"，一定要合乎天意。《礼记》中就有"仲春之月……毋肆掠，止狱讼"和"孟秋之月，命有司，缮囹圄，具桎梏"的记载，先秦阴阳家"赏以春夏，刑以秋冬"的理论则是这种思想的最完整的体现。在阴阳家看来，春季气候温和，草木萌生，夏季炎热，万物茂盛，最适宜搞赏庆之类的活动；而秋季天气转凉，有萧杀之气，冬季寒冷，万物隐蔽蓄藏，正是施行刑罚，整顿监狱的好时机。

在这种思想影响下，两汉法律都规定，一般死刑立春不能执行，必须等待秋后处决，并逐渐成为定制。当然，秋冬行刑，除了受阴阳五行说理论的影响外，也与考虑不误农时有关，因为秋冬一般为农闲，这时断狱行刑，不至于耽误农业生产，对巩固封建社会的统治秩序有利，因而为历代统治者所承用。

中国古代法律允许"复仇"

在崇尚孝道、伦常的中国古代社会，复仇观念很被重视，儒家的传统思想一直在鼓励这种观念。儒家提倡复仇的范围是很宽的。《礼记》说："父之仇弗与共戴天，兄弟之仇不反兵，交游之仇不同国。"主张父仇、兄弟仇、朋友仇都应当报复。

鉴于反复无休止的复仇影响社会安定，于是国家规定了复仇程序，设置了执掌复仇事务的官员。《周礼》规定要复仇必先到朝士那里登记，不许不经官府私自复仇。事实上，虽然有了这类规定，仍然制止不住此起彼伏的复仇混乱现象。春秋前后复仇之风很盛，当时社会上常有专打不平为人报仇的侠客、刺客。到了魏、晋、南北朝，统治者开始禁止私人复仇。其禁令非常严，私自复仇的不但要杀掉全家、全族，连相帮的邻居也要杀掉。但即便如此，仍旧有人宁肯冒杀身之祸、灭族之灾，"不共戴天"之仇仍然照样报复。

标榜以孝治天下的封建统治者常常自相矛盾，一面严禁私人复仇，一面又对子报父仇的大加赞誉。赵娥为父复仇的故事就发生在严禁私自复仇的三国时代。赵娥的事迹竟被纳入《列女传》，并被赞颂说："海内闻之莫不改容赞善,高大其义。"对复仇的看法,在漫长的封建社会历史中,一直处于矛盾状态,在法律禁止的同时,社会舆论又加赞誉。

中国古代监狱名称的来由

夏朝的监狱称作圜土。《今本竹书纪年》载:"夏帝芬三十六年作圜土。"《尔雅》解释:"狱……又谓之圜土,筑其表墙,其形圆也。"夏朝的监狱大体是用土筑成圆形的围墙,用以拘押囚犯,是一种很原始的形式。

至西周,对监狱的称法多有不同。除了沿用"圜土"外,还有称"囹圄"者,《风俗通》载:"狱,周曰囹圄。"西周的囹圄,不仅是拘押罪犯的意思,而且包含着"令人幽闭思衍"的思想。另外,也有"犴狱"的说法,即"乡亭之系曰犴,朝廷曰狱"。

春秋对监狱的说法和西周大致相同,如"囹圄""圜土"等。此外,还称监狱为"狴犴"。《孔子家语》载:"孔子为鲁司寇,有父子讼者,夫子同狴执之。"狴者,狱牢也。狴也叫狴犴,是一种传说中的野兽,力猛似虎。后人常用狴犴作为狱门的装饰,以达渲染恐怖气氛,显示监狱的威慑作用。

由汉代始,中国监狱才正式称狱。《汉书》载:"天下狱二千余所。"不仅如此,汉代监狱的管理制度,如系囚制、呼囚制、颂系制、孕妇缓刑制、录囚制等都达到了比较完备的程度,为后来历代监狱管理制度的发展奠定了基础。直到清代,古代的"牢狱",才正式更名为"监狱",监狱的名称被正式列在大清会典中。对监狱的称谓就这样一直延续到今天。

中国古代的法律典籍

《法经》

战国时魏文侯相李悝编纂的刑法著作(一说为刑法典)。约成于周威烈王五十九年(公元前407年)。总结春秋末期以来各诸侯国的刑事立法经验。分盗法、贼法、囚(一作网)法、捕法、杂法、具法六篇。原文失传。汉桓谭《新论》《晋书》《唐律疏议》中都有记载。《汉书·艺文志》有李子32篇,列法家之首,原注以为李悝所撰,但无《法经》之名。清代黄奭《汉学堂丛书》中所撰《法经》通说为伪书。

《晋律》

又称"泰始律"。晋武帝泰始四年(公元268年)颁行,故名。共二十篇,620条。《晋书·刑法志》称:"文帝为晋王,患前代律令本注烦杂。于是令贾充等定律令。改旧(具)律为刑名、法例,辨囚律为告劾、系讯、断狱,分盗律为请赇、诈伪、水火、毁亡、因事类为卫宫、违制,撰周官为诸侯。"计十二篇,加上汉九章律中的八篇(刑名不计入)。与汉魏律相比,是所谓"蠲其苛秽,存其清约,事从中典,归于益时"。程树德《九朝律考·晋律考序》谓"晋自泰始四年,颁定新律,刘宋因之,萧齐代兴,王植撰定律章,事未施行,盖断自梁武改律,承用已经三代,凡二百三十七年,六朝诸律中,行世无如是之久者。"

《唐律疏议》

唐代法律条文的注解全书。唐长孙无忌、李勣等于唐高宗永徽三年(公元652年)奉诏撰写,以贞观律为定本的律文注释。原名《律疏》,宋以后改称《唐律疏议》。计三十卷。律疏以封建礼教纲常为指导原则,就律文逐条注释,并设置问答,剖析疑义以补律文之未备。疏议经皇帝批准,与律文具有同等法律效力,是宋、元、明、清各代制定和解释封建法律的蓝本,对日本和东南亚国家的封建法制的建立具有较大影响。

《宋刑统》

"宋建隆详定刑统"的简称。中国第一

部刊板印行的封建法典,宋太祖建隆四年(公元963年)由窦仪等依据《唐律》制定的。共三十卷,十二篇,213门,502条。同时将中唐以来至宋初有关刑事规范的敕、令、格、式附入,并增折杖之制,即将徒、流、杖、笞折合相应的脊杖或臀杖,作为代用刑。太祖乾德四年(公元966年)、神宗熙宁四年(1071年)、哲宗绍圣元年(1094年)曾几次重修。

《折狱龟鉴》

又名《决狱龟览》。中国古代的一部案例汇编。宋郑克撰。清代收入《四库全书》时,校订整理为八卷。全书在五代《疑狱集》的基础上,逐条增补,共为276条,395例,分为20类。其中释冤、辨证、鞫情、议罪、宥过、惩过6类是全书的正篇,察奸、核奸、摘奸、察匿、证匿、钩匿、察盗、迹盗、谲盗、察贼、迹贼、谲贼12类属于副篇,严明、矜谨2类,带有结论性质。作者通过对逐案的分析和评论,就历史上有关决疑断狱和司法勘验的各种经验教训做了详细的论述,是了解和研究中国古代司法实践的一部重要参考材料。清胡文炳辑有《折狱龟鉴补》一书,于光绪四年(1878年)刻行。

《元典章》

全名《大元圣政国朝典章》,元代官修,分前集、新集两部分。主要内容包括元世祖至英宗至治二年(1332年)间的诏令、条格和判例。前集六十卷,计诏令一卷、圣政二卷、朝纲一卷、台纲二卷、吏部八卷、户部十三卷、礼部六卷、兵部五卷、刑部十九卷、工部三卷,共10门,凡373目,每目又分若干条格。就体例而言,《元典章》首开明清律例按六部分类之先河。由于元典章仅有抄本流传,辗转抄写,脱漏舛误很多,其中又有许多方言蒙语,难于通晓,近人陈垣著有《元典章校补》十卷,可资参考。

《大明会典》

明英宗正统年间开始编纂,孝宗弘治十五年(1502年)成书,称为《大明会典》。正德、嘉靖、万历朝屡次重修的,称《重修会典》共二百二十八卷。体例以吏、户、礼、兵、刑、工六部为纲,分别记载与各行政机关有关的律令、事例、职掌、冠服礼仪等事项。其中刑部二十一卷,叙述明律例罪名诸事。较明史各志为详。为后世研究明代典章制度的重要史料。

《大清新刑律》

清末第一部半殖民地、半封建性质的刑法典。1906年由修订法律大臣沈家本等仿照资本主义国家的刑法体例,掺和封建旧律撰成的。大清新刑律草案,送资政院审议时,劳乃宣等持反对意见,遂附加暂行章程5条,于宣统三年(1911年)颁布。计43章,411条。按资本主义国家刑法典体例分为总则、分则两编。规定主刑为死刑、无期徒刑、有期徒刑、拘役、罚金,从刑为褫夺公权和没收。取消因官秩、良贱、服制在适用刑罚上所形成的差别,增加有关国交、选举、通讯、交通以及妨害卫生等方面的罪名;确定了新的刑法原则和缓刑、假释制度。未及施行,清政府即告垮台,后为北洋政府所援用。

《重大信条十九条》

清宣统三年九月十三日(1911年11月3日),为了挽救因为辛亥革命造成的时局动乱,在3天之内仓促制定出了《宪法重大信条十九条》(简称《十九信条》)。

《十九信条》是中国第一部成文宪法。《十九信条》不得不作出很大的让步,形式上被迫缩小了皇帝的权力,相对扩大了议会和总理的权力,但仍强调皇权至上,且对人民权利只字未提。但是清政府的命运没有因为《十九信条》的公布而逆转。它也是清政府最后一部宪法性文件。

五刑

"五刑"有三种不同说法。

第一种,是指中国古代五种刑罚的总称。源出于《尚书·舜典》"流宥五刑""五刑有服"。取意"五行相生",故历代刑名多以"五"为尚。夏、商、周三代的五刑为墨(亦称黥刑、刺额注墨)、劓(割鼻子)、剕(亦称刖刑)、宫(亦称腐刑,后又称下蚕室,即女子幽闭、男子去势)、大辟(死刑的统称)。

第二种,是指传统上对犯罪的五种处罚方法,即《国语》所载:"大刑用甲兵;其次用斧钺,中刑用刀锯;其次用钻笮(凿);薄刑用鞭扑。"

第三种,是指奴隶社会的法律规范。传说夏刑三千条为墨劓各千剕三百,宫五百,大辟二百。又《周礼》"以五刑纠万民"。即关于农事的野刑;关于军事的军刑;关于乡党自治的乡刑;关于官吏的官刑;关于典礼的国刑。

中国历史上的"赎刑"

赎刑又称"赎罪",简称"赎"。是一种允许犯人以财物代替或抵销刑罚的制度。《尚书》有"金作赎刑",西周穆王曾命吕侯"训夏赎刑"。《国语》有"制重罪赎以犀甲,轻罪赎以鞼盾"。《云梦秦简》有赎黥、赎耐、赎迁。汉有买爵三十级以免死,但非常法。历经魏晋南北朝至隋,赎罪形成定制,一直沿袭至清末。

中国古代的"替亲代刑"

标榜以孝治天下的古代帝王,为了笼络人心,鼓励孝道,往往因子孙的哀恳特许减免人犯的刑罚,有时还允许子孙代替父祖受刑。

历代有不少这类事例。"缇萦救父"被旧法学家誉为废止肉刑的大事件,就是一例。《后汉书·明帝纪》载,汉明帝时发敕令规定:"徙边者,父母同产欲相代者,恣听之。"这是鼓励子孙代替父祖受刑。明太祖因山阳某人请求代替父亲受杖,批示说:"今此人身代父母出于至情,朕为孝子屈法以激励天下,其释之。"这是因子孙乞求代父祖受刑而未叫子孙受刑的例子。明宪宗时规定,"凡民八十以上及笃疾有犯应永戍者,以子孙发遣,应充军以下者免之",这样一来,替亲受刑成了子孙的法定义务,代刑变成了执行刑罚的制度。

中国古代的"拷讯"

拷讯又称"拷鞫""拷问""刑讯"。指用暴力手段拷打囚犯逼出口供,以取得定罪证据的方法。也就是现代所言的"刑讯逼供"。

秦称笞掠,汉称拷讯,隋以后法典规定有拷讯之法。《唐律断狱律》:"诸应讯囚者,必先以情审查辞理,反复参验犹未能决,事须讯问者,立案同判,然后拷讯。"但对享受议、请、减之列的大官贵族及皇亲国戚和年70岁以上15岁以下及废疾、孕妇及产后未满百天等人,皆据众定罪,不得拷讯。并规定拷囚不得过三度,总数不得过二百,每次拷讯须相去20日。明、清律只对老、幼、废疾及孕妇规定不得拷讯,其余则未作规定。

中国古代刑罚知多少

墨刑、黥刑

墨刑又称黥刑,古代五刑之一。即在犯人的额、颊、手臂等处刺字,然后涂上墨,作为惩罚。一般用于轻罪。此法始于上古,清末始彻底废除。

膑

古代剔去膝盖骨的刑罚。也作"髌"。《尚

司马迁像
司马迁就是因为触怒汉武帝，被处以宫刑。

书·大传》："决关梁逾城郭而略盗者，其刑膑。"据《周礼》注："夏刑，膑辟三百。"可知膑刑大约始于夏代。《周礼》注又云："周改膑作刖。"也就是改为断足。与夏时去膝盖骨之膑刑不同。

沈家本《刑法分考》："膑，本名也。刖，今名也。刖即剕也。今名为剕为刖，而世俗犹相沿称为膑耳。"故司马迁《报任安书》中"孙子膑脚，兵法修列"，所言实为刖刑，解作剔去膝盖骨之膑刑则误。

刖

古代五刑之一，即断足之剕刑。字亦作"踿"。《尔雅》："剕，刖也。"《左传》："杀公子阋，刖强鉏。"杜预注："断足曰刖。"西汉初年又叫"斩趾"。汉文帝十三年废除此刑，以笞代之。

劓

古代五刑之一。即割去鼻子。大约始于夏代。汉文帝十三年，下诏废除劓刑。

炮烙

殷纣所用的酷刑。令犯人爬行在用炭烧红的铜柱上堕火而死。

大辟

古代五刑之一，即死刑。

弃市

古代的一种死刑。将罪犯在闹市处死，并陈尸街头的刑罚。语出《礼记》："刑人于市，与众弃之。"汉、魏、晋各代均有此刑，隋唐以后虽未作为法定刑罚，但斩、绞、凌迟、枭首均承袭弃市的方式，将尸体示众。

宫刑、腐刑

宫刑又称"腐刑"。古代五刑之一。处此刑者，男子阉割其生殖器，女子则破坏其生殖机能（还有一种说法是将女子禁闭于宫中）。这是次于死刑的重刑。古代刑罚中的宫刑最初是用来惩罚那些乱搞男女关系的人。后来，宫刑也适用于其他罪行。例如司马迁，就是因言事触怒汉武帝而被处以宫刑。汉文帝时曾下诏废除宫刑，但不久又复用。隋文帝开皇初年，下诏废除宫刑。从此，宫刑基本废绝。

车裂

古代死刑之一。俗称"五马分尸"。即将人的头和四肢分别拴在五辆车上，以五马驾车，同时分驰，撕裂肢体。秦以前，用于罪人既杀之后。秦以后，用于罪人未死之时。

凌迟

又称"陵迟"。俗称"剐刑"。中国封建社会最残酷的死刑。"陵迟"取丘陵之势渐慢之意，转用于执行死刑时使被杀者缓慢死去以加深其痛苦。作为法外刑，始于五代。宋仁宗以后作为常用刑，辽始列为正式刑名。元、明、清律均作为法定刑使用。

刺配

古代刑罚之一。刺是在罪犯额上刺字，刺明所犯事由及发遣地名；配是配役，即发往边远地方服役。它是上古墨刑、流刑的兼用。至宋代，刺配之制更加详密。刺配之法二百余条。宋代的刺配，多用于宽宥死罪。此外，被刺配者还要挨受一定数量的棍棒，称作"决杖"。

充军

古刑罚名。将死刑减等的罪犯或其他重犯押解到边远地方为军士服役。清制，充军较流刑重，死刑轻。定为极边、烟瘴（均4000里）、边远（3000里）、近边（2500里）、附近（2000里）五种。

徒刑

古代的一种刑罚，拘禁犯人使服劳役之刑。始于周代。徒刑之名，始于北周，隋代定为五刑之一。据《隋书》载，徒刑分为一年、一年半、二年、二年半、三年五等。自隋以后，除辽、金外，历代相沿不改。

中国古代刑具

桎梏

古刑具。犹今之脚镣手铐。《周易·蒙》："利用刑人，用说桎梏。"孔颖达疏："在足曰桎，在手曰梏。"桎梏，古以木制。

铁锧

古代腰斩时所用刑具。铁，如今铡刀；锧，腰斩时所用铡刀座。《公羊传》："君不忍加之以铁锧，赐之以死。"何休注："铁锧，要（腰）斩之罪。"也作"铁锧"。

枷

古代戴在罪犯颈项上的刑具。枷的名称起于晋。《晋书》云："两胡一枷。"谓两个胡人共带一枷。其后历代沿用。枷的轻重长短均有定制，不过历代不尽一致。《明律》："枷长五尺五寸，头阔一尺五寸，以乾木为之。死罪重三十五斤，徒、流重二十斤，杖罪重一十五斤。长短轻重，刻志其上。"

杻

即手铐。《新唐书》："杻、校、钳、锁，皆有长短广狭之制，量囚轻重用之。"《唐律疏议》："《狱官令》：禁囚死罪枷杻，妇人及流以下去杻，其杖罪散禁。"杻，本作"杽"。

锁

系犯人用的刑具，即铁锁链。汉代以前系犯人用绳索，叫作"缧绁""累绁"。汉代以后，代以铁制之连环索，叫作"琅当"。《汉书》云："民犯铸钱，伍人相坐，没入为官奴婢。其男子槛车，儿女子步，以铁锁琅当其颈，传诣钟官。"颜师古注："琅当，长锁也。钟官，主铸钱之官也。"也作"锒铛"。

拶

古代拷囚之具。用法是：用绳子穿联五根小木棍，套入犯人手指后用力收紧。清段玉裁注："柙指，如今之拶指。"清沈家本《历代刑法考》："至拶指，刑部久无此具，外省亦罕见，不知废于何时。"

夹棍

古代拷囚之具。清王棠《知新录》："夹棍之说，唐世未闻，其制起于宋理宗之世。以木索并施，夹两股（即大腿），名曰'夹帮'。又竖坚木，交辫两股，令狱卒跳跃于上，谓之'超棍'。合二者思之，当即今之夹棍也。"按王棠所引宋制，见《宋史》。明、清两代均有此种刑具。《清史稿》："强盗人命，酌用夹棍，妇人拶指。"

镣

刑具。脚镣。《金史》："自汉文除肉刑，罪至徒者带镣居役，岁满释之。"《明史》："镣，铁连环之，以絷足，徒者带以输作，重三斤。"

站笼

站笼又称立枷，是枷号的一种发展后的形式，于清朝开始正式作为法律惩治手段。这种特制的木笼上端是枷，卡住犯人的脖子，脚下可垫砖若干块，受罪的轻重和苟延性命的长短，全在于抽去砖的多少。有的死刑犯会被示众三天后论斩，有的则被活活吊死。《老残游记》第三回："未到一年，站笼站死两千多人。"

军事战争

商代军队的编制

商朝军队的编制，根据古代文献和甲骨文记载，大概在武丁及以后时期已经有了"师""旅""行"等几级的编制。从武乙时期卜辞记载的"王作三师右、中、左"看，师可能是最高编制单位。旅是师以下的编制单位，卜辞中有"左旅""右旅""王旅"的记载。卜辞中也有关于"行"的记载。

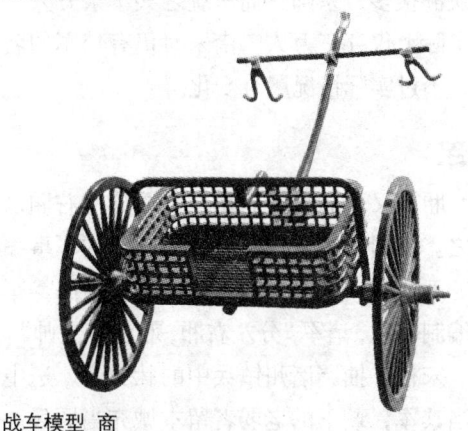

战车模型 商

商代的军事培训机构

商朝设立了培养训练各级贵族的学校。王室学校成为"明堂"，一般贵族学校成为"序"和"痒"。学校教育集中在射（射箭）、御（驾车）、舞（军体）三个方面。

另外，商朝也通过狩猎活动训练军队。据甲骨文记载，商朝的田猎活动采取的是"烧山引兽，放火寻角"的古老围猎形式。车兵、步兵和徒役遍为左、中、右三行，根据地形布阵、举火、设防。

文武分职在何时

战国时期，各国国君为进一步加强中央集权，逐步削弱世卿的势力，大都采用见功与赏、因能授官的办法委任职官，添设爵位，招徕四方贤能，逐渐形成了一套比较完整的官僚制度。齐、赵、魏、韩等国首先设立了作为"百官之长"的"相"，同时又相继设立了将军（或称上将军、大将军，楚国则称上柱国）之类为武官之首，文武逐渐殊途。

"官分文武，王之二术也"，是君主控制臣下的重要手段。因为文武分职，大臣权力分散，可以起到相互制约和监督的作用，有效地防范和制止大臣造成的对君上大权的威胁，同时，也适应了当时政治和军事分工的需要，使文才武略各尽其能。

"民屯"与"军屯"

"屯田制"为三国时期曹魏兵制。

曹魏的屯田分"民屯"和"军屯"两种，是汉代官田出租办法及边郡屯田的推广。民屯的管理方式是：由大司农掌管全国的民屯，典农中郎将负责一州郡的民屯，典农都尉负责一县级单位的民屯，屯司马负责一生产单位——屯。每一屯有屯田客五十人。民屯的任务是种植稻、粟、桑、麻，百分之五十至六十的收获上缴政府。屯田客不服兵役，但实行军法部勒式管理，应该纳入兵制研究的范围。

军屯的开始晚于民屯，一般是保持原有的军事编制，设立在与吴蜀两国对峙的边境，让士兵且佃且守。

府兵制

府兵制为西魏大统年间（公元535～551年）宇文泰建立的兵制。

宇文泰于大统八年"初置六军"，大统九年后，"广募关陇豪"，扩充乡兵，并按鲜卑旧日八部之制加以改组，共二十四军，由六柱国分统，下设十二大将军，二十四开府，四十八仪同。西魏末与北周初，每一仪同领兵一千人。士兵另立户籍，"教旗习战，无他赋役"，与民户有别。

北周武帝时，府兵军士改称"侍官"，府兵的指挥权直辖于君主。隋初，军府定名为骠骑府，其长官为骠骑将军，以车骑将军为副长官，有时也设立和骠骑府平行的车骑府。大业三年（公元607年），改称鹰扬府，统兵长官是鹰扬郎将，副长官是鹰击郎将。各府分属十二卫；军人称"卫士"，户籍改属州县，一与民同。

唐初恢复骠骑、车骑府名，后改称折冲府，设折冲都尉和左右果毅都尉。贞观十年（公元636年）时，共有府六百三十四个，分别隶属于十二卫和东宫六率。军府分布于京师附近的关内、河东、河南等道，"举关中之众，以临四方"，加强中央集权制度。编制单位有团、旅、队、火，每府兵额由八百人至一千二百人。从唐高宗时起，府兵即因分番更代不按时、负担过重而逃避兵役。玄宗开元年间，府兵须由政府拨给资粮和兵器，卫士改用招募。天宝八载（公元749年），折冲府已无兵可交，府兵制名存实亡。

禁军

原指皇帝的亲兵，担任京城及宫中拱守与宿卫。历代或称禁军、禁兵，或另立其他名目。

北宋把禁兵作为正规军，其地位比厢兵等军种重要。禁兵从各地招募或从厢军、乡兵中选拔，并沿用五代梁朝定制，文面刺字，社会地位低于一般百姓。禁兵分隶殿前司、侍卫亲军马军司、侍卫亲军步军司三衙，由朝廷直接统辖，将不得专兵，每发一兵，均须枢密院颁发兵符。北宋时期，禁军除守卫京师外，并分番调戍各地，其编制单位为军、指挥、都。北宋中期，禁兵增至八十余万人。神宗时"奋起更制"，起用王安石变法，裁减冗兵，置将分领，加强训练，军队战斗力有所提高。

北宋末年，政治腐败，军队编制增加，但缺额很多，京师三衙所统之兵十余万人，但实际上仅存三万人。南宋时仍有禁军的名称，不过实际情况屡有变化。

厢军

厢军又名厢兵。唐初，各军分左右厢以统之。中唐以后，左右厢成为固定的军事编制。五代时，此制更为普遍，且作为高等军事编制单位，诸军"分左右厢，厢各有主帅"。

宋初，抽调诸州镇兵中的壮勇者，送中央当禁军，剩下的老弱者留本城充当厢兵。最初，禁兵是中央军兼正规军，而厢兵是地方军兼杂役军。厢兵是藩镇的旧兵与杂役新军合并而建置的。其相当部分来自招募，另一重要的来源是罪犯。

宋朝设置厢兵，"大抵以供百役"。厢兵服役范围很广泛，如修筑城池、制造武器、修路筑桥、造船、修理黄河等。有的厢兵还从事垦荒，在个别场合也用于战斗。仁宗时京东等地农民起义增多，因此招募厢兵，教以武技，用以镇压农民起义。由此，厢兵又有教阅和不教阅两类。教阅厢兵又分马军、步军、水军，各军分立名目，以指挥为基本编制单位。不教阅的厢兵，一般以任工役命名。

乡兵

封建社会中地方性武装。西魏、北周的乡兵由大都督或仪同统领。此后，历代相沿。

宋承五代之制，建多种乡兵，在当地团结训练，以为防守。宋朝的乡兵与厢兵、禁兵不同，一般不脱离生产，农闲时定期教阅，教阅时发给钱粮。边州的乡兵，在边地垦荒纳租，守护边土。乡兵的组织，或是沿用禁兵的指挥、都等编制，或按保甲法组成，或是几种编制互相参用。

中国最早的正规军校

中国历史上最早出现的正规军校，是宋代的武学。

庆历三年（1043年）五月，为了改变军事人才缺乏的局面，初设武学，但在某些臣僚的反对下数月即废。宋神宗继位后，任用王安石变法，熙宁五年（1072年），复置武学于武成王庙，从此开始了中国正规军校教育的培训体制。

宋代武学有比较合理的教学内容和课程设置。其内容包括：军事理论、军事历史、军事学术和政治思想教育。同时，还设有实兵演习课。《孙子》《吴子》等七部兵书，作为武学的经书和教范。武学学员的来源是未授职的使臣（八、九品武官）、荫补的官将子弟。有一定军事知识和技术的平民百姓，经地方官推荐报考，成绩合格者才能取得入学资格。武学学制三年，分为上舍、内舍、外舍三级培训体制。如果武艺、策略等各科考试成绩多次居于下等，则逐步降级，直至最后开除学籍。学员毕业考试合格后，按成绩好坏和资历深浅实授官职。才能特别出众的上舍生，由枢密院严格审查，情况属实者准许提前毕业，并立即录用为军官。同时规定，所有学员必须分配到边远地区任职一段时间，如果在职三年无差错，依例升迁。宋王朝规定武学由兵部主管，"选文武官知兵者为教授"，设"博士""学谕"具体负责教务。

明代的"三大营"

明成祖时，京军分为五军、三千、神机三大营。五军营轮番卫戍京师。三千营为明成祖时以塞外降丁三千骑兵组成，主管巡哨。神机营为南征得火器之后成立，使用火器。正统十四年（1449年），土木堡之变，三大营几乎丧失殆尽，景帝用于谦为兵部尚书，在各营中选精兵十万，组成十团，分十营集中训练，称为团营。嘉靖中，取消团营，恢复三大营旧制，并改三千营为神枢营，但此时已以募兵代替世军，实质上和过去不同。

清代的"火器营"

火器营乃清朝禁卫军之一。康熙二十七年（1688年），设汉军火器兼练大刀营。康熙三十年，始设火器营，是皇帝的守卫扈从，由总统大臣管理。士兵从满洲、蒙古八旗的佐领下抽调，抽调人数不一。有鸟枪护军和炮甲两种。

八旗制度

八旗乃清代兵制，由清太祖努尔哈赤于公元1615年正式建立。

努尔哈赤初定兵制，每三百人设一佐领，五佐领设一参领，五参领设一都统。每都统设副都二，领兵七千五百人，为一旗。明万历三十四年（1606年）时，只有正黄、正白、正红、正蓝四旗。四十三年，增镶黄、镶白、镶红、镶蓝，称八旗，兵五万九千五百三十人。

八旗大纛 清

皇太极天聪九年（1635年）分设蒙古八旗，兵一万六千八百四十三人；崇德七年（1642年）分设汉军八旗，兵二万四千零五十二人。从此，八旗又有满、蒙、汉军的区别，共二十四旗。后佐领增多，各旗也分设护军、骁骑、前锋等营伍。

清朝统一后，八旗兵分为京营和驻防两部分，京营又分郎卫和兵卫，郎卫以保卫清中央政权为职任，从上三旗（镶黄、正黄、正白）中挑选人员，组成亲军，归领侍卫内大臣统率。兵卫之制：由八旗都统直辖的有骁骑营；不归都统指挥，另设总统或统领统率的有前锋营、护军营、健锐营、火器营、步军营。步军营除八旗兵外，兼辖一部分绿营兵。此外，下五旗的亲军，属于王公。领侍卫内大臣统率的，还有虎枪营，总计京营兵额十万余人。驻防兵分驻各省冲要地点，共十万七千余人，分由各地的将军、都统、城守尉统率。乾隆时佐领之数近二千，兵额则仍为二十万余人。

中国兵书的起源

兵书，是中国古代军事著作的统称，中国兵书的起源有多种说法，其中最主要的一种是起源于炎黄。

东汉班固修成的《汉书》中就著录了《神农兵法一篇》和《黄帝十六篇》，说明班固是持兵书产生于炎黄时期说法的。此种说法对后世有较大的影响，明代的叶子奇在《草木子》中又肯定了班固的说法。

就目前的考古发掘的成果而言，在商周时期的甲骨文中还未发现完整的兵书内容，只有一些军事记载，有军队的编制、战车的数量、闻警出征、征讨对象、地点等，从不同侧面反映了商、周军事的某些概况。

随着战争和军事活动的增多，人们对其认识也逐渐加深，于是便在记录实践活动的基础上，总结其经验，阐发自己的看法，提炼出有条理的认识，终于形成能够传布四方、留存后世的兵书。

中国古代兵书著述的三次高潮

春秋时期，青铜兵器已经发展到了成熟阶段；战国晚期，由于钢铁冶炼技术的提高，铜铁兵器已经大量制造并成建制地装备军队。而军事改革和军事技术的发展，使战争更加频繁。据不完全统计，春秋时期的军事行动多达438次，战国时期，更是兵戈不可一日或止。于是，一批适应新时代需要的军事家和政治家便著书立说，研究兵法，游说诸侯，鼓动采用新说。各诸侯国君也思贤若渴，广揽兵法人才。中国古代兵书著述的第一次高潮，就是在这个时代形成的。

在春秋战国百家争鸣的学术氛围中，兵书著述家畅抒兵学观点，著述各有所长的兵书，正如雨后春笋，竞相破土而出。仅流传至今的兵学经典，就有孙武的《孙子兵法》、吴起的《吴子》、司马穰（ráng）苴（jū）的《司马法》、孙膑的《孙膑兵法》、尉缭的《尉缭子》、托名姜望的《六韬》等六种。它们以富国强兵和统一天下为目的，以战争和军事为研究对象，深入探讨其诸多方面，阐述详尽严密，议论气势宏伟，脉络清晰，条理分明，既在理论上总结了以往战争和军事的经验，又在实践上指导了当时的战争和军事建设，有的则成为兵律，为后世兵家所推崇，成为中国军事学的奠基之作。

中国古代兵书著述的第二次高潮是明代后期。

明代自嘉靖年以后，朝廷各派斗争愈演愈烈，政治危机四伏。东南沿海和北部沿边战争连绵不断，从万历四十六年（1618年）努尔哈赤兴师攻明，到崇祯十七年（1644年）明朝灭亡为止，始终没有停止过。

明代的爱国将领、文武官员和爱国人士，为了保国守土和夺取军事斗争的胜利，一方面积极发展军事技术，以提高明军的战斗力；另一方面又努力著书立说，编纂兵书，总结和推广对敌作战的新鲜经验，以提高明军官兵的军事理论素质。

明末的兵书具有明显的特点。其一，它们论述的重点已经从一般的兵法、谋略、战法和阵法转向火绳枪炮和新型战车、战船大量使用条件下的军事建设和作战理论，其作战对象明确，应敌之策可行，适应了时代的需要。其二，兵书编纂的体例已经明显地区分为大型综合性和专题性两大类。前者如《武备志》，在基本沿袭《武经总要》的编纂体例上，又拓展了新的学科而使之更加完备。后者如《纪效新书》等，对所论专题的内容广采博收，囊括无遗，专题的特色极为明显。其三，已经开始采用定量与定性相结合的方法，研究火炮的制造与使用，基本脱离了阴阳五行化生、君臣伦理学说和经验描述的旧轨，奇门遁甲、风云杂占和方术迷信之雾为之一扫。其四，十分重视军事技术的研究，如《武备志》以33卷的篇幅专论军事技术。

中国古代兵书著述的第三次高潮是清代后期。

清代后期出版的兵书，主要有编译、编著和对古代经典兵书的辑注三大类。其数量之多、内容之广，实为清代以来所罕见。

这一次兵书著述的高潮适应了救亡图存的需要，倡导了注重实际、切合时用、尊重科学、探寻规律的研究奉上，对当时进行的反侵略战争和新军事学的创立与发展，产生了积极的影响。但是，在翻译和编著的军事著作中，军事理论与军事技术的比例严重失调，前者过轻而又缺少深层次的作品，后者畸重而又凌乱重复。个别书籍仍存在着照搬硬套而不敢越洋人著作一步之嫌。致使一些战争能"启人智""振国威"，能使"国家致富强"的谬论，也传入中国。

历代兵书究竟有多少

历代史学家虽经多方努力，但对历代兵书的数量也只能求得一个近似数字。如汉初的张良与韩信就曾奉命整理兵书，共得182家之作。

其后各代，著录兵书的数量约为：《汉书》53家、790篇、43卷；《隋书》133部、512卷；《旧唐书》45部、289卷；《新唐书》60部，319卷；《宋史》347部、1956卷；《明史》58部、1122卷；《清史稿》59部、238卷，并有《补编》53部、359卷。

1933年4月，陆达节撰《历代兵书目录》，共收录历代兵书1304部，6831卷，内有203部的卷数不明，而得以流传者，仅为288部，2106卷。

1990年，国防大学出版社出版《中国古代兵书总目》，共收录1911年辛亥革命前的兵书共4221种。

如果从严格的学术意义上说，把内容重复、内容相近而书名不同、名为兵书而并无论兵价值、同一名著而只是校注释解稍有不同的兵书进行筛选，去伪存真，去粗取精，取本删衍，那么所存兵书的精粹之作，有二三百种。

《军志》与《军政》

迄今尚未发现著述年代最早的完整兵书，究其原因，主要是由于年代久远或难以保存而散佚的缘故。

但是，在中国的古文献的记载中，可以看到一些曾经出现过的早期兵书，其中最常见的是《军志》和《军政》。史家和兵书著述家对这两本兵书的引用，虽非长篇大段，但也不乏精辟的章句，实为研究中国早期兵书的珍品。

由于缺乏记载，所以《军志》和《军政》的成书年代已不可确考。但从《左传》的多次提及，可推测它们至迟在西周晚期已经问世。又从它们的内容和当时的习惯分析，所引各条似非出自一人一时之作，而是西周晚期以前兵家和政治家言论的汇集。依据现有的资料和研究成果，学者们认为它们是迄今所提到的最早兵书，是有一定道理的。

中国古代十大兵书

《孙子兵法》：是中国现存最早的兵书，为春秋末孙武所著，共82篇，图9卷。今存本13篇。

《孙膑兵法》：为战国时齐国孙膑所作。共39篇，图4卷，隋以前失传；1972年在山东临沂县西汉墓中重新发现其残简。

《吴子》：由吴起、魏文侯、魏武侯辑录，共48篇，今存图国、料敌等6篇，都系后人所托。

《六韬》：传说为周代吕尚（姜太公）所作，后经研究，认定为战国的作品，现存6卷。

《尉缭子》：传说为战国尉缭所作，共31篇，今存有5卷，共24篇。

《司马法》：战国时齐威王命大夫整理古司马兵法，共150篇，今存本仅5篇。

《太白阴经》：由唐代李筌撰写。共10卷，《四库全书》收录的8卷本，是后人合并的。

《虎钤经》：由宋代许洞撰写，共20卷，120篇。

《纪效新书》：由明代戚继光在东南沿海平倭寇时撰写，共18卷。

《练兵纪实》：由戚纪光在蓟镇练兵时撰写，正集9卷，附杂集6卷。

"兵圣"孙武与《孙子兵法》

孙武，生卒年不详，齐国乐安（今山东惠民）人，活动于公元前6世纪末至前5世纪初。周敬王八年（公元前512年）任吴国将军，打败楚国，攻入楚国国都郢（今湖北江陵西北纪城南）；并协助吴王在艾陵之战中重创齐军。之后，吴王夫差当政，国事紊乱，孙武事迹不见史书记载。

孙武之所以享有盛名，被后世尊为"兵圣"，不仅在于他的军功，更重要的是他留下了一部中国现存最早的兵书《孙子兵法》。

《孙子兵法》成于春秋战国之交，共13篇，5900余字。《孙子兵法》内容完备，结构完整严谨。全书把战争和军事问题，分作13篇加以论述，各篇既能独立成章，又有密切联系，形成一个完整的体系。其内容以战争、战略和作战指导为核心，并旁及其他问题，逐一展开论述。

该书认为，战争是国家的大事，关系到国家的存亡，人民的生死，必须慎重对待，其明确表达了孙武备战慎战的思想。这一思想反映在作战指导上，则表现为"全胜"的理论，也是全书的精华所在。它要求当权者在进行战争时，必须要有胜利的把握，必须要争取以最小的代价、最快的速度，取得完全的胜利。

《孙子兵法》问世以后，得到了社会普遍的重视，流传甚广。

吴起与《吴子》

吴起（约公元前440～前381年），卫国左氏（今山东定陶西）人，周威王十七年（公元前409年）至周安王十八年（公元前384年）的二十七年间，任魏国河西郡守，其间先后统兵与各诸侯国军队作战76次，64胜，12平，无败绩。

周安王十九年（公元前383年）因被诬陷，被迫投奔楚国；助楚国南平百越，北灭陈、蔡，击退魏、赵、韩三国的进犯，西北败秦，威震四方。后被楚国内部反对改革的旧贵族杀害。

吴起能征惯战，所著《吴子》在中国古代兵书中具有重要地位。

《吴子》成书于战国中期以前，在《汉书》中著录为48篇，现存《续古逸丛书》影宋本，及明、清刊本，有六篇，分上下两卷。

《吴子》对军事问题的论述，是围绕着治国的根本目的展开的。《图国》篇中指出，要使国家强盛，就要"内修文德，外治武备"，两者不可偏废。吴起把政治和军事视为巩固国家、安定民心的两大根本条件，这是《吴子》的核心内容，也是其战略思想的立足点。这一战略思想反应在军事思想上，主要有三，其一是严明治军；其二是料敌用兵；其三是因敌而战。

司马穰苴与《司马法》

司马穰苴是春秋末期著名的军事家，所著的《司马法》被列为《武经七书》之一，对后世兵学的发展产生了深远的影响。

司马穰苴，生卒年不详，活动于公元前6世纪初叶春秋末期的齐国，曾任将军，抵抗晋、燕两国的进攻，以严刑峻法、执法如山而著称。

《司马法》约成于战国中期，又称《司马穰苴兵法》《古司马法》等。《司马法》的突出之处，在于司马穰苴第一次对战争问题提出了明确的看法，即"以战止战"的战争观。他认为："杀人安人，杀之可也"；"以战止战，虽战可也"；"国虽大，好战必亡；天下虽安，忘战必危"。这些论述，既不笼统地反对一切战争，又不盲目地鼓吹战争，至今仍有它的生命力。

《司马法》中"以战止战"的战争观，在其经国治军方面的反应，便是"以仁为本""以仁为胜"的思想，目的是最大限度地消减敌方军民的敌对情绪，使之心悦诚服。《司马法》还把兵力众寡、强弱、军队治乱、行动快慢、难易、固危、小惧与大惧等因素，抽象为"轻、重"两个对立统一的因素，进行分析考察，并指出轻、重是不断变化的，不能墨守成规、呆板运用。用朴素的辩证法思想去探讨战争和军事问题，这在古人中是难能可贵的。

竹简《孙膑兵法》

孙膑，生卒年不详，齐国阿（今山东阳谷东北）、鄄（今山东鄄城北）一带人，孙武的后裔，约活动于公元前4世纪后期，是战国中期杰出的军事家。孙膑一生坎坷不平，晚年不知所终，连真实姓名也没能留下，然而他不但善于用兵，而且在遭受迫害时忍辱不屈，发愤著书，后又不断增补，留下了千古生辉的兵法。

《孙膑兵法》又称《齐孙子》，约成书于战国中期，史书对《孙膑兵法》早有记载，如《汉书》云："《齐孙子》八十九篇，图四卷"等，其后失传。因而疑问丛生，有孙膑即孙武说，亦有《孙膑兵法》即《孙子兵法》说。

1972年，山东临沂银雀山1号墓发现了几百枚竹简，即《孙子兵法》竹简、《孙膑兵法》竹简和其他先秦兵书竹简，自此千年疑窦顿消：孙武是孙膑的祖先，《孙子兵法》和《孙膑兵法》是两部自成系统的兵书。

新发现的《孙膑兵法》竹简共361枚，11000余字，分上下两编，各15篇。上编记述孙膑的言论和有关事迹，下编内容疑点颇多，各篇文体不同，不似孙膑一人一时所做，可能由其弟子增编而成。竹简虽然残缺，释义有待深入研究，但也基本上反映了孙膑论兵的要义。

竹简《孙膑兵法》对战争问题提出了自己的明确看法，即"战胜而强立""乐兵者亡"的战争观。指出要在七雄纷争中使"天下服"，只有"举兵绳之"，达到"战胜而强立"，也就是天下归一的目的，否则就会"削地而危社稷"，民众遭难，国家不得安宁。这种战争观适应了当时全国渐趋统一的客观形势要求，比前人的论述更具有切合时代需要的积极意义。

竹简《孙膑兵法》在继承《孙子兵法》等前人兵法的基础上多有发展和创见，它的重新面世，受到了中外学者的普遍关注。

托名姜子牙的《六韬》

《六韬》是中国古代的著名兵书，被列为《武经七书》之一。《隋书》注称"周文王师姜尚撰"，后来经过历代学者的考查，断定其成书年代不会早于战国晚期。因此其作者为姜尚一说实难凭信，应为假托。

《六韬》虽为兵书，但却能从政治胜敌的高度，阐发胜敌的思想。它继承了《孙子兵法》的战争观和"不战而屈人之兵"的"全胜"思想，提出了"上战无与战"的主张，要求战争指导者能够掌握兵不血刃而能获得"全胜"的战争指导艺术。在治军方面，《六韬》继承和发展了《孙子兵法》和《吴子》的基本思想，主张任用勇、智、仁、信、忠兼备的将帅，统领军纪严明、赏罚公平、号令一致、训练有素的军队，并提出了寓兵于农的主张。

除此之外，《六韬》还有不少首创的内容，如分工明确、各司其事的军队指挥机构，各种武器装备及其用途等；并且记载了各种保密符牌和军情文书，反映了当时已经采用秘密手段传递军情的情况。

黄石公授书张良的传说

《史记》中记载了圯上奇翁黄石公授书张良的典故。

据说，秦朝末年，韩国贵族张良试图刺杀秦始皇未果后，更名换姓，至下邳（今江苏邳州）避难。一天，他闲游路过一座桥时，遇到一老翁故意将鞋子甩到桥下，并让他去捡。张良愕然，但面对长者，还是将鞋子捡了回来。老翁又让张良给自己穿鞋，张良依然恭敬照办。老翁便说张良是可以传授玄机的，约他于五日后的清晨在桥头相会。前两次张良都迟到了，被老翁申斥，第三次，张良于半夜时分就来到桥头等候，老翁亦至，非常高兴，赠书一册给张良，说："读了这本书就可以做帝王之师了。十年后，天下将要打仗，十三年后，你将在济北谷城山下见到我的化身，是一块黄石。"然后老翁飘然而去。张良在下邳居住了将近十年，秦末农民起义爆发后，他成为刘邦的军师。又过了三年，张良路过济北，果然在谷城山下见到一块黄石，便派人把黄石取回家供奉起来。张良死后，与黄石合葬一处。后人称圯上授书于张良的老翁为"黄石公"。

中国古代著名兵书《三略》，又名《黄石公记》《黄石公三略》，假托为黄石公所著，是张良所受之书。经考证，其很可能是秦汉之际熟悉张良事迹的隐士所作。

《唐太宗李卫公问对》

《唐太宗李卫公问对》是一部问答体兵书，又称《李卫公问对》或《唐李问对》。

《唐李问对》，顾名思义就是唐太宗李世民与卫国公李靖论兵的言论辑录。然而具体成书时间不可确断，然据宋初即有《兵法七书》流传推测，其下限应在五代之前。《唐李问对》虽未必是李靖的手定稿，但当是深通兵法韬略，熟悉唐太宗、李靖事迹的隐士根据唐、李论兵言论汇编而成。

《唐李问对》共分上、中、下三卷，10300余字。全书涉及的军事问题比较广泛，既有对历代战争经验的总结和评述，又有对古代兵法的论释和发挥；既讲训练，又讲作战；既讨论治军，又讨论用人；既有对古代军制的追述，又有对兵学源流的考辩，但主要内容是讲训练和作战，以及两者之间的关系，中心围绕着"奇正"论述问题。奇正是古代军事学术中一个十分重要的概念，是历代军事家讨论的重点问题之一。《李卫公问对》对奇正论述深刻，分析透辟。

《武经总要》

《武经总要》由北宋时期著名的兵书著述家曾公亮与丁度等人合作编著而成，开创了兵书编著的新体例，是现存最早由官方编修的第一部综合性兵书，或称百科性兵书，对此后兵书的编纂和兵学研究都有重要的借鉴和参考作用。

《武经总要》分前、后两集，各20卷。前集有各种军事制度15卷、边防5卷；后集有历史故事15卷，阴阳占候5卷。庆历四年（1044年）首刊本和绍定四年（1231年）重刻本至今未见。现存较早的是明代弘治至正德年间（1488～1521年）据绍定本重刻本。明代弘治十七年（1504年）李赞刻本、嘉靖本，金陵书林唐富春课本、明刻本等，均属善本。

《武经总要》对于军事组织、军事制度、用兵选将、步骑训练、行军宿营、古今阵法、战略战术、武器装备的制造和使用、军事地理、历代用兵实例、阴阳星占等各个方面都有所论述。其中营阵和武器装备两部分，还附有大量的插图。

《武经总要》还及时地收集了当时在科学技术上的创造性成果，其中最突出的是指南鱼和三个火药配方。

《武经总要》编纂体例的进步，提高了兵书的科学性和实用价值，所以，乾隆年间的学者、文学家纪昀在编纂《四库全书》时，称其"前集备一朝之制度，后集具历代之得失，亦有足资考证者"。此评价是十分恰当的。

《武经七书》

《武经七书》这部兵书丛书是封建社会根据兴武备、建武学、选武举的需要逐渐形成的。早在南北朝时《孙子》就被称为"兵经"（刘勰《文心雕龙·程器》），宋初也曾出

李靖像

现过"七书"之称，但《武经七书》作为一个整体正式颁定并被固定下来是在宋元丰年间。据《续资治通鉴长编》记载：元丰三年（1080年）四月乙未，宋神宗下诏校定《孙子》《吴子》《六韬》《司马法》《三略》《尉缭子》《李卫公问对》，并雕版刊行，号称"七书"，《武经七书》即源于此。自此，《武经七书》被定为官书，颁之武学，并列学官，设置武经博士。《武经七书》是自宋代以来封建社会武举试士的基本教材。能否谙熟《武经七书》，成为统治者选拔军事人才的一条重要标准。

《武经七书》是中国古代兵书的精华、第一部兵书丛书，是宋代官方校刊颁定的军事教科书。它的颁定，确立了兵书在封建社会的正统地位，促进了古代军事学术的发展，不但在中国兵学史上占有极重要的地位，而且在世界军事学术史上也素负盛名。

中国古代第一部城防专著：《守城录》

宋代力主抗金的文臣陈规与汤璹（shú）合著的《守城录》，从理论和实践的结合上，系统地论述了城防理论和守城战的各个方面，是中国古代第一部影响最大、价值最高的城防专著。

《守城录》三部分共四卷，写成于三个不同的时期。第一部分《〈靖康朝野佥言〉后序》一卷，写于陈规守顺昌之时。卷末署"绍兴十年五月日陈规序"，说明此文作于绍兴十年（1140年）。《靖康朝野佥言》本是夏少曾记述靖康年间金人攻汴始末的著作。陈规读后，为京城黎民惨遭屠戮，"痛心疾首，不觉涕零"。为总结汴京失陷教训、避免历史重演，他边读边写，阐述了御敌之策，遂成《〈靖康朝野佥言〉后序》一文。第二部分《守城机要》一卷，系陈规记述他守御德安时的战略、战术，以及方法、原则。

第三部分《建炎德安守御录》上、下卷，则是汤璹于淳熙十四年（1187年）以后，任德安教授时，追记的陈规德安守城事迹。并于绍熙四年（1193年）将此书表奏朝廷。

《守城录》作为古代的一部关于防御的兵书，所述城邑防守之法，早已过时。但其中体现的一些防御思想至今仍有借鉴价值。南宋乾道八年（1172年），宋孝宗下诏将《守城录》第二部分的《守城机要》改刻为《德安守城录》，颁行全国，令各地守城将领效法，在当时产生了重要影响。《守城录》中的许多内容，被明清时期一些兵书所引用和转录。

中国古代第一部兵制专著：《历代兵制》

《历代兵制》由南宋时期永嘉派的著名学者陈傅良所撰，是中国第一部兵制专著，也是研究中国古代兵制的重要参考书。

《历代兵制》共八卷，约3.5万字，按照时代顺序，分别记述了周、春秋、秦、西汉、王莽、东汉、三国、两晋、南朝、北朝、隋、唐、五代、北宋的兵制及沿革，阐述了后代兵制对前代兵制的继承和发展。内容包括兵种的建立、军队建制、兵员数额、将校设置、兵员征集、兵赋徭役、军功爵赏及有关战争情况等。对于周代的乡遂制，汉代的禁卫兵（南北军）、郡兵（轻车、材官、骑士），南北朝、隋、唐的府兵，北宋的禁军、厢兵、蕃兵等都做了较详细的记述。

综观全书，陈傅良在兵制方面的主要思想是：

一、主张寓兵于农，兵农合一，有事出战，无事耕田。

二、反对冗兵冗官，主张精兵简政，兵要少但要至精。

三、主张强干弱枝，"天下之兵皆内外相制"，反对"诸王擅权"。

四、主张量力征收军赋，反对征调无度，

认为"兵虽可练，而重扰也"。

五、主张严格要求，严格训练，反对"教习不精"。

六、主张严明赏罚，赞同宋太祖的"抚养士卒不吝爵赏，苟犯吾法，唯有剑耳"。

《历代兵制》首开兵制研究之风，至今仍不失其借鉴价值。但有些看法尚具有一定的片面性。

中国古代的海防专著

《筹海图编》

《筹海图编》是中国第一部海防专著，全书十三卷，约26万字，附图172幅，书中对中国沿海海岸、海域的地形地貌、关隘要塞等地理形势，沿海驻军、水寨、烽堠、瞭望哨、海岸、海港、海中设施等防务，朝臣和将帅所提出的防海御倭方略，兵器和战船，中日两国的历史交往，倭寇劫掠中国的时间、地点、头目等情况，倭寇至闽广总路、至直浙山东总路、至朝鲜辽东总路等三条进犯路线，永乐年以来的平倭战绩等，都有比较详细的论述。

《筹海图编》首次提出了比较全面的防倭剿倭的战略，反映了郑若曾和明代一部分朝臣的海防思想。它认为，防倭备倭的根本方略是安民和备战。安民就是要委派良吏推行善政，使沿海居民安居乐业，备战就是要加强海防建设，全歼来犯的倭寇。

《海防图论》

《海防图论》又称《海防图说》或《海防论》，以地形和倭情为依据，论述沿海各地的战略形势及其战略地位，提出了御之于远洋、歼敌于近海、各省联防会剿、内外夹击、水陆兼备的海防战略。采取除内奸以塞倭寇之耳目，占岛屿以扼倭寇必经之海道，分哨与会哨相结合以堵倭寇可乘之隙，在沿岸港口增驻水陆守备部队以剿倭寇，训练乡勇以使处处都有御倭之兵等措施。

《江南经略》

《江南经略》是郑若曾专为防御倭寇侵入长江而作的江防专著。虽为江防而作，但其指导思想与备倭措施仍与海防相似。全书从长江口的华亭、上海开始，上溯至常州、镇江，依次绘图论列，有些绘图，尚属首制。虽为一时权宜之计而作，却有长期备考之价值。

唐顺之与《武编》

唐顺之（1507～1560年），明代嘉靖年间右佥都御史，代凤阳巡抚，兵书著述家，他纂辑的兵书《武编》，集纳了不少鲜为人知的资料，具有重要的参考价值。

《武编》在唐顺之生前未能刊行，只有抄本传世，其体例类《武经总要》，分前、后两集，各六卷，187门。

《武编》的突出之处，在于他辑录其他兵书不载或少载的内容，主要有以下四种：

一、水底雷。即密封于木箱内，悬浮于水中，借助于机械式击发装置点火发射的火铳，属于击穿式水雷。

二、破船舸（gě）。即一种安有六个水轮的车轮船，船首为平形，安有三支火铳，铳管头部伸出船首外，火门留在舱内。若与敌船相近，舱内士兵点火发射，火铳弹丸便射向敌船。

三、手把铳的发射口诀。

四、制造兵器所用钢材的冶炼方法。此法为兵器史与冶金史学者所重视。

《武备志》

《武备志》是中国古代部头最大的一部综合性兵书。全书240卷，约200万字，附图730余幅，被称为"军事学的百科全书"，由茅元仪（1594～1640年）历时十五年撰成。

《武备志》是一部大型综合性辑评体兵书。它体系宏大，条理清晰，体例统一。全书分类排纂史料，每类之前有序言，考镜源流，概括内容，说明编纂指导思想和资料依据；大类之下有小类，小类之下根据需要设细目，如《军资乘》下又分为8类64个细目；文中有夹注，解释难懂的字词典故。《武备志》完备的体例，不仅表明了著者对各个问题的看法，而且为读者把握全书的重点提供了线索。

《武备志》共由兵诀评、阵练制、战略考、军资乘、占度载五大部分组成。

《兵诀评》18卷，选录《孙子》《吴子》《司马法》《三略》《六韬》《尉缭子》《李卫公问对》全文和《太白阴经》《虎钤经》的部分内容，进行评点。

《战略考》33卷，按照时间顺序，从战略的高度选录了春秋、战国、西汉、东汉、三国、晋、宋、齐、梁、陈、隋、唐、五代、北宋、南宋、元等十六个朝代有参考价值的战争战例600余个，大都在历史上以奇谋伟略取胜著称，如马陵之战、赤壁之战、淝水之战、虎牢之战，等等。

《阵练制》41卷，由"阵"和"练"两大部分组成，前者强调要详细，后者强调要通俗实用，"阵取其制，制则宁详；练取其实，实则宁俚。""阵"下又分94个细目，附319幅阵图，详细记载了从先秦至明代各种阵法阵图，堪称古代阵法阵图大全。

《军资乘》55卷，由营、战、攻、守、水、火、饷、马八部分组成。类下又有子目，子目下又分细目，内容非常广泛。这部分所记军用物资完备而详细，从攻守器械、火器火药、车马战船到粮饷米盐无不具载，堪称古代军用物资大全。

《占度载》93卷，由占、度两部分组成。"占"即占天，记天文气象。这部分内容反映了古人对天文气象的朴素认识，如"天色惨黄为风"等。"度"即度地，记兵要地志。这部分详细记载了明代的山川形势、关隘要塞、道里远近、州府及卫所设置、兵马驻防、督抚监司、镇守将领、钱粮兵额等内容。

西洋火炮专著《西法神机》

《西法神机》是明末关于西洋火炮的专著，对明末和清代的火炮研制和使用，产生了重要的影响，作者是明末西洋火炮专家孙元化。

《西法神机》成书于崇祯五年（1632年），原稿在战火中流失，现存清代康熙元年（1662年）据其副本刊印的古香草堂本，分上、下两卷，约3万字，图19幅。书中记载了30多种发射火药的配方；阐述了以火炮口径的尺寸为基数，按一定比倍数设计其他各部分的方法；提出了弹重、装药量与火炮口径成一定比例的要求；创制了一种新型的工程炮车；设计了多种便于发挥火力优势的凸面炮台。

孙元化通过研究认为，炮弹射出炮膛后并非沿直线飞行，同时也受引力下坠，合成曲线轨迹，过曲线顶点后，速度减慢，动能减小，杀伤力削弱，最后速度为零，杀伤力消失。他的论述虽不如伽利略对抛物线的论述透彻，但亦相去不远，是中国古代关于弹道理论的一大突破。

神威无敌大将军炮 清

戈

戈是中国古代的主要兵器。青铜制，盛行于殷周，秦以后逐渐消失。属于杀伤类兵器，用以钩挽敌人、啄刺敌人。戈的各部分都有专名。其主要部分称"援"，像宽刃的大匕首，用以钩啄敌人；转折而直下的部分称"胡"，其上有孔，用以贯索，缚于柄上；援后的短柄称"内"，用以穿入长木柄；内上有孔，叫"穿"，穿可贯索缚于长木柄上端，使戈体坚牢着柄而不左右移动；戈的长木柄称"柲"；柲的上端有铜饰，称"冒"；柲的下端有平底青铜套，称"镦"。比铜戈早的石戈，无胡无内，援的后端向左右两边突出少许，用以缚索于木柄之上，因其体短而宽，故亦能着柄而不滑脱。此外还有玉戈。石戈和玉戈，商代以后，多作为礼仪用具或明器。

据《考工记》记载："戈广二寸，内倍之，胡三之，援四之。"即戈之最宽度为（周尺）二寸，内长四寸，胡长六寸，援长八寸。再就刃形而言，晚周之戈，大概"内"末有刃者居多，就孔（穿）洞而言，戈愈晚则其"胡"上之穿孔愈多，孔洞均作长方形。至于戈柲为一直体长杆，一般长六尺六寸，但亦有长有短。

殳

古代打击类长柄兵器，最早由棍棒演化而来。殳首多用青铜制成，呈八棱形，分为有尖锋和无尖锋两种。长柄多用竹木做成，长一丈二尺，类似有首的木杖。也作仪仗之用。

陌刀

陌刀为一种两刃的长刀，较重，大约50斤。《新唐书》中记载："（张）兴为饶阳裨将，举陌刀重五十斤乘城。贼将入，兴一举刀，辄数人死，贼皆气慑。"隋朝的50斤相当于现代的22斤左右，但这仍是算相当沉重的实战兵器了。

唐陌刀开始流行于高宗调露前后至开元十年之间。开始时使用陌刀是为了对抗突厥骑兵，后来在诸军流行则是对付以骑兵称雄的唐之"四夷"。盛唐时完善的节度使制度使得军队的装备，训练走向正规化，陌刀也因此成为唐步兵的主战兵器之一，及唐之后，史籍鲜见陌刀之踪迹。

鞭

鞭是中国古代的一种铁质短柄笞击类兵器。据《武经总要》记载，鞭身形似竹节，有柄，起源于竹鞭，大小长短随使用者的需要而定。唐宋时期，铁鞭的使用者逐渐增多，主要有铁鞭和连珠双铁鞭。如宋将王继勋素来勇武，"在军阵，常用铁鞭、铁槊、铁挝，军中目为'王三铁'"。明清时期，军中也常有使用铁鞭的将领。

挝

挝即爪，铁制。主体前面是伸向四方的锐利的钩，形如鸟爪，后面有一个铁环穿上铁索，再用麻绳接在铁索上。在敌人聚集的地方，把它掷向敌人稠密的地方，把中钩的敌人急速地拉过来。宋朝开国皇帝赵匡胤的侍卫军中，也装备少数挝。北宋建隆元年（公元960年），赵匡胤率部攻占北汉的泽州（今西晋城），俘虏其宰相卫融，因卫融拒绝臣服宋廷，赵匡胤一怒之下，便"命左右以铁挝击其首，流血被面。"

锏

古代兵器，本作"简"。元关汉卿《关大王独赴单刀会》第三折"三股叉，四楞锏，耀日争光"中的四楞锏就是这种兵器。传世的宋朝名相李纲用过的锏用钢铸成，重3.6公斤，长96.5厘米，锏身刻有嵌金篆文"靖康元年李纲制"七字，并配有圆形的红木套。

锤

古兵器名。亦作"铁椎"，有柄，一端状如瓜，整体较为沉重。《史记》中载："（张）良尝学礼淮阳，东见仓海君，得力士，为铁椎重百二十斤。"

锤除了铁质之外，亦有铜质。

剑

古代一种随身佩带的兵器。长刃两面，中间有脊，短柄。出现于商代，初行于西周，盛行于春秋战国时代。据古书记载，春秋战国时名剑很多，如干将、莫邪、龙泉、太阿、纯钧、湛卢、鱼肠、巨阙等，都为世人所称道。

剑有长有短，形状各异。铜器时代初期和中期，其形多呈锐尖双锋铜片形或矛头形，茎（柄柱）极短，尚未成为柄，是插在腰间的短兵器。铜器时代末期，铜剑形式已循序演进至变茎为柄，剑身加长，刃与柄之衔接处，加宽成为剑格（护手）；但剑柄仍短而不易把握，故有一凸箍（后）以容中指，以便手能紧握，避免滑脱。到了铜铁器时代，剑体加长，柄亦加大，格亦放宽，而且加以雕刻镶嵌，柄的装潢日益华美，且有以玉为首（柄头）、以玉为格的。剑身及铜柄上，常嵌金丝镂花，有的上面还有铭。到了完全铁器时代，汉以后，直至清末，其特点是剑体甚长，剑格加大，剑茎细小无后，而外加铜片或木片夹持，柄首亦加大，常护以铜片。格、柄、首都是外加的材料，同剑身已不属于一体。

弓箭

弓箭是古代长射程武器。弓是发射器，箭是搭在弓上发射的武器。远在传说的黄帝时代，中国已发明弓箭。原始弓箭制作比较简单粗糙，弓身用坚韧的树枝弯成，用皮条、动物筋或植物纤维绳作弦。弓的各部分有专门名称：弓的末端叫"弰"，弓把中部叫"弣"，"弣"两边弯曲处叫"隈"，弓两端受弦的地方叫"弭"，弓上用以发箭的牛筋绳子叫"弦"。弓在平时不上弦，用一个铜制的"弓形器"缚在弣上，以保持弓的弹力。箭也叫"矢"，箭杆多用竹木制作，下部装雕毛，末端有"冒"，搭在弦上。箭头叫镞，有铜质、铁质之分。辽宁西岔沟出土的铜镞，有翼式、梭式、扁平式和矛式等多种。盛箭的器物叫"矢箙"，多用竹木或兽皮制作。

"甲"和"胄"

"甲胄"这个词并不陌生，但许多人不知道，"甲"和"胄"并非同指一物，而是两种不同装备。

甲即铠甲。古代作战用的护身衣。也叫身甲。先秦之甲，皆用犀兕（野牛）皮制成，用铜铁制作的铠甲始于秦汉。古代特别看重由犀兕鲛（鲨鱼）皮制作的皮甲，尤以犀甲最为贵重。皮甲坚而耐久，上绘彩色，分段连属，下加锦彩作边缘装饰。也有用铜铁片或丝带编组而成的。另有一种甲，系用绢帛加绵衲成，叫作"练甲"。汉以后，甲的种类加多，如"琐子""两当"等。南北朝一度流行的袴褶服，即内着两当铠（前后两大片，上用皮襻联缀，腰部另用皮带束紧，外罩袍服，下面大口袴加缚）。唐人称之为"临戎之服"，意即袍服一脱，即可作战。因为脱卸便利，故南北流行，至唐宋还未尽废。

胄即头盔。又叫盔，首铠，兜鍪。古代作战戴在头上用以保护头部。多用铜铁制成，也有用藤或皮革制作的。现在所能见到的最早的头盔，是河南安阳殷墟出土的铜盔。这种铜盔，里面红铜，外镀厚锡，高约150毫米，底宽约180毫米，呈虎头形。宋元的钵形铁胄，精美坚整。高五寸四分，钵顶穿孔，周围有云形圈形叶形及珠形五层凸体花纹，下边作绳缘形及云头形花纹，钵内涂朱，眉庇也是铁质。

盾

盾即盾牌，也作"楯"。盾牌是古代作战时一种手持格挡，用以掩蔽身体，抵御敌方兵刃、矢石等兵器进攻的防御性兵械，呈长方形或圆形，其尺寸不等。盾的中央向外凸出，形似龟背，内面有数根系带，称为"挽手"，以便使用时抓握。

铜盾 秦

其材质有皮革、木材或藤条等，亦有金属盾，但极罕见。

战马的防护装具

商周时期已经开始用马甲，但这种马甲主要是用于保护驾车辕马的头部和躯干。到了秦代和西汉时期，长于驰突的骑兵已经成为军队的一种主要兵种，人们为了保护战马的身躯，便开始制造马铠。到了东汉时期，具有防护作用的马甲便得到了进一步的推广。三国时期，又发展成为配套使用的马甲。南北朝时已使用铁片或皮革制成的具装铠，使马铠发展到比较完善的阶段。这种具装铠由面帘、鸡颈、当胸、马身甲、搭后、寄生等6部分组成，分别保护战马的头、颈、胸、躯、臀、尾6处。宋代的具装铠去掉了寄生。

少数民族的战马也披有马铠。辽和西夏军战马曾披着铁质马铠。明清时期，由于火绳枪炮的大量使用，枪弹和炮弹的穿透力，使战马的防护装具成为可有可无之物，就此衰落下来。

攻城兵器

投石车

投石车亦称"抛石""飞石"，是利用杠杆原理抛射石弹的大型人力远射兵器，它的出现，是技术的进步也是战争的需要。投石车在春秋时期已开始使用，隋唐以后成为攻守城的重要兵器。但宋代较隋唐有更进一步的发展，不仅用于攻守城，而且用于野战。

宋代兵书《武经总要》中说，"凡炮，军中利器也，攻守师行皆用之"，足见对投石车的重视，书中还详细介绍了八种常用投石车，其中最大的需要拽手250人，长达8.76米，发射的石弹45公斤，可射90步（宋军制换算成现代单位就是140.85米），这里必须指出，《武经总要》可能是出于保密或者故意误导敌人的目的，将发石车的射程大大缩小了，实际上根据别的古籍记载和现代科学计算模拟，这种投石车的发射距离不少于500米，这在冷兵器时代，可说是超远程打击了。

望楼车

望楼车是古代攻城时用作瞭望的战具。宋朝的望楼车用坚木做成车坐和车辕，长一丈五尺，下有四轮，轮高三尺五寸，上面立着望杆，长四十五尺，上径八寸，下径一十二尺，上安望楼，竿下有转轴，两旁有义手木，系麻绳三棚，上棚二条，各长七十尺，中棚二条，各长五十尺，下棚二条，各长四十尺，带镶铁橛六条，下锐。立杆如同舟上建樯的办法一样，钉橛系绳六面连结起来。攻城时可登杆进入望楼瞭望城中情况。

濠桥车

濠桥车是古代攻城渡濠的器具。"濠"即护城河。宋代濠桥车的长短以濠为准，桥下前面有两个大轮，后面是两个小轮，推进入濠，轮陷则桥平可渡。如果濠阔，则用折迭桥，就是把两个濠桥接起来，中间有转轴，用法也相同。

辒辌车

辒辌车是一种遮挡式攻城器械。是在长方形的车座上建有山脊形木屋，外蒙牛皮，下安4轮，形如活动掩体。使用时，士兵将其推至城下，或者多车相连成地面通道，掩护士兵抵达城墙，进行攻城作战。

吕公车

吕公车是一种结构较为先进的高层攻城车，创制于元代末期，有5层，高于城墙相当。车下安8轮，底层士兵踩轮前进，2层和3层士兵持器械掘凿城墙，4层士兵持兵器攻城，5层士兵可直扑城顶，攻入城内。明代使用较多，《武备志》中载有其图。

撞车与滑车

《岳飞传》里"挑滑车"的故事脍炙人口，这"滑车"是个什么东西呢？

中国在4000多年前就已广泛使用石车，到殷代车已直接用于战争，此后发展形成了多种战车。粗分大约有野战车、云梯、撞车、巢车和炮车几类。还有一些特殊用途的作战车辆，如纵火车、扬尘车、搭桥车等。其中，撞车的出现不晚于公元前11世纪。《诗经》中就有关于撞车的记载："与尔临冲，以伐崇墉。"这里的"临"是一种云梯，而"冲"就是一种撞车。诗中还用"临冲闲闲""临冲茀茀"等诗句，来形容这两种战车的威力。汉代之后撞车的使用已相当广泛，但直到明代茅元仪所著《武备志》中才绘出了一些撞车的图形，从中可以看出撞车有多种用途，比如有的适于攻坚作业，有的用来杀伤敌人，有的可以撞击城门，有的则可输送兵员……不同用途的撞车结构有所不同，还常各有其不同的名称。

滑车是以撞车为原型而构思和创制的，利用陡峭的山坡向下滑行，不需人推，而且在车内堆放石块，加大下滑的推力和冲撞威力。在滑车的轴承和一些连接处，均采用一些铁零件增加强度，故称铁滑车。

铁蒺藜、地涩

铁蒺藜有4个尖锐的刺锋，形如鸟爪，每个刺锋长4～5厘米，中央有孔，可用绳穿连，以便携带和布散。作战时，将其撒布在敌军必经之路和城郭周围的通道上，扎刺敌人的人马。

地涩与铁蒺藜用途相似，形制不同。是一种在一块木板上密钉许多刺钉的障碍器材。通常放在敌骑通向城郭的必经之路上，扎刺战马之足。

蒙冲与斗舰

蒙冲

蒙冲是一种蒙盖着生牛皮的小型战船。《资治通鉴》："刘表治水军，蒙冲斗舰乃以千数。"胡三省注："杜佑曰：蒙冲，以生牛皮蒙船覆背，两厢开掣棹孔，左右有弩窗、矛穴，敌不得进，矢石不能败。"

斗舰

斗舰是一种古代战船。船上设女墙，可高三尺，墙下开掣棹孔。船内五尺，又建棚，与女墙齐。棚上又建女墙，重列战士。上无覆背，前后左右树牙旗、帜幡、金鼓。

世界卷

语言文字

结绳记事

结绳记事，是原始社会文字产生之前人们用来记事的一种方法，即在一条绳子上打结，表示要记住的事情。绳子上打了多少个结，就表示有多少件事情要记住。另外，原始人还会以绳结的大小来区分事情的轻重缓急。据史料记载，上古时期，中国以及秘鲁的原始人都曾用这种方法来记录事情。

中国关于结绳记事的记载出自《易经》中的《系辞下》："上古结绳而治，后世圣人易以书契。"古书《易九家言》中也记载道："事大，大结其绳；事小，小结其绳，结之多少，随物众寡。"

上古时期，没有文字，人们要记住事情只能靠脑袋去记忆，这样一来，有些事情就会随着时间流逝而被遗忘。燧人氏弄来很多细绳，把它们整齐地排列好，挂在一个地方。他教给人们，如果有事情需要被记住，就在绳上打结，大结表示大事，小结表示小事；他还教给人们以绳结在绳子上的顺序，表示事情发生的先后，在里边绳子上的结表示先发生的事，在外边绳子上的表示后发生的。

当然，这只是传说。事实上，迄今为止，考古学家在发掘到的原始先民的遗址中并没有发现结绳实物，这也与结绳所用的材料有关，一根绳子想要保存几千年，几乎是不可能的事情，但是考古学家发现了很多绘有网纹和绳纹的图画和陶器。原始人以渔猎为生，绳网是他们使用的主要工具，由此，学者们认为，结绳记事这种记录方式有存在的客观基础，在历史上一定是发挥过作用的。

结绳记事虽然方法简单但也容易出错，尤其是打的结多了之后，就很难分清各个绳结到底代表什么事情了。因此，文字产生之后，很快就将其取代。

古埃及人发明象形文字

最早使用象形文字的人是古埃及的僧侣和书吏。他们在神庙庙墙和宗教纪念物上，用图画和花纹描摹出物体的形状。这些花纹、图形就是象形文字的雏形。文字多被写在宗

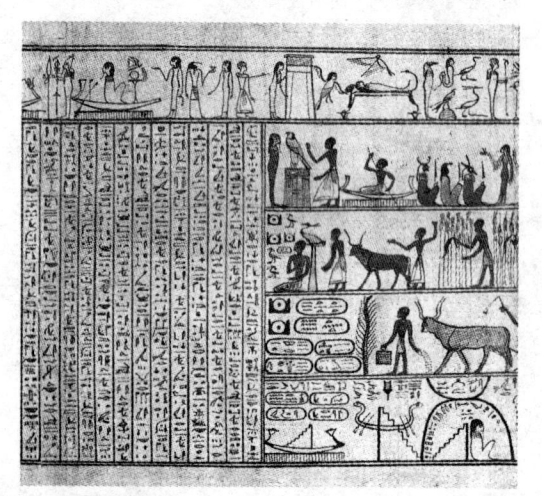

《亡灵书》节选
象形文字的构成线条与笔画外观上，同所要指代的事物有着极为形似的外观特征。

教建筑上，因而被古埃及人称为"圣书"。在古埃及人看来，这种文字是月亮神的创造。后来，人们尝试用芦苇笔将文字写在纸草上。这种图形文字不便书写，使得"僧侣体"文字应运而生。

相比从前的图形文字，"僧侣体"文字结构更简单，更适合速写。象形文字步步简化，到公元前700年，一种更便于书写的字体——"草书体"出现了。"草书体"文字常被用于写作日常公文。

经逐步发展，象形文字除表形外，还有了表意功能。如，以文字"太阳"代表"天"和"光明"，以文字"荆棘"代表"锋利"等。再后来，有些象形文字有了表音功能。古埃及人创造了24个符号，用来标识文字的发音——这是目前发现的人类历史上最早的表音符号。

象形文字难写又难懂，加上当时兵荒马乱，教育落后，慢慢地，这种文字便在埃及失传了。1799年，拿破仑攻打埃及时，发现了一块纪念碑，这块碑上有些奇怪的文字，拿破仑把碑带回法国，让学者研究。1822年，学者商博良成功解读出碑上的文字，古埃及人发明的象形文字这才重见天日。

楔形文字

约公元前3100年，生活在两河流域的苏美尔人发明了楔形文字。

最早的楔形文字是一种类似图画的符号。后来，人们为了表达复杂的意思，将两个符号合二为一，如：将符号"天"和"水"合为一体，表示"下雨"；将符号"眼"和"水"合为一体，表示哭泣等。再后来，人们为方便表达，开始用一个符号表示多层含义，如：符号"足"，既表示"脚"，同时也有"行走""站立"的意思，符号"口"既表示"嘴"，同时也表示动作"说话"。这样，表形符号就有了表意功能。

楔形文字慢慢发展，出现了以符号表声音、以符号表部首的用法。如，苏美尔语中，符号"星"的发音是"嗯"，但如果用"星"这个符号表示"嗯"这个发音的话，符号"星"就和物体"星"没什么关系了，"星"就成了一个表音符号。再如，在人名前加一个"倒三角"，表示名字主人是个男人，这样一来，符号"倒三角"就成了一个部首。

最古老的楔形文字是从右向左书写的。这种书写方式太不方便，于是人们改变写法，开始从左向右横写文字。苏美尔人不懂造纸，就削尖芦秆或木棒，在黏土做的方泥板上刻字。这些刻有文字的泥板，被人们称作"泥板文书"。正因为有了这些"泥板文书"，楔形文字才得以保存，被人知晓。"泥板文书"记载的内容非常广泛，包括当时的法律条款、文学创作、宗教典籍、经济状况等。

希腊字母

希腊字母是最早的有元音的字母，后世出现的拉丁文、俄文、新蒙文、基里尔字母、格鲁吉亚语字母都是在希腊字母的基础上发展而来的，英语字母与希腊字母也有莫大的渊源。希腊字母现在被人们广泛地用于数学、物理、天文等领域。

希腊字母总共有24个，如 α 阿尔法，在希腊语中是最初的、最重要的意思，英语中的a和俄语中的a来自α，小写的α被用来表示角度、系数。β 贝塔，是英语b的原型，小写的β表示磁通系数、角度、系数。γ 伽马，发展为英语的辅音字母c与g，小写时表示电导系数。Δ δ 德尔塔，为d的原型，"delta三角洲"一词便源自这个字母，同时表示变动、密度、屈光度。Ω ω 欧米伽，意为神秘的、未知的，与英语中的x类似，大写时为电阻单位。

希腊字母对于英文字母的形成起着决定性的意义，"alphabet"这个单词在英语中是"字母"的意思，这个英语单词就来自于α（Alpha）和β（Beta）这两个字母的合成。另外希腊字母对西方文化也有很重要的影响，《新约·启示录》里有这样的一段记载，神说："我是阿拉法、我是俄梅戛、我是首先的、我是末后的、我是初、我是终。"这正是《新约》用希腊语写作的痕迹。

拉丁字母发展史

拉丁字母是目前全世界使用最广泛的字母，由罗马人创造，也被称作"罗马字母"。

公元前7世纪，罗马人从古希腊人那里学会了使用文字，他们以希腊字母为母体，创造出自己的文字，这些文字便是拉丁字母的雏形。最早的拉丁文是在一枚斗篷别针上发现的。别针造于公元前7世纪，文字由左刻到右，记录了制造别针的工匠姓名。

公元前1世纪，罗马人将拉丁字母的直线体改为圆体。直线体是罗马人从希腊字母中直接继承的字体，改为圆体后，字母形状略显夸张，风格更明快。这时期共有23个拉丁字母。中世纪时，23个拉丁字母中，字母i分化为i和j两个字母，字母v分化为u、v、w三个字母，拉丁字母变成了26个。罗马帝国大肆扩张，将拉丁字母带到欧洲各地，拉丁语随之变成欧洲官方用语。

拉丁字母出现早期，只有大写字母，没有小写字母。在公元1到2世纪建造的古罗马建筑中，大写拉丁字母随处可见。这些字母结构匀称，典雅端庄，美观耐看，被文艺复兴时期的艺术家称为"拉丁字母理想的古典形式"，"古典大写字母的典范"。大写字母虽美观，但书写不易。为方便书写，公元8世纪，一位英国学者发明了拉丁字母的小写体。小写体字母不仅易于书写，而且易于阅读，美观实用，很快流传开，成了欧洲使用最广泛的字体。

15世纪，德国人发明了活字印刷术。经活字印刷，一些连写字母被分解开，小写体拉丁字母变得更宽更圆。小写字母活泼，大写字母娴静，两种字体交相辉映，和谐统一。字体风格成型后，拉丁字母看上去更加简洁、美观、大方。法国、西班牙和葡萄牙发现了拉丁字母的优点，也开始使用这种字母书写自己国家的语言。

拉丁字母被越来越多的欧洲人了解、喜爱，成了书写欧洲语言的标准字母。在亚洲，中国汉字也用拉丁字母标注拼音。

斯拉夫字母

公元9世纪时，西里尔兄弟为把基督教传播给斯拉夫人，创立了斯拉夫字母。随后，斯拉夫字母成了被斯拉夫民族广泛使用的字母。斯拉夫语族中，有很多文字用斯拉夫字母书写，如俄文、乌克兰文、马其顿文、白俄罗斯文、塞尔维亚文等。

原本，苏联境内的很多少数民族不用斯拉夫字母书写文字。1930年，苏联对少数民族实行文字改革，用斯拉夫字母代替了这些少数民族原本使用的字母。于是，吉尔吉斯文、哈萨克文、塔吉克文、车臣文、马里文等文字都改用斯拉夫字母书写。苏联解体后，部分少数民族更换了本民族的书写字母，但多数民族将斯拉夫字母保留了下来。此外，蒙古文字也使用斯拉夫字母书写。

斯拉夫字母包括大写字母和小写字母两种文字书写形式。大写字母有 А、Б、В、Г、（Ґ）、Д、Е、（Ё）、Ж、З、И、Й、К、Л、М、Н、О、П、Р、С、Т、У、（Ү）、Ф、Х、Ц、Ч、Ш、Щ、Ъ、Ы、Ь、Э、Ю、Я 等；小写字母有 а、б、 в、г、(ғ)、д、е、(ё)、ж、з、и、й、к、л、м、н、о、п、р、с、т、у、(ү)、ф、х、ц、ч、ш、щ、ъ、ы、ь、э、ю、я 等。

标点符号的历史

书面语中常用标点符号表示停顿，诠释语气。句子中有了标点符号，结构更分明，更便于理解。标点的重要性不言而喻，但就是这样看似不起眼的标点，却经历了一段漫长的发展时期，才最终完善。

公元前5世纪，古希腊铭文中用二连点、三连点分隔词句。公元2世纪，亚历山大图书馆馆长创造出三级标点：上圆点、中圆点和下圆点。

标点符号虽然产生了，但直到15世纪才被普遍使用。15世纪有一位出版家，发行了数千种书籍。在书中，他使用了逗号、分号、冒号和句号五种标点。书籍销往欧洲各地，书中标点被人们接受，开始通行。

有些标点符号不只能隔词断句，还能表达情感，如表感叹语气的感叹号。感叹号是14世纪时一位意大利学者发明的。16世纪，感叹号出现在德语中。17世纪，英语和俄语中也出现了叹号。

18世纪，英语标点系统成型。19世纪，标点传入中国。1919年，中国学者胡适提议，在汉字中使用新式标点。1919年2月，胡适的《中国哲学史大纲》出版，书中第一次使用了新式标点。

阿拉伯数字的发明

以0、1、2、3、4、5、6、7、8、9为基础计数符号，是现今国际通用数字。

公元3世纪时，印度就有了数字符号，那时只有1、2、3三个，数字"4"被表示为"2和2相加"，"5"被表示为"2加2加1"，这是最古老的数字。很久以后，人们表示5时就画成简易的五根手指的图案，表示10时，就画简易的十根手指的图案，由此可见，数字发明不是一蹴而就的，最初使用起来还是有很多不便。

后来印度人逐渐发明了1、2、3、4、5、6、7、8、9、0十个数字。公元500年，一位印度天文学家发明了数字排序的记数方法。在他的方法中，简单数字排序可以表示复杂数字。他先列出一排方格，然后把数字一个个填在方格中。如果倒数第一个方格中的数字代表一，那么倒数第二个方格中的数字就代表十，倒数第三个方格中的数字就代表百，依此类推。这样，不只单个的数字有意义，就连多个数字的不同排列组合也有了不同的意义。这种记数方法出现后，阿拉伯数字体系成型。

两百年后，阿拉伯人吸收了印度人发明的数字，并把这些数字传往欧洲其他国家。人们见数字从阿拉伯传过来，还以为这些数字是阿拉伯人的发明的，于是称它们为"阿拉伯数字"。

世界九大语系

世界上有许多种语言，有些语言在字词、语音和语法上有相似之处，被人们归到一个类别中，称为"同族语言"。"同族语言"中又有不同的语族。有些语族间有相似处，语言用法能够对应。人们把相似的语族归到一起，称为"同系语言"。这样，语言就有了谱系。在世界语言的谱系中，共有九大语系：印欧语系、汉藏语系、阿尔泰语系、闪含语系、达罗毗荼语系、高加索语系、乌拉尔语系、南亚语系和南岛语系。

语系包括六大语族，日耳曼语族、拉丁语族、印度语族、斯拉夫语族、伊朗语族和波罗的海语族。日耳曼语族中有英语、德语、荷兰语和斯堪的那维亚半岛各国使用的语言；拉丁语族中有法语、意大利语、西班牙语、葡萄牙语和罗马尼亚语；印度语族中有梵语、印地语和巴利语；斯拉夫语族中有俄语、保加利亚语和波兰语；伊朗语族中有波斯语和阿富汗语；波罗的海语族中有拉脱维亚语和立陶宛语。

全世界四分之一的人口在使用汉藏语系中的语言。汉藏语系的使用地区较集中，以中国为主，还包括西亚和南亚的一些国家。语系中有四个语族，汉语族、藏缅语族、壮侗语族和苗瑶语族，语系中的语言有汉语、藏语、壮语、苗语、瑶语、缅甸语和克伦语等。

阿尔泰语系的使用者分布在以阿尔泰山为中心，中亚和东欧的一些国家中。语系包括三个语族，突厥语族、蒙古语族和满通古斯语族。一些语言学家称，朝鲜语和日本语也应该被归入阿尔泰语系中，但说法存争议。

闪含语系又名亚非语系，使用者主要分布在西亚和北非。语系包括两个语族，闪语族和含语族。闪语族分布在西亚，语族中有希伯来语、阿拉伯语等；含语族分布在北非，语族中有古埃及语、豪萨语等。

达罗毗荼语系的使用者多生活在印度中部和南部、巴基斯坦和斯里兰卡北部等地。语系包括三个语族，北部语族、中部语族和南部语族。语系中的主要语言有泰卢固语、坎纳达语、泰米尔语、比哈尔语和马拉雅拉姆语。

约有500万人口在使用高加索语系。语系分布在高加索山脉一带，里海和黑海之间。语系中有南北两个语族：南部语族包括拉兹语、斯凡语、格鲁吉亚语和明格雷利亚语；北部语族包括两个语支，以卡巴尔达语为主要语言的东北语支和以车臣语、印古什语为主要语言的东北语支。

乌拉尔语系分布在亚洲西北部，乌拉尔山一带，西至斯堪的那维亚半岛。语系包括两个语族，芬兰—乌戈尔语族和萨莫耶德语族。芬兰—乌戈尔语族中有两个语支，芬兰语支和乌戈尔语支。芬兰语支包括芬兰语、拉普语和爱沙尼亚语；乌拉尔语支包括匈牙利语、沃古尔语和沃恰克语。萨莫耶德语族也分两个语支，南语支以赛尔库普语为主，北语支以涅涅茨语为主。

南亚语系的使用者主要分布在南亚和东南亚。语系包括四大语族，孟—高棉语族、蒙达语族、马六甲语族、尼科巴语族。孟—高棉语族中，主要语言包括孟语、高棉语、越南语和巴拿语等；蒙达语族的主要语言有孟达里语、库尔库语、喀里亚语和桑塔利语等；马六甲语族的主要语言有赛诺语、赛芒语和萨凯语等；尼科巴语族的主要语言有卡尔语、乔拉语和特雷萨语等。

南岛语系分布在东南亚的岛屿上。语系包括四个语族，印度尼西亚语族、密克罗尼西亚语族、美拉尼西亚语族，以及波利尼西亚语族。台湾高山族语言、爪哇语、印尼语、马达加斯加语、马来语等都属于南岛语系。

除九大语系外，世界上还有很多小语系，以及一些不属于任何语系的小语种。

世界语

世界语是一种人造语言，是世界上使用最广泛的人工语言。它不是哪一个民族的语言，而是一种国际辅助语言，创立宗旨是消除国际交往的语言障碍，因此，人们又把世界语称为"国际普通话"。

1887年，波兰眼科医生柴门霍夫以印欧语系为基础，创立了这种国际辅助语言。公布语言方案时，柴门霍夫使用了笔名"Doktoro Esperanto（希望者博士）"，并为这种语言命名为"Esperanto"。后来，日本人意译名称为"世界语"。这个名称被广泛接受，使用至今。

世界语吸收了印欧语系各种语言的共性，是一种科学、表现力强、发音优美的语言。这种语言共有二十八个字母，每个字母对应一个发音，书写字母为拉丁字母。字母构成词汇时，常使用黏合、前缀、后缀等方法，规则简单，一目了然，易于人们学习、掌握。

现在，世界语的使用范围已经扩大至120多个国家和地区。热心宣传、推广世界语的世界语者遍布全球各地，国际上也出现了很多推广世界语的专业组织。华盛顿大学曾有一位博士做过一项研究，研究显示，世界上"精通"世界语的人已达160万人。

盲文的诞生

"盲文"的国际通用名称是"布莱尔"，因为它是由一个名叫布莱尔的盲人发明的。

1809年，布莱尔出生在法国。三岁时，他眼睛受伤，双目失明，被送进盲人学校。盲生用的课本是普通课本的放大版，字母凸出，学生阅读时，用手指抚摸字母。这样的课本笨重，携带困难，同时手抚字母的阅读方式非常缓慢。布莱尔意识到，要想提高阅读速度，吸收更多的知识，必须发明一种易于摸读、易于书写的盲文。

1824年，受一位海军军官启发，布莱尔以凸点代替线条，发明了一种新盲文。新盲文由6个凸点构成，凸点的排列方式不同，表达的意思也不同。1829年，布莱尔改进盲文方案，在原有盲文中加入了数学和音乐符号。1838年，世界上第一本布莱尔盲文读物出版。布莱尔将新盲文提交给盲人学校，请学校尝试使用，却遭学校拒绝。

布莱尔毕业后留校任教，将新盲文教给学生。布莱尔盲文使用方便，广受欢迎，在学生间私下流传。1851年，布莱尔的一个盲人女学生在一场音乐会中演奏钢琴，技巧娴熟，令人惊叹。听众询问她学习钢琴的经过时，她介绍了布莱尔发明的盲文，并将盲文乐谱展示给大家看。这时，布莱尔盲文才真正为人所知。

1852年1月，布莱尔去世。

文学

世界第一部史诗《吉尔伽美什》

史诗《吉尔伽美什》是人类历史上最古老的叙事诗,诗中讲述了乌鲁克王吉尔伽美什的故事。

《吉尔伽美什》产生于4000多年前的苏美尔时期。史诗没有作者,由群众口头创作而成,诗中汇集了大量的古代两河流域神话传说。经长期加工完善,公元前19到前16世纪,史诗最终成型,并被以文字方式记录下来。诗有3000多行,被刻在泥板上,泥板有12块,所刻文字为楔形文字。有些研究者说,泥板原本只有11块,第12块泥板是后人所加。现在,这部作品只剩三分之二流传于世。

经学者考证,吉尔伽美什是历史中真实存在的人物。考古学家在苏美尔早期文献中找到了很多与吉尔伽美什有关的资料。资料显示,吉尔伽美什是乌鲁克第五任国王,公元前26世纪在位。除史诗《吉尔伽美什》外,有关这位国王的传说还有英雄故事《吉尔伽美什和阿伽》。阿伽也是历史中真实存在的人物,曾在出土刻文中出现。

记述《吉尔伽美什》史诗的一块泥板

《梨俱吠陀》

《梨俱吠陀》全名《梨俱吠陀本集》,是印度现存最古老的一部诗歌总集,也是印度最早的具有文学价值的一部诗歌集,类似中国的《诗经》。

《梨俱吠陀》历时500年编成,成书年代约在公元前1500年左右。书分10卷,收诗1028首,其中11首不是正诗,而是附录诗。1028首诗共10552个诗节,最长的诗有58个诗节,最短的诗只有3个诗节,大多数诗则不超过12节。诗集原是群众间口耳相传的神话传说,后被祭司整理成文字书。19世纪,欧洲人首次刊印此书。

在印度语中,"吠陀"意为"知识"。"梨俱"是诗集中的章节名。诗集中的章节,创作年代不一,内容不一。有些诗表现自然界,有些诗反映社会生活,有些诗是对上古时期神话传说的记录,还有些诗描写了古代印度的祭祀与巫术。诗集中有一种诗,诗体为对话体，以对白和独白的方式写成，如戏剧剧本，可在祭祀仪式、节日聚会中表演。有人说，印度戏曲就由这种诗体发展演变而来。

《梨俱吠陀》神话诗中描写的神多为自然、社会现象的化身，神话内容多有史实基础。部分诗歌中，古印度人甚至开始质疑神的存在。

神话的由来

原始社会时期，人类科学知识有限、理解力有限，无法解释刮风下雨、日升月落等自然现象。他们动用想象力，将这一切都解释成"神灵的控制"。在他们看来，风调雨顺是神灵的恩赐，风雨洪涝则是神灵的惩罚。

神话中的神灵并不是古人凭空生出的想象，而是他们在现实经验基础上产生的合理想象。如：想象中的风神，雀头鹿身，这是因为雀飞得高、鹿跑得快。再如：想象中的旱神住在南方，想象中的瘟神住在西方。这是因为南方天热，天热易旱；西方是日落之处，日落易让人想到死亡等不祥之事。

古神话有三种类型，一是有关开天辟地的神话，二是解释自然现象的神话，三是英雄神话。西方神话多成体系，如古希腊神话、古罗马神话。在古希腊、古罗马神话中，众神如人，谱系完整，关系复杂。古希腊神话主要保存在《荷马史诗》和古希腊悲剧、喜剧中。

童话的起源

童话是写给孩子看的故事，类似小说，故事多虚构，开头常用"在很久很久以前"等句式。童话故事想象力丰富，曲折生动，通俗易懂。故事中常出现很多超自然人物，如巨人、精灵、仙子、巫婆等。最早的童话是口述故事。这些故事情节离奇，戏剧性较强。故事多以讲述的方式代代相传，因而难以考证产生年代。有文字可考的童话中，现存最早的是古埃及童话，产生于公元前1300年。在公元前100到前200年出现的书籍《金驴记》中，存有爱神与美女的童话故事；公元200到300年出现的印度书籍《五卷书》也存有很多童话故事。这些被整理成文字的童话多是在民间故事的基础上，加工修订，重新编写而成的。故事集《一千零一夜》《彼勒与大龙》《吸血鬼故事》等书中的童话都由更古老的民间故事加工而成。有人说，公元前6世纪出现的《伊索寓言》是西方第一本童话名著。

童话产生早期，听众不只是儿童，还有成人。19世纪，童话性质发生转变，成了儿童文学的一种。后来，格林兄弟搜集民间流传的童话，整理成《儿童与家庭童话集》。从那以后，童话的受众才正式确定为儿童。

古希腊神话中的十二主神

根据古代希腊神话的记载，在奥林匹斯山上居住着十二位神灵，他们的地位高于其他神灵，被称为奥林匹斯十二神。这其中包括宙斯、赫拉、赫斯提亚、波塞冬、阿瑞斯、赫耳墨斯、赫菲斯托斯、阿佛洛狄忒、雅典娜、阿波罗和阿尔忒弥斯十一位主神，以及狄俄尼索斯、德墨忒耳和哈德斯这三位神灵。原本名列十二主神之一的赫斯提亚因向往凡人的生活，就将主神的位子让给了狄俄尼索斯。德墨忒耳每年都要抽出半年时间去冥界与女儿珀耳塞福涅生活，每到这时，她就会将主神的位子让给哈德斯。因此，尽管奥林匹斯山上名义上有十二主神，但真正享受这种荣誉的神灵却有十四位。

宙斯是万神之王，因掌管雷电，也被称为雷神。为了登上神王之位，他曾在母亲的支持下杀死了自己的父亲。宙斯非常好色，在天界与凡间拥有无数私生子。

天后赫拉是宙斯的姐姐和妻子，她掌管婚姻与生育，是女性的保护神。

波塞冬是宙斯的二哥，他作为海神，掌管海中的一切生物。

阿瑞斯是战神，但是他从来没有战胜过奥林匹斯山上的其他神灵。

赫耳墨斯是宙斯的私生子，他是神使，在天界帮助众神传令，之后又成了旅人、商人和盗贼的保护神。

赫菲斯托斯是宙斯和赫拉的儿子，他长得奇丑无比，但性格却十分温和，深受众神和百姓的欢迎。

阿佛洛狄忒是爱与美之神，她是宙斯的私生女，也是宙斯之子赫菲斯托斯的妻子。

雅典娜是战争和智慧女神，她也是宙斯的私生女，深受宙斯的宠爱。

阿波罗是光明之神，掌管光明、医药、文学、诗歌与音乐等。他也是宙斯的私生子。值得一提的是，阿波罗并非古希腊的太阳神，真正的太阳神是赫利乌斯。

阿耳忒弥斯是阿波罗的孪生妹妹，她是月亮女神、狩猎女神和纯洁之神。

赫斯提亚是宙斯的姐妹，她是炉灶和家庭的保护神。

狄俄尼索斯是葡萄酒之神，也是农业与戏剧的保护神。

德墨忒尔是宙斯的姐姐，她是农林女神，掌管植物的生长。她与宙斯生下了女儿珀耳塞福涅，后来因为珀耳塞福涅被哈德斯绑架到冥界做了冥后，她每年都会抽出半年时间去与女儿团聚。

哈德斯是冥王，他作为宙斯的长兄，原本可以登上神王之位，最后却被宙斯用计取代，懊恼的哈德斯便去做了冥界之神。

普罗米修斯

普罗米修斯曾用黏土制造出世界上第一个女人，智慧女神雅典娜又将生命与灵魂赐予了这个女人。

普罗米修斯是人类的老师，他教会了人类很多知识，深受人类的爱戴。为了让人类过上更好的生活，普罗米修斯创造了火，并将其带到了凡间。然而，天神宙斯却下令严禁人类使用火。为了帮助自己的子民，普罗米修斯便偷偷从奥林匹斯山窃取了火种，送到人间。宙斯在得知此事后非常愤怒，用锁链把普罗米修斯绑在了高加索山的悬崖峭壁上。不仅如此，宙斯还命令一只鹰每天去啄食他的肝脏，再让他的肝脏每天都重新长好，如此日复一日，年复一年。

直到数千年后，一个名叫赫拉克勒斯的大力士为了寻找金苹果来到高加索山上，射死了那只鹰，普罗米修斯终于获救。现在人们经常用普罗米修斯来形容那些为了大众的利益做出巨大牺牲的人。

爱神丘比特

在希腊神话中，爱神丘比特是爱与美之神阿佛洛狄忒和战神阿瑞斯的儿子。他长着一头漂亮的金发，雪白的脸蛋，还有一对小翅膀，是一个非常淘气的小神。他与母亲共同掌管天界与人间的爱情和婚姻。

丘比特总是背负着一张金弓，一支金箭和一支铅箭，这就是他掌管爱情的工具。相传被丘比特的金箭射中，就会产生甜美的爱情，被丘比特的铅箭射中，就会拒绝爱情。

每天丘比特都会背着他的弓和箭在天界和人间到处射箭。有一回，光明之神阿波罗见到这样的情形，便嘲笑他的箭就像玩具一样，根本不可能凭此建功立业。丘比特对此很不服气，就想报复一下阿波罗。他趁阿波罗不注意时，将金箭射向了他。阿波罗随即就爱上了正巧出现自己面前的仙女达芙涅，但丘比特却在此时将铅箭射向了达芙涅，让达芙涅对阿波罗的示爱避之唯恐不及。为了躲避阿波罗，达芙涅逃进了山里。阿波罗并没有放弃，他开始弹奏竖琴，用优美的琴声将达芙涅吸引了过来。然而，当达芙涅发觉弹琴者正是阿波罗时，她马上又逃跑了，阿波罗在她身后穷追不舍。后来，达芙涅跑得精疲力竭，只好高呼救命。河神听到她的呼救声，就将她变成了一株月桂树。阿波罗见状非常伤心，为了纪念她，他便开始用月桂枝来装饰自己的弓。

丘比特在到处射箭的过程中，从来没想过有一天会将箭射到自己身上。当时，希腊有一座小城邦到处都供奉着阿佛洛狄忒，所有人都对这位爱与美之神敬爱有加。可是这种情况后来却因为城中一位名叫普绪克的小公主发生了改变。普绪克生得十分美貌，城中的百姓都将她视作女神，却将真正的女神阿佛洛狄忒忽视了。阿佛洛狄忒心生妒意，便派丘比特前去惩罚她。想不到丘比特竟然不慎将箭射到了自己身上，因此爱上了普绪克。

因为普绪克是个凡人，所以丘比特每晚来见她时，都不能点灯，以免让她看到自己的脸。普绪克的两位姐姐心肠歹毒，她们因嫉妒普绪克，便诋毁丘比特是个恶魔，并怂恿普绪克晚上偷偷点灯看清他的样貌。最终，普绪克在发现丘比特是个英俊少年的同时也激怒了丘比特。丘比特愤然离去，为了寻找他，普绪克只好向阿佛洛狄忒求助，却被阿佛洛狄忒用计变成了睡尸。丘比特在得知此事后终于原谅了普绪克，阿佛洛狄忒也不再执着于对普绪克的妒意。不仅如此，普绪克还被众神封为女神，从此在天界与丘比特长相厮守。

木乃伊传说

古埃及的木乃伊制造技术最为发达，也最为出名。埃及人认为人死后灵魂并没有死亡，只要身体不腐烂，死去的人就有可能复活，所以他们想尽办法保存死人的身体。

相传，上古时期埃及有一位叫作奥西里斯的人，他是大地之神的儿子，懂得很多的农业知识。他把自己的农业知识教给埃及的先民，使得上古时期的埃及人过上了温饱的日子，因此他受到了埃及人们的拥护。奥西里斯的丰功伟绩遭到了自己弟弟赛特的嫉妒，他命人按奥西里斯的身材做了一只漂亮的箱子，并装上了机关，决定用它来暗害自己的哥哥。在一次宴会上，赛特把那只漂亮的箱子展示给大家看，并说如果谁能钻进这只箱子，那么这个人就是箱子的主人。大家建议奥西里斯去试试，奥西里斯只好钻了进去，他一钻进箱子，箱子就自动关上了，奥西里斯再也没有出来。

赛特把这个箱子扔进了尼罗河，奥西里斯的妻子女神伊西斯把它捞了上来。赛特听说后非常生气，他半夜将奥西里斯的尸体偷出来，并割成48块，扔到埃及的各个地方。伊西斯又分别找到奥西里斯的48块尸体，并将他们埋到48个不同的地方，然后就一心一意教育自己的儿子为他的父亲报仇。奥西里斯的儿子叫荷拉斯，他从小就很勇敢，长大后他杀死了自己的叔叔为父亲报了仇，然后他将父亲的尸体重新拼凑在一起做成一具干尸。重新拼起来的奥西里斯在神的帮助下，在阴间复活，并成为那里的统治者。

埃及法老们认为自己死后可以在另一个世界得到永生，他们便效仿奥西里斯的死亡过程，先是肢解，然后做成木乃伊，于是埃及便有了为死去的法老制作木乃伊的传统。

通天塔的传说

关于通天塔的传说，可以追溯到《圣经·旧约》。《旧约》中说，人类的祖先在开始的时候，使用的是同一种语言。在底格里斯河和幼发拉底河流域，人类发现了一块肥沃的土地，并在那里定居下来。随着生活的稳定与富足，人类决定修建一座塔。这座塔可以直接通到天上，于是被称为通天塔。人类用砖和河水中的泥作为建筑材料，开始修建通天塔。上帝闻讯后，立即前往察看。果不其然，一座又高又直的塔直冲云霄。在上帝看来，这座塔是人类虚荣心的象征。他想，这样大的工程都能修建完成，那么以后还会有什么事情做不出来呢？于是他决定阻止人类。上帝认为人类之所以能齐心协力，最主要的原因是他们语言相通，于是，他便让不同地域的人使用不同的语言，没有办法相互沟通，再也无法同心协力，通天塔也就没有建成。

何为"三部曲"

"三部曲"又名"三联剧"，指三部为一组的作品。这三部作品，主题相同或类似，内容各自独立。被写成"三部曲"的作品，通常作品中有相同的人物、场景、道具设定，或者其他两部作品是前一部作品故事的延展与继续。

这样的三部一组作品常出现在文学或电影作品中。意大利诗人但丁的作品《神曲》就是以"三部曲"的形式写成，《神曲》中的"三部曲"包括《地狱》《炼狱》《天堂》。前苏联作家高尔基写有"自传体三部曲"《童年》《在人间》《我的大学》。在中国文学作品中，作家巴金写有"激流三部曲"《家》《春》《秋》，王小波写有"时代三部曲"《黄金时代》《白银时代》和《青铜时代》。

古希腊三大悲剧作家

埃斯库罗斯生于公元前525年，卒于公元前456年，被誉为"悲剧之父"，他一生创作了70部作品，但只有7部作品被完整地保留下来，代表作是《被缚的普罗米修斯》。《被缚的普罗米修斯》取材于希腊神话，讲述的是智慧之神普罗米修斯不畏强权，公然与宙斯作对，将火种带给人类的故事。这本书歌颂了普罗米修斯为了人类的进步不惜牺牲一切的崇高精神，书中主要描写的是神与神之间的斗争，流露出神掌管一切，人类无能为力的悲观情绪。

索福克勒斯生于公元前496年，卒于公元前406年，一生创作了120余部作品，传世的有7部，他的代表作是《俄狄浦斯王》。这本书取材于忒拜的英雄传说，主要写的是人与神之间的斗争，虽然在《俄狄浦斯王》中，人依然逃不开神的控制，但悲剧创作已经朝现实迈进了一大步。

欧里庇得斯生于公元前485年，卒于公元前406年，他一生创作了92部作品，其中有17部传世，代表作是《美狄亚》。《美狄亚》取材于希腊神话中关于伊阿宋的英雄传说，故事主要描述的是美狄亚帮助伊阿宋夺回王位，又被伊阿宋抛弃的故事。故事主要刻画的是伊阿宋的虚伪和无情，描述的是人间的故事，已经与神无关。

从埃斯库罗斯到索福克勒斯再到欧里庇得斯，这三位作家完成了悲剧由写神到写人的转折，他们的作品是人类戏剧史上一次伟大探索，也是一项伟大收获。

古希腊悲剧《俄狄浦斯王》

《俄狄浦斯王》是古希腊悲剧中的经典作品，由剧作家索福克勒斯创作。公元前430到前426年间，作品首演。这部作品被亚里士多德称为"戏剧艺术中的典范"。

俄狄浦斯是希腊神话中的人物。神话中，俄狄浦斯是忒拜国王拉伊奥斯和王后约卡斯塔的儿子。拉伊奥斯年轻时曾抢走别人的儿子，被诅咒，神谕说，拉伊奥斯将来会被亲生子杀死。在儿子俄狄浦斯出生后，拉伊奥斯为逃避命运，令牧人将他丢入田野。牧人心软，把俄狄浦斯送给科林斯国王收养。国王待俄狄浦斯如亲生儿子。俄狄浦斯长大后，收到神谕，说自己将来会弑父娶母。俄狄浦斯不知自己是养子，为避免神谕成真，离开了科林斯。流浪至忒拜时，俄狄浦斯与人发生冲突，失手杀死了几位陌生人。被杀者中刚好有他的亲生父亲拉伊奥斯。

当时，忒拜被困在狮身人面兽斯芬克斯手中。为脱困，忒拜颁布法令，谁能解救城邦，谁就能成为忒拜国王，并娶前国王遗孀约卡斯塔为妻。俄狄浦斯破解斯芬克斯谜题，解救城邦，成为国王，并娶了自己的亲生母亲为妻。俄狄浦斯即位后，忒拜灾祸连绵、瘟疫不断。俄狄浦斯大惑不解，前去寺庙求神谕。收到神谕后，俄狄浦斯才得知一切。悲愤之下，俄狄浦斯刺瞎了自己的双眼。

悲剧《俄狄浦斯王》布局巧妙、结构严谨，艺术成就极高。在作品中，索福克勒斯以对白代替合唱，重点表现矛盾冲突，强调"神"的"人"性。

女诗人萨福

萨福是古希腊时期的著名女诗人，她一生给很多的女孩子写过情诗，她也因此被后代的女同性恋者视为鼻祖。古希腊人对萨福推崇备至，赞美她是可以与荷马比肩的大诗人，柏拉图称她为"第十位缪斯"。

萨福出生于莱斯沃斯岛上的一个贵族家庭，在父亲的影响下，她迷上了诗歌，尤其是对描写爱情和失恋的诗歌情有独钟。萨福在莱斯沃斯岛上无忧无虑地度过了自己的童年，当她成年后，莱斯沃斯岛发生政治斗争，萨福被迫离开家乡。在流亡过程中，她遇到了一个名叫瑟塞勒斯的富商，并和他结了婚。

莱斯沃斯岛的政治事件平息后，萨福回到家乡。不久之后，萨福的丈夫去世，萨福从她丈夫那里继承了大量的遗产。萨福用这笔钱建立了一个女子学校，专门教授诗歌写作。很多女孩子慕名来到她的学校上学，萨福用母亲般的情怀呵护着自己的女学生。萨福的很多情诗就是在这一时期写成的，其中不乏她与女学生琴瑟和谐时香艳的描写。萨福的诗被称为"萨福体"，她的诗大部分已经失传，有幸留传下来的都是残篇。

《荷马史诗》

《荷马史诗》是两部长篇诗集《伊利亚特》和《奥德赛》的统称，诗集记录了公元前11到前9世纪的古希腊历史，全书共48卷，两部诗集各24卷。其中，《伊利亚特》有15693行诗，内容讲述特洛伊战争时期，

荷马与诸神
诗人坐在浮雕底部的王座上，在"神话神""历史神"率领，"物理神""自然神"的陪伴下，戏剧人物向荷马献上祭牲。

阿喀琉斯与阿伽门农之间的矛盾争端；《奥德赛》有12110行诗，内容讲述特洛伊失守后，奥德修斯与王后帕涅罗帕相聚的故事。

《荷马史诗》起源于民间，特洛伊战争后，希腊民间歌手将战争英雄的事迹、战争胜利的经过与神话故事融合在一起，编成诗歌，在公开场合吟唱。口传诗歌经几个世纪的修改增删，公元前8到前7世纪成型。公元前6世纪，盲人诗人荷马加工整理诗歌，将口传诗歌变成文字诗歌。公元前3到前2世纪，亚历山大里亚学者修订《史诗》，将书编纂成我们今天看到的《荷马史诗》。

《荷马史诗》记录了希腊奴隶社会形成的过程，为后人研究古希腊早期历史提供了详尽的史料。

奴隶出身的寓言作家伊索

伊索是古希腊寓言家，约公元前620年生于希腊弗里吉亚。伊索小时候相貌丑陋，不惹人爱，常被舅舅逼迫到田中劳动。但伊索的母亲很爱他，常讲故事给他听。伊索受母亲启蒙，将自己在田中劳动时看到的有趣事物全编成了故事。

伊索母亲去世后，伊索离家，跟随曾照顾自己的老人环游世界。旅途中，伊索看到了很多动物、昆虫，听到了很多跟动物有关的故事。伊索漫游到萨摩斯岛后，被卖到雅德蒙家为奴。为奴期间，伊索曾多次被转卖。他聪明机警、才智过人，多次救主人和朋友于危难。后来，伊索凭借过人的智慧，摆脱奴隶枷锁，重获自由。

自由后的伊索，再次开始环游世界。环游途中，伊索为人们讲述了大量的寓言故事。他为雅典人讲过故事《请求派王的青蛙》，还在其他地区讲述过《乌龟与兔》《狼和小羊》等趣味盎然、饱含哲理的寓言故事。伊索寓言精短凝练，语言浅显但意味深长，多用比喻的方式教人道理，深受人们喜爱。

伊索没有将自己所编寓言记录成文字，所有故事都靠口述讲给别人听。现在我们看到的《伊索寓言》，并不都是伊索本人讲过的寓言，而是后人整理的古希腊、古罗马寓言，只是这些寓言全被归在了伊索名下。

"喜剧之父"阿里斯托芬

阿里斯托芬是古希腊早期三大喜剧诗人之一，被恩格斯称为"喜剧之父""有强烈倾向的诗人"。

公元前446年，阿里斯托芬出生在阿提卡。他是雅典公民，拥有雅典的土地，一生都在雅典度过。他的剧作多为政治讽刺剧，作品多描写当时雅典的社会生活，反映雅典奴隶制度中存在的政治和社会问题。阿里斯托芬曾在剧作中批评雅典当权派，被控告"侮辱了雅典公民与城邦"。但他毫不惧怕，下笔依然尖锐深刻。

公元前427年，阿里斯托芬剧本首次被改编成戏剧。那以后，他屡屡获奖。阿里斯托芬一生共写了44部喜剧，获过7次奖项。作品多已佚失，只有11部流传至今。

《摩诃婆罗多》

《摩诃婆罗多》是印度民族史诗，被学者称为"印度的灵魂"。史诗成书于公元前4世纪到公元4世纪，与另一史诗《罗摩衍那》并称为"印度两大史诗"。

史诗名"摩诃婆罗多"意为"伟大的婆罗多族的故事"，内容如名，讲述了婆罗多族大战的故事。故事以英雄事迹、神话传说、寓言故事为主，兼有对印度宗教、哲学、政治、法律、伦理等内容的描述。史诗如印度的"百科全书"，内容繁杂，叙事结构庞大。

史诗成书前已在民间流传几百年，流传方式有口传和手抄两种。手抄本史书版本众多，书写材料以桦树皮和贝叶为主。19世纪，《摩诃婆罗多》有了印刷文本。1919年，一批梵文印度学者决定修订史诗。他们汇集起所有能找到的手抄本，整理校勘，最终完成了精校本的编订。1966年，《摩诃婆罗多》精校本出版。

《摩诃婆罗多》诗中共有10万诗节，篇幅是《罗摩衍那》的4倍。有学者说，若按每分钟唱一个诗节计算，这部史诗仅对话部分就要接连演唱25个昼夜。

迦梨陀娑与《沙恭达罗》

迦梨陀娑是印度诗人、剧作家，用梵语写作。他创作的作品中，现存于世的有7部：剧本《沙恭达罗》《优哩婆湿》《摩罗维迦与火友王》；叙事诗《罗怙世系》《鸠摩罗出世》；短诗集《时令之环》和抒情长诗《云使》。其中，诗剧《沙恭达罗》是迦梨陀娑的剧本代表作，也是为作家赢得世界声誉的一部作品。

《沙恭达罗》共七幕，讲述了净修女沙恭达罗和国王豆扇陀之间曲折离奇的爱情故事。豆扇陀行猎时偶遇沙恭达罗，两人一见钟情，私自成婚。离开净修林前，豆扇陀留给沙恭达罗一枚戒指为信物。后来，沙恭达罗无意中得罪了仙人达罗婆娑，仙人施咒，让豆扇陀失去了记忆，除非见到信物戒指，不然记忆不可能恢复。沙恭达罗发现自己怀孕后，进城寻找豆扇陀，豆扇陀失忆，不认沙恭达罗为妻。沙恭达罗想将戒指拿给他看，不料戒指却不见了，原来，她进城时不小心将戒指掉进了河中。她叫天不应叫地不灵，被母亲带回仙界。后来，一个渔夫在所捕鱼的鱼腹中发现了戒指，他将戒指交给国王豆扇陀，豆扇陀见到戒指，恢复记忆。此时，天帝请豆扇陀去迎战恶魔阿修罗，豆扇陀得胜后，到仙境找回了妻儿。

剧作用语典雅，风格清新，在印度流传广泛。1789年，英国学者威廉·琼斯将《沙恭达罗》译成英文。从那以后，《沙恭达罗》被译成多国文字，在世界各地流传开来。

印度"国王诗人"戒日王

戒日王原名诗罗逸多，生于公元590年，卒于公元647年，他是印度戒日王朝的创建者，也是古印度著名的诗人、剧作家、传记作家，作品集印度古典文化之大成。

戒日王热爱文艺，创作了大量的文艺作品，传世的剧本有《龙喜记》《璎珞记》《钟情记》三部。其中，《龙喜记》的剧本中既有印度传统故事，又有佛典内容。剧分五幕，前三幕描写悉陀国公主与云乘太子相爱的故事，后两幕写云乘太子以肉身喂大鹏鸟，后被女神救活的故事。剧本将佛教与印度教教

《摩诃婆罗多》插图

义融合到一起，表现了戒日王兼容并包的宗教思想。

戒日王信奉印度教，但对其他宗教也采取宽容、鼓励的态度。在作品《野朝赞》和《八大灵塔梵赞》中，戒日王对佛教表现出强烈的兴趣。戒日王在位时，广修佛塔，佛教僧众由政府供养。唐朝僧人玄奘到达印度之后，受到戒日王的热情款待。为加强文化交流，戒日王还支持"无遮大会"的举办。"无遮大会"每五年举行一次，是印度最大的宗教集会，所有宗教派别都可以参加。玄奘在印度期间就曾受邀参加过"无遮大会"。

《万叶集》

《万叶集》是日本诗歌总集，收录了日本公元4到8世纪的长短诗歌共4500首，分20卷。这本诗集成书于公元8世纪后期，是日本现存诗集中最早的一部。

从类型看，这本诗集中有杂歌、挽歌、相闻等不同的种类。杂歌多表现自然景象、风土民情、社会生活等内容；挽歌分三种，一是葬礼悼亡用歌，二是后人缅怀死者的歌，三是死者临终前作的歌；相闻则多表现亲情、友情、爱情等情感内容。此外，诗集还收有《东歌》《防人歌》等日本民谣。从形式看，集中诗歌有三种形式，长歌、短歌和旋头歌。其中，长歌有265首，短歌有4207首，旋头歌有62首。除此三种形式外，诗集中还有1首连歌，1首佛足石歌，4首汉诗和22篇汉文。

集中作品半数以上未署名，署名作者多为专业诗人或社会名流，有400到500人。以此推测，未署名的作者也应有几百人之众。作品作者遍及日本各阶层，既有天皇、皇子、皇妃等统治阶级成员，又有乞丐、浪人、妓女等社会底层人士。

公元8世纪时，日本还未出现自己的文字，因而《万叶集》以汉字写成。

《一千零一夜》的由来

《一千零一夜》又名《阿拉伯之夜》。中国古代称阿拉伯为"天方"，因而《一千零一夜》曾经被翻译为《天方夜谭》。

《一千零一夜》这个书名来自书中的一个故事，这个故事和这本书一样有名：传说，有个萨桑国，国王名叫山鲁亚尔。山鲁亚尔讨厌妇女，他每天娶一个女子过夜，过完夜之后便将这个女子杀掉，然后第二天再娶一个。三年中，他杀掉了一千多个女子。宰相的女儿山鲁佐德为拯救国中姐妹，自愿入宫，嫁给国王。入宫后，山鲁佐德每晚讲一个故事给国王听，她讲故事只讲开头，不讲结局，由于她讲的故事太精彩，国王想知道故事结局，只好把她留到第二天再杀。到了第二天，山鲁佐德会再讲一个新故事，仍然是只讲开头，不讲结尾，国王无奈，只能再次推迟杀她的日期。山鲁佐德肚子里有很多故事，故事一个比一个引人入胜，等讲到第一千零一夜的时候，国王终于被感动，决定不再杀她，同时不再杀别的女人。他将山鲁佐德讲的一千零一个故事记录下来，于是有了故事集《一千零一夜》。

当然，上面这个故事是虚构的，《一千零一夜》中的故事没有一千多个，只有243个，也并非出自山鲁佐德，而是一本是民间故事集，这些故事主要有三个来源：一是波斯、印度民间口头流传的故事；二是公元750到1258年，阿拉伯帝国流传的故事；三是1250到1517年，埃及流传的民间故事。

后来，手抄本传到欧洲。12世纪，埃及人为手抄本故事命名为《一千零一夜》。经过几百年的整理加工、补充完善，到16

世纪,《一千零一夜》故事集定型。现在,《一千零一夜》已经成为当之无愧的世界名著。

城市文学的起源

城市文学是大众文学的一种,以民间文学为基础发展而成,表现对象为城市居民、城市生活等城市风貌。

最早的城市文学作品出现在10到11世纪的欧洲,作者多为城市街头说唱者,作品通常以现实生活为题材,表现市民的机警、贵族的蛮横、教士的贪婪、骑士的暴虐,主题多反映城市居民的政治、生活要求。写作者创作时多使用讽刺笔法;描述城市印象时,文本中带有较强的主观色彩。写作者笔下的城市,通常是投射到作者心灵中,被作者感受到的城市。城市文学作品形式活泼,叙事生动,代表作如西班牙作家德华多·门多萨的长篇小说《奇迹之城》。

紫式部与《源氏物语》

紫式部是日本古代女作家,擅写和歌,因创作《源氏物语》而闻名于世。

《源氏物语》共80多万字,分为54卷,每卷都有卷名。有些卷以书中的人物居所为名,有些卷以人物所咏和歌中的词汇为名,有些卷则以书中贵族行乐的内容为名。古时日本妇女社会地位低下,没有名字,因而有些卷名也作为文中女子的代称。

作品虽以长篇形式写成,但内容类似多部短篇的组合。各短篇间以主人公源氏相连。作品前40卷描写了源氏的一生;第41卷只有卷名没有正文,暗示源氏生命的终结;42到44卷讲述了源氏死后发生的一些事;最后10卷,主角则变成了源氏的儿子薰大将。

随着作品情节的展开,故事中的人物一一浮现。作品中共有400多个人物。这些人物地位不等,性格各异,结局却全以悲剧收场。紫式部在作品中引用了大量的汉诗,使作品带有浓郁的中国古典文学气息。作品行文典雅,文风似散文,字里行间充满作者对人、对事的敏锐观察和深刻领悟。

《源氏物语》集歌物语和传奇物语两种艺术形式于一体,是日本最重要的古典文学作品之一,有日本"国宝"之称。直到紫式部去世前,《源氏物语》才成书。

骑士与骑士文学

骑士文学流行于西欧,是表现骑士生活、反映骑士思想的文学作品的统称,包括骑士传奇、骑士小说、骑士抒情诗和反骑士小说等不同类型。

骑士原是欧洲富农和中小地主,因替大封建主征战而获得土地,成为小封建主。后来,骑士土地有了世袭权,骑士成为一个固定阶层,逐渐形成了自己阶层的思想、文化,这时骑士精神出现了。

骑士爱慕贵妇人,以为贵妇人服务、为爱情铤而走险为荣。骑士爱冒险,除为爱情冒险,他们还为宗教冒险。骑士阶层身处统治阶级的底层,因而虽有些身份优越感,但并不全部仗势欺人,阶层中部分人仍喜欢锄强扶弱。骑士阶层重视外表,注重外在举止与礼节,重视个人风度,遇到问题时愿采用公开竞赛、公平竞争的方式解决。

11世纪,欧洲骑士接触到东方文化。在东方文化影响下,一些歌手、诗人从骑士中产生。骑士诗歌多歌颂现实生活、歌颂爱情和冒险,宗教气息较浓,诗歌中常有奇异故事杂糅其中。骑士文学发展到12、13世纪,进入鼎盛时期。鼎盛期的骑士文学以法国为最。

乔叟与《坎特伯雷故事集》

乔叟是英国诗人,曾在宫廷当差,晚

年贫困，逝于1400年。从1386到1400年的15年间，乔叟致力于《坎特伯雷故事集》的创作。逝世时，仅完成写作计划的四分之一。

《坎特伯雷故事集》使用语言为伦敦方言。集前有总序，序为一个特殊故事：4月，一群香客前往坎特伯雷朝圣，朝圣途中，投宿泰巴旅店。第二天，旅店店主、同在旅店住宿的作者和香客们一同出发，店主提议，去路和来路上每人各讲两个故事，讲出最佳故事的人可以免费吃晚餐，书中的故事由此开始。

乔叟原计划写120个故事，结果只完成了24个，其中22个为诗体，两个为散文体。

讲故事的人来自社会各阶层，既有骑士、僧侣、学者、律师，又有商人、手工业者、农民和磨坊主。因而，故事内容涉及英国世俗生活中的各个方面，其中既有骑士讲的爱情故事，又有贵妇讲的骑士故事；既有劝世寓言，又有动物寓言；既有讲家庭纠纷的故事，又有讲仗义行为的故事。这些故事中，人物个性鲜明，对话生动有趣，风格讽刺幽默，极具喜感。《故事集》包含多种文学体裁，将寓言、骑士传奇、圣徒传、布道文等不同文体汇于一书，堪称"英国现实主义文学之典范"。

无论从内容还是从技巧看，《坎特伯雷故事集》都是乔叟艺术水准最高的一部书。这部书是英国第一部印刷出版的书。书出版后，乔叟本人有了"现代诗歌之父"之称。

文艺复兴中的文坛三杰

"文坛三杰"又被称为"文艺复兴三巨星"，指三位意大利文学家但丁、薄伽丘和彼特拉克。

但丁生于1265年，出身贵族世家，曾任职于佛罗伦萨，后被流放。流放经历促使但丁写出代表作，史诗《神曲》。《神曲》是中世纪文学中成就最高的作品之一。作品分三部，《地狱》《炼狱》《天堂》。史诗长达14000多行，诗体为对话体，通过作者与地狱、炼狱、天堂中人物的对话反映社会问题。此外，但丁还著有《新生》《论俗语》《诗集》等作品。

薄伽丘是意大利小说家，著有长篇小说《十日谈》。《十日谈》以人文思想为主线，由100个不同故事串联而成。100个故事前有一个序言故事：10名男女青年到乡村避难，10天中，每人每天各讲一个故事，最终讲成100个故事。故事中包含了薄伽丘的基本思想："幸福在人间。"《十日谈》虽是薄伽丘最著名的作品，但并不是他的第一部作品。薄伽丘第一部作品名为《菲洛柯洛》，写于1336年，是一部长篇小说，讲述了中世纪西班牙宫廷中一个感人肺腑的爱情故事。

彼特拉克擅写十四行诗，被后人尊为"诗圣"。彼特拉克十四行诗的代表作是抒情诗集《歌集》，集中诗歌多为即兴诗，以日记形式写成。《歌集》共收录诗歌336首，分上下两部，上部名为《圣母劳拉之生》，下部名为《圣母劳拉之死》。诗中的劳拉是彼特拉克女友，诗集内容也多表达对女友的爱恋之情。除爱情诗外，《歌集》中还有少量政治抒情诗，如《我的意大利》。

十四行诗

十四行诗是一种抒情短诗，通常有14行，各行有固定韵律，诗行间有特定的押韵格式。诗体分两部分：第一部分有两节，每节四行诗；第二部分也有两节，每节三行诗。

意大利是十四行诗的发源地。当时的十四行诗多用于写作抒情诗。13世纪末，十四行诗的使用领域扩大，被广泛应用于教谕诗、政治诗、讽刺诗等诗歌题材的创作中。诗人彼特拉克完善十四行诗的格律，发展出属于自己的诗体"彼特拉克诗体"，引起各国诗人争相效仿。

文艺复兴时期，意大利出现了很多擅写十四行诗的诗人，如梅迪契、米开朗基罗等。诗人马罗将十四行诗带到法国，16世纪，十四行诗成了法国最重要的诗歌形式之一。16世纪初，十四行诗传入英国，诗体格律发生改变，变为三节四行诗加一副对句的形式，到了16世纪末，十四行诗已经成为英国最受欢迎的诗体之一。英国诗人莎士比亚完善了诗体形式，使十四行诗更富韵律，诗句间的衔接更流畅，完善后的诗体被人们称为"莎士比亚体"。17世纪，十四行诗传入德国。之后，十四行诗盛行欧洲大陆。

为适应不同语言特点，十四行诗发展出很多不同的变体。后来，浪漫主义诗歌兴起，诗人提倡不受格律拘束的诗歌创作，十四行诗发展一度停滞。19世纪晚期，十四行诗复兴，诗体格律再度流传，沿用至今。

但丁的《神曲》

《神曲》是意大利诗人阿利盖利·但丁在1307年到1321年间，历时10余年完成的一部著作。《神曲》写于文艺复兴之前，这个时期的人们喜欢用"悲剧"和"喜剧"来命名自己的作品，但丁将自己的作品命名为《喜剧》。意大利人为了表示对这本作品的尊重，在《喜剧》前面加上了"神圣的"三个字，中国人译为《神曲》。《神曲》全书以叙事诗的形式写成，共分《地狱》《炼狱》和《天堂》三部分，每部分33篇，最前面有一篇序诗，总共100篇。

《神曲》以第一人称的方式写成，主要描写的是主人公但丁因误入一座黑色的森林，被三只象征着贪婪、野心、安逸的怪兽

手持《神曲》的但丁

挡路，后在诗人维吉尔的帮助下，通过地狱、炼狱、最终到达天堂，并在暗恋之人——贝阿特丽切的灵魂的帮助下，见到上帝的故事。《神曲》对地狱、炼狱和天堂分别给予了描述。但丁认为，地狱是一个大漏斗形，从上到下逐渐缩小，最低端是漏斗的最小的部分，也是罪孽最深重的灵魂的所在地，这里被魔王卢齐菲罗控制。炼狱是一座大山，在与地狱相对的海的另一面，炼狱是灵魂进行忏悔赎罪的地方；炼狱山共分七层，每一层象征一种罪孽，灵魂上升一层就会消除一种罪孽，到达山顶后就能进入天堂。天堂有九层，越往高层灵魂越高尚，上帝在天堂的最高层。

《神曲》是一部充满了隐喻性的作品，它虽然是一部神学作品却有着很强烈的现实性。但丁写这本书的主旨，用他自己的话说是"为了对万恶的社会有所裨益"。但丁从地狱到天堂途中，与遇到的每一个历史上有名的灵魂交谈，他将这些灵魂安排到不同的

位置，来表达自己对他们的观点，但丁将教皇还有他痛恨的一些佛罗伦萨人全部打入地狱中。

拉伯雷与《巨人传》

拉伯雷是文艺复兴时期的代表作家，1494 年生于法国中部城市希农。1532 年，拉伯雷以化名出版《巨人传》第一部，次年出版第二部。这本书如果不深究，看上去不过是些"胡说八道"的游文戏字；如果细究起来，会发现饱含对宗教、政治、经济的哲理性思考。《巨人传》出版后，受到资产阶级和广大民众的欢迎。但教会仇视此书，将它列为禁书。

1545 年，拉伯雷得到国王的发行许可，以真名出版《巨人传》第三部。国王不久去世，此书又被禁，书籍出版发行商还被烧死，拉伯雷不得不逃往国外。1550 年，拉伯雷回到法国。回国后，拉伯雷用 20 年时间完成了《巨人传》的最后两部。

《巨人传》开法国长篇小说之先河，以妙趣横生的语言、诙谐调侃的风格，讲述了一个离奇的故事，描写了一些滑稽的人物。书分五部，如一套百科全书，将天文地理、生物医药、哲学法律、语言文字等自然、社会学科中的科学知识融为一体，呈现于故事中。全书一经出版，立刻风靡欧洲。现在，《巨人传》已被译为多国文字，出现了 200 多个不同的版本。

《愚人颂》的问世

伊拉斯谟，荷兰哲学家，16 世纪初欧洲人文主义运动的代表人物之一。他的《愚人颂》是人们至今仍在广泛阅读的著作。在这本书中，他借愚人之口，嘲讽了他那个时代所有的制度、风俗、人和信念，是文学史上最精彩的讽刺体文章之一。它间接但却辛辣的嘲讽对当时的社会造成了很大影响，其中对教会的讽刺，激发了人们对于教会的不满，为之后的宗教改革做了思想铺垫。

七星诗社

七星诗社是一个法国文学社团，由七位诗人组成。诗社出现于 16 世纪，核心人物是龙沙与杜贝莱。诗社诗人不只写诗，还从事剧本创作，撰写诗歌评论和文艺批评，除此之外，还发起了法语改革，规范了法语，提高了法语地位。1556 年，诗社有了"七星诗社"这个名称。

1549 年，诗社发表名为《保卫与发扬法兰西语言》的宣言。宣言由杜贝莱执笔撰写，提出了社团的创作主张。主张由全体社员共同商议而成，内容如下：使用法语创作；可模仿希腊拉丁语作家；流行诗歌体裁应被古代诗歌格律取代；诗人不仅要懂得写诗的技巧，更要捕捉转瞬即逝的灵感。《宣言》既是七星诗社的创作宣言，又是法国第一部内容与法语有关的宣言。此后，诗社成员在《橄榄集》《诗艺概论》《法兰西亚德》等书的序言中进一步阐述了自己的主张。

诗社主张引起了法国人的重视。法语规范后，以法语为基础的法国诗歌得到了长足的发展。七星诗社诗歌韵律和谐，笔风流畅。诗人反对咬文嚼字的创作、匠气过重的诗体，推崇亚历山大诗体。经诗社倡导，亚历山大诗体风靡 16 世纪的法国，成了法国最受欢迎的诗体之一。

莎士比亚的戏剧

莎士比亚是英国剧作家、诗人。莎士比亚的戏剧创作集欧洲文艺复兴时期人文主义文学之大成，作品多取材自现实生活，反映时代风貌。他的创作理念是：戏剧如镜，里面映出时代与社会的之影。在戏剧中，荒诞与德行都无处可藏。

莎士比亚的戏剧创作分三个阶段：1590到1600年的第一阶段，1601到1607年的第二阶段和1608到1613年的第三阶段。第一阶段作品多为历史剧和喜剧。十年中，莎士比亚创作了10部喜剧，9部历史剧，还有2部悲剧。9部历史剧中，8部内容互有关联，为两个四部曲：《查理二世》和《亨利四世》系列；《亨利六世》系列和《亨利五世》。其中，《亨利六世》是莎士比亚创作的第一部戏剧。这一时期的喜剧，多通过男女青年追求自由、幸福的过程，表现友谊、爱情、婚姻等主题，代表作有《威尼斯商人》《仲夏夜之梦》等。

第二阶段作品多为悲剧。这一阶段，莎士比亚写出了5部悲剧，3部罗马剧和3部问题剧。莎士比亚四大悲剧名作《哈姆雷特》《奥赛罗》《李尔王》和《麦克白》就是在这一时期写成的。问题剧有《终成眷属》《一报还一报》等。问题剧虽以喜剧形式写成，但多反映社会阴暗面，因而又被称为"阴暗的喜剧"。罗马剧多取材自历史剧。如，《科里奥拉努斯》《尤里乌斯·恺撒》等罗马剧，故事都取材自历史剧《希腊罗马英雄传》。

第三阶段作品以悲喜剧、传奇剧为主。作品中充斥着团聚与别离、人物遭陷与冤情得雪等内容。内容虽仍反映社会矛盾，但不再像中期作品那样总以悲剧结局。在这一阶段的作品中，莎士比亚提出矛盾解决之道：人与人之间的容忍、宽恕与妥协。阶段代表作有《冬天的故事》《辛白林》《暴风雨》等。

此外，莎士比亚还创作了154首十四行诗、2首长诗，并与别人合写了历史剧《亨利八世》、传奇剧《两位贵亲》。马克思称莎士比亚为"人类最伟大的戏剧天才"。现在，莎士比亚的戏剧已被译为多国语言，在世界各地上演。

欧洲文学中的四大吝啬鬼

欧洲文学中有四个以吝啬著称的经典人物：夏洛克、阿巴贡、葛朗台和泼留希金。四个人物有共性，都吝啬；也有各自不同于他人的个性。

夏洛克是莎士比亚喜剧《威尼斯商人》中的人物。他是个犹太富商，放高利贷，尖刻狠毒又贪婪。故事中，夏洛克嫉恨为人宽厚的威尼斯商人安东尼奥。安东尼奥为助好友巴萨尼奥结婚，不得不向夏洛克借高利贷，夏洛克假装慷慨，不要利息，却同安东尼奥约定，若到期不还，他要安东尼奥身上的一磅肉。后来，安东尼奥货船失事，无法还债，被夏洛克胁迫割肉。巴萨尼奥的妻子伪装成律师，为安东尼奥辩护说：夏洛克可以割肉，但既不能割多也不能割少，要割刚好一磅；割肉时，不能让安东尼奥身上流一滴血，不然就是蓄意谋杀。最终，夏洛克败诉，不但没得到肉，还受到了惩罚。现在，"夏洛克"已经成了那些贪婪、无情、狠毒的放债者的代名词。

阿巴贡是莫里哀喜剧《悭吝人》中的人物。他不但吝啬，还爱美色。他不但对仆人、对家人吝啬，对自己也很吝啬。为省钱，他不吃晚饭，饿着肚子去睡觉，饿醒后，宁可去马棚偷吃荞麦，也不肯为自己弄点食物。他多疑，为防别人拿走他的钱，将钱埋进自家花园，没想到，防来防去，钱还是被人拿走了，他像被人拿去性命一样，哭天喊地，痛不欲生。

葛朗台是巴尔扎克小说《欧也妮·葛朗台》中欧也妮·葛朗台的父亲。葛朗台又吝啬又贪婪，嗜金如命。他常半夜在自己的密室中欣赏金币，就连临死前也眼观金币以取暖。他有万贯家财，却连蜡烛都舍不得让家人多用。他是个典型的守财奴：获悉女儿把积蓄给了别人后，竟愤怒到要把她软禁起来；妻子生病时，他竟因怕浪费钱财而执意不请医生。

泼留希金是俄国作家果戈理小说《死魂灵》中的人物。他是个没落地主，家境殷实，但食物、用品全堆在仓库中，从不使用。在他的仓库里，面粉被存放太久，已经硬成了石头；粮食发了霉，草料也全都腐坏了；此外，库房里还堆满了布料、羊皮、干鱼、蔬菜和水果，然而他自己的吃穿用度却像个一无所有的贫民。他积攒财物，却不知道这些财物能用来做什么，也不知道他自己拥有什么。他只是行尸走肉一般地敛财聚财，永不满足。

《堂吉诃德》

《堂吉诃德》由西班牙小说家塞万提斯创作，原名《奇情异想的绅士堂吉诃德·台·拉·曼却》。作品以讽刺手法描写现实生活，创造了一个"永远向前"的人物堂吉诃德。1605年，作品第一部出版，风靡西班牙。

《堂吉诃德》全书近100万字，如一幅历史画卷。书中，西班牙16到17世纪的社会生活场景一一浮现。作品描写了近700个人物，他们来自社会各个阶层，既有公爵、地主、僧侣、牧师，又有士兵、手工业者、牧民和农民。诗人拜伦曾说："《堂吉诃德》讲了一个令人伤感的故事，它越令人发笑的地方越令人难过。英雄堂吉诃德行为刚正，以惩恶扬善为己任。然而，让他发疯的恰是他身上的这些美德。"

堂吉诃德是个沉迷于骑士文学的小贵族。因为沉迷，他将自己幻想成一名骑士，游走四方，踏上了"行侠仗义"之路。"行侠仗义"是堂吉诃德自以为的行侠仗义。他将邻村一位挤奶姑娘想象成女主人，将旋转风车当成巨人，将羊群当成军队，将理发师当成武士，将一群罪犯当成受害绅士，一路上边走边"打抱不平"，吃尽了苦头。堂吉诃德临行前，雇邻村农民桑丘·潘沙为侍从。桑丘·潘沙的个性与堂吉诃德截然相反，他务实、自私，是个文盲，不像堂吉诃德那样满腹学问。塞万提斯创造桑丘·潘沙这个人物，就是为了与堂吉诃德作比对。堂吉诃德又高又瘦，桑丘·潘沙却又矮又胖。堂吉诃德是个理想主义者，桑丘·潘沙却是个实用主义者。

塞万提斯在作品中大量使用夸张手法，使主角堂吉诃德的形象更鲜明、更立体。作品看似荒诞，实际蕴含着作者对西班牙社会的深刻思考。塞万提斯创作《堂吉诃德》时，不过想表现"对骑士文学的讽刺"，不想，书出版后，却成为人们心中的"骑士阶级史诗"。自从诞生的那一刻起，这本书就被奉为经典，时至今天，已经在世界各地流传，成为西班牙文学中最负盛名的著作。

班扬的《天路历程》

《天路历程》是一部宗教寓言故事，有"英国最著名寓言"之称，作者是约翰·班扬。班扬是英国清教徒，不信奉国教，曾因此而入狱，《天路历程》便是他在狱中写下的作品。

作品讲述了一场梦：一个名叫"基督徒"的人为求生而前往天国，最终救赎了自己，也救赎了他人。书中有位讲述者，讲述者也是做梦人，梦境与寓言合二为一，使书的形式别具一格。书出版于17世纪中叶，一出版就大受欢迎，一年内3次重印，被人们视为《圣经》一样的作品。班扬去世前，书已售出10万册。

该书语言象征性较强，常用隐喻方式表达字外含义。语言特色鲜明，简洁生动，朴素清新，风格类似《圣经》。书中有大量的对话，对话不仅用于表现人物的外在行为，还用于表现人物内心活动。此外，班扬还常在书中引用乡村俚语。

书籍问世至今已有300余年。现在，全世界已出现200多种不同版本的《天路历程》译本。

弥尔顿的《失乐园》

《失乐园》是弥尔顿用七年时间写成的叙事诗，是英语文学中古典色彩最浓重的诗歌之一。诗体无韵，有12个章节，长近1万行。

故事由《圣经·创世记》中亚当与夏娃的故事加工而成。撒旦因反抗上帝被打入地狱，心存不甘，总想寻机报复。亚当与夏娃受撒旦蛊惑，偷吃了善恶果，被逐出伊甸园。撒旦复仇未成，反被变成蛇。诗人写诗，意在讲人的原罪，在弥尔顿看来，人类之所以不幸，是因为意志力薄弱，经不起诱惑；不够理性，易受制于感情。

《失乐园》艺术水平高超。诗中有大量的隐喻、象征，辞章优美，句法独特。诗人凭借丰富的想象力，描绘出一幅壮阔的图景。图景中有地狱、混沌，还有人间。诗问世后，曾被人们视为"福音"。如今，故事吸引力虽不再如往日，但诗体文风仍然为人称道。

弥尔顿写书时已双目失明，只好自己口述，由女儿、朋友代笔。《失乐园》出版后，弥尔顿声望大增，很多著名学者、政治家都不远千里前来拜会。

布瓦洛与古典主义

古典主义是17世纪流行于西欧的一种文艺思潮，因文艺理论与创作实践模仿古希腊、古罗马文艺而得名。布瓦洛是古典主义的"立法者"，他的文艺理论著作《诗的艺术》有"古典主义法典"之称。

著作《诗的艺术》出版于1674年。作品中，布瓦洛详述了自己的哲学和美学思想。书中说："请热爱理性吧；请让你的所有诗文，都仅凭理性就能获得价值与荣耀。"布瓦洛崇尚"理性"，认为"理性"应该成为文艺创作的基本原则。他笔下的"理性"，并非与"感性"相对的"理性"，而是人的常识、天性。在他看来，常识与天性是自然、普遍、持久的。只有建立在常识与天性基础之上的美，才是有绝对价值、永恒的美。因而，美必须合乎"理性"。

布瓦洛崇尚自然，主张"模仿自然"去创作，在艺术作品中表现"自然的"人性。他追求真、善、美三者的统一，认为"真的才是美的"。

在布瓦洛眼中，悲剧高雅、喜剧低俗，因而创作悲剧时应使用优雅的词汇、艺术性的诗体描写宫廷生活，创作喜剧时则应使用日常用语描写平民生活。他还主张，剧作家应严格遵守"三一律"创作戏剧；戏剧人物应定型，一个人物表现一种类型。

《诗的艺术》中所阐述的创作理论虽有局限，但影响了当时的欧洲艺术界。1634年，诗人梅莱首次使用"三一律"创作戏剧。从那以后，"三一律"成为古典主义剧作家创作时的基本理论依据。

伏尔泰

伏尔泰是法国启蒙运动中的代表人物，有"法兰西思想之王"之称。

1694年，伏尔泰生于法国巴黎的一个中产阶级家庭。他的父亲希望他将来成为法官，他却喜欢文学，最终，伏尔泰以文字立世。伏尔泰写了大量的文学作品，如史诗《亨利亚特》、喜剧《放荡的儿子》、悲剧《欧

法国启蒙思想家伏尔泰

第伯》等。

在他的作品中，文学价值最高的是哲理小说。哲理小说是伏尔泰自己开创的一种新型文学体裁。这种体裁，笔调戏谑，哲理深刻，常用荒诞故事讽喻现实。伏尔泰哲理小说的代表作有《老实人》《天真汉》等。伏尔泰也从事诗歌创作，写有哲理诗和讽刺诗。此外，伏尔泰还写了50多部剧本，其中多数是悲剧。

伏尔泰不仅从事文学创作，还从事哲学创作，写作历史著作。伏尔泰的哲学著作中，影响力最大的一本书是《哲学通信》。这本书被人们誉为"投进旧制度中的第一颗炸弹"。除此之外，伏尔泰还著有《哲学辞典》《形而上学论》《牛顿哲学原理》等哲学著作。伏尔泰的历史著作有《论各民族的风俗与精神》《路易十四时代》等。他还将中国历史故事《赵氏孤儿》改编成了戏剧《中国孤儿》。

1778年，伏尔泰已84岁高龄，身体欠佳，不得不长时间卧床，即便如此，他仍不放弃文学创作，在病床上口述了自己的最后一部作品：五幕诗体悲剧《伊雷纳》。剧本上演时，反响格外强烈。1778年5月30日，伏尔泰与世长辞。

法国"自由的奠基人"卢梭

卢梭是法国启蒙思想家、哲学家、文学家，1712年6月28日生于瑞士日内瓦。16岁那年，卢梭离家出走，开始独立谋生。1742年，30岁的卢梭到巴黎，认识了很多启蒙运动中的杰出人物。1750年，在第戎学区论文比赛中，卢梭以《论科学与艺术》一文拿到首奖，名声大振。

1756年起，卢梭开始隐居写作。6年中，他先后写出了政治学名著《社会契约论》、教育学著作《爱弥儿》、自传体小说《新爱洛绮丝》、自传《忏悔录》等优秀作品。其中，《新爱洛绮丝》一经出版，立刻风靡欧洲，一时成为畅销书。

除写作外，卢梭对音乐也有强烈的兴趣，曾写出两部歌剧：《村里的预言家》和《爱情之歌》。卢梭文章言论过激，引发政府不满。1762年，双方发生冲突。此后的20年，卢梭都在悲惨中度过。1778年7月2日，卢梭逝于法国阿蒙农维拉。

艺术

卡洛林"文艺复兴"

卡洛林文艺复兴是公元8世纪晚期到9世纪,欧洲的一场文艺与科学复兴运动,有"欧洲第一次觉醒"之称。"卡洛林"一词由拉丁语转化而来,意为"查理",指查理大帝建立的卡洛林王朝。

公元8世纪晚期的欧洲,教育制度落后,人民文化水平低下。为促进文化发展,查理大帝广纳人才,兴办学校。查理大帝的整治从罗马国教基督教入手:他组织编订了《卡洛林书》,书中重申了基督教的基本教义;公元797到800年,查理大帝派人收集各版本的《圣经》文本,统一文本并确定了拉丁文通用本。

查理热爱宗教事业,对宗教教育投注了极大的热情。公元787年,查理下谕,要求每座教堂、每所修道院都要设学校、建图书馆;教会学校有义务召贫民子弟入学,教师多为神职人员。在学校,学生学习文学、哲学和艺术,培养读书、写作的能力。教堂图书馆虽然设施简陋,藏书也不多,但保存了珍贵的宗教文献、典籍著作,甚至荒蛮时代的歌谣与传说。教堂图书馆的建立,在当时的欧洲堪称创举。

人们要想学习文化知识,首先必须学习文字。当时通行的古典拉丁文书写方式烦琐,句与句之间没有停顿符号,阅读困难。为减少学习障碍,查理下令改革拉丁文。改革后的拉丁文,文字字体改变,发展为一种简单易学的新型字体——"卡洛林字体",更实用美观;句子以大写字母开头,以句点结尾,更便于阅读。

经查理大帝倡导,卡洛林王朝民众间学习拉丁文、阅读书籍的风气日盛。很多教士、僧侣开始研究哲学与文学,宗教文学得以发展起来。这一时期产生的文学作品,体裁多为圣经故事、赞美诗、传记等,虽水准有限,但已呈现出宗教文学的独特风格。卡洛林文艺复兴时期,出现了很多著名思想家,如阿尔古因、阿尔古因的学生拉巴努斯·莫鲁斯等。

文艺复兴运动

13世纪晚期,文艺复兴运动兴起于意大利佛罗伦萨。在意大利语中,"文艺复兴"一词意为"重新出生"。13世纪,意大利出现新兴资产阶级。新兴资产阶级认为,当时的文化艺术远落后于古希腊、古罗马时期,因而应回归艺术根源,复兴古典文化。文艺复兴运动由此开始。

14到16世纪,文艺复兴运动扩展至欧洲各国。提倡文艺复兴的艺术家、科学家多为人文主义者,重视"人性",提倡"人权",反对"神权"。这些艺术家、科学家在欧洲掀起了一场文艺革命风暴,对欧洲的政治、

犹大之吻 乔托

科学、哲学、经济，乃至世界观都产生了极大影响。这一时期被后人称为"出现巨人的时代"，时代中出现的巨人有文学家但丁、莎士比亚，画家拉斐尔、米开朗基罗，天文学家哥白尼、开普勒，数学家帕斯卡、卡尔达诺，地理学家哥伦布、麦哲伦，物理学家伽利略等。

文艺复兴运动初期，文学界第一个提出"复兴古典文化"口号的作家是彼特拉克。彼特拉克以诗集《歌集》立世。运动开始后，作家们不再拘泥于拉丁语写作，开始使用本国语言创作作品。意大利作家薄伽丘用意大利语创作出短篇小说集《十日谈》，西班牙作家塞万提斯用西班牙语创作出长篇讽刺小说《堂吉诃德》，其他各国作家也用本国语言创作出了大量优秀的文学作品。其中，莎士比亚用英语创作的戏剧，代表了文艺复兴时期文学的最高成就。

美术界，意大利画家乔托·迪·邦多纳被认为是复兴开创者。邦多纳代表作有《犹大之吻》《最后审判》《哀悼基督》等。文艺复兴时期的另一位伟大画家是马萨奇奥。他开创了透视画法，在画中第一次使用了灭点，代表作有《献金》《圣三位一体》等。画家达·芬奇既是艺术家，又是数学家，同时还是工程师、建筑师、解剖学者和发明家，他的油画《蒙娜丽莎》至今魅力不减。

音乐界的改革多发生在14到16世纪。天文学方面：1543年，哥白尼出版《天体运行论》，提出了"日心说"；1609年，伽利略发明了望远镜。地理学方面，航海技术发展，哥伦布发现了"新大陆"。物理学方面，伽利略提出了自由落体定律和抛物体定律，笛卡儿提出了能量守恒定律。数学方面，韦达提出了韦达定律，笛卡儿创立了解析几何学。

文艺复兴运动虽以"复兴"为名发起，但实际上是一次精神创新。运动提倡个性解放、自由平等，反宗教、反专制、反封建等级制度，主张使人的特性得到充分发挥。运动中有一个著名口号："我是人，人的特性我无所不有。"

美第奇家族对文艺复兴的影响

美第奇家族是佛罗伦萨望族，兴盛于13到17世纪，在欧洲势力强大。美第奇家族对欧洲文艺复兴运动的发展起到了推动作用。

作为意大利文艺复兴的中心城市，13到17世纪的佛罗伦萨会集了大量的艺术家，如达·芬奇、米开朗基罗、波提切利等。这些艺术家的很多画像、雕刻作品后来都被美第奇家族收藏，有些作品甚至专为美第奇家族成员而作。

家族中第一个赞助艺术的人是乔凡尼·美第奇。改革透视法的画家马萨乔修建圣洛伦佐教堂期间曾得到乔凡尼的援助，建筑师布鲁内莱斯修建花之圣母大教堂时也曾得到乔凡尼和其子科西莫的支持。花之圣母大教堂的圆顶结构开建筑史之先河，建筑样式影响欧美500多年，至今，该教堂仍被视为佛罗伦萨的象征。

提到美第奇家族的赞助艺术史，不能不提文艺复兴时期的代表艺术家米开朗基罗。米开朗基罗很小就展露出了在艺术上的天赋，14岁时就引起洛伦佐·美第奇的注意，洛伦佐将他带进自己的宫殿，使他有机会观摩大量的珍贵艺术品，结交当时的著名学者、艺术家。米开朗基罗在洛伦佐宫中打开了视野，形成了一套恪守一生的价值观。米开朗基罗中年时，受教皇之托，为美第奇家族建造陵墓。后来陵墓建了15年，墓中的一座雕像就以洛伦佐·美第奇为原型雕成。

美第奇家族有"欧洲文艺复兴的教父"之称，除收藏艺术品、援助艺术家外，他们还委任建筑师，建造了很多风格独具的建筑，如碧提宫、贝尔维德勒别墅、波波里庭院等。这些建筑现在都成了佛罗伦萨的著名景点。除艺术和建筑方面的贡献，美第奇家族对文艺复兴时期的科学发展也做出了巨大贡献。科学家达·芬奇、伽利略都曾接受过美第奇家族的赞助。

巴洛克艺术兴起

巴洛克艺术16世纪晚期兴起于意大利，17世纪风靡欧洲，18世纪衰败。"巴洛克"一词原意是"凌乱的珍珠"，是18世纪的古典主义者对17世纪"堕落瓦解"艺术风格的贬义称呼。如今，"巴洛克"一词成为对一种特定艺术风格的特定称谓。

巴洛克艺术反矫饰，崇尚激情与浪漫，重视想象力，艺术品立体感强烈，豪华但不俗丽，带有浓重的宗教色彩。

17世纪中叶，意大利教会各教区纷纷将自己的教堂建成巴洛克风格，巴洛克教堂风靡一时。罗马圣卡罗教堂是巴洛克教堂中的代表，教堂以曲线、山花石雕作饰，饰物繁杂，堆砌过分，看上去矫揉造作。

17世纪末18世纪初，巴洛克艺术传入德国和奥地利。德国建筑师将巴洛克建筑与德国传统建筑风格融为一体，建造出外观简洁典雅、柔和自然，内部却装修精致、富丽豪华的巴洛克教堂。教堂中较有代表性的建筑有：雕有植物装饰的十四圣徒朝圣教堂、雕有天使的罗赫尔修道院教堂等。

奥地利的巴洛克建筑多由德国建筑师设计，代表建筑如维也纳的舒伯鲁恩宫。此外，西班牙的圣地亚哥大教堂也是巴洛克建筑中的代表作。

巴洛克艺术的兴起，得益于教会的大力支持，所以艺术品多以宗教为题材，在天主教盛行的国家流传甚广。巴洛克艺术的成就多反映在建筑上，建筑则以巴洛克教堂影响最大。巴洛克建筑中糅杂了绘画与雕刻艺术，所以，绘画与雕刻也是巴洛克艺术中成就较大的分支。意大利雕刻家贝尼尼、佛兰德斯画家鲁本斯的作品都代表了巴洛克艺术的最高成就。

欧洲启蒙运动

欧洲启蒙运动是一场思想解放运动，18世纪初期产生于英国。后来，运动陆续发展到法国、德国、比利时、荷兰等地。其中，声势最浩大的国家是法国。法国启蒙运动不仅声势浩大，而且影响深远，运动较之其他国家也更为彻底，因而成为欧洲启蒙运动的中心。

在法语中，"启蒙"一词原意为"光明"。18世纪的先进思想家认为，当时的人民处在封建势力的黑暗统治中，应用光明驱散它。他们将想法写成著作，在人民间宣传民主、自由、平等、法制等先进思想。巴黎作为法国的首都，首当其冲成为启蒙知识的传播中心。

伏尔泰是法国最重要的启蒙思想家，有人甚至说："18世纪是伏尔泰的世纪。"伏尔泰主张在推翻封建统治后建立君主立宪制国家。他提出的天赋人权、自由平等思想，在法国，乃至世界上引起很大的反响。

启蒙运动兴起后，很快形成一股强大的社会思潮。思潮影响到了社会的各个知识领域，将文学、哲学、教育学、伦理学等学科全部卷入其中。启蒙思想家们提出的天赋人权、三权分立等学说对于欧洲，乃至全世界影响都很大。

持角杯的女巫

在法国的劳赛尔岩洞中，有一幅旧石器时代的岩画。这幅岩画距今已有30000年的历史，岩画高46厘米，采用的是浮雕技巧，画的是一名女子的形象。这名女子浑身不着寸缕，体态丰腴，乳房和臀部刻画得很夸张，她的脸侧向右边，长发披在左肩上，面容和脚画得很模糊，左手按在微胖的小腹上，右手拿着一只角杯。

这名女子的形象引起了很多学者的好奇，有人认为她是个女巫，岩画表现的是一种祭祀仪式；有人认为这是当时人们的一种生殖崇拜；也有人认为这不过是一幅岩画，没什么特定含义。这幅岩画让西方某些学者对艺术的起源产生了质疑，他们认为艺术并非源于生活，很可能源于巫术。

古埃及绘画

古埃及绘画有三种样式，第一种样式是古埃及的象形文字。在古埃及人眼里，书法是艺术的一种，他们发明象形文字，以符号指代实物。符号形状是动植物等实物的形状，一个符号就是一幅简单的画。古埃及绘画中加入象形文字，好像中国画中加入"题跋"文字一样，使画面更美观。

第二种绘画样式是在石头上刻画人物或动物，被称作"线刻"。"线刻"虽刻在平面上，但美术形式介于雕刻和绘画之间。

第三种绘画样式被称作浮雕壁画。因壁画常用以装饰陵墓，所以也被称作墓壁画。在埃及陵墓中，浮雕壁画随处可见。壁画呈带状，横排；风格类似，装饰夸张。画为故事画，空白处配有文字，字形如简笔画。画中人与物造型写实，沿直线排列，秩序井然。

古埃及绘画中人物的画法很像中国儿童画，肢体与五官不以视觉角度呈现，而以各自最有特色的角度呈现。如一张侧脸，脸上眼睛的形状却是正脸所见形状；上半身是正面，腿脚却被画成了侧面，等等。

爱琴文明时期的绘画艺术

爱琴海地区的绘画艺术兴盛于公元前28到公元前12世纪，以希腊古城迈锡尼和爱琴海南部的克里特岛为中心分布，又被称作"克里特—迈锡尼美术"。

克里特岛上有座王宫遗址，名叫克诺索斯王宫。王宫建筑庞大复杂，墙壁上绘有绘画。画中人物有盛装妇女，动物有鸟兽，植物有花木。有一幅残留壁画，画中是一位青年女子的侧影，女子白皮肤，高鼻梁，大眼睛；长发卷曲，散在肩上，姿态高贵矜持，美丽堪比巴黎女郎。人们以人物为画命名，称它为《巴黎女郎》。还有一幅残留壁画，画着三位年轻女郎的侧影，其中两位手臂举起，似乎要起身或起舞。画中女郎表情生动，长相相似，都身着华服，头戴精致头饰，体型健壮。这幅装饰壁画中人物多以线条绘成，并未掺杂太多绘画技巧。此外，还有绘有海豚和鱼的绘画，表现戏牛艺人的绘画等。

迈锡尼是希腊南部古城，考古学家挖掘了很多坟墓，有些坟墓内陪葬丰厚。陪葬品中有一把青铜短剑，剑身嵌有金银，金银拼成猎人捕狮、狮扑虎的图案，剑体狭长，画面生动形象。还有一对陪葬金杯，杯身刻有猎人捉野牛的图案，其中一只金杯上的图案是几个猎人将一头野牛兜在网中，旁边一个猎人被撞倒在地，另有两头野牛正逃向相反的方向；另一只金杯上的图案则要气氛祥和得多，画中有一位牧人，牧人身边环绕着四头正休息的牛。金杯上的牛，用笔简练，笔锋有力，刻画精准。

迈锡尼城的建筑遗址中也存有残留壁画。一幅宫殿壁画上，三只猎犬在追捕一头受伤野猪。飞奔中的动物被描绘得生动形象。此外，还有表现车辆、妇女和艺人的壁画。

公元前14到公元前12世纪，北方民族入侵希腊，爱琴文明没落，绘画艺术也随之衰竭。

犍陀罗美术

犍陀罗美术是公元1到6世纪流行于犍陀罗地区的美术。当时这里佛教盛行，佛教建筑林立，美术也以佛教雕塑为主，地区内圆雕或浮雕佛像、菩萨像，绘有佛教故事的浮雕画随处可见。

犍陀罗地区的佛像雕刻兴起于公元1世纪，最早的雕像为浮雕，浮雕中讲述佛教故事。早期浮雕风格类似希腊，人物头部过大，和身体的比例很不协调。早期的浮雕制作粗糙，雕刻技巧拙劣，画面简单。中期浮雕吸收了罗马风格，浮雕人物身体比例协调，姿态高雅，神情庄严肃穆。虽然浮雕画面仍简单，但浮雕造型精致多了。后期浮雕构图变得复杂起来，画面上出现了很多繁杂装饰。浮雕开始注重对人物表情、姿态的刻画，以表情和神态传达人物性格。

佛教美术产生早期，忌讳雕佛陀像，雕塑中只以菩提、宝座等符号象征佛陀。犍陀罗美术打破成规，公元1世纪的佛像中就出现了佛陀本人。犍陀罗佛像多以青色云母岩雕成，色泽冷峻、暗沉，看上去庄严古朴，佛像高大，宛如立体雕像。犍陀罗美术发展到后期，佛像雕刻越来越千篇一律，没有了创新，失去了活力。

除佛像雕刻外，菩萨像雕刻也是犍陀罗美术的重要特色。此外，希腊、罗马式的诸神像在犍陀罗地区也是常见的雕像。

浮世绘

浮世绘是日本风俗画。"浮世绘"一词中，"浮世"二字源于佛教，意指人的生死轮回、世间万物的虚无缥缈。"浮世"二字被引入日本后，"浮世绘"一词就成了日本风俗画的代名词，意为"虚浮世界的绘画"。

日本浮世绘产生于江户时代，是一种彩色印刷的木版画，画面多描绘自然风光、人们的日常生活等世间风情。最早的浮世绘是日本古典小说插图绘本。1670年，画师菱川师宣将绘本刻在木板上，做成单色木版画出售。自此，木版画被大量印刷生产，成了市场上常见的廉价艺术品。

最开始，市场中只有黑色木版画，不久出现红色版画。后来人们在红色版画上加印黄色和绿色，发明了彩色木版画。浮世绘的制作分五步：绘图、雕墨板、选色、雕色板和刷版。制作时，原画师、雕版师和刷版师三者必须通力合作。原画师绘成原图后，雕版师将图雕在木板上，刷版师再在版中着色，将所雕图形转印到纸上。浮世绘中有多少种颜色，就要刻多少次版，所以画中颜色越多，制作过程越繁杂。

18世纪中叶，彩色浮世绘风行一时。这一时期的浮世绘，除表现自然风光的花鸟绘、鸟羽绘，表现人们日常生活的相扑绘、名所绘外，还出现了美人绘、历史绘、玩具绘等不同题材的作品。擅画浮世绘的画师有铃木春信、鸟居清长、喜多川歌磨、葛饰北斋等。

油画的由来

从拜占庭时代开始，就有人尝试用油做绘画原料。史料记载，这种"油"画被放在太阳下，连晒几个月都不会干。1200年，僧人鲁吉罗斯在论文《多样化的艺术形式》中写道，可以用亚麻仁油和阿拉伯树脂绘制油画。13世纪，英国也曾出现过类似油画的绘画作品。14世纪，欧洲人以蛋清和蛋黄做颜料在画板上绘画，这是已知最早的油画。

14世纪末，尼德兰画家胡伯特·凡·艾克和杨·凡·艾克兄弟改进绘画颜料，在油脂中加入天然树脂，将原有颜料改制成混合颜料。油脂有润滑作用，绘画时行笔更流畅。

15世纪，意大利画家梅西纳来到尼德兰，发现了这种新型颜料。他将新型颜料的制作方法带回威尼斯，传授给意大利画家。油画被推广，成了欧洲大陆上一个崭新的画种。

蒙娜丽莎的微笑

《蒙娜丽莎》是意大利画家达·芬奇画的一幅肖像画。画中女子是一位贵族的妻子，名叫蒙娜丽莎。达·芬奇作此画时，蒙娜丽莎幼子刚夭折，心情沉痛。为看到蒙娜丽莎的微笑，达·芬奇请音乐家前来奏乐，请喜剧演员前来表演。画成后，蒙娜丽莎的微笑倾倒众人。而蒙娜丽莎的微笑该怎样解读，人们众说纷纭。

蒙娜丽莎的微笑有时温和有时哀伤，有时矜持有时舒畅，有时甚至略带讥诮。细看画面，达·芬奇在蒙娜丽莎的眼角和唇部涂上了一层若隐若现的阴影。唇角和眼部肌肉牵动，人的面部才会呈现笑的表情，肌肉牵动的程度不同，笑容中的感觉也各不相同。

蒙娜丽莎 达·芬奇

达·芬奇在这两个部位涂影后，嘴角和眼角若隐若现。因此，笑容看上去才会神秘莫测，让人感到不可捉摸。

哈佛大学神经科博士利文斯通说，蒙娜丽莎的微笑之所以时隐时现，是因为观者看画时改变了眼睛的位置。她说，人们盯着一张脸看时，视线通常落在被看者的双眼上。视线大部分集中在眼围，余光却会落在嘴角。视线余光不可能察觉画面的细微之处，这样一来，靠近眼围处，颧骨上的阴影反而成了蒙娜丽莎脸上最浓重的阴影，在阴影衬托下，蒙娜丽莎嘴角笑容的视觉弧度会比真实弧度要大。如果观者的目光转移到脸颊、嘴角或者其他地方，看到的笑容又会不一样。利文斯通说，如果谁想临摹《蒙娜丽莎》，画到嘴角位置的时候，眼睛一定要望着其他地方，不然"永远无法捕捉她的笑容"。

如果将《蒙娜丽莎》放到X光下观察，会发现蒙娜丽莎嘴角涂了四十多层颜料。颜料不是用笔画在画布上的，而是被达·芬奇用手涂抹在画面上的。每层颜料都很薄。颜料涂好后，风干需几个月时间。一层颜料风干后才能涂抹下一层颜料。人们据此推断，达·芬奇画好"蒙娜丽莎的微笑"大概花了十年时间。

拉斐尔与《西斯廷圣母》

拉斐尔是意大利画家，画风秀美，以圣母画像闻名于世。拉斐尔所画圣母像中，较著名的有油画《西斯廷圣母》、壁画《雅典学派》等。《西斯廷圣母》是拉斐尔主持建造圣彼得教堂时，绘在教堂祭坛上的大型油画，1512年动笔，1514年绘成，长2.65米，宽2米，风格甜美抒情，被认为是拉斐尔圣母像中最成功的一幅。

《西斯廷圣母》画面如拉开帷幕的舞台，画中圣母怀抱基督，踩云乘风而来，准备为拯救世界而献出自己的孩子。圣母右手边是身披圣袍的教皇西斯廷二世，左手边是代表百姓屈膝迎驾的圣女渥瓦拉。圣母脚边趴有两个小天使，天使模样纯真，憨态可掬。圣母形象是画面的核心，也是画中最美的部分。画中圣母一改往日绘画作品中高傲、冷硬的形象，面容秀丽，姿态恬静，充满母性，被人称作"圣母画中的绝品"。

《西斯廷圣母》布局均衡，画面抒情，庄重典雅。油画完成后，一度被安置在教堂神龛上。第二次世界大战时，油画丢失，直到1954年才在一个地下室中被人重新发现。现在，这幅油画被收藏在德国德累斯顿茨温格博物馆的古代艺术大师馆中。

"自画像之父"丢勒

阿尔布雷特·丢勒是德国画家，擅长木刻版画和铜版画，尤其擅长画人物肖像。他为自己画了大量的自画像，有"自画像之父"之称。

1471年，丢勒生于德国纽伦堡。他自小热爱绘画，13岁时，用银针为自己刻了第一幅自画像。画像背面，丢勒写道："1484年，我还是个孩子，对着镜子画了自己。"1485年，丢勒入小学。小学毕业后，丢勒父亲为将儿子培养成首饰工人，安排他进自己的首饰作坊做学徒。丢勒在作坊接受专门的绘画训练，临摹了大量的名家肖像作品。

习画过程中，丢勒对人物画产生兴趣，开始梦想成为画家。丢勒父亲尊重儿子的意愿，把他送到画家沃格穆特的工作坊做学徒。在工作坊，丢勒学到了制作木刻插画的技术。三年后，丢勒离开工作坊，沿莱茵河游历德国。游历生涯让丢勒的艺术技巧更加纯熟。23岁时，丢勒已经成了一位小有名气的艺术家，开始独立从事绘画和首饰制作工作。

在自己的工作室，丢勒制作了一组木刻组画《启示录》。《启示录》以15幅木刻画组成，画意表现世界末日到来时人类的恐慌情绪。组画问世后，丢勒一跃成为15世纪最优秀的艺术家之一。1498年，丢勒画了一幅自己身着华服的自画像。1514年3月，丢勒母亲去世前两个月，丢勒为母亲画了一幅木炭肖像画。这幅肖像是现存的唯一一幅丢勒母亲像。1490年起，丢勒在欧洲各地游历，结识了大量的学者和艺术家。1507年游历结束后，丢勒的学识更加广博，艺术见解更加深刻，对数学、文学等其他学科也有了较深了解。

1512年，丢勒成为罗马皇帝的御用画家。1521年7月，丢勒返回纽伦堡。回故乡后，丢勒的健康状况急转直下。1523年，丢勒开始动笔写回忆录和艺术理论著作。1525年，艺术理论著作《量度艺术教程》出版后，丢勒成为人们心中的"欧洲一流艺术理论家"。

1526年，丢勒创作出他最杰出的一幅人物肖像画《伊司马斯·梵·鹿特丹》。

1527年，科学著作《筑成原理》问世。1528年，丢勒研究人体解剖学27年的成果《人体解剖学原理》完稿。然而，著作尚未付梓出版，丢勒就带着遗憾离开了人世，享年57岁。

"世界美术教育的奠基人"瓦萨里

1511年7月30日，瓦萨里生于意大利阿雷佐。瓦萨里一生为宫廷贵族效力，曾任宫廷画师和建筑师，是意大利著名画家、美术史家。1562年，瓦萨里创立迪亚诺学院，成为世界上最早专事美术教育的人，被誉为"世界美术教育的奠基人"。

瓦萨里年少时就被送到佛罗伦萨，学习绘画和建筑。瓦萨里绘画重形不重意，主持修建佛罗伦萨市政厅时，曾在厅内墙壁上画壁画。壁画覆盖了达·芬奇和米开朗基罗未完成的画，画面构图紧密，人物拥挤，动作夸张，不及原有壁画。

萨瓦里的建筑成就高于绘画。佛罗伦萨市政厅南侧的乌菲齐宫是瓦萨里的建筑代表作。建筑为楼房，楼房间以街道相隔，建筑一端通往市政厅，一端面河，面河一端修有楼廊，楼廊跨河。"乌菲齐"意为"办公室"，乌菲齐宫曾是公爵办公用楼。现在，建筑最高层已被辟为美术馆，面河走廊也成了举世闻名的肖像展廊。

瓦萨里最大的成就在美术史方面。1550年，瓦萨里写成《艺苑名人传》一书，篇幅达100多万字，书中第一次使用了"文艺复兴"一词，提出了以14、15、16三个世纪划分美术发展三个阶段的新方法。书中辑有文艺复兴时期著名画家、建筑家、雕刻家的生平和传说，为后世学者研究意大利文艺复兴时期的美术提供了重要的史料。

法国画家尼古拉斯·普桑

1594年，尼古拉斯·普桑生于法国莱桑德利的一个军人家庭，他从小着迷绘画，年轻时曾认真钻研过文学、解剖学、透视学和数学等各类学科。18岁时，尼古拉斯·普桑认识了画家昆廷·瓦连，受他影响，尼古拉斯·普桑决心学画。学画不久，尼古拉斯·普桑便移居巴黎。在巴黎，尼古拉斯·普桑结识了画家迪南·埃尔和尚帕涅。尼古拉斯与尚帕涅一同离开巴黎，两人移居卢森堡，悉心研究绘画。

29岁时，尼古拉斯·普桑曾为巴黎圣母院绘画，画名为《圣玛利亚的安眠》，画风明净典雅，广受好评。在卢森堡期间，尼古拉斯认识了意大利诗人马里诺，开始为诗人诗文配画插图。受诗人影响，30岁时，尼古拉斯决定移居罗马。

1624年春，尼古拉斯抵达罗马。在罗马，他认真研究罗马古典艺术、波伦亚学院派艺术和拉斐尔的作品，绘画风格开始向巴洛克艺术和学院派靠拢。1630年起，尼古拉斯进入创作高峰期。1630到1640年，尼古拉斯创作出《花神王国》《萨提尔与山林水泽女神》《阿卡迪亚牧人》等优秀作品。

1640年，尼古拉斯受法国国王路易十三之邀，回法国宫廷担任首席画师。1642年，他重返罗马，潜心绘画，创作出《利百加》《所罗门的判决》《福西戎的葬礼》《七件圣事》《四季》等作品。17世纪60年代以后，尼古拉斯年事渐高，绘画能力日益衰竭。在写给朋友的信中，他说："我没有一天不是在痛苦中度过的。"1665年11月19日，尼古拉斯·普桑逝于罗马，享年71岁。

"近代欧洲绘画的创始人"戈雅

1746年3月30日，戈雅生于西班牙首都萨拉戈萨附近的一个村庄，他家境贫寒，没有接受过正规的学校教育。在14岁那年，一位教士发现了戈雅在绘画方面的天赋，于是建议戈雅父亲送他去学画。戈雅在萨拉戈萨学画四年，1763年，戈雅到马德里投考圣费南多皇家美术学院，两次投考均未被录取。

1769年，戈雅在意大利旅行时参加了帕尔玛美术学院举办的绘画比赛，获二等奖。从那之后，他师从画家何塞·鲁赞-伊-马尔底涅斯。1770年起，戈雅在萨拉戈拉附近为教堂画宗教画，在1771年到1772年间，戈雅画了大量的宗教画。这些宗教画带巴洛克风，画面明暗色块对比强烈。戈雅的画中，强盗、偷窃者、接生婆等全被画成魔鬼的模样，画风粗俗但机警，广受大众喜爱。

1773年，戈雅回马德里定居，开始为皇家织造厂绘制兰花毯图样，图样所带古典主义风格在当时的宫廷盛行一时。后来，戈雅有了自由进出宫廷的权利。他将宫廷所藏委拉士开兹的作品翻刻下来，悉心研究，完善了自己的绘画风格。

1776年，戈雅成为皇家织造厂美术领班。1779年，国王查理三世接见了戈雅。1784年，戈雅所绘宗教画第一次获官方好评。1785年，戈雅成为圣费尔南多学院副院长。1789年，戈雅被封为"宫廷画家"。

18世纪90年代，戈雅的声望越来越高。1792年，拿破仑率军侵入西班牙，同年，戈雅身染重病，双耳失聪，画风大变。这一时期，戈雅画了大量讽刺拿破仑、反对战争的讽刺画。1803年，戈雅将绘画《狂想曲》献给国王查理四世，被国王封为"西班牙第一位画家"。

在世界美术史上，戈雅承前启后，是一位过渡性的关键人物，被称为"近代欧洲绘画的创始人"。戈雅一生多产，曾绘200多幅肖像画，此外还绘有大量的版画和风景画。

德拉克洛瓦与《自由引导人民》

德拉克洛瓦是法国画家，1798年4月26日生于法国南部阿尔代什。他早年曾学习古典主义绘画，后来成为浪漫主义画派的代表画家。德拉克洛瓦曾为肖邦画过画像，曾访问非洲和阿尔及利亚，并画出了名作《阿尔及利亚女人》。他醉心色彩的运用，早期作品《希阿岛的屠杀》曾被评价为是"色彩的屠杀"。

1830年法国七月革命期间，德拉克洛瓦画出油画《自由引导人民》。这幅画成为他作品中浪漫主义色彩最浓重的一幅，画中场景描绘了巷战中，一个年轻姑娘一手高举三色旗，一手拿枪，正号召群众奋勇向前。一位少年鼓手紧跟姑娘，他双手持枪，正快步前进。姑娘另一侧，一个大学生头戴高帽，身着燕尾服，手执长枪，正坚定注视着前方。大学生身后，两个工人高举尖刀，神情坚毅。工人背后，起义队伍声势浩大。姑娘前方，两名起义青年躺倒在地，一名受伤，一名身亡。受伤青年面朝天仰望，他的上衣、衬衣和腰带的颜色，刚好是姑娘手中三色旗的颜色。硝烟弥漫的背景中，巴黎圣母院若隐若现。

油画在巴黎展出后，轰动一时。1831年，法国政府收购此画，送入卢森堡宫展览。几经辗转，油画返回德拉克洛瓦手中。1848年，法国二月革命爆发，卢森堡宫再次展出此画。1874年，油画被送进卢浮宫收藏。

画家梵高

1853年3月30日，梵高生于津德尔特。他早年曾尝试经商，1880年开始习画。1881到1883年，梵高临摹伦勃朗、米勒等名家的绘画作品，画了大量的素描作品。1883年底，梵高画出第一幅油画《吃土豆的人》。这幅画风格深沉厚实，趋近荷兰现实主义。

1885年11月，梵高接触到日本浮世绘，画风开始改变，画布上的色彩丰富明亮起来。1886年2月，梵高来到巴黎，认识了很多印象派画家。在巴黎的两年中，梵高画了很多自画像。

1888年2月，梵高离开巴黎，来到法国南部城市阿尔。阿尔终日阳光明媚，有大片金黄的麦田。梵高的绘画冲动被环境激发，进入创作高峰期。在他看来，绘画不应只"模仿事物的外部形象"，还应该"表达绘画者的主观见解和情感"，这样的作品才"有个性，风格独特"。在阿尔，梵高画出了《向日葵》《收获景象》《夜间咖啡馆》等脍炙人口的作品。

10月24日，画家高更搬来与梵高同住。两人时常争吵，一次争吵后，梵高在精神错乱中割掉自己的左耳，被送往精神病院疗养。在阿尔的日子，梵高虽然画出了大量的作品，但没有一幅作品得到他人的赏识。

1889年5月，梵高到阿尔附近的圣保罗精神病院疗养。他每隔几个月就会发病一次，清醒时会坚持到户外作画。在疗养院，他画出了《星夜》《柏树》等作品，并卖出了油画《红色葡萄园》——这是梵高生前卖出的唯一一幅画作。

这个时期，梵高的绘画技巧更成熟，用色更大胆，线条更豪放有力，作品令人震撼。这些作品为梵高赢得了评论家的关注。1890年5月，梵高转到巴黎附近的奥威尔疗养院。7月19日，梵高病发，自杀身亡。一代天才就这样离开了世界，而他的才华直到他去世之后才被人们赏识，并奉为大师。

《日出·印象》

《日出·印象》是莫奈的一幅写生画，1873年画于阿弗尔港。画中所绘场景是日出时的海港。画布如窗，"窗"外，红日初升，海天一体；近海有三条小船，在晨雾中若隐若现；远处，建筑、桅杆、吊车、船舶都被晨雾笼罩，看上去模糊朦胧。

这幅画以灰色为基色，画面掺杂浅紫、淡红、橙黄和灰蓝等不同色调，笔触凌乱，画风随意。画家绘画时，重点表现光与色，强调自己的主观情绪与瞬间感受。这幅画颠覆了以往绘画中用色严谨、轮廓鲜明的作画风格，被当时的学院派艺术家称作"对艺术的反叛"。

1874年，莫奈携画参展。一位新闻记者评论说，这幅画"只能给人一种印象"。莫奈因此为画命名《日出·印象》。

法国画家塞尚

塞尚是法国画家，出生和辞世都在故乡埃克斯。1856年，塞尚进埃克斯素描学校学习绘画，1858年中学毕业，进入大学法学院学习。在大学期间，塞尚立志成为画家，但遭父亲反对。1861年，塞尚父亲让步，塞尚到巴黎瑞士画院学习绘画，准备投考巴黎高等美术学校。投考失利之后，塞尚返回埃克斯，进入父亲的银行工作。

梦想受挫，然而塞尚不愿轻言放弃。1862年11月，塞尚再回巴黎。第二次到巴黎，塞尚既没有遇到欣赏他的人，也没有遇到他欣赏的人，绘画事业不见成效，无奈之下，他又返回埃克斯。1867年冬，塞尚第三次来到巴黎。1870年起，塞尚定居巴黎，画出了《自缢者的房屋》《加夏医生的家》等画作。

1882年，塞尚移居普罗旺斯。1885年到1895年，塞尚度过了自己一生中最祥和平静的十年。十年中，他画出了《兰花瓶》《穿红背心的三个男孩》《封斋前的星期二》《五斗橱》等名作。1899年，塞尚最后一次到巴黎，之后重返埃克斯。1905年，塞尚完成绘画《高大的女浴者》。1906年10月22日，塞尚病逝。

大画家毕加索

1881年10月25日，毕加索生于西班牙南部城市马拉加，他自幼热爱绘画，8岁那年完成了首幅油画《斗牛士》。1895年，毕加索进巴塞罗那隆哈美术学校学习美术，两年后又考入马德里皇家圣费南多美术学院。

毕加索的创作主要分七个时期。1900到1903年是毕加索创作的第一个时期。这一时期，他创作了《蓝色自画像》《人生》等作品。1904年，毕加索移居巴黎，创作进入第二个时期。从1904到1906年的两年中，他创作了《拿烟斗的男孩》《斯坦因画像》等作品。1907年起，毕加索开始尝试立体主义创作。他在立体主义时期的主要作品有《亚威农少女》《费尔南德头像》等。1917年，毕加索皈依古典主义，创作了《三角帽》《欧嘉的肖像》等作品。1925到1932年是毕加索创作的第五个时期，这一时期，他的绘画作品多以女人头像为题材。绘画之余，毕加索还创作了大量的雕塑。1932到1945年，毕加索创作了《读书》《红色扶手椅中的女人》《多拉玛尔肖像》《格尔尼卡》等绘画作品。1933年，毕加索成立了自己的雕塑工作室，开始尝试石版画的创作。1946年起，毕加索进入最后一个创作时期。这时他已功成名就，美术作品多为应邀而作，如为世界和平会议创作的海报《和平之鸽》、应联合国教科文组织邀而作的壁画《伊卡洛斯的坠落》等。

1973年4月8日，毕加索在坎城附近城市幕瞻辞世，享年92岁。

新印象主义

1884年，在布鲁塞尔美术杂志《现代绘画》上，理论家费利克斯费内翁首次使用了"新印象主义"一词。

新印象主义是继印象主义之后，欧洲产生的又一个美术流派。新印象主义画家以西涅克和修拉为代表，崇尚理论，重视绘画中光与色的使用，主张作画应科学、客观、冷静。在新印象主义画家看来，经光照耀，所有物体的色彩都被分割，绘画时应当表现这种"分割的色彩"。艺术实践时，画家常使用"点彩法"作画，在画布上涂抹大量的色点或色块。色点与色块交汇融合，使画面更具视觉冲击力。由于新印象主义画家的绘画理论、绘画方法别具一格，新印象主义又被人称为"分割主义""点彩派"。

在《1886年的印象派》一书中，费里富奈翁提出，"印象主义已被修拉的新风格取代"。

立体主义的兴起

"立体主义"又名"立方主义"，是1906年在法国巴黎诞生的一种现代美术流派，流派创始人是画家布拉克与毕加索。流派"立体主义"的名称出自一句看似不经意的评论。1908年，布拉克的作品《埃斯塔克房子》在画廊中展出，评论家活塞列斯看到画后，评论说，布拉克"把每件东西都还原成了立方体"。从那以后，"立体主义"就成了该流派的正式名称。

立体主义流派的发展，经历了三个不同的时期。第一个时期是1907到1909年，立体主义绘画起步的时期。这个时期，画家多以几何图形表现事物的外部形态。走过起步阶段后，立体主义绘画迎来了第二个时期——分析立体主义时期。分析立体主义时期起于1909年，止于1912年。这一时期的画家，着力研究分解事物的外在形态，将形态以不同的视角表现在同一块画布上的方法，绘画作品整体性较差，色泽也不够鲜明。

1912年，立体主义进入第三个时期——综合立体主义时期。这一时期，画家们的探索取得了一定的成果，画家不再过分强调局部形态，开始注重事物的整体形态，画面越来越抽象，整体性也越来越强。综合立体主义仅持续了两年，1914年便告终结。

西方主要美术流派

18世纪末19世纪初，新古典主义美术在法国诞生。流派画家崇尚理性，主张复古，重视素描和线条的使用，追求形式完美。作品多以古罗马历史和神话为题材，重视对人物英雄气概的表现。画面典雅，线条清晰有力，风格古朴端庄。代表作品有法国大卫的《马拉之死》《拿破仑加冕式》和安格尔的《泉》等。

浪漫主义美术产生于19世纪早期。流派画家不注重理性，重视激情；不注重线条，重视色彩的运用，作品题材多为自然风光和表现民族奋斗的历史事件，题材中融入了作画者的主观感觉，画面充满想象，风格夸张。代表作品如法国画家德拉克洛瓦的《自由引导人民》《希阿岛的屠杀》，西班牙画家戈雅的《枪杀马德里市民》等。

19世纪中期，现实主义美术产生于法国。流派画家追求对真实的表现，强调作品应反映时代风貌，揭露现实，批判现实。代表作品有法国米勒的《播种者》《拾穗者》，俄国列宾的《伏尔加河上的纤夫》等。

印象画派分早期印象派和后期印象派两种派别。早期印象派产生于19世纪后期。流派画家主张走出画室，去户外写生，发现自然之美。在早期印象派画家看来，光是"绘画的主人"，颜色是"物体反射出来的光"。早期印象派画家的作品，多以原色描绘自然景色，重视对光、颜色和大气的表现，色泽鲜亮清新，如同将自然"移植"到画布上。

代表作品如法国莫奈的《日出·印象》，马奈的《草地午餐》等。

后期印象派产生于19世纪末20世纪初。画派画家认为艺术不是照相，绘画重在表意而不是表形。他们反对早期印象派对世界表面现象的客观描绘，强调所绘客观世界应表现画家主观世界。画家所画作品多以事物夸张变形的方式表现自我。代表作品有荷兰画家梵高的《向日葵》，法国画家高更的《我们从哪里来？我们是谁？我们往哪里去？》等。

20世纪出现了很多美术流派，这些流派与传统美术流派迥异，被统称为现代主义美术。现代主义美术画家将现代科技融入作品，广泛吸收东方和非洲的艺术风格，使作品更具表现力。作品多反映现代人的精神困惑，个人色彩强烈，充满虚无感，洋溢着时代气息。代表作如法国画家马蒂斯的《舞蹈》，西班牙画家毕加索的《亚威农少女》《格尔尼卡》等。

除五大流派外，西方美术还有写实主义、象征主义、表现主义等诸多其他流派。

古希腊的雕塑为何多是裸体的

古希腊的裸体雕塑，真实地反映了古希腊人对身材健美的追求。

古希腊有很多城邦，各城邦都想扩大领土，控制其他城邦，所以城邦间征战不断。当时的城邦公民只有两种义务，一是处理公共事务，二是参与战争。公民对子女的培养也围绕两个中心进行，即政治和战争。

柏拉图《对话录》中有记载：那时的战争，全靠士兵肉搏，所以每个士兵都必须保持身体的强壮、矫健。年轻人将大部分时间用来练身，他们赛跑、搏斗，举行拳击和跳跃比赛，目的是把肌肉练得强壮又柔韧，让自己的身体结实、健美、灵活。

战争使体育运动备受欢迎。古希腊人对孩子的体育训练，从孩子会走路时就开始了。古希腊人看不起运动场上的弱者。在古希腊，没有哪个人没进过练身场。每到节日，古希腊各个城邦就要举行体育竞赛，评选最敏捷、最健壮的青年。竞赛场上，男女青年为了展示自己的健美身材，常把衣服脱光，全裸参加比赛。古希腊最权威的健美专家是体育教师，很多著名艺术家都是体育教师。体育教师训练出了大批的健美青年，这些青年全是古希腊绘画、雕塑中的合格模特。

裸体雕塑是古希腊雕塑艺术的主流，雕塑大师罗丹曾说："这是由古希腊社会的特殊风气造成的特殊观念。在古希腊人看来，最理想的人不是长于思索或感觉敏锐的人，而是发育良好、身材匀称、行动敏捷的裸体人。"

伟大的雕塑家菲狄亚斯

菲狄亚斯是古希腊最著名的雕塑家和建筑设计师，约公元前480年生于雅典。他成名较早，20多岁时就已经颇有名气，广泛接受来自希腊各城邦的雕塑订件了。

菲狄亚斯一生在雅典度过，为雅典雕塑和建筑艺术做出了巨大贡献。雅典城中最美的雅典娜神像就是由他制作的。神像由黄金和象牙制成，做好后被安置在伯伦涅神庙中。神像制成后，菲狄亚斯又为雅典娜制作了系列神像，其中一座雕像以雅典人在马拉松战役中获得的战利品为制作资金，手足和头部用云母雕成，雕像立在木质镀金的底座上，被安置在布拉的城的雅典娜神庙中。

雅典人为感谢太阳神阿波罗在马拉松战役中的庇护，委托菲狄亚斯制作了阿波罗的大型群雕。群雕塑好后，被供奉在德尔菲城的阿波罗神庙中。

战争使雅典城建筑损坏严重，菲狄亚斯带领雅典人重建了雅典卫城，并亲自制作了城中的很多雕刻装饰。菲狄亚斯最擅长雕塑神像，雅典卫城中的《普罗迈乔司的雅典娜》和《利姆尼阿的雅典娜》都是他的杰作。除了雅典卫城中的装饰雕塑，菲狄亚斯还设计、监督、制作了帕特农神庙中的装饰雕塑，其中最著名的是命运三女神雕。

帕特农神庙中的雅典娜女神像和奥林匹斯的宙斯神像，是菲狄亚斯最有名的两件大型作品，这两件作品都是菲狄亚斯创作盛期的作品。

《断臂的维纳斯》

《断臂的维纳斯》是1820年2月，爱琴海米洛斯岛一位农夫挖出的一尊女性雕像。雕像出土后，被公认为是古希腊女性雕像中最美的一尊。

雕像中的维纳斯，前额平坦，鼻梁直挺，脸庞椭圆，嘴角含笑，下颌饱满。雕像半裸，上身微微扭转，腿部被衣褶遮掩，脚趾露在衣外。整座雕像，雕塑手法简洁，不追求细节精巧，追求整体的浑然完美。从整体看，维纳斯身材丰腴，身体各部分的比例与黄金比例刚好吻合，虽然双臂残缺，但身躯依然生动鲜活。

雕塑大师米开朗基罗

米开朗基罗是意大利画家、建筑家、雕塑家和诗人，与达·芬奇、拉斐尔合称文艺复兴时期的"美术三杰"。

1475年3月6日，米开朗基罗出生在意大利佛罗伦萨，13岁时进入画家吉兰达伊奥的工作室。在工作室，他接触到绘画并掌握了基本的绘画方法。离开工作室后，米开朗基罗进入佛罗伦萨美第奇家族创办的美术学校就读，研究了大量宫廷艺术品。美校四年，为米开朗基罗打下了坚实的艺术创作

摩西雕像

基础。

米开朗基罗深受人本思想的影响，洛伦佐·美第奇去世后，米开朗基罗失去依附，离开佛罗伦萨，远走罗马寻发展。

在罗马，米开朗基罗受红衣主教之托，为圣彼得教堂雕刻了名为《哀悼基督》的雕像。雕像完成后，米开朗基罗名扬罗马，成为一颗冉冉升起的雕刻新星。这一年，米开朗基罗只有23岁。三年后，米开朗基罗回到佛罗伦萨，开始雕刻云石雕像《大卫》，这尊雕像用时三年完成。人们把雕像放置在韦吉奥宫正门前，以雕像象征政府民主，并视为佛罗伦萨守护神。

1505年，米开朗基罗受教皇之邀，到罗马教堂建造教皇陵墓。在陵墓中，米开朗基罗刻下了《摩西》《奴隶》等名雕。艺术总监波拉曼嫉妒米开朗基罗的才华，怂恿教皇停修陵墓。之后，米开朗基罗被派去画壁画，他在西斯廷教堂天花板上画出了世界上最大的壁画《创世纪》。

米开朗基罗41岁时重回佛罗伦萨。回乡后，教皇命令米开朗基罗为祖先陵墓雕刻石雕。在陵墓石棺上，米开朗基罗雕出了名作《昼》《夜》《晨》《暮》。61岁时，米开朗基罗再受罗马教皇征召，在绘有《创世纪》的教堂祭坛壁上画下了《末日审判》。1564年2月18日，米开朗基罗逝世，留下了大批代表文艺复兴时期欧洲最高艺术成就的作品。

撒尿小孩铜像

又名"小于连"，位于比利时首都布鲁塞尔市中心，铜像高约半米，立在一座两米高的大理石台座上。座上男孩头发微卷，鼻尖上翘，笑容调皮，无所顾忌地叉着腰，做出撒尿的姿势。

铜像建于1619年，由比利时雕刻家捷罗姆·杜奎斯诺伊打造。有关铜像的来源，版本众多。一种说法是，男孩于连半夜起床尿尿时，见邻居家房子起了火。他一时找不到水源，便用尿浇灭火，解救邻居。邻居感念于连，于是在原地立此铜像。

另一种说法流传较广，说外国人入侵布鲁塞尔，准备用炸药炸毁城市。男孩于连发现了侵略者阴谋，于是待侵略者点燃导火线后用尿浇灭火，拯救了布鲁塞尔。人们为纪念于连救城，在男孩灭火的街上竖起铜像。这座铜像就是著名的"撒尿小孩铜像"。

中世纪的印度雕刻艺术

公元7到13世纪是印度美术的全盛时期，这个时期的印度美术，成就最大的就是印度教神庙中的诸神浮雕。神像多雕在神庙外壁中，与建筑融为一体。浮雕雕像既有毗湿奴、湿婆本身，也有他们的化身。除神像外，浮雕中还雕有人、动物和花卉等装饰图案。神庙殿堂中通常会有一扇马蹄形窗户，窗户宽大，顶部凸出，状如拱门。这种窗户也是中世纪印度雕刻中最常见的浮雕图案。现在，殿堂窗户浮雕在印度仍能找到。

浮雕图案繁杂，富于变化，带有印度传统文化的显著特征。

契瓦拉面具顶饰

契瓦拉面具是苏丹族系的班巴拉族专用于祭祀仪式的面具的总称，这些面具的主要作用是用来祈雨。

契瓦拉面具大多以班巴拉族的图腾羚羊的形象为主，此外，也有狮子、袋狼等形象的面具。契瓦拉面具虽然是头上戴的装饰品，但多为木雕。木雕的契瓦拉面具风格古朴，线条流畅，一些比较名贵的还时常会采用镂空的雕刻技法来表现羚羊的立体造型，大胆而有新意。

契瓦拉面具是非洲木雕的杰出代表，木雕是非洲人表达自己发达的审美能力的载体，在非洲已经深入到当地人们生活的各个领域。

黄金王棺

埃及的黄金王棺是安葬埃及国王用的棺椁，黄金王棺是权势的象征。

图坦卡蒙法老的王棺是埃及黄金玉棺中的代表作，长180厘米，重200千克，整个棺体都是用黄金打造，局部还装饰有翡翠等宝石。图坦卡蒙法老的王棺被做成他自己的样子，且进行了很大的艺术加工。图坦卡蒙法老双手交叉于胸前，手握权杖，态度安详。他的额头部分有一个象征权利的蛇形装饰品，下颌处长柱形的物体是他的胡子，把胡子修成这个样子是为了显示国王的威严。

波斯地毯

波斯地毯是伊朗的著名特产，从古至今在国际上享有美誉。世界各地的许多宫殿、著名建筑、豪宅和艺术画廊博物馆都视波斯地毯为收藏的珍品；在西方国家里，人们甚至认为波斯地毯就是地面上的艺术。

波斯地毯用料考究，主要有羊毛、棉、真丝、金丝和银丝等。羊毛是编织波斯地毯的主要材料，选料也最讲究。由于波斯地毯的主要编织方式是打结，所以如果羊毛选的不好的话会使地毯发硬。为了解决这个问题，制造者选择的是放牧于山区寒冷条件下8到14个月大的羔羊身上的毛，这种羊毛叫作考克，是羊身上最柔软的毛。用这种羊毛编出来的地毯也最柔软、细腻。另外，波斯地毯中还会加入一些真丝、金银线，主要是起装饰作用。

波斯地毯质量的好坏主要取决于两个方

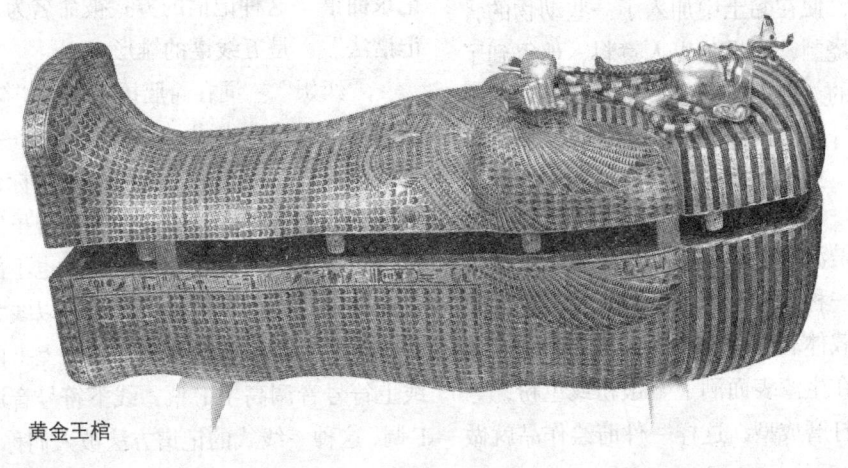

黄金王棺

面，其中最主要的是打结的数量。结打得越多，地毯的花纹就会越精细，地毯的质量越好，反之则质量越差。伊朗一级地毯的产地在伊斯法罕，伊斯法罕的地毯结数为60-100结/10厘米，即结数最高可达1000000结/平方米。不过，打结的数量并不是地毯质量好坏的唯一标准，染色也是决定地毯质量的一个重要指标。对波斯地毯进行染色的染料都是从植物和矿物中提炼出来的，经这些染料染色后的波斯地毯颜色经久不褪，如果被保养得好，地毯寿命可达百年。

骨瓷的发明

骨瓷是1794年由英国人发明的，是世界上唯一由西方人发明的瓷种，在西方，骨瓷被赋予很高的评价。骨瓷是在黏土中加入牛、羊等动物的骨灰，然后烧制而制成的。

古代中国的陶瓷在西方国家有着很高的价值，一直深受西方人的追捧，仿制中国陶瓷的尝试更是从来没有中断过。但是，由于技术条件和生产材料的限制，仿制一直没有成功。15世纪，威尼斯人发明了铅玻璃，人们惊奇地发现，陶瓷的釉质层和玻璃有着某种相似之处，于是人们开始用制造玻璃的技术尝试仿造瓷器。1794年，一位叫作威廉·华尔森的人想到制造玻璃时要加入氧化钙的技术，便在黏土中加入了一些动物的骨粉，进行烧制，结果却出人意料，他得到了微微透明的"瓷器"，后来又经过人们的不断改进，骨瓷就这样产生了。

莳绘

莳绘是流行于日本的一种民间工艺，是漆工艺的一种。莳绘的主要制作过程是，先用生漆在载体表面画上纹样，然后用蒙有纱网的管子在生漆表面洒上金银粉或色粉，等漆干后再打磨成型，这样一件莳绘作品就做成了。制作莳绘的材料看似简单，但是得来并不容易。

莳绘是日本特有的漆器装饰工艺，主要有三种技法：

"研出莳绘"是最早的莳绘技法，出现于日本奈良时代。这种莳绘技法的主要工序是，首先用生漆勾勒出要创作的图案，然后撒上色粉，等漆干后，再在上面覆盖上一层生漆，最后用木炭打磨成型。

"平莳绘"出现于日本平安时代。"平莳绘"是先在纸上画出纹样，然后反贴于生漆上面，再用生漆勾勒出纸上的纹样，最后撒色粉，打磨。

"高莳绘"出现于日本镰仓时代。"高莳绘"的出现使得莳绘技艺有了立体感和力度感。"高莳绘"主要是在隆起的生漆上进行莳绘创作的一种技艺，在它的基础上又发展出了一种新的莳绘技法——"肉合莳绘"。有了这两种莳绘技法，进行莳绘创作时就可以表现出山岳和云彩的层叠效果，使莳绘作品更加逼真。

五线谱的由来

古希腊时期，音乐以声乐为主，音调的高低、发音的长短用A、B、C等字母表示。罗马帝国时期，人们改用符号表示音调高低，记录曲谱。这种记谱的方式被命名为"纽姆记谱法"，是五线谱的雏形。

"纽姆"一词在希腊语中意为"符号"。纽姆符号以线点组成，有些符号表示一个音，有些符号表示一组音，符号能准确标识曲调特征，便于演唱者演唱。纽姆符号虽能标识音调，但既不能标注发音长短，也不能标注音高，于是人们划出一条直线，以线为固定音调F调，将纽姆符号画在线的上下两侧，线上符号音调高于F调，线下符号音调低于F调，这种一线式的记谱方法被人们称为"一线谱"。

11世纪，一位僧人为方便确定音高，将纽姆符号放在四根直线上。"一线谱"被改进成了"四线谱"。早期的"四线谱"中四根直线颜色不同，以颜色表示音高，如红线表F音，黄线表C音等。13世纪，直线颜色全变成黑色，直线前端用拉丁字母注明音高。

"四线谱"虽方便标注音高，但不能标注节奏。13世纪出版的《定理歌曲艺术》一书，首次规定了音符代表的音长。15世纪时，音符种类增加，音符标注方式也有了改善，不只四根直线上可以标注音符，直线与直线间的空白处也可以标注音符。位于直线上的音符被称作"黑音符"，空白处的音符被称作"白音符"。这时的"四线谱"已经能将音的高低长短基本标注出来了。

16世纪，乐谱中出现了小节线，记谱符号的符头也由方形变成了圆形。17世纪，"四线谱"再经改善，变成了"五线谱"。"五线谱"逐步完善，逐步推广，最终通行世界，成了使用最广泛的记谱方法。

吉他

吉他又名六弦琴，状如提琴，是一种弹拨乐器。吉他产生于公元前3000年前后的古埃及。在公元前1400年的小亚细亚遗址中，考古学家发现了一把"8"字形琴体，这是迄今为止发现的最古老的一把吉他。

到了13世纪，吉他已经出现"摩尔吉他"和"拉丁吉他"两种类别了。摩尔吉他琴体椭圆，背部略鼓，以金属做弦，可演奏风格粗犷的音乐；拉丁吉他形状与现代吉他类似，琴体呈"8"字形，平底，以羊肠做弦，可演奏典雅音乐。

14世纪，吉他进入鼎盛时期，成为宫廷乐器。当时的吉他谱以横线代表琴弦，以数字和字母代表音位和指法，六线记谱，与现在的吉他谱有颇多类似之处。19世纪，吉他制作家托雷斯生产出一种琴体更大、音量更大、性能更好的古典吉他。除古典吉他外，现代吉他还包括木吉他和电吉他两种类型。木吉他以木箱共鸣扩音，可被用于演奏古典音乐和民谣；电吉他以电扩音器扩音，可被用于演奏摇滚和蓝调。

吉他多为六弦，但也有四弦、八弦、十弦、十二弦吉他。吉他可用于演奏多种音乐风格，如摇滚、蓝调、古典、民谣等。演奏古典音乐时，吉他既可独奏，又可配合其他乐器做二重奏。弹奏吉他时，一只手指抵指板，另一只手拨动琴弦。手指拨弦，指甲易受伤，所以有人用弹片拨弦；还有人持金属圆管滑过琴弦，滑奏吉他；也有人指戴指套拨琴弦。

小提琴溯源

有关小提琴的起源，学界众说纷纭。

一种说法称，小提琴是从"乌龟壳琴"演变而来的。传说，一个年轻人在沙滩散步时听到一种美妙的声音，他四下寻找声音的来源，结果发现声音是从一个空龟壳里传出来的。原来他不小心踢到龟壳，龟壳震动，发出了声音。年轻人回家后，按照龟壳震动的原理发明出一种乐器，这种乐器几经演变，变成了后来的小提琴，所以现在的小提琴琴孔状如龟背壳。

第二种说法，小提琴源于斯里兰卡。当年的斯里兰卡国王将柱形木头掏空，做成了一种类似中国二胡的乐器，这种乐器就是当代小提琴的鼻祖。

第三种说法称，小提琴源于埃及，是由埃及乐器"里拉"进化而来的。15世纪，意大利人改进"里拉"，以马尾做琴弓，制成了小提琴。

还有一种说法称，小提琴产生于16世

纪,是由一位意大利人发明的。1556年出版的《音乐摘要》中,首次出现了有关小提琴的明确记载。记载中称,小提琴在当时的欧洲已被广泛使用。17世纪,小提琴成了西方使用最广泛的乐器之一。意大利的小提琴制造业蓬勃发展,18世纪,出现了玛基尼、斯特拉第瓦利、阿玛蒂和爪内利四位小提琴制作名匠。

意大利小提琴的琴型、尺寸和结构被各国小提琴制造者争相效仿,沿用至今。从这个角度看,称"意大利是小提琴的故乡"似乎毫不为过。现在,玛基尼、斯特拉第瓦利、阿玛蒂和爪内利四位名匠所制小提琴已经成了稀世珍品。

钢琴溯源

钢琴的历史可追溯到古希腊一弦琴。一弦琴琴弦增加,变成多弦乐器。多弦乐器逐渐演变,又变成了演奏方式不同的两种乐器:一种乐器以手指拨琴弦发音,另一种乐器以手指弹琴键,琴键键尾小槌击弦发音。后一种乐器被称为击弦古钢琴;前一种乐器后来与键盘结合,发展成了拨弦古钢琴。这两种乐器都是现代钢琴的初始形态,被统称为古钢琴。

击弦古钢琴发音小而细,如金属音,演奏方法、音色均类似现代钢琴,但结构比现代钢琴简单,不能快速连弹。拨弦古钢琴的外形、演奏方式与击弦古钢琴相像,但声音与击弦古钢琴完全不同。琴弦被拨动,容易产生噪音;琴弦震动发声,声音弱而短。

17到18世纪是古钢琴的全盛时期。18世纪以后,音乐类型越来越多,爵士乐、摇滚乐出现。爵士、摇滚等音乐类型对演奏乐器音量和声音力度的要求较高,古钢琴音量太弱,不足以支撑,于是被改进,变成了音量洪大的现代钢琴。

第一架类似现代钢琴的键盘乐器由意大利人克里斯托弗里发明。1709年,他将拨弦古钢琴的外形与击弦古钢琴的发音装置结合,制作了一架声音可以"强弱变化"的钢琴。这种钢琴,靠手指按键控制声音,音质富有层次,更具表现力。钢琴继承击弦古钢琴发音装置的同时,也继承了击弦古钢琴的弱点,无法连续弹奏。克里斯托弗改进发音装置,使钢琴可以快速连弹,音域也增加为四组音程。这架键盘乐器就是最早的现代钢琴。

1730年,德国乐器制造师西尔伯曼根据意大利钢琴草图制造出第一架德国钢琴。这架钢琴琴键厚重,不易弹奏,高音音质也不够浑厚。在之后的100年中,钢琴被不断改良。改良后的现代钢琴主要有两种形式,直立式钢琴和三角平台式钢琴。三角平台式钢琴可用于演奏会演奏,直立式钢琴则多为家用。钢琴一般有85到88个琴键,2到3个踏板,右踏板控制强音,左踏板控制弱音。18世纪后期,钢琴已经成了公认的"乐器之王"。

古钢琴前的女士

小夜曲

小夜曲起源于中世纪欧洲骑士文学，文学作品中常有行吟诗人在恋人窗前唱情歌的场景。作品流传到西班牙、意大利后，作曲家尝试着将文学作品中的描写变成实际生活中的创作，于是音乐体裁小夜曲便出现了。

小夜曲原本只靠声乐演唱，后来加上了曼陀林、吉他等器乐伴奏。再后来，出现了器乐独奏的小夜曲。小夜曲曲风抒情，旋律婉转，脍炙人口，在世界各国广为流传。莫扎特的歌剧《唐·璜》中，就有少女坐在窗前，边弹曼陀林边唱小夜曲的场景；舒伯特的歌曲集《天鹅之歌》中，收录了名为《听，听，云雀》的小夜曲；法国作曲家古诺也曾以雨果诗为题材创作小夜曲。

奏鸣曲

"奏鸣曲"一词在意大利语中意为"鸣响"。16世纪以前，奏鸣曲就已经存在。17世纪初，三重奏鸣曲成为奏鸣曲的主要体裁。三重奏鸣曲又分室内奏鸣曲和教堂奏鸣曲两种不同的形式。

18世纪早期，独奏奏鸣曲兴起，三重奏鸣曲衰落。萨尔瓦托雷、库瑙等作曲家开始为键盘乐器创作独奏奏鸣曲。音乐家巴赫确立了独奏奏鸣曲的结构：独奏奏鸣曲分四个乐章，第一乐章为快板奏鸣曲，第二乐章为慢板三部曲，第三乐章为慢板小步舞曲或慢板谐谑曲，第四乐章为快板回旋曲或回旋奏鸣曲。

18世纪晚期，莫扎特、海顿等人将原奏鸣曲中的第二、第三乐章去掉，确立了奏鸣曲的新形式：第一乐章快板，第二乐章行板，第三乐章快板。贝多芬将三个乐章扩展为四个乐章，将交响曲的结构套用到奏鸣曲的创作中，写出32首钢琴奏鸣曲。奏鸣曲的体裁更加多样，结构更加成熟。

19世纪以前，奏鸣曲多由一两件乐器合奏。19世纪起，适合多种乐器的奏鸣曲越来越多，应用于奏鸣曲演奏的乐器也来越多，奏鸣曲成了欧洲最主要的音乐表现形式。20世纪，一种新型奏鸣曲——奏鸣曲套曲出现了。奏鸣曲套曲由三到四个乐章构成，乐章间呈比对关系，演奏形式为一件乐器独奏或乐器配合钢琴，两件乐器合奏。

20世纪的重要作曲家几乎都曾写过奏鸣曲体裁的乐曲。不同作曲家所作奏鸣曲风格形式各不相同，如作曲家巴托克将民乐融入奏鸣曲的创作中，所作奏鸣曲带有协奏曲的风格；有些作曲家所作奏鸣曲带有新古典主义的风格；有些作曲家将新技法用在奏鸣曲的创作中等。

协奏曲

在拉丁语中，"协奏曲"一词意为"一同比赛"，意指两者之间的关系既有竞争又有合作。作为音乐体裁的协奏曲，最早出现在16世纪的意大利，是一种靠器乐伴奏演唱的声乐曲。17世纪晚期，协奏曲脱离声乐，由器乐独立演奏，发展为器乐套曲。

器乐套曲是一种由独奏乐器和管弦乐队竞奏的音乐表现形式。17世纪出现的器乐套曲由几件独奏乐器组成乐器组，与管弦乐队竞奏，被称作"大协奏曲"。18世纪，与乐队竞奏的乐器变成钢琴、小提琴、大提琴等单件乐器。这种单件乐器对阵乐队，演奏出来的协奏曲被称为"独奏协奏曲"。除大协奏曲和独奏协奏曲外，协奏曲还包括只有一个乐章的小协奏曲、两件乐器与乐队竞奏的双重协奏曲、三件乐器与乐队竞奏的三重协奏曲和多组乐队竞奏的控化协奏曲等。

18世纪，莫扎特确立了协奏曲的基本形式：乐曲分三个乐章，由独奏乐器与管弦乐队协奏。乐器独奏时，乐器的独特个性和乐手的高超技巧要能得到充分展现。19世纪，协奏曲的形式在贝多芬手中得到发展，独奏乐器与乐队的关联更紧密。之后，李斯特更改协奏曲形式，在多乐章套曲的基础上创造出单乐章协奏曲。20世纪，格里埃尔将人声融入乐队演奏，创造出声乐协奏曲。

协奏曲种类多样，具有代表性的经典作品如肖邦的钢琴协奏曲，帕格尼尼的小提琴协奏曲，德沃夏克的大提琴协奏曲，柴可夫斯基的钢琴、小提琴协奏曲等。

进行曲

进行曲是军队行进时，为统一步伐而演奏或歌唱的乐曲。进行曲节律性较强，旋律雄浑，结构严谨，节拍多为2/4或4/4等偶数拍。

最早的进行曲出现在古希腊悲剧中，多作群众进出场时的背景舞曲使用。16世纪，西方人将进行曲应用于战争中，靠它鼓舞士气。这时的进行曲结构短小，节拍较随意。17世纪，进行曲成为一种独立的音乐体裁，使用范围更加广泛，除被用于队伍游行、世俗礼仪活动外，进行曲还成为歌剧、舞剧的背景音乐和音乐会的演奏乐。

现代进行曲有军队进行曲、用于婚丧节庆的进行曲、专用于艺术欣赏的进行曲等不同类型。进行曲中不只有靠器乐演奏的器乐曲，还有很多声乐曲，如法国《马赛曲》、中国《义勇军进行曲》等。

交响曲

英文中的"交响曲"一词起源于古希腊。在古希腊语中，词语"交响曲"意为"共响"。

1597年，意大利作曲家加布里埃利创作《神圣交响曲》。"交响曲"一词首次成为曲名。从那以后，人们开始用词语"交响曲"指代既有器乐演奏又有声乐演唱的乐曲。

1607年，没有声乐演唱、只有器乐演奏的交响曲出现。1619年，一部近代音乐著作中提到，交响曲应该是纯粹的器乐合奏乐，曲中不该包含声乐演唱，由此交响曲正式脱离声乐，成为专门的器乐音乐。

交响曲通常分四个乐章。第一乐章为快板奏鸣曲，节奏活泼，主题多表现戏剧冲突。第二乐章为慢板变奏曲，曲式常分三段，曲调缓慢，主题多表现生活体验或哲学思考。第三乐章多为谐谑曲或小步舞曲，曲式也分三段，主题表现矛盾过后短暂的放松。第四乐章以矛盾结果为主题，结局多团圆，因而以舞曲风格的急板表现乐观精神与欢庆场面，曲式多为奏鸣曲、回旋曲等。

圆舞曲

"圆舞曲"又名"华尔兹"，由奥地利民间舞曲"兰得勒舞曲"发展而来。圆舞曲节奏欢快鲜明，旋律优美流畅。舞者跳舞时，两人一组，旋转起舞，舞步如打圈。

18世纪，圆舞曲在维也纳宫廷中盛行一时。18世纪晚期，圆舞曲进入社交场所，成为社交舞的伴奏曲。19世纪中叶，圆舞曲以其节奏轻快、较强的情感表现力，深受人们喜爱，很快取代其他舞曲，成为欧洲最流行的伴舞用曲，风靡欧洲大陆。圆舞曲逐步发展、演变，派生出两种不同的形式：用于舞厅伴舞的实用圆舞曲和用于音乐会演奏的艺术圆舞曲。

圆舞曲风潮席卷欧洲之后，很多欧洲作曲家开始尝试将圆舞曲放入歌剧等大型作品中。布拉姆斯、肖邦等人都曾创作过钢琴独奏圆舞曲，其中莫扎特曾创作过50多首圆舞曲，舒伯特曾创作过200多首圆舞曲。全世界最著名的圆舞曲作曲家是小约翰·施特劳斯，他一生创作了447首圆舞曲，被誉为"圆舞曲之王"。

军乐

军乐是种合奏乐，常用于军队中，演奏乐器多为管乐器和打击乐器。18世纪晚期，军乐队出现在军队中。1899年，袁世凯组建了中国第一支军乐队。这支乐队曾为慈禧太后演奏。军队所奏军乐，乐曲曲风雄浑，格调高雅，有强烈感染力。

军乐乐队中常见乐器有圆号、小号、短号、长号、大号、次中音号、长笛、短笛、单簧管、双簧管、萨克斯管等。演奏时，圆号负责中音，小号多担任和声或独奏，短号负责高音，大号负责低音；长笛低音厚重、高音通透，短笛高音尖脆；单簧管可奏颤音，双簧管可奏连音；萨克斯管可奏主旋律，次中音号可奏副旋律。

随着军乐队队员和城市市民交往的增多，仿照军乐队形式，以管乐器和打击乐器组成的乐队开始出现在民间。这类民间乐队也被称作军乐队。词语"军乐队"中，"军乐"一词的含义越来越模糊。"军乐"不再特指军队中的音乐，"军乐队"也不再特指军队中的乐队。

浪漫主义音乐

浪漫主义音乐是继古典乐派之后，19世纪初叶产生于维也纳的一个音乐流派。贝多芬以后的音乐家几乎都可被视为浪漫主义音乐家。19世纪中叶，浪漫主义音乐进入鼎盛时期。

浪漫主义音乐家热爱自然，富于幻想，重视对个人主观情感的表达。因而，浪漫主义音乐作品多描写大自然，带有强烈的戏剧性和自传色彩。浪漫主义音乐继承了古典乐派的艺术表现形式，但表现手法更为夸张，不再重视乐曲结构的匀称和完整性，所以创作时自由度较大。

经发展分化，浪漫主义音乐出现两种不同的流派，保守浪漫主义和积极浪漫主义。除贝多芬的晚期作品外，威尔第的《茶花女》、施特劳斯的《春之声》《蓝色多瑙河》，普契尼的《图兰朵》《蝴蝶夫人》，比才的《卡门》等都是浪漫主义音乐的代表作。

爵士乐

爵士乐的起源要追溯到非洲民歌。非洲民歌经布鲁斯、拉格泰姆等不同时期、不同音乐形式的演变，最终发展为20世纪盛行一时的爵士乐。

19世纪末，美国南部的工人聚居区出现了早期的爵士乐。当时的爵士乐，英文名不是"Jazz"，而是"Jass"。爵士乐诞生初期，发展最迅猛的城市是新奥尔良。新奥尔良爵士乐种类最多、水准最高，"新奥尔良"一词甚至一度成为"爵士乐"的代名词。

20世纪初，美国北部城市繁荣起来，大量爵士乐手涌向北方。芝加哥取代新奥尔良，成为新的爵士乐中心。20世纪20年代，很多爵士乐队开始灌录唱片，传统爵士乐进入辉煌时期。

爵士乐不同于交响乐、协奏曲等传统音乐，是乐手即兴演唱或演奏的音乐。乐手演唱时的发声方式、演奏时使用乐器的方式都别具一格。爵士乐有自己独特的和弦与和声，爵士和弦由布鲁斯和弦发展而来。爵士乐队使用的乐器，多为萨克斯管、长号、小号、吉他等。爵士乐种类繁多，类型包括蓝调、拉丁爵士、灵魂爵士等。

乐队指挥

乐队指挥是乐队合奏时站在队前指挥演奏的人。指挥右手持指挥棒把握节拍，左手以手势控制乐曲强弱。

对于乐手来说，指挥是艺术指导，是解释作品的人。有些指挥在成为指挥之前也是乐手。乐手只需牢记自己的乐谱，但身为指挥，必须牢记乐队总谱和每个乐器组的分谱，了解音乐作品的整体结构，引导团员演出。

除记熟乐谱、准确把握乐曲意图外，乐队指挥还要能将乐谱上的音符转化为演奏激情，把激情用肢体语言呈现出来，带动起乐队的激情。一位优秀的乐队指挥，必须有独特的个人魅力，既能调动乐手的积极性，又能感染全场的观众。

乐队指挥是一个乐队的灵魂，他以手势、表情，将自己对乐曲的理解传达给演奏者，挖掘演奏者最大的潜能。

管弦乐的起源与发展

管弦乐是器乐与声乐发展的产物。

16世纪以前，欧洲器乐附庸于声乐。17世纪以后，乐器制作技术提高，歌剧兴起，器乐从声乐中分离出来，成了一种独立的音乐类别。这一时期，很多作曲家开始尝试独立创作器乐作品，舞曲、随想曲、协奏曲等音乐体裁陆续出现。18世纪，小提琴音乐兴起，影响了歌剧序曲的创作。歌剧体裁的改变，促使作曲家着力于对原有音乐形式的革新。海顿最早使用管弦乐器编制歌剧音乐的主调；莫扎特在海顿的基础上，首次尝试使用木管乐器创作主调音乐；贝多芬将交响乐融入管弦乐中，创作了奏鸣曲式的歌剧序曲。

19世纪，管弦乐创作进入鼎盛时期。音乐与文学结合，大批作曲家应运而生。歌剧中的管弦乐队编制扩大，乐器种类增多，管弦乐的音乐表现手法更丰富，音乐体裁更多样，和声数目大增，和声方式更自由。

20世纪，西方管弦乐创作中流派纷呈。拉赫玛尼诺夫的晚期浪漫主义、新维也纳乐派的表现主义、亨德米特曾追捧过的新古典主义、德彪西的印象主义等都是这一时期较有影响力音乐流派。这个时期，美国爵士乐也披着管弦乐的外衣大行其道。爵士乐影响了管弦乐，有些管弦乐作品开始追求音乐力度，将复杂的节奏融入旋律，使作品结构更紧缩，旋律更多变。

管弦乐演奏是大规模的器乐演奏，乐曲多为套曲，包含三到四个乐章。每个乐章传达不同的音乐情感，乐章组合，使音乐作品更统一更完整，音乐效果更强烈。管弦乐团中器乐分四组，弦乐组、打击组、木管组和铜管组。四组乐器重奏，使音乐作品更加统一完整。世界著名的管弦乐团有柏林爱乐乐团和维也纳管弦乐团等。

作曲家拉索

拉索是法国弗兰德乐派第三代作曲家中的代表人物，欧洲16世纪最有创造性的作曲家之一。

1532年，拉索生于法国蒙斯，他在童年时就显露出过人的音乐天赋。他在教堂唱诗班做歌童时，曾因嗓音甜美，三次被合唱团诱拐。拉索12岁时移居意大利，先后居住在米兰、那不勒斯、西西里等地。1553年，拉索成为罗马圣约翰教堂合唱指挥。

1555年起，拉索移居安特卫普。在安特卫普，拉索出版了自己的首批音乐作品。拉索的作品风趣活泼，通俗易懂，极富生活情趣。他善于将生活中的音调融入作品，作品音色多变，音量富有层次性，极具造型感。拉索一生共创作了2000多首作品，音乐汇集了村歌、经文歌、弥撒曲、牧歌等多种类型。作品中有1200多首经文歌，57首弥撒曲。

1556年，拉索来到慕尼黑，任职教堂歌手。1563年，拉索被提升为教堂乐长。1594年6月14日，拉索在慕尼黑去世。去世前，拉索的身份仍然是教堂乐长。

"西方音乐之父"巴赫

巴赫是德国最伟大的作曲家之一。他生于音乐世家，祖上均为乐师。

1717 到 1723 年，巴赫在柯登担任宫廷乐长，期间创作了大量乐曲。这一时期的作品，既有管弦乐又有协奏曲和奏鸣曲，如《勃兰登堡协奏曲》《半音阶幻想曲赋格》。1721 年，巴赫写成 C 大调、d 小调管弦乐组曲和法国组曲；1722 年完成《平均律钢琴曲》（上册）；1723 年写出三部创意曲。

1724 年，巴赫移居莱比锡，担任圣·汤姆士教会乐长。任乐长期间，他创作了大量的受难曲、管风琴曲、清唱剧和神剧，如《马太受难曲》《约翰受难曲》《d 小调弥撒》等。《马太受难曲》是巴赫最著名的作品之一，乐曲结合了声乐和器乐，通过两组合唱与两组管弦乐的对立，巧妙地抒发了情感，表现了主题。

《马太受难曲》既是受难乐也是复调音乐。复调音乐是巴赫音乐的显著特色。巴赫的音乐，乐句与乐段交织连绵，句与段之间没有清晰的分界，作品抒情性较强，擅长刻画内心感受，适合多声部演唱。巴赫复调音乐的代表作有《d 小调托卡塔歌赋》等。

巴赫在莱比锡担任乐长职务直至去世。这段时间，他还完成了《平均律钢琴曲》（下册）。《平均律钢琴曲》由 48 首赋格曲和前奏曲组成，是巴赫键盘音乐中成就最高的作品，被后人誉为"音乐圣经"。

巴赫的作品，集欧洲 17 世纪以前的音乐风格、音乐形式和音乐传统之大成。他确立了和声体系，使音乐脱离宗教，成为歌颂平凡生命的载体。他终身未出德国国门，却将西欧各民族不同的音乐风格融为一体，为西洋音乐的发展做出了极大贡献，被誉为"西方音乐之父"。

音乐神童莫扎特

1756 年 1 月 27 日，莫扎特出生在奥地利萨尔茨堡的一个乐师家庭。莫扎特音乐天赋极高，4 岁开始学钢琴，5 岁开始尝试作曲，6 岁已经开始在欧洲各地作巡回演出。

巡演始于 1762 年，历时十年，1773 年 3 月才结束。莫扎特与父亲边巡演边旅行，足迹遍及荷兰、意大利、法兰西、德意志和英吉利。巡演途中，莫扎特接触到了当时欧洲最先进的音乐艺术，如法国歌剧、意大利歌剧，德国器乐等。

1773 年底，莫扎特返回萨尔茨堡，系统学习音乐理论知识。1775 年，莫扎特创作出歌剧《假园丁》《牧人王》。1777 年 9 月，莫扎特不满自己的奴仆地位，与母亲一起离开维也纳，再次边旅行边巡演。1778 年 5 月，莫扎特母亲病逝。1779 年 1 月，莫扎特返回萨尔茨堡。

1781 年，莫扎特与主教决裂，辞去皇家乐师职务，前往维也纳，开始自由创作。在维也纳的十年是莫扎特创作力最旺盛的十年。十年间，莫扎特写出了《后宫诱逃》《剧院经理》《费加罗的婚礼》《唐·璜》等著名作品。

1789 年 4 月起，莫扎特在柏林、德累斯顿、莱比锡等地做巡回演出，演出轰动一时。1790 年，莫扎特创作出《女人心》《蒂托的仁慈》《魔笛》等歌剧作品。1791 年，莫扎特不顾重病，坚持创作大型宗教音乐作品《安魂曲》。创作未完成，莫扎特就于 1791 年 12 月 5 日在维也纳离世，年仅 35 岁。

音乐家贝多芬

1770 年 12 月 16 日，贝多芬生于德国波恩。虽然家境贫困，但是他的父亲一心想把他培养为"第二个莫扎特"。8 岁时贝多芬首次登台演出，大获成功。从那以后，贝多芬师从风琴师尼福，接受作曲训练。

贝多芬 11 岁时发表第一部作品《钢琴变奏曲》，13 岁时成为宫廷乐队的风琴师和古钢琴师。1787 年，贝多芬接受波恩宫廷资助，

贝多芬

到维也纳拜师海顿、莫扎特，学习作曲。

贝多芬在26岁时听力衰退，影响到了他的创作。然而他意志顽强，不但未被疾病击倒，反而坚持创作，完成了《第一交响曲》《悲怆钢琴奏鸣曲》等优秀作品。1805年，贝多芬唯一的歌剧《费德里奥》上演，这时贝多芬双耳已经完全失聪。1807年起，贝多芬又相继写下了《命运交响曲》《田园交响曲》《英雄交响曲》等名作。

1811年，贝多芬完成著名钢琴曲《致爱丽丝》。接下来的十年间，贝多芬又创作了《五重奏赋格》《庄严弥撒》等不同类型的作品。1924年，贝多芬最后一部作品《第九交响曲》问世。1827年3月26日，贝多芬因肝脏病去世，逝前尚在计划创作《第十交响曲》。

《月光奏鸣曲》

《月光奏鸣曲》是音乐家贝多芬1801年创作的钢琴曲，被贝多芬称为"如幻想曲一样"的作品。

《月光奏鸣曲》分三个乐章。第一乐章为c小调慢板音乐，节奏2/2拍，曲式为三部曲。乐章以奏鸣曲的形式写成，曲风柔和、梦幻抒情，略带伤感。第二乐章为降D大调快板，3/4节拍，也是三部曲式。在传统钢琴协奏曲中，第二乐章多为慢板音乐，贝多芬却"反道而行"，在第二乐章中使用短节拍、快节奏的音乐，使这一乐章承上启下，完美地衔接了第一和第三乐章。第三乐章为升c小调急板，4/4节拍，曲式为奏鸣曲。这一乐章音乐技巧复杂，音乐内容充实，乐章以激荡的旋律、精巧的结构表现出作曲者的愤怒情绪、昂扬斗志。直到乐曲结束时，乐曲音符似乎仍在作"最后一击"。

"小提琴上的魔鬼"帕格尼尼

1782年10月27日，帕格尼尼生于意大利北部海港热那亚。他的父亲虽是商人，但却酷爱音乐。帕格尼尼7岁时，父亲请一位剧院小提琴手教他拉小提琴。后来，帕格尼尼师从热那亚最有名的小提琴家学习小提琴演奏。

在他8岁那年，帕格尼尼就写出过小提琴奏鸣曲。12岁那年，他在热那亚公开演奏小提琴，大获成功。13岁起，帕格尼尼边旅行边演出，跟随不同的老师学习小提琴演奏技术。15岁那年，帕格尼尼的演奏被法国教育家鲁道尔夫·克鲁采尔听到。克鲁采尔被帕格尼尼的演奏技巧惊得目瞪口呆，感叹地说："好像在小提琴上看到了魔鬼的幻影。"从那以后，人们就把帕格尼尼称作"小提琴上的魔鬼"，并称他的演奏为"魔鬼的演奏"。

帕格尼尼16岁时一度坠入迷途，沉迷赌博和酗酒。在老师狄达帮助下，他走出迷途，重新学习小提琴演奏。1801到1805年，帕格尼尼一度隐居。1805年，帕格尼尼成为卢加宫廷乐队小提琴独奏家。与乐队合同期满后，1808年，帕格尼尼再度隐居。1814年，帕格尼尼复出，开始在意大利各地巡演。19世纪20年代，帕格尼尼先后在巴黎、维也纳、伦敦等地举行演奏会。1833

年，帕格尼尼移居巴黎。1839年，帕格尼尼定居马赛。1840年5月27日，帕格尼尼在尼斯去世，享年58岁。

《马赛曲》

1789年法国大革命期间，鲁热·德·利尔写下歌词谱好曲后，将歌曲抄写在纸片上，送到军队指挥官手中，希望歌曲能被用作军队行进歌。鲁热·德·利尔的行为得到市长支持。在市长授意下，斯特拉斯堡乐队在广场演奏了这首曲子，斯特拉斯堡出版社印行了乐谱，并为歌曲命名为《莱茵河战歌》。从此，抄写、印刷着歌曲的纸片开始在人们手中流传。

1792年4月24日，鲁热·德·利尔在斯特拉斯堡演奏这首曲子，轰动全国。一位医科大学生将《莱茵河战歌》推荐给马赛的工人革命军。马赛军一路高唱《莱茵河战歌》，开进巴黎。巴黎人听到《莱茵河战歌》，热血沸腾，为歌命名为《马赛曲》。《马赛曲》很快传遍巴黎的大街小巷，成为剧院、集会、宴会中的合唱歌。后来，教堂唱完赞美诗后，也开始演唱《马赛曲》。

1795年，《马赛曲》成为法国国歌。1804年，拿破仑下令禁唱《马赛曲》。1815年，法王路易十八再次下令，禁唱《马赛曲》。然而禁令无效，1830年七月革命时，法国士兵仍然唱着《马赛曲》投入战斗。1879年，法国政府解禁，《马赛曲》再次唱响。

"钢琴诗人"肖邦

1810年，肖邦生于波兰中部热拉佐瓦－沃拉镇。出生不久，肖邦便随家搬至首都华沙。1816年，在母亲和姐姐的指导下，肖邦开始学习钢琴。

1818年，肖邦首次登台演奏。1822年，肖邦拜约瑟夫·埃尔斯内为师，学习作曲和音乐理论。1826年，肖邦中学毕业，进入音乐学院，仍师从约瑟夫·埃尔斯内，学习作曲和钢琴演奏。1827年，肖邦发表第二部作品《B大调钢琴和管弦乐变奏曲》，引起轰动。

1829年，肖邦写出两首钢琴协奏曲。之后的两年，他在华沙、维也纳、巴黎等地举办巡回音乐会，音乐会备受好评。1831年，肖邦移居巴黎，以作曲、教学、演奏为生。在巴黎，肖邦认识了诗人海涅、音乐家李斯特、作家乔治·桑等人。1839年，肖邦住进乔治·桑的庄园，潜心创作。1843年，肖邦离开庄园。1848年，肖邦举办完巴黎音乐会后，肺结核病情加重。1849年10月17日，肖邦逝于巴黎家中。

肖邦一生坚持创作，作品以钢琴曲为主，被人们称为"钢琴诗人"。肖邦钢琴曲的代表作有前奏曲《雨滴》，练习曲《离别》《革命》等。

交响诗的开创者李斯特

1811年10月22日，李斯特出生在匈牙利雷定。6岁时，他便开始学习音乐。1821年，李斯特到维也纳拜师学艺。1823年移居巴黎，在肖邦、夏多布里昂、雨果等人影响下，开创了音乐体裁交响诗，创作出《匈牙利》《塔索》等交响诗作品。

1835年起，李斯特音乐生涯的重心转移到创作上。1848年，李斯特定居魏玛，成为魏玛宫廷乐长。1848年到1861年间，李斯特创作了大量的优秀作品，如《旅行岁月》《唐·璜的回忆》《匈牙利狂想曲》等。

1865年，李斯特加入教会，成为天主教徒。这一时期，他创作了《耶稣基督》《圣伊丽莎白逸事》等宗教音乐。1876年，李斯特创立布达佩斯国立音乐学院，并出任学院院长。1886年7月31日，李斯特因肺炎逝于拜罗伊特。

建筑

埃及金字塔之谜

埃及金字塔是古埃及法老和王后的陵墓，分布在尼罗河两岸。

在埃及境内发现的96座金字塔中，最大的是开罗郊区吉萨的胡夫金字塔。这座金字塔是第四王朝第二个国王胡夫的陵墓，修建于公元前2690年左右。胡夫金字塔高约137.2米，底座每条边长约230米，三角面斜度52度，塔底面积约52900平方米。胡夫金字塔由230万块石头组成，平均每块石头重约2.5吨，有的甚至重达几十吨。埃及金字塔的建造工程包括采石、运输、砌筑等工序，需要大量的人力、财力和物力。据估计，支持这样的工程需要5000万人口的国力。但是，当时全世界的总人口不会超过2000万人。人们不禁要问：如此浩大的工程，古埃及人是如何完成的？关于埃及金字塔的建造方法，历史上没有留下任何记录。金字塔的石头是一块一块垒上去的，并且石头与石头之间严丝合缝，连最薄的刀片也插不进去。有的学者推测，这些石头是利用杠杆原理悬吊上去的。但是，能吊起几吨，甚至几十吨的支架和绳索，又是从哪里来的呢？这些问题至今没有人能给出让人信服的答案。

狮身人面像

狮身人面像，位于埃及胡夫金字塔的旁

金字塔前的狮身人面像

边。据说公元前2610年，法老胡夫巡视自己的陵墓建造进程。当时，陵墓的主体工程已经结束，但采石场上还剩有一块巨大的石头。于是，胡夫命令石匠们按照他的脸型，塑造一座狮身人面像。经过几十年时间的修建，这座雕像终于完工。它高20米，长57米，脸长5米，头戴"奈姆斯"皇冠，额上刻着"库伯拉"圣蛇浮雕，下巴上有象征帝王之相的长胡须。然而不幸的是，多年以后，狮身人面像的鼻子塌陷了。

关于狮子人面像鼻子的失踪，有两种说法。一种说法认为，拿破仑入侵埃及的时候，命令部队的人用大炮轰炸了它的鼻子。另一种说法认为，大约在500年前，埃及国王的士兵把它的鼻子当作靶子，进行射击训练，久而久之，狮身人面像的鼻子被一点点损毁。

关于为什么要建狮身人面像，也有不同的说法。一般人认为是为了守护法老墓地，但到了近代，美国学者约翰·安东尼·韦斯特认为，就整个狮身人面像被水浸的现象而言，它曾经一度被水淹没过。而埃及最后一次大洪水的暴发是在公元前1万年前后。因此，约翰·安东尼·韦斯特推断，狮身人面像大约是在公元前1万年之前建成的。

空中花园

空中花园于公元前6世纪前后由新巴比伦国王尼布甲尼撒二世在巴比伦城修建。

关于空中花园的起源，可以追溯到新巴比伦国王尼布甲尼撒二世时期。尼布甲尼撒二世娶了米底的公主安美依迪丝为王妃。后来，王妃由于思念故乡得了重病。为了排解王妃心中的思乡之苦，尼布甲尼撒二世下令按照王妃故乡的景色修建一座花园。这座花园就建造在尼布甲尼撒二世的宫殿里，不仅有层峦叠嶂的山石，还有不计其数的奇花异草。空中花园共有4层平台，由25米高的柱子支撑。每一层平台由沥青和砖块建成。为了能够浇灌花草树木，园中还设置了灌溉系统。由于花园比宫殿的城墙还高，远远望去，就像悬浮在半空一样，因此被人们称为"空中花园"。

桑奇窣堵波

桑奇窣堵波，又称桑奇大塔，古代印度佛教所特有的一种建筑类型，其外形像一座圆顶的墓冢。一般而言，它用来供奉或者安置佛祖、圣僧的遗骨、经文和法物。

窣堵波源于印度塔的一种形式，分布在今印度、尼泊尔等南亚或东南亚国家。关于它的起源，可以追溯到公元前3世纪时期的印度孔雀王朝。那时候，正值第三代君主阿育王执政。阿育王下令兴建窣堵波，全国各地共有84000座窣堵波先后修建起来。与之相应，佛祖的骨灰被分成84000份藏于各地的窣堵波内。其中，有8座位于今印度博帕尔附近的桑奇村。历经2000多年的历史，8座桑奇窣堵波现在仅存有3座。而这3座桑奇窣堵波，是现存最早、最大且最完整的佛塔。

桑奇窣堵波的整体建筑形式统一，它由栏杆、牌坊和半球体坟冢组成。球体直径32米，高12.8米，立在一个直径36.6米、高4.3米的圆形台基上。坟冢由砖石砌成，表面嵌有一层红色的砂石。在坟冢的周围，围着一圈高3.3米的仿木式石栏杆。在石栏杆的四个方向，各有一座石塔门牌坊。其中，最古老的一座是南门牌坊。牌坊高约为10米，两面都绘有浮雕。在牌坊的边缘，还刻着捐赠者的名单，这些名字都是用婆罗门文字雕刻而成的。

阿旃陀石窟

阿旃陀石窟是印度著名的佛教石窟群，内部保存着大量的佛教石雕与壁画，与举世

空中花园

阿旃陀石窟壁画

闻名的泰姬陵并称为印度双璧。

阿旃陀石窟的开凿始于公元前1世纪或公元前2世纪，整个过程历经700多年，最终于公元6世纪或7世纪完工。石窟群坐落于瓦古尔纳河谷的悬崖峭壁上，距离谷底10到30米不等。中国唐朝的高僧玄奘曾在自己的著作中提及阿旃陀石窟，不过随着时间的推移，阿旃陀石窟逐渐被世人遗忘了。等到人们再度发现这座石窟群时，已是1819年的事了。

当时，一位名叫约翰·史密斯的英国军官在狩猎的过程中意外发现了阿旃陀石窟的10号窟。之后，他又据此找到了其余20多座石窟，被遗忘多年的阿旃陀石窟终于重新回到了人们的视线中。

阿旃陀石窟现存30座石窟，因开凿时间的差异，每座石窟的建筑风格有很大区别。石窟中最宝贵的文化遗产就是壁画和雕像，其中以宗教题材居多。除了宗教壁画以外，石窟中还保存着不少展现印度古代宫廷生活的壁画。虽然这些壁画因为年代久远，已经出现了多处剥落，但是看上去依然惟妙惟肖，以至于被赞为"简直可以把人带回到过去的梦幻世界中"。

婆罗浮屠

婆罗浮屠是一座佛塔遗迹，位于印度尼西亚中爪哇省，是公元9世纪时世界上最大型的佛教建筑物。

婆罗浮屠曾经在火山灰下埋藏了近千年。1814年，英国统治爪哇，时任爪哇副总督的托马斯·斯坦福·莱佛士在他的《爪哇历史》中提到他派人发掘婆罗浮屠的一段经历。婆罗浮屠出土后，引起了世界上的轰动。

婆罗浮屠共九层，从下到上分为塔基、塔身和塔顶三个部分。塔基是一个边长为123米的正方形。塔身由五层逐渐缩小的正方形构成，形成一个侧面的金字塔形状。塔顶由三层圆形构成，每一层上建有一圈多孔的舍利塔。顶层的中心是一座圆形佛塔，被七十二座钟形舍利塔团团包围。在塔身的五层正方形和塔顶的三层圆形上雕刻有许多佛像。这些佛像初看起来大同小异，都是一尊佛盘膝端坐在莲花座上，但它们每个的手势有着微妙的差别，分别代表了东西南北中五方佛的一方。

联合国教科文组织和印度尼西亚政府在1975年到1982年对佛塔进行了修复。这次修复很彻底，加固了佛塔的地基，清理了1460片石板，重新组建完善了五层方台，并改进了排水系统。修复完成后，联合国教科文组织将婆罗浮屠列入世界文化遗产。

泰姬陵

泰姬陵，全称为泰姬·玛哈陵，位于今印度阿格拉城内，亚穆纳河的岸边。它由殿堂、钟楼、尖塔和水池等建筑物构成。

关于泰姬陵的建造，可以追溯到莫卧儿王朝第五代皇帝沙·贾汗执政时期。1613年，沙·贾汗与一位美丽动人的姑娘阿姬曼·芭奴结婚。1628年，沙·贾汗继承王位后，册封阿姬曼·芭奴为泰姬·玛哈，这是王宫中最高的头衔。1631年，阿姬曼·芭奴跟随沙·贾汗南征。在路途中，阿姬曼·芭奴因为难产而去世。王妃的突然死亡，使得沙·贾汗十分伤心，他决定为死去的王妃修建一座陵墓。1633年，在印度北部的亚穆纳河附近，沙·贾汗挑选了一个大花园作为陵墓的地址。动工开始后，有2万多人从事这项建筑。其中，有印度、波斯、土耳其和巴格达的建筑师、镶嵌师、书法师、雕刻师和泥瓦匠等。为了使得修建的陵墓美观大方，沙·贾汗特意选用印度的大理石、中国的宝石、水晶等作为建筑装饰材料。1650年，泰姬陵顺利完工。

塔的起源

塔，是一种具有特定形式和风格的东方传统建筑。一般来说，塔常见于亚洲地区，用来供奉或者收藏佛舍利、佛像、佛经等，因此又被人们称为"佛塔"或者"宝塔"。在中国，塔还指一种高耸的塔形建筑物。

关于塔的起源，可以追溯到古印度的窣堵波和中国传统的建筑楼阁。窣堵波原是古印度埋葬佛祖释迦牟尼骨灰的一种建筑物。这种建筑形式发展到后来，成为一种纪念佛祖的特有建筑物。随着佛教在东南亚各地的传播和发展，窣堵波这种建筑形式也随之在各地发展起来。逐渐地，窣堵波发展成为现在所说的塔，并成为许多得道高僧圆寂后埋藏尸骨的地方。

当佛教传入中国后，窣堵波与中国的楼阁便相互结合。楼阁又称重楼，是中国的一种传统建筑形式。早在先秦的时候，中国就已经出现了楼阁。之后，各地的建筑体系吸收窣堵波形式，历经唐朝、宋朝、元朝、明朝、清朝，逐渐发展成为多种塔系建筑。比较出名的有楼阁式塔、密檐式塔、亭阁式塔、覆钵式塔、金刚宝座式塔、五轮塔、多宝塔和无缝式塔等多种形态结构。塔的建筑平面、建筑技术、使用的材料等随着时间的推移，不断发生变化。

世界上最大的庙宇吴哥窟

吴哥窟在高棉语中的意思是"毗湿奴的神殿"，它位于柬埔寨西北部，是吴哥古迹中保存得最完好的庙宇，也是世界上最大的庙宇。

12世纪中叶，真腊国王苏利耶跋摩二世定都吴哥。苏利耶跋摩二世信奉毗湿奴，命婆罗门主祭司建造了这座庙宇，供奉毗湿奴，名之为"毗湿奴的神殿"，还将这座庙宇定为国庙。

吴哥窟是柬埔寨古代建筑艺术的代表之作，它结合了高棉寺庙建筑学的两个基本的布局：祭坛和回廊，并将高棉建筑艺术中的宝塔、长廊、回廊、祭坛等要素有机地融合起来。吴哥窟的整体是一个长方形，外围是明亮的护城河，祭坛位于正中，被一片郁郁葱葱的绿洲环绕。祭坛由三层长方形的须弥台组成，每一层都有回廊环绕，顶部矗立着按五点梅花式排列的五座宝塔，宝塔与宝塔之间连接游廊。

阇耶跋摩七世即位后，奉佛教为国教，吴哥窟也成为佛寺。1431年，暹罗入侵吴哥，吴哥王朝被迫迁都金边，因暹罗人信奉上座部佛教，吴哥窟变为上座部佛寺。此后，吴哥被遗弃，逐渐被森林和荒草覆盖，吴哥窟也淹没在漫无人烟的荒草中。虽有一些当地的佛教徒在庙旁边搭屋居住，以便到庙宇中朝拜，但吴哥遗迹已经消失在了人们的视野。

1861年1月，法国生物学家亨利·穆奥无意中在原始森林里发现了吴哥遗迹，大为惊叹，并将见闻记载在自己的游记《暹罗柬埔寨老挝诸王国旅行记》中，使吴哥窟重见天日。

"四百万宝塔之城"蒲甘

蒲甘位于缅甸中部，是缅甸的历史古城、佛教文化遗址和著名旅游胜地。

古代蒲甘诗人曾说，蒲甘有400万座佛塔，也许这只是艺术夸张，但由此也可以看出当时蒲甘佛塔的规模之庞大。蒲甘现存2000多座佛塔，虽不能和400万相比，但仍是世界上佛塔数量最多的城市。

1044年，蒲甘王国国王阿奴律陀创建了缅甸历史上第一个统一的封建王朝"蒲甘王朝"。阿奴律陀在1057年攻破直通国，俘虏了摩奴诃王，缴获三藏经30部，同时还带回大批僧侣与工匠艺人。阿奴律陀命令工匠大造佛塔。从11世纪到13世纪，蒲甘一带修建的佛塔高达百万座，使蒲甘享有"四百万宝塔之城"的称号。

马赛克小史

马赛克，建筑专业术语，是指用小石块或有色玻璃碎片拼成各种图案，用以装饰建筑的一种艺术。马赛克分为陶瓷锦砖和玻璃锦砖两种。在西方的教堂建筑中，马赛克被人们称为花窗玻璃。

关于马赛克的起源，可以追溯到古巴比伦时期。古希腊人将黑色与白色的大理石相互搭配，形成了最早的大理石马赛克艺术。那时候，只有统治阶级建造房屋的时候才使用这种艺术。以后随着时间的推移，艺术家们取材于更加丰富的原料，使用起了更小的碎石片。为了完成一幅马赛克，他们经常亲自研磨、切割小石头。到了古罗马时期，马赛克已经成为一种普遍的装饰艺术。不论是民宅，还是公共建筑，其地板、墙面到处都可以发现马赛克。后来，基督教传入古罗马。早期的基督徒为了避免迫害，在地下室等隐秘的地方聚会。当时的民众不认识文字，为了传播教义，基督教徒便使用马赛克壁画的形式宣讲耶稣基督的故事。君士坦丁大帝执政的时候，基督教的合法地位得到承认。此后，许多的教堂都采用马赛克艺术进行装饰美化。之后，马赛克艺术所使用的色彩越来越多，甚至在透明的玻璃之中夹杂了金箔。

水泥溯源

水泥，又称粉状水硬性无机胶凝材料，是一种重要的胶凝材料。水泥加水搅拌后，能够在空气中硬化，并能把砂、石等材料牢固地结合在一起。

关于水泥的起源，可以追溯到古罗马时期。那时候，古罗马人在建筑中经常使用一种石灰与火山灰的混合物。他们将使石灰加水后消解，然后与砂子混合在一起，经过不断地搅拌，最终形成砂浆。这种特殊的凝结材料由石灰、火山灰和砂子组成，被人们称为罗马砂浆。1756年，英国工程师史密顿在修建灯塔的过程中，发现含有黏土的石灰石，经过煅烧和研磨处理后，加水制成的砂浆可以慢慢硬化，这就是后来所说的水硬性石灰。使用这种材料修建的灯塔，比罗马砂浆的强度高，可以经受更长时间的海水冲刷。史密顿的这一发现为近代水泥的研制成功奠定了基础。

1796年，英国人帕克把黏性土质的石灰岩在高温下煅烧，之后直接研磨成水泥。这种水泥和古罗马时代的水泥十分相似，被人们称为罗马水泥。罗马水泥具有良好的水硬性和快凝结性，被广泛用于与水接触的各种建筑物中。

与此同时，法国人和美国人使用天然的泥灰岩也制造出了水泥。1813年，法国的土木技师毕加发现了一种使用效果更好的水泥。他将石灰和黏土按照三比一的比例调制，加水后制成的水泥性能有很大提高。1824年，英国建筑工人阿斯普丁成功地研制出波特兰水泥，并于当年10月21日获得英国"波特兰水泥"专利证书。这种水泥以石灰石和黏土为原料，按照一定比例配合，经过煅烧后研磨成水泥。由于这种水泥硬化后的颜色与英格兰岛的波特兰地区的建筑石头相似，被人们称为"波特兰水泥"。

1907年，法国的比埃利使用铝矿石的铁矾土代替黏土，与石灰岩一起烧制出了一种水泥。这种水泥含有大量的氧化铝，被人们称为"矾土水泥"。1871年，日本开始修建水泥厂。1877年，英国的克兰普顿发明了回转炉。1885年，兰萨姆在克兰普顿的基础上，发明了一种使用效果更好的回转炉。1889年，中国河北唐山设立了"细绵土"厂。后来，该厂建立启新洋灰公司，每年生产水泥4万吨。1893年，日本人远藤秀行和内海三贞发明硅酸盐水泥，这种水泥具有不怕海水侵蚀的特性。进入20世纪以后，人们陆续研制出各种特殊水泥，比如高铝水泥、特种水泥等。现在，全世界的水泥品种已经发展到100多种。

帕特农神庙

帕特农神庙，位于希腊雅典卫城的最高点，是为雅典城邦的守护神雅典娜而建的祭殿。整个神庙呈长方形，庙内由前殿、正殿和后殿三部分组成。神庙坐西朝东矗立在三层台阶之上，基座面积可达2000多平方米。整个神庙有46根大理石柱支撑，每一根石柱高达10米。

关于帕特农神庙的起源，可以追溯到希波战争时期。公元前499年至公元前449年，为了扩张领土，古波斯帝国入侵希腊。经过长年的征战，希腊打败了波斯帝国的入侵。公元前447年，雅典开始修建神庙。经过9年的时间，神庙顺利封顶，并正式启用。之后，又过了6年，神庙的各项雕刻顺利完工。那时候，人们借着帕那太耐节，把这座神庙献给女神雅典娜。公元5世纪中叶，帕特农神庙改为基督教堂，雅典娜的神像也被人挪走。1458年，土耳其人占领了雅典。1687年，储存在神庙内的一个火药库在战争中被大炮击中，神庙的中部被炸毁。1801至1803年，英国贵族埃尔金勋爵来到帕特农神庙，将残留在那里的雕刻运回英国，许多原本属于神庙的珍贵文物，后来散落到大英博物馆和卢浮宫等地。

罗马斗兽场

罗马斗兽场，原名弗莱文圆形剧场，又称罗马大角斗场、罗马竞技场、罗马圆形竞技场、科洛西姆、哥罗塞姆，建于公元72至82年，是古罗马皇帝韦帕芗为庆祝作战胜利而修建的。罗马斗兽场占地面积约为2

罗马斗兽场

作为罗马帝国繁荣时期的建筑物，这里已经成为罗马的象征。

万平方米，圆形的场地围有57米高的城墙。场地的最大直径为188米，周长为527米，规模宏大，可以容纳9万多人的观众。

关于罗马斗兽场的起源，可以追溯到公元72年。当时，罗马皇帝韦帕芗入侵耶路撒冷，并取得了最终的胜利。为了取悦凯旋的将士们和显示自身的权威，韦帕芗强迫奴隶修建一个圆形竞技场。在韦帕芗之前的尼禄，因为残暴的统治和贪婪遭到罗马人民的唾弃。韦帕芗决定顺应民意，将圆形竞技场建在尼禄的金宫原址之上。

罗马斗兽场是古罗马时期最大的圆形竞技场。它的围墙共分为四层，下面的三层由环形的拱廊组成，装饰风格依次为多立克柱式、爱奥尼柱式、科林斯柱式。最高的第四层是顶阁，在房檐下面设置了240个中空的突出部分，用以安插木棍，支撑遮阳的帆布。罗马斗兽场分为下层、中层和上层三层座位。每一层的座位都按照人们的社会地位和职业状况予以分配。除此之外，顶层还有一个只能站着的看台，女人、奴隶和穷人被安排到这里。观众们入场时，首先找到自己从底层的哪个拱门进入，之后沿着楼梯找到自己所在的区域，最后按照编号找到自己的位子。来到罗马斗兽场的观众主要是为了观看人兽表演。参加表演的角斗士与一只凶猛的野兽进行搏斗，直到其中的一方死亡为止。不过，斗兽场有时候也举行人与人之间的搏斗。

圣彼得大教堂

圣彼得大教堂，又称梵蒂冈圣伯铎大殿，位于梵蒂冈，是罗马天主教的中心教堂，也是全世界第一大教堂。圣彼得大教堂总面积达2.3万平方米，主体建筑高达45.4米，长约211米，最多可以容纳6万多人同时祈祷。

公元326年，君士坦丁大帝开始修建圣彼得大教堂。经过8年的时间，这座教堂因为顺利完工。这座教堂建立在圣彼得的墓地上，所以被人们称为圣彼得大教堂。君士坦丁大帝去世以后，他的儿子孔斯继位。为了进一步拉拢基督教会的势力为统治阶级服务，孔斯先将基督教确定为国教，接着便决定大规模地修造基督教建筑。按照他的指示，在原先圣彼得大教堂的旧址上，修建了一座面积更大的教堂。在之后的几百年间，出于政治上的需要，历代执政者不断扩建圣彼得大教堂。虽然圣彼得大教堂的建筑风格不断变化，但彼得的坟墓一直是整座建筑的中心。

现在的圣彼得大教堂，是在教皇朱里奥二世时期建造的。新工程从1506年开始，经历100多年后，于1626年顺利完工。其中，拉斐尔、米开朗基罗等人先后受教皇的邀请，承担这项巨大工程中的一部分。新工程的最初方案是由布拉曼特设计的，但是不到十年，这位设计师就去世了。接着，教皇朱里奥二世也去世了。后来，新上任的教皇请拉斐尔继续这项工程，拉斐尔担任六年时间的总建筑师后也离开了人世。此后，由于没有合适的建筑师负责，新工程没有多大进展。1547年，米开朗基罗担任这项工程的总设计师，并做好了剩余工程的设计图案。1564年，米开朗基罗去世。后世的建筑师按照米开朗基罗的设计方案，于1626年11月18日顺利完成了这项工程。

土耳其索菲亚大教堂

土耳其的索菲亚大教堂始建于公元360年，在1519年之前，该教堂一直是全世界最大的教堂。

索菲亚大教堂拥有巨大的圆顶和高大的圆柱。正厅上覆盖的中央圆顶直径达到了31.24米，圆顶下面是拱廊，环绕着40个拱形窗户，这让圆顶看起来好像正处于失重的状态。教堂中最大的圆柱是由花岗岩制成的，直径大约为1.5米，高度达到了19至20米，总重量超过了70吨。教堂的地面上铺着色彩各异的大理石、金色的马赛克，还有绿色与白色间杂的斑岩。当阳光透过拱形窗户照进来时，教堂内部会显得异常明亮而斑斓。

在历史上，索菲亚大教堂先后多次遭到损毁。公元404年，第一座索菲亚大教堂在君士坦丁堡爆发的一连串暴乱中被毁。公元415年10月10日，第二座索菲亚大教堂建成，这座教堂在公元532年的尼卡暴动中被焚毁。公元537年，第三座索菲亚大教堂正式落成，我们现在看到的索菲亚大教堂就是这一座。公元558年，教堂所在的地区发生了一场地震，教堂的圆顶因此坍塌，相关的修葺工作直到公元562年才完成。公元726年，教堂中以宗教为题材的雕像和画像在毁坏圣像运动中遭到移除。公元859年、869年、989年，教堂又先后遭遇了大火和地震，特别是公元989年的大地震使教堂的大圆顶被毁，直至公元994年才修复成功。后来，教堂又在十字军东侵期间遭到洗劫。14世纪上半叶，教堂在连续不断的人为和自然灾害的摧残下变得残破不堪，一度关闭。

1453年，土耳其人征服了君士坦丁堡，1847年至1849年，人们对其展开了全面修缮。1935年，这座古老建筑被土耳其首任总统改成了博物馆。

罗马式建筑

罗马式建筑，原意为罗马建筑风格的建筑，又称罗马风建筑、罗曼建筑、似罗马建筑等，是10至12世纪在欧洲基督教地区盛行的一种建筑风格。罗马式建筑多见于修道院和教堂，具有线条简单明快、造型厚重敦实的特点。

罗马式建筑的起源，可以追溯到公元9世纪时期。西罗马帝国灭亡之后，古罗马时代的建筑技巧和艺术随之失传。公元9世纪左右，西欧经历数百年的混战后，终于形成了法兰西、意大利、德意志、英格兰和西班牙等十几个民族国家。各个国家政权稳定之后，人们开始发展各自的文化艺术。11至12世纪，这些国家模仿古罗马时期的凯旋门、城堡和城墙等建筑样式，修建了一些教堂建筑。因为采用了古罗马式的拱券结构，所以这些教堂被人们称为"罗马式建筑"。不过，这种"罗马式建筑"并非真正具有古罗马时期建筑的风格，仅仅是在门窗和拱廊上采用了罗马建筑常用的半圆形拱券结构而已。

11世纪晚期，法国南部图卢兹的圣赛尔宁教堂建立，标志着罗马式建筑风格开始形成。而12世纪30年代完工的英国杜勒姆教堂，则标志着罗马式建筑风格的真正形成。罗马式建筑具有一些共同的特点，比如基本典型都是教堂；建筑设计与建造都以拱顶为主，空间构造经常使用石头的曲线结构；建筑物的外观巨大繁复，内部装饰简单粗陋；与绘画、雕塑等艺术活动相比，建筑居于主导地位等。

布鲁塞尔大广场

布鲁塞尔大广场，位于比利时王国的首都布鲁塞尔市中心，是欧洲最美丽的广场之一，1998年被联合国教科文组织列入《世界遗产名录》。

布鲁塞尔市以中央街为界限，分为上城和下城两部分。布鲁塞尔大广场在下城部分的民居建筑之中。整个大广场呈长方形，长为110米，宽为68米。与欧洲现存的大部分城市广场不同，布鲁塞尔大广场没有一座宗教建筑。在布鲁塞尔广场的四周有市政厅、路易十四的行宫以及17世纪各行各业的会所办公楼。

关于布鲁塞尔大广场周边建筑的起源，可以追溯到12世纪。起初，布鲁塞尔大广场只有几家面包店、布店和肉店。1402年，市政厅开始建造。1480年，市政厅建筑基本完工。1515年，布拉邦特公爵查理五世修建王宫。15世纪50年代，建筑师简·范·路易斯布罗艾克为伯冈蒂公爵在布鲁塞尔广场一隅设计了一座高约91米的尖塔。1767年，广场上的王宫遭到破坏。1872年至1895年间，人们按照1515年的布局对王宫进行重建，过程中一部分旧建筑被保留下来，而新建筑成为日后的公共博物馆。

克里姆林宫

克里姆林宫位于涅格林纳河与莫斯科河交汇处的保罗维茨丘陵，始建于1156年，是俄国历代沙皇的宫殿，同时是莫斯科最古老的建筑群。克里姆林宫整体呈不等边三角形，面积为27.5万平方米，城墙最初为木墙，1367年改为石墙，宫墙全长为2235米，高5至19米不等，厚3.5至6.5米。克里姆林宫共有4座城门和20个塔楼。其中，最宏伟的塔楼有斯巴达克、尼古拉、特罗伊茨克、保罗维茨、沃多夫兹沃德等。

克里姆林宫主要包括大克里姆林宫、伊凡大钟楼、乌棱宫等。大克里姆林宫是克里姆林宫的主体宫殿，位于克里姆林宫的西南部，于1839年至1849年修建。大克里姆林宫是二层楼建筑。第一层是正面大厅，陈列着青铜器制品、瓷器以及19世纪的家具。第二层有格奥尔基耶夫大厅、弗拉基米尔大厅和叶卡捷琳娜大厅。伊凡大钟楼是克里姆林宫中最高的建筑物，高约81米。大钟楼兴建于16世纪初，最初有三层，后来增建到五层，并置金顶。在每一层的拱形窗口，都安装有自鸣钟。乌棱宫是克里姆林宫中最古老的宫殿之一，于1487年至1491年修建，是克里姆林宫最具特色的宫殿建筑，里面设有沙皇的宝座。

巴黎圣母院

巴黎圣母院，是法国的一座教堂建筑，位于法国巴黎市中心。它是天主教巴黎总教区的主教座堂，也是法国哥特式教堂群中最具代表性意义的一座。

关于巴黎圣母院的起源，可以追溯到1163年。在此之前，公元4世纪的时候，巴黎圣母院旧址上曾经有一座基督教教堂。这座教堂被用来祭拜圣史蒂芬。公元6世纪的时候，这座教堂变为一座罗马式教堂。12世纪的时候，原有的罗马式教堂已经破败不堪。1160年，莫里斯·德·苏利被任命为巴黎主教。他上任后，决定在罗马式教堂的基础上修建一座大教堂。1163年，教皇亚历山大三世亲自奠基，巴黎圣母院开始兴建。1182年，巴黎圣母院的唱诗堂开始修建。1208年，巴黎圣母院的中殿建成。1225年至1250年，巴黎圣母院西侧立面和后面尖塔顺利完工。1235年，中殿内部开始增建礼拜堂，这项工作一直持续到1250年。1250年至1267年，尚·德·谢耶和皮耶·德·蒙特厄依主持扩建教堂的十字交叉耳堂北面立面。1296—1330年，皮耶·德·谢耶将门龛改造成现在的模样，尚·哈维主持修建了唱诗班屏风。进入13世纪以后，尚·哈维担任建筑师，建造了教堂双塔造型的正面。1220年，在建筑师维优雷·勒·杜克的配合下，教堂的舱顶部分接合。1345年，经历各代工匠们的努力，巴黎圣母院最终完工。

比萨斜塔

比萨斜塔，是意大利比萨大教堂的独立式钟楼。在意大利托斯卡纳城北面的奇迹广场上，有大教堂、洗礼堂、钟楼和墓园组成的宗教建筑群，其中位于比萨大教堂后面的钟楼就是比萨斜塔。

关于比萨斜塔的起源，可以追溯到12世纪时期。1173年，著名建筑师那诺·皮萨诺主持修建比萨大教堂的钟楼。同年8月19日，比萨斜塔开始动土修建。按照最初的设计，斜塔高为100米左右。1178年，比萨斜塔修建到第四层，由于地基的不均匀和土层松软，开始向东南方向倾斜。至此，比萨斜塔的修建工程暂时停止。在此期间，比萨斜塔承担着教堂撞钟的职能。1231年，比萨斜塔继续修建。为了弥补原有的重心偏离，建造者故意将比萨斜塔的上层修建成反方向的倾斜。1278年，比萨斜塔修建到第7层。此时，整个塔身已经不是一条直线，而是一个明显的凹形。为此，比萨斜塔的修建工程再一次停工。1292年，乔瓦尼·皮萨诺用铅垂线测量了比萨斜塔的倾斜度。1360年，比萨斜塔的修建工程重新启动。1372年，比萨斜塔修建到第八层，高约54米。此时，由于塔身严重倾斜，人们最终将第八层作为顶层收工，并安放了7口钟。

关于比萨斜塔的倾斜原因，人们曾经争执不下。在14世纪的时候，有一部分人认为，比萨斜塔的倾斜是地面的下沉效应引起的；另有一部分人认为，比萨斜塔的倾斜是建筑师有意设计的。进入20世纪后，人们对比萨斜塔进行深入研究，逐步得到了一些共识：

在最初的设计中，比萨斜塔应该是垂直的建筑。但是在动工兴建之初，它就偏离了正确的位置。而它之所以会偏离，是由地基下面的特殊土层造成的。

佛罗伦萨大教堂

佛罗伦萨大教堂，又称花之圣母大教堂、圣母百花大教堂，被人们誉为世界上最美的教堂，是文艺复兴的第一个标志性建筑。它位于意大利的佛罗伦萨，可以同时容纳1.5万人做礼拜，是世界第四大教堂，意大利第二大教堂。

佛罗伦萨大教堂于1296年开始修建，1462年正式完工。它由大教堂、钟塔和洗礼塔组成。大教堂的平面呈拉丁十字形状，长达82.3米，由4个18.3米见方的间跨组成。在教堂的南、北、东三面各有半八角形的巨室，巨室外面有5个小礼拜堂。这5个小礼拜堂成放射状形式布局。佛罗伦萨大教堂最为引人注目的地方是中央穹顶，这一项工程历时14年，由当时意大利的著名建筑师伯鲁涅列斯基设计。穹顶的平面直径达42.2米，呈八角形平面。穹顶结构分为内外两部分。内部由8根主肋和16根间肋组成。在穹顶的内部，还创设了灯亭，使得教堂总高度可以达到107米。除大教堂外，钟塔和洗礼堂也很壮观。钟塔高88米，分为4层，13.7米见方。洗礼堂高31.4米，以白、绿色的大理石作为装饰面，显得格外凝重、端庄。在教堂的南北两侧，分别设有14世纪建造的卡诺尼奇门和15世纪建造的曼多尔拉门。

卢浮宫的兴建

卢浮宫，位于法国巴黎市中心的塞纳河北岸，是世界上最大、最古老的博物馆之一。卢浮宫占地面积约为45公顷，其中建筑物占地面积约为4.8公顷。它全长680米，整个建筑呈"U"星，包括新、老两部分建筑，分别修建于路易十四时期和拿破仑时代。

关于卢浮宫的兴建，可以追溯到13世纪初。1204年，为了保护塞纳河北岸的巴黎地区，菲利普·奥古斯特二世修建了一座城堡。这座城堡直接通向塞纳河，成为菲利普·奥古斯特二世的临时避难所。在这座城堡中，他存放了大量的王室档案和奇珍异宝，还将掠夺来的俘虏囚禁在这里。后来，菲利普·奥古斯特二世称这座城堡为卢浮宫。在之后的350年间，国王和贵族们不断增设塔楼和房间，使得这座城堡与之前的风格完全不同。为了满足骄奢淫逸的生活需求，这些新建筑都极尽豪华奢侈。16世纪中叶的时候，弗朗西斯一世执政。他继任后就将这座豪华的宫殿拆毁了。之后，建筑师皮尔·莱斯科奉命在旧址上重新修建一座宫殿。弗朗西斯一世的儿子亨利二世继位后，在父亲所建的宫殿之上继续修建。亨利四世执政的时候，修建了卢浮宫的大画廊，它堪称卢浮宫最为壮观的建筑部分。路易十四在位的时候，又将卢浮宫修建成正方形的庭院。1789年，路易十六在位期间，法国爆发大革命。在卢浮宫的"竞技场"院中，革命党修建了法国大革命的第一个断头台。1798年，拿破仑一世入住卢浮宫。此后，卢浮宫又进行了大规模的增建和装饰。一直到拿破仑三世，整个卢浮宫建筑群才最终宣告完成。

哥特式建筑

哥特式建筑，又称哥德式建筑，是中世纪中后期的一种建筑风格。在罗马式建筑与文艺复兴建筑之间，哥特式建筑发挥了承上启下的作用。

哥特式建筑起源于11世纪下半叶的法国，流行于13至15世纪的欧洲。哥特式建筑具有高耸的尖塔、尖形的拱门、巨大的窗户以及描述圣经故事的花窗玻璃等特色。在哥特式建筑中，尖肋拱顶建立在四个拱底石上，这是从罗马式建筑的圆筒拱顶发展而来的。尖肋拱顶建得又高又大，总是给人一种向上的视觉暗示。飞扶壁又称扶拱垛，是哥特式建筑的另一个主要特色。与罗马式建筑相比，哥特式建筑把原先实心的、被屋顶遮盖起来的扶壁都暴露在外面。哥特式建筑中很少有台廊、楼廊等结构，代之以大面积的排窗。这些窗户运用彩色玻璃工艺，描绘了一系列的宗教故事。因此，它不仅美观大方，还具有宣传教义的作用。哥特式建筑的内部比较空旷、单一，柱子是多根柱子合在一起的，数量较少，这样使得垂直的线条和高耸的空间明显地衬托出来。

米兰大教堂

米兰大教堂，又称杜莫主教堂，位于意大利米兰市。它是世界上最大的哥特式建筑，其规模仅次于梵蒂冈的圣彼得大教堂，位居世界第二。米兰大教堂长158米，最宽处93米。教堂的塔尖高达108.5米。整个教堂的面积为11700平方米，可以容纳35000人。米兰大教堂是世界上拥有雕塑和尖塔最多的建筑，被人们誉为大理石山。

米兰大教堂的建造经历了6个世纪，先后有德国、法国、意大利等国家的建筑师参与到教堂的设计和建造中。12至15世纪的时候，哥特式建筑风格盛行于欧洲各个基督教国家。因此，米兰大教堂从1386年开始修建起，就沾染了浓重的哥特式风格，并且成为整个建筑群的主要风格基调。17到18世纪期间，欧洲流行巴洛克建筑风格。于是，在米兰大教堂的内部装饰上，可以找到明显的巴洛克艺术元素。尽管这座大教堂的设计、建造历经多个建筑师之手，但是始终保持着"装饰性哥特式"风格。值得一提的是，雕刻和尖塔成为米兰大教堂的主要特色。教堂几乎所有的局部和细节顶部都采用了尖顶形式,给人一种向上的视觉冲击。

建筑师伯鲁涅列斯基

伯鲁涅列斯基,意大利文艺复兴时期著名建筑师。他的一生作品无数,比较著名的有三个:佛罗伦萨主教堂的穹顶、佛罗伦萨育婴院和佛罗伦萨巴齐礼拜堂。

佛罗伦萨主教堂的穹顶,是意大利文艺复兴建筑史的开端。伯鲁涅列斯基综合古罗马形式与哥特式结构,设计了佛罗伦萨主教堂的穹顶。该穹顶分为内外两层,被人们称为"内外两层皮"结构。穹顶的整个结构采用骨架,中间是空的。穹窿内径约为42米,高约30米,架设在高12米的八角形基座上。穹顶内部装饰有各种雕塑和壁画,还特设了一个灯亭,总体高度可达107米。伯鲁涅列斯基的建筑作品,深刻影响了后世教堂的发展。

家具、建筑设计师阿尔托

阿尔托是著名的芬兰建筑师,人性化建筑理论的倡导者。他于1898年生于库奥尔塔内,1921年毕业于赫尔辛基工业专科学校建筑学专业,之后主要从事建筑工作。

阿尔托倡导人性化建筑,他认为工业化和标准化并不是意味着完全统一化,而是要适应不同房屋的要求,在考虑到不同朝向、地形、风景的基础上,建造适合人们居住的房屋。阿尔托一生设计了很多的经典作品,主要包括帕米欧疗养院、伏克塞涅斯卡教堂、贝克宿舍大楼、罗瓦涅米市中心、玛丽亚别墅、韦斯屈莱大学建筑群等,这样的成绩让很多建筑师望尘莫及。

莫斯科红场

红场,原名托尔塔,位于莫斯科市中心,与克里姆林宫相邻,是俄罗斯首都莫斯科市

红场上富丽堂皇的教堂建筑

的著名广场。红场原是一个工商区。1517年,广场发生了一场大火灾,后被人们称为"火灾广场"。1622年,广场改名为"红场",意思是"美丽的广场"。

关于红场的起源,可以追溯到15世纪末期。当时,伊凡三世在莫斯科城东开辟了一块"城外工商区",这就是红场的最初规模。1812年,拿破仑入侵莫斯科,焚烧了广场。战争结束后,莫斯科人民重新修建红场,并在原有的基础上进行扩建。20世纪20年代,红场与瓦西列夫斯基广场合二为一,这就是现在红场的规模。

红场南北长为695米,东西宽为130米,占地面积为9.1万平方米。广场的地面由赭红色的方石块铺成。广场的两边呈斜坡状,中间微微隆起。在广场的南面,是瓦西里·勃拉仁内大教堂。这座教堂是为纪念俄国沙皇占领喀山公国和阿斯特拉罕而修建的。教堂由大小9座教堂组成。其中,一个大教堂在

中间，周围分布着8座小教堂。在广场的北面，是一座三层的红砖楼。它是建于19世纪的历史博物馆。在广场的东面，是莫斯科最大的国营百货商店建筑群。它分为上下两层，营业面积可达8万平方米。在广场的西面，是列宁墓。它于1924年1月27日落成，最初是木质结构，1930年改为花岗岩和大理石结构。

巴洛克式建筑的起源

巴洛克式，17至18世纪流行的一类建筑和装饰风格，是在意大利文艺复兴的建筑基础上发展而来的。在外观上，巴洛克式建筑追求形式的自由与动感、豪华的装饰与雕刻以及鲜明的色彩。

关于巴洛克式建筑的起源，可以追溯到巴洛克艺术的发展。16世纪的时候，欧洲先后产生了文艺复兴和宗教改革运动。为了适应新形势的发展，教会势力开始在艺术领域里进行改革。一种反映世俗生活、彰显人性的巴洛克艺术逐渐产生，主要分布在意大利、西班牙、法国等国家。巴洛克艺术产生以后，获得了长足的发展，并在17世纪时期变得十分流行。它以绚丽多彩的动感色调、激情挥洒的艺术形象波及欧洲的建筑、绘画和音乐等领域。在建筑领域，巴洛克艺术对城市广场、宗教建筑和园林等产生了深刻的影响。巴洛克式建筑打破了对古罗马时期建筑形式的崇拜，也突破了文艺复兴晚期古典主义者僵化、简约的形式，在很大程度上反映了自由的世俗思想。在这种风格影响下的建筑，追求怪异和不寻常的效果，用夸张和不协调的方式表现建筑空间和人物雕塑，给人一种富丽堂皇和自由神秘的感觉。意大利文艺复兴晚期的建筑师维尼奥拉设计的罗马耶稣会教堂，具有明显的巴洛克风格，被人们称为第一座巴洛克式建筑。

凡尔赛宫

凡尔赛宫，位于法国巴黎伊夫林省省会凡尔赛镇。凡尔赛宫占地面积为111万平方米，其中建筑面积为11万平方米，园林面积为100万平方米。

关于凡尔赛宫的修建历史，可以追溯到17世纪。1624年，在凡尔赛镇，法国国王路易十三花费1万里弗尔买下了一块117法亩的土地。在这块土地上，路易十三修建了一座两层红砖楼房作为他的狩猎行宫。整个楼房共有26个房间，一楼是家具储藏室和兵器库，二楼是生活起居和办公的地方。1660年，法国国王路易十四决定在路易十三的狩猎行宫的基础上，修建一座新的王宫。为此，路易十四又购买了6.7平方公里的土地。1667年，设计师勒诺特设计了凡尔赛宫的花园和喷泉。建筑师勒沃在原先狩猎行宫的西、北、南三面重新添加了新的宫殿。这三处的新宫殿将狩猎行宫包围起来。在行宫的东面，勒沃修建了一座大理石庭院，作为通行的主要入口。1674年，建筑师孟莎接管凡尔赛工程。在已有的建筑基础上，孟莎增建了主体建筑的南北两翼、教堂、橘园和马厩等附属建筑物。为了更加便利地出入凡尔赛宫，孟莎在宫前修建了三条大道，呈放射线状。除此之外，孟莎还修建了大量的住宅和办公用房，以期吸引周围的居民到凡尔赛镇居住。1682年5月6日，路易十四将法兰西宫廷从巴黎迁到了凡尔赛镇。1688年，凡尔赛宫的主要建筑部分完工。1710年，凡尔赛宫的所有工程修建完毕。

唐宁街10号

唐宁街10号，是一所乔治风格的建筑物，位于英国伦敦威斯敏斯特区白厅旁的唐宁街。它拥有一扇黑色的大门，门上有白色的阿拉伯数字"10"。

关于唐宁街10号的历史，可以追溯到17世纪。1650年，乔治·唐宁从美国哈佛大学毕业后回国，辅助奥利弗·克伦威尔执政。1658年，克伦威尔去世后，唐宁得到流亡海外的查理二世的重用。查理二世复辟后，唐宁获得了汉普登楼的收租权。1682年，唐宁取得了汉普登楼的租契。他将原有的房屋一并拆毁，并在街道的北面修建了20幢排屋。1684年，全部修建工程完毕。这条街道被英国皇室赐封为唐宁街。后来，乔治·唐宁去世，英国皇室收回了唐宁街的租契。英国国王乔治二世执政的时候，第一财政大臣罗伯特·沃波尔爵士为英国做出了巨大贡献。作为奖赏，乔治二世想要把唐宁街10号赐给他。然而，罗伯特·沃波尔没有接受英王的赏赐，并提议将唐宁街10号作为今后历任财政大臣的官邸。最后，乔治二世接受了他的建议。获得入住权后，罗伯特·沃波尔决定，将唐宁街10号旁边的房屋和马厩等，一起合并到唐宁街10号。1735年，唐宁街的合并工程完工。同年9月23日，罗伯特·沃波尔入住唐宁街10号。1742年，罗伯特·沃波尔卸任第一财政大臣后，搬离了唐宁街10号。此后，一连20年间，继任的财政大臣都没有入住唐宁街10号。直到1783年，英国首相小威廉·皮特才又入住唐宁街10号，前后共住了20年的时间。此后形成惯例，首相都入住这里。

白金汉宫

白金汉宫，原称为白金汉屋，意思是"他人的家"。白金汉宫是英国王宫，位于英国伦敦的威斯敏斯特区内。1703年，白金汉宫由白金汉公爵修建。整个王宫是一座正方体的灰色建筑，共有四层，宫内有典礼厅、音乐厅、宴会厅、画廊等600多间厅室。在王宫的主体建筑外，还设有一座御花园。

1726年，英国国王乔治三世购买白金汉宫。当时，白金汉宫用来当作帝国纪念堂、美术陈列馆、办公厅和藏金库。1761年，英国国王乔治三世开始扩建白金汉宫。后来，乔治四世任命约翰·纳什担任总工程师，在原来的建筑基础上，将白金汉屋变成了白金汉宫。1837年，维多利亚女王继位后，白金汉宫成为王室正式居住的行宫。1931年，白金汉宫的外墙面用石料重新进行装饰。与此同时，王宫内收藏了许多绘画和精美家具。尤其是艺术馆大厅，陈列着英国历代的君王王后的画像和雕塑。

现在，白金汉宫依然作为王室的府邸，由现任的伊丽莎白女王居住。

哲学

古希腊哲学

古希腊哲学又称古希腊罗马哲学，是西方哲学的早期阶段。古希腊哲学出现于公元前6世纪到公元5世纪，主要集中在希腊本土以及地中海沿岸，特别是小亚细亚西部、意大利南部地区。这一时期哲学的主要课题是辩论与质询，属于哲学的萌芽阶段。西方哲学后来的发展几乎全部植根于古希腊哲学，无论是文艺复兴、启蒙运动还是近代科学的发展，都曾受到古希腊哲学的影响。

古希腊哲学的发展大体可分为三个阶段：

第一阶段：自然哲学时期。公元前6世纪，东方伊奥尼亚地区盛行世界的本原是物质的说法，持这种观点的哲学家认为，世界是由水、气、火、土等元素组成而非由神制造产生的。这些观点是西方最早的唯物主义哲学理论，主要代表流派为米利都派。大概在同一个时候，还出现了另一种世界本原说，即世界的本原不是具体的物质，而是一些抽象的法则，比如毕达哥拉斯的"数"理论和巴门尼德的"存在"理论。世界本源命题的提出为古希腊后期的哲学发展开了先河。

公元前5世纪，人本主义思想在雅典形成。其形成的主要原因是，古希腊的雅典通过民主改革，实现了民主政治，一跃成为古希腊经济、政治和文化的中心。由于民主政治的需要和雅典的繁荣，许多学者纷纷来到雅典，其中包括一群被称为"智者"的思想家，他们以演讲为业。这些思想家们不关心世界的本原问题，他们关心的是社会伦理问题，这些智者们将"人"作为研究的重心。普罗泰戈拉是当时的代表人物，他提出的"人是万物的尺度"的口号就是这一时期的重要哲学命题。这一命题的出现使得古希腊哲学带有主观唯心的色彩，并导致怀疑论和不可知论的出现。

第二阶段：希腊化时期的哲学。公元前336年，亚历山大大帝建立起横扫欧、亚、非三个大陆的亚历山大帝国，古希腊文化依靠亚历山大大帝的统治传播到了其他的大陆。这一时期是古希腊唯物主义哲学的飞速发展时期，出现了一个主要的代表人物——伊壁鸠鲁。伊壁鸠鲁继承并发展了德谟克利

雅典的帕特农神庙
帕特农神庙所在的雅典卫城，是哲学家们青睐的宣讲场所。

特的原子论，并合理地解释了必然事件与偶然事件的发生机理。由于这一时期战争不断，所以哲学命题逐渐倾向于研究人生的目的与幸福的获取上面，即倾向于伦理学。伦理学主要有三个学派，伊壁鸠鲁学派认为，幸福不是享乐，不是放纵情欲，而是身体的健康和内心的平静；斯多阿学派认为，获得幸福就要禁欲，就要崇尚宗教，克制一切欲望；怀疑论者认为，以人类的认知能力不可能对事物有全面的了解，所以为了避免无谓的争论与可恼，最好通过无动于衷的态度来达到快乐的境界。

第三阶段：古罗马哲学时期。古罗马哲学继续延续着古希腊哲学的观点，其中比较著名的古罗马哲学家是卢克莱修和琉善，他们坚持唯物主义反对唯心主义，忠于德谟克利特和伊壁鸠鲁的原子论学说。到了古罗马后期，由于奴隶制度的没落，唯心主义思想开始盛行，这一时期最为盛行的是折中主义哲学和神秘主义哲学。到了罗马帝国后期，"教会哲学"开始产生。从此古希腊哲学沦为教会的工具，并开始向中世纪的哲学过度。

德国古典哲学

德国古典哲学出现于18世纪末19世纪初，其创始人是德国哲学家康德。德国古典哲学是欧洲工业革命时期的重要哲学理论，是马克思主义理论的三大来源之一，它涉及当时社会很多重大问题，是西方古典哲学向现代哲学的过渡理论。

康德是德国古典哲学的创始人，他在学习前人哲学思想之后发现，以前的唯物主义和唯心主义、理性主义和经验主义都存在着缺陷，都未能帮助人们解决怎样才能认识世界本原的问题。康德在总结了前辈的哲学思想后，提出了自己的哲学观点，他认为人们在认识世界之前，先要研究人们是否具有认识世界的能力，以及世界是否存在被人们认识的可能性。在这种观点的支持下，康德提出了"物自体"的概念，他认为，"物自体"原则上是不能被人认识的，人们见到的现象只是"物自体"作用于人们感官产生的"表象"。

康德的理论影响了费希特，费希特的哲学理论脱胎于康德的理论，但他不承认康德的"物自体"学说，他认为"物自体"本身就是无稽之谈，是康德为了把思维和存在分割开来而提出的一种错误的概念。费希特在否定了康德理论的基础上，提出了自己的"知识学"哲学理，他的体系主要是要求人们回归"自我"，不去研究"自我"以外的东西。"知识学"体系主要有三个基本观点：第一是"自我建立自身"，即"自我"是一种不证自明的存在，是不依赖于任何事物的一种存在；第二是"自我建立非我"，即一切"非我"都是依据"自我"建立起来的，"非我"是"自我"的表象；第三是"自我建立本身和非我"，即"绝对自我"，在这一原理中本客体都被统一于"绝对自我"中，不存在康德理论中的思维与存在的分离。

谢林一开始是费希特理论的信徒，但后来对他的理论产生了怀疑，并提出了自己的理论。谢林同样不承认康德的"物自体"学说，但他对费希特的一切从"自我"出发的理论也不完全赞同。他认为，"自我"和"非我"是互相依存的，是谁也离不开谁的，要想解释"自我""非我"、思维与存在的关系，那么就必须有一个更高于它们的存在，有了这个存在，它们的关系就迎刃而解了。于是，在这一理论基础上，谢林提出了自己的"同一哲学"。但谢林的理论并没有脱出费希特提出的"精神实体"的范畴，他的"同一哲学"是一种比费希特哲学更高的精神实体。

黑格尔是德国古典哲学的集大成者，在

前辈哲学的基础上，他建立了一套庞大的客观唯心主义体系，并对前人提出的关于世界本原的问题给出了他自己认为的回答。黑格尔认为，绝对精神或绝对理念是永恒的世界本原，自然界和人类社会都是从精神中派生出来的。黑格尔用自己的理论批判了康德的理论，他认为，康德企图在认识世界之前先考察人类的认知能力是错误的，因为考察人的认知能力时只能在认知过程中进行考察，在认知之前考察就好比在学会游泳之前先进行游泳能力考察一样可笑。黑格尔在批判康德时贯彻了辩证法，使得他在德国古典哲学中占有极其重要的地位。黑格尔还批判了费希特和谢林的理论，并在他们的理论基础上建立了自己的学说。

印度哲学的发展

印度哲学是源于印度的一门古老哲学，古称"见"，哲学在印度语中是"探究学问"的意思。

古代印度学产生于原始公社末期，成型于奴隶社会，最早的哲学著作是《奥义书》，该书中有关于朴素唯物主义和朴素唯心主义的记载。公元前10世纪，印度唯物主义者和唯心主义者之间出现了斗争，最终以唯心主义的婆罗门教获胜，获胜后的婆罗门教下令销毁唯物主义著作，以维持自己的统治地位。中世纪时期，印度的宗教已经占据了统治地位，印度的哲学流派在这一时期主要被分为两派。数论派、瑜伽派、胜论派、正理派、吠檀多派、弥曼差派这六派哲学由于尊重宗教的统治地位，被称为正统派；顺世派、佛教、耆那教等派别由于反对宗教的统治，被称为非正统派。

受西方近代哲学的影响，印度新出现的启蒙思想家对印度中世纪的正统哲学流派发起了反击，他们要求印度哲学应该对世界的本质做出唯物主义和合乎科学的说明。马克思主义哲学传入印度后，印度进步哲学思想和传统哲学思想斗争更加尖锐。现代印度哲学中最主要的哲学思潮是"新吠檀多主义"，它是在现代哲学的影响下，在印度产生的哲学新形态；"新吠檀多主义"主要的特点为，在重视理论联系实际的同时，更加强调内心的审视，最终到达心灵的清净。

印度哲学以古代经典吠陀经典为基础，具有强烈的实用主义精神，以救赎人的灵魂为己任，产生了西方哲学中没有的灵魂转世说；印度哲学具有无与伦比的包容性，同时也鄙视人世，逃避人生。

元素说

元素说是古人在没有科学的实验方法时，通过主观臆断描述世界组成的一种学说。比较著名的元素说是中国的五行学说和希腊的四元素学说。

五行学说认为，世界万物都是由金、木、水、火、土这五种元素的相互作用产生的。这五种元素相互克制又相互依存，比如说金克木，但木生火，火又克金；木克土，但土生金，金又能克木；其根本规律为"我对谁有利、我对谁有害或谁对我有利、谁对我有害"，这就是五行相生相克理论。这种理论其实是古人认识世界的一种方式，属于朴素哲学的范畴。比如中国古代的天文学、气象学、化学、数学、音乐和医学都是在建立在五行学说的基础上的，另外被外国人称道的辩证法三大规律也没有离开五行学的范畴。

"四元素"学说来自古希腊，这一学说是亚里士多德提出的，他认为万物都是由"土、气、水、火"这四种物质组成的，如土最重，构成了地球的核心；水较轻，构成了海洋；气和火最轻，构成天空和动力。"四元素"学说也强调元素间的互相作用，它们之间的作用机制是"冷-热，干-湿"。如干加热后就是火，湿加热后就成了气，干加冷后就成了土，湿加冷后就是水。这一理论对西方社会产生过较深远的影响，比较著名的是西方医学之父希波克拉底根据"四元素"学说提出的"四种液体"学说。他认为肝制造血液属气，肺制造液体属水，胆囊制造黄胆汁属火，脾制造黑胆汁属土，人之所以生病就是因为这四种元素的平衡被打乱的结果。

归纳法

归纳法是通过举出许多个特殊的事例或分论点，进而归纳出它们所具有的共性，最终得出一个一般性的结论的认知方法。归纳法主要有两种观察方法，一种是对具有特殊性的代表事物进行观察，另一种是对反复出现的事物进行观察。

古典归纳法，又称古典归纳逻辑，是由培根创立，经穆勒发展而成的一种认知方法，主要的理论依据是普遍因果律和自然齐一律。现代归纳法是建立在概率上的，由梅纳德·凯恩斯创立，由莱辛·巴哈、卡尔纳普·科恩等发展，建立起来的一种归纳逻辑。现代归纳法主要研究的是，个别性的前提是否可以对一般性的结论提供某种程度的证据支持，前提对于结论支持的概率是多少。现代归纳法目前还处于发展阶段。

唯心主义

唯心主义又叫作唯心论或理念论，与唯物主义相对，是讨论思想、心灵、语言及事物等彼此之间关系的一门理论体系。唯心主义在处理哲学问题上主张精神、意识第一，物质第二，即意识决定物质，物质依赖于意识。

主观唯心主义是把个人的某种主观精神如感觉、经验、心灵、意识、观念、意志等看作是世界上一切事物产生和存在的根源与基础，而世界上的一切事物则是由这些主观精神所派生的，是这些主观精神的显现。在主观唯心主义者看来，主观的精神是本原的、第一性的，而客观世界的事物则是派生的、第二性的。中国宋明时期的陆王学派的"心即理""吾心即是宇宙""心外无物""心外无理"，英国贝克莱的"存在就是被感知""物是观念的集合"等观点，就是有代表性的、典型的主观唯心主义和唯我论观点。

客观唯心主义是唯心主义哲学的两种基本形式中的一种。客观唯心主义认为某种客观的精神或原则是先于物质世界，并独立于物质世界而存在的本体，而物质世界或现象世界则不过是这种客观精神或原则的外化或表现。前者是本原的、第一性的，后者是派生的、第二性的。中国宋代程朱理学的"理"，古希腊柏拉图的"理念"，德国黑格尔的"绝对观念"，就都是这种作为世界本体的客观精神或原则。客观唯心主义承认独立于人的意识之外的客观世界，强调作为世界本原的"精神本体"，是内生于客观世界自身的，而且这种"精神本体"又都不约而同地带有"事物规律"的含义，这就使客观唯心主义常常不自觉地走向自然。

绝对唯心主义，包含唯心主义的所有共同特点，黑格尔在他的《逻辑学》的末尾对"绝对理念"进行了详尽阐述。在追究世界的本源元素时"绝对唯心"陷入了与"客观唯心"一样的观点，但不同的是"绝对唯心"对"神灵是实体"进行了否定。

唯物主义

唯物论主义是与唯心主义相对的一种哲学思想。这种哲学思想认为物质决定意识，意识是客观世界在人脑中的反映。也就是说"物质第一性、精神第二性，世界的本原是物质，精神是物质的产物和反映"。朴素唯物主义可分为东方和西方古典唯物主义，比如说中国的"五行"学说和西方的"四元素"学说。

机械唯物主义产生于17世纪时的英国，当时的英国正处于资产阶级革命时期，由于资本主义发展的需要，一些英国的唯物主义者发展出了一套与之相适应的理论，即机械唯物主义。机械唯物主义的主要观点是，机械力学是推动社会主义变革的主要力量，社会主义变革是在机械力学的作用下产的。

历史唯物主义为马克思和恩格斯所创立。他们称它为"唯物主义历史理论"或"唯物主义历史观"。历史唯物主义者认为历史发展是有其特定规律的，即生产力决定生产关系，生产关系对生产力有反作用，生产关系一定要适应生产力的发展。该理论的主要观点是，生产力是社会进步的尺度，生产力的发展水平，决定人类社会的进程。

辩证唯物主义又称现代唯物主义，是马克思、恩格斯在黑格尔和费尔巴哈的理论基础上，结合自然科学、社会科学和思维科学等学科，创立的一套系统、科学的逻辑理论思维形式。辩证唯物主义的主要观点是，世界在本质上是物质的，物质是第一性的，意识是第二性的，意识是客观物质世界在人脑中的反映；任何事物都是一分为二的，又是对立统一的；物质世界是在不断地运动、变化和发展。辩证唯物主义深刻地揭示了事物发展的根本原因，是唯物主义的高级形式。

理性主义

理性主义是建立在承认人的推理可以作为知识来源的理论基础上的一种哲学方法。

理性主义一般被认为是随着笛卡儿的理论而产生的。笛卡儿认为只有一些永恒的真理可以单纯靠推理产生，其余的知识则需要借助经验和必要的科学手段来获得。典型的理性主义者认为，人类首先天生地掌握一些基本原则，随后可以依据这些原则推理出其余知识。但是持这一种观点的理性主义者则认为，除了数学外，人们不能单纯依靠推理得出其他知识。

新托马斯主义

新托马斯主义是19世纪末出现的一种基督教哲学新形态，是经由罗马天主教教会承认的官方哲学，新托马斯主义又叫作新经院哲学。

1879年8月4日，罗马教皇利奥十三世颁发《永恒之父》通谕，通谕中有"复兴托马斯黄金般的智慧"的句子；1894年1月《新经院哲学评论》出版，新托马斯主义在《评论》中正式出现。两次世界大战后，新托马斯主义随着战争传遍了西欧各国，后又传到美国等北美地区。

新托马斯主义是致力于理性和信仰、科学和宗教、人类和上帝、人性和神性之间的一种调和主义，这个主义类似于实用主义，是一种靠近于神学的中间主义。新托马斯主义一方面信奉亚里士多德的形而上学理论，并将其看作永恒的哲学；一方面也承认人类具有理性，以及理性判断的正确性。对于自然科学，新托马斯主义认为，自然科学的不断进步就是不断发现上帝的过程。

解构主义

解构主义是一种批判主义，它的主要内容是对西方自柏拉图以来形成的形而上学的哲学传统进行批判。解构主义最早是由一位叫作德里达的哲学家在批判语言结构主义时提出的，他当时的核心观点是，对单体的研究比对整体的研究更加重要，因为单体本身就已经具有意义，整体只不过是单体的整体体现。

解构主义的出现并不是没有原因的。19世纪末，尼采的"上帝死了""重估一切价值"的理论开始在西方传播开来。由尼采开始，质疑理性、颠覆传统的思潮开始兴起，此后出现的海德格尔存在主义和西方批判主义，为解构主义的出现打下了理论基础。1968年，法国发生了一场声势浩大的学生运动，这一运动席卷了整个欧美地区，并一度导致政治危机的出现。运动被镇压后，参与这次事件的许多激进的革命学者并没有放弃，他们转而对资本主义的学术思想进行拆解，并最终发展成为解构主义。

解构主义批判的重点是传统哲学的中心"逻各斯"。什么是"逻各斯"？德里达曾给过这样的解释："西方传统哲学认为，万物背后都有一个根本原则，一个中心语词，一个支配性的力，一个潜在的神或上帝，这种终极的、真理的、第一性的东西构成了一系列的逻各斯……它近似于'神的法律'。"解构主义就是要破坏传统哲学中的"逻各斯"，将其单元化。

解构主义最直观的应用领域是建筑。在建筑上，解构主义建筑师们一样秉承了解构主义的理论精髓，他们不喜欢传统的建筑风格，他们喜欢运用相贯、偏心、反转、回转等手法，建造看上去凌乱、不安定且富有动感的建筑物。埃森曼是建筑解构主义的代表人物，他发展了建筑的解构主义理论，他认为使"文章本体"具有意义的是语法、语义和语音，使建筑有意义的也应该有一套建筑的语言。他的这一理论加深了解构主义在建筑领域的应用。此外，解构主义在语言学方面也有类似的应用。

西方死亡哲学的发展

西方死亡哲学产生于古希腊罗马时期，是在西方人对死亡问题思考过程中产生的，其发展史从原始社会一直持续到现代社会。从总体上看，死亡哲学大致经历了从量变到质变的过程，既有阶段性又有统一性。

从赫拉克利特和毕达哥拉斯到伊壁鸠鲁和塞涅卡，死亡哲学的流派林立，观点也是多种多样，但无外乎两点，即重生或者重死。伊壁鸠鲁则根本不承认死亡，他说："最可怕的恶是死，但死却与我们毫无关系，因为我们活着的时候，死亡还不存在；当死亡来到的时候，我们又已经不存在了。"不过伊壁鸠鲁所认为的"死"还只是停留在个体的死亡阶段，他没有意识到一个人的死会给别人带来巨大的伤痛。伊壁鸠鲁的想法大体符合古希腊时期死亡哲学家们的特点，即喜欢"各引一端，崇其所善"。

中世纪时期的死亡哲学源自古希腊时期，中世纪的死亡哲学可以看成是古希腊时期死亡哲学的神学化。这一时期的死亡哲学可以概括为"若不能死，就不能生"。近代哲学通过对教会哲学的对抗，发出了"我自己是凡人，我只要求凡人的幸福"的口号，文艺复兴时期，人们开始将今生作为第一要务，对神灵和死亡则采取漠视的态度。

死亡哲学从近代跨入现代的行列是通过康德和费尔巴哈的理论完成的，尤其是费尔巴哈，他提出的"神是人的本质的异化"的观点，喊出了"从人本学观点论不死"的口号，这让西方人从神学的死亡哲学中走出来，开始直面真正的死亡。

西方现代哲学

西方现代哲学是一个总称，一般是指黑格尔之后至今的西方哲学。

分析哲学是在弗雷格建立的现代一阶逻辑上产生的，主要代表人物是罗素。罗素的摹状词理论的提出使得分析哲学开始蓬勃发展，摹状词理论也成为分析哲学的经典理论。

分析哲学的灵魂人物是维特根斯坦，他的两本著作《逻辑哲学论》和《哲学研究》指明了分析哲学的发展方向，即分别向人工语言研究方向发展和向日常语言研究方向发展。分析哲学的主要流派是罗素提出的逻辑原子主义，这一流派随着战争进入美国，并很快成为美国的主要哲学流派，美国也依靠这一流派一跃成为现代哲学界的罗马帝国。之后，逻辑原子主义与美国的实用主义相结合，形成了许多其他的哲学流派。

西方马克思主义包括很多流派，比如分析哲学的马克思主义、现象学的马克思主义、法兰克福学派等。由于以上学派只有法兰克福学派形成了运动，所以，西方马克思主义一般指法兰克福学派持有的主义。法兰克福学派的主要特色是，把马克思主义中的社会批判理论和弗洛伊德主义的性分析结合起来，从广义的文化上对社会进行批判，该主义在第二次世界大战后曾有强大的影响。

分析哲学的产生和发展

分析哲学是以语言分析作为哲学方法的一个哲学流派，其主要方法包括人工语言的分析方法和日常语言分析方法。分析哲学理论最早出现于19世纪的德国，创始人是德国哲学家、逻辑学家弗雷格。后经罗素、摩尔、维特根斯坦等人的发展，成为英国的主要哲学流派。

逻辑经验主义学派的主要观点是，对科学语言进行逻辑分析是当代哲学的主要任务，物理语言应该成为科学的普遍语言。日常语言学派的观点是，日常语言本身是完善的，哲学家们背离了日常语言的正确用法后，哲学的混乱才产生，只要对日常语言的用法加以研究，就可以使哲学重新步入正轨。

第二次世界大战期间，德国的许多哲学家相继迁到了美国，分析主义哲学也被带到了美国，并取代了美国实用主义哲学的主导地位。一些美国的哲学家将自己的理论和分析主义结合后，出现了"概念的实用主义""科学的经验主义""逻辑实用主义"以及言语行为理论学。

实用主义哲学

实用主义是源于希腊，成熟于美国的一种哲学思想，是在理性主义和经验主义中间开辟的第三条途径。实用主义的创始人詹姆士承认，在一定意义上实用主义是"一些旧思想方法的新名称"。

实用主义出现于美国，信仰实用主义的哲学家也都出生在美国，这主要是因为美国建国较晚，没有很深的封建主义思想束缚，个人主义和利己主义在美国占据着上风的原因。实用主义的主要观点是，经验和知识是改变现实的工具，原则和推论是次要的，它们的正确与否主要取决于它们能否带来实际效果。从这个意义上讲，实用主义是一种人们对待世界的方法，它并不像其他的哲学理论要用假想的理论证明自己的正确性，而是直接看待自己使用的理论所取得的效果。詹姆士指出，实用主义不再关注原始的抽象的理论，它关注的是理论所能制造的实际效果。

精神分析学说

精神分析学说是由奥地利心理学家弗洛伊德创立的一种理论，这个学说的主要观点就是，每个人都存在着一种潜意识，当人的欲望不符合社会要求而被压制下去的时候，就会产生这种潜意识。潜意识理论也是精神分析学说的基础。

弗洛伊德的精神分析学说主要包括两个时期，其中在1920年以前的理论叫作早期理论，主要包括：一、人的心理可以分为意识、潜意识和无意识三个部分，其中意识就

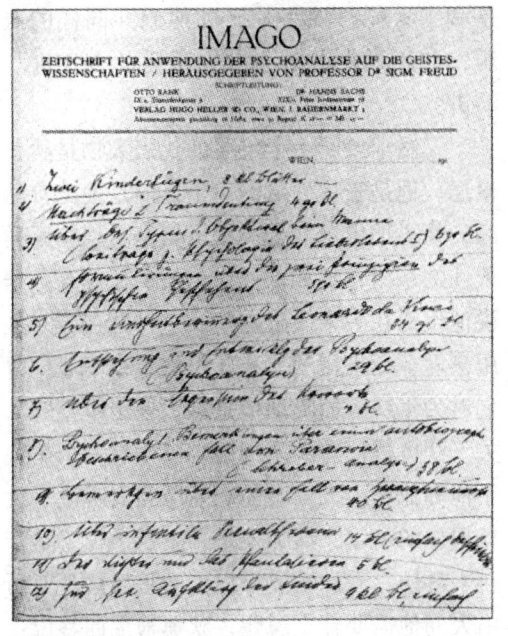

弗洛伊德笔记手稿

是本人目前可以认识到的内容，潜意识是指目前认识不到，但是可以通过回忆认识到的，无意识是指通过回忆也认识不到的；二、当人的本能欲望因不符合社会要求而被压制下去的时候，人们就很难认识到自己的这种欲望，这种现象被称为抗拒；三、弗洛伊德认为人一生当中的所有行动都伴随着性本能冲动，性有一种驱使人追求快感的力量，叫作性力；四、每个人的心理都有两个系统，其中一个受本能支配，另一个受现实支配。

1920年之后，弗洛伊德对自己的理论进行了很多的修正。这段时期他的理论被称为后期理论，包括：一，生存本能和死亡本能理论，人的性本能和自我本能的目的都是为了生命的增长，这叫作生存本能。而死亡本能表现为求杀的欲望，当这种欲望受到挫折时，就会表现出自杀的倾向。二，精神结构理论，弗洛伊德提出人的精神分为本我、自我和超我三个部分，其中本我是先天的无意识的部分，自我是意识部分，而超我就是通常所讲的良心或者理想。

存在主义的产生和发展

第一次世界大战后，物质的极大丰富与战争的残酷之间形成的对比使人们异常迷茫，信仰的缺失使人们缺乏归属感。人似乎成了一个支离破碎的存在物，被一种无可名状的异己力量所左右，无力改变自己的处境。人与人、人与世界无法沟通，人在一个毫无意义的世界上存在着。在人们迫切需要一种理论来化解自己的异化感觉时，存在主义就应运而生了。

存在主义是一个很广泛的哲学流派，主要包括有神论的存在主义、无神论的存在主义和存在主义的马克思主义三大类，其根本的特征是把孤立的个人的非理性意识活动当作最真实的存在，并作为其全部哲学的出发点，以强调个人、独立自主和主观经验。存在主义认为，世界没有终极的目标，人们生活在一个有敌意的世界中，而且无法避免选择他们的品格、目标和观点，世界和我们的处境的真相最清楚地反映在茫然的心理不安或恐惧的瞬间。

存在主义的思想渊源主要来自索伦·克尔凯郭尔的神秘主义、尼采的唯意志主义和胡塞尔的现象学，在20世纪流传非常广泛。

存在主义是一个哲学的非理性思潮，它的思想对当时的文学、精神分析学和神学都产生了极大的影响。

智者运动

古希腊的哲学家们有一个共同的名字——"爱智者"，这些人都是饱学鸿儒之士，并且富有人文主义精神。他们强调民主，重视人的价值，喜欢用辩论或演讲的方式讨论国家大事，智者运动就是这些人发起的。

古希腊的雅典是一个讲究民主的城市，这个城市里的居民喜欢航海、贸易，也喜欢战争。通过以上的方式，雅典人接受了很多其他国家的制度和技术，比如东方的商品经济制度和小亚细亚的金币铸造技术。

希腊的奴隶制度开始萌芽后，新兴的工商奴隶主阶层逐渐成了雅典城的公民，为了保障自己的利益，他们要求参加国家政策的制定，但是他们并不具备这样的知识，因此他们找到具有这样知识的"爱智者"，并希望智者能够传授给他们参政的知识。"爱智者"接受了这些公民们的要求，并在公民中演讲，告诉他们人的价值以及参政议政的知识。这些后来的奴隶主们也大力支持"爱智者"的行为，智者们受到了很大的鼓舞，并最终形成智者运动。

智者运动的代表人物是普罗泰戈拉，他提出了"人是万物的尺度"的口号，这一口号的提出被认为是人类自我意识的第一次觉醒，他也因为这一口号的提出被誉为人类思想解放的先驱。智者运动的出现标志着古希腊原始自然科学的终结，哲学家们也从注重寻找"生命本源"的命题回归到解决实际问题的命题上来。智者运动对后来西方的人文思想、民主思想和个人主义的产生铺平了道路。

犬儒学派的创立

所谓的"犬儒"，就是像狗一样生活的大儒们。犬儒学派创立于古希腊时期，创始人叫安提西尼。安提西尼在一个叫作据诺萨格（Kunosarges）的体育场做过一次演讲，由于"Kuno"在希腊语中是狗的意思，所以人们将安提西尼这类人称为犬儒，他创建的学派称为犬儒学派。

安提西尼在年轻时是一个中规中矩的人，他结交贵族子弟，乐于享受生活。但是当他不再年轻时却性情大变，摒弃了他以前所有的信仰，只将纯朴的善良作为自己毕生追求的目标。他不再结交贵族子弟，而是和工人们打成一片，和他们穿同样的衣服，并用最普通的人都能听懂的方式进行演讲。

犬儒学派的一个重要的代表人物是狄奥根尼，他是安提西尼的学生，但是他比自己的老师更加出名。狄奥根尼摒弃一切非人类天性的东西，比如宗教、风俗、礼仪等。据说他生活在一个大缸之中，这种缸在当时是用来埋葬死人用的。狄奥根尼不谋职业，以乞讨为生。人们笑话他是狗，他也不生气。关于狄奥根尼有很多传说，其中有一个是关于他和亚历山大大帝的。亚历山大听说了狄奥根尼的名字，认为他是一个贤人，于是亲自去拜访，看到狄奥根尼生活很拮据，亚历山大问他需要什么恩赐，狄奥根尼回答说："只要你别挡住我的太阳光。"

米利都学派

最早讨论生命起源的有三个人，分别是泰勒斯、阿那克西曼德和阿那克西美尼。这三个人对生命起源这一问题观点类似，并且他们都是米利都人，所以后人将他们的理论称为米利都学派。

公元前6世纪，希腊的人们普遍认为众神创造了生命，人类是神的儿子，但是泰勒斯并不同意这一观点。他经过仔细的观察后发现，一切生命都是以湿的东西为养料，孕育生命的种子也是湿的，所以他提出了万物源于水的观点。这一观点正确与否并不重要，重要的是，这个观点的提出让人们的思想从神话思维进入到逻辑思维。这一观点的提出在西方开创了一个新的时代，即朴素哲学时代，泰勒斯也因此被西方人誉为"西方第一位哲学家"。

同意并发展了泰勒斯理论的另一位哲学家是阿那克西曼德，他是泰勒斯的朋友和学生。他接受泰勒斯的逻辑思维方式，但是他并不同意万物源于水的观点,他认为万物是源于"无定"。一切生命从"无定"中来最后又回到"无定"中去。他还提出,"无定"内部只有两种东西,那就是冷与热,在热的不断运动下,"无定"最终破裂开来,形成了万物。阿那克西曼德提出的"无定"中有混沌的概念,另外他的哲学中还有了对立的思想,在"无定"中存在的冷与热这两种东西就是对立的。

阿那克西美尼是米利都学派的第三位代表人物,他是阿那克西曼德的朋友和学生。他把老师提出的观点运用到了现实中,并提出了自己的观点。阿那克西美尼认为"无定"这种物质过于虚无缥缈,于是他提出了"气生万物"的说法。他认为"气"升腾就变成了火,凝结就变成了水,再凝结就成了冰,然后是岩石和大地。他还指出,神也是由气生成的,而且人的灵魂也是某种"气"。

米利都学派首次提出了"生命源自哪里"这一命题,并进行了探索,这一学派将人们的神话思维转到了逻辑思维上,从此拉开了西方哲学史的序幕,对全世界哲学的发展都有着极其深远的影响。

伊壁鸠鲁学派

伊壁鸠鲁是原子唯物派的继承人,他没有全盘接受德谟克利特等人的观点,而是在批判的基础上发展了自己的理论,最后自成一派,后人称之为伊壁鸠鲁学派。

德谟克利特认为原子只有一种运动方式,那就是自上而下的垂直运动,根据这一运动规律,德谟克利特认为人的行为是必然的。但是伊壁鸠鲁否定了德谟克利特的观点,他认为,原子是有质量的,在自上而下的运动中,原子间会发生碰撞,从而使原子的运动发生倾斜,从而造成"偶然性"事件的发生。在感觉问题上,德谟克利特提出人类有两种感觉,即理性的感觉和感性的感觉,他认为当人们感觉的事物过于渺小时,感性的感觉就靠不住了,这时候就要靠理性的感觉来感知。但是,伊壁鸠鲁有不同意见。他认为人们感知到的一切都是真实的,这是他判断真理的三大标准之一。

伊壁鸠鲁判断真理的三大标准是:感觉、预见和情感。他认为这三个标准是判断真理的途径和获得知识的方法。在他的准则学中,他论证了这三个标准的正确性。首先是感觉,他认为感觉是绝对正确的,因为同类的感觉不能互相反驳,因为它们是相同的;异类的感觉也不能互相证明对方是错的,因为它们是不同的。其次是预见,所谓的预见就是一种前定的观念,伊壁鸠鲁认为预见是"自明的",是"名称依赖的基础"。以认识"人"这件事物来说,只有认识者在脑中有"人"这个概念时才能知道人是什么。最后是情感,在伊壁鸠鲁看来人主要包括两种情感,即快乐和痛苦。人们趋利避害,寻求快乐也是一种真理。

伊壁鸠鲁的伦理哲学被后人认为是感觉哲学、享受哲学、快乐哲学,后来成了享乐主义的代名词。在《致美瑙凯的信》中伊壁鸠鲁写道:"快乐是幸福生活的开端和目的,我认为快乐是首要的好,以及天生的好。我们的一切追求和规避都开始于快乐,又回到快乐,因为我们凭借感觉判断所有的好。"伊壁鸠鲁认为,快乐并不是平白就产生的,它总是伴随着痛苦而来。他说:"只有当我们在缺少快乐感到痛苦时,快乐才对我们有益。当我们不再痛苦时,我们也就不再快乐了。"伊壁鸠鲁将人类产生痛苦的原因归结为人类的欲望。伊壁鸠鲁将人的欲望分为三种,一种是自然而又必须的,一种是自然而又非必须的,一种是非自然而又非必须的。他将后两种欲望归为"奢侈",并认为痛苦之所以产生,是因为追求奢侈生活而不可得。

说谎者悖论

公元前6世纪有一个叫作艾皮米尼蒂斯的哲学家提出了一个悖论,这个悖论难倒了很多人,也引起了很多人的兴趣。

艾皮米尼蒂斯是克利特人,他说:"所有的克利特人都是说谎者。"这就是著名的说谎者悖论。这句话乍一看并不矛盾,但仔细一分析就会发现里面是有圈套的。如果"所有的克利特人都在说谎"这句话是正确的,那么艾皮米尼蒂斯也是克利特人,他也应该是说谎者,因此他说的这句话就是错误的;但是,如果这句话是错误的,那么艾皮米尼蒂斯就不是撒谎者,他说的话就应该是正确的,但显然这与他说的那句话矛盾。其实这个悖论有一个更加简单的形式,如果将"所有的克利特人都是说谎者"设为P的话,那么经过推断就会产生非P的结论,即如果P那么非P。

有人认为这样的悖论就是在搞文字游戏,但是好多科学家并不这样认为。说谎者悖论就曾引起过哲学家、数学家罗素的重视,罗素研究后认为这是子集与合集之间的矛盾,但他并没有解决这一悖论。

原子唯物论

在古希腊的哲学家们探索生命的本源过程中,出现了一个派别,叫作原子唯物派,这个派别的创始人是留基波和德谟克利特。他们认为世界万物都是由"原子"和"虚空"这两部分组成的,并将原子定义为一种无限多的、最小的、不可分割的"存在",而虚空是一种"非存在"。"虚空"类似于米利都学派阿那克西曼德提出的"无定"的观点。

原子唯物论的观点认为,原子和虚空都是存在的,虽然人们看不到原子,但原子却无时无刻不在虚空中运动。他们还提出,原子是实体物质,原子间会相互碰撞,并能黏在一起。这样,原子就会有大小和形状的区别,这些不同的原子就构成了不同的事物。他们还用原子说证明了人类灵魂的存在性。原子唯物派认为,人是存在灵魂的,人的灵魂同样是由无数的原子构成,灵魂原子和空气中的原子互相交流、碰撞,并在碰撞的时候释放能量,产生不同的影像,这些影像就成了人们的思想。他们还用原子说解释了死亡。古希腊晚期的哲学家伊壁鸠鲁发展了原子唯物论,他提出了构成万物的原子是存在质量的说法,并指出原子有大有小,质量各不相同。由于质量的不同,所以它们的运动轨迹也是不同的,这就是为什么会出现偶然事件的原因。

原子唯物论是古希腊自然科学的最高峰,对后来的伊壁鸠鲁乃至文艺复兴有深远的影响。原子唯物论中的原子还被引申为人的自由运动,为西方的民主主义也起到过推动的作用。

唯意志论

唯意志论是一种唯心主义和非理性主义哲学,主要观点是意志是宇宙的本体,意志高于理性。唯意志论的创始人是叔本华,后来尼采继承和发展这一理论,他摒弃了叔本华理论中的悲观观点,提出了"权利意志论"的理论体系。

唯意志论认为"意志"是万物存在和运动的根本原因,是人类生命的基础,即使是人类身体上最小的细胞,也是意志的产物;生物的一切运动都是"意志"的外在体现,理性也是由于"意志"的需要产生的。唯意志论还认为,动物是没有理性的,但在"意志"的支配下它们生活得依然很好;世界的本质只能靠直觉来感知,人类有了理性就无法看清楚世界真正的样子。唯意志论完全否定了自然和人类是独立于意志之外的客观存在，同时也不承认人类能通过主观能动性认识世界的本原。因此唯意志论认为人类的生命是无意义的，无目的的，世界是痛苦的，人们要想脱离痛苦，回归幸福，就只能无欲无求地生活。

尼采继承了叔本华唯意志论的观点，摒弃了叔本华的悲观观点，发展出了他的一套权利意志论体系。尼采认为，人类的生命是有意义的，这种意义就是对权利的渴望、对统治的向往。权利意志论的观点是，权利意志是自然和人类社会发展的唯一动力，是最高的伦理原则，是世界的本质。唯意志论产生于19世纪20年代，流行于20世纪初，对法国和德国的生命科学和历史哲学都产生了很大的影响，特别是对H.柏格森的直觉主义、德国法西斯主义影响甚巨。

马克思主义理论

马克思主义是以19世纪工人运动为实践基础，以德国古典哲学、英国古典政治经济学、法国空想社会主义为理论基础，经过马克思、恩格斯继承发展形成的一套唯物主义理论体系。

马克思主义哲学的前身是德国古典哲学，马克思主义哲学是在其基础上发展而来的，主要包括辩证唯物主义和历史唯物主义两种哲学观点。其中，辩证唯物主义认为：世界的本质是物质的，物质是世界万物的基础。物质决定精神，精神不能产生物质。物质的存在形式是运动，一切物质都在运动中，运动是绝对的，静止是相对的，精神是物质运动的最高形式等。辩证唯物主义是一门关于物体运动规律的哲学，它指出了物体的运动根源在于矛盾。矛盾存在于一切事物当中，并只在对立面相互依存的情况下产生。辩证

唯物主义还指出，实践活动是人们认识事物运动规律的唯一手段，只有在实践中得到证明的理论才具有真理性。历史唯物主义是用历史的眼光研究人类社会运动发展规律的一套理论体系，历史唯物主义认为人类社会主要是由生产力，生产资料和生产关系三部分组成的，生产力在制造生产资料的同时产生了生产关系，生产关系是不断发展变化的。

马克思主义政治经济学的前身是英国古典政治经济学，马克思主义政治经济学主要研究人类各个时代的生产关系，尤其是资本主义国家的生产关系。马克思在观察了资本主义国家劳动力的社会地位后，提出了剩余价值、剩余价值率、绝对剩余价值、相对剩余价值、剩余价值等概念，并对这些概念进行了科学的分析，揭示了资本家剥削工人阶级的秘密，这些概念也构成了马克思主义政治经济学的理论基础。马克思主义政治经济学还指出，资本的积累必然造成两极分化，从而造成无产阶级和资本家们矛盾的升级。

科学社会主义的前身是法国空想社会主义，由于剩余价值的出现，空想社会主义从空想变为有理论基础的支持。科学社会主义是马克思主义理论体系的核心，它的主要目的是研究无产阶级怎样在资产阶级手中获得政权，建立自己的制度，及其可能性。马克思认为，无产阶级必然代替资产阶级，无产阶级革命者通过武装斗争的形式推翻资产阶级的统治，是建立社会主义制度的必由之路。

马克思主义理论以工人阶级的世界观为视角，全面阐述了工人阶级争取阶级解放和人类解放的可行性，是工人阶级认识世界和改变世界的有力武器。

亚里士多德的"四因说"

亚里士多德是古希腊哲学家中的集大成者，他研究了前辈们关于"生命起源"的理

论，形成了自己的一套体系，这就是亚里士多德的"四因说"。四因是"质料因""动力因""形式因"和"目的因"。因为"四因说"，亚里士多德被认为是系统论的始祖。

"质料因"源于米利都学派和原子唯物论，所谓"质料"就是"事物内部始终存在着的那东西"。米利都学派认为生命的本源是水，原子唯物论认为构成万物的"那东西"是不可分割的原子，这就是亚里士多德"质料因"的来源。

"动力因"即万事万物动力的来源。在亚里士多德之前有一个叫作赫拉克利特的哲学家，他提出生命的本原是火。他认为火是各个元素中最纯粹最接近无形的东西，世界就是一团永恒的活火，它不是神也不是人创造的，是世界自己创造了自己。自创造之日起，它就在按一定比例燃烧，并按一定比例熄灭。亚里士多德发展了他的观点，并提出火是万物的动力之源；同时他还吸收了恩培多克勒的"爱憎说"，将动力分为吸引和排斥两部分。

"形式因"即万事万物的表现出来的形式。关于万物为什么以各式各样的形式存在的问题，在亚里士多德以前，毕达哥拉斯就已经研究过了。他认为"数"是万物的本源，事物只有通过某种数量的搭配才能变现出某种形式。比如音乐，毕达哥拉斯认为，声音的和谐与否取决于长短不同、音色各异的音调如何组合。亚里士多德将"数"归为"形式因"。

"目的因"就是事物"最善的终结"。"目的因"植根于巴门尼德的"存在"和阿那克萨戈拉的"理性"，即万事万物都是通过"理性"的"存在"以达到其最后的"目的"。

亚里士多德将这"四因说"写进了自己的著作《物理学》中，并说："除了这四因，我再也没找到过其他原因。但它们是不全面的，有些现象说到了，又像没说到。"

苏格拉底的哲学思想

苏格拉底是古希腊著名的哲学家、思想家、教育家，他和他的学生柏拉图、亚里士多德并称"古希腊三贤"。苏格拉底一生以提问的方式教育自己的学生，所以并没有留下任何的著作，因此研究他的哲学思想并不容易。不过，后人还是在他的学生的谈话记录中知道了他的哲学思想。苏格拉底的主要哲学思想包括心灵的转向说、灵魂不死说、寻求事物的普遍定义、辩证法、教育以及伦理。

智者运动之后，古希腊哲学的主要命题由研究世界的本原回归到研究人上来，但研究只是停留在感性阶段，并不深入。到了苏格拉底时期，哲学对人的研究进入了另一个

苏格拉底之死
苏格拉底因坚持自己的信念而被雅典公民大会判刑，但他神色安然，毫无惧色。

层次。苏格拉底要求人们作"心灵的转向",由研究自然转向研究自我。苏格拉底认为,自然是无时无刻不在变化的,自然的知识是不确定的,因此为了得到永恒的真理,人们应该从认识自己开始。从苏格拉底开始,自我和自然分割开来,自我成了一个单独的实体。此外,苏格拉底认为,人的精神是一种特殊的实体,与物质对立,由此从他开始,西方哲学有了明确的唯心和唯物主义的分流。

苏格拉底想给万事万物下一个普遍的定义。他反对智者们提出的"意见"可以多种多样的理论,认为"真理"只能有一个。苏格拉底指出,自然界的知识是无穷无尽的,人们如果只停留在讨论事物成因上的话,是永远无法找到最终的原因。于是,他提出自己的观点,将"善"作为事物的最终因,即"善"是事物发展的最终目的。苏格拉底的这一观点为西方哲学的唯心主义打开了门户。

苏格拉底的教育方式是"诘问式"的,即通过不断的发问让对方的论据动摇,指出对方的无知,当时的人们称这种方式为"苏格拉底的讽刺",后代的学者却看到了苏格拉底的讽刺中存在着朴素的辩证法思维。苏格拉底将自己比喻为"助产婆",他认为自己并没有知识,而他之所以传授知识是因为,人类本身就"怀"有知识,他所作的只不过是让人们顺利地将知识"生"下来。

苏格拉底建立了一套完善的道德伦理体系,其主要目的就是探讨人们怎么达到至善的美德。苏格拉底认为,人们之所以败坏道德是因为对道德知识的无知,人类只有获得了至善的概念才能达到至善的水平。苏格拉底也给出了达到至善的方式,即通过禁欲和超越后天经验的局限,得到至善的概念,进而达到至善的境界。苏格拉底的这一观点被多个哲学流派继承,并发展为不同的观点,比如强调禁欲的犬儒学派,主张享乐的居勒尼学派等。

柏拉图的理念论

柏拉图哲学是欧洲哲学史上一个庞大的客观唯心主义体系,它论述的命题主要包括宇宙生成说、认识论方面的回忆说、政治学方面的理想国学说以及美学方面的"摹本说"等。不过这些学说都离不开一个核心的理论,即"理念论"。

柏拉图认为每件事物都存在理念,所有事物的产生发展和完善都要依靠自己的理念来完成。柏拉图认为,由理念派生出来的事物可以死亡和腐朽,但是它背后的理念却是永恒的、绝对的、不会消失的。比如"马"是一个理念,马的理念派生出了马这种动物,马要经历从出生到死亡的过程,但马的理念永远不会消失。

柏拉图认为理念派生事物主要有两种方式。第一是"分有",所谓"分有"就是万物分有了理念的概念,产生了具体的事物。比如说美丽的事物之所以美丽,是因为它从"美自身"中分有了美丽。"美自身"就是美的理念。第二是"摹仿",所谓的"摹仿"是人类模仿造物主的理念来创造事物。比如人类模仿造物主那样,首先创造了桌子的理念,然后通过理念创造出现实中桌子的实物。

柏拉图式的爱情

柏拉图是古希腊哲学家,理念论的创始人。柏拉图认为:"当人类没有对肉欲的强烈需求时,心境是平和的……人之所以是高等动物,是因为人的本性中,人性强于兽性,精神交流是美好的、是道德的。"基于这种观点,柏拉图认为爱情应该是一种排斥肉欲、向往沟通的精神交流。柏拉图的爱情观是一种极完美的理想的爱情观，是一种无法实现的爱情观，它主要有以下几方面的观点。

柏拉图的爱情是一种绝对暗恋的爱情，他要求恋爱的双方不求拥有，但求过程，不求得到，只求默默付出，他认为双方同时在付出就是同时在拥有。但是由于这样的爱情得不到对方任何的回报，所以，双方只能像两条平行线一样，没有交叉地走到生命的尽头。

柏拉图的爱情观是一种自由平等的爱情观。柏拉图式爱情由于没有肉欲的介入，它消除了双方的性别因素，因此男女双方在恋爱的过程中是绝对平等的；由于没有肉欲的介入，只有思想的交流，所以柏拉图式的爱情能给予恋爱中的人们巨大的空间和自由。

"中世纪哲学之父"爱留根纳

爱留根纳，爱尔兰人，生于公元800年，卒于公元877年，是"加洛林文化复兴"时期最著名的学者。爱留根纳最早提出信仰应服从理性，他认为"为了达到真正的、完善的知识，最勤奋、最可靠地探求万物的终极原因的途径就在于希腊人称之为哲学的那门学科之中"，因此爱留根纳被誉为"中世纪哲学之父"。除了确定哲学是探究万物的终极途径外，他还对自然做了划分，并对人的存在做了说明。

爱留根纳并不否认信仰，他只是想让信仰更加理性。他也不否认《圣经》和教父们的权威，相反，他认为《圣经》同样是探索真理的一条途径，不过《圣经》只能起到讽喻的作用。爱留根纳承认上帝的存在，他还对三位一体的上帝做出了自己的描述。他将圣父比喻为生命的本源，圣子为生命的理智，圣灵为生命力。

爱留根纳认为自然由四部分构成，分别是：一，创造而非被创造的自然，即上帝；二，被创造而又能创造的自然，即上帝在创造万物时的理念；三，被创造而不能创造的自然，这些自然只能被认识，即世界万物；四，不创造而又不被创造的自然，即万物的归宿，其实也是指上帝。另外爱留根纳还对人这种特殊存在做了解释。爱留根纳认为，人是一种特殊的存在，人是上帝按照自己的样子造出来的，人的心中有上帝的理念存在。但是，人类因为犯罪而丧失了自己的"存在"，人只有被引导才能回到以前的存在状态，即拥有正确理念的状态。

爱留根纳不承认世界上有地狱和天堂，他认为地狱和天堂只不过是人的心灵状态罢了。地狱是人们在犯罪的时候感到的痛苦，天堂是人们在行善时候感到的欢欣。从这一观点出发，爱留根纳认为魔鬼也是可以被救赎的，魔鬼同样可以通过行善的方式净化自己，并最终找回自己正确的理念进入天堂，不过时间要长点。

哲学和科学巨匠笛卡儿

笛卡儿是17世纪法国著名的哲学家和科学家，他在哲学、数学、物理、天文等方面都做出了很大贡献。

笛卡儿是欧洲现代哲学的奠基人，他开创了欧陆理性主义哲学，并第一个建立起自己的完整的哲学体系。他还提出了"普遍怀疑"思想，其中著名的一条就是"我思，故我在"，这一思想影响了欧洲几代人。

在数学方面，笛卡儿的最大成就是创立了解析几何学。他将当时在数学领域占统治地位的几何学，与新兴的学科——代数进行了结合，利用坐标方法来表示几何图形，使得数学研究有了很大进展。同时他还最先使用了很多数学符号，大大简化了数学公式的表达方式。

物理方面，笛卡儿对透镜理论比较重视，他研究了开普勒的光学理论，并自己学习磨制透镜的技术。他认真研究了光的本质以及传播，在理论上推证了折射定律，其中运用到了他自己创立的解析几何学。同时他还发现了动量守恒原理和惯性定律，对物理学的发展产生很大影响。

笛卡儿还将自己的机械论观点用到了天文学研究上，形成了他的宇宙演化理论。他提出了漩涡学说，将天体置于一个旋涡模型中，从而解释了宇宙的起源和天体的形成。他的这个学说第一次采用了力学理论，而非当时流行的神学理论。旋涡模型提出之后，成为 17 世纪最权威的宇宙学说。

莱布尼茨的单子论

莱布尼茨是德国著名的哲学家、数学家，他涉猎广泛，精通哲学、力学等 40 多个领域，由此他被称为 17 世纪的亚里士多德。

莱布尼茨通晓古希腊罗马哲学，对当时的哲学家提出的哲学命题也很感兴趣，最让他感兴趣的是德谟克利特的"原子论"。莱布尼茨承认世界是由原子组成的，但他不承认组成世界的原子是德谟克利特理论中的原子，他认为德谟克利特的原子还是物质的原子，只要是物质就可以再分。莱布尼茨认为构成世界的原子应该是一种精神原子，因为精神原子是最单纯的，绝对不可再分的，只有这样的原子才是构成世界的终极存在，莱布尼茨把这种原子称为"单子"。

莱布尼茨认为单子具有以下四种性质。第一，单子绝对单纯，不可再分；同样单子也不可以通过自然的力量结合或分离，产生或消失，单子只能"突然产生，突然消灭"，即它们来自创造消失于毁灭。第二，单子是一种非物质的精神存在。第三，单子的数量无限大，每个单子的形态都是不同的。第四，单子本身就具有知觉和欲望。莱布尼茨还根据单子存在知觉的级别将其分为三个类别，即低级单子、较高级单子和高级单子。低级单子只具有微知觉，世界上无生命的事物是由这一类单子构成的。较高级的单子存在感性感知和记忆能力，世界上的动物是由这一类单子构成的。最高级别的单子存在理性思维，可以进行推理和判断，因此人类是由这类单子构成的。

莱布尼茨的单子论规定，单子和单子间是不能通过自然力量进行交流的。那么单子是通过什么力量构成世界的呢？莱布尼茨认为一切单子都源于上帝，上帝在创造单子的同时也创造了一套理念，即秩序。单子一产生就具有组成世界的理念，并靠理念互相结合形成世界，莱布尼茨将这一现象称为"前定和谐"。

莱布尼茨的单子论直接导致了神的存在，列宁在《哲学笔记》中说："单子是一种特种的灵魂……物质是把单子粘在一起的糨糊。"从实质上看，莱布尼茨的单子论是一种客观唯心主义。

宗教

宗教起源说

关于宗教的起源，世界上流传着多种说法：

第一是图腾崇拜说，即认为所有宗教都源自图腾崇拜这种古老的社会现象。

第二是自然神话说，即认为自然神话就是宗教最早的表现形式。自然神话中的神是人类对自然物、自然力、自然现象的人格化进而神格化，对神灵的崇拜与敬畏就是在此基础上产生的，这就是最早的宗教。

第三是万物有灵说。原始人推导出灵魂的观念，并将其应用到万物身上，形成了万物有灵说。

除此之外，还有一种说法是原始启示说。持有这种观点的人认为世界上最古老的民族全都信仰至上神，崇拜至上神的宗教才是真正的一神教。后来这种原始的一神教逐渐退化，这才形成了现在的多神信仰以及其他各类宗教。

图腾崇拜

"图腾"一词来自印第安语"totem"，意思是它的亲属，它的标记。图腾崇拜就是原始人将某种动物、植物或是非生物当成自己的祖先或是保护神，对其进行崇拜的行为。在宗教起源学说中持图腾崇拜说观点的人认为图腾崇拜就是最原始的宗教形式，后来的一切宗教都起源于此。

绝大多数原始人都觉得本族与某种动物具有亲缘关系，自己的祖先就起源于这种动物。原始人在制作图腾标志时，通常都会将其制成图腾柱的形式。

禁欲主义

公元前6世纪过后，禁欲主义作为一种道德理论逐渐成形。禁欲主义的核心观点是，人类的肉体欲望低贱而自私，是一切罪恶的源头，因此要严格节制，甚至要断绝一切欲望，只有这样才能实现道德的自我完善。

"禁欲"一词源自古希腊术语"训练"。古希腊的战士和运动员要想拥有完美的体质和体态，必须要经过严格的"训练"，后来这个词便发展成了"禁欲"。禁欲主义通常都与宗教相关。例如，在印度教中，教徒会借助一种非常极端的苦修方式，让自己向圣人靠拢。一般而言，教徒会立誓一生只使用两条腿中的某一条，将另外一条腿永远搁置不用。除了这种方式以外，还有一些教徒会举起一条胳膊，并且一举就是几个月甚至几年。在佛教中，教徒们最常用的苦修方式就是食素，特别是中国、日本等东亚国家的佛教徒。

当然，并非所有禁欲主义者都是教徒。实际上，任何人都有权选择禁欲或是不禁欲。在人类历史上有很多圣人都是自行选择禁欲，例如中国的思想家老子，印度的圣雄甘地等。他们禁绝了自身的一切欲望，让世人从中获得了巨大的鼓舞和启蒙。

犹太教

犹太教是犹太民族信仰的一种古老宗教。

犹太教诞生于犹太人从埃及出逃期间。当时，摩西带领族人穿越红海，逃出埃及，一路上历尽千辛万苦。不少犹太人因为不堪忍受旅途艰辛，萌生了重返埃及的念头。为了激励族人，摩西亲自登上基督教的圣山西奈山，在山顶上停留了四十天。后来，他下山告诉族人，自己在山顶上受到了上帝的接见。上帝向他保证：犹太人一定会苦尽甘来。此外，摩西还代表上帝向族人颁布了十条诫命，这便是著名的《十诫》。《十诫》的第一条就规定：除了我以外，你不可有别的神。这里的"我"就是上帝。从此，摩西便在犹太人与上帝之间建立了一种牢不可破的契约关系，这标志着犹太教的正式形成。

摩西高举刻有十诫的石板

犹太教有三部重要典籍，分别是《希伯来圣经》《塔木德》和《米德拉什》。犹太教的戒规以十诫为主。

三位一体

三位一体是一个基督教术语，简单说来，就是基督教的圣父、圣子和圣灵虽为三个位格，却是一个本体。

按照基督教的教义，上帝是唯一的，圣父完全是上帝，圣子完全是上帝，圣灵也完全是上帝。与此同时，圣父不是圣子，圣子不是圣灵，圣灵也不是圣父。这也就是说，圣父的神性，圣子的神性，以及圣灵的神性，其本质是完全一致的，即同一个神性。

据此可以得到三位一体的完整定义：三位一体是由三个合一的位格合成的，这三个位格并非分离的存在，而是完全的合一，他们是一位神，也是三个独立的存在——圣父、圣子、圣灵。

神父和牧师

神父和牧师都是基督教的宗教职位，不同的是，神父是天主教和东正教的宗教职位，牧师则是基督新教的宗教职位。神父必须由男性担当，牧师则无这种要求，女性也可以成为牧师。近年来，天主教中的改革派人物一度倡导准许女性担当神父，但最终因受到教会保守派的阻挠，未能实施。天主教的神父终生都不能结婚，东正教的神父则可以在晋升为神父之前结婚，基督新教的牧师却是可以结婚的。

《旧约全书》

《旧约全书》是基督教的经典文献，其大部分内容与犹太教的典籍《希伯来圣经》一致，只是章节编排有所出入。

《旧约全书》中记载了从耶和华创造天地到公元前5世纪犹太民族的历史，其主要内容是神给犹太民族的律法，另外还有一些诗歌和预言。全书总共分为39卷，具体包括经律书、历史书、诗文智慧书和先知书四部分。其中成书最早的就是经律，即《摩西五经》。

《旧约全书》的原文大部分都是用犹太民族的希伯来文写成的，只有《以斯拉记》《尼希米记》和《但以理书》三部分是用亚兰文撰写的。《旧约全书》的编写历经上千年，从公元前12世纪一直延续到公元前2世纪，作者有25至30人不等，他们都有着不同的身份背景。《旧约全书》的原稿早已失传，其手抄本却保存得相当好，这要得益于犹太人对其宗教信仰的虔诚。

《新约圣经》

《新约圣经》是耶稣离世后由耶稣的门徒写成的，总共分为27卷，主要包括福音书、历史书、使徒书信和启示录四部分。其中，福音书分为4卷，分别是《马太福音》《马可福音》《路加福音》和《约翰福音》。历史书即使徒行传。书信共计21卷，其中有13卷是使徒保罗写的。至于启示录则属于启示性质的文学作品。

最早的《新约圣经》是用希腊语写成的，成稿于公元1世纪。后人又不断对其进行完善，直至公元4世纪正式成书。直到今天，《新约圣经》与《旧约全书》仍是基督教各教派共同认可的基督教经典。

伊甸园

根据《旧约·创世记》记载，上帝依照自己的形象创造了最早的人，并为他取名为亚当。后来，上帝见到亚当非常孤单，便取下他的一根肋骨，创造了第一个女人夏娃。上帝安排亚当与夏娃共同居住在一个园子里，这就是著名的伊甸园。

伊甸园是由上帝亲手创立的，园中长满了各种各样的植物，地上铺满了金子、玛瑙和珍珠，美不胜收。

亚当和夏娃生活在伊甸园中，饿了就吃树上结的果实。上帝告诉他们，园子中央的两棵树分别叫作生命树和智慧树，这两棵树上的果实是不可以吃的。亚当和夏娃一直谨遵上帝的吩咐，直到有一天，一条蛇对夏娃说，若是她和亚当吃了智慧树上的果实，就会变得和上帝一样，能分辨出善与恶了。夏娃受不了诱惑，便与亚当一起摘下智慧树上的果实吃掉了。两人原本都是全身赤裸，但他们对此却毫无意识。吃下果实以后，他们忽然为此感到羞耻，赶紧用一些树叶遮住自己的身体。

当天晚上，上帝来到伊甸园中，发现他们偷吃了禁果，便将他们逐出了伊甸园。从此，亚当与夏娃只好在人间生活。上帝则派出天使守卫着伊甸园。

撒旦

"撒旦"一词在希伯来语中的意思是"对抗"，在基督教中的意思则是"罪恶的"。

其实，撒旦最初并不是魔鬼，他是一位考验人类信仰的六翼天使，主要负责给人间带来诱惑，诱导人们犯下罪行，然后对有罪的人进行惩罚或将其带往地狱。"撒旦"还有一个意思是"告发者"，他也会在上帝面前告发人类的罪行。撒旦之所以会堕落成为魔鬼，是因为他背叛了上帝。

在《新约圣经》中，撒旦的形象是一条古蛇。在埃及传说中，有个状如黑龙的恶神跟他的外形很相像，这个恶神名叫"赛特"，与"撒旦"的发音相近，有人推测他们其实是同一个神灵。

挪亚方舟

亚当和夏娃在被上帝逐出伊甸园后生育了该隐和亚伯。成年之后，该隐做了农夫，亚伯做了牧人。有一回，该隐将田地里的出产献祭给上帝，遭到了上帝的拒绝。亚伯将一头羔羊献祭给上帝，却得到了上帝的嘉奖。该隐对此非常恼火，一怒之下杀死了自己的亲兄弟亚伯。从这以后，人类便开始互相残杀，人世间到处充满了暴力与罪恶。

上帝见到这样的情形，不禁后悔创造了人类。当时有一个十分正直的人名叫挪亚，上帝很信任他，便告诉他自己有意要毁灭人类以及人类居住的这个世界。与此同时，上帝又命令挪亚建造一座方舟，船身要用柏木制造，里外都要涂上树脂，表面还要覆盖芦苇。当上帝用洪水毁灭世界时，挪亚只要带着自己的家人以及一些动物进入方舟，就可以避过这一劫。

挪亚依照上帝的吩咐制造了这样一座方舟，然后带着自己的妻子、儿子、儿媳进入其中。除此之外，挪亚还带了所有洁净的和不洁净的牲畜，所有鸟类，以及所有爬虫，每种动物都是雌雄一对。

洪水暴发的那天是2月17日，正值挪亚600岁生日。洪水泛滥了整整40天，人世间所有的生物都被淹死了，唯有方舟上的挪亚一家和那些动物活了下来。40天以后，挪亚打开方舟上的天窗，放出一只乌鸦，让它去查看一下洪水是否已经消退，可乌鸦却一去不复返。7天后，挪亚又放出了一只鸽子，鸽子见到外面全是水，便飞回来了。又过了7天，挪亚再度将那只鸽子放出去。这一回，鸽子直到傍晚才回来，嘴里还衔着一片橄榄叶。挪亚明白，洪水多半已经消退了。不过，他并没有马上出去，而是又等了7天。

到了挪亚601岁那年的1月1日，人间的洪水已经完全消退。2月27日，地面上已经彻底干了。这时候，上帝便命令挪亚带着家人和动物走出方舟。挪亚出来后，就将这些动物分散到世界各地，繁衍后代。这便是《圣经》中有关挪亚方舟的记载。

什一税的产生与废除

什一税是欧洲教会向居民征收的一种宗教捐税，捐税金额为本人收入的十分之一，税金的主要用途包括为神职人员发放薪俸，维持教堂的日常开支，赈济等。

什一税开始于公元6世纪，当时基督教会利用《圣经》中提到的所有农牧产品中有十分之一属于上帝的说法，开始征收什一税，但是这样的征税依据根本无法说服民众。什一税在征收之初就遭到了民众的强烈反对。后来，基督教的影响力遍及欧洲各国，什一税也得到了世俗法律的支持，成为一项硬性规定。公元779年，法兰克王国的查理大帝率先出台规定，国内的所有居民都必须缴纳什一税。此后，西欧各国政府也纷纷出台了类似的规定。

什一税也是一种可变货币税，它不同于农产品税这样的固定货币税。当谷物价格上涨时，什一税就会加重，反之就会减轻。但不管怎么说，什一税都是教会强加在百姓身上的额外负担。

在16世纪爆发的宗教改革运动中，一些教会改革派开始反对征收什一税。1789年，法国政府率先废除了什一税，其余西欧国家纷纷效仿，陆续废除了什一税。不过，这并没有从根本上消除什一税。

克吕尼运动

公元9世纪，法兰克王国在查理曼大帝去世之后陷入了四分五裂的状态。在随后的100年间，由于战乱和灾祸，许多人对现实产生了厌倦情绪，修道主义的发展进入了高潮。修道院的规模和数量不断增长，信徒不断增多，随之也出现了很多问题。大量新建的修道院没有完整规范的戒律，信徒的素质参差不齐，很多信徒贪图享乐，抛弃了早期修道的目的。教会中一些思想激进的人不满于这种现状，开始着手进行改革。

公元910年，"虔敬者"威廉在法国东部的克吕尼建造了一座隐修院，拒绝除教皇之外的任何势力的管辖，要求修士遵守严格的禁欲主义的本尼狄克会规。克吕尼修院的建立在教会内部引发了热议。在院长伯尔诺的推动下，许多修道院开始效仿这种模式，进行整顿改革。到了10世纪中叶，克吕尼派的改革运动已由法国发展到西欧许多国家，这些克吕尼模式的修道院逐渐形成了一种以克吕尼修道院院长为首的克吕尼修道院系统，成为一股强大的宗教势力。

随着克吕尼派势力的不断增强，他们开始希望通过教会的思想影响力和经济实力来左右当时动荡的政治局势。

1046年，一名克吕尼派神职人员登上教皇宝座，克吕尼派从此掌握了教廷实权。1056年，4岁的亨利四世登上王位，克吕尼派乘机发动了教会摆脱皇权控制的运动。这场运动最终以皇帝的妥协而告终，双方签订了宗教协定，规定主教由教廷和皇帝共同任命，皇帝失去了授予主教指环和权杖的权力。克吕尼运动取得了胜利，皇帝对教会再无控制权。

12世纪中叶以后，克吕尼派权势显赫，财富激增，以反对僧侣世俗化起家的修道院本身也变得世俗化了。克吕尼运动的历史作用丧失，逐渐衰落下去。

天主教

1054年，基督教会分裂为东西两派，其中西派教会自称为公教，也就是天主教。从这时开始一直到16世纪，天主教在西欧各国的宗教中一直占据着绝对的统治地位。16世纪，西欧各国爆发的宗教改革运动让天主教的地位大受打击。为此，天主教罗马教廷实施了一系列反对宗教改革运动的措施，例如强化教廷的权力，整肃教会的纪律，成立耶稣会等组织，将天主教的活动推广到了社会各阶层，这便是历史上的反宗教改革。

这段时期，西班牙和葡萄牙在对美洲大陆进行殖民扩张的同时，也将天主教传播到了这些地区。直到现在，天主教在拉丁美洲依然存有巨大的影响力。

进入20世纪以后，天主教会开始打破此前的权威主义与教条主义的禁锢，实施对外开放与对内改革。此后，神学逐渐多元化、世俗化。

天主教有着极为严格的组织形式，对教阶制尤其重视。教阶制可分为神职教阶和治权教阶，其中神职教阶包括主教、神父和执事，治权教阶包括教宗、枢机主教、宗主教、总主教、教区主教和神父等。天主教的神职人员严格区别于俗人，终身不能结婚。

截止到2010年，天主教在世界范围内已经拥有了13亿教徒，其中巴西是全世界天主教徒人数最多的国家。

红衣主教

红衣主教也叫作枢机，是天主教会中仅次于罗马教皇的职位。枢机的服饰，如长衫、披肩和方形帽等都是鲜红色的，这便有了"红衣主教"这样的俗称。

红衣主教是由教皇亲自册封的，帮助教皇管理教会事务，具体可分为枢机主教、枢机司铎和枢机助祭三个级别，实际上都是主教级别。红衣主教是一种终身职衔，不过，罗马教皇已经在1970年颁布了一项规定，对年满75岁和80岁的红衣主教的职权做出了限制，年满75岁的红衣主教无权再担任宗座部门的主管，年满80岁的红衣主教无权再担任宗座部门的委员。

13世纪初期，天主教会的枢机团只有7名红衣主教。到了1586年，罗马教皇将人数增加到了70人，并将这个人数作为一项规定沿袭下来。1958年，这一规定被废除。截止到2005年，世界各地的红衣主教总人数已增加到了183人。

红衣主教拥有选举教皇的权利，但在中世纪之前，教皇却是由罗马人民选举出来的。后来，人民的选举权受限，选举教皇成了红衣主教的特权。1971年1月1日，罗马教皇又规定只有未满80岁的红衣主教才拥有选举教皇的权利。

东正教

东正教是指依循由东罗马帝国流传下来的基督教传统的教会，是基督教的主要宗派之一。"正教"一词在希腊语中的意思就是正统，东正教徒以此来强调本宗派在基督教中的正统地位。

公元330年，罗马帝国迁都君士坦丁堡。在此之前，基督教会就已经开始分裂了。到了这一年，这种分裂的趋势终于确定下来。此后，罗马帝国出现了两个皇帝，基督教会也出现了两个首领，一个是罗马的教皇，另外一个是君士坦丁堡的大主教。

1054年，基督教正式分裂为东正教和天主教两大宗派。随后，东正教以希腊为中心发展壮大起来。因为东正教在举行各类宗教仪式时通常都会使用希腊语，所以也被称为希腊正教。

东正教发展到现在，已经拥有大约2亿教徒，他们主要分布在希腊、俄罗斯、乌克兰、土耳其、白俄罗斯、罗马尼亚、保加利亚和塞尔维亚等东欧国家。

俄罗斯正教会的形成和发展

公元988年，基辅大公弗拉基米尔一世受洗加入东正教，并命令全国居民在第聂伯河受洗入教。此后，弗拉基米尔一世开始在各地建立教会，并派传教士到北方传教，东正教在俄罗斯迅速传播开来。

最初，俄罗斯正教会由君士坦丁堡牧首任命的都主教管理。1584年，费多尔即位，当时掌权的鲍里斯·戈东诺夫为取得贵族和正教会的好感，在君士坦丁堡普世牧首耶利米二世的许可下，成立了自主的俄罗斯正教会。1589年，俄罗斯正教会召开会议，选举莫斯科都主教约夫为俄罗斯首任牧首，至此完全脱离了君士坦丁堡牧首区的管辖。

1653年，俄罗斯正教会牧首尼基塔·米诺夫·尼康进行了一系列教会改革，统一了教会的宗教礼仪，得到了沙皇的支持。与此同时，一些狂热坚持"旧信仰"的基层神职人员和普通教徒为了维护"旧信仰"，发起了旧礼仪派运动。旧礼仪派运动遭到了尼康派教会和沙皇的镇压，但成效不大，维护"旧信仰"的人越来越多，最终导致了俄罗斯正教会内部的分裂。

尼康在后来的改革企图把教权置于皇权之上，要求沙皇听命于自己的摆布，这让沙皇非常不满。1667年，尼康被解除职务。1721年，沙皇彼得一世颁布法令，废除俄罗斯正教牧首制，由政府来管理教会，教会首脑由沙皇直接任命。自此教会完全从属于国家，成为沙皇政府管理宗教事务的一个部门。1764年，叶卡捷琳娜二世又实行了教会土地国有化，大量的教会土地转归国家所有，教会农民成了国家农民。

截止到第二次世界大战前夕，俄罗斯正教会体系基本瓦解。

2007年，在俄罗斯人民和东正教牧首阿列克谢二世的努力下，分离了近一个世纪的教会终于实现了合并。

托马斯主义

12世纪初，亚里士多德的哲学思想引起了西欧天主教会的关注，经院哲学内部展开了激烈争论，希望以亚里士多德的哲学代替柏拉图的哲学作为教会神学的理论基础。这一工作最终由托马斯完成。

托马斯将理性引入到神学，以辩证主义的方式探讨了神学和哲学的关系、上帝和耶稣的本质、人类生命的目标等一系列话题。托马斯认为，任何有限事物的存在都可以被理解为渊源于神的无限存在，神是万事万物的真正根源。神学是一门最高的学问，其他任何学问都无法企及。

托马斯还根据亚里士多德的形式质料学说，指出人的形式是灵魂，质料是肉体，灵魂主宰肉体，因而负责拯救灵魂的教会也应支配世俗权力。有形的教会必须有一个有形的首脑，即教皇。

托马斯为天主教会建立了一个百科全书式的神哲学体系，他通过调和理性与信仰、哲学与神学的矛盾，论证了基督教思想。他的这一理论取代了奥古斯丁主义成为天主教会的正统。

罗马宗教裁判所

1215年，罗马教皇颁布了《教皇敕令》，对异端分子的处罚做出了一系列规定，并开始在地方主教区建立宗教裁判所，由各地主教掌权。但主教因公务繁忙经常不在自己的教区内，导致裁判所效率低下。鉴于此，1220年，罗马教宗建立了直属教皇的宗教裁判所，规定各地主教要积极配合裁判所的活动，随后在德国、法国北部以及意大利都成立了宗教裁判所，审判官由教皇直接任命。

异端裁判所制定了严酷的审讯条例和刑罚。条例的内容主要有：有两人作证，控告即能成立；控告人和见证人的姓名不向被告人透露；证人如撤回证词，作异端同谋犯处理；被告人若不认罪，要受严刑拷打等。刑罚主要包括没收全部财产、鞭笞、监禁、终身监禁及火刑。16世纪中叶，教皇又在罗马建立了最高异端裁判所。

宗教裁判所存续的几个世纪中，以宗教的名义进行了许多不正当的审判，以致人心惶惶，严重阻碍了中世纪欧洲思想文化的发展。

《神学大全》

《神学大全》是中世纪意大利神学家和经院哲学家托马斯·阿奎那最重要的著作。托马斯从1259年担任教廷神学顾问时开始撰写此书，直到1273年去世前夕才完成。

此书是基督教自中世纪以来最重要的教学基础。它以亚里士多德式的逻辑，把神学知识加以论证和系统化，深刻阐释了上帝、灵魂、道德、法和国家。托马斯为天主教会建立的百科全书式的神哲学体系，其基础就是《神学大全》等著作。

阿维农之囚

1309年，罗马教廷自罗马迁至法国的阿维农，并受法国王权控制，史称"阿维农之囚"。

由于对英战争的需要，法王腓力四世命人向神职人员征税。教皇卜尼法斯八世宣称未经教皇许可，任何人不得向神职人员征税，腓力四世针锋相对，下令未经君主允许，禁止国内的金银、武器出境。迫于政治和财政压力，教皇最终妥协。1301年，腓力四世逮捕了法国大主教，教皇予以强烈谴责，要求放人。腓力四世置之不理，并禁止法国主教们出境。

1302年，腓力四世召开了法国历史上第一次由贵族、僧侣和市民资产阶级参加的三级会议。三个等级都宣布支持国王，并分别写信给教皇，申明国王只服从上帝，教皇不得干涉法国的内政。卜尼法斯八世颁布教谕，开除腓力四世的教籍。腓力四世立即召开会议，宣布审判教皇。教皇因受不住这样的打击，很快去世。

1305年，腓力四世授意法国波尔多大主教担任教皇。新教皇长期滞留法国，并于1309年将教廷迁往法国南部的阿维农，成为"阿维农教廷"。此后，连续7任教皇都受法王控制，直至1377年，教廷才迁回罗马。

西欧宗教改革运动

15世纪，随着工商业的发展，欧洲出现了越来越多的中产阶级，其利益直接与王权挂钩，教会对国家的统治严重阻碍了他们的发展，他们强烈渴求削弱教会的势力，加强王权。与此同时，社会经济的发展也产生了阶级分化，社会贫富差距扩大，人们的负担越来越大。但当时教会腐败，神职人员道德松懈，丑闻不断。人们对宗教愈演愈烈的渴求与教会的腐败不断发生冲突，使一场宗教改革势在必行。

1517年10月31日，马丁·路德不满于教会出售赎罪券，将批判赎罪券的《九十五条论纲》张贴在威登堡大学的教堂门口。四周后，该论纲的各种译文传遍西欧。宗教改革运动由此正式拉开了序幕。

1521年，马丁·路德不再承认教宗的权威，此后他建立了"路德会"。但马丁·路德个性保守，在改革的过程中，他依旧保留了《圣经》没有明文禁止的旧教传统。

1524年，慈温利在苏黎世当局的支持下开始进行宗教改革，新教会实行共和制，要用本地语言进行礼拜，解散修道院。宗教改革运动迅速从苏黎世扩展到周边各地。

1541年，加尔文成为日内瓦的政治和宗教领袖。在他任职期间，日内瓦成为宗教改革运动的中心。加尔文的教义受到了很多工商业者欢迎，成为新教的主流。

1534年，英国国王亨利八世宣布创立英国国教会，又称圣公会，英国国王代替罗马教宗成为政教权威。其子爱德华六世即位后，由萨默塞特公爵摄政，期间圣公会开始改革教义与礼仪，包括颁行《四十二条信经》和《爱德华六世公祷书》。

1648年，西欧诸国签订了《威斯特伐利亚和约》，正式承认了新教在神圣罗马帝国的合法地位。宗教改革运动至此结束。

宗教改革打破了罗马天主教会的专制局面，衍生出了许多不同的新教教派，并加强了各国各民族之间的联系，使各个王国迅速发展壮大起来。

基督新教

在欧洲16世纪的宗教改革运动中，大批基督教徒脱离罗马天主教会，组建了一系列新宗派，这就是基督新教。与天主教和东正教一样，基督新教也是基督教的一大宗派。

在宗教改革运动爆发之前，神圣罗马帝国和罗马教廷势力衰落，文艺复兴运动兴起。这段时期，有不少人文主义者开始对罗马教皇、主教和修道士展开批判。

16世纪20年代，马丁·路德率先在德国发起宗教改革运动。此后，宗教改革的浪潮迅速蔓延至欧洲各国，分属于各个宗派的新教教会纷纷在各国成立。16世纪中叶，基督新教的三大主要宗派路德宗、归正宗和安立甘宗正式开始与天主教对抗。截止到17世纪初期，基督新教已基本成型。

基督新教的基本教义主要包括三点：因信称义，信徒皆可为祭司，《圣经》具有最高权威。这与天主教存在明显的区别。

因信称义是指只要信仰上帝，就可以得

到救赎，在上帝面前称义。在这方面，天主教的主张是信徒除了信仰上帝之外，还必须依靠圣事才能实现同样的目标。

基督新教主张所有信徒都能成为祭司，这使得原本存在于基督教神职人员与普通教徒之间的区别几乎荡然无存。

《圣经》具有至高无上的权威地位，这一点是基督新教针对天主教将《圣经》的解释权归于教会提出的。天主教会的这一做法，实际上是将最高权威赋予了天主教会与罗马教皇。

除了教义，新教对基督教的圣礼也进行了改进。传统的天主教与东正教都有七大圣礼，基督新教却只承认其中两种：圣餐礼和圣洗礼。

马丁·路德的宗教改革

14至15世纪的欧洲，工商业迅速发展，社会阶级分化严重，贫富差距越来越大。位于社会底层的人民对于宗教信仰生出了极大的热情。但由于当时整个教会的世俗化，罗马教会已经背弃了基督教道德传统，教会信仰出现了危机。因为教会不能放弃世俗利益，所以教会根本不能通过传统的内部纯洁运动来解决这种危机。再加上罗马教廷的经济掠夺和政治控制，也让德国人民极度不满，宗教改革势在必行。

1517年10月31日，威登堡大学的神学教授马丁·路德贴出一张布告，谴责教皇允许出售赎罪券的行为，这就是著名的《九十五条论纲》。一个神学教授公然谴责教皇，这在当时引起了一场轩然大波。此次事件便成为宗教改革运动的导火索。

1520年，路德连续发表了《致德意志民族的基督教贵族书》《教会的巴比伦之囚》和《基督教徒的自由》三篇文章，宣布与罗马教廷决裂。马丁·路德的行为得到了广大人民，包括商人、骑士、农民、人文主义者和诸侯的支持。

1525年，马丁·路德创立了"路德教"，就天主教的神学、圣礼及组织三方面进行了改革：在神学方面，他提出了"唯独恩典"和"因信称义"；在圣礼方面，他认为凡是《圣经》中没有提到的宗教仪式都应该废除，但《圣经》中提到的受洗和圣餐礼却要保存；在组织方面，他声明《圣经》才是最高权威，拒绝罗马教会担任基督教会的统领，他认为人和上帝之间有一种直接的关系，掌管人的

激烈的争辩

精神的是上帝本身，人人都可以自由地阅读《圣经》，直接接受神的教诲，从中得到拯救。

慈温利的宗教改革

慈温利曾就读于维也纳大学和巴塞尔大学，深受唯名论哲学和人文主义思潮影响。在格拉鲁斯担任神父期间，慈温利曾两次随雇佣军去意大利，亲眼看到了在腐败的教廷统治之下百姓的疾苦，这使他下定决心，要进行宗教改革。

1518年，慈温利开始在苏黎世传教。1524年，在苏黎世当局的支持下，慈温利开始进行宗教改革。他主张新教实行共和制，反对依赖诸侯，要用本地语言进行礼拜，解散修道院，废止雇佣兵买卖。这场宗教改革运动迅速蔓延至全州以及邻近各州。

坚持天主教的各州与奥地利政府联合，反对宗教改革。1528年11月，在奥地利的支持下，乌里、施维茨和翁特瓦尔登等州结成了天主教联盟。随后，苏黎世和伯尔尼等州也结成新教联盟与之相对抗。1529年6月，新教联盟向天主教联盟宣战，瑞士内战爆发。1531年10月，苏黎世军队战败，损失极重，慈温利也在这场战争中阵亡。

慈温利死后，瑞士的宗教改革运动陷入低谷。直到1541年加尔文在日内瓦任创建加尔文教，并担任宗教首领，宗教改革运动才重新发展起来。

再洗礼派

再洗礼派是16世纪欧洲宗教改革时期，从瑞士苏黎世的宗教改革家慈温利所领导的运动中分离出来的一个教派，主要分布在德国、瑞士、荷兰等地，其成员多为农民和城市平民。

宗教改革运动之初，再洗礼派的理念与路德、慈温利是相同的，他们都承认基督的神性、《圣经》是神所启示的话语等基督教的基本教义。但是，一段时间过后，再洗礼派的教徒发现新教的改革并不彻底，他们对此感到失望，决定自行改革。

再洗礼派认为"婴儿浸礼"和"政教合一"是造成教会腐败最重要的原因。因此，他们不承认婴儿所施的洗礼，主张成年后需再次受洗；教会与政治之间应该划分清楚界限。由于与新教观念冲突，并对罗马教会的权力造成了威胁，再洗礼派受到罗马天主教和新教的双重迫害，并一直被视为异端。

日内瓦教皇加尔文

加尔文出生于1509年的法国努瓦营镇。他受过良好的教育，毕业于巴黎蒙泰居学院的法律系。青年时期，原本信仰天主教的加尔文改信新教。当时法国国王宣布在法国境内禁止传播新教，为了免受迫害，加尔文离开了巴黎，在瑞士巴塞尔市定居。1530年，他发表了自己最著名的代表作《基督教原理》，一鸣惊人。

1536年，加尔文访问日内瓦，并在那里定居。因为与当地人发生了冲突，两年后，他被迫离开了那里。1541年，达尔文受邀重归日内瓦，并成为该市的宗教领袖和政治领袖。他为日内瓦的新教教会起草了一套教会规章。之后，这套规章被欧洲其他新教组织接受，成为欧洲新教的统一制度。同时，他还在日内瓦做了许多有关神学和《圣经》的演讲。在加尔文的领导下，日内瓦新教教会很快成为欧洲新教的领导核心，日内瓦成了新教的罗马。

加尔文坚持强调《圣经》的权威和重要性，否认罗马天主教的权威和重要性；他认为人人都是罪犯，只有虔诚的信仰才能得到解救，"我们得到解救并不是因为我们行善，但我们行善却是因为我们是为了解救而被选中"。

在烈火中永生的布鲁诺

乔尔丹诺·布鲁诺是意大利著名的思想家和自然科学家，由于捍卫和发展了哥白尼的"日心说"，布鲁诺被宗教势力烧死在罗马鲜花广场上，后世尊称他为反教会、反经院哲学的无畏战士和捍卫真理的殉道者。

布鲁诺1548年出生于意大利诺拉镇一个贫苦家庭。15岁时，布鲁诺进入多米尼修道院学习。在学习期间，他阅读了哥白尼的《天体运行论》，成为"日心说"的忠实信徒。

从多米尼修道院毕业之后，布鲁诺因批判经院哲学被罗马教廷视为"异端分子"。为了逃避宗教势力的迫害，布鲁诺开始四处流浪。这段时期，他坚持完成了《论无限宇宙和世界》一书的写作。在这本书中，布鲁诺进一步丰富和发展了哥白尼的"日心说"，提出了宇宙无限的思想。布鲁诺认为，宇宙是不仅是统一的、物质的，更是无限的和永恒的。宇宙中除了太阳系外，还有不计其数的天体世界。相对于广袤的宇宙世界来说，地球只不过是其中的一粒尘埃而已。

1592年，布鲁诺被罗马教廷逮捕，经受了各种各样的严刑拷打，但布鲁诺始终不肯屈服。1600年2月17日，布鲁诺在罗马鲜花广场上被罗马教廷活活烧死。

胡格诺战争

16世纪前期的法国，封建经济仍占主导地位，但新兴资产阶级的力量也在不断壮大。他们购买破落贵族的爵位、用钱买官，开始跻身于贵族行列，成为统治阶级的一部分。他们的利益与王权直接挂钩，积极支持国王遏制封建贵族势力，积极对外扩张。当时，封建贵族和天主教会为了维护自己的特权，一直在伺机发起对王权的挑战。

15、16世纪，人文主义思想和加尔文教在法国迅速传播，大批手工业者尤其是印刷工人、小商人、农民以及下层教士都成了加尔文派新教教徒，被称为胡格诺派。胡格诺派的壮大引起了法国天主教会的恐慌，他们联合国王开始了镇压胡格诺派。法国南部的许多大封建贵族宣布加入胡格诺派，希望借该派的力量削弱王权，为自己争取更多的利益。于是，在法国内部就形成了以天主教派为主的和以新教胡格诺派势力为主的两大集团之间的对立和斗争。双方相互角逐，致力于对国家政权的争夺。

1559年，年仅15岁的弗朗索瓦二世登基，实权落到了军功显赫的吉斯家族手中，新旧教派之间的冲突骤然加剧。1562年3月1日，吉斯公爵率军队在瓦西镇屠杀正在举行宗教仪式的胡格诺教徒，引起了胡格诺教派的愤怒，胡格诺战争就此展开。

天主教派和胡格诺派之间的战争持续了30多年，分为三个阶段，十次战役。直到1598年，亨利四世通过南特敕令，宣布天主教为法国国教，胡格诺教徒在法国全境有信仰新教的自由，战争才宣告结束。

泛灵论

泛灵论又称万物有灵论，在人类历史上最原始的宗教形态之一，经过不断发展和演变，于17世纪形成一种哲学思想，后来成为一种宗教信仰，主要代表人物有意大利的特勒肖和法国的罗比耐。

泛灵论认为天下万物皆有灵魂或自然精神，并在控制间影响其他自然现象。信仰这一理论的人，认为该自然现象与精神也深深影响着人类的社会行为。概括起来就是，泛灵论支持者认为"一棵树和一块石头都跟人类一样，具有同样的价值与权利"。

到了19世纪晚期，英国考古学家泰勒爵士用泛灵论思想来验证宗教思想，得出世界上很多宗教都发源于泛灵论思想的结论。这一结论发表之初，受到了广泛的支持，但是，20世纪后，很多学者又推翻了这一理论。

卫斯理宗

卫斯理宗是目前世界上最有影响力的新教宗派之一，是对以英国神学家约翰·卫斯理的宗教理论思想为依据的一些教会的统称。

1738年，约翰·卫斯理认为传统教会的活动方式已不足以应付新的社会问题，便和弟弟查理·卫斯理在伦敦创立了卫斯理宗。该宗原为圣公会内的一派，其雏形为卫斯理在牛津大学期间组织的圣洁会。卫斯理主张基督徒必须追求圣洁、完善的生活，强调自身内省与圣灵的工作。他着重在下层群众中进行传教活动，宣称求得"内心的平安喜乐"便是幸福。

由于伦敦主教拒绝卫斯理宗在英国传教，卫斯理宗便逐渐脱离了圣公会，转而向北美传教。美国独立后，卫斯理宗正式成为新的独立宗派。

19世纪，美国卫斯理宗迅速发展。然而，教徒们对奴隶制和教政制度的争论，使得教会后来分裂成了美以美会、监理会、美普会、循理会和圣教会等。1939年，美以美会、监理会和美普会合并成为现在的卫理公会。

到现在，卫斯理宗有各类会员4000余万人，正式会员在美国有1400余万人，在英国有250余万人，另外还有许多自治教会分布于澳大利亚、新西兰、南非、西非各国和南亚地区。

教育

苏格拉底的"产婆术"

"产婆术"即苏格拉底法，是先哲苏格拉底创立的一种教学方法。这种教学方法采用师生问答的形式，主要包括讽刺、"助产"、归纳和定义等步骤。

讽刺是指在教学的过程中，教师通过提问和讨论的方式，逐步揭露出学生认知中存在的矛盾，以此来代替直接将正确的知识和思想告诉学生。

"助产"是指在揭露学生认知矛盾的基础上，进一步启发、引导学生，使学生通过自己的思考得出正确的结论。

归纳和定义，是指引导学生得出正确的结论后，再由个别推向一般，由具体导向普遍，从而使学生掌握明确的定义和概念。

这种教学方法被苏格拉底称为"产婆术"。苏格拉底通过这个比喻，意在表明自己是为思想"接生"的"产婆"。

古罗马著名教育家昆体良

昆体良是古罗马时期的教育家、律师，同时也是皇家委任的第一个修辞学教授。他出生于西班牙北部。幼年时代，昆体良跟随父亲来到罗马求学。在那里，他接受了雄辩术的教育。后来，昆体良回到西班牙担任教师。公元68年，应罗马皇室的邀请，昆体良来到罗马担任修辞学教授。通过总结教学经验即自身取得的成就，昆体良写成了《雄辩术原理》一书，成为古代西方第一部系统论述教学方法的专著。

在《雄辩术原理》中，昆体良详尽阐述了教育教学方法等理论。按照昆体良的教育思想，罗马教育应该以培养雄辩家为主要目的。他认为，一个理想的雄辩家首先必须是一个道德高尚的人。在他看来，儿童身上具有无限潜能。一个人的天赋固然很重要，但后天的教育才是一个人成长发展的关键。另外，昆体良还认为，作为一名优秀的雄辩家，必须具备渊博的学识，因此他特别重视文法教育。这里所说的"文法"就是音乐、作文、诗歌、数学等。

在教学过程中，昆体良非常看重对学生记忆能力的培养。他曾说过："对一个雄辩家来说，记忆力是头等重要的，它可以通过练习得到加强和发展。"他要求孩子在入学之前就要背诵一些优美的诗篇。孩子入学之后，教师更要想方设法锻炼他们，让他们的记忆力进一步增强。

为了培养优秀的雄辩家，昆体良设置了两个教育阶段：

第一阶段是家庭教育。昆体良认为，幼儿教育是雄辩家教育的基础。这个时期可以从德行和知识两个方面对幼儿进行教育。需要注意的是，由于幼儿教育是在家庭中进行的，父母、保姆和家庭教师都是幼儿的教育者，他们的一言一行都会影响到幼儿的成长。因此，教育者必须是道德高尚、言行端正的人。

第二阶段是学校教育。昆体良认为，学校教育更适合儿童的成长。他反对传统的聘请家庭教师的做法，主张应该让儿童尽早进入学校。在他看来，学校里的学生人数众多且集中，这样的集体生活有利于儿童相互竞争，尽早培养他们的社会意识。此外，学校教育还能锻炼、加强儿童在众人面前说话的能力和勇气，这是良好的雄辩家必不可少的基本素质。

除此之外，昆体良还对这两个教育阶段应该采取的教学原则和方法提出了独到的见解。具体说来，就是主张因材施教，量力而为。虽然每个儿童都有接受教育的能力，但他们每个人都有自身的差异。在教学过程中，教师应该善于发现学生的不同情况，针对不同的学生采用不同的教学方法。

巴黎大学的建立

巴黎大学是法国一所著名的学府。巴黎大学的历史可以追溯到公元9世纪末期。那时，巴黎大学还只是巴黎圣母院的一个教会学校。12世纪初，著名学者阿培拉德开始管理这所教会学校的事务。此后，该校的规模不断扩大，学风越来越好。

从1108年到1139年这30年间，法国著名经院哲学家阿伯拉尔多次来到这所学校讲学。阿伯拉尔思想新颖，见识过人，还大力倡导自由讨论的学风。当时，法国宗教势力强大，人们的思想被牢牢禁锢在教会的教条和信仰中。阿伯拉尔所倡导的自由讨论学风吸引了大批青年学生前来就学听讲。

1180年，法国国王路易七世正式为这所教会学校颁布了"大学"的称号。1261年，

巴黎大学索邦神学院教堂

学校正式改名为"巴黎大学"。

博洛尼亚大学的创立

博洛尼亚大学创建于1088年。当时的博洛尼亚是意大利北部著名的商业城市。在这座城市中，过往的商客络绎不绝，时常会发生一些商务纠纷，诉讼案件特别多。与此同时，新兴的市民阶层和国王的权利不断提升，他们对教会的专制统治越来越感到不满。为了更好地维护自身的权利，他们开始四处寻求法律理论上的支持。在此基础上，11世纪的博洛尼亚便成了人们研究、学习法律的中心。

后来，一些对法律感兴趣的学者纷纷来到这里，仿照城市手工业行会的组织模式自发联合起来，建立了一所法律学校。1158年，政府正式承认了博洛尼亚大学的合法地位。此后，随着学校规模的不断扩大，博洛尼亚大学又增设了医学、神学、哲学等学院和科目，逐渐发展成为一所举世闻名的综合性大学。

牛津大学

牛津大学的历史可以追溯到1096年。当时牛津市虽然还没有正式的教育机构或组织，但是已经有学者开始在那里设坛讲学。后来，法国的巴黎大学和欧洲其他学校陆续建立，很多英国人出国求学。

1167年，英国国王与法国国王发生不和，双方进行了一场激烈的争辩。事后，法国国王将在巴黎大学求学的英国人遣送回国。当时，英国国王亨利二世在牛津建立了一所宫殿。为了得到国王的庇护，从巴黎归来的学者纷纷来到牛津，在那里进行经院哲学的研究与讲学。周边求学者在得知这件事以后，也慢慢聚集到牛津。

12世纪末期，牛津被人们称为"师生大学"。1201年，牛津大学诞生了第一位校长。其后，牛津大学迅速发展，并凭借自身的优势从罗马教皇那里获取了一张特许状。现在，牛津大学已经发展成为举世闻名的综合性大学之一。

剑桥大学

剑桥大学于1209年创建于英国的剑桥镇，它最早是由一批从牛津大学分离出来的老师建立的。剑桥大学的大部分学院、研究机构、图书馆和实验室都分布在河流沿岸地区。

剑桥大学的成立是由一次冲突引发的。牛津大学成立以后，学生们的生活放荡不羁，经常扰乱当地城镇居民的正常生活和休息。不仅如此，学生们吃喝玩乐时总是赊欠当地百姓的钱款，为后来的冲突埋下了伏笔。

1209年，牛津大学与当地居民发生激烈冲突，有学生被居民们打死。后经过国王出面调停，冲突才得以平息。在此次事件中，牛津大学有一部分教师带领他们的学生迁移到东北方的剑桥镇，并在那里自发成立了剑桥大学。从此以后，剑桥大学和牛津大学便展开了长达数百年的竞争。

伟大的教育家夸美纽斯

1592年，夸美纽斯出生于一个贫困的磨坊主家庭。早年的生活经历使他奋发图强，努力学习，成为捷克兄弟会的牧师，并担任兄弟会学校的校长。夸美纽斯在长期的求学经历和教育实践中掌握了新颖的教育理念和教学方法，并编写了许多教育著作，如《大教学论》《母育学校》《泛智学校》《世界图解》等。

夸美纽斯教育思想的核心是泛智论。在《大教学论》一书中，他开明宗义地讲道："要把一切知识教给一切人。"夸美纽斯认为，人人都应当并且可以接受教育。他说，世界上找不出一个人的智力衰弱到不能用教化去改进的地步。人之所以成为人，就是因为他在适当的年龄接受了教育。因此，夸美纽斯主张每个人都要广泛学习知识。

在教育的目的上，夸美纽斯认为，一方面教育使人为未来的生活做好准备，另一方面教育应该使人认识和研究世界上的一切事物，培养人的各种能力和道德品质。在他看来，教育具有重大的作用，除了改造社会、建设国家以外，还能发挥个人的天赋，使人们不断完善自身。

在教育实施方面，夸美纽斯认为，一切教育活动必须坚持适应自然的总原则。为此他提出在教学过程中，教师必须坚持六项基本原则：直观性原则、自觉性和积极性原则、系统性原则、巩固性原则、量力性原则和因材施教原则。

在教育管理方面，夸美纽斯首先提出建立统一的学制。他把人从出生到24岁划分为四个阶段，即婴孩期、儿童期、少年期和青年期。根据人在每一时期的身心发展特点，夸美纽斯分别设置了四种对应的学校：母育学校、国语学校、拉丁语学校和大学。为了让学校能更方便地进行管理和教学，夸美纽斯主张实施学年制管理，要求按照学年进行招生和学生升级工作，并规定统一的开学和放假时间。为了提高教学效率，夸美纽斯还创造性地实行班级授课制，并从理论上阐明了班级授课制的优越性。

义务教育的历史

义务教育是指根据国家的法律规定，适龄儿童和青少年必须接受的国民教育。国家、社会和家庭应该积极配合，提供相应的条件保证青少年义务教育的顺利实施。

义务教育不是从来就有的，它是一个国家政治、经济发展到一定程度的产物。16世纪初，宗教改革运动在欧洲大陆兴起。新教国家为了推行宗教教育，开始广泛设立学校，主张适龄儿童必须接受一定的教育。

1619年，德意志魏玛邦规定，家中凡是有6到12岁的子女，父母必须将其送到学校接受教育。如果父母没有照做的话，政府将会强制父母执行。这项政策是世界上最早的义务教育规定。

此后，随着工业革命的发展，各种生产对劳动者的素质要求越来越高。19世纪70年代，英、法、美等资本主义国家先后开始实施义务教育。进入20世纪以后，世界各国纷纷意识到，综合国力的增强与国民素质的提高密切相关，而义务教育的实施在一定程度上可以提高国民素质。因此，全世界大部分国家便开始积极推行义务教育。

哈佛大学

哈佛大学是美国第一所综合性大学，也是美国著名的私立大学之一，以培养研究生和从事科学研究为主要目的。

1636年10月28日，马萨诸塞州殖民地议会通过一项决定，每年拨款400英镑，在波士顿附近仿照英国剑桥大学建立一所殖民地学院。由于筹建人中有不少来自英国的剑桥大学，他们便把殖民地学院所在的城镇叫作剑桥镇，建立的殖民地学院叫作剑桥学院。1638年，这所学院招收了第一届学生，总共9人。

1638年9月14日，牧师兼伊曼纽尔学院院长J.哈佛去世。他把生前的720英镑积蓄和400多本图书一起捐赠给了剑桥学院。这些资金和图书，对于刚刚起步的剑桥学院来说，无疑是一笔巨大的财富。为了纪念哈佛先生，马萨诸塞州殖民议会将这所学校的名字改为哈佛学院。后来，随着教授职位的不断增加，各类学院逐步成立，哈佛学院便改名为哈佛大学。

哈佛大学的历任校长都坚持学术自由、学术自治和学术中立的原则。现在，哈佛大学已成为拥有10个研究生院，40多个科系，100多个专业的综合性大学，在全球享有极高的声誉。

耶鲁大学

耶鲁大学位于美国康涅狄格州纽黑文市，创建于1701年，是美国历史上继哈佛大学和威廉玛丽学院之后的第三所大学。

1638年，北美康涅狄格州成了英国的殖民地。多年后，英国殖民者将那里的一个海湾建设成为繁荣的纽黑文新港。为了让欧洲的文明传播到美国，牧师约翰·达文波特在抵达纽黑文新港后，提议建立一所大学。虽然他的提议最终没有得到落实，但是这一想法却影响了当地许多人。

1701年，在一批公理会传教士的强烈要求下，康涅狄格州法院同意建立一所教会学校。同年10月，教士们推荐哈佛大学毕业的亚伯拉罕·皮尔逊担任第一任校长。第二年，教会学校招收到第一名学生。此后，相继有18名学生在这所教会学校获得学士学位。

最初，学校没有固定的房舍，学生们都散落在康州的六个城市学习。1716年，这所教会学校统一迁到纽黑文市。1718年，英国东印度公司的高层官员伊莱休·耶鲁向这所教会学校捐赠了价值563磅12先令的货物、417本图书，以及英国国王乔治一世的肖像和纹章。为了感谢耶鲁先生，学校改名为"耶鲁学院"，以后随着学校的发展，改名为"耶鲁大学"。

莫斯科大学

莫斯科大学的全称是国立莫斯科罗蒙诺索夫大学，建立于1755年。

18世纪初，俄罗斯帝国开始创办高等教育。1724年，彼得一世创立了俄罗斯第一所综合性大学。但是由于种种原因，这所大学后来关闭了。当时，罗蒙诺索夫已经成了俄罗斯的知名科学家。他在看到这种情况以后感到十分担忧，并多次提出要在莫斯科重建大学的设想。与此同时，俄罗斯宫廷宠臣伊凡诺维奇·舒瓦洛夫也萌生了创建一所大学的想法，并想亲自管理这所大学。罗蒙诺索夫抓住这一有利时机，于1754年草拟了一份建立莫斯科大学的方案。这一方案经由舒瓦洛夫转交给女皇伊丽莎白·彼得罗夫娜，很快得到了最高统治者的认可。1755年1月12日，女皇颁布了创办莫斯科大学的法令，并于4月26日举行了莫斯科大学开课仪式。

莫斯科大学创建以后，首先设立了哲学系、法学系和医学系三个科系。所有进入大学的学生都必须先在哲学系接受一定程度的基础教育，之后才能转入法律系或医学系，当然也可以继续留在哲学系学习。与同时代的西欧大学不同，当时的莫斯科有专门的教育机构培养神职人员，因此莫斯科大学便没有设立神学系。

20世纪70至80年代是莫斯科大学最繁荣的发展阶段。截止到现在，莫斯科大学已经拥有22个系，9个科研学院，300多个教研室，450个实验室，12个教学科研站，7个科研所，4个天文台和高尔基学术图书馆、计算机中心以及其他教育机构，前后培养出了8位诺贝尔奖获得者，成为世界知名的综合性大学。

由于莫斯科大学的创办主要归功于俄国科学家罗蒙诺索夫。1940年，在罗蒙诺索夫逝世150周年之际，莫斯科大学改名为国立莫斯科罗蒙诺索夫大学。

主日学校

主日学校，又称星期日学校，是英、美等国家为了让贫困民众的孩子接受一定的教育而开设的学校。由于它在每周的星期日开课，人们便称其为"星期日学校"。1780年，英国人罗伯特·瑞克斯在英格兰设立了一所简陋的主日学校。在这所学校里，孩子们不仅可以学会读书、写字，还能获得一定的宗教教育。后来，罗伯特·瑞克斯的这种做法迅速传到英国的其他地方和美国。19世纪前叶，主日学校盛行于欧美各国。主日学校在固定的主日礼拜之前、之间或之后进行宗教教育，招生对象主要是儿童。有时，主日学校也为成年人开设课程。

幼儿园的诞生

世界上第一所幼儿园的创建者是德国著名教育家福禄贝尔。

福禄贝尔认为，儿童内在生命力的成长和自我教育的形成，必须依靠一定的教育。

基于这样的教育理念，他于1837年在德国的布兰肯堡创办了一所试验学校，专门招收3到7岁的幼儿。

最初这所试验学校的名称为"发展幼儿活动本能和自我活动的机构"，招收了附近村舍的40名幼儿。后来，试验学校还成立了"游戏与作业教育所"。在这所试验学校中，福禄贝尔亲自为儿童设计了一系列游戏活动，并把劳动教育作为一项重要的教学内容渗透其中。

经过了为期几年的教育实践，福禄贝尔的学前教育试验取得了显著的成果。1840年，福禄贝尔将这所专门的儿童教育机构改名为"德国幼儿园"，这标志着世界上第一所幼儿园的诞生。

学分制的由来

学分制是以选课为核心、教师指导为辅助、通过学分和绩点来衡量学生学习质量的教学管理制度。"学分"是用来计算学生学习量的一种单位。

一个学生在课堂或者实验室从事某种学术工作，并且连续进行一个学期，这样积累起来的学习量就相当于一个学分。不过，一个学分的学习量不包括学生与教师或者同学进行的课外讨论，以及学生为了准备考试而从事的与教学没有直接关系的其他学术活动。

19世纪末，美国哈佛大学率先实行学分制，之后世界各地的大学纷纷效仿。学分制与导师制、班建制合称为三大教育模式。

艾宾浩斯遗忘曲线

德国心理学家艾宾浩斯经过多年的研究发现，人们在经过一段时间的学习之后，大脑的遗忘进程就开始了。这种遗忘呈现出一种显著的特征，最初的遗忘速度最快，随着时间的推移，遗忘的速度越来越慢。整个遗忘的过程是不均匀的。由此艾宾浩斯认为，人的记忆力的保持和遗忘是时间的一个函数。艾宾浩斯根据相关的实验结果，将这组函数用曲线的形式表现出来，这就是艾宾浩斯遗忘曲线。

体育竞技

奥运会的诞生

奥运会,全称奥林匹克运动会,是国际奥林匹克委员会举办的综合性体育项目运动会。

奥运会的诞生可以追溯到古希腊时期。那时候,为了祭祀宙斯,古希腊各个城邦会定期举行体育竞技活动。与此同时,各城邦之间经常发生战争。为了增强战士们的体魄,提高军队的整体实力,各个城邦也需要经常召开运动会。在这些运动会中,规模最大的就是在奥林匹亚举行的运动会。

关于奥运会的起源还有很多传说,其中最富神话色彩的是关于宙斯的儿子赫拉克勒斯的传说。相传,赫拉克勒斯天生神力,被誉为"大力神"。有一次,伊利斯城邦的国王答应他,只要他在限定的时间内把王室堆满牛粪的牛棚全都清除干净,就可以获得300头壮牛。赫拉克勒斯用最快的速度完成了任务,但国王却不想履行诺言。赫拉克勒斯怒火冲天,闯进宫廷,将国王赶走了。为了庆祝这场胜利,赫拉克勒斯在奥林匹亚举行了一场盛大的运动会。这便是奥运会的起源。

第一届古代奥运会诞生于公元前776年,当时全希腊的参赛选手和老百姓齐聚希腊南部的奥林匹亚。此后每四年都会举行一次奥运会,截止到公元392年,已经举行了293次奥运会。当时的奥运会竞赛项目主要有:战车、短跑、铁饼、标枪、格斗、角力等。获胜者可以得到橄榄枝做成的花冠,这在当时被看成最高的荣誉。当时的奥运会有一项规定:所有运动员必须裸体参加比赛。因此,女子是不允许参加和观看比赛的。

奥运圣火

在奥运会举办期间,主体育会场燃烧的火焰就是奥林匹克圣火。它象征着光明、团结、友谊、和平和正义。相传,为了解救饥寒交迫的人类,普罗米修斯背着宙斯将火种偷偷带到人间。后来,宙斯获悉这一情况,就命令普罗米修斯再将火种收回来。可是火种一到人间,就被无数人传播开去,再也无

帕拉伊斯特拉遗址
奥林匹亚考古遗址中,许多建筑和设施都是为了体育比赛设置的。帕拉伊斯特拉是一座四边形建筑,里面有训练用的中庭,四周有浴室、更衣室等设施。

法收回。于是宙斯便规定，每一次点燃圣火之前必须向他祭祀。根据这个传说，古希腊奥运会在每次开幕前都会举行盛大的点燃圣火仪式。古奥运会的圣火由祭祀在圣坛上点燃，接着在场的所有运动员一起奔向火炬。最先到达的三名运动员将高举圣火火炬，奔赴希腊各地，向人们宣布停止一切战争，开始召开奥运会。

与古奥运会相比，现代奥运会增加了圣火火炬接力和手持火炬赛跑。现代奥运圣火传递起源于1936年的柏林奥运会。那一年，人们在希腊古奥林匹亚的遗址赫拉神庙前采集圣火，随后开始火炬传递的活动。1964年，冬季奥运会也开始了圣火的采集和传递活动。

现代奥运圣火一般在奥运会开幕前的几个月，在希腊奥林匹亚的赫拉神庙前点燃。首席女祭司在神庙前朗诵致太阳神的颂词，然后用凹透镜聚集太阳光芒，随着温度的不断升高引燃圣火。接着，女祭司端着一个火盆，将圣火带到古代奥运会场内的祭坛，并点燃在那里等候的第一名火炬手的火炬。随后，奥运圣火将向举办奥运会的城市传递。

女子正式参加奥运会的时间

1896年，第一届现代奥运会正式举行。古希腊只允许男子参加奥运会，女性一直被排斥在奥运会的大门之外。1900年，当第二届奥运会在法国举办时，素以开放著称的法国人第一次打破2000年来不允许女子参加奥运会的规定，派出了4名女运动员参加奥运会比赛。

在得知这一消息后，英国和美国也分别派出了3名女运动员，波西米亚派出了1名女运动员。对于东道主的这种做法，国际奥委会并未提出异议。就这样，11名女运动员第一次出现在了现代奥运会的赛场上。在这届奥运会上，英国女运动员库珀在网球单打决赛中打败法国选手，成为第一个现代奥运会的女子冠军。

首届冬季奥运会

冬季奥运会，全称冬季奥林匹克运动会。它是国际奥林匹克委员会主办的世界性冬季项目运动会。与奥林匹克运动会一样，冬季奥运会每隔四年举行一次，不过与奥林匹克运动会中间间隔了两年。

20世纪初期，某些冰上运动如滑雪、滑冰、冰球等项目在欧美各国迅速普及。在这种情况下，现代奥运会的创始人顾拜旦首先提议将冰雪运动项目单独放在一起，举行冬季奥运会。但是直至20世纪20年代，这个提议才终于变为现实。

1908年，在第四届夏季奥运会上第一次增加了花样滑冰比赛项目。1920年，国际奥委会在第七届夏季奥运会上又增设了冰球比赛项目。由于比赛对环境的要求，这两个项目被迫提前在夏季奥运会开幕之前的4月份举行，此举延长了奥运会的举行期限，消耗了大量的人力、物力和财力。鉴于此，在第七届夏季奥运会结束后，国际奥委会决定把冰雪项目正式从奥运会项目中分离出去，单独举办冬季奥运会。

1924年，法国夏蒙尼市承办了一次名为"冬季运动周"的运动会。1926年，国际奥委会正式将其更名为第一届冬季奥林匹克运动会。一开始，冬季奥运会与夏季奥运会在同年同一国举行。1928年，冬季奥运会与夏季奥运会开始在不同的国家举行。1994年，冬季奥运会与夏季奥运会开始间隔2年交叉举行。

亚运会的诞生

亚运会即亚洲运动会，是亚洲地区规模最大的综合性运动会。它由亚洲奥林匹克理事会的成员国轮流承办，与奥运会一样，每四年举办一次。

亚运会的前身是远东运动会，于1911年由菲律宾体育协会发起。此后，远东运动会每两年举办一次，分别在菲律宾的马尼拉、中国的上海和日本的大阪轮流举行。1937年，日本侵华战争爆发，已经举行了10届的远东运动会就此中止。

1948年，在伦敦奥运会举办期间，为了推动亚洲各国体育运动的发展，印度体育界领导人古鲁桑迪主张创办亚洲运动会。为此，他邀请了13个亚洲国家和地区的代表召开亚洲运动会的筹备会议。这次会议起草了亚洲运动会的章程和有关文件，并决定于1949年2月在印度新德里举行第一届亚洲运动会。

1949年2月，亚洲各国体育代表齐聚新德里，正式成立了"亚洲业余体育联合会"，后又改名为"亚洲运动会联合会"。1981年，亚洲运动联合会改名为"亚洲奥林匹克理事会"，并一直沿用到今天。第一届亚洲运动会由于印度国内的原因，一直推迟到1951年3月才举行。第一届亚运会只有489人参赛，但到第八届亚运会时，参赛总人数已经超过了4000人。

运动员犯规为何举左手

在参加体育赛事的过程中，我们经常会看到运动员举起左手，表示自己出现犯规的行为。那么，为什么犯规的运动员要举起左手呢？

古代西方，凡是触犯法律并被逮捕的犯人都会被打上一个记号。他们的左手通常会被刺上明显的标记，这样大家就会知道，这个人曾经做过违法的事情并被判罪。这种做法普遍流行之后，法院的法官在审判案件时，总是先要被告人举起左手，并且五个手指一定要伸直，看看他以前是否有过犯罪

记录。后来，体育赛事也借用了这种做法。运动场上的运动员举起左手，表明自己在比赛中犯规。

兴奋剂的起源

兴奋剂，是对在国际体育比赛中严禁使用的物质与方法的统称。世界反兴奋剂机构每年都会公布一份国际赛事中禁止使用的物质和方法清单，被人们称为禁用清单。

从20世纪60年代开始，国际上将禁止使用的物质和方法统称为Doping。这一词汇起源于荷兰语"dope"，原来的意思是指非洲人酿造的一种具有兴奋作用的酒，通常在宗教仪式上使用。后来，随着赛马比赛的兴起，"dope"指骑手经常给赛马使用的一种鸦片麻醉混合剂。早期的体育运动员为了提高比赛成绩，服用的药物大部分具有兴奋作用，国际上便一直使用兴奋剂这个称呼。此后，其他类型的药物陆续出现，虽然它们之中有很多都不具有兴奋作用，有的甚至还有抑制作用，但对于这种禁止使用的物质，人们仍然沿用原来的称呼。

在公元前3世纪的古奥运会上，为了提高比赛成绩，运动员会服用一种能引起幻觉的物质。在之后的体育赛事中，人们对运动员的这种做法视而不见。直到1960年的罗马奥运会，人们才开始关注兴奋剂事件。在那一届奥运会上，丹麦自行车运动员詹森在比赛途中猝死。经过尸体解剖，人们发现他的血液中含有大量的苯丙胺。这是一种强烈刺激运动神经的药物。此后，又有30多位运动员在比赛中因服用兴奋剂药物致死。

1962年，国际奥委会通过了反对使用兴奋剂的决议。1999年2月，世界反兴奋剂大会成立"反兴奋剂局"。现在，世界范围内的反兴奋剂斗争已经取得了明显的成效。

田径运动的由来

田径运动是径赛、田赛和全能比赛的全称。以高度和远度计算成绩的跳跃、投掷等项目，由于是在广阔的空地或者原野中举行的，因而叫作"田赛"；以时间计算成绩的竞走和跑步等项目，由于是在田径场的跑道或者场外规定的道路上举行的，因而叫作"径赛"。

在远古时代，人们为了维持生存，获得生活资料，必须经常和大自然和野兽进行搏斗。在搏斗期间，人们不得不持续奔跑，或是跨越各种障碍。当人们面临野兽袭击时，最简便的方法就是利用脚下的石块向野兽投掷。这些在生存竞争中不断重复的动作，经过人们长时期的总结和发展，逐渐形成了走、跑、跳和投掷等各种技能。随着社会的发展，这些动作技能演变成了现代体育运动的比赛项目。

公元前776年，古希腊召开了第一届奥林匹克运动会。从那时起，田径运动就被列为正式比赛项目之一。1896年，希腊举办了第一届现代奥运会。在这届奥运会上，田径类的走、跑、跳跃、投掷等项目被列为奥运会的主要参赛项目。

跳远

跳远，又称急行跳远，是田径运动的一个跳跃项目。它由助跑、起跳、腾空和落地等动作组成。运动员在指定的赛道上助跑，跑到起跳板时开始起跳，并腾空向前冲去，然后落在沙坑里面。需要注意的是，起跳板处有一条边沿线，运动员不能超越那条线，否则就算违规。最后，运动员以跳的长度决定成绩的名次。

在公元前708年的古奥运会上举办了世界上第一次正式的跳远比赛。那个时候的跳远设备十分简陋，仅用一条门槛当作跳板。在门槛的不远处，有一片疏松的土地，后来改为沙坑。18世纪末期，跳远被法国教育家古特姆斯和雅安列为锻炼身体的重要项目之一。两位教育家在他们的教育著作中，详细地介绍了跳远运动的设备以及训练方法。

现代跳远运动发源于英国。1827年，英国举行了第一次职业田径比赛。威尔逊以5.41米的跳远长度，成为世界上第一个被记载跳远成绩的人。1901年，英国运动员奥康纳在都柏林召开的赛事上取得了7.61米的成绩。这是世界上第一个跳远比赛的世界纪录，后被国际业余田径联合会于1912年追认。1931年，日本运动员南部忠平第一次采用"挺身式"技术，以7.98米的成绩刷新了世界纪录。1935年，美国运动员欧文斯用蹲踞式技术把世界纪录提高到8.13米。之后，男子跳远的世界记录不断被刷新。目前，男子跳远的世界纪录保持者是美国的迈克·鲍威尔，他的成绩是8.95米。

1948年，在伦敦召开的第14届奥运会上，第一次开设了女子跳远项目。从此以后，许多优秀的女跳远运动员源源不断地涌现出来。

铅球为何重7.257千克

铅球是世界田径赛上的传统体育项目。1896年，铅球成为第一届现代奥运会上投掷比赛的正式项目。很多人都知道，铅球的标准重量是7.257千克，可是为什么它的重量会是这样呢？这需要从铅球的历史说起。

1340年，世界上第一批炮兵在欧洲出现。当时，他们的大炮使用的炮弹是个球体，并且是用钢铁铸成的。每个炮弹的重量为16磅，也就是7.257千克。在不开战的日子，军队生活枯燥无味，一点乐趣都没有。为了改变这种现状，炮兵们想出了一个法子。他们在无聊的时候就相互推送炮弹，以此为乐。经过长时间的演变，这种玩耍炮弹的游戏逐渐成为了田径运动会的一个体育项目。

后来，人们发现，这种钢铁铸造的圆球体积过大，运动员抓握起来十分不便。于是，人们便将其改为在铁壳里灌铅的铅球，重量依旧为7.257千克。由于铅的密度远远大于大于铁，相同的重量的铅球体积自然比铁球小很多，这样运动员在投掷铅球时就方便多了。

飞碟的演变史

奥运会飞碟运动隶属于射击项目。

双向飞碟的靶场为扇形，分别设有8个射击位置，比赛场地的两端各有一个高、低抛靶房，房间内设有抛靶机。比赛时，抛靶机向固定方向抛出不同高度和角度的碟靶，每次抛一靶或者双靶。6名运动员为一组，每个运动员从1号射击位置开始，射完规定的靶数后进入下一个位置。8个射击位置总共射25个靶子，这是一轮比赛。在比赛的全过程中，男子共射125个靶子，女子共射75个靶子。1968年，双向飞碟正式成为奥运会的比赛项目。

多向飞碟的比赛场地为长方形，设有15台抛靶机，每3台为一组。在比赛的过程中，每台抛靶机抛出距离、高度和方向各不相同的碟靶。运动员以6人为一组，轮流进入5个射击位置。每一碟靶运动员可以射击2次，第一发没有射中，可以再射第二发。每个运动员各射25靶为比赛的一轮。男子共射125个碟靶，分两天比赛。女子共射75个碟靶，一天之内结束比赛。1900年，多向飞碟以男、女混合项目的形式被正式列入奥运会比赛中。1996年，奥运会正式设立男子项目。2000年，奥运会正式设立女子项目。

双多向飞碟的比赛场地与多向飞碟相同。比赛时，只选取7、8、9号中间位置的抛靶机。抛靶机一次抛出双靶，其抛出距离、高度和方向各不相同。运动员以6人为一组，轮流进入5个射击位置。每一轮比赛，男子各射25个双靶，女子各射20个双靶。全部比赛将进行6轮，并于一天之内结束。1996年，双多向飞碟项目被列入奥运会的正式比赛中。

背越式跳高的诞生

背越式跳高，又称"福斯贝利式跳高"，是急行跳高的姿势之一。运动员在助跑8到12步的过程中，先是沿着直线跑，再沿着弧线跑，用距离横杆较远的腿起跳。离开地面后，运动员保持伸展的姿势向上跃起，并在挥动腿和手臂的同时，加速身体绕着纵轴旋转，使得身体背对横杆，形成杆上弓背姿势。等到过杆后，运动员的背部自然落到垫子上。

来自美国的跳高运动员福斯贝利，在1968年的第19届奥运会上采取了与众不同的方式，用弧线助跑、背向横杆的背越式技术过杆，以2.24米的骄人成绩获得男子跳高冠军。当时，人们将这种技术称为"福斯贝利式"，后来又称为"背越式"。从那以后，背越式跳高受到了人们的普遍关注，这项跳高技术也被跳高比赛中的大部分运动员所采用。

马拉松赛的由来

马拉松是一项考验耐力的长跑运动，距离为42公里195米。世界上每年举办的马拉松比赛超过800个，大型的赛事通常有数以万计的人参加。

公元前490年，波斯帝国大举进犯希腊雅典，妄图吞并整个希腊半岛。波斯大军当时横渡爱琴海，在雅典郊外的马拉松平原登陆。危急时刻，雅典一方面派出军队到马拉松平原，准备迎接战争，另一方面派斐力庇第斯赶往斯巴达城求助。斐力庇第斯是当时雅典的一位长跑能手。他日夜奔跑在路上,用了一天多的时间就到了200公里之外的斯巴达城。然而,斯巴达人却没有答应他的请求。斐力庇第斯无奈之下又返回了马拉松平原。

雅典人在得知斯达巴人不愿提供援助的消息后,决定依靠自己的力量打退来犯的波斯大军。公元前490年9月12日,雅典以少胜多,在马拉松平原大败波斯大军。为了把胜利的消息尽快传到雅典城,统军将领米太亚再次派长跑能手斐力庇第斯赶回雅典送信。

当时,雅典人民正在城内焦急地等待。斐力庇第斯为了能尽快让人们获知胜利的消息,拼命地奔跑。当跑到雅典城的中央广场时,斐力庇第斯激动地喊了一句:"我们胜利啦!"接着,他就倒在地上累死了。

为了纪念马拉松战役的胜利和斐力庇第斯的英雄事迹,在1896年举行的第一届奥运会上,奥运会之父顾拜旦采取了法国历史学家米歇尔·布莱尔的建议,设立了一项长跑比赛,赛程就是当年斐力庇第斯从马拉松平原跑到雅典的路线,这便是最早的马拉松比赛。第一届马拉松赛的距离大概为40公里,1908年的伦敦奥运会将马拉松赛的距离设定为42.195公里。此后,国际田联便将这一距离设定为马拉松的标准距离,并沿用至今。

障碍跑

障碍跑,是指一种将长跑与跨越障碍相结合的田径竞赛项目。最初,人们在野外举行越野跑。后来,有人提议将越野跑的赛道搬到田径场上。于是,田径场上就出现了篱笆、栅栏、水坑等人工设置的障碍物。1837年,英国的乐格比高等学校创立了一种名叫"障碍跑"的田径项目。此后,这项运动在英国迅速传开,并传到了其他国家。

1900年,第二届奥运会将障碍跑正式列为比赛,分为2500米和4000米两个项目。从1904年的第三届奥运会开始,障碍跑的距离正式确定为3000米,一直沿用到今天。

障碍跑不但要求运动员具备长跑的耐力和技术,还要具备跨越障碍的能力。正式的障碍跑项目共设有35个障碍,其中有7个障碍是跨越水池。运动员跨越障碍的方法有两种:一是直接跨栏法,一是踏上跳下法。

竞走

竞走是从日常步行的基础上发展起来的一项田径运动。它要求运动员的支撑腿必须伸直,由单脚支撑过渡到双脚支撑。运动员的一只腿向前迈的时候,在脚跟接触地面之前,后蹬腿的脚尖不得离开地面。

竞走起源于英国。1867年,英国举行了第一次竞走比赛。到了19世纪末期,这项运动在欧洲其他国家逐步盛行起来。1908年,奥运会将竞走列为正式比赛项目。从1961年起,每年都会定期举行卢加诺杯竞走比赛,这项比赛后来发展成了世界杯赛。

运动员在竞走比赛的过程中,身体躯干会自然伸直或者稍微向前倾斜,两只胳膊屈肘约90°,在身体两侧前后摇摆,并配合下肢的动作和步伐,以此来平衡身体。运动员在竞走时最好保持重心向前,沿着直线运动。如果出现大幅度的上下起伏或者左右摇摆,不但会妨碍运动员提高竞走速度,还会过度消耗运动员的体能。

竞走运动员在比赛中第一次犯规时,裁判员会举白旗给予警告。如果第二次犯规,裁判员将会举起红旗,直接取消运动员的比赛资格。

赛马的起源

赛马是一种比赛骑马速度的运动项目。

罗马的赛马比赛
在古罗马帝国的全盛时期，赛马运动受到了广大民众的青睐。

赛马诞生后，虽然形式不断变化，但基本上都以速度竞赛著称。

诗人荷马在他所著的史诗《伊利亚特》中描述了用战马牵引战车进行比赛的场景，被认为是关于赛马运动的最早记述。不过，后来考古学家在小亚细亚的石碑铭文中发现，在特洛伊战争爆发的几百年前，亚述的国王就已经有了专业的驯马师。

公元前7世纪，古奥林匹克运动会上第一次出现了赛马比赛。在竞技赛场上，四驾马车在没有人驾驭的情况下驰骋在赛道上。大概过了40年，由骑手驾驭的赛马才比赛正式出现。

在古罗马帝国的全盛时期，赛马运动受到了广大民众的青睐。此时的赛马运动不仅形式多样，而且出现了正规的比赛规则，比如关于起跑道的规定，关于禁止给马匹使用兴奋剂的规定等。

14世纪的法兰西流行私人赛马比赛，由组织者提供一定的奖金。后来，这种比赛被公开的赛马活动所取代。

拳击溯源

拳击是一项在一个正方形的绳围场地中，两个人佩戴专用的柔软手套，在一定的时间和规则下进行对抗性搏击的竞技体育项目。拳击运动分为业余的和专业的两种。这两种拳击在比赛的规则和方法上都有显著的区别。奥运会和亚运会的拳击比赛都属于业余拳击。

关于拳击的起源，可以追溯到原始社会初期。那时，为了生存，拳击成了人们保护自身的生命财产安全的主要方法。《英国大不列颠百科全书》中记载："公元前40世纪，幼发拉底和底格里斯两河流域发现拳击的遗迹。"在古埃及人的象形文字记录中，人们发现了被当作拳击保护工具的"皮绷带"。

公元前17世纪左右，拳击运动经由地中海的克里克岛，传播到古希腊诸城邦。公元前688年，在第23届古奥运会上，拳击被列为正式的竞赛项目。此后，拳击运动在奥林匹克运动会上占据着越来越重要的地位。公元前616年，第41届古奥运会设立了青少年拳击比赛项目。

古奥运会上的拳击项目比赛没有时间和局数的限制，运动员也没有按照体重划分等级。比赛时，运动员赤手空拳，相互击打。除了咬、抓握和踢打外，可以使用任何攻击动作，击打的部位可以是除了腰部以下的任何地方。这时期的比赛带有浓重的野蛮色彩，运动员主要依靠自身的耐力和勇气取胜。

公元394年，罗马皇帝西奥多雷斯下令禁止一切拳击运动。此后，拳击作为一种自卫活动只在民间继续流传，没有公开的比赛活动。公元8世纪，查理曼大帝执政，法庭上产生了一种名叫"斗审"的新制度。该制度规定，平民百姓之间的诉讼案件无法裁决时，可以采用拳击比赛的方法决出胜负。这种制度促进了拳击运动在民间的进一步传播。

1200年，由于许多青年都在决斗中丧命，传教士圣贝纳丁便决心恢复拳击，用以代替斗剑。不过，与古罗马时代的拳击不同，圣贝纳丁采用了新的比赛工具和规则，使得拳击成为一种锻炼身体的运动项目。这种改良后的拳击运动很快流传到各地。

16世纪，拳击运动传播到英国。经过将近100年的发展，拳击运动在英国盛行起来。18世纪初，英国出现了有奖拳击比赛。著名的英国拳击选手詹姆斯·菲格连续11年保持冠军的地位，并成立了世界上最早的拳击学校，成为现代拳击运动的始祖。菲格去世后，他的徒弟约翰·布劳顿组织了拳击俱乐部，制定并推广了世界上最早的职业拳击运动比赛规则，即"布劳顿规则"。从此以后，拳击运动走上了正常发展的轨道。布劳顿因此被后人称为"拳击之父"。

1839年，在"布劳顿规则"的基础上，英国又颁布了新的伦敦拳击锦标赛规则，并于1880年成立了英国业余拳击联合会。第三届现代奥运会召开时，拳击运动被列入正式比赛项目。之后，1912年的斯德哥尔摩奥运会再一次取消拳击运动。1920年奥运会之后，拳击运动重新返回奥运体坛。

摔跤的起源和发展

摔跤，是指两个人按照一定的规则，使用各种技术、技巧和方法相互搏击，最终一方将另一方彻底摔倒的一种运动项目。它是重竞技运动项目之一，被认为是世界上最早的竞技体育运动。

作为世界上最古老的格斗技术之一，摔跤有着悠久的历史。关于摔跤的起源，可以追溯到古希腊时期。相传，古希腊神话英雄捷谢伊从雅典女神那里得到了摔跤运动的规则和技术。之后，他便开始在希腊当地开展摔跤运动，这项运动很快在希腊盛行起来。

公元前2世纪末，罗马帝国与古希腊发生战争。希腊战败，罗马人成了希腊的统治者。罗马人将本国的摔跤和希腊的摔跤有机结合起来，形成了一种希腊罗马式摔跤。由于这种摔跤诞生于希腊古典时期，所以被人们称为古典式摔跤。古典式摔跤形成以后，很快就传播到了欧洲各国和其他地区。

18世纪90年代，法国一些喜欢古典摔跤运动的人自发组成了职业班子，到各地巡回演出，摔跤运动由此成了一种比赛项目。

之后，在古典式摔跤运动的基础上，又出现了另一种新式摔跤——自由式摔跤。参赛选手不但可以用手臂抱住对方的下肢，还可以用腿将对方绊住。19世纪初，英国人为自由式摔跤制定了明确的规则。自由式摔跤在英国正式成型。

1912年，第5届现代奥运会在瑞典斯德哥尔摩举行。在此期间，国际业余摔跤联合会正式成立，规定古典式摔跤和自由式摔跤正式成为国际比赛项目。其后，这两项运动在世界范围内蓬勃发展起来。

柔道

柔道是一种以摔法和地面技术为主的格斗术，通过将对手摔倒在地而分胜负。

1638年，日本人创建了柔术。经过长期的发展演变，日本人将柔术与外国的武术相结合，发展出一系列的踢、打、摔、拿等技术。

1882年，日本东京帝国大学学生嘉纳治五郎融合当时各种柔术流派的精华，创立了以投技、固技、当身技为主的现代柔道。同时，他还创建了第一个训练柔道运动员的讲道馆。在日本的历史上，从战国到德川时代，人们一直将柔道称为柔术。现在所使用的"柔道"一词，是从"日本讲道馆柔道"简化而来的。嘉纳治五郎去世以后，讲道馆的后继者对柔道进行了大刀阔斧的改革。

20世纪50年代，柔道发展成为世界范围内的体育运动项目。1964年，在日本东京举行的奥运会上，柔道正式成为奥运会的比赛项目。

作为一种竞技项目，柔道是奥运会上唯一一个允许选手使用窒息或者扭脱关节等手段制服对方的项目。在比赛过程中，柔道要求选手通过"锁臂""扼颈"等动作，将对方摔倒或者压制在地，直到对方认输为止。因此，这项运动不但是对选手身体力量的考验，更是对选手动作技术和心理素质的考验。

跆拳道

跆拳道是运用手脚技术进行角逐的一项韩国传统体育运动。它由品势、搏击、击破、特技和跆拳舞等组成。跆拳道以腾空、旋踢脚法著称，其中又以脚法为主，占到整体运动的四分之三。跆拳道有24套路数，另外还有兵器、擒拿、摔锁、对拆自卫术等10余种基本功夫。

20世纪50年代，韩国崔泓熙创造了"跆拳道"一词，使其内涵风格得到最终的统一和规范。跆，是指用脚踢；拳，是指用拳头打击；道，是指一种艺术方法，侧重对礼仪的修炼。跆拳道作为韩国的一项武术，有着深厚的武道精神。它以"始于礼，终于礼"为基础，此外还兼有"廉耻""克己""忍耐"和"百折不屈"等含义。

跆拳道运动以腿法为主，并用拳脚。选手进行对决时，腿法多使用后腿进攻。动作的速度和力量是衡量跆拳道击打效果的一个重要标志。常用的步法有：前进步、后退步、后撤步、跳换步。选手在出手前要调整好呼吸。出手时，选手会发出洪亮的喊声，用以张扬自己的气势。

跆拳道划分有不同的级位和段位。其中，实力和综合素质最强的选手列于黑带段位。黑带段位分为一段至九段。前三段是新手段位，四段至六段是高水平的段位，七段至九段只授予学识渊博并对跆拳道的发展做出巨大贡献的人。

相扑

相扑，是指两个人在土表进行角力的一种格斗运动。如果其中一个人将对方扳倒或者推出土表外，那么他就是最后的优胜者。

大约在唐朝时，这种运动传入日本。公元695年，日本开始举行相扑赛。公元728年，相扑运动走进日本的贵族生活。此后，日本设立了"相扑节"，并制定了专门的比赛规则，定期举行"相扑节会"。从17世纪开始，日本出现了职业相扑运动。1909年，日本将这一运动定为"国技"。

现在，相扑在日本依然是一项受人欢迎的传统体育运动。比赛的时候，两个选手赤身裸体，只有下身穿着特制的丁字兜裆，在直径为4.55米的圆形土表上互相纠缠在一起，奋力相抗。

相扑手首先必须具备足够大的气力，在日本又被人们称为"力士"。当然，仅仅具有气力是不够的，相扑手还得学会高超的技巧，这才是决定比赛胜负的关键因素。相扑的技术分为推、摔、捉、拉、闪、按、使绊等。比赛时，相扑手使用身体的颈、肩、手、臂、胸、腹、腰、膝、腿、脚等部位，再结合各种相扑技术进行角逐。相扑手按照比赛的成绩分为十个级别：序之口、序二段、三段、幕下、十两、前头、小结、关协、大关和横纲。最高级别是横纲，获得这一级别的相扑手将享有终身荣誉。

相扑的裁判共有6个人，手持折扇的"行司"担任主裁判，其余5人分别坐在正面、东面、西面和裁判席上担任副裁判。在比赛的过程中，相扑手的脚一旦踏出土表之外，哪怕仅仅是脚趾或者脚后跟出界都算输。在土表之内，除了脚底能够接触地面，身体的其他任何部位都不能接触地面，否则就算输。

如果两个选手都出了土表，最先接触地面的人算输。

相扑的比赛规则十分严格。相扑手不能抓对方腰以下的任何部位，不能抓、揪对方的头发和耳朵，也不能拧、打、踢、蹬对方。如果选手犯规的话，将会被裁判驱逐出场。

举重漫谈

举重是一项古老的体育运动。

在古希腊，为了增强体力，人们发明了一种举石头的锻炼方式。在古罗马，统治者为了训练军队的士兵，专门制造出一种器械。这种器械由一根木棍和石头组成。按照军队的训练要求，士兵们每天都要举起在两端绑有石头的木棍。每块石头大概有举重人头部的1.5倍大小。后来，人们又将石头换成了重量相当的铃铛。为了防止铃铛在举重过程中发出刺耳的响声，人们便把铃铛中间的击锤去掉，这就是后来所说的哑铃。最初举重的哑铃形状粗糙，重量也比较轻。人们在进行这项运动的过程中不断改善其外形，增加其重量，逐渐将其发展成为现代人所喜欢的杠铃。

现代举重运动起源于18世纪的欧洲。19世纪中后叶，现代举重运动在西方国家兴起。1880年，德国和奥地利先后成立了正规的举重俱乐部，并形成了一定的规模。1887年，维也纳举行了一次举重比赛，这是世界上最早的有历史记载的举重比赛。1891年，首届世界举重锦标赛在伦敦皮卡迪利广场举行。19世纪90年代初，第一个举重和摔跤国家联合会登记注册。1892年，纽约的一份杂志《时代精神》公布了第一份业余举重世界纪录。

1896年，举重被列入第一届现代奥运会的正式比赛项目。那时候的举重比赛不按照运动员的体重分级，只是划分为单手挺举和双手挺举。直到1920年举行的第7届奥运会上，举重比赛才开始按照运动员的体重分级。这为现代举重比赛进入正轨奠定了基础。在1924年的奥运会上，举重改为单手抓、挺举和双手推、抓、挺举五种。1928年的奥运会取消了单手举，保留了双手举的三种形式。1972年的奥运会取消了举重比赛中的推举。此后，举重比赛成为奥运会的固定比赛项目。2000年，悉尼奥运会的举重比赛第一次为女子敞开了大门，并设立了7个级别的赛事。

网球的由来

网球运动，分为室内网球和室外网球两种。关于它的起源，有几种说法。有一种说法认为，网球起源于爱尔兰，由10世纪一种用手掌击球的游戏演变而来。另一种说法认为，网球起源于12至13世纪的法国。当时教堂的传教士为了消磨时间，经常在走廊上做一些用手掌击打球的游戏。最初他们是对着墙击球，后来又改成两个人对击，并在中间悬起一条绳子。为了保护手掌和提高击球的效率，他们戴上了一种特殊的手套，并改用木板的板面击球。球在绳上来回穿越，法语叫作"tennz"，英语叫作"take it, play！"意思是"截住它，击回去！"现在网球的英文单词"tennis"即来源于此。这种在法国颇受欢迎的游戏，被认为是老式室内网球的雏形。

这项运动在当时十分流行，法国上至王公贵族，下至黎民百姓都十分喜爱它。15世纪时，原先的球拍改造成了穿弦的拍子。16世纪末期，法国人盖伊·福布特制定出第一套网球比赛规则，使得老式网球发展成为法国的国球。

在1358年至1360年间，这种深受法国人欢迎的运动传入了英国。当时的英国国王爱德华三世率先在宫廷内建造了一个室内球场。很快，这种运动便风靡于英国的贵族阶层。于是，网球运动便有了"贵族运动"的称号。

1793年9月29日，在英国的《体育运动》杂志上，第一次出现了"场地网球"的叫法。1873年，在羽毛球运动的启发下，擅长打老式网球的英国少校沃尔特·克洛普顿·温菲尔德设计了一种名为"司法泰克"的网球运动。它在户外的草坪上进行，无论男女都可参加。这种新式的"草地网球"运动就是现代网球的起源。同年，温菲尔德还出版了一本《草地网球》的书，对自己改进的网球运动进行宣传和推广。

1875年，英国成立了全英网球运动俱乐部。该俱乐部建造了世界上第一个网球场，并于1877年举办了一次全英草地网球男子单打锦标赛。这就是后来举世闻名的温布尔登网球赛。

1874年，一位观看英国网球比赛的美国女士玛丽·奥特布里奇回国后将网球、网球拍和规则带回了美国。接着，这项运动迅速风靡全美。网球的场地由最初的草地改为沙地、水泥地、柏油路等，其名称也由"草地网球"变为了"网球"。

羽毛球小史

羽毛球运动是一项隔着球网，使用球拍击打带有一圈羽毛的半球状软木的室内活动。

其实，早在距今2000多年前的中国和印度等国，就已经出现了一种类似羽毛球运动的游戏。那时候，这种游戏在中国被称为打手毽，在印度被称为浦那。

14世纪末15世纪初，日本又出现了一种新型的游戏。人们将樱桃大小的木球插上美丽的羽毛当作球，在宽敞的场地上由两个人拿着木板作为拍子来回抽打。19世纪70年代，在英国格拉斯哥郡的伯明顿，有个叫鲍弗特的公爵，他有一回在自己的庄园开办游园会。当时，印度已经沦为英国的殖民地。几个刚从印度回来的退役军官将印度的浦那游戏介绍给了鲍弗特公爵。这种游戏不但具有强烈的趣味性，还能锻炼身体，在伯明顿游园会上很受欢迎。之后，这种游戏便在英国的上层社会迅速传开。而伯明顿的英文单词"Badminton"便成了英国人对羽毛球运动的称呼。

乒乓球七大奖杯

世界乒乓球锦标赛共设有男子团体、女子团体、男子单打、女子单打、男子双打、女子双打、混合双打7个项目。每个项目都设有专门的奖杯，这便是乒乓球七大奖杯。

其中，男子团体冠军将获得"斯韦思林杯"。1926年12月，在首任国际乒联主席伊沃·蒙塔古的母亲斯韦思林夫人的图书馆里举行了一次国际乒联全体会议。会上，斯韦思林夫人捐赠了一个大奖杯作为男子团体赛的优胜奖杯。这就是"斯韦思林杯"。

女子团体赛的优胜者将获得"考比伦杯"。法国乒协主席马塞尔·考伦比捐赠了以他的名字命名的奖杯，作为女子团体赛的优胜奖杯。

在1929年举行的第三届世界乒乓球锦标赛上，英国运动员弗佩里获得了男子单打冠军。当时的英格兰乒协主席伍德科先生以弗佩里所在的乒乓球俱乐部的名称命名捐赠了一个奖杯——"圣·勃莱德杯"，作为男子单打比赛的优胜奖杯。

1931年，第五届世界乒乓球锦标赛在匈牙利首都布达佩斯举行。匈牙利乒协主席吉·盖斯特先生以他的名字命名捐赠了一个奖杯——"盖斯特杯"，作为女子单打比赛的优胜奖杯。

1947年，第14届世界乒乓球锦标赛在巴黎举行。伊朗国王以伊朗国名命名捐赠了一个奖杯——"伊朗杯"，作为男子双打比赛的优胜奖杯。

1948年，第15届世界乒乓球锦标赛在伦敦举行。当时的国际乒联名誉秘书韦·杰·波普以他的名字命名捐赠了一个奖杯——"波普杯"，作为女子双打比赛的优胜奖杯。

混合双打冠军的优胜杯由原捷克斯洛伐克乒协秘书赫杜塞克先生捐赠，后来人们便以他的名字为奖杯命名，即"赫杜塞克杯"。

所有的冠军奖杯采取流动制，获得冠军的选手将自己的名字或者国家刻写在奖杯上，并可以保留至新一届世乒赛举行之前，当新的比赛开始时必须交还。

排球

排球是一种隔网对打的球类运动项目。比赛时，双方分别占据球场的一半，双方队员用手将球从网的上空打过去。

1895年，美国马萨诸塞州霍利约克市的体育工作人员威廉·摩根创立了排球运动。那个时候，美国的橄榄球、篮球等运动日益盛行。摩根发现篮球运动和橄榄球运动太过激烈，经常发生一些身体性对抗，而其他运动项目的运动量则有些不足。为此，他试图寻找一种运动量适宜，具有一定的趣味性，并能带动更多人参与的运动项目。当时，网球运动在美国开展得如火如荼，摩根从这一运动中得到启示，将网球网挂在篮球场上，模仿网球的打法，隔着网对网球进行拍打。不过，由于篮球场地面积有限，打过来的球落地以后再回击很容易出界。为了消除这些不便之处，摩根改变了打网球的规则，规定在球落地之前必须进行回击。另外，他还扩大了网球的体积，逐步发展成了现在的排球。

体操

体操，是一种借助徒手或者器械完成一系列动作，由评判人员根据动作的质量、难度、编排和完成情况等给以评分的运动。"体操"是对所有体操项目的总称，而不是单指具体哪个项目。

根据目的和任务，体操可以分为基本体操和竞技性体操两类。

基本体操是指动作和技术都比较简单的一类体操，其主要目的在于强身健体，因而成为深受大众喜欢的一种体育运动。常见的项目有广播体操和各种预防职业病的健身体操。

竞技性体操是指动作复杂，技术难度大，并具有一定风险性的场地竞赛项目。竞技性体操包括竞技体操、艺术体操、健美操、技巧和蹦床五项运动。其中，竞技体操男子项目有自由体操、鞍马、吊环、跳马、双杠、单杠6项，女子项目有跳马、高低杠、平衡木、自由体操4项。竞技体操的历史十分久远，现在人们说的"体操"通常都是指"竞技体操"。

强健的体魄和发达的肌肉是古希腊人一直追求的目标，为此，他们发明了许多锻炼身体的方法，体操就是其中一种。后来，古希腊体操运动中的许多动作被西方国家采纳，并被收录到学校的体育教材中。

18世纪末期，德国的古茨穆茨和雅恩在原有的吊环、鞍马、单杠项目之外，又加设了双杠、吊绳和吊杆等项目。古茨穆茨还在原有器材的基础上改革了木马、跳箱等器材的设计。古茨穆茨对德国体操的发展做出了巨大贡献，后人称其为"德国体操之父"。

继德国之后，瑞典、捷克等国也形成了本国的体操学派，不仅对体操进行了分类，还在解剖学与生理学的研究基础之上发明了肋木、横木、体操凳、绳梯等体操器具。

花样游泳的发明

花样游泳，是指由游泳、技巧、舞蹈和音乐编排而成的女子体育项目。

在正式比赛中，女选手们在10个裁判的关注下完成推举、旋转、弯曲等常规动作，与此同时要始终保持脱离池底进行表演。除此之外，女选手们还必须在不呼吸的情况下进行动作伸展，并且表情要保持轻松自在。

关于花样游泳的发明，可以追溯到20世纪初期的欧洲。1920年，柯蒂斯第一次把跳水和体操的翻滚动作编排在一起，并将这一系列动作在水中进行表演。很快，这种表演成为两场游泳比赛中间的娱乐节目，受到观众的好评。

1930年，这种由柯蒂斯创立的水中表演先后传到了美国和加拿大。人们在原有的动作编排上又加入了舞蹈和音乐的元素，使得动作的节奏更加明快。

1934年，在美国芝加哥举行的万国博览会上，花样游泳第一次进行正式的表演，并取得了巨大的成功。1937年，世界上第一家花样游泳俱乐部在考斯特成立。1942年，花样游泳成为美国业余体育联合会的正式比赛项目。1952年，花样游泳正式成为奥运会的表演项目。1956年，国际游泳联合会承认了花样游泳的地位。1973年，第一届世界花样游泳锦标赛顺利举行。1984年，在洛杉矶举行的第23届奥运会上，花样游泳成为一项正式比赛项目。

世界杯的起源

世界杯，又称国际足联世界杯，是当今世界上最高水平与最高规格的足球比赛。

关于世界杯的起源，可以追溯到1928

世界杯是足球比赛的盛宴

年。那一年，国际足联为了奖励获胜者，特别邀请巴黎著名的首饰设计师弗列尔设计并铸造了一个雕像。整个雕像由纯金制成，高30厘米，重1800克。雕像模型是古希腊神话中胜利女神尼凯，她身穿长袍，双手伸直，捧着一个大杯。国际足联规定，这个奖杯是流动奖品，每一届杯赛的冠军都可以将其保留4年。为了奖励新的世界冠军，奖杯的拥有者必须在每届杯赛前将其交还给国际足联。如果一个球队3次取得世界冠军，那么它将永远保留这个奖杯。

1970年，在第9届世界杯赛上，巴西队率先取得了3次世界冠军，就此成为一支可以永远占有世界杯的球队。1971年5月，国际足联按照意大利人加扎尼亚设计的"大力神杯"，重新铸造了一个世界杯。该杯高36.8厘米，重6.175公斤，主体部分由4.97公斤的纯金制成，其构造、价值与珍贵度等都堪称无与伦比。

1974年，德国取得了第10届世界杯赛的冠军，获得了"大力神杯"。在这一届世界杯赛上，国际足联提出了新规定，任何一个国家无论取得多少次冠军，都不能永远占有此杯。因此，大力神杯便成了当今世界足球赛中的最高奖励和荣誉。

金球奖和金靴奖

在世界杯足球赛的奖品中，除了有冠军杯外，还有金球奖和金靴奖。与冠军杯颁发给球队不同，金球奖和金靴奖将授予在比赛中表现最为突出的球员，二者因此成为世界杯赛中最重要的个人荣誉。金球奖和金靴奖的奖杯造型与冠军杯不同，是由三个金属支柱托起一个金色的足球或者一只金色的足球鞋，放置在一个具有三层环绕的底座上。

1982年，在西班牙举行的世界杯赛上，开始由新闻媒体评选金球奖。这一年的意大利前锋罗西成了获得金球奖的第一人。1986年，马拉多纳因率领阿根廷队夺冠而获取金球奖。2002年，德国的卡恩第一次以守门员的身份获得此项殊荣。

金靴奖是奖励给历届世界杯进球最多的球员。1930年，阿根廷的斯塔比尔成为世界杯历史上第一个获得此项奖励的球员。

黑哨

黑哨是指在足球比赛中，裁判员做出了有违公平性原则的裁决。具体表现为，裁判员因在赛前收取贿赂或者受到他人指使，违背公平、公正执法的裁判原则，通过在比赛中故意误判、错判或者漏判来主导最后的比赛结果。

红牌

红牌是指在一场足球比赛中，当一个球员严重犯规时，裁判员就会举起红牌，示意其迅速离开球场。如果一名球员在一场比赛中已经获得过一张黄牌，那么在后续比赛中又因为犯规获得第二张黄牌时，裁判同样会勒令其退出赛场，因为两张黄牌就相当于一张红牌。第一种情况被称为"直接红牌罚下"，第二种情况则被称为"两黄等于一红下场"。

1966年的世界杯上，英格兰队与阿根廷队在进行四分之一决赛时，场上有很多球员忘了自己已被裁判警告过，在后续比赛中依然做出违规行为，甚至导致比赛场面失控。面对这种情况，英国足球裁判肯·阿斯顿从指示交通的红绿灯中得到启发，发明了红、黄牌制度。1970年举行的世界杯赛正式采用了阿斯顿的建议，这对足球运动的健康发展起到了巨大的推动作用。

篮球的发明

篮球是把球投入到悬挂在高处篮筐的一种球类运动，比赛有两支球队参加，每支球队出5名队员。在比赛的过程中，每支球队的队员要想法设法将球投进对方的篮筐内，并有效地防守住自己的篮筐，阻止对方进球或者得分。

篮球运动是由美国马萨诸塞州菲尔德基督教青年会训练学校教师詹姆斯·奈斯密斯博士发明的。

那时候，家家户户都有桃园，备有许多桃筐。寒冬时节，孩子们经常做用球投桃筐的游戏。在这种游戏的基础上，詹姆斯·奈斯密斯将两只篮筐悬挂在健身房内的栏杆上，距离地面大约3.04米。然后，他用足球作为比赛工具，向篮筐内投球。每投进一个球得一分，最后以分数的多少定胜负。刚开始，篮筐是封闭式的底部，每次投进去的球都必须重新取出来。为了方便比赛，他将封闭式的篮筐改为开放式的铁筐，以后又改为铁圈下面挂网。

1893年，近似现代的篮板、篮圈和篮网问世。时人将这种游戏称为"奈斯密斯球"或"筐球"。后来，奈斯密斯将其定名为"篮球"。

"帽子戏法"

帽子戏法，原来是指舞台表演中的一种魔术，演员从帽子里变出3只鸽子。现在它已成为足球比赛的一个用语,指球员在同一场比赛中连续进球3次。这种球技与魔术师变戏法一样,令人感到无比惊奇,因而被人们称为"帽子戏法"。

在1858年的板球赛中,有个叫斯蒂芬森的板球手连续击中门柱三次而得分。他因此获得了一顶帽子作为奖品。

19世纪70年代,在英国举行的板球比赛中,凡是进入球场观看比赛的球迷都必须脱帽,以示对场上运动员、裁判和观众的尊敬。后来,如果赛场上的选手连续投出3个球,并将对方队伍中的3名球员淘汰出局,裁判就会授予该选手一顶帽子。该选手在赛场上演的就是后来所说的"帽子戏法"。

从那以后,"帽子戏法"被广泛应用于体育赛事,尤其是在足球比赛中。在1958年举行的世界杯半决赛中,贝利一人连续进球3次,率领巴西队顺利打败了法国队。在后来的《贝利自传》中,贝利描绘了这场比赛,并将这一章节的题目命名为"帽子戏法"。

现在"帽子戏法"不仅被用在体育领域,还被用来指代连续3次获得成功的事件。

盖帽

盖帽是篮球比赛中的一个技术术语。它是指进攻人投篮出手时,防守人在空中设法将对方的来球打掉的动作。

盖帽的具体过程如下:在篮球比赛的过程中,参赛选手原地跳起,试图用单手或者双手将篮球投进对方的篮筐。在他将球投出的一瞬间,球离开他的手,在空中迅速飞越。这个时候,防守的选手跳起身来用手臂封堵,将来球有效地拦截,使之无法得分。

棒球的发明

棒球是一种以棒打球的体育运动项目。它具有较强的集体性、对抗性,被人们称为"竞技与智慧的结合"。

在公元700年的希腊和印度神庙的浮雕和石碑上,随处都可以找到用木棒打球的图案,中国古代也有类似的球类运动,但是现代棒球的发明权却一直没有定论。一部分人认为,它是由英国人发明的,理由是棒球运动起源于英国的"圆场球运动",英国孩子经常用一根木棒和球进行这种运动。还有一部分人认为,棒球是美国人的专利。1905年,美国成立了"棒球起源调查委员会"。该委员会经过调查得出结论:棒球是由阿布纳·德布尔迪于1839年在纽约的库柏斯镇发明的。现在,这种说法已被人们普遍接受。

1845年,美国的"纽约人棒球俱乐部"制定出最早的棒球运动规则。1846年6月19日,纽约九人队接受了"纽约人棒球俱乐部"的邀请,在新泽西州按照新制定的规则进行了第一场棒球比赛。

冰上曲棍球趣闻

冰上曲棍球,又称"冰球""卡尔文球"或"班迪球",是一种运动员手持球棍在冰场上进行集体性对抗的体育运动。在比赛的过程中,运动员将技术、平衡能力和体力集于一身。为了获取分数,运动员会进行高速滑行和冲撞,这使得冰上曲棍球成了一种令人无比兴奋的集体项目。

1855年,加拿大金斯顿开始流行一种冰上游戏,参与这种游戏的人脚上绑着冰刀,手中拿着曲棍,在冰冻的湖面上追逐着打击用圆木片制成的圆球。在湖面上设有由两根竖起的木杆构成的球门,参加游戏的人只要把球击打进球门即可。这就是现代冰上曲棍球运动的前身。后来这种游戏经由驻扎在加拿大的英国士兵带到北美,并迅速传播开来。

1860年,加拿大的冰上曲棍球运动开始用橡胶做成的盘形冰球。1870年,加拿大麦基尔大学的一部分学生开始组织冰上曲棍球比赛，并制定了"麦基尔规则"。该规则明确指出，用现在的冰球取代橡胶冰球，并将每支参赛队伍的人数定为9人。

1875年，在加拿大蒙特利尔的维多利亚冰场上举行了第一次正式的冰上曲棍球比赛。1885年，加拿大成立了第一个全国性的冰球组织"加拿大业余冰球联合会"。该组织将参加比赛的每支队伍的人数减少到7人。这一年，在安大略湖成立了一个由4支球队组成的冰球联盟。

1895年，美国约翰霍普斯金大学和耶鲁大学进行了一场冰上曲棍球比赛。1903年，美国成立了第一个全国性职业冰球联盟，加拿大和美国的球队及球员都是该组织的成员。后来，这一组织的规模不断扩大，于1910年正式改名为北美职业冰球联盟。

橄榄球溯源

橄榄球，原名拉格比足球，简称拉格比，是英、美、澳等国家一种比较盛行的球类运动。

关于橄榄球的起源，可以追溯到19世纪的英国。在英格兰中部的沃里克郡有一个叫拉格比的城镇。1823年的一天，拉格比学校正在举办一场足球比赛。在球场上，有个叫威廉·韦伯·艾利斯的学生严重失误，将一次有利的进球机会白白浪费。当时，他站在比赛场中感到十分懊恼，便突然拿起脚下的足球，抱在怀中迅速向对方的球门冲去。这一举动虽然违反了规则，但在场的观众却看得津津有味。从这以后，拉格比学校的足球比赛中经常会有人抱着球跑向对方的球门。慢慢地，足球场上的这种行为在当地流传开来。后来，一些热爱运动的体育人士经过不断研究和改良，最终将其发展成为一种新型的体育运动——橄榄球。

手球发展史

手球是一项融合了篮球和足球运动的混合运动。在比赛过程中，参赛选手需要用手去打球，这一点跟篮球运动一样。

19世纪末期，一种类似于手球运动的游戏首先在捷克斯洛伐克、德国和丹麦等国出现。1917年，德国柏林的体育教师海泽尔专门为女子设计了一种新的集体游戏。这种游戏规定，选手们不能进行身体方面的接触，只能用手传递或者接抛球。1919年，德国柏林的另一位体育教师舍伦茨改进了海泽尔发明的集体游戏，提出了一项新规定：持球的选手在传球之前可以跑3步，并且传球之前可以有身体接触。1920年，手球比赛有了正式的竞赛章程。最初，参加比赛的每支球队各有11人，后又改为7人。1925年，德国与奥地利举行了第一次国际手球比赛。之后，首届世界男子手球锦标赛和首届世界女子手球锦标赛分别于1928年与1957年举行。1936年，男子手球被列为奥运会的正式比赛项目。

极限运动

极限运动是对难度较高、挑战性较大的组合运动项目的统称。与一般的竞技体育项目一样，极限运动追求的也是"更高、更快、更强"的超越精神。不过，它更加强调个体的参与和娱乐精神。

极限运动的概念有广义和狭义之分。广义上的极限运动是指那些非奥运会项目但挑战性极高的运动，比如蹦极、攀岩、悬崖跳水等。狭义的极限运动仅指大型极限运动会中包含的成型项目，比如极限摩托车、极限轮滑等。

根据比赛时间的不同，可以将极限运动划分为夏季项目和冬季项目两大类。其中，夏季极限运动的项目比较多，主要有难度攀岩、速度攀岩、空中滑板、高山滑翔、滑水、激流皮划艇、摩托艇、冲浪、水上摩托、蹦极跳、滑板U台跳跃赛和街区障碍赛等。

极限运动的比赛时间较为短暂，选手的表演一般每一回合只有60秒，每人仅限两个回合。选手在短短的比赛时间内，不仅要利用现场的设施完成自己的动作，还要力图使得自己的表演具有较高的难度性和观赏性。裁判会依据选手的动作和个人风格等因素进行评分。

蹦极的起源

蹦极，又叫机索跳，是近年来兴起的一项户外休闲运动。跳跃者站在大约40米以上高度的桥梁、塔顶、高楼或吊车上面，将一根橡皮绳绑缚在脚踝关节处，然后张开双臂，双腿并拢，朝下跳去。当跳跃者落到距离地面很近的地方时，由于橡皮绳的拉力作用，跳跃者会被橡皮绳拉起，随后又接着落下，如此反复直至橡皮绳的弹力完全消失为止。

关于蹦极的历史，可以追溯到公元500年前后。在西太平洋瓦努阿图群岛的一个部落里，有个土著妇女为了逃避丈夫的虐待，爬上高大的可可树，并用一种具有弹性的蔓藤绑住脚踝。为了防止丈夫爬上树来，妻子威胁他说，只要他执意上来，她就跳下去。蛮横的丈夫根本不予理会，直接爬上可可树。为了躲避丈夫，妻子就从树上跳了下来。没想到，丈夫也跟着跳下来了。结果，富有弹性的蔓藤挽救了妻子的性命，而那位残暴的丈夫却当场摔死。从那以后，跳跃者用蔓藤将脚踝绑缚并从高处跳下的活动便流传开来，成了当地的一种风俗。当年轻的男子从高处跳下时，就意味着他已经成年了。

后来，这种风俗流传到英国，成为宫廷中的一种表演活动。1979年4月1日，英国牛津大学冒险俱乐部的成员利用弹性绳索，从245英尺的克里夫顿桥上跳下，标志着现代蹦极运动的开始。

1988年，新西兰成立了世界上第一家商业性蹦极组织反弹跳跃协会。协会的发起人贺克特积极倡导蹦极运动，引起了很多人的关注。同年，约翰·考夫曼在美国成立了商业蹦极机构，并开创了大桥式蹦极、飞机式蹦极、热气球式蹦极等多种形式。现在，世界上很多国家都建立了蹦极运动基地。

滑雪小史

滑雪，是指运动员将滑雪板安装在靴底，在雪地里进行速度、跳跃和滑降的竞赛运动。滑雪运动的关键要素是"立""板""雪"和"滑"。

滑雪竞赛可分为高山滑雪和北欧滑雪两种。高山滑雪有滑降、小回转和大回转3个项目，高山滑雪混合项目就是由这3个项目组合而成的。北欧滑雪有个人越野滑雪赛、男子接力赛和女子接力赛等。

滑雪的历史可以追溯到原始社会时期。那时，社会生产条件极其落后，人们将树枝垫在雪地上，以便能够在雪地上停留。渐渐地，为了能在恶劣的自然环境中生存、捕猎，人们又发明了滑雪板，代替在冰天雪地里行走。现在已知最早的滑雪板是北欧人和亚洲

滑雪胜地瑞士

人在5000多年前发明的。

现代滑雪运动起源于斯堪的纳维亚国家。回转"SLALOM"就是一个挪威词语，意思是在倾斜的路面上行走。12世纪，滑雪运动由北欧传入英格兰。中世纪过后，挪威成了历史上第一个将滑雪纳入体育课的国家。19世纪初，滑雪作为一项娱乐活动，盛行于挪威南部。1850年，挪威人桑德·诺汉发明了一种近似现代滑雪板的滑雪器具。他设计出一种不容易松动的雪橇固定带，不但增加了滑雪器具的稳定性，还使滑雪运动中出现了一种新的转弯技术。

1860年，挪威在奥斯陆举行了第一届全国滑雪大赛，并于1861年成立了第一个滑雪俱乐部。1872年，美国在新罕布尔什州的柏林市成立了第一个滑雪俱乐部。1896年，奥地利的茨达尔斯基在原来的滑雪技术基础上，创立了一种能使滑雪板与滚落线成一定角度的新技术，从而更有效地控制了滑雪速度。20世纪初，奥地利人施耐德又发展出新的停止和转弯技术，并整理出版了一本滑雪手册《埃尔伯格技术》，详细介绍了一系列的滑雪规则和技术，奠定了现代滑雪技术的基础。

登山运动的由来

登山运动是指在特定的要求下，运动员徒手或者使用专门装备，从低海拔地形向高海拔山峰进行攀登的一项体育运动。

登山运动起源于欧洲的阿尔卑斯山地区。18世纪中期，阿尔卑斯山脉以其复杂的山体结构，丰富的动植物资源，吸引了不少科学家的注意。1760年，日内瓦一位年轻的科学家德索修尔在阿尔卑斯山区考察时，对勃朗峰上的巨大冰川产生了浓厚兴趣，并尝试攀登。只可惜，德索修尔并没有攀登成功。

1786年8月8日，法国医生帕卡尔与石匠巴尔玛结伴，第一次登上了阿尔卑斯山的最高峰勃朗峰。第二年，德索修尔在巴尔玛的引导下，率领一支20多人的队伍成功登上了勃朗峰，并验证了帕卡尔与巴尔玛第一次攀登成功的事实。现代登山运动由此诞生。因为现代登山运动诞生于阿尔卑斯山地区，所以也被人们称为"阿尔卑斯运动"。

冲浪小史

冲浪是运动员以海浪为动力，利用自身的动作技巧和平衡能力，在大海中驾驭冲浪板、划艇等器具，在波浪中穿梭前行的一种水上运动。

冲浪运动起源于大洋洲的土著居民波利尼西亚人。这些岛屿四面环海，气候适宜，且天气晴朗的时候居多，这为当地人开展水上运动提供了得天独厚的条件。

1778年，英国探险家库克船长在夏威夷群岛周围发现了冲浪运动。1908年，冲浪运动传入欧美国家。1960年，冲浪运动传入亚洲地区。第二次世界大战过后，塑料工业的新发展促成了塑料冲浪板的诞生，使得冲浪运动在世界范围内迅速传播开来，并成为一种竞技性的比赛项目。

冲浪运动必须要选在有风浪的海滨中进行，只有这样才可以借助海浪的动力。一般情况下，1米左右的海浪最适合冲浪运动，海浪的高度最低不得低于30厘米。在冲浪的过程中，运动员站立在冲浪板上，或者利用腹板、跪板、充气橡皮艇、划艇、皮艇等工具驾驭海浪。无论采用哪种设备，都要求运动员具备高超的动作技能和平衡能力，以及在深海中长距离游泳的能力。

滑板的发明

滑板是极限运动的鼻祖。许多极限运动项目都是从滑板运动中演变而来的。目前，滑板运动已成为全球最"酷"的运动，深受广大青年人的喜爱。从事滑板运动的选手需要具备翻板，在滑杆、U台带板起跳等高超技能。

19世纪50年代，冲浪运动在美国西海岸风靡一时，可是由于受到地理环境和天气条件的制约，人们不能够随心所欲地进行冲浪。长期生活在南加州海滩的居民便从冲浪运动中得到启发，创立了更富自由度的滑板运动。他们将一块0.25平方米的木板固定在一个铁轮子上，这样世界上第一块滑板就诞生了。通过滑板运动，人们可以体验到与冲浪运动相似的感受。

一级方程式赛车的诞生

一级方程式赛车，英文全称为Formula One，简称F1，是当今世界上最高水平的赛车比赛。

汽车诞生后不久，法国便于1894年举办了首届汽车比赛。这次比赛的起点是巴黎，终点是鲁昂，全程共计80英里。在比赛过程中，运动员可以中途休息。

1896年，法国汽车俱乐部举行了一次从巴黎到马赛的往返比赛。从1897年开始，法国的汽车制造商开始注重赛车大马力引擎的开发，并去掉车上的挡泥板，改变车座的软结构。在举办汽车比赛的同时，法国还建立了世界上最大的汽车工业，并凭借第一时代的赛车运动统治着赛车车坛。

19世纪末期，一种"快速制胜"的比赛理念出现，世界各地的国家纷纷参与到汽车比赛当中。1904年，世界汽车协会成立。为了保护车手和观众的安全，汽车协会不断对赛车加以规范，并制定出第一个"方程式"，对赛车的最小重量、最大重量、耗油量和汽缸直径等做出了严格控制。

1920年，汽车倒后镜的发明使汽车比赛的赛场上出现了单座赛车。1948年，法国的汽车比赛首次采用统一的规则（a formula），一级方程式赛车由此得名。1950年，首届一级方程式赛车冠军赛正式举行。

翼装飞行

翼装飞行，又叫近距离天际滑翔运动，是指穿着翼装的飞行者从高楼、高塔、大桥、悬崖、直升机等高处跳下，在空中进行无动力飞行的运动。一般情况下，飞行者的降落高度有限，需要在短时间内调整姿势和打开降落伞包。因此，翼装飞行具有极大的挑战性和冒险性，被人们称为"世界极限运动之最"。

喜欢跳伞的人发现，蝙蝠在飞行的时候可以将翅翼的扇动与翅翼的柔韧性结合起来，从而在空中悬停或者继续飞行。根据这一原理，人们设计出了一种翼装飞行服，由富有韧性和张力的尼龙材料制成。翼装最为重要的部分是冲压式膨胀气囊。当飞行者在空中降落时，空气迅速进入气囊，使得翼装充满气体，进而产生浮力。飞行者凭借浮力，在空中利用身体的移动来控制飞行的高低和方向。除此之外，飞行者还要戴一个特制的头盔。这个头盔里面设有2个GPS定位器，可以通过眼镜右下角的小屏幕第一时间告诉飞行者的速度和滑行率。另外，头盔的右边还有一个耳麦，可以通过声音告诉飞行者是否偏离航道，以方便其在空中做出适当的调整。

有氧运动

有氧运动是指在氧气供应充分的情况下进行的体育运动，具体说来，就是人体在运动的过程中所需要的氧气与吸入的氧气量相等，达到生理上的平衡。有氧运动的运动时间一般在15分钟以上，运动强度为中等或中上程度。常见的有氧运动项目有步行、快走、慢跑、竞走、滑冰、长距离游泳、骑自行车、打太极拳、跳健身舞、跳绳、做韵律操、各种球类运动等。

评判一项运动是不是有氧运动，最重要的衡量标准是心率。有氧运动的心率保持在每分钟150次，这样人体中的血液可以供给心肌足够多的氧气，身体内的葡萄糖可以得到充分"燃烧"。因此，有氧运动的特点是强度低，节奏感明显，持续的时间比较长。

长期进行有氧运动，可以增强肺活量和心脏功能，增加体内血红蛋白的数量，提高机体的抵抗能力。此外，长时间劳累的人如果进行有氧运动，便可以较快地恢复体能。

在从事有氧运动之前，人们必须做好充分的准备。在进行有氧运动前，喝一杯热饮，可以帮助身体提前预热。运动结束之后，不要忘记进行放松活动，这样可以避免身体拉伤。

数学物理

十进制溯源

十进制计数法，全称十进制位值计数法，是我们日常使用最多的计数方法。该计数法是以10为基础的计数系统，包含两条原则，即"十进"和"位值"。"十进"原则是指满十进一；"位值"原则指同一个数字在不同的位置上所表示的数值各不相同，如"363"这个数字，左边的3表示300个1，右边的3则表示3个1。

在十进制计数法还未被世界通用之前，人类曾创造出多种计数方法，但这些计数法相较于十进制计数法都显得非常粗糙、烦琐，使用起来很不方便。例如，古希腊从一到一万的数字都是用希腊字母来表示的，有时字母不够用，还需要使用符号；古埃及所有的数字符号都是象形的，并且符号数量很少，从一百到一千万只有四个符号，从一到十只有两个数字符号；古埃及的计数法采用六十进位，这样导致人们进行计算的时候非常麻烦。

那么，使用便捷的十进制计数法是如何被人们创造出来的呢？原来，在上古时代，人们计数很不方便，便会使用身边的东西来帮助记忆，这样自然而然地就想到了自己的双手。双手有十根手指，因此人们就习惯于1数到10。之后，这种通过双手十指计数的方法成了一种习惯，一代代流传下来，并在使用的过程中不断完善，渐渐形成了我们现在通用的十进制计数法。

十进制计数法最早起源于中国，据资料记载，大约最迟从商代开始，这种计数法就已经开始在中国使用了。

勾股定理的发现

在任何一个直角三角形中，将两条直角边边长的平方相加，结果都等于斜边边长的平方。直角三角形的这一特性就叫作勾股定理。

勾股定理也称毕达哥拉斯定理，因为在西方，人们普遍认为，这一定理的是古希腊数学家兼哲学家毕达哥拉斯于公元前550年首先发现的。据说，毕达哥拉斯发现并证明了这个定理后非常高兴，当即宰了一百头牛来庆祝，因此这一定理又被称为"百牛定理"。

实际上，最早发现这一定理的是中国人。公元前100年前后，中国出现了一本名叫《周髀算经》的数学著作，其中记载了一段"勾三股四弦五"的说法，指的就是勾股定理。在中国古代，学者们称直角三角形中较短的直角边为"勾"，较长的直角边为"股"，斜边为"弦"，勾股定理也因此得名。在这部书中，勾三股四弦五的说法出自一个商代的名叫商高的人口中，因此勾股定理也叫商高定理。这证明了中国发现并使用勾股定理比西方早了500多年。

黄金分割率

黄金分割率又称黄金率,是一种数学上的比例关系。把一条线段一分为二,使其与较长部分的比值等于较长部分与较短部分的比值,其比值是一个固定值,在小数点后面保留三位小数的近似值为 0.618。这种切割就叫黄金分割,这种切割的比例就是黄金分割率。

黄金分割的问题最先是由 2000 多年前的古希腊算学家欧多克索斯提出的。公元前 4 世纪,古希腊数学家欧多克索斯对这一问题进行了系统的研究,并建立了理论。后来,欧几里得在《几何原本》借鉴了欧多克索斯的成果,对其展开了更进一步的系统论述。

中世纪时,黄金分割被称为"神圣比例",并有人专门为它著书立说。17 世纪时,黄金分割逐渐推广。19 世纪,黄金分割被广泛应用于建筑、文艺、工农业生产和科学实验中。

由于用这个比例来设计造型最容易引起美感,所以人们才称之为黄金分割。建筑师们为了让建筑物更和谐,更有美感,就特意让某些线条的比例符合黄金分割,古埃及的金字塔、巴黎的埃菲尔铁塔、古希腊的神庙建筑在造型中都蕴含着黄金分割。在绘画、雕塑、摄影等艺术创作中,作者在构图时,也都会把作品的主题放在画面的黄金分割点上。达·芬奇的《维特鲁威人》《蒙娜丽莎》《最后的晚餐》都是按照该比例来布局的。

欧几里得和《几何原本》

欧几里得是古希腊著名的数学家,《几何原本》是他最伟大的著作。这部著作不但使几何学的体系更加完整,更有条理,而且开创了欧氏几何这一全新的领域,为欧洲数学奠定了基础,欧几里得因此被称为"几何之父"。

其实,在欧几里得之前,人们已对几何

最后的晚餐 达·芬奇
达·芬奇的名作《最后的晚餐》就采用了黄金分割率。

学有所了解。几何学在公元前7世纪最早兴起在古埃及，后传到古希腊，由毕达哥拉斯学派传播开来。不过，这些几何知识非常零散，不成系统，各个定理与证明之间缺乏联系，无法自圆其说。

后来，随着社会经济的发展，农业的繁荣，特别是土地的开发利用，原来的几何知识已经不能适应社会需求了。欧几里得曾系统地研究过柏拉图数学思想中的几何学理论，在发现现有几何学知识的不足之后，他便下定决心要对那些零散的几何学知识进行整理。为此，他不远千里，特地来到几何学知识的发源地埃及，开展收集、整理工作。在埃及，他夜以继日地辛勤工作，一边收集前人的成果，一边尝试着把自己对几何学的见解记录下来。经过长年的艰苦努力，他终于完成了自己的传世著作《几何原本》。

《几何原本》全书共13卷，包含了5条公理、5条公设、23个定义和467个命题。每一个公理、公设和定义，都经过由简到繁的证明，这使得全书的结构非常紧凑，为后人树立了用公理化方法建立数学演绎体系的典范。另外，欧几里得在证明每个定理时用的都是公理，或是已经被证明的定理，这种方法被应用到科学中，对后世影响深远。

分数的起源

把一个整体等分成若干份，表示其中一份或是几份的数，就叫作分数。

历史上，人类最早使用的数是自然整数。随着社会的发展，在度量和平均分配时，往往不能恰好得到整数，为了满足人们计数的需要，就有了分数。

据史料记载，中国是最早使用分数的国家，只是最初的分数并不是像现在这样表示的。《左传》中记载，春秋时期，大的诸侯国的城池不能大过周朝都城的三分之一，中等的不能大过五分之一，小的不能大过九分之一。这个记载证明中国使用分数比其他国家要早出1000多年。

继中国之后，印度也使用了和中国相近的方法表示分数，直到阿拉伯人发明了分数线，现在使用的分数表示法才渐渐普及开来。

联立方程式的诞生

方程式是一种数学中非常常见的概念，指的是含有未知数的等式，如 $x-8=15$，$x+y-z=27$ 等。使等式成立的未知数的数值是方程式的解。要想求出方程式的解，方程式中有几个未知数就需要有几个方程联合起来。将含有几个相同未知数的方程式联合起来组成一组，就是联立方程式。

联立方程式体现了不同事物之间的复杂联系，不管是在科研中，还是在生产中的应用都很广泛。历史上最早列出联立方程式的是中国的《九章算术》一书。《九章算术》的成书时间大概是公元纪元前后，是中国古代的一部数学专著。这部书共分9章，收录了246个在生产生活中遇到的数学问题，其中第8章名为"方程"，专门谈了解联立方程式的问题。该章第一题为："今有上禾三秉（捆），中禾二秉，下禾一秉，实（谷米）三十九斗；上禾二秉，中禾三秉，下禾一秉，实三十四斗；上禾一秉，中禾二秉，下禾三秉，实二十六斗。问上、中、下禾实一秉各几何？"其中"秉"是指"捆"，"实"指谷米。这是一个三元一次联立方程式，用现代的方法记录就是：

$3x+2y+z = 39$

$2x+3y+z = 34$

$x+2y+3z = 26$

《九章算术》中在记录方程式时，不是像现在这样用符号表示未知数，而是用算筹罗列，每个方程式列一行，有几个未知数就列几行。因为按照这种方式排列算筹，形状就像方阵一样，"方程"一名便由此得来。书中对每道题都给出了解题步骤，上面的这个三元一次联立方程式求解用的就是现代常用的消元解法，利用等量关系减少方程中未知数的个数，求出方程式的解。

三角学确立

三角学是在数学中专门研究平面三角形和球面三角形中边与角的关系的学科。三角学的主要应用是在测量上，同时也研究三角函数。

古希腊的天文学很发达，在进行天文观测时，需要研究天体运行轨道，于是古希腊人就开始研究球面三角形的边角关系。因此，最先发展起来的是球面三角学。

虽然希腊、印度、阿拉伯数学中都有和三角学相关的内容，但大都是为了适应天文观测的需要，所以对三角的研究一直是天文学的附属品。例如，公元150年左右，古希腊学者托勒密在其著作《天文学大成》中初步发展了三角学。这段时期，人们已经掌握了球面三角形两边之和大于第三边，等边对等角等定理。

到了13世纪，阿拉伯数学家纳西尔丁在著作《横截线原理书》中，开始把三角学独立于天文学之外，看成是数学的一个分支。

15世纪，德国人雷格蒙塔努斯完成了著作《论各种三角形》。在欧洲，这是第一部将三角学从天文学中独立出来的数学著作。全书共5卷，前2卷研究的是平面三角学，后3卷研究的是球面三角学。这段时期，出于测量上的实际需要，三角学的研究开始转入平面三角形。

16世纪，法国数学家韦达在《应用于三角形的数学定律》中，对平面三角进行了系统地论述。三角函数、解三角形和三角方程是平面三角学研究的主要内容。

韦达创造代数符号

代数符号是数学符号的一种，可细分为线性代数符号、关系代数符号、逻辑代数符号等。第一个有意识地系统引进代数符号的是法国数学家韦达。

韦达出生于法国的普瓦图，他当过律师、政客，也曾在法国与西班牙作战时帮助政府破译敌军密码。

韦达最重要的贡献是创造了大量的代数符号，并将其系统地引入代数中；用字母来表示未知数、乘幂，讨论了方程根的各种有理变换；阐述并改良了三、四次方程的解法，推进了方程论的发展。《应用于三角形的数学定律》《分析五章》和《论方程的识别与修正》是他的主要著作。

解析几何的诞生

解析几何是几何学的一个分支，又叫坐标几何。这门学科借助坐标系将代数与几何联系起来，建立点与实数、曲线与方程的一一对应，实现了数形结合，用代数方法研究解决几何上的关系和性质，用几何方法解决代数问题。

在解析几何创立之前，几何与代数是数学领域两个独立的分支。16世纪过后，科技迅速发展，圆锥曲线问题诞生，原先的几何学已经不足以用来研究这样的新问题了。当时，意大利科学家伽利略提出物体被抛出后的运动轨迹是一条抛物线，德国天文学家开普勒指出，行星围绕太阳运行的轨道是椭圆形的，太阳的位置是这个椭圆的一个焦点，如此复杂的曲线问题都是原先的几何知识无法解决的。而且随着天文、航海、力学等方面的发展，创立一门新学科，将几何与代数结合起来，也变得越来越有必要了。这段时期，初等几何和初等代数的发展对解析几何的创立发挥了不小的作用。

1637年，法国哲学家和数学家笛卡儿发表了名为《方法论》的著作。这本书后面有一篇名为《几何学》的附录。《几何学》共分三卷，第一卷讲的是尺规作图，第二卷讲的是曲线的性质，第三卷讲的是立体和"超立体"的作图。在《几何学》中，笛卡儿设想任何数学问题都可以化为一个代数问题，然后再把代数问题归结到解方程上，其中心思想是建立起一种兼容并包的数学，将算术、代数、几何结合起来。为此，笛卡儿借鉴了天文地理上的经纬制度，让平面上的点和代表坐标的实数对（x，y）建立起一一对应的关系。当x，y所取的数值不同时，这个实数对在平面上代表的点就不同。这样一来，就可以通过坐标，用代数的方法研究曲线的性质了。笛卡儿的《几何学》是公认的解析几何的起点。

在数学史上，和笛卡儿同时代的法国业余数学家费马也是世界公认的解析几何的创立者。人们在整理费马的通信时发现，在笛卡儿发表《几何学》以前，他已经写过关于解析几何的小文，阐述了解析几何的思想。费马是一名律师，对名利没什么追求，研究数学纯属个人爱好，无意发表自己的成果。直到他死后，人们才在他给友人的通信中发现了这件事。因此，他也被列为解析几何的创立者之一。

费马大定理的发现

费马大定理，又名费马猜想，是法国业余数学家费马留给后人的一个数学谜题："当n>2时，不定方程$x^n+y^n=z^n$没有正整数解。"

费马，全名皮埃尔·德·费马，出生于法国一个殷实的商人家庭。他的父亲专门请了两个家庭教师在家里对他进行系统教育。费玛小时候学习非常努力，而且他本人相当聪明，各科的成绩都很不错。考大学时，他接受父亲的意见，选择了法律专业，毕业后成为一名律师。

费马对数学充满浓厚的兴趣，在工作之余常看一些古希腊的数学名著，还不时做些题目，进行数学研究。在阅读古希腊数学家丢番图的著作《算术》时，他曾在第11卷第8命题旁写道："一个立方数分成两个立方数之和，或一个四次幂分成两个四次幂之和，或者一般地将一个高于二次的幂分成两个同次幂之和，这是不可能的。关于此，我确信已发现了一种美妙的证法，可惜这里空白的地方太小，写不下。"

费马在几何、微积分、概率论、数论等方面都有着不俗的成就。他去世后，他的儿子着手整理他生前的研究资料，想要将他的工作成果出版，于是就发现了上面这道写在《算术》书上的谜题。

费马已经找到了这道题的证明方法，但没有记录下来。许多数学家受此激发，试图去证明这个猜想。德国佛尔夫斯克特甚至宣称，在他逝世后的100年内第一个能将该定理证明出来的人将会得到10万马克的奖金。虽然有不少人递交他们的证明，但并没有人能真正证明出来。直到300多年后，一个名叫德鲁·怀尔斯的英国数学家和他的学生理查·泰勒才将这道谜题证明出来了，并在证明中运用了许多超越费马那个时代的新知识。

微积分的创立

微积分是数学的一个基础学科，研究的是高等数学中的微分、积分，以及相关的概念和应用。极限、微分学、积分学及其应用是这门学科的主要内容。微分学是研究变化率的，积分学则提供了一套定义和计算面积、体积的通用方法。

极限理论是微分学的基础，中国春秋时期的庄周所著的《庄子》，以及三国时期刘徽提出的割圆术，都提到了典型的极限概念。不过，微积分真正成为一门独立的学科，是17世纪才发生的事。

17世纪，随着社会科学的发展，出现了很多亟待解决的问题，比如运动中的即时速度问题、曲线的切线问题、函数的最大最小问题，以及求球面围成的体积、物体的重心等问题。这一时期，为了解决这些问题，众多著名的物理学家、数学家和天文学家，比如法国的费马、笛卡儿，英国的巴罗，德国的开普勒，意大利的卡瓦列利等，都进行了大量的研究，提出了很多理论，这些共同促成了微积分的创立。

17世纪下半叶，英国大科学家牛顿和德国数学家莱布尼茨总结前人成果，把求积这个微分学的中心问题和切线这个积分学的中心问题联系起来，各自在自己的国家创立了微积分。最初这门学科也被称为无穷小分析，因为牛顿和莱布尼茨是以直观的无穷小量为出发点建立微积分的。后来数学中又出现了分析学这一分支，正是以无穷小分析为源头。不过，在研究微积分时，牛顿和莱布尼茨的侧重点并不相同，前者侧重于运动学，后者则侧重于几何学。

到了19世纪初，法国科学家柯西等认真研究了微积分理论，创立了极限理论。其后，德国数学家维尔斯特拉斯使得这一理论更加严谨，构成了微积分的基础。从那以后，微积分逐步发展起来。

"+、-、×、÷"的发明

这四个符号，最早出现的是"+"号，"-"号和"×"号都是在"+"号的基础上被人们创造出来的。

"+"号产生于16世纪，发明者是德国著名的数学家魏德美。魏德美非常擅长计算，专门为政府计算征收税金的税率，以及商人把钱借出和借入时的利息。在运算符号被发明出来之前，人们只能用数字来计数，去无法表示出演算的过程。这给魏德美的工作带来了很大的麻烦。为了简化当时的计算方法，魏德美进行了废寝忘食的研究。有一天，他自言自语道："在横线上加一竖，就可表示增加的意思。'+'，你就叫加号吧！"

加号研究出来之后，魏德美很快又创造出了第二个运算符号，他说"从加号中拿掉一竖就是减少的意思。好，'-'，你就叫减号吧！"就这样，"+"和"-"诞生了。

"+"号和"-"号虽然是由魏德美创造出来的，但是真正将它们推广开来的，是法国的毕耶塔。毕耶塔在他撰写的一本关于代数方面的书中第一次提出用"+"号和"-"号来表示加法运算和减法运算，并被人们接受。

17世纪中期，英国数学家欧德莱发明了"×"号。欧德莱认为乘法是加法的一种特殊形式，因此就把"+"扭转45度角之后得到的"×"定义为乘号。

"÷"号也是在17世纪被发明出来的，它的发明者是瑞士数学家哈呐。哈纳认为，除法是将一个数分解出来，于是他便利用了一条横线将一个完整的东西切开的寓意，创造了"÷"号。

无穷大与无穷小

无穷大是指在某个变化过程中自变量的绝对值可以无限增大的函数或变量，无穷小是指在某个变化过程中自变量的绝对值可以无限减小的函数或变量。

无穷大按大小可以分为二级无穷大、一级无穷大和零级无穷大三个等级；无穷小按大小可以依次分为高级无穷小、等价无穷小和低级无穷小三个等级。

无穷大与无穷小都是可以比较大小的，并不是所有的无穷大与无穷小都是相等的。没有最大的无穷大，也没有最小的无穷小。最大的无穷大是没有尽头，最小的无穷小无限接近与0。在无穷小中，0是唯一的特例。0虽是一个常数，不是变量，但也属于无穷小。

画法几何

在工程和科学实践中，经常需要先将空间的形体展示在平面上，画法几何研究的就是用图形在平面上表示空间的形体，解决空间几何问题的理论和方法。其主要研究对象是多面正投影图，另外也包括展开图、投影变换、截交线等。

当人们修建房子或其他建筑物时，需要先将它们画在图纸上，然后根据图纸的式样来施工。但是，平面的图形是二维的，空间形体却是三维的。画法几何研究的就是，制定一些规定，采用一些方法，使平面上的图形可以正确表示空间上的形体，这就是图示法。

另外，将空间的形体展示在平面中以后，空间中实际存在的几何问题，也要用这些平面的图形来解决，比如，工程师往往会根据地形图设计道路和运河线路，并计算需要在哪里开挖。也就是说，根据平面图形解决空间形体上的几何问题也是画法几何的研究对象，即图解法。

画法几何这门学科是由法国学者G.蒙日创立的。1799年，他发表了《画法几何》一书，其中提出了以多面正投影图表示空间形体的方法，这就是画法几何的理论基础。后来，各国的学者又提出了投影变换、轴测图等理论和方法，使这门学科越来越充实。

不过，中国早在1103年的宋代就出现了李诫所著的《营造法式》一书，其中的建筑图与几何规则基本相符，只是这种画法在当时并没有形成理论。

"数学王子"高斯

高斯，全名卡尔·弗里德里希·高斯，德国数学家，近代数学的奠基人之一，被誉为"数学王子"。

高斯很小的时候就表现出了异于常人的数学天分。3岁时，他就能指出并改正父亲借债账目上的错误。9岁时，他就能用很短的时间计算出自然数从1到100的求和。10岁时，他已经独立发现了解决等差数列求和问题的方法。11岁时，他又发现了二项式定理。15岁时，高斯进入布伦兹维克的卡罗琳学院，开始研究高等数学。在此期间，他独立发现了数论上的"二次互反律"、算术几何平均和质数分布定理。

1795年，18岁的高斯进入德国著名的哥廷根大学深造。同年，他发明了正十七边形的尺规作图法，并于第二年出版了《正十七边形尺规作图之理论与方法》一书。这种作图方法的提出对人类数学的发展意义非凡，解决了一个困扰数学界长达2000多年的难题。22岁时，高斯完成了博士学位论文，被授予博士学位。

高斯的研究几乎囊括了数学的所有领域，如数论、代数学、非欧几何、复变函数和微分几何等。另外，他还开辟了许多全新的数学研究领域。他很重视数学在实际中的应用，把数学的研究方法应用到了天文学、大地测量学和磁学的研究上，并发明了最小二乘法原理。

不管是研究方法、研究风格，还是具体成就，高斯都称得上是18世纪末19世纪初世界数学界的顶梁柱。

湿度计溯源

湿度计是一种测量周围气体湿度的仪器。湿度表示的是气体中的水蒸气含量，分为绝对湿度和相对湿度。绝对湿度是指气体中的水蒸气净含量，单位为克每立方米。相对湿度是指气体中水蒸气含量与相同状态下气体中水蒸气达到饱和状态时的水蒸气含量的比值，表示方法为 RH（%）。

《史记》中记载了一种天平装置，天平两边分别放有土和木炭。《淮南子》一书对这种装置进行了说明：当天气干燥时，木炭轻，天平就往土那边倾斜；当天气潮湿时，木炭变重，天平就往木炭这边倾斜。这是对空气湿度的最早测量。

欧洲最早的湿度计出现于15世纪，一个意大利人发明了一种测量湿度的方法。这种方法和中国使用天平装置的原理相同，在天平一端放一团干燥的棉花，然后在另一端放上相同重量的砝码。当棉花吸收了空气中的水蒸气之后就会变沉，天平就会往棉花这边倾斜。根据棉花吸收水蒸气的多少，可以测定空气中的水蒸气含量。

现在使用的湿度计有毛发湿度计、干湿球湿度计、氯化锂湿度计等，其原理各不相同，但测量的都是相对湿度。

比重计

比重计是一种测量液体密度的仪器，由一根密闭的玻璃管组成，玻璃管的一端呈泡状，里面装有水银或铅粒，另一端粗细均匀，上面标有刻度。

比重计的测量原理是阿基米德定律和物体在液体中的浮动平衡。测量液体密度时，将比重计呈泡状的一端向下，竖直插入液体中。由于泡状一端较重，比重计可以稳定地浮在液体中，即使受到干扰，也能自动恢复竖直状态。

比重计一般有两种，一种叫重表，用来测量密度大于1的液体，一种叫轻表，用来测定密度小于1的液体。重表的最小刻度为1，位于比重计刻度线的最上端，往下依次是1.1、1.2、1.3……将这种比重计放入水中时，刻度1位于水面处，其他刻度全部位于水面以下。所测液体的密度越大，比重计上浮越多，刻度值越大。轻表的最大刻度为1，位于比重计刻度线的最下端，往上依次是0.9、0.8、0.7……轻表在水中时，比1小的刻度全部位于水面以上。所测液体的密度越小，比重计下沉越多，刻度值越小。在测量液体密度时，应先判断出液体的密度是大于1还是小于1，然后再选择相应的比重计。

钟表发展简史

中国东汉时期，张衡造出了漏水转浑天仪，可以说是最早的机械钟。这种浑天仪利用类似于齿轮的装置，把浑象仪和计时用的漏壶连在一起，让漏壶滴出来的水带动浑象仪均匀旋转，一天可以转一圈。

到了北宋时期，苏颂主持建造了一个水运仪象台，其结构类似于现在的钟表，并且

意大利帕多瓦一处装饰华丽的24时制钟

可以报时，日均误差只有一秒。在水运仪象台中，苏颂第一次运用了擒纵机构，现在人们都认为这一机构是钟表运转的心脏。

12世纪之后，中国的钟表技术传到了欧洲，欧洲的钟表业随即发展起来。1350年，意大利人丹蒂制造出一个机械打点塔钟。这种塔钟结构比较简单，误差也比较大，指针只有一根时针。

16世纪初期，德国的亨莱思用钢法条取代了重锤，制造出具有冕状轮擒纵机构的比较小巧的钟表。

伽利略发明了重力摆之后，荷兰的惠更斯于1657年将重力摆应用到钟表中，发明了摆钟。之后，他又将胡克发明的游丝应用到调速机构上，取代了钟摆，使得钟表的体积大为缩小，成为可以携带的袋表。

1660年，英国的胡克制造出后退式擒纵机构，并用其取代了冕状轮擒纵机构。这一时期的钟表发展一直都集中在擒纵机构的改进上，继后退式擒纵机构之后，又相继出现了锚式擒纵机构、工字轮擒纵机构、静止式擒纵机构、自由锚式擒纵机构等。这些擒纵机构的出现，使得钟表的精密度越来越高。18世纪后期，英国的阿诺德发明了精密表用擒纵机构，精密机械表由此产生。

到了20世纪初，随着工业的发展，生产钟表的成本越来越低，且产量大幅增加，使得钟表在普通大众中间逐渐普及开来，成为人们日常生活的必备物品。后来由于电子工业的兴起，逐渐出现了交流电钟、电机械表、石英电子表等将机械和微电子技术相结合的钟表，其精度也变得越来越高。

显微镜的诞生

早在公元前1世纪，人们就已经对球形透明物体的放大效果有所认识。后来，玻璃透镜问世，人们逐渐对透镜的放大规律产生了兴趣。16世纪末期，荷兰一位名叫詹森的眼镜商人制造了最早的显微镜。这个显微镜结构简单，由一个凹镜和一个凸镜组成，工艺比较粗糙。虽然詹森制造出了显微镜，但是他并没有意识到这种仪器的价值，没有利用它做出什么有意义的事。因此，他的这项发明也没有得到世人的关注。

17世纪中期，荷兰商人列文虎克对透镜产生了兴趣，开始自行学习透镜磨制技术。1665年，他磨制出了一个直径只有3毫米的透镜，将其安装在一个观察装置中，制成了简单的显微镜。由于列文虎克磨制镜片的技术很高超，这个显微镜能将物体放大很多倍。于是，他便利用自己制成的显微镜成功发现了微生物，成为世界上第一个用显微镜进行微生物研究的人。

牛顿发现万有引力定律

牛顿的理论和发现为后来物理学的发展奠定了坚实的基础。他最大的贡献就是发现了万有引力定律和三大运动定律。

牛顿发现万有引力定律据说是源于一个突发的灵感。有一次，他在苹果树园散步时，忽然有一颗苹果砸到了他头上。他随即开始对苹果下落的问题进行思考，从而想到了苹果和地球之间的引力。然后，他通过大量的计算发现了著名的万有引力定律。这个故事流传很广，有些人认为它过于传奇，不像是真的。

1687年7月5日，牛顿在他发表的《自然哲学的数学原理》一书中，对万有引力定律进行了阐述。他认为宇宙中存在着一个最普遍的法则：任意两个质点都会产生相互的吸引力，这个引力的方向沿着两质点之间的连线，其大小与两质点质量的乘积成正比，与它们距离的平方成反比，并且这个力跟两个质点的化学性质、物理状态和中介物质没有关系。

富兰克林揭开雷电之谜

富兰克林在电学上的最大贡献就是发现了雷电的秘密。

1746年，富兰克林在波士顿看到了一个电学实验。一名英国学者利用能够存储电荷的莱顿瓶和一些玻璃管做了一个很有意思的电学实验。富兰克林对此产生了浓厚的兴趣。此后，他开始进行电学方面的研究。他在自己家中做实验，探索电荷的各种性质，解释了电荷产生的原因。

有一次，他的妻子不小心打翻了莱顿瓶，立刻被瓶中闪出的一道火光击中，倒在地上。富兰克林受到这个现象的启发，想到了天上的雷电。当时人们还不清楚雷电是怎么回事，他们认为雷电是上帝在发怒，其性质与实验中的电是不一样的。富兰克林经过一番推证，认为天上的雷电和实验室里用到的电是相同的，为此他还发表了一篇文章，但是没有人相信他。

为了证明自己的设想，富兰克林决定做一个大胆的实验。他做了一个特别的风筝，风筝上绑着一个金属棒，下面连着金属线，在金属线的末端绑了一把铜钥匙。在一个雷雨天，他跑到野外放起了风筝。风筝飞上天后不久就被雷电击中了，富兰克林把手放到钥匙附近的时候，明显感觉到了被电击的麻木感。之后，他将风筝引下来的雷电导入了莱顿瓶中，存储起来，以供实验之用。在后来的实验中，富兰克林证明了自己的假设，天空中的雷电和实验室里产生的电的性质是完全一样的。

避雷针的发明

避雷针是用来防止建筑物遭受雷击的一种装置，一般安装在建筑物顶端。

中国很早就有了避雷针的雏形，在唐代《炙毂子》一书中记载了这样一件事：汉朝时的柏梁殿因雷击引发了火灾，后来有人建议在屋顶放一块鱼尾形状的铜瓦，这样就可以防止雷击。

17世纪的法国旅行家戴马甘兰在他的《中国新事》中也提到了中国早期的避雷装置。那时在中国建筑物的屋脊两头，都有一个向上仰起的龙头装饰，龙嘴里含着一根金属制成的舌头，金属舌头上连接着一根很细的铁丝，细铁丝一直通到了地下。这就是中国古代通用的避雷装置，和现代的避雷针很相似。

现代避雷针是由美国科学家富兰克林发明的。他一直对雷电有着浓厚的兴趣，在研究雷电的过程中想到既然摩擦发出的电能够通过金属尖端被吸收掉，那么雷电当然也可以，如果在建筑物顶端安装一种带尖的金属装置，就可以通过尖端吸收，将雷电引到地下。后来，他把这个想法付诸实践，在建筑物的顶端绑了一根大铁棒，铁棒与建筑物之间绝缘，然后用一根金属线连接铁棒和大地。实验证明这种装置十分有效，现代用于建筑物的避雷针就此诞生。

安培趣闻

安培是法国著名的科学家，他在电磁学方面做出了成就突出，电流的度量单位就是以他的名字命名的。

有一次，安培在街上散步，突然想起了一个还没有解决的问题，就开始边走边思考。这个问题需要一些演算，但是他手边并没有工具，突然他发现前面有一块"黑板"，便拿出随身携带的粉笔在上面演算起来。后来，那块"黑板"开始向前移动，安培就跟着它往前走。"黑板"越走越快，安培最后实在追不上了，才不得不放弃演算。原来，那块

"黑板"是一辆马车的后壁。路人看到安培这个样子，都乐得直不起腰来。

安培随时都处于思考的状态。他从家里去学校，路上要经过塞纳河。有一次他边走边思考，在经过塞纳河时，随手捡了一块鹅卵石放进口袋里。走了一会儿，又掏出来扔到河里。到学校后，他从口袋里掏出怀表打算看时间，结果发现怀表变成了鹅卵石，原来真正的怀表已经被他扔进塞纳河了。

安培在家的时候，因为经常有人过来拜访，他的工作很容易受到干扰。于是，他就写了一张"安培不在家"的字条贴在门上。后来有一次他出门回来，发现门上贴着的这张字条，说了句"原来安培不在"，就转身走了。

载人热气球的升空

热气球是利用比气球外空气密度低的气体产生升力，从而达到飞行目的的工具。18世纪，法国的造纸商蒙戈菲尔兄弟从碎纸屑在火炉中升起的现象中得到启发，开始利用纸袋进行热气球的研究。

1782年，蒙戈菲尔兄弟做了一个热气球，但是这个热气球只能飞到房顶的高度。1783年6月4日，蒙戈菲尔兄弟又做成了一个直径为10米的热气球，这个气球是用布制成的，布的接口处用扣子连接。他们用这个热气球在莱昂纳广场做了一次表演。气球中搭载了一只鸡、一只鸭子和一只羊，气球下面点着了一些木头和草，在热空气的作用下，气球升了起来，在空中飞行了1英里多。

9月19日，蒙戈菲尔兄弟在凡尔赛宫门前为皇族和巴黎市民进行了一场热气球表演。这次热气球飞到了400多米的高度，在空中飞行了8分钟，最后成功降落在了3公里之外的森林中。

这一年的11月21日下午，蒙戈菲尔兄弟在巴黎穆埃特堡进行了世界上第一次载人热气球飞行。这次飞行的热气球载着一名乘客穿越了半个巴黎，在空中飞行了25分钟才降落。

库仑定律

库仑定律是关于电磁场的一个基本原理，说明了电荷之间的作用关系。在真空中的两个电荷之间存在作用力，这个作用力与两个电荷所带电量的乘积成正比，与两个电荷距离的平方成反比，其作用方向与两个电荷之间的连线平行，并且同种电荷相斥，异种电荷相吸。这个定律是法国科学家库仑在实验中总结出来的。

库仑在1785年做了扭秤实验。他在一根很细的金属丝下面悬挂了一根秤杆，秤杆一端挂着一个金属小球，另一端挂着一个跟小球质量相等的物体，以保持平衡。然后，他在金属小球的旁边放了一个同样的金属球，并使其固定。接下来，他让两个金属球都带上了电荷。在电荷作用下，悬挂的秤杆发生旋转，使得悬挂的金属丝发生了一定角度的扭转。库仑控制着金属丝上面连着的旋钮，让秤杆上的金属小球回到了原来的位置。通过旋钮转过的角度，可以判断出扭矩的大小，从而计算出两个金属球之间的作用力的大小。

通过这个实验，库仑验证了自己的想法。不过在这个实验中，他用的是同种电荷，对于异种电荷，这个实验是不适用的。库仑据此设计了一个电摆实验，来测定异种电荷之间的作用力。结果发现，同种电荷与异种电荷之间的作用力大小是相等的。

伏特电池的发明

伏特电池是意大利物理学家伏特在1800年发明的，在早期被称为"电堆"。

伽伐尼在1789年做了一个实验，用铁棒把青蛙吊起来，然后用铜丝接触青蛙的肌肉，青蛙会因此发生抽搐。当时，伽伐尼对这个现象并未在意，他认为这只是青蛙身体内的"动物电"在发挥作用。然而，伏特却对这个现象产生了兴趣。伏特在研究中发现，导电物体可以分为两大类：一类是金属物体；另一类就是液体，也就我们今天所说的电解液。两种不同的导体进行接触，会产生电势差。这种电势差很微弱，但是如果把电势差叠加起来，就能产生很大的电势差。青蛙的身体抽搐其实是因为导体接触产生了电，并非是"动物电"造成的。

1800年，伏特根据电势差叠加的思想，设计了一种装置。将锌板和铜板用布片隔开，叠在一起，然后浸在酸性溶液中，连入回路，产生了电流。这种装置实验成功后，伏特将其命名为"电堆"，也就是电池组。这种电堆就是早期的电力来源，后来的电池就是在此基础上发明的。人们为了纪念伏特的这一发明，还将电压的单位命名为伏特。

阿伏伽德罗提出分子论

阿伏伽德罗是意大利科学家，他一生都在研究化学和物理学中关于原子的理论。他最大的成就是提出了分子论，也就是阿伏伽德罗定律。

英国化学家道尔顿在1808年发表了原子论，对原子进行了阐述。第二年，法国化学家吕萨克提出了一个假说，认为在相同的温度和压力下，相同体积的不同气体所含有的原子数量是相同的。他本以为这一假设是对道尔顿原子论的支持，但道尔顿却对这个假说表示反对，他认为不同气体的原子大小是不同的，那么相同体积的气体也就不会含有相同数量的原子。并且还有一个实验可以对此进行反证，就是一个单位体积的氧气和一个单位体积的氮气反应，会生成两个单位体积的一氧化氮。双方各执己见，互不相让。

阿伏伽德罗在分别研究了双方的理论之后，提出了自己的观点。他在1811年发表的一篇名为《原子相对质量的测定方法及原子进入化合物的数目比例的确定》的论文中，第一次提出了分子的概念。他认为单质和化合物在游离的状态下能够独立存在的最小单位是分子，分子是由多个原子组成的。同时，他对吕萨克的假说进行了修正，认为在相同的温度和压力下，相同体积的不同气体所含有的分子数量是相同的。这就是阿伏伽德罗的分子论，不过，这个学说在很久以后才得到科学界的承认。

道尔顿提出原子学说

19世纪初期，英国科学家道尔顿提出了原子学说，认为物质是由原子组成的，原子是物质世界的最小单位，是单一、独立、不可分割的。

其实人们很早就开始了对原子的猜想，随着科学技术的进步，到了18世纪后期，人们逐渐对原子有了一些认识，但尚未形成针对原子的专门理论。在法国科学家普罗斯特提出了定比定律之后，道尔顿又展开了相关的研究，提出了倍比定律，这促成了他的原子理论的形成。

1803年，道尔顿根据手中掌握的一些资料，计算出了一部分原子的原子量。不久之后，他在曼彻斯特的"文学和哲学学会"上，第一次正式阐述了自己的原子论，并向人们公布了他所计算出来的原子量。

布朗运动的原理

布朗运动就是指悬浮的微粒一直做无规则运动的现象。

1827年，苏格兰植物学家布朗在对花

粉进行研究时发现水中的花粉微粒和其他微粒都在做不间断无规则的曲线运动。后来，人们就把微粒的这种运动称作布朗运动。在发现布朗运动之后的很长一段时间内，人们都不知道这种运动的原理究竟是什么。此后又一位名叫德耳索的科学家提出，微粒的布朗运动是由于受到了周围分子的不平衡撞击而产生的。

爱因斯坦运用分子运动论原理，对布朗运动进行了分析，找到了布朗运动的本质。悬浮的微粒会不断受到周围分子的撞击，这种撞击是随机的。当微粒的体积足够小的时候，这种随机撞击就会产生不平衡。当微粒受到的某个方向的撞击比较强时，其运动轨迹就会发生改变。在分子的不间断撞击下，微粒便一直不间断地做着无规则运动。

欧姆定律的发现

欧姆定律指的是电路中电流、电压和电阻三者之间的关系，即导体中的电流与导体两端的电压成正比，与导体的电阻阻值成反比。用公式表示为 $I=U/R$，式中 I 表示电流，单位是安培；U 表示电压，单位是伏特；R 表示电阻，单位是欧姆。

1825 年 7 月，欧姆用一种电流扭力秤装置对不同金属的电导率进行了测量。测量结束后，欧姆想到可以将电路中的电流作为研究对象，来测定它与其他电路参量的关系。之后，欧姆便使用一些横截面积相同但是长度不同的金属线进行研究，把它们分别接入电路进行测量，通过改变条件来对比实验数据。最后，欧姆得出了一条关系式：$x=q/(b+l)$。

1826 年 4 月，欧姆发表了一篇论文，将原来的关系式改写为 $x=ksa/l$。在这个式子中，x 表示电流，k 表示导线电导率，s 表示导线横截面积，a 表示导线两端的电压，l 表示导线的长度。这就是最早的欧姆定律表达式，其中 ks/l 就表示电阻的倒数，经过替换之后就是开始提到的欧姆定律公式。

法拉第发现电磁感应

电磁感应是指当导体位于变化中的磁场时，导体两端会产生感应电动势，如果将导体接入到闭合回路中，那么回路中就将产生感应电流。

1820 年，奥斯特发现了电流磁效应。很多科学家据此开始探索，既然电能够产生磁，那么磁是不是也能产生电？

1831 年 8 月，法拉第也进行了相关的研究。他在一个铁环的两端分别绕上了线圈。其中一个线圈接入没有电源的闭合回路中，并在下面平行放置了一个磁针，另一个接入了装有电源的回路，并在回路中设置了开关。他发现，当闭合开关时，磁针会发生偏转，断开开关以后，磁针就向反方向偏转。很明显，没有电源的闭合回路中产生了感应电流。之后，他又设置了变量，进行了一些定性研究。通过反复试验，他发现能使回路产生感应电流的情况总共有五种：变化的磁场、变化的电流、运动的磁铁、运动的恒定电流、在磁场中运动的导体。然后，法拉第便将这些能使回路产生感应电流的现象称为电磁感应。

在进一步研究的过程中，法拉第又发现，

工作中的法拉第

感应电流是由感应电动势产生的，就算导体不构成回路，导体两端依然存在感应电动势。

焦耳定律

焦耳定律是指电能和热能的转化关系，它是英国物理学家焦耳在1841年发现的。焦耳定律的具体内容是：电流通过导体所产生的热量与电流的平方成正比，与导体的电阻成正比，与通电时间成正比。焦耳定律的数学公式是$Q=I^2Rt$，其中Q表示热量，单位是焦耳；I表示电流，单位是安培；R表示电阻，单位是欧姆；t表示时间，单位是秒。这个公式适用于所有电流热效应的计算。

焦耳在用电阻丝给水加热的时候发现，设置不同的参数，电阻丝产生的热量就不一样，水的温度也就不同。他决定对其展开定量研究。通过大量的实验，焦耳最终发现了焦耳定律。焦耳定律为电路照明设计、电热设备设计和计算电力设备的发热提供了依据。

在纯电阻电路中，以焦耳定律的公式为依据，还能推导出其他的计算电路热量的公式。但是需要注意的是，焦耳定律的公式适用于所有电路，而推导出来的公式只适用于纯电阻电路。

麦克斯韦的电磁情缘

麦克斯韦是英国著名的物理学家，他的主要研究方面包括电磁理论、光学、力学等。

麦克斯韦大约是从1855年开始进行电磁学研究的。他通过钻研法拉第在电磁学方面的理论，得出了法拉第的理论是正确无误的这样一个结论，因而他想要用自己在数学方面的优势为法拉第的理论提供数学方法研究，以便将法拉第的思想用精确的数学方式表达出来。

麦克斯韦对当时的科学学说进行了全面系统的研究。不久之后，他就发表了三篇关于电磁场理论的论文。第一篇是1856年的《论法拉第的力线》，第二篇是1862年的《论物理的力线》，第三篇是1864年的《电磁场的动力学理论》。在这几篇论文里，他用完美的数学形式将前人的成果表达了出来。

在这几篇论文的基础上，麦克斯韦还预言了电磁波的存在，并且认为电磁波只有横波。通过计算，他发现电磁波的传播速度和光速是相同的，从而得出了光是一种电磁波的结论。这一理论将电、磁和光统一了起来。

1873年，麦克斯韦发表了《电磁理论》一书，对电磁场理论进行了全面系统的阐述。这一理论是经典物理学重要的基础理论。

赫兹证实无线电波的存在

赫兹是德国物理学家，他第一次证明了无线电波的存在，对电磁学的发展做出了巨大的贡献。人们为了纪念他，便将频率的国际单位命名为赫兹。

19世纪60年代，麦克斯韦发表了关于电磁波的基础理论，但在当时并没有得到验证。1887年，赫兹通过实验验证了麦克斯韦的理论。他根据麦克斯韦的电磁波理论，设计了一个能发出电磁波的仪器，然后利用检波器检测其发出的电磁波。他证明了无线电波的直线传播速度与光的速度是相同的。此外，他还发现电磁场方程可以用偏微分方程，也就是通常所说的波动方程表达。麦克斯韦方程也因此得到完善。

1888年1月，赫兹发表了名为《论动电效应的传播速度》的论文，阐述了他在实验当中的发现，震惊科学界。无线电波的应用因此飞速发展起来。

液晶的发现

液晶是一种应用于显示技术的高分子材料。它的性质十分特殊，在某一温度范围内，它会呈现出液体状态，但是又有固体结晶的光学性质，具有很高的应用价值。

1883年，奥地利的植物生理学家莱尼茨尔对胆固醇进行了研究。他在加热胆固醇苯甲酸酯的时候，发现这种物质在熔化时的表现比较异常。当他把胆固醇苯甲酸酯加热到145℃时，发现其虽然熔化为液体，但并不是透明的，而是稍显浑浊，并带有一些色彩。然而，根据化学理论，纯净的物质在熔化后应该是透明的才对。于是，他又将其加热到了175℃，结果发现这种物质又发生了变化，颜色消失，变成了透明的液体。当他将其稍微冷却之后，色彩又出现了。

莱尼茨尔对这种现象不是很理解，便找到了德国物理学家雷曼，请求对方给予解答。雷曼用一台带有加热功能的显微镜对这种物质进行了观察，之后又在显微镜上加了偏光镜重新观察了一遍，但是他也弄不明白这到底是怎么回事。一开始，雷曼将这种物质称为软晶体，后来又改名为晶态流体，最后将其命名为流动晶体。

在后来的研究中，人们将这类物质称为液晶，将莱尼茨尔和雷曼称为液晶之父。在液晶刚被发现时，人们并不知道它的用途，到了20世纪60年代，液晶才被应用于显示技术。

伦琴发现X射线

伦琴是德国的实验物理学家，他在物理学上做出的最大贡献是发现了伦琴射线，即X射线。

1895年11月8日晚，伦琴正陷于对如何保证一个电学实验的精确性的沉思中，他一边思考一边将各种电学仪器用锡纸和硬纸板包裹起来，并接通电源进行了一次尝试。然而，意想不到的事情发生了，当他接通电源后，阴极管释放出来的某种能量让一块涂有氰亚铂酸钡的屏幕亮了起来，并使一块被严密封闭的底片曝光了。伦琴敏锐地注意到了这一点，他认为，阴极管一定释放出了某种具有能量的射线。由于不知道这到底是什么射线，伦琴便将其命名为"X射线"。

在发现X射线后，伦琴又做了几次实验，希望揭开X射线的秘密。但他最终只得到了这样的结论：这种射线可以轻易地透过厚厚的书本、木板和小于15毫米厚的铝板，只有铅板和铂板可以阻挡这种射线的传播。

后来有一次，天已经很晚了，伦琴还在实验室研究X射线。他的妻子很不放心，就来实验室看他。当伦琴看到自己的妻子时，他突发奇想，示意妻子用手盖住用来曝光的底片。当妻子将右手放到底片上时，奇迹发生了，她右手的骨架被清晰地投射到后面的底片上，她手上戴着的戒指也在底片上呈现出一圈黑黑的阴影。

1896年1月5日，伦琴在柏林物理学会会议上展现了他用X射线拍下的照片，X射线被发现的消息很快引起了人们的关注，并迅速传遍了全世界。伦琴作为X射线的发现者，获得了1901年的诺贝尔物理学奖，他也是第一个获得诺贝尔物理学奖的科学家。

塞曼效应的发现

塞曼效应是指在化学和物理学的光谱分析中，原子的光谱线在外磁场中出现分裂的现象。这一现象是由荷兰物理学家塞曼发现的。

1896年，塞曼在对钠火焰的光谱进行研究时，发现其谱线出现了加宽现象。后来，他的老师洛伦兹对这个现象进行了解释。这种加宽现象其实是谱线发生了分裂，因为电子有轨道磁矩，其方向在空间中的取向是量子化的，当受到外界磁场的作用时，能级就会发生分裂，从而使得光谱的谱线分裂成间隔相等的三条谱线，其间隔相当于一个洛伦兹单位。这一发现使得塞曼和洛伦兹两人共同获得了1902年的诺贝尔物理学奖。

在后来的研究中，又有人发现，有些光谱并不是分裂成间隔相等的三条线，有时会多于三条，而且其间距也有大有小。当时人们无法解释这种现象，于是就将这种现象称为反常塞曼效应，而把塞曼原先发现的现象称为正常塞曼效应。

无线电之父

意大利工程师古列尔莫·马可尼是世界上第一个使用无线电发送跨越大西洋的信号的人，他被人们称为"无线电之父"。

在赫兹验证了无线电波的存在之后，马可尼就开始了对无线电的研究。他最初做的无线电实验是在家里的楼上安装无线电发射装置，在楼下安装一个与电铃相连接的检波器。当检波器接收到楼上发出的无线电信号时，电铃就会发出响声。这个实验获得了成功。之后，马可尼对实验装置进行了改进，以便能够在更远的距离之外传输信号。

1896年，马可尼用自己研制成功的通讯装置做了演示，这种装置可以在14公里以外传输信号，已经有了初步的应用价值。马可尼获得了这项发明的专利权。之后，他成立了一家公司，开始研究无线电的应用。1899年，法国政府向马可尼发出请求，叫他建立穿越英吉利海峡的无线电通讯。当年，马可尼就完成了这项工程。

1901年12月，马可尼利用自己改进的装置在英格兰和加拿大的纽芬兰之间进行了横跨大西洋的无线电通讯，传输距离达到了3500多公里。这一实验的成功标志着无线电的应用进入了全球互通的时代。从此，无线电的发展真正步入了实际应用的阶段。

电子的发现

电子是原子中的一种基本粒子，带有一个单位负电荷，质量十分小。电子是在1897年发现的，它的发现者是英国物理学家汤姆生。

汤姆生在对阴极射线的研究中发现了电子。当时，汤姆生设计了一个电场偏转实验，用来观察阴极射线的偏转。之前也有人做过这种实验，但是因为没有观察到射线的偏转，便得出了阴极射线不带电的结论。

实验初期，汤姆生也没有观察到阴极射线偏转。后来，他才发现是由于真空度不够，于是他便采用了当时最先进的真空技术，最终使得阴极射线发生了偏转。汤姆生发现，阴极射线是由带负电的粒子构成的。通过计算，他又发现这种粒子的荷质比比氢离子的荷质比大1000多倍。其后，汤姆生又用不同的材料做这个实验，发现射线粒子的荷质比始终保持不变。这就说明，这种粒子是原子中的一种基本粒子。汤姆生便将这种粒子命名为"电子"。

量子论的发展历程

量子论是解释微观物理世界基本规律的理论，它为固体物理学、原子物理学、核物理学和粒子物理学打下了理论基础，与相对论一同构成了现代物理的两大基础。量子论是研究微观粒子的基础理论，能为原子结构、原子光谱、元素性质、光理论等都提供理论支持。

1900年，普朗克最先提出了能量子概念。他在研究黑体辐射规律时，在经典物理理论中很难找到合理的解释，因此引入了这样一个概念。这个概念的引入为量子论的发展奠定了基础。

爱因斯坦在后来的光电效应实验中，发现了与经典物理有悖的地方，于是提出了光量子假说。同时,他将能量子的概念成功运用到了固体比热的问题研究中。这是量子理论的第一次成功应用,为以后的量子理论指出了一条发展道路。

1913年,玻尔将量子化概念运用到原子核模型中,提出了自己的原子理论,并运用这一理论合理解释了氢光谱。

这十几年是量子理论的初步发展时期,在玻尔之后的十年内,量子理论的进展一直十分缓慢。

直到1923年,德布罗意首先提出了物质波理论,用波粒二象性来解释粒子束的各种特性,才为量子理论打开了新局面。

1925年,薛定谔在之前的量子理论的基础上,运用数学方法提出了电子的波动方程,并开创了波动力学。差不多在同一时间,另一位科学家海森伯提出了一种矩阵方法,对量子波动理论进行计算。后来有几位科学家先后对海森伯的矩阵方法进行改进,使其成为完整的量子理论系统。这个矩阵理论系统与薛定谔的波动力学是一样的,二者被科学界统称为量子力学。量子论也由此成为一门系统完整的学科。

超导的研究历程

超导就是某种导体处于某一温度时会突然失去电阻的现象。处于超导状态的导体称为超导体,要达到超导状态,一般需要非常低的温度。

1911年,荷兰科学家昂内斯在实验中发现,水银在冷却到开氏温度4.2K,也就是摄氏温度—268.98℃的时候,会突然失去电阻。之后,他又用很多金属和合金进行实验,发现了相同的特性。于是,昂内斯便将这种异常的导电状态称为超导态。

1932年,霍尔姆和昂内斯都发现了超导的另一个特征。将两块处于超导状态的金属放在一起,中间只隔着一层非常薄的氧化物,这时即使没有外加电压,这两块金属中也有电流流过。这种结构被称为超导结。

1933年,荷兰的迈斯纳和奥森菲尔德一起发现了超导体和磁场之间的关系。当金属处于超导状态时,会将磁场排斥在超导体外,这个现象被人们称为"迈斯纳效应"。1935年,德国的伦敦兄弟又提出了超导的电动力学理论。

1950年,美国人巴丁和美籍德国人弗鲁里赫同时对超导电性提出了解释。他们认为超导电性是由电子和晶格振动之间的相互作用产生的。不久,巴丁、库柏和斯里弗又提出了超导电量子理论,用电子对能隙的理论成功解释了超导现象,这一理论被人称为"巴库斯理论"。1961年,美籍挪威人贾埃瓦通过铝制隧道元件,直接观测到了电子对能隙,从而为"巴库斯理论"提供了实验证明。

1962年,剑桥大学一位年轻的实验物理研究生约瑟夫森对能隙进行了研究,发现在超导结中,电子对可以穿透氧化层而形成直流电流。当外加一个电压时,超导体中还会产生交流电流。这两种现象分别被称为直流约瑟夫森效应和交流约瑟夫森效应。这两种效应的发现为电子对运动提供了依据。

到了20世纪70年代,人们根据"迈斯纳效应",开始研究将超导应用于交通工具的技术,也就是磁悬浮技术。为了让超导体更有实用价值,科学家们不断寻找在较高温度下可以获得的超导体。1986年,科学家柏诺兹和缪勒发现了超导临界温度为30K的钡镧铜氧化物。之后,超导临界温度更高的物质不断被发现。

爱因斯坦提出广义相对论

广义相对论是爱因斯坦于1916年提出

学术讨论
爱因斯坦于1933年提出能量聚焦的新理论。

的理论，它利用几何语言，将引力描述成弯曲的时空的曲率。

19世纪末，经典力学和电磁理论都已渐趋完善，有些物理学家认为物理学的发展已经走到了尽头。然而，有人在利用"伽利略变换"进行光的传播等问题的研究时，又发现了一些无法解释的矛盾，使得人们对旧有的一些观念产生了怀疑。1905年，爱因斯坦提出了狭义相对论。他在这一理论中建立了新的时空观，描述了接近光速的高速物体的运动规律。狭义相对论为物理学的发展提供了一条新的道路。

1912年，爱因斯坦发表了一篇论文，讨论了如何用几何语言来描述重力场。1916年，爱因斯坦建立了引力场方程，用来描述时空曲率与时空中的物质和能量的关系，同之前的理论一起形成了完整的广义相对论。广义相对论是将经典力学和狭义相对论综合起来的理论，经典力学和狭义相对论都是广义相对论的特殊情况，一种是物质处于低速运动状态，一种是物质处于高速运动状态。

广义相对论解决了很多经典物理解决不了的问题，并且得到了实验和实际观测的验证。

激光的起源

1916年，爱因斯坦最早提出了激光的理论。他认为原子中的电子处在不同的能级上，当处在较高能级上的电子受到某种光子激发时，会由高能级跳跃到较低的能级，同时辐射出光子，其性质与激发用的光子相同。在某种条件下，一些比较弱的光甚至能激发出比它本身更强的光。这种现象就叫"受激辐射的光放大"，也就是激光名字的由来。

1958年，美国科学家肖洛和汤斯在做实验时发现，当灯泡上的光照在某种晶体上时，这种晶体会发出比较明亮的光，而且发射出来的光不会发散。在看到他们发表的关于激光的论文之后，很多科学家都对激光产生了兴趣，还有不少人设计了激光实验，但是最终都失败了。

1960年5月15日，美国科学家梅曼制造出了第一束激光，其波长为0.6943微米。7月7日，梅曼又制造出了世界上第一台激光器。他使用了一块含有铬元素的刚玉，其实就是人们常说的红宝石，在其表面镀上反光镜，然后又打一个小孔，使得光可以从这个小孔里出来。其后，他利用闪光灯照射刚玉，刚玉中被激发出红色的光，这些光通过小孔射出，便产生了一束红色的激光。这种激光能使物体表面产生很高的温度，可应用到很多方面。

医药卫生

"西方医学奠基人"希波克拉底

希波克拉底出生于古希腊的小亚细亚科斯岛，他的父亲也是一名医生。希波克拉底子承父业，从小跟随父亲学医。他在年轻时就已经掌握了很高超的医术。父母去世后，他开始四处游历，向当时的很多名医学习医术。

在希波克拉底生活的年代，古希腊宗教盛行。人们生病以后多采用巫术或祈祷的办法来治病，很多病人因为得不到及时的治疗而死去。希波克拉底反对这种宗教治疗，他崇尚科学，提出了对多种疾病的治疗方法。

一次在集市上，他看到一个人突发癫痫。当时旁边的僧侣说这人是得了神病，要用祈祷的方法来治疗。希波克拉底却说，这人患的是癫痫，病因在于脑。他的观点与现代医学的观点吻合。

还有一次，希波克拉底遇到巫师正用念咒的方式给一个骨折的人治病。他提出，治疗骨折应该对断骨进行牵引，使断骨复位，咒语是无效的。他提出的这种治疗骨折的方法十分合理，后人为了纪念他，便把用于牵引断骨的臼床命名为"希波克拉底臼床"。

希波克拉底还曾提出体液学说。他认为人体是由体液组成的，包括血液、黏液、黄胆和黑胆四种体液，人的体质不同就是因为这四种体液的组合不同。他提倡用发展的眼光去看待疾病，应根据病人的个人情况和生活环境对其进行饮食治疗，并辅以药物治疗。

希波克拉底曾经撰写了一部《箴言》，记录了他对医学和人生的很多观点和言论。他在其中对于医务道德的阐述，成为后来的医务工作者遵守的规范。20世纪中叶，世界医协大会根据他所阐述的这段话，制定了国际医务人员的医务道德规范。

集合巫术和医术的《阿闼婆吠陀》

《阿闼婆吠陀》是古印度吠陀本集之一。吠陀的意思就是"知识"，阿闼婆应该是某个婆罗门家族的名字。

《吠陀》是印度婆罗门教的圣典，其中包括了古印度时期的宗教、礼仪、巫术、哲学、科学等方面的内容。《吠陀》由《梨俱吠陀》《娑摩吠陀》《耶柔吠陀》和《阿闼婆吠陀》四部组成，其中《阿闼婆吠陀》成书最晚，大约完成于公元前600年。《吠陀》的成书时期被称为古印度的吠陀时期，因此《阿闼婆吠陀》完成的时期也被称为后期吠陀时代。《阿闼婆吠陀》使用的是吠陀梵语，这是一种比印度梵语更为古老的语言。

《阿闼婆吠陀》中记载了很多咒语，大都表现的是人们祈福消灾的愿望。《阿闼婆吠陀》诅咒的对象有很多都是常见的疾病，包括发烧、咳嗽、癫疝、水肿、黄疸等。

除了巫术之外,《阿闼婆吠陀》中还记载了大量的医术,其中有70多种疾病的名称,并有其对应的治疗药方。《阿闼婆吠陀》附属的阿育吠陀是印度重要的医学体系,曾对世界上大多数医学体系都产生了影响。阿育吠陀意为生命的科学,提倡的是健康的生活方式,认为人和自然界应该和谐共处,人生病时,就是这种和谐被打破了,若要恢复健康,就应该通过自然界的产物来重建和谐的关系。

阿育吠陀所记载的医疗方法,对人体所处的环境和病人自身的状况非常重视,其治疗手段通常是以调节饮食为主,兼有对草药的利用。阿育吠陀还很重视人体内部的平衡,提倡健康的生活方式和独处的环境。

最早的病历

病历是对患者病情的发生、发展以及医生对病人的诊断、治疗等过程的记录,同时也包括通过对资料的整理分析而为病人建立起来的健康档案。

世界上最早的病历产生于古希腊。公元前6世纪,在古希腊的伯罗奔尼撒半岛上有一个小村子,村子里有一座医神阿克勒庇俄斯的神像。当时很多人都来这里膜拜,祈祷自己或亲人能早日恢复健康。后来,祭司就专门腾出一间屋子,为来此祈祷的病人治病,并且把病人的个人信息和病情以及诊断治疗情况记录下来,这样就形成了世界上最早的病历。

中国最早的病历出现于汉朝,创始者是汉朝名医淳于意。淳于意在治病的过程中发现,如果光靠病人的描述和医生有限的记忆力,会给治疗带来不小的困难。于是他想到,在治病的过程中,将病人的情况以及诊治过程记录下来,以备查证,这样就不会因记忆错误产生误诊。同时,他还把治愈的病例和死亡的病例记录下来,为之后的治疗提供借鉴。淳于意把自己所做的记录称为"诊籍",也就是中国最早的病历。

"医中之王"阿维森纳

阿维森纳生活在11世纪前后,他的著作多达200多种,其中在医学方面最著名的就是《医典》,阿维森纳也因此被人们称为"医中之王"。

《医典》成书于1011年到1013年,全书共分为5卷,总计约100万字。书中记载的内容十分丰富,囊括了解剖学、治疗学、药物学、卫生学和营养学等方方面面,被认为是西方古典医学最权威的著作。在第一卷中,阿维森纳首先论述了医学方面的一些基本概念和理论,阐述了人体的基本构造以及人和环境的关系。然后,他又对疾病进行了分类,根据不同的患病部位把疾病分为脑科、内科、神经科、外科等,并论述了各种疾病的病因及治疗方法。在第二卷中,阿维森纳记录了600多种药物,并对它们的性质和作用等进行了详细的描述。第三卷讲述了病理

"医中之王"阿维森纳
阿维森纳的《医典》是中世纪欧洲影响最大的医学教科书。

学，列举出多种疾病的致病原因。第四卷提出了对一些流行病的预防措施，以及人体卫生和保健的注意事项。第五卷是各种治疗疾病的方法。

《医典》这部书通过吸收当时各个方面的医学成果，对当时的医药理论进行了系统阐述。这部内容丰富的医书在欧洲流传甚广，到了17世纪仍被西方人民视为医学经典。

黑死病侵袭欧洲

14世纪40年代，欧洲爆发了一场大瘟疫，这场瘟疫导致2000多万欧洲人死亡。感染瘟疫的人都有一个显著特征，就是身体会因为皮下出血而产生黑斑，所以这种病便被人们称作黑死病。

黑死病最早出现于1338年，出现地是中亚的一个小城。1340年前后，黑死病传播到了印度。不久之后，这种疾病又向西传播，沿着古代的商道传播到了俄罗斯东部。此后，黑死病在俄罗斯肆虐了多年。

1345年，蒙古人进攻非洲的港口城市卡法。由于很久都没能攻下，蒙古人便开始向城内抛掷黑死病人的尸体，致使卡法城内瘟疫流行。城中居民大部分死亡，还有一部分逃亡到地中海地区，将黑死病也带到了那里。

从1348年开始，西班牙、希腊、意大利、法国、英国、瑞典等欧洲国家都相继暴发了黑死病。由于当时尚无有效的办法可以医治黑死病，所以大部分患者都会在3天之内死亡，只有极少数的人能够幸存下来。黑死病的蔓延使得当时欧洲的很多城市陷入萧条，劳动力严重缺乏，经济发展举步维艰。直到1352年之后，黑死病的蔓延才渐渐缓和下来。

19世纪末期，人们发现了引发鼠疫的病原体。由于鼠疫的症状与黑死病的症状十分相似，因此学界普遍认为，黑死病就是一种腺鼠疫，其病原体是一种鼠疫杆菌。

血液循环理论的创立

血液循环就是指血液在心脏的推动下按照一定方向在身体中往复循环流动。

在哈维之前，人们对人体内部构成并没有形成科学的认识。亚里士多德曾说人体内部充满了空气，这种错误的认识统治了人类的思想几百年。后来古罗马神医盖伦提出，人身体里流动的是血液，这一说法比亚里士多德的思想要先进。但是，盖伦认为血液在人体中流动之后就会消失在人体周围，这显然是错误的。16世纪，比利时医生维萨里和西班牙医生塞尔维特都对盖伦的说法提出了反对，塞尔维特认为血液在人体的心肺之间进行小循环。

哈维成为医生之后，也开始研究人体的血液。他总结了以往科学家的研究成果，决定用实验的方式来研究血液流动。他首先对动物进行解剖，发现血液是由心脏流出的。然后他又用分别控制动脉血管和静脉血管的方法，判断出了血液的流向。最终他得出结论：血液是由心脏出发，经动脉血管流向全身，然后由静脉血管流回心脏。为了证明自己的结论对人体同样适用，他还找人做了一些实验，用扎紧手臂血管的方法来验证血液在人体中的流向。

1628年，哈维把自己创立的血液循环理论写进了《心血运动论》一书，并公开发表。近代生理学由此产生。

输血小史

输血是在临床上常用的一种应急和治疗措施，主要针对贫血或失血患者。输血时可以根据情况不同输入不同的血液组分，一般包括全血、白细胞浓缩液、血小板浓缩液、洗涤红细胞等。输血可以迅速为患者补充所缺少的血液，但是在输血时应注意，要输血型相匹配的血液，如果血型不匹配，就会对患者造成危害。另外，输血并不是绝对安全的，虽然在输血之前会进行检测，但是任何形式的输血都有可能引发感染。

输血的发展以血液循环理论为基础。1628年，英国医生哈维在自己的论文中提出了血液循环理论。在这一理论的驱动下，人们想到了用向血管内注射药物的方法快速治疗疾病。1665年，英国医生劳尔用狗做了输血实验。他把因失血而濒临死亡的狗的静脉同一条健康狗的动脉用鹅毛管连接起来，将健康狗的血液输入到失血狗的体内。最终，失血狗恢复了健康。这次实验证明了输血的作用。1667年，法国一位御医用输血的办法治疗了一名精神病患者，不过他用的是羊血，结果最终导致病人死亡。此后，人们有很长时间都不敢再用输血疗法。

1818年，英国医生布伦戴尔第一次采用人血为患者进行输血治疗。他总共为10名患者进行了治疗，但其中只有4例没有死亡。由于受到当时的科技水平的限制，人们还不能解释为什么输血会导致病人死亡。

1900年，奥地利科学家兰茨泰纳发现了血液可分为不同的血型，这就解释了为何有些人在输血之后会产生不良反应，甚至死亡。1940年，兰茨泰纳又和他的同事一起发现了Rh血型，使得输血的安全程度进一步提高。

伦敦大瘟疫

1665年到1666年间，英国伦敦暴发了一场大瘟疫，整个伦敦有十多万人死于这场瘟疫。后来经过确认，发现瘟疫中传播的疾病是淋巴腺鼠疫。这种病是由鼠疫杆菌造成的，该病菌通常由跳蚤携带传播。

当时人们认为鼠疫是由荷兰传入的，因为英国与荷兰一直有商船往来，而荷兰的阿姆斯特丹刚刚发生了鼠疫。伦敦码头地区因有阿姆斯特丹的商船往来，很快就爆发了鼠疫，许多社会底层的工人都感染了瘟疫。当时伦敦对这些人并不重视，直到1665年4月12日才有了对这次鼠疫的第一份记录，记录中的感染者是一位名叫丽蓓嘉的女性。

几个月之后，瘟疫就已传播到了伦敦城区，居民们纷纷到外地逃难。英国国王查理二世逃到牛津，大部分商人也选择了逃离，伦敦城内已经很少有商业活动了。只有一些尽职的官员和牧师、医生选择留在伦敦，帮助那些患者和生活在社会底层的民众。

瘟疫流行时期，英国政府采取了不少应对措施，但是由于人们对这种疾病认识不足，很多措施都发挥不了作用，有些甚至会起反作用。

当时人们认为疫病是通过空气传播的，政府便下令让市民在市区中每日燃烧大火，以杀死空气中的病菌，同时焚烧一些有强烈气味的物质，以消灭病菌，但这些方法并没有阻止瘟疫的蔓延。当时市政府还认为猫和狗是瘟疫传播的源头，于是下令捕杀猫狗，结果却使老鼠的数量大增，加速了瘟疫的传播。

这段时期，疫情开始蔓延到伦敦周边地区。当瘟疫传播到一个名叫亚姆的小镇上时，镇上的居民主动进行隔离，阻止了瘟疫的继续传播。

后来，冬天到来，疫情的传播速度变缓。1666年9月2日，伦敦发生了一场大火，持续烧了四天四夜。大火过后，瘟疫也在伦敦消失了。有些人认为是这场大火消灭了瘟疫，但是也有人认为瘟疫的消失和大火无关，因为当时的疫情已经趋向于绝迹，并且当时的疫情大都集中在郊区，而大火是在伦敦市中心发生的。

催眠术的起源

催眠术是一种采用引导、暗示等方法，使受术者进入一种类似于睡眠的特殊意识状态的心理诱导技术。

催眠术最早出现在18世纪的欧洲，起初包含着一些骗人的因素。当时有一个名叫弗朗茨的德国医生声称，自己发明了一种能治疗各种怪病的奇方。他的治疗方法就是让病人身处幽暗的灯光环境中，然后播放一些轻音乐，通过向病人传输一种"气流"，使病人进入催眠状态，从而治愈疾病。后来证明这种方法并不像他说的那样有效，但他却是第一个发现通过引导可以对他人意识施加影响的人。后来，英国眼科医生詹姆斯将这种方法应用在了治疗当中，并发明了英文的"催眠"一词。

19世纪，催眠术曾引发了很多人的研究兴趣。到了20世纪初期，催眠术逐渐受到人们的冷落，只有很少人还在继续这项研究。

第二次世界大战时期，人们又开始关注催眠术，因为催眠术对于治疗战争带给人们的心理疾病很有效。

20世纪后期，一些实验心理学家开始对催眠术进行研究，使得催眠术进入了一个全新的发展阶段。

体温计的发明

体温计又叫医用温度计，是用来测量人体温度的仪器。它的一个主要特点就是可以记录所测量的最高温度。

体温计的液泡中装有水银，在靠近液泡的地方有一个很窄的曲颈。测量体温时，液泡中的水银受热膨胀，在管内的位置上升。当水银与体温达到热平衡时，管内的水银将处于恒定位置。外界温度降低后，水银体积收缩，但由于曲颈的阻断，管内的水银无法再回到液泡内，只能保持在原来的位置，这样就可以在较低的温度下观察测得的最高温度。

体温计是在温度计的基础上发明的，温度计的发明者是意大利科学家伽利略，他在1592年制成了世界上第一支温度计。17世纪初期，意大利科学家桑克托里斯对温度计进行改进，把温度计做成了弯曲的蛇形，其液泡一端可以用嘴含住，以测量体温。这是世界上第一支用于测量体温的温度计。1714年，华伦海特制成了一种水银体温计，他把体温计的刻度范围设定为冰点到人体的温度之间。不过这种体温计体积比较大，使用起来很不方便，因此没有得到推广。后来有人把体温计的刻度范围改为人体的温度范围，即35度到42度，同时使温度计的体积大为缩小，体温计才在全球范围内普及开来。

牛痘接种法的诞生

天花是一种传染性很强的烈性传染病，是由天花病毒引起的。天花病毒的繁殖速度很快，可以在空气中传播，因此很难预防。感染了天花的病人死亡率非常高，即使能够幸存下来，也会留下满脸麻子，或者患上其他并发症。天花无法用药物治疗，只能通过接种疫苗的方法进行预防。接种牛痘是一种十分有效的预防措施，这个方法是由英国的琴纳发明的。

刚开始时，人们用接种人痘的方法来预防天花，但是这种方法会带来很大的痛苦，甚至有时会危及人的生命。后来人们发现，挤奶女工的皮肤都非常好，她们之中很少有人会生天花。于是，当时就流传着这样一种说法：挤奶女工通常会感染牛痘，而感染了牛痘的人就不会再得牛痘或者天花。琴纳在得知这个说法以后，就开始到农场进行调查，最终证实，凡是得过牛痘的人，就不会再得天花。

琴纳由此想到了用接种牛痘的方法来预防天花。之后，他做了几次试验，都获得了成功。他发表了论文《一次天花牛痘的因果调查》，将自己的想法公之于众，但是人们并不接受他的想法。后来他又出了一本书，名叫《关于牛痘病因与效果的研究》。他在书中列举了自己所做的实验，并详细介绍了牛痘接种法的操作过程。渐渐地，有一些医生开始采用牛痘接种法预防天花。由于这种预防措施取得了非常好的效果，牛痘接种法迅速普及。

帕金森综合症

帕金森综合症简称帕金森病，原名叫震颤麻痹，是一种在中老年人群中常见的慢性疾病，属于中枢神经系统退化性失调，可以引起多种功能障碍。帕金森病是英国医生帕金森在1817年发现的，帕金森病的名字也由此而来。

帕金森病的临床症状一般表现为三大类：一是节律性震颤，一些患者在处于静止状态时，会发生不自主的颤抖，一般发病都是从一侧的手指开始，然后向身体的其他部位蔓延，不同的患者震颤频率和幅度都不一样；二是运动障碍，一般表现为随意运动困难，动作缓慢吃力，严重的患者在起身时会出现几秒至几分钟的全身不动，医学上称作"冻结发作"，在做重复运动时，病人的动作幅度会逐渐减小，如写字时会越写越小，有些患者会出现语言障碍、饮食困难；三是强直，也就是肌肉僵硬，一般表现为肢体活动吃力，面部表情僵硬。有些病人还可能出现植物神经功能紊乱、忧郁、痴呆等症状。

目前帕金森病的发病原因尚不明确，一种普遍的看法是大脑中的黑质细胞和纹状体发生变性，导致指挥肌肉活动的多巴胺减少，引起活动障碍。

听诊器的由来

听诊器是医疗上经常使用的一种诊断仪器，可以帮助医生听清身体各个部位活动的声音，主要由拾音部分、传导部分和听音部分组成。

听诊器是由法国医生雷奈克发明的。1816年9月13日，雷奈克为一位心脏部位疼痛的年轻女子做诊断。由于这名女子身体比较肥胖，一般的敲诊方法很难起作用，而如果雷奈克把耳朵贴在女子的胸口听心音，又会被视作不礼貌。

这时，雷奈克忽然想到了小时候玩的一种游戏，就是用木杆来传递声音，用固体传递声音可以使声音听起来更加清楚。雷奈克随即用纸卷成一个圆筒形状，一端放在耳朵上，一端贴在病人的胸口上，这样就可以很清楚地听到病人的心音。随后，雷奈克让人制作了一根空心木管，并将其中间断开，用螺纹连接，这便是世界上第一个听诊器。

在后来的实践中，雷奈克又对听诊器进行了改进，把橡皮管连接在一个喇叭形的象牙管上，形成了单耳听诊器，从而提高了听诊的效果。

1840年，英国医生卡门又对雷奈克的单耳听诊器进行了改进。拾音部分采用一种中空的镜状圆锥，传导部分为两根软橡皮管，听音部分是两个耳栓。这种听诊器为双耳听诊器，可以更好地进行听诊，直到现在仍在普遍使用。

血压计的发明

血压计是测量血压高低的一种仪器。一般测量血压都有两个数值，一个是收缩压，一个舒张压。收缩压就是心脏收缩时血液对血管壁的压力，此时血压最高；舒张压就是心脏舒张时血液对血管壁的压力，此时血压最低。

1628年，提出血液循环理论的英国医生哈维在做动脉实验时发现，血液在血管里流动时是有压力的。1733年，一位名叫海耶斯的牧师制作了一种简单的测量血压的仪器。他在一根长玻璃管的末端连接了一根金属管，然后把金属管插入马的颈动脉中，马的血液立刻流到了玻璃管中。在动脉血压的压力下，马的血液在玻璃管中形成了一道血柱，并且伴随着马的心跳节奏，血柱高度会升高或降低，平均高度为270厘米。

1835年，尤利乌斯发明了一种不切开动脉就能测量血压的仪器。他用一根水银柱来感应人体脉搏的跳动，水银柱会随着脉搏的跳动升高或者降低。但是这种仪器制作粗糙，测量结果很不准确。

1860年，法国科学家马雷制成了一种血压计。他利用放大原理将脉搏的跳动放大，然后将这种跳动记录在纸上，形成一条轨迹。

1896年，意大利科学家罗奇发明了一种用充气袖带测量血压的血压计。将袖带内充入空气之后，袖带可以使血液停止流动，然后在刻度表上读取袖带感应到的血压。同时医生还配有一个听诊器，可以听被测者的脉搏跳动。这便是现在普遍使用的血压计。

"微生物学之父"巴斯德

巴斯德是法国的微生物学家和化学家，他创立了微生物生理学，被人们称为"微生物学之父"。

巴斯德在对发酵进行研究的过程中发现，发酵是在某种微生物的作用下进行的，还有一些微生物会对发酵过程产生不好的影响，使得正在发酵的饮料等物品变为劣质品。这些微生物通过饮品进入人体之后可能会引发疾病。巴斯德据此发明了巴氏消毒法，用来消灭这些会对人体产生不良影响的微生物。

巴斯德的实验室

巴斯德在对炭疽进行研究的过程中发现，炭疽是由一种细菌引起的，也就是炭疽杆菌。同时，他还发明了一种弱株炭疽杆菌。他通过在牛身上做实验，证明这种弱株炭疽杆菌非但不会对牛产生致命威胁，相反还能使牛对正常的炭疽杆菌产生免疫力。巴斯德发明的这种方法很快被应用到其他疾病的治疗上。

在细菌学说流行起来以后，巴斯德又对狂犬病展开了研究。他发现狂犬病的病原体经过反复传代之后，其毒性就会降低。当时巴斯德并不知道这种病原体是病毒，只认为它是一种可以透过细菌滤器的"过滤性的超微生物"。之后，他据此发明出了狂犬病疫苗，救治了很多被狗袭击的人。

注射器的历史

公元3世纪，中国汉代医学家张仲景在他编写的《伤寒论》中记载了一种用小竹管向肛门内灌输药物的方法。这种小竹管叫作灌肠器，是注射器的雏形。

15世纪，意大利人卡蒂内尔提出了注射器的原理，但是并没有制作出注射器。其后，法国的军队外科医生阿贝尔设想出一种活塞式注射器，不过也没有付诸实践。到了17世纪60年代，德国出现了关于静脉注射的理论，一些医生开始根据这一理论用动物膀胱为人体进行注射。但是由于这一方法会引发很多并发症，很快就被人们放弃了。

在注射器之后的发展过程中，出现了用于治疗胎记的针筒，针头也被独立发明出来。1853年，法国的普拉瓦兹和苏格兰的亚历山大将针筒和针头组合起来，发明了真正实用的注射器。普拉瓦兹发明的注射器是用白银制作的，容量有一毫升，内部有一根带有螺纹的活塞棒。亚历山大用这种注射器为人体注射吗啡，用来治疗睡眠障碍。

后来，英国人弗格森制作了一种玻璃注射器，医生在进行注射时可以看到注射器内的药物。为了降低交叉感染的风险，此后又出现了塑料注射器。这是一种一次性注射器，用完之后就可以扔掉。目前人们所使用的注射器大多为塑料注射器。

国际红十字会

国际红十字会是一个国际性的慈善救援组织，在全球范围内都很有影响力，很多国家都对其地位进行了立法保障。国际红十字会成立于1863年2月9日，总部设在瑞士的日内瓦，其使命是为在战争或者暴力冲突中受到伤害的人提供人道主义援助和保护。

国际红十字会的创立者是瑞士银行家亨利·杜南。1859年，杜南在途经意大利的伦巴底时，目睹了索尔弗利诺战役的战况。他发现在战役中受伤的士兵通常都得不到基本的照顾，情况十分凄惨。于是，他便将自己的所见所闻写成了一本书，取名为《索尔弗利诺回忆录》，并自费出版。然后，他发起号召，希望索尔弗利诺人民能成立一个民间性质的中立组织，对战争中的伤兵进行救援。1863年，杜南和其他几人共同成立了"救援伤兵国际委员会"，这便是国际红十字会的前身。

1864年，红十字运动传播到了欧洲12个国家。同年，这些国家在日内瓦签署了《改善战地陆军伤者境遇之日内瓦公约》。1875年，救援伤兵国际委员会正式改名为红十字国际委员会，并将杜南的生日5月8日定为"世界红十字日"，红十字会符号由瑞士国旗的颜色翻转而成，为白底红十字。

国际红十字会现在已经是三大国际组织之一，在80多个国家和地区设立了办事机构，总共有员工1万多人。在发生武装冲突时，红十字国际委员会可以对红十字与红新月会等组织的活动进行协调，从而对冲突中的被关押者、伤病人员和平民提供人道主义援助。国际红十字会同时也是国际人道法和《日内瓦公约》的发起者。《日内瓦公约》对国际红十字会的任务进行了说明。由于《日内瓦公约》是一个在国际上有法律约束力的条约，适用于全世界，因此国际红十字会的使命也就成了一项法律职责。

对于不适用《日内瓦公约》的国内暴力事件的处理，《红十字国际委员会章程》做出了相应的补充。

"医学泰斗"科赫

科赫是德国细菌学家、医生，他开创了病原细菌学，被人们称为"医学泰斗"。

科赫的主要成就在传染病研究方面。他首先发现了传染病是由病原细菌感染造成的。为了对细菌进行研究，他发明了用固体培养基培养细菌的方法，并以此培养和分离出了炭疽杆菌，发明了预防炭疽病的接种方法。之后，他又发现了结核杆菌，并提出这种细菌是引起结核病的病原。接下来，他又接连发现了霍乱弧菌、伤寒杆菌等一系列病菌，并提出了预防霍乱的方法。他还发现腺鼠疫是经由老鼠和跳蚤传播的，人们据此很快控制住了腺鼠疫。

为了推进人们对病菌的研究，他还提出了很多细菌研究的基本原则和技术，其中比较突出的就是科赫法则，具体包括：第一，这种微生物要在患病动物体内能找到，而在未患病动物体内找不到；第二，这种微生物可以在病患体外被培养和分离；第三，培养出的微生物可以感染健康动物；第四，在受感染的动物体内能再次分离出这种微生物。

阿司匹林的发明

阿司匹林是一种比较常用的解热镇痛抗风湿药，主要用于感冒、发烧、头痛、关节痛、风湿病等病症，另外它还具有抗血小板凝集的作用。

阿司匹林的成分为乙酰水杨酸，它是由水杨酸乙酰化制得的。1853年，法国化学家热拉尔利用水杨酸和醋酐合成了乙酰水杨酸，但当时这项成果并未得到人们的重视。1898年，德国化学家霍夫曼再一次合成了乙酰水杨酸，并且用其为自己的父亲治疗风湿关节炎，效果非常好。1899年，在德莱塞的建议下，乙酰水杨酸被应用到临床治疗上，并且由他取名为阿司匹林。

目前公认的阿司匹林的发明者是德国的霍夫曼，不过还有一位犹太化学家艾兴格林在其中发挥了重要作用。霍夫曼合成乙酰水杨酸是在艾兴格林的指导下完成的，采用的完全是艾兴格林的方法。不过，在向外界公布成果时，霍夫曼却说是自己发明了阿司匹林。因为艾兴格林是犹太人，当时德国的纳粹统治者也肯定了这种说法，并将艾兴格林关进了集中营。后来的史学家在查阅档案之后，发现了这段历史，认可了艾兴格林在阿司匹林的发明过程中占据的重要地位。

维生素的发现

维生素也叫维他命，是维持机体生长活动所必需的微量有机物质。维生素有很多种，主要分为脂溶性维生素和水溶性维生素两大类。

在3000多年前的古埃及，人们就发现了某些食物能够治疗夜盲症，但当时人们并不知道这究竟是食物中的什么物质在发挥作用。这便是人类对维生素的早期认知。

在航海业鼎盛时期，很多船员要长期在海上航行，他们中的很多人在航海途中因患上坏血病而死亡。1747年，英国海军的军医林德经过研究得出了一个结论，建议船员们在长时间航行时多吃些柠檬。后来的实践证明这个方法确实非常有效。

1897年，艾克曼发现，只吃精磨的米很容易患上脚气病，改吃糙米就能治疗脚气病。于是，他便从糙米中提取出了这种可以治疗脚气病的物质，并取名为"水溶性B"。1906年，人们发现食物中含有一些人类必需的物质，但是含量很少。1911年，波兰科学家冯克对从糙米中提取的治疗脚气病的物质进行鉴定，发现这是一种胺类，随后，他便将其取名为维生素。在此之后，人们又发现了多种维生素。这些维生素共同组成了一个大家族，目前已知的高达几十种。

弗莱明发现青霉素

青霉素是一种抗生素，其成分有青霉烷，可以通过破坏细菌细胞壁，从而达到杀菌的目的。青霉素是由英国细菌学家弗莱明首先发现的，它是人类发现的第一种能够治疗疾病的抗生素。

青霉素的发现源于一个偶然的失误。1928年夏天，弗莱明去外地度假，但是忘记了实验室里的培养皿中还培养着细菌。三个星期过后，他回到了实验室，发现在一个培养着金黄色葡萄球菌的培养皿中长出了一团青绿色的霉菌，但在霉菌的周围并没有生

弗莱明

长出金黄色葡萄球菌。弗莱明用显微镜对其进行观察，发现霉菌周围的葡萄球菌都已经被溶解了，这说明这种霉菌的分泌物中有抑制金黄色葡萄球菌生长的物质。

在后来的研究中，弗莱明发现这种霉菌是点青霉菌，于是他便将点青霉菌分泌出来的杀菌物质称为青霉素。不过，弗莱明并未找到一种提取高纯度青霉素的方法。后来他把自己培养的点青霉菌提供给英国病理学家弗洛里和生物化学家钱恩。最终，这两人发明了一种冷冻干燥法来提取青霉素。

世界卫生组织

世界卫生组织是国际上最大的公共卫生组织，是联合国的下属机构，其总部设在瑞士的日内瓦。

1946年7月，64个国家的代表在纽约召开了国际卫生会议，并在会议中签署了《世界卫生组织组织法》。1948年4月7日，联合国的26个成员国批准了这项法规。6月24日，世界卫生组织正式成立，并召开了第一次世界卫生组织大会，其成员国目前有193个。

世界卫生组织在国际上的主要职能有三个：一是促进各种流行性疾病和地方性疾病的防治，二是为公共卫生和疾病治疗等事项提供并改进相关的教学和训练，三是推动各种生物制品的国际标准的制定。

世界卫生组织的最高权力机构为世界卫生组织大会，大会每年在日内瓦召开一次，讨论工作报告、组织预算、接纳新会员等事项。大会设立了一个执委会作为大会的执行机构，执委会由32名卫生领域的专家组成。

天文历法

星座的起源

星座，是指在地球上投影位置相近的恒星组合。为了辨认天空中的星体，人们按照恒星的自然分布，将它们划分为不同的区域，并给每一个区域起了一个固定的名字。这样的话，每一个区域就是一个星座。

不同的星座，其亮星构成的形状或图形是不同的。人们根据这一点来辨认不同的星座。国际天文学联合会采用了一种精确的划分方法，将天空划分成88个正式星座，从而使得每一颗恒星都有固定的星座。关于这种精确星座的划分，可以追溯到中世纪时期流传下来的古希腊传统星座。

大约在5000年以前的时候，美索不达米亚平原上的人们已经产生了20多个星座名称。之后，古巴比伦人继续划分天空的区域，不断提出新的星座。公元前1000年左右，古巴比伦人提出了30个星座。后来，古巴比伦人的星座划分方法传到古希腊人那里，又得到了进一步的发展和补充。公元2世纪的时候，古希腊天文学家托勒密总结当时的天文学成就，提出了48个星座，并编制了古希腊星座表。根据星座内的主要亮星位置，托勒密用假想的线条将它们连接起来，然后赋予其不同的人物或者动物形象。而这些动物或者人物形象大都取材于古希腊的神话故事，这便是现在星座名称的由来。

阿里斯塔克斯"日心说"的创立

阿里斯塔克斯，大约公元前310年出生于古希腊的萨摩斯岛。他是古希腊时期著名的天文学家、数学家，也是人类历史上有记载的第一位提倡日心说的天文学家。由于当时亚里士多德和托勒密理论的盛行，阿里斯塔克斯的"日心说"并没有得到人们的关注和理解。

关于阿里斯塔克斯"日心说"的文章都已经失传，后人通过在他之后的古希腊数学家阿基米德和古罗马历史学家普鲁塔克的描述中获知"日心说"的某些观点。阿基米德指出，阿里斯塔克斯认为太阳与固定的恒星不会运动，地球沿着圆形的轨道绕着太阳运行，而太阳则位于这一圆形轨道的中心。普鲁塔克在此基础之上，给出了更为详细的论述。他说，阿里斯塔克斯认为地球每天都要自转一周，使得我们看起来天空在围绕地球转动。此外，地球还沿着"太阳圆周"运行，这就是太阳黄道。此后的大多数学者认为，阿里斯塔克斯把地球看作行星后，认为其他的行星也围绕太阳运行。

哥白尼的"日心说"

哥白尼是现代天文学的创始人，提出了著名的"日心说"。1473年2月19日，尼古拉·哥白尼出生于波兰托伦市的一个富裕家庭。23岁的时候，哥白尼进入意大利的博洛尼亚大

太阳系星图

此图绘于1661年，那时哥白尼的观点已经广泛为人们所接受。右下角的人物即为哥白尼，左下角是古希腊天文学家阿利斯塔克，他最先提出地球绕太阳运转。

学和帕多瓦大学学习。在此期间，他受到博洛尼亚大学天文学家德·诺瓦拉的影响，对天文学理论产生了浓厚的兴趣。当时的意大利是欧洲文艺复兴运动的策源地，哥白尼在那里接触了希腊天文学家阿里斯塔克斯的学说，相信并力图证明地球和其他行星都是围绕太阳运转这一观点。经过长期的计算和观察，哥白尼在40岁的时候正式提出"日心说"，并写作完成了《天体运行论》一书。在这本书中，哥白尼论述了地球如何围绕地轴自转以及地球和其他行星如何围绕太阳运动的事实。他通过观测所计算出的恒星年时间为365天6小时9分40秒，比现在的精确值相差约30秒；他算出的月球到地球的平均距离与现代的数值相差只有万分之五。这些科研成果和理论对后世的天文学家产生了极大的影响。

太阳风的发现

太阳风，是指从恒星上层大气发射出来的超音速等离子体带电粒子流。它是一种连续的等离子体流，时速可以高达200~800公里。太阳风由质子和电子等组成，这些基本粒子比原子的结构层次更低、更简单。在流动的时候，它们可以产生与空气一样的效应，因而人们将其称为太阳风。虽然太阳风的物质十分稀薄，但是它的速度远比地球上的空气流动要迅猛得多，是地球风速的上万倍。太阳风分为持续太阳风和扰动太阳风两种。扰动太阳风对地球的影响最大，可以引起地球的磁暴和极光现象。

西方最早注意到太阳风是1850年。当时，一位名叫卡林顿的英国天文学家在观察太阳黑子时，发现在太阳表面上出现了一道小小的闪光，它持续了约5分钟之久。卡林顿以为自己碰巧看到有一颗陨石掉在太阳表面上。直到1899年，"太阳摄谱仪"出现，利用它能够观察太阳发出的某一种波长的光。这样，人们就能够靠太阳大气中发光的氢、钙元素等的光，拍摄到太阳的照片。结果表明，太阳的闪光和陨石毫不相干，那不过是炽热的氢的短暂爆炸而已。之后，天文学家们更加仔细地研究了太阳的闪光，发现在爆炸中，有一些炽热的氢会克服太阳的引力射入空间，而氢的原子核就是质子，因此太阳的周围应该有一层质子云。1958年，美国物理学家帕克提出了太阳风假说，认为日冕外层的质子云会逃逸到空间中去，形成太阳风。在20世纪60年代，科学家通过卫星观测证实了太阳风假说。

行星运动三定律的发现

行星运动三定律，又称"开普勒三定律"或者"开普勒定律"，是指在宇宙空间中行星围绕太阳公转所遵循的定律。这三个定律是由德国天文学家开普勒首先发现并提出来的，因而被称为"开普勒三定律"。

开普勒，1571年12月27日出生于德国的一个小市民家庭。17岁的时候，开普勒进入利安蒂宾根大学学习。由于他才华出众，后来在奥地利的一所大学任教。1600年，年仅30岁的开普勒给当时著名的丹麦天文学家第谷写信。在信中，开普勒向第谷倾诉了多年来对天文学的喜好，并陈述了一些自己的天文学研究成果。看完这个年轻人的书信后，第谷马上就写信邀请他来当自己的科研助手。很快，开普勒与第谷走在了一起。然而不到十个月，年迈的第谷就去世了。

1601年底，开普勒正式接管第谷的工作，并开始编制鲁道夫星表。起初，开普勒的研究重点仅仅放在完善哥白尼的"日心说"上。在讨论行星运行轨道的时候，开普勒发现第谷生前留下的观测数据与哥白尼体系、托勒密体系都不相符。这一点引起了开普勒的注意，他决心找出事实的真相，看看行星运行的轨道到底是怎样的。

第谷生前进行了20多年的观测，留下了宝贵的第一手科研资料和一份精密的星表。在认真分析这些资料的基础之上，开普勒从观测数据与理论数据差异最大的火星开始研究。按照传统的匀速圆周运动加偏心圆方法计算，他得出的结果总是与火星运行表不一致。经过长期的计算和反复设计火星运行的轨道，开普勒发现，哥白尼体系的匀速圆周运动和偏心圆轨道模式与火星实际的运行轨道不符。于是，他只好抛弃前人的理论，另行寻找新的几何曲线表示火星运行的轨道。他提出一个假设，认为太阳是火星运动轨道的焦点。火星运行的速度是不均匀的，因而它在近日点时速度快些，在远日点时速度慢些。这样他得出火星运行的轨道是个椭圆，太阳就位于其中的一个焦点上，并且太阳到火星的直径在一天内扫过的面积是相等的。他把这个结论运用到其他行星上，得出的结果与行星表上的数据是一致的。这样，开普勒发现了行星运动的"轨道定律"和"面积定律"。然而，开普勒不满足于此。他想找出一种适合于所有行星运行轨道的模式。经过9年的不懈努力，开普勒又发现了行星运行的周期定律，即所有行星围绕太阳公转周期的平方与它们的椭圆轨道的半长轴的立方成正比。

天王星的发现

天王星，是太阳系向外的第七颗行星，也是第一颗使用望远镜发现的行星。虽然凭借肉眼可以观测到它的亮度，但是由于它比较暗淡，长期以来没有被天文学家们发现。1781年3月13日，在索梅塞特巴恩镇新国王街19号的住宅庭院中，英国天文学家威廉·赫歇尔爵使用自制的望远镜对天王星进行了一系列的观察，他在自己的学报上记录着："在与金牛座成90°的位置，有一个星云样的星或者是一颗彗星。"后来,威廉·赫歇尔将自己的发现提交给英国皇家学会。1783年，法国科学家拉普拉斯证实威廉·赫歇尔的发现是一颗行星。由于他的发现，威廉·赫歇尔被提升为皇家天文学家，并获得柯普莱勋章。后来，人们用古希腊神话天空之神的名字为这颗新行星命名。

小行星带的发现

小行星带，是指在太阳系中，介于火星和木星轨道之间的小行星密集区域。目前已经发现并编号的120437颗小行星中，98.5%的小行星都位于这一区域。加上没有被编号的小行星，火星和木星轨道之间的小行星数量估计可以达到50万颗，因此这一区域被人们称为"小行星带"。小行星带中主要有富含碳值的C型和含硅的S型两种小行星。小行星带的物质非常稀薄，智神星、婚神星和灶神星是小行星带内存在的最大三颗行星，平均直径超过400公里。另外，在主带中仅仅只有一颗被称为矮行星的谷神星，直径大约为950公里。除此之外，小行星带内都是尘埃大小的物质。

1801年，在一次天文观测中，西西里和皮亚齐偶然发现了在2.77天文单位处有一个小天体，并把它命名为"谷神星"。1802年，天文学家奥伯斯在同一区域内又发现了另外一颗小行星，将其命名为"智神星"。1807年，第三颗婚神星和第四颗灶神星先后在同一区域内发现。由于这些小天体与恒星很相似，威廉·赫歇尔便用希腊语中的一个词根aster-（似星的）为其命名为"asteroid"，翻译成中文就是小行星。后来由于拿破仑发动战争，天文学家们中止了小行星带的发现。直到1845年，第五颗小行星义神星被发现。之后，新的小行星陆续被发现。截止到1868年，已经发现的小行星多达100颗。1891年，随着马克斯·沃夫率先采用天文摄影技术，人们更加迅速地发现小行星。

变星的命名规则

变星，是指星光亮度不断变化的恒星。在光学波段的物理条件和光学波段以外的电磁辐射下发生亮度变化的恒星，一般也被称为变星。

变星命名是指命名变星的方法和规则，一般采用拉丁字母和所在星座的名称结合命名。它是由阿格兰德在1844年创立的，与拜耳命名法相同。现行的变星命名规则有：

第一，已经实施拜耳命名法的变星，将不再重新命名；

第二，除此之外的变星，先按照字母R到Z的顺序命名；

第三，接续采用双字母RR、RS……RZ，然后是SS、ST……SZ，接下去是TT、TU……TZ，最后一直到ZZ。

第四，如果前面的都已经使用，可以使用AA、AB……AZ，BB、BC……BZ，CC、CD……CZ，依次类推，一直到QZ。但是，其中的字母J省略不用。

第五，使用字母进行排序的话，可以排列到第334颗变星。在此之后的变星用字母V和数字相结合的方式进行排序，依次为V335、V336……，直到无限。

需要注意的地方是，第二个字母不能在第一个字母的前面，就是说不能出现BA、CA、DA等字母组合。

地球自转的证明

16世纪的时候，"日心说"的创始人哥白尼提出了地球自转的理论。但是，这一理论直到19世纪才被法国的物理学家傅科证实。

傅科是法国的著名物理学家，1819年9月18日出生于法国巴黎。他早年曾经从医，后来转而物理学方面的研究。1853年，傅科获得物理学博士学位，在巴黎天文台担任物理学教授。

1851年，在法国巴黎万神庙的圆顶上，傅科用亲自设计出的傅科摆证明了地球的自转运动。傅科摆主要由一根金属丝和一个铁球组成，作为摆长的金属丝长67米多，十分精细。在金属丝的上面悬挂着一个28千克、直径约为30厘米的铁球作为摆锤。

根据地球自转的理论，傅科提出地球上除了赤道以外的其他地方，单摆的振动面会发生旋转的现象。他将傅科摆悬挂在神庙的圆顶中央，使得它可以在任何方向自由摆动，下面放着一个直径为6米的沙盘和启动栓。如果地球进行自转运动的话，那么摆的振动面就会发生转动；如果地球没有进行自转的话，那么摆的振动面将保持不变。实验开始了。人们惊奇地看到，傅科摆每振动一次，摆尖在沙盘上就移动3毫米，而且每小时偏转11°20′，经过31小时47分后又重新回到原来的位置。傅科摆的扭转方向和速度正好符合巴黎的维度，即31小时47分自转一周。后来，这个实验又在巴黎天文台重新做，结论与之前的完全相同。

哈雷彗星发现史

哈雷彗星，是指每76.1年就环绕太阳运行一周的周期彗星。它是人类第一颗有记录的周期彗星。英国人哈雷首先测定出这颗彗星的运行轨道，并准确地预言其回归的时间，后人便用他的名字命名这颗彗星。

1965年，哈雷担任英国皇家学会的书记官，开始研究彗星。从1337年到1698年的彗星记录中，他特别挑选了24颗进行研究。经过一年左右的时间，哈雷计算出了这24颗彗星的运行轨道。在整理这些彗星运行轨道的时候，哈雷发现1531年、1607年和1682年出现的三颗彗星，其运行轨道十分相似。经过仔细的研究，哈雷还发现，由于木星或者土星的引力所致，使得经过这三颗彗星经过近日点的时刻相差仅有一年。如果没有其他因素的影响，哈雷推断这三颗彗星应该是同一颗彗星。为了进一步证实他的想法，哈雷又继续进行了大量的探索，并发现1456年、1378年、1301年、1245年一直到1066年，历史上都有这颗彗星出现的记录。面对这一有趣的发现，哈雷兴奋不已，投入到了更大范围的彗星测量与研究中。在50岁的时候，哈雷预言1682年出现的那颗彗星将会在1758年底或者1759年初再次回归。后来哈雷去世，这颗彗星正如他所预测的那样在1758年底出现，并被一位业余的天文学家观测到。

古埃及的太阳历

古埃及的太阳历，是古埃及人在公元前3000年左右，根据尼罗河的河水上涨和天狼星的变化规律，经过长期的观察和总结，制定出的人类历史上第一部太阳历。

每年的6月15日前后，尼罗河都会洪水泛滥。当尼罗河的潮头来到开罗的时候，恰好这一天太阳和天狼星同时从地平线升起。当洪水退去后，农田里留下了一层肥沃的淤泥。11月份左右，人民开始播种。经过辛勤的劳作后，3月至4月的时候就是他们收获的时节。尼罗河的洪水泛滥周期总是365天，形成了一个固定的规律。于是，古埃及人把6月15日定为尼罗河泛滥日，并把这一天作为新的一年的开始。根据尼罗河的涨落时间和农作物的生长规律，古埃及人将一年分为泛滥、播种和收割三个季节。每一个季节有4个月，一共12个月，每月有30天。每年年末剩下的5天称为"闰日"，古埃及人把闰日当作一种节日。这样计算下来，全年共有365天。古埃及的太阳历与现在的阳历相比，每年要少6个小时。这样的话，每过4年就会相差一天，每隔120年就会相差一个月。

60进位制的由来

古代人在生产劳动中为了研究天文和历法，创设了60进位制。通常来说，历法需要很高的精确度，而时间的单位"小时"和角度的单位"度"相对来说比较大，因此必须对它们的小数单位进行精密的研究。古代人发现，为了便于计算和研究，小时和度的小数单位必须成为自身的整数倍约数。而以1/60作为单位，正好符合这一特性。比如，1/2等于30个1/60，1/3等于20个1/60，1/4等于15个1/60……

在数学中，通常把1/60的单位叫作"分"，用符号"′"来表示；把1分的1/60单位叫作"秒"，用符号"″"来表示。有些数字用10进位制表示的时候是无限小数，而用60进位制表示的时候就是一个整数。

公元、世纪和年代

公元，全称为"公历纪元"，是一种国

际通用的纪年体系。这种纪年体系把耶稣基督诞生的那一年定为公历元年。公元用大写英文字母"A.D."表示，意思是天主的生年。公元前则用"B.C."表示，意思是基督以前。"公元"产生于6世纪时期。那时候，基督教大为盛行。为了扩大教会的影响，教徒们总是千方百计地把一些事情附庸在基督教上。公元525年，有个叫狄欧尼休的僧侣为了推算"复活节"的日期，提出以耶稣诞生的那一年作为纪元起点的主张，得到教会的强烈支持。以后罗马教皇制定格里高利历时，继续沿用这种纪年法，一直延续到今天。

世纪，是指从被100整除的年代或之后一年开始计算的纪年法，通常一个世纪就是指连续的100年。

年代，是指将一个世纪划分为10个阶段，其中每一阶段有10年。一个世纪为100年，那么按照每10年一个阶段进行划分，依次分别叫作00年代、10年代、20年代、30年代……90年代。

夏令时小史

夏令时，又称"日光节约时制"或者"夏令时间"，是一种人为规定的地方时间制度，以最大限度地节约能源为目的。在夏季，一般天亮得比较早。为了减少照明量，充分利用白天的光照资源，人为将时间拨快一小时。

最早提出夏令时思想的是美国的本杰明·富兰克林。在担任美国驻法国大使期间，富兰克林发现，法国人上午10点起床，晚上直到深夜才入睡。1784年，富兰克林致信法国《巴黎杂志》。在信中，富兰克林提议法国的人们应该早睡早起，这样每年可以节约6400万磅的蜡烛。由于当时世界没有统一的时区划分，富兰克林没有明确提出要实行夏令时。1907年，为了能够节约更多的能源，利用充足的时间训练军队的士兵，英国建筑师威廉·维莱特正式向英国国会提出实行夏令时的设想。然而，议会最终没有采纳威廉·维莱特的建议。

1916年，德国率先实行夏令时。紧接着，英国和法国先后实行了夏令时。1917年，俄罗斯第一次实行夏令时，并于1981年成为一项常规制度。1918年，美国开始实行夏令时，但是第一次世界大战之后随即取消。1942年，美国在第二次世界大战期间又实行夏令时，一直持续到第二次世界大战结束。1966年，美国重新实行夏令时。1976年以后，欧洲大部分国家都已经实行夏令时。中国于1986开始实行夏令时，但是由于东西部时区差异过大，于1992年停止实行。

世界统一时间

世界统一时间，又称协调时间、世界标准时间或者国际协调时间，简称UTC。世界统一时间是以原子时秒长为基础，在时刻的计算上尽量接近世界时的一种时间计量系统。国际原子时精确到每日数纳秒，而世界时精确到每日数毫秒。为了改变这种不统一的局面，一种新的被称为"世界统一时间"的时间标准于1972年产生了。不过，世界统一时间与世界时还是会出现误差。为了将这种误差限制在0.9秒以内，位于巴黎的国际地球自转事务中央局在每年的6月30日、12月31日的最后一秒钟进行调整。按照实际的需要，调整的方法通常是在世界统一时间内加上正或者负闰秒。世界统一时间系统广泛应用于互联网和万维网的标准中。

国际日期变更线

国际日期变更线，是指1884年国际经度会议确定的将180度经线作为划分地球

"今天"与"昨天"的分界线。由于180度经线穿越一些国家或地区，为了避免同一国家或地区出现两种不同的日期，因此实际的日期变更线不穿越任何国家，是一条折线。

地球每天都要自转一周，被太阳光照射的球面一半是白昼，一半是黑夜。白昼和黑夜的交界地带是清晨和黄昏。地球每时每刻都在进行着自西向东的自转，因而清晨、白昼、黄昏和黑夜也在不停地由东向西地移动，并在固定的地方重复出现。地球上的每个地方都以自己所看到的太阳位置作为"一天"的标准，而把相应的地球另一面的经线作为该地的"日期变更线"。于是，全球便出现了无数条"日期变更线"。而国际日期变更线的确定，避免了这一混乱情况的出现。

天文望远镜的发明

天文望远镜，是一种观测天体的重要工具。众所周知，没有天文望远镜的诞生，就没有现代天文学的迅猛发展。

天文望远镜诞生于1609年，由意大利天文学家伽利略发明。伽利略·伽利雷，1564年2月15日出生于意大利的比萨城。17岁的时候，在父亲的安排下，伽利略来到比萨大学学习，成为医学系的一名学生。然而，伽利略的兴趣不在医学。他对数学、物理等学科均抱有浓厚的兴趣。多年之后，伽利略在帕多瓦大学任教。1609年6月，伽利略获悉了一个惊人的消息，说是荷兰的眼镜商利帕希制作了一个特殊的镜片。通过这种镜片，人们可以清楚地看到肉眼无法看到的遥远事物。很快，一个远在荷兰的学生给伽利略写了一封信。在信中，学生大致向他描述了那种特殊的镜片装置。眼镜商将两片透镜放置于一个管道中，并调整透镜的位置就可以看清远方的事物。看完这封信后，伽利略深受启发，在实验室里开始设计一种更为精良的望远镜。他利用凸透镜和凹透镜的成像原理，制造出了一个口径42毫米的望远镜。经过不断地调试，这个望远镜可以看到几千里之外的东西。世界上第一架天文望远镜便诞生了。通过天文望远镜，伽利略发现到了许多天体。他的发现有力地证实了哥白尼的日心说，促进了近代天文学的进一步发展。

格林尼治天文台

格林尼治天文台，于1675年创建于英国伦敦泰晤士河畔的皇家格林尼治花园，是世界上著名的综合性天文台。17世纪的时候，英国航海事业获得空前发展，海上航行急需精确的经度指示。1674年，乔纳·摩里爵士向国王查理二世提议，应该为军械署的测量工作建设一个天文台。于是，国王查理二世任命约翰·弗兰斯蒂德在伦敦格林尼治建造天文台。1675年8月10日，国王查理二世下令安放奠基石，格林尼治天文台的创建工程正式开始。天文台修建完工后，国王查理二世设立皇家天文学家职位，由约翰·弗兰斯蒂德担任。约翰·弗兰斯蒂德上任后，致力于校正天体运动星表和恒星位置的工作，并负责测量正确的经度。

格林尼治天文台建成后，乔纳·摩里爵士用自己的私有财产为天文台捐赠了关键性的仪器和设备。其中，最重要的捐赠是两台时钟。这两台时钟安放在天文台的主室。每台都有13英尺长的钟摆，每4秒钟摆动一次。每结束一天，时钟仅有7秒钟的误差。1835年以后，在天文学家埃里的领导下，格林尼治天文台的设备得到有效更新和扩充。

1884年，国际经度会议在华盛顿召开。在这次会议上，确定了以格林尼治天文台埃里中星仪所在的经线作为全球时间和经度计量的标准参考线，又称0°经线或者本初子

工作中的格林尼治天文台天文学家
左侧的天文学家正在使用四分仪观测天空，右侧的正在使用长筒望远镜观测。

午线。之后，世界各国出版的地图都以这条经线作为地理经度的起点，并以格林尼治天文台的作为"世界时区"的起点。

第二次世界大战以后，伦敦成为世界著名的工业城市。随着伦敦大气环境的日益恶化，严重妨碍了格林尼治天文台的观测工作。1948年，格林尼治天文台迁往英国东南沿海的苏塞克斯郡的赫斯特蒙苏堡。迁移后的天文台仍叫格林尼治天文台。因而，现在的格林尼治天文台并不在0°经线上，本初子午线仍然以格林尼治天文台旧址所在的经线为准。

通讯与传媒

报纸发展史

报纸，是指主要刊载新闻和新闻评论为主，以散页的形式印刷，不装订、没有正式封面的纸质出版物。现代社会的报纸有固定的名称，按照固定的周期面向社会大众连续发行。然而，从报纸的发展起源看，以前的报纸与现代社会的报纸是完全不同的。

公元前60年，古罗马政治家恺撒第一次将一张白色的木板公示给市民。在木板上面，记录了罗马市和整个国家近期发生的重大事件。这种形式的公告木板，便是世界上最古老的报纸。

1450年，德国人谷登堡在中国活字印刷术的基础上，发明了金属活字印刷技术。于是，报纸开始在西方以印刷的形式发行。1493年，罗马印刷了第一份报纸，报道了哥伦布发现新大陆的消息。那时候，报纸只有在重大事件发生的时候才临时刊印，并不是每天都要发行。1609年，世界上第一份周报在德国出现。1615年，《法兰克福新闻》正式创刊。它有固定的名称、定期的发行时间，并且内容包括数条新闻，被后人视为第一张真正的报纸。1660年，世界上第一份日报在德国出版发行。1665年，英国的第一家报纸《牛津公报》第一次出现了"Newspaper"一词。等到欧洲资产阶级革命到来的时候，报纸已经在欧美各个国家普遍发行。

此外，在公元2世纪前后的时候，中国古代也出现了最早的报纸——邸报。邸报又称"邸抄""朝报""条报""杂报"，是朝廷用来传达文书和政治情报的公告性新闻。邸报的形式历经各个朝代，一直延续到清朝末期。明末清初，邸报普遍采用活字印刷。后来，西方的印刷技术传到中国，邸报便改用铅字版印刷。

记者的由来

记者，是指从事信息采集和新闻报道工作的人员。

16世纪的时候，随着资本主义萌芽的进一步发展，威尼斯成为当时欧洲的经济中心。各个国家的商人、银行家和新兴贵族等人员来到这里，从事各种各样的商务活动。为了谋取更多的经济利益，他们迫切需要掌握商品的原料产地、销售市场以及世界各地的交通、政治、军事等情况。于是，社会上便出现了一种专门收集各种信息的人。他们将有关的政治事务、市场物价、交通运输等最新的情况集中起来，以手抄卷或者刊印成书的形式公开出售。这种以采集和出卖新闻为生的人，便是世界上最早的职业记者。

1872年，中国的《申报》创刊，专门设立"访员"采访本地新闻。这种"访员"的称呼，就是后来所说的记者。在此之前，在中国的新闻机构中，编辑和记者没有严格的界限。1899年，《清议报》第7期正式出现"记者"一词，之后便普遍采用"记者"这种称谓。

杂志的起源

杂志，是指有固定刊名，以期、卷、号或者年、月为顺序，按照固定的周期或者不定期地连续出版的印刷读物。杂志通常根据一定的编辑趋向，将一些作者的作品汇集成册并予以出版。按照固定的周期出版的杂志，被人们称为期刊。世界上第一种杂志是1665年在法国巴黎创刊的《学者杂志》。世界上第一本中文杂志是1815年在马六甲出版的《察世俗每月统记传》。

关于杂志的起源，可以追溯到欧洲工人阶级的罢工。"杂志"（Magazine）一词来源于法文"Magasin"，原意是指仓库的意思，后来引申为工人罢工时所使用的宣传手册。17世纪末期，为了有效地宣传自己的政治观点和主张，欧洲工人罢工时开始使用一种类似于报纸的宣传手册。这种宣传手册及时地记录并汇总了各方的意见，为工人罢工提供了明显的指示作用。以后，这种新型的宣传形式被罢课的学生以及战争中交战的双方采纳，用以宣传自身的政治主张。1665年，法国人萨罗在阿姆斯特丹出版了世界上第一本杂志《学者杂志》（Le Journal des Savants）。1704年，英国人丹尼·笛福在伦敦创刊《评论》，共发行九年。1731年，英国伦敦出版《绅士杂志》，"杂志"一词第一次被用来称呼刊物，后来一直沿用至今。马克思曾经在《莱茵报·政治经济评论》的出版启事中指出，杂志"能够广泛地研究各种事件，并且只谈论最主要的问题。杂志还可以详细而又科学地研究作为政治运动基础的各种经济关系"。

邮票的诞生

邮票，是指由邮政机关统一发行，用于邮寄信件的邮资凭证。邮寄信件的人只要将邮票贴在信封上，经由邮局的盖章认定，就可以证明邮寄人已经付费。邮票一般由所在国家或地区的邮政机关统一发行，体现着一个国家或地区的主权归属。

1653年，维拉叶经法国国王路易十四的授权，获得了在巴黎地区开办邮政业务的权力。为了高效地开展邮政业务，维拉叶在巴黎各个城区设立了"小邮局"，并在街道上设立了邮政信箱。每天派邮递员按时收取、投递信件。为了方便写信人随时随地邮寄信件，维拉叶发明了一种名叫"邮资付讫证"的标签。用户只要到邮局买下这种标签，贴于信封之上，就可以放心地投入信箱。邮局收到信件之后，将邮资付讫证撕下，然后把信件邮寄给收信人。这时的邮资付讫证，就是邮票的雏形。

1836年，为了简化邮政服务，奥地利人劳伦斯·柯世尔向政府提出创设邮票的建议。1835年，英国政府委托罗兰·西尔进行邮政改革。当时人们提出使用邮票的建议，已经为罗兰·西尔所采纳，于是他成为倡导使用邮票的第一人。那个时候，邮局按照邮件邮寄的路程远近和信件纸张数量的多少索取邮资。不同的路程和纸张数量，其邮资是不同的。如果邮寄的条件十分艰苦，还要额外收取邮资。对于普通民众来说，邮资是十

《皮特曼速记》杂志
在杂志的发展史上，曾有过许多有趣的杂志，比如这份1842年发行的《皮特曼速记》杂志，致力于推广速记体系。

分昂贵的。不过，英国的国会议员却有个特权，他们可以免费邮寄任何邮件。

1837年2月22日，罗兰·西尔出版了一本《邮政改革——其重要性与现实性》的著作。在这本书中，他提出只要在英国境内，重量低于0.6盎司的邮件一律只收取1便士的邮资，并且由寄件人提前支付。此外，他还提出用邮票提前支付邮资的设想。1839年7月22日，英国下议院通过了罗兰·西尔的改革主张。同年8月17日，维多利亚女王确认了此项改革方案，并决定从第二年的1月10日起开始实施。1840年3月，第一批邮票模板制作完成。4月15日，第一批邮票模板开始印刷，并于5月1日起正式发行。第一批邮票的面值为1便士，图幅为19 mm×23 mm，正面有小皇冠水印，没有铭记和齿孔，背面有水胶，统一用黑色油漆印刷，被后世的收藏家称为"黑便士"。这就是世界上的第一枚邮票。

首日封的历史

首日封，是指在新邮票发行的第一天，将其全套或者单张贴于信封之上。信封可以是特别制作的信封，也可以是纪念性的信封。最为关键的是，信封上面一定要加盖发行日的邮戳或者特别纪念邮戳。那种信封上既没有新发行的邮票，又没有加盖发行日的邮戳，不是真正意义上的首日封，只能称其为"空白首日封"。

当人们开始使用邮票邮寄信件的时候，首日封自然就产生了。1840年5月6日，英国开始使用"黑便士"进行信件的邮寄。这是世界上最早的首日封。不过，专门收集的最早首日封是1909年9月25日美国发行的赫德森·富尔顿2分邮票。当时有一位私营文具商，为了集邮，他专门用这张邮票制作了首日信封。1911年5月，英国发行第一枚乔治五世邮票时，出现了正式的首日封。

1937年，美国为了发行首日封，专门刻制了"首日发行"字样的邮戳。进入20世纪40年代之后，欧洲国家如法国、德国、意大利、瑞典等国家开始使用"首日发行"字样的邮戳。

明信片的来历

明信片，是指一种不用信封便可以直接邮寄的卡片。在这种卡片上，邮寄人可以写一些想要送给收件人的祝福语。明信片上有胶粘的或者印有官方的邮票标记。此外，封面上还有一张美观、雅致的图片，具有一定的艺术性和可收藏性。

1865年10月的某一天，德国有位画家在邮局里遇到了一件麻烦的事。他的朋友马上就要举行婚礼。为了表示庆祝，他特意在硬纸板上创作了一幅精美绝伦的画作。然而当他邮寄的时候，却发现没有一个信封可以装下这幅作品。这时，邮局有个工作人员向他提出建议，要他将收件人的姓名、地址等信息直接写在画作的背后，然后直接邮寄。没过几天，这封没有信封的画作寄送到了他的朋友家里。就这样，世界上第一张自主创设的明信片诞生了。

1865年11月30日，在德意志邮政联合会议上，有人提出了可以邮寄不用信封的信件的建议。不过，与会的代表们没有通过这项提议。1869年，奥地利的一位博士发表文章，强烈建议开发并使用明信片。为了降低邮费价格，他又建议将明信片列为印刷品邮件。最终，奥地利邮政部门采取了他的建议。同年10月1日，世界上第一张明信片在奥地利首都维也纳正式发行。由于明信片简便实用，且邮资便宜，深受人们的青睐。在不到三个月的时间里，奥地利就邮寄了300多万张明信片。听闻这一消息后，德国、英国、美国、法国和瑞士等国家，也先后发行明信片。

1896年，中国第一套明信片由清朝统治者发行。1927年，中华民国交通部为纪念交通银行开业20周年，特别发行了一组明信片。这是中国第一次正式发行纪念明信片。1949年中华人民共和国成立后，中国邮政发行的明信片日益增多。

普利策奖

普利策奖，又称普利策新闻奖。根据美国报业巨头约瑟夫·普利策的遗愿，该奖项于1917年设立。普利策生前留下遗嘱，死后将财产捐献给哥伦比亚大学，以创办哥伦比亚大学新闻学院、设立普利策奖。

每年的春季，普利策奖由哥伦比亚大学的评奖委员会开始评定。每一年的4月份，是公布获奖名单的时间。5月份的时候，哥伦比亚大学校长为获奖者颁奖。普利策奖的奖金为7500美元。获奖的报社将得到一枚普利策金牌，而获得公共服务贡献奖的新闻报道没有奖金。

普利策奖的评奖项目主要有新闻界和创作界两类。新闻界的获奖者可以是任何国籍，但是获奖作品必须是在美国的周报或者日报上发表的。除历史奖外，创作界的获奖者必须是美国公民。普利策奖的奖项有新闻奖和文学艺术奖。其中，新闻奖主要有：公共服务奖、报道奖、社论奖、漫画奖、批评评论奖、通讯奖、特写奖、新闻摄影奖等。文学艺术奖主要有：小说奖、戏剧奖、诗歌奖、美国历史作品奖、自传或传记奖、非小说作品奖。除此之外，普利策奖还颁发一项音乐作曲奖和两项特别奖。

广播的诞生

广播，是指通过无线电波或者导线传送声音的新闻传播工具。通过无线电波传送声音的称为无线广播；通过导线传送声音的称

发明家古列尔莫·马可尼

为有线广播。广播具有传播迅速、功能多样、感染力强等优点，成为世界上最受欢迎的新闻媒介之一。

关于广播的诞生，可以追溯到20世纪初期。1906年的圣诞节前夕，在美国的纽约市，费森登和亚历山德逊设立了一个小广播站，并尝试进行历史上的第一次广播播音。他们选择两段笑话、一支歌曲和一支小提琴独奏曲作为这次播音的内容。当时，拥有接收机的人数并不算多。尽管如此，人们还是三三两两地接收到了他们的播音。1908年，在巴黎的埃菲尔铁塔上，美国的弗雷斯特进行了一次广播。这次广播的内容被当地的一家军事电台和马赛的一位工程师顺利收听到。1916年，弗雷斯特在布朗克斯新闻发布局设立了一个广播站。后来为了试验，他在这里播放了总统选举的消息。然而，当时能够收到的人数还是比较少。在此后的一段时期内，无线电的使用在人们生活中得到进一步普及。与此同时，更加精密的发射机和电子接收管相继被人们充分利用。在此背景下，广播事业得到了迅速的发展。

1920年6月15日，英国的马可尼公司举行了一次特殊的音乐会。这次音乐会采取了一种崭新的音乐会组织形式——无线电-电话音乐会。音乐会开播后，法国、意大利、挪威、希腊等国家的人们可以清晰地收听到。这次无线电-电话音乐会的顺利闭幕，标志

着世界性广播事业的开始。

1920年11月2日，美国威斯汀豪斯公司成立KDKA广播站。在康德拉的指导下，广播站播出了第一个节目。由于事关总统竞选，这次广播节目播出后，取得了巨大的社会反响。1922年，英国和法国先后成立广播公司。这使得欧洲的广播事业得到空前发展。直到今天，世界范围内的广播事业还在发展中。

《福布斯》杂志

《福布斯》杂志是福布斯集团旗下的一本财经杂志，是如今全球最知名的财经杂志。杂志创办人是贝蒂·查尔斯·福布斯。

福布斯是一名苏格兰记者。20世纪初，他来到纽约，成了一名财经记者。1917年，他独立创办了《福布斯》杂志。杂志专门报道商业新闻，是美国历史上第一本纯粹的商业新闻报道杂志。那时，商业杂志中常罗列一堆枯燥乏味的商业数据。福布斯摒弃了这样的新闻报道方式，独辟蹊径，在杂志中关注企业的掌舵者。

《福布斯》杂志创办至今，杂志的报道风格、定位一直没有改变。它以"关注实践和实践者"为口号，重视创新，倡导企业家精神。《福布斯》杂志中的新闻，简明扼要，立场鲜明，具有较强的前瞻眼光，报道方式不拘一格。

明确的定位、独特的报道、深刻的见解，使《福布斯》杂志的市场影响力远高于其他财经杂志。杂志中列出来的财富排行榜，更是成了人们眼中的经济潮流风向标。

华纳兄弟

"华纳兄弟"是"华纳兄弟娱乐公司"的简称。"华纳兄弟娱乐公司"是全世界最大的电影、电视制作公司，总部位于美国纽约以及加利福尼亚州的伯班克。华纳兄弟旗下有华纳兄弟影业、华纳兄弟电视制作、华纳兄弟动画制作、华纳兄弟游戏、DC漫画、CW电视网等几大子公司。

公司以"华纳兄弟"为名，是为了纪念四位创始人，犹太裔兄弟哈利·华纳、亚伯特·华纳、山姆·华纳和捷克·华纳。1903年，华纳兄弟开始从事电影放映生意，并建立了自己的电影院。一年后，他们成立了自己的电影发行公司——这就是"华纳兄弟"的前身。第一次世界大战期间，这个电影发行公司开始制作电影。1918年，华纳兄弟在好莱坞日落大道成立了电影制片厂。

华纳兄弟的电影制作公司历史悠久程度仅次于派拉蒙电影公司和环球影业。1927年，"华纳兄弟"发行了电影史上第一部正式的有声电影《爵士乐歌星》。这部电影的发行，使"华纳兄弟"成了电影史上第一个制作、发行有声电影的公司。凭借拍摄有声电影，"华纳兄弟"成了好莱坞规模最大的电影公司之一。之后，公司又拍摄了大量的歌舞电影、黑帮电影、历史电影和战争电影。

20世纪50年代，电视兴起，威胁电影。为抵抗电视的冲击，1953年，"华纳兄弟"拍摄了3D电影《恐怖蜡像馆》，大获成功。1954年，"华纳兄弟"开始往电视领域发展。1995年，"华纳兄弟"联手芝加哥论坛报业，成立了以青少年为目标消费群的WB电视网。90年代末，"华纳兄弟"将小说《哈利·波特》改编成电影，电影风靡全球。进入21世纪以后，"华纳兄弟"开始与其他电影公司合作，共同投资、发行电影。

BBC

BBC，是英国广播公司的简称。它是由英国政府资助，但在政府管辖之外独立运营的一个公共媒体机构。作为英国最大的新闻广播机构，BBC向全球提供书籍出版、报刊、英文教学、交响乐团和互联网新闻等服务，被认为是全球最受尊敬的媒体之一。

关于BBC的起源，可以追溯到20世纪20年代。为了建立一个覆盖英国的广播传输网络，促进全国广播事业的发展，马可尼、英国通用电气公司、英国汤姆森休斯敦等几大财团于1922年出资成立了BBC。虽然BBC受助于英国政府，但却由独立于政府之外的监管委员会负责管理。监管委员会有12人，都是社会各领域内的有名人士。他们统一由英国首相提名，英国女王委任。后来，BBC获得英国皇家特许状，由理事会全权负责公司的运作。1922年11月14日，BBC的第一个电台2LO在伦敦开始广播。第二天，5IT、2ZY分别在伯明翰、曼彻斯特开始广播。1932年，BBC公司设立了第一个向英国本土以外地区广播的电台频道——BBC帝国服务（BBC Empire Service）。1938年，BBC阿拉伯语电台开播，这是BBC的第一个外语频道。第二次世界大战结束后，BBC已经用英语、阿拉伯语、法语、德语、意大利语、葡萄牙语和西班牙7种语言向全世界进行广播。后来，这种世界性的广播服务演变成BBC全球服务（BBC World Service）。

在广播服务迅猛发展的同时，BBC电视播送服务也在逐步探索中。1932年，苏格兰工程师约翰·罗吉·贝尔德与BBC公司进行合作，着手尝试电视播送的试验。1936年11月2日，BBC公司进行第一个电视播送，这也是世界上第一个此类性质的服务。后来，第二次世界大战爆发，电视播送服务中断。1946年，BBC公司重新恢复电视播送服务。1967年9月30日，BBC公司开始了音乐播放服务。1983年，BBC公司率先开播了早餐时间广播服务。1991年，BBC公司正式开启全球新闻服务电视频道。1998年8月，BBC国内频道开始采用卫星播送。

美国《时代周刊》

《时代周刊》又叫《时代杂志》，是一份美国新闻杂志，《时代周刊》创刊于1923年3月3日，创刊地是纽约，创始人是亨利·卢斯和布里顿·哈登，发行公司是时代华纳。杂志创办宗旨是"使'忙人'充分了解世界大事"，注册商标为大写的英文单词"TIME"。

这本期刊是美国第一份用叙述性文体报道时事的大众性期刊。期刊中设有多个栏目，内容涵盖了经济、法律、体育、宗教、艺术等社会生活的各个层面。期刊有5个版本，美国国内版、美国国际版、欧洲版、亚洲版和南太平洋版。欧洲版在伦敦出版，告诉人们欧洲、中东、非洲和拉丁美洲发生的事件；亚洲版在香港出版，讲述亚洲的新闻事件；南太平洋版则在悉尼出版，内容是澳大利亚、新西兰和太平洋群岛发生的新闻。

《时代周刊》对于新闻的报道多是叙述性、解释性的报道，报道的深刻度与详尽度是电视、广播、报纸等其他传播媒介难以匹敌的。《时代周刊》的一大特色是，将一周内发生的重大国际新闻汇聚到一起，加以分类，挖掘出事件的背景材料，解释、分析给人看。国际事件发生时，《时代周刊》会发表自己的主张；新闻事件过去后，《时代周刊》又会对事件做详细的追踪报道。

《时代周刊》的出现，打破了新闻界报纸、广播的垄断局面。如今，《时代周刊》已经成了世界知名品牌，全球最具代表性、最有影响力的新闻刊物之一。

商业经济

商标

商标是一种显著的标志，能够让消费者分清某些商品或服务是哪个企业生产或提供的。

古代的工匠们在制作艺术品或者实用物品时，都会印上他的签字或者"标记"。随着时代的发展，这些签字或者"标记"就逐渐演变成了现在的商标。

商标必须向工商管理部门注册，才能够正式生效。注册成功后，就表明注册人可以享受标明商品或服务的专用权，他也可以把商标的使用权转让给别人，以获得回报。经过正式注册的商标会受到法律保护，这既保障了商标注册人的利益，也可以防范一些使用不正当方式竞争的企业或个人，使用相似的商标来销售假冒伪劣产品。

一般来说，商标具有以下六个特征：一、商标只能在商品或服务上使用，不能与商品或服务分离；二、商标由文字、字母、数字、图形、三维标志和颜色混合组合；三、商标应具备显著的特征，有利于消费者辨认；四、商标是具有价值的无形资产；五、商标具有独占性；六、商标是商品或者服务参与市场竞争的工具。

雪崩效应

雪崩效应是指一个很小的信息变化，在传递过程中被逐渐放大，最终导致发生很大变化的现象。这个名词的来源是高山上的雪崩，在积雪很厚的山顶上，虽然表面上没什么问题，但是有时一个小小的举动，也许会引发积雪层发生断裂，从而导致大规模雪崩的爆发。

在加密算法中，明文或者密钥的少量改变，有可能会引起密文的大量改变。在太阳能电池技术中，也有雪崩效应。在一些半导体纳米材料中，一个光子可以激发出两个到三个电子，即所谓的雪崩效应。这种材料可以大大提高光电转换的效率，加速了太阳能电池的发展。

在商业中，当人们把一些产业的结构打破，重新进行组合时，可能就会引起连锁反应，促使整个产业体系发生巨大变化，从而让整个体系崩溃甚至消失。这也被称为雪崩效应。

跳蚤市场的起源

据说，1884年，巴黎政府发现市区内堆放着大量废弃物，破坏了市容整洁，就命令大量以捡破烂为生的贫民把市区里的废弃物搬到市区外。那些贫民看到废弃物里有些东西还能够使用，就自发地把能使用的物品捡出来，之后再卖给需要的人。他们把捡到的东西后集中起来卖，因此很快就形成了一个固定的集市。这个集市就被称为跳蚤市场。有人说，之所以把它称为跳蚤市场，是因为市场里面的人像跳蚤那样多。还有人说，这个市场上卖的东西已经被使用过，上面有很多跳蚤，因此把这个市场称为跳蚤市场。

小费的由来

小费是客人为了感谢服务人员而给予他们的报酬，多出现在服务行业中。

相传18世纪时，伦敦一家餐厅的老板，把一个写着"保证迅速服务"的碗放在餐桌上。如果客人掏出硬币或者小额钞票放到碗里，就能得到周到而快速的服务。人们认为这就是小费的起源。

随着时代的发展，给服务员小费这种行为流传到了世界各地。有些时候，如果不给服务人员小费，不但无法获得周到的服务，还会遭到白眼，甚至受到侮辱。

大约在100年前，西方一些人认为，给小费是一种不良风气，为此，他们号召人们不要继续这样做。可是，很多服务人员就是靠小费生活的，客人也都知道这种情况，所以他们仍然继续这样做，今天已经成为西方服务业的重要组成之一。

青年旅馆的由来

德国教师理查德·斯尔曼经常带领学生骑自行车、步行到乡间漫步。他一向主张所有的学生都应该走出校门，去见识一下外面的世界。一次，他又带领着学生外出旅行。让他始料不及的是，大雨不期而至。为了避雨，他们躲到了一个乡间学校里，后来又在那里度过了一整夜。

理查德·斯尔曼整夜都没有睡觉，他想来想去，觉得应该建立一个专门的旅馆，为青年人提供住宿。此后，他找到相关部门，不厌其烦地讲述修建青年旅馆的好处。经过不懈的努力，他终于获得了成功。

1912年，世界上第一个青年旅馆问世了。一年后，青年旅馆的数量有了大幅度提升，达到了83家，床位达到了2.1万个。

1932年，国际青年旅舍联盟成立，世界青年旅舍的总量达到了4000多家，床位达到了3500万个，国际会员超过400万人。

香槟集市

12世纪初期，西欧出现了很多大小不一的集市。在这些集市中，最大的当属香槟集市。香槟集市的出现，与香槟伯爵有着密切的关联。

香槟伯爵是法国加洛林王朝时的一个贵族，他的领地位于连接西班牙与德意志的两条交通要道的交叉点上，紧挨着罗退林几亚、佛兰德、德意志等地。得天独厚的地理位置使得这里成为著名的商业中心，既有从佛兰德运来的呢绒，从英国运来的羊毛，也有从低地国家和斯堪的纳维亚运来的其他货物。

香槟伯爵本人也为香槟集市的繁荣做出了很大贡献。他在领地内的四个城市轮流举

北欧的港湾集市

行六个集市，每个集市至少持续六周时间。一个地方的集市结束后，为了方便商人运转货物，他还规定下一个集市在要一两周后举行。香槟集市的组织工作也做得非常到位，专门设立了集市法庭来解决各类纠纷。

香槟集市在13世纪后半叶进入全盛期，它极大地促进了西欧商品货币经济的发展。进入14世纪后，香槟集市开始走向衰落。这是因为：首先，香槟伯爵的领地受到了法国国王腓力四世的控制，法国国王强制推行财政措施，向商人征收高额赋税，使得商人们无利可图。其次，1337年，英法百年战争爆发，香槟伯爵的领地受到了战争的影响，无法保障商人们的安全。再次，随着从意大利到北欧的海上商路的开通，陆路商运逐渐被取代。此外，随着生产力与商业的发展，商业交易的形式发生了改变，在集市上交易的方式受到了其他交易方式的冲击。

超市的发展

超市是超级市场的简称，指以顾客自选方式经营的大型的综合性零售商场。

1930年，美国的经济非常萧条，迈克尔·库仑根据他多年的食品销售经验，开设了金库仑联合商店。它就是世界上第一家超市。当时美国商店的毛利达到25%~40%，而金库仑联合商店的毛利只有9%。迈克尔·库仑知道，只有大量进货才能够保证商品以低廉的价格出售，为此，他以连锁的方式，在很多地方开设分店，从而大大降低了商品进货价格。

金库仑联合商店是世界上第一家采用自助式销售的商店，并受到了广泛认可。此后，大量商店采用这种方式销售，超级市场便如雨后春笋般出现。20世纪五六十年代后，超级市场在世界范围内得到了迅速发展，经营的范围也从各种食品扩大到家用电器、服装、家具、玩具、家庭日用品等。

1978年，北京市海淀区一家超级市场正式开始营业，它是中国第一家超级市场。由于受到消费观念的影响，当时在超级市场买东西的几乎全是外国人。现在，中国已经完全接受了这种消费方式，超级市场也已经遍布中国的大街小巷。

手工业行会的出现

中世纪的欧洲，城市手工业者生存较艰难，上有封建领主的勒索，下有同行间的竞争。为巩固力量、提高地位，他们决定联合起来，组成行会。

手工业行会会员多为城中的手工业匠师。匠师有自己的作坊、生产工具，帮工和学徒，是个小生产者。帮工的地位在匠师以下，要积累两到三年的工作经验才可升为匠师。成为匠师后，他们才能成立自己的作坊，加入行会。学徒地位又在帮工之下，要经三到五年的学徒期才能成为帮工。匠师本人既是劳动者又是剥削者，对帮工与学徒都有不同程度的剥削。行会领导机构由会员选举。

为实现匠师间的权益均等，行会制定了很多章程，如控制原料供应，控制产品数量、质量和价格，控制匠师、帮工和学徒的人数等。对于行会来说，排除竞争的目的是实现行业垄断。为取得垄断地位，行会另设规章：城中行会所属行业匠师必须入会；行业技术、产品价格均由行会掌控；依附政治，以保障自身利益。

手工业行会成立初期，对城市手工业的发展起到了一定的推动和保护作用。然而发展到后期，制度中出现些许不公，造成了很多内外矛盾。从16世纪开始，欧洲各国的行会制度先后解体。

西欧重商主义的产生

重商主义，也叫"商业本位"，是西欧在资本主义原始积累时期的一种经济理论。

15世纪时，西欧的社会生产力得到了很大发展。到了15世纪末期，西欧的封建主义生产关系逐步瓦解，资本主义生产关系开始出现。土耳其人占领君士坦丁堡后，将西欧国家通向东方的陆路贸易道路封锁起来，这就促进西欧国家寻找新的通商路线和新的市场。

新兴的资产阶级在利益的驱使下，极度渴望去寻找还没有被发现的黄金和土地。在这样的背景下，葡萄牙人和西班牙人发现了美洲新大陆以及通往东方的航线。西欧各国均受到了新大陆和新航线的刺激，开始对外进行殖民活动，开拓了一个世界性的市场。这使得资本主义生产关系在西欧获得了飞速发展。由于商业资本的发展，小商品生产者出现了两极分化的现象，这使得西欧国内市场得以统一，同时也促进了世界市场的形成。

商业资本的发展使得一些国家建立起封建专制的中央集权制。为了满足资产阶级的利益，维护封建统治，这些国家开始运用国家力量来促进商业资本的发展。为此，很多国家都推出了支持商业资本的政策。随着这些政策的出台，从理论上阐述这些经济政策，成为迫切的需求。在这种前提下，重商主义便产生了。

货币的历史

货币就是在交易活动中固定地充当一般等价物的商品。它是随着商品交换的发展而产生的，具有价值尺度、流通手段、支付手段、贮藏手段、世界货币的职能。

人类在最初的时候是用物物交换的方式来进行交易的，但是有时候这种物物交换不能满足双方的需求，于是就出现了把稀有物品作为一般等价物来进行交换的方式。这些

迦太基银币
这是约公元前230年的迦太基银币，为人类早期货币形制。

稀有物品就是最初的货币，包括贝壳、羽毛、宝石等。

经过长期的发展，一些金属逐渐取代了其他物品成为货币。由于金属作为货币比较容易保存，而且在自然界中不容易大量获得，遂发展成为主要的货币。当时作为货币的金属主要有比较稀少的金、银和冶炼比较困难的铜，还有一些地区使用过铁作为货币。初期的金属货币都是成块的，在使用时先要验成色，然后再称重量，使用起来很麻烦。后来逐渐发展出了形状大小都固定的金属货币，使得金属货币使用起来变得很方便。

在贸易的不断发展中，金属货币的缺点也逐渐显现出来。在长时间的流通中，金属货币很容易磨损，因而造成大量金属流失。于是，人们开始使用纸币来代替金属货币。相对于金属货币来说，纸币制造的成本比较低，而且不怕磨损。于是随着经济的发展，纸币逐渐取代了金属货币。

随着信息科技的发展，又逐渐发展出了电子货币。电子货币主要是指利用储值卡或者计算机进行交易活动，在使用和携带上都很方便。但是目前电子货币在使用上还不是十分安全，需要进一步对其保障措施进行完善。

纸币上的水印

水印是一种在纸上做出的标记，就是指在造纸的过程中，通过改变纸浆纤维密度，

而使纸上呈现出的明暗图案。

水印最早出现在13世纪的意大利，是由意大利的匠人们发明的。他们在造纸时把一些图案刻在抄纸帘上，这样做出来的纸上就会出现凹凸纹路，呈现出抄纸帘上所刻的图案。那时的水印一般都用于秘密联络，并且很少有人知道水印的作用。后来欧洲的纸币流通中出现了一些假币，于是人们开始将水印用于纸币防伪。1772年，德国首先将水印应用到萨克森纸币的制造上，作为技术上的防伪标识。

在现代发行的大面额纸币上，通常都会有防伪水印。真币的水印图案清晰，并且富有立体感。如果纸币上的水印出现模糊，那就可判断其为假币。

最早的银行

最早的银行业起源于古代欧洲的货币兑换业，当时的货币兑换组织负责为商人兑换货币，后来又开始为商人保管货币，并承担结算、汇款等业务。在货币兑换组织手里拥有了大量资金之后，便开始进行贷款业务，最终发展为银行。

世界最早的银行诞生在意大利。1580年，威尼斯银行成立，成为世界上第一家银行。在此之后，德国、荷兰等国的一些城市先后建立了银行，银行业开始在世界范围发展起来。

加利福尼亚金矿的发现

加利福尼亚是美国西部的一个州，土地面积广阔，人口众多。由于历史上发生的淘金热，加利福尼亚被称为是"黄金州"。

1848年的一天，加利福尼亚一个建造水渠的工人在作业时，突然发现水里有豌豆一般大小的东西在闪闪发光，经过鉴定这种东西就是金子。在以后的1848年到1849年期间，想要淘到金子的美国人从四面八方云集到加利福尼亚，这就是历史上的淘金热。

在19世纪，黄金占据着国际贸易乃至世界金融体系的主导地位。当时，美国的黄金产量并不高，1847年，只有4.3万盎司，而且大部分不是从金矿中开采出来的。加利福尼亚发现金矿以后，美国的黄金产量在1848年就翻了十番，达到48.4万盎司，1849年产量再次翻番为193.5万盎司。到1853年，美国的黄金产量已经超过了314.4万盎司。黄金产量迅速增长，使美国迅速成为世界上出产黄金的主要国家。

在黄金的带动下，美国的经济迅速发展。1854年，美国的财政收入比1844年增加了一倍多；到1856年，生铁产量比1850年增加了14倍，煤产量也增加了1倍多。

绿背纸币运动

在美国南北战争时期，美国政府由于货币不足，便由国会通过了一项《法币法》，要求发行1.5亿的绿背纸币，规定这些纸币不可以兑换金银货币，并且不能用于支付关税和政府债券利息。绿背纸币发行之后，很快引起通货膨胀，物价上涨。当时使用绿背纸币的大部分都是美国北部的农民。

南北战争结束之后，美国政府打算收回绿背纸币，改由新的国民银行体系来发行纸币，并且颁布《恢复硬币支付法》，规定了绿背纸币和新纸币以及金属货币的兑换比例。但是这一政策遭到了美国农民和农场主的反对。随着美国工业的发展，农业规模也逐渐扩大起来，并开始使用机械化工具，于是农场主需要更多的信贷来维持农业生产，而农民希望增发绿背纸币来提高农产品价格。

此后，农民和一些劳工为了维护绿背纸币而展开斗争，发起了绿背纸币运动，并组建起了绿背党，在大选中争取发行绿背纸币的权力。1873年，美国发生银行恐慌和经济紧缩，导致人们越发需要绿背纸币。1875年，《恢复硬币支付法》获得通过，但是绿背纸币主义者通过斗争，还是保住了绿背纸币。1879年，《恢复硬币支付法》开始正式实施，绿背纸币运动逐渐衰落下去。

国际货币基金组织

成立国际货币基金组织的决议是在1944年确定的，该年在美国的布雷顿森林举行了联合国赞助的财金会议。7月22日，参加会议的各国在成立国际货币基金组织的协议上签了字。1945年12月27日，协议的条款被正式实施。1946年5月，国际货币基金组织正式组建起来，并于1947年3月1日投入运作。

国际货币基金组织是联合国的专门机构，在经营上是独立的。其主要职责就是监督各国之间的货币汇率以及贸易情况，并提供相应的技术支持和资金支持，以及维持国际上的金融秩序。在这些问题上，国际货币基金组织采取的主要方法就是利用一个常设机构来为国际货币间的问题提供解决办法，促进成员国的经济发展，维持成员国之间货币汇率的稳定，消除国际贸易之间的障碍，并且在一定的条件下，为一些成员国提供资金，保证其正常发展。

汇率产生的原因

汇率是一国货币兑换其他国家货币的比率，又叫作汇价或者外汇行市。

汇率产生的基础就是货币代表一定的价值，因此不同的货币之间可以进行价值对比，并产生一个比值关系。汇率并不是固定不变的，而是根据具体的情况进行上下浮动。影响汇率的因素一般有货币兑换时的供需关系、两国之间的相对价格水平、商品生产、关税等。

在实行金本位制度的国家，其汇率一般比较好确定，即根据各自货币的含金量多少来确定。而在实行纸币本位制度的国家，由于纸币的法定含金量往往不能代表其真正价值，因此出现了两种汇率。一种是官方汇率，即由国家货币机构来规定汇率，外汇交易都要按照这个汇率来进行。一种是市场汇率，即汇率是跟随外汇交易的供求变化而变化的。

分期付款小史

分期付款是在进行商品或劳务交易时实行的一种付款方式，通常是买卖双方事先签订协议，买方先交付一部分款项，然后根据货物交付情况分期交付货款。

分期付款的做法出现于第二次世界大战之后，当时的日用商品和劳务等交易首先使用了分期付款的方式。之后随着经济的发展，工业和农业在扩大生产规模时，通常都需要大量资金来购买设备等生产资料，于是在银行信用的基础上，一些原材料和大型设备的购买行为也开始实行分期付款的方式。

分期付款方式发展到现在，通常是由银行和供应商联合为消费者提供的。先由银行提供给消费者购买物品所需金额的贷款，消费者向供应商支付了货款之后，由供应商为消费者提供担保，双方承担起不可消除的债务连带责任。目前分期付款已经是国际上比较流行的一种付款方式。

信用卡的诞生

信用卡是一种信贷服务用的卡片，卡片持有者在消费时可以采用非现金支付的方式进行交易，等到了还款日期的时候再结账。信用卡一般是一张长方形的塑料卡片，由银行或者发卡公司根据用户的信用度进行发放。

早期，美国的一些商店为了招揽生意，

就选择一定范围内的顾客，给他们发放一种信用徽章。徽章持有者可以凭此在这些商店中赊购物品，然后约定好还款日期，到期还款。

正式的信用卡是在1950年出现的。美国商人麦克纳马拉某一天在饭店就餐的时候，发现自己忘记带钱包了，当时又不允许赊账，只好打电话叫妻子送钱过来。这件事之后，麦克纳马拉就产生了一个想法，可以建立一个信用卡公司，使人们能够赊账消费。1950年，麦克纳马拉与朋友合作，在纽约创办了一家"大来俱乐部"。这个俱乐部可以为会员们提供一种卡片，会员持有卡片就能赊账消费。之后，一些银行也开始发行信用卡，这种做法流传到了世界各国，得到普遍认同。

自动取款机

自动取款机是一种能够办理存取款、转账、查看账户信息等业务的机电装置。持有银行储蓄卡或信用卡的用户在办理这些业务时，可以不必去银行办理，而是在自动取款机上自行办理。

自动取款机是英国人谢泼德·巴伦发明的。有一次他在去银行取钱的时候，银行已经关门了，此时的巴伦就产生了发明自动取款机的想法。之后他无意中想到，自动售货机可以自动出售巧克力，只要把其中的巧克力换成钞票，就是自动取款机了。于是他将这个想法跟英国巴克莱银行的总经理说了，总经理认同了他的观点，并支持他制造这种机器。

经过一年的努力，巴伦制造出了自动取款机。由于当时没有银行卡，客户需要使用一种经过化学加工的支票来取钱，把支票放入取钱的抽屉里，输入密码之后，取款机的另一个抽屉就会打开，里面装有十英镑钞票。

1967年6月27日，伦敦北郊的一家巴克莱银行分行安装上了世界上第一台自动取款机。

欧元简介

欧元是在欧盟中的17个国家中流通和使用的货币。这17个国家分别为德国、法国、芬兰、荷兰、希腊、奥地利、比利时、爱尔兰、卢森堡、葡萄牙、西班牙、意大利、斯洛文尼亚、塞浦路斯、马耳他、斯洛伐克和爱沙尼亚。

欧元是从2002年1月1日起开始正式流通的，欧元区成员国原先所使用的货币在两个月后停止流通。有一些不是欧盟成员的国家因为原先使用欧元区国家的货币作为本国货币，因此也跟随欧元区国家开始使用欧元。

欧元是在建立欧洲经济货币同盟的基础上出现的。1991年12月，在荷兰的马斯特里赫特召开了欧洲共同体首脑会议，会议上起草了《欧洲联盟条约》。1992年2月7日，欧共体的12个成员国签订了这份条约，确定发行欧元作为统一货币。发行统一货币的目的就是促进欧盟内部资本的自由流通，建立起一个统一市场，同时协调各国政策，扩大欧洲议会的权力。

对于加入欧元区的国家，有着非常严格的限制，其标准就是财政赤字在GDP的3%以下，国债/GDP占比保持在60%以下，这两条必须同时满足才可以加入欧元区。

色诺芬的《经济论》

《经济论》是古希腊最早的经济学专著，其作者是古希腊哲学家、历史学家色诺芬。

《经济论》是一部语录体著作，体现了色诺芬主要的经济观点。这部书共分为两个部分。其中在第一部分里，作为哲学家苏格拉底的学生的色诺芬，以苏格拉底的口吻讲述了自己对经济的认识。他认为农业是一个国家的基础，对国家经济来说十分重要，并且他还阐述了如何有效地管理自己的财产。他在第二部分中表示，妇女的本职工作就是做好家务，并且应该在女子的学习中加入家务训练。

色诺芬十分拥护自然经济，并且主张奴隶主对奴隶进行更有效的剥削。他在经济上的主要观点就是重视农业，提倡社会分工。色诺芬还根据市场上的供需变化，认识到供求关系会影响到社会劳动的分配，但是由于受到时代的局限，他无法进行更深入的解释。另外他还认识到了货币在经济中的作用，提出了商业在经济发展中的必要性。

亚当·斯密与《国富论》

亚当·斯密是英国经济学家，生活于18世纪，是创立经济学的主要人物，他的代表作《国富论》的发表标志了经济学的诞生。

亚当·斯密出生在苏格兰的法夫郡，他的父亲与他同名，是一名海关监督。在父亲去世后，斯密一直都跟随母亲生活，终生未娶妻子。他在1768年的时候开始写作《国富论》，该书全名为《国民财富的性质和原因的研究》。1776年，《国富论》出版，引起了很大反响，在整个欧洲和美洲都受到人们追捧，人们将他称为"现代经济学之父"和"自由企业的守护神"。1790年7月17日，亚当·斯密逝世。

亚当·斯密的主要经济观点都体现在《国富论》中，在此书中，他总结了之前的经济方面的学说，第一次提出了系统而全面的经济学说。《国富论》的主要思想就是自由市场实际上有一种自我调节机制，就像一只无形的手一样在掌控着市场。在这部书中，亚当·斯密反驳了重商主义的那种强调储备贵金属的观点，也驳斥了重农主义的土地是财产的主要来源的说法。他强调了劳动的重要性，并提倡劳动分工，认为劳动分工会大大提高生产效率。

《国富论》的影响很大，最终使得经济学成为一门独立的学科。

古典经济学的发展

古典经济学又叫古典政治经济学、资产阶级古典政治经济学，是在17和18世纪比较流行的经济学派，其创始者是亚当·斯密，主要代表人物有大卫·李嘉图、托马斯·马尔萨斯、约翰·穆勒等。古典经济学派的主要观点就是经济规律决定价格和要素报酬，并且价格是配置资源的最有效的办法。

古典经济学最早起源于大卫·休谟的相关著作，之后亚当·斯密的《国富论》全面奠定了古典经济学的基础。在《国富论》中，亚当·斯密批判了重商主义的一些观点，为资本主义经济学建立起一个完整的体系。

大卫·李嘉图是斯密的忠实追随者，他继承并发展了斯密的观点。他在劳动价值论和分配理论上对古典经济学进行了完善，发展出一些与亚当·斯密的思想有所不同的观点，有人把他的思想称为"李嘉图革命"。古典经济学至此在英国得以完成。

布阿吉尔贝尔是法国古典经济学的创始人，他通过对当时社会经济制度的观察，写出了《谷物论》《论财富、货币和赋税的性质》等文章。在这些著作中，他提出了许多有价值的经济学原理，包括自由竞争、劳动价值论等。布阿吉尔贝尔的理论为法国古典经济学的发展奠定了基础。

西斯蒙第的理论主要是针对资本主义中的各种矛盾，他是对经济危机的必然性进行论证的第一人。

萨伊及其庸俗政治经济学理论

萨伊生于法国里昂，少年时从商，在学校学习期间接触到了亚当·斯密的经济学说。

殖民地的海边
在海外殖民地装船的宗主国船只。随着殖民地的开拓，人们对经济学的认识有了更深的发展。

在法国大革命期间，萨伊支持当时的大资产阶级，后来又开始反对革命。1803年，萨伊出版了《政治经济学概论》一书，这部书是他最主要的著作，书中对亚当·斯密的自由贸易思想进行了宣扬。在之后的生涯里，萨伊又出版了多部著作，大部分是关于政治经济学的。1832年11月15日，萨伊在巴黎去世。

萨伊抛弃了亚当·斯密经济学说中的部分科学观点，而将其中的部分庸俗观点抽出来进行论述，形成了庸俗政治经济学。庸俗政治经济学只论述了资本主义生产制度中的表面现象，而没有触及其根本，并且否定了劳动价值论和剩余价值论。在《政治经济学概论》中，萨伊把自己的政治经济学观点分为财富的生产、财富的分配和财富的消费三部分，建立起政治经济学的三分法。另外他还提出效用价值论，否定了资本主义剥削，并把资本主义生产方式看作符合规律的生产方式。

在萨伊之后，很多资产阶级经济学家对其思想进行了继承和宣扬，最终发展成为庸俗政治经济学体系。

《资本论》

《资本论》是马克思从1867年开始发表的一部著作，这部著作深刻揭露了资本主义生产的本质，被誉为"马克思一生最伟大的主要理论著作"。

《资本论》采用的是历史唯物主义观点，通过对资本主义生产方式的分析，来发现资本主义的本质规律。通过对资本主义基本矛盾的剖析，《资本论》将其产生、发展的过程系统地表述了出来，从而发展了唯物主义辩证法。马克思还第一个将经济和历史联系在一起，通过对经济过程的分析，发现了经济周期。

《资本论》把逻辑法、辩证法和认识论等方法结合起来，对资本主义社会的矛盾发展做了深刻分析，最终推断出资产阶级专政必然被无产阶级专政所取代的观点。

恩格尔系数

恩格尔系数是指，在个人消费总额当中食品消费所占的比重。

在19世纪中期，恩格尔对比利时的不同家庭的消费情况进行了调查，并对其消费结构进行了研究，最终得出了一个规律：一个家庭的收入越少，那么这个家庭的总支出中，食物支出所占的比例越大，当家庭收入增加之后，这个比例就会变小，对于一个国家来说也是如此。这个规律就被称作恩格尔定律。在恩格尔定律的基础上，恩格尔又提出了恩格尔系数，也就是定律中这个比例的大小。

在使用恩格尔系数时，根据不同的情况而应该注意几个方面。一是恩格尔系数适用于长期范围，时间越长也就越准确，当时间较短的时候，恩格尔系数会有一定的波动。二是在不同的国家和城市之间进行比较时，由于不同地区之间的福利、物价等方面有所不同，因此在比较时应注意对其进行调整。第三就是不同地区的消费习惯是不同的，食物在人们消费观念中的重要程度对恩格尔系数也有一定影响。

熊彼特经济周期理论

1939年，熊彼特在其发表的《经济周期》一书中提到了这一理论，认为对经济周期的分析可以分为"纯模式"或者"二阶段模式"分析和"四阶段模式"分析两个步骤。在"纯模式"经济分析当中，外界因素被排除在外，当一种创新出现时，就会引起大规模投资行为，致使经济高涨，在这种投资机会消失之后，经济便陷入衰退，这样循环成为一个周期。在"四阶段模式"分析中，熊彼特加入了资本主义经济运行的现实因素，将经济周期分为"繁荣""衰退""萧条"和"复苏"四个阶段。经济在进入衰退期后，并不能立刻恢复平衡状态，而是转入萧条期，经济会遭到破坏，之后才慢慢开始恢复，转入复苏阶段。

熊彼特认为资本主义发展历史中，同时存在着三种经济周期，它们分别是康德拉季耶夫长周期、朱格拉中周期和基钦短周期。他还认为，在一个长周期中，存在着8个中周期和16个短周期。

宏观经济学的产生与发展

宏观经济学就是利用国家总体经济上的统计概念来对经济规律进行分析的一门经济学分支学科，与微观经济学相对。宏观经济学的研究对象是国民经济的总的活动，主要是就业水平和国民总收入等。

宏观经济学最早起源于法国经济学家魁奈的《经济表》和英国经济学家马尔萨斯的"人口论"，其中魁奈的《经济表》第一次对资本主义生产的总过程进行了分析。1933年，挪威经济学家弗瑞希首次提出了宏观经济学的概念。1936年，凯恩斯发表了《就业、利息和货币通论》，对国民总收入和总体就业水平进行了分析，之后宏观经济学便迅速发展起来，并成为经济学当中一个独立的理论体系。

重农学派的起源

重农学派是在18世纪中后叶兴起的法国经济学派，属于古典政治经济学的一个学派。

重农学派的创始人是法国经济学家魁奈，他提出了"纯产品学说"，认为财富就是物质，只有农业才可以增加财富，工业只能改变财富的形态，而无法增加财富。他还在此基础上对社会的经济体系进行了研究，并用一种抽象的图表说明了生产和消费中的资产流通。魁奈所制定的经济表是他的整个经济理论的体现，为重农主义奠定了基础。

后来，魁奈的学生和追随者对魁奈的理论进行研究和发展，形成了有完善理论体系的重农学派。1776年，亚当·斯密在《国富论》中把他们的学说称为"农业体系"，在进行汉语翻译时便把这个学派称为"重农学派"。

边际效用学派

与传统经济学相对立，边际效用学派把人的欲望和欲望的满足作为其研究的对象，认为社会经济就是人的欲望和社会资源之间的关系。

边际效用学派的创建者是三个独立提出自己经济主张的经济学家，他们分别是英国的杰文斯、奥地利的门格尔和法国的瓦尔拉斯。1871年，杰文斯发表了《政治经济学理论》，在其中提出"最后效用程度"的理论。同一年，门格尔发表了《国民经济学原理》，提出物品的价值取决于对人的欲望中最小欲望满足的效用。之后的瓦尔拉斯发表了《纯粹政治经济学纲要》，在其中提出了"稀少性"价值论。这几个人虽然各自的表述不同，但是他们的基本观点都是相同的。1884年，维塞尔发表的《经济价值的起源及主要规律》一书中，把他们提出的效用称为"边际效用"。此后，这个概念便一直被人们沿用。

边际效用理论提出后，在19世纪八九十年代得到了很大发展，并逐渐成为一套完善的理论体系，而且其应用领域也被扩大。边际效用学派在发展的过程中，逐渐分为两个支派，一个主张利用数学方法来表述边际效用，一个主张利用心理分析方法来描述边际效用。但是不管哪个支派，都是利用边际效用理论来对抗古典经济学中的劳动价值理论，后来又被用来对抗马克思主义中的劳动价值理论。

新剑桥学派

新剑桥学派的主要理论是以客观的价值理论为基础的，其目的就是通过改变现存的资本主义分配制度来调节就业和通货膨胀的问题。

新剑桥学派是在与新古典综合派的论战中产生的。在凯恩斯主义出现之前，新古典综合派的代表人物都曾在剑桥担任过教授，因此这一学派又被称为"剑桥学派"。第二次世界大战之后，剑桥大学的琼·罗宾逊、卡尔多等人提出了与新古典综合派的理论完全相反的观点，由此发展出了"新剑桥学派"。

新剑桥学派的主要代表人物就是琼·罗宾逊和卡尔多，这两人也是学派的实际领导者。琼·罗宾逊在最初支持的是剑桥学派的代表马歇尔的理论，但是在凯恩斯创建凯恩斯主义之后，她便转向了凯恩斯主义，并且成为新剑桥学派的领袖。卡尔多也是凯恩斯主义的忠实拥护者，以资本主义的分配制度为研究对象。

凯恩斯主义

凯恩斯主义是以凯恩斯的著作《就业、利息和货币通论》为思想基础建立起来的经济学理论。

《就业、利息和货币通论》在经济学中的地位很高，它与马克思的《资本论》和亚当·斯密的《国富论》并称为欧洲资本主义世界三大经典经济学理论。这部书在发表之后不久，就被许多经济学学者所接受，并对其发展和完善，最终形成了凯恩斯主义。凯恩斯主义认为经济衰退的主要原因就是社会总需求的减少，总需求的水平就决定了生产和就业的水平，因此为了发展经济，国家应该实行扩张经济政策，通过增大需求来推动经济发展。

保险的起源

保险是一种商业行为，是指根据合同的约定，投保人向保险人支付一定的费用，当投保人因发生合同约定的事项而产生财产损失时，由保险人向投保人赔偿保险金，或者当被保险人达到约定的条件时，保险人向被保险人给付保险金。保险是一种合同行为，不但确立了双方的经济关系，也确立双方的法律关系。

世界最早的保险起源于古代的巴比伦王国。当时古巴比伦王国的国王曾让官员向民众收税，作为发生火灾时用来救济的资金。

在古代的其他一些地方，也曾出现过最初的保险形式，如古埃及的石匠用组织丧葬互助的方式来解决丧葬问题，古罗马士兵用集资的方式来补贴阵亡士兵的家属。早期的保险大部分都是这种互助补偿的形式。经过长期发展，保险的种类越来越多，并且在社会生活中起着越来越重要的作用。

彩票溯源

彩票也叫奖券，是由购买人自愿购买，并对是否获奖进行确认的凭证。发行彩票的目的主要是筹集资金。彩票的中奖机会均等，兼具娱乐性和竞争性。

古罗马有一种习俗，就是在大型节日或者举办活动之时，由国王向台下的观众抛投一些物品，以此来增加节日气氛，抢到物品的人就是获奖者。后来，罗马帝国的第一代皇帝奥古斯都利用节日来筹集资金，开始进行一些有博彩性质的娱乐活动。经过一段时期的发展，活动的奖品从普通的物品发展成为奴隶等极具诱惑力的奖品，使得人们对这项活动乐此不疲。与此同时，一些罗马商人开始利用彩票来推销自己的高价商品。

1530年，意大利的佛罗伦萨建立了世界上第一个正式的彩票发行机构。之后，彩票传播到其他国家，一些政府认为发行彩票对社会和政府都十分有利，便开始推广彩票并使其国有化，最后将筹集来的资金用于国家公共事业。18世纪的时候，彩票已经在很多国家合法化，并建立起了规范的彩票制度。

漫话税收

税收是国家凭借其政治权利取得财政收入的一种方式，其实现方式为通过法律规定，利用收税工具来参与国民收入分配，强制并且无偿地进行征收。

税收是由政府来征收的，具有无偿性、强制性和固定性的特征。其中无偿性是指政府在向纳税人征税之后，不会向纳税人直接支付任何报酬或者代价，并且不再返还给纳税人。强制性是指政府是以社会管理者的身份进行税务征收的，在法律中规定纳税人必须依法纳税，如果不遵守法律规定的纳税义务，就将受到法律的制裁。固定性是指税务的征收标准在法律上有明确的规定，并且在一段时期内不会改变，征税方和纳税方都必须遵守。

税收分为国税和地税两大类，这两类税收又细分为很多种。税收主要应用于国家建设及社会发展，包括国防和军队建设、城市基础设施建设、科研教育、医疗卫生、赈灾救援、环境保护等领域。其主要职能有组织财政收入、调节社会经济以及对社会经济活动进行监督和管理等。

印花税的由来

印花税是以各种经济活动中签订的合同、证照等文件为对象所征收的税。

1624年，荷兰发生经济危机，政府的财政出现困难。统治者摩里斯为了提高政府收入，打算增加税收，可他又怕遭到人民反对，于是召集大臣商量，但是最终没有想出比较好的办法。最后荷兰政府开始公开征集意见，并重金悬赏。有人在对人们日常交易活动的观察中发现，人们平时所使用的契约、凭证等文件很多，如果对这些文件进行征税，税源会很广。而且以政府的名义对这些文件进行法律上的保障，人们也会愿意交纳这种税，而且税负不算重。最终，这种税收方案在应征方案中脱颖而出，并被定名为印花税。

荷兰开始征收印花税之后，效果非常明显。而且印花税的征收十分简单，很快在世界各国流行起来。

拉弗曲线

拉弗曲线是一条描述税率与税收关系的曲线，为抛物线形。其代表的含义就是当税率为零和税率为百分之百时，政府的税收同时为零，在这之间的关系曲线有一个转折点，在转折点之前，政府税收会随着税率的增加而增加，在转折点之后，政府的税收会随着税率的增加而减少。

在20世纪70年代，盛行凯恩斯主义的国家在经历了一段繁荣期之后，进入了经济停滞与通货膨胀并存的阶段，这种情况俗称"滞胀"。其后许多经济学家对这个问题进行了研究。

1974年，美国供给学派经济学家拉弗为了说服为美国总统福特担任助理的切尼实行减税政策，使其相信只有实行减税政策才可以摆脱滞胀困境，在一家餐馆的餐巾纸上随手画出一条抛物线，用其说明税率偏高的坏处。这条抛物线就是拉弗曲线，后来被人们戏称为"餐桌曲线"。拉弗的思想受到了《华尔街日报》副主编贾德的赞赏，贾德在报纸上对这一理论进行了宣传，使其很快得到各国政府的认同。

到了20世纪80年代，实行了减税政策的美国确实摆脱了滞胀的困境，但是出现了庞大的财政赤字，这也是拉弗曲线理论所带来的弊端。

耻辱的奴隶贸易

奴隶贸易是指从15世纪开始，欧洲殖民者将非洲黑人当作奴隶贩卖到美洲殖民地，并一直持续到19至20世纪的贸易。

随着新航路的开辟，大量欧洲殖民者在美洲建立起殖民地。起初的劳动力大多是从欧洲移民过来的白人，他们与企业主签订为期几年的合同，合同到期后就可以成为美洲的自由公民。后来白人劳动力已经远远不能满足殖民者的要求，于是一些殖民者开始在非洲劫掠黑人，将他们当作奴隶贩卖到美洲。

葡萄牙人是最早进行奴隶贸易的人，他们曾组织起"捕猎队"对黑人村庄进行偷袭，抓捕黑人奴隶。由于奴隶贸易利益巨大，随后英国、法国、西班牙等欧洲国家也先后加入这个行列。但是这种野蛮的行径往往会遭到非洲人的抵抗，于是一些殖民者改变了做法，他们在黑人部落之间挑起战争，然后趁机在部落中俘虏黑人奴隶。这种方法被欧洲殖民者使用了几百年。

殖民者在奴隶贸易过程中逐渐形成了固定的贸易方法，他们在欧洲出发时，先在船上装满用于交换奴隶的廉价物品和武器弹药等，行驶到非洲后用这些东西换取黑人奴隶，再驶往美洲，用奴隶交换大量金银财宝，然后运往欧洲。这一次行程下来，殖民者可以获得几倍的利润。

被贩卖的奴隶，通常会遭受非人的待遇。他们要脱光衣服，被人挑中后就在身体上烙上印记，然后被装上船。殖民者为了赚取更多的利润，往往把奴隶塞满整个船舱，奴隶们只能缩着身体挤在一起。由于环境恶劣，很多奴隶会在航海过程中感染疾病，可是，他们根本得不到治疗，就会被殖民者丢入海中。在整个贸易过程中，有相当一部分奴隶死于运输途中，即使能活下来，也要在美洲遭受残酷的奴役，大部分奴隶会在到达美洲后几年内死去。

吸血的东印度公司

东印度公司是17到18世纪的一些资本主义国家为了掠夺印度等国的资源而成立的一种公司性质的组织。在历史上共出现了四家东印度公司，即英国东印度公司、荷兰东印度公司、丹麦东印度公司和瑞典东印度公司。

英国东印度公司成立于1600年，英国女王伊丽莎白一世向其颁发了皇家特许状。英国东印度公司在东印度展开贸易之后，很快垄断了当地的贸易市场，把当地出产的粮食和工业原料等资源大量运往英国。在发展壮大之后，英国东印度公司还在当地获得了军事权力和行政权力，在此基础上展开疯狂的殖民掠夺。该公司垄断了当地的鸦片和烟草贸易，强迫孟加拉的农民种植鸦片，然后贩运到中国等地，从中赚取巨额利润。英国东印度公司所进行的工业垄断贸易使得印度本土的手工业遭受到了灭顶之灾，很多手工业者流离失所，大量印度人因饥饿死亡。1858年，英国东印度公司解散。

荷兰东印度公司成立于1602年，其贸易势力延伸到了亚洲多个国家。为了垄断巴达维亚的丁香贸易，荷兰东印度公司竟然杀死许多当地的原住居民。该公司还在多个地区打败葡萄牙人，垄断那些地区的贸易，其触角已经延伸到了中国、日本、波斯、孟加拉等国。到1669年，荷兰东印度公司成为当时世界上最富有的公司。1799年，该公

孟加拉的荷兰东印度公司总部
大航海时代给欧洲各国带来了大片殖民地可供掠夺和开发，而印度洋和太平洋地区更成为各国竞争的重中之重。

司解散。

丹麦东印度公司成立于1616年，其主要贸易地点在印度。这家公司只辉煌了一段时期，之后便衰落下去。1729年，该公司解散。

瑞典东印度公司出现的时间最晚，成立于1731年，是受英国东印度公司和荷兰东印度公司的影响而成立的。这家公司在成立后逐渐发展成为瑞典最大的贸易公司，并一直经营到1813年。

最惠国待遇溯源

最惠国待遇又叫无歧视待遇，指的是两国之间订立条款，在通航、贸易、关税等方面给予对方优惠条件或某些特权，并且这种优惠或特权不低于现在或将来给予第三方国家的优惠或特权。

11世纪时，法国、意大利、西班牙等国的商人在其他国家进行贸易时，想要独霸当地的市场，便想办法排挤竞争对手。由于比萨等地的商人在当地的贸易中有特许权，于是西班牙等国的商人在不能打垮对手的情况下，便要求在当地市场享有和其他商人相同的竞争的权力。后来，一些当权者就颁布命令，允许这些商人和比萨等地的商人享有相同的特权。在进入15世纪之后，由于贸易的发展，一些国家之间开始订立一些有最惠国类型的条款。

18世纪后期，美国与法国签订了一项有条件的最惠国条款，就是受惠国需要做出和第三国承诺相同的承诺。19世纪时，这种有条件的最惠国待遇开始在欧洲流行起来，多数国家都采用了这种模式。1860年，英国和法国签订了第一份无条件的最惠国待遇条约。第一次世界大战之后，各国盛行贸易保护主义，经济危机更加剧了贸易保护的程度，使得无条件最惠国待遇受到限制。第二次世界大战之后，关贸总协定把最惠国待遇融入国际贸易体制中，使得最惠国待遇成为国际贸易的基础。

西欧封建城市的出现

在西欧封建社会初期，随着罗马帝国的衰亡，早期的城市也逐渐衰落，生产力发展也变得缓慢。后来随着铁制工具的引入，生产力得到迅速发展，农业和手工业相结合，使得各方面的经济水平都有所提高。在发展过程中，手工业者的技术逐渐熟练，开始出现一些可以用来交换的手工产品。随着生产的发展，逐渐有一些手工业者从农业中脱离出来，成为个体商品生产者。

在手工业者和封建领主的对抗过程中，有些手工业者开始逃离封建庄园，以便找到合适的地方来销售自己的商品。而一些人多的地方，如港口、寺庙、关隘、城堡等地，逐渐成为手工业者的聚集地。之后，商业也随之在这些聚集地发展起来。在不断的发展壮大中，封建时期的城市出现了。由于这些手工业者经常遭到封建领主的追捕，于是政府下令，只要手工业者在城市中待够一年零一天，就可以成为自由人。这一政策更加促使了手工业者从封建庄园中逃离。

这些西欧的封建城市首先在意大利和法国南部发展起来，之后在莱茵河沿岸和尼德兰等地也出现了大量城市。到11世纪中后期，西欧地区已经出现了很多新的封建城市，一些旧的封建城市也发展壮大起来。

西欧的封建庄园

封建庄园是在西欧封建制度形成之后兴起的经济实体，是西欧封建社会的基本经济单位。封建庄园通常都是采用劳役地租的方式，由农奴为封建领主提供生活资料。

封建庄园的规模一般为一个或几个自然村，庄园内的生活设施主要有封建领主住宅、农奴住处、教堂、磨坊、仓库、面包房等。除了农奴住处外，其他的设施都是为封建领主服务的，农奴想使用的话就要付费。

封建庄园中的耕地分为封建领主自营地和农奴份地两部分，这些地都由农奴耕种，他们每周要在封建领主自营地上劳作三四天，其他的时间可以耕种自己的份地。封建领主自营地出产的东西都归封建领主所有，农奴的份地占庄园耕地的很小一部分，只够维持农奴生活。庄园内生产的东西很少同外界进行买卖，整个庄园形成一个封闭的经济单位，可以为封建领主提供足够的生产资料和生活资料，为农奴提供基本的生活用品。

当时的西欧封建庄园大多是以这种形式存在的，但是也有一些其他形式的庄园。有的庄园中只有封建领主自营地，也有的庄园中只有农奴份地，还有一些庄园采用的是农奴租种土地，向封建领主交纳地租的方式。但是不管采用何种方式，所有的土地都是由农奴耕种的。农奴对封建领主的依赖性很强，一直受到封建领主的奴役和剥削。

14世纪的时候，商品经济发展起来，对以自然经济为主的封建庄园制度造成了很大冲击，封建庄园渐渐难以适应社会的发展。在黑死病席卷欧洲之后，劳动力严重缺乏，封建庄园难以继续经营，便改变了原来的生产方式，很多农奴得到了自由。之后，封建庄园制度逐渐瓦解。

华尔街小史

华尔街是美国纽约市曼哈顿区的一条街道的名字。华尔街的地理范围并不大，但是它还有另外一个意义，那就是美国的金融中心。美国许多大的金融集团的经理处都设在这里，包括摩根财团、杜邦财团、洛克菲勒石油、纽约证券交易所等。目前华尔街所涉及到的金融网络已经遍及世界的每个角落，构成了一个庞大的金融帝国。

在早期，纽约是荷兰的殖民地。当时这个地方聚集了很多荷兰移民，被称为新阿姆斯特丹。17世纪中叶，英荷战争爆发，英国开始攻打纽约的荷兰殖民者。荷兰殖民者为了抵御英军的进攻，修筑了一道土墙。后来，一条街沿墙形成，并得名"墙街"，华尔街是这个名字的音译。之后这道墙被推倒，不过华尔街的名字被保留下来。1664年，英军攻占了这个城市，并将其改名为新约克郡，简称为纽约，作为送给英国国王继承人约克公爵的礼物。

受荷兰资本主义精神的影响，纽约人也十分热爱商业，从而使得华尔街的金融业发展成为美国的金融中心。现在人们所提到的华尔街，已经不仅仅指这个地方，而是包括了华尔街所涉及的金融网络。

汇票的发明

汇票是在贸易中使用的一种信用工具，是由出票人签发，要求付款人在某一时间内向收款人或持票人支付款项的票据。

汇票属于一种委付证券，涉及的当事人一般有三个，即出票人、付款人和收款人。出票人是指开出票据并保证票据兑换的人，是真正的债权人。付款人是指支付汇票指定款项的人，一般为债务人，在进行信用证支付时，为特定的银行。收款人是指接受汇票指定款项的人。

汇票是在国际贸易的发展中产生的。在进行国际贸易时，由于买卖双方通常距离比较远，并且使用的货币有所不同，结算起来非常麻烦。这个时候就需要一个比较有实力的中间人来进行担保，以使交易能够顺利进行。此时，银行开始介入国际贸易，作为贸易的中间人来进行担保。进口商通过银行向出口商进行担保，为出口商开出信用证，出口商到时向议付银行提供信用证之后，就可以提取货款。议付银行会开出汇票，然后开证银行根据汇票付款，并保证进口商能够提取到货物。

泡沫经济溯源

泡沫经济是市场的一种经济状态，指的是市场中的资产价值超过了实体经济的价值，使得市场非常容易因缺少实体经济的支撑而失去持续发展的能力。泡沫经济一般是因为大量的投机行为而产生的，资产在缺少经济实体支撑的情况下，就像一个泡沫一样。当这种状态发展到一定程度，泡沫就会发生破裂，最终导致资产价值快速下跌。

泡沫经济一词起源于1720年的"南海泡沫公司事件"。当时在英国政府的支持下，南海公司垄断了对西班牙的贸易权。南海公司在经营过程中，曾大肆宣传其利润增长快速，使得人们十分热衷购买南海公司的股票。而过了一段时间以后，由于南海公司的实体经济不足以支撑这些高速增长的资产，最终导致经济泡沫破裂，其股价迅速下跌。

在"南海泡沫公司事件"之后，其他的一些地方也出现了经济泡沫现象，如荷兰的"郁金香事件"、法国的"约翰·劳事件"等。

南海泡沫事件

18世纪初期，英国社会由于个人资本增长，投资渠道不足，导致了大量闲散资金的出现。而当时在与法国的竞争过程中，英国政府发行了大量的政府债券，此时的英国政府急需恢复债券信用。在这种情况下，南海股份有限公司成立了。南海公司在成立后就认购了将近1000万英镑的政府债券，而英国政府则给予了南海公司某些商品的永久退税政策，并将南海的贸易垄断权交给了南海公司。

1720年，南海公司承诺购买全部国债，而政府需要逐年偿还这些债券。在这项交易通过后，南海公司的股价立刻大幅上涨，半年之内上涨了7倍。很多英国人争相购买南海公司的股票，其中包括英国国王和许多政府官员。在南海公司股票的带动下，英国所有股份公司的股票都成为人们的投资对象。

到了6月，为了遏制住英国公司经济泡沫的膨胀，英国国会通过了一项《泡沫法案》。法案颁布之后，许多公司被解散，股价随之下跌。这种效应不久就影响到了南海公司，人们开始纷纷抛售南海公司的股票，导致南海公司股价迅速下跌。至此，南海公司的经济泡沫终于破裂。1720年底，英国政府对南海公司的资产进行了清理，发现南海公司已经没有多少实体资本。很多投资者由于投入过多，在这次事件中遭受重创。

法制

《汉谟拉比法典》

《汉谟拉比法典》是公元前18世纪古巴比伦国王汉谟拉比颁布的一部法典。因为该法典是以楔形文字雕刻在一根玄武岩石柱上的,所以也被称为"石柱法"。

《汉谟拉比法典》具体可以分为三部分:序言、正文和结语。正文约占了全部篇幅的五分之四,其中包括282条法律条文,内容涉及刑事、民事、婚姻、继承、贸易、审判等方方面面。

《汉谟拉比法典》旨在维护奴隶主阶级的统治地位,里面到处充斥着不平等的法律条款。法典将人分为有公民权的自由民,无公民权的自由民和奴隶这三个等级,不同等级的人适用不同的法律,最低等的奴隶直接不属于人的范畴,不受法律保护。例如,一个人打瞎了奴隶的眼睛,只需向奴隶主赔偿奴隶的一半身价即可,不必承担任何刑事责任。

刻有《汉谟拉比法典》的石柱

《摩西十诫》

根据《圣经》的记载,公元前1700年前后,犹太人在与迦南人交战的过程中接连溃败,不得不逃亡到埃及避难。到了公元前1300年,埃及法老拉美西斯二世为了修建宫殿,开始逼迫境内的犹太人做苦役。除此之外,他还下令将犹太男婴全部溺死。摩西当时刚刚出世,他的母亲冒着生命危险将他藏到尼罗河一个不透水的箱子里,避过了这一劫。

没过多久,埃及的公主来到尼罗河边,发现了摩西。善良的公主收养了摩西。摩西长大后,有一次见到一名埃及士兵正在殴打犹太人,便在一怒之下杀死了那名士兵。摩西自知犯下了大罪,就匆匆逃到了米甸,并在那里娶妻生子。

拉美西斯二世死后,埃及局势动荡,饱受压迫的犹太人打算乘机出逃。就在这时,摩西受到神灵的召唤,返回埃及,带着自己的族人离开了这里。

在出逃的途中,犹太人受尽了磨难,很多人因此失去了斗志，竟然产生了自原路返回的念头。为了鼓励族人，摩西便登上西奈山，向上帝求救。摩西在山顶上待了四十天，在此期间，上帝将自己对犹太人的告诫刻在石板上送给他，这便是《摩西十诫》。

《摩西十诫》体现了平等的"人神契约"精神。任何人都不能破坏这份契约，否则就会受到上帝的惩罚。犹太教就是摩西在此基础上创立的。

据说，摩西后来见到犹太人根本就不遵从《摩西十诫》，便愤而毁掉了刻有十诫的石板。上帝命令他又制作了一块相同的石板，摆放在犹太人的圣物约柜中。公元前6世纪，犹太王国被巴比伦人所灭，约柜与其中的石板就此不见了踪影。

陶片放逐法

大约在公元前510年，雅典的政治家克里斯提尼创立了陶片放逐法，即雅典公民可以将不受欢迎的政治人物的名字写在陶片上，用这种方式来投票选出意图对雅典的民主制度造成威胁的人，并将其放逐。

每年的12月份，雅典的常务委员会都会召开会议，组织公民进行投票，投票地点在雅典的阿哥拉。投票时，雅典10个部落的公民会来到阿哥拉的投票地点，将自己认为理应受到放逐的政客的名字写在一块陶罐的碎片上，然后投进本部落的投票箱。若是总票数低于6000票，那么这次投票就是无效的，反之就是有效的，需要找出票数最多的那名政客，将其放逐10年。被选中的政客需要在10天之内起程，其间他没有为自己辩驳的权利。

公元前415年，雅典的平民运动领袖海柏波拉斯身陷党派斗争，遭到放逐，并在放逐地被谋杀。这一事件在雅典平民之中引发了巨大的轰动，陶片放逐法就此被废止。

"公民"的定义与起源

"公民"就是指具有一个国家的国籍，并根据该国的法律规范享有权利和承担义务的自然人。

"公民"的概念最早起源于奴隶制的古希腊和古罗马。古希腊雅典已经有了"人民统治"的民主观念，当然这里的"人民"无论是在适用的范围还是在享有的权利方面，都不能与今天的公民同日而语。例如，同为雅典居民，女性、穷人和奴隶等就不包括在"人民"的范畴内。古罗马的公民被称为"市民"，除了奴隶之外，所有在罗马出生的男人都属于罗马市民。为了协调市民之间的关系，古罗马统治者还曾颁布"市民法"。

"公民"这个概念在欧洲进入封建社会之后就消失了。等到资产阶级革命胜利后，它才再度出现在公众的视野中。截止到今天，"公民"的概念已被广泛纳入世界各国的宪法中。

柏拉图的法律思想

柏拉图与自己的老师苏格拉底、学生亚里士多德并称为古希腊三大哲学家。柏拉图在法律方面有着独特的见解，他认为所有人的品性都分为善与恶两方面。如果善的部分比较强大，控制了恶的部分，那么此人就是自己的主人；反之，他便是自己的奴隶。当人性中恶的部分过分强大时，就需要法律发挥其约束力。法律象征着公义，是所有百姓的社会行为准则。

柏拉图眼中的理想国家就是将公民划分三个阶层，他们分别是卫国者、士兵与普通人民。其中最上层的卫国者便是国家的管理层，他们的主要任务就是监督国家法典的制定与执行。

陪审制度的渊源

陪审制度是指国家审判机关从公民中吸收陪审员参与审判刑事和民事案件的制度。陪审制度起源于古希腊和古罗马，在欧洲步入中世纪以后，该制度得到了少数封建国家的承袭。

在古希腊的雅典，执政官每年都会从国内年满30岁的公民中随机选出6000名陪审员，每起案件需要由其中500名陪审员共同审理。古罗马则由最高裁判官从上层社会中挑选出300至450人担任陪审员，每起案件由30至40名陪审员共同审理。

到了中世纪，德国继承了这种产生于奴隶社会的陪审制度，英国也逐渐形成了一种全新的陪审制度，但欧洲其他国家却始终未能将这种制度引入本国。直到进入资产阶级革命时期，陪审制度才开始在欧洲盛行起来。

17世纪，英国资产阶级革命的领导人李尔本提出"由人民自由选举陪审官"。到了18世纪，法国的启蒙思想家孟德斯鸠也提出了用陪审官来代替职业法官的主张。他们的建议被很多资产阶级革命者采纳，后来便顺理成章地应用到欧洲各个新兴的资本主义国家中，并被很多国家一直沿用至今。

律师的由来

古罗马统治者非常重视法律，要求国内的诉讼必须要按照法定手续进行。由于诉讼手续和法律条文都非常复杂，一般人难以应对，所以当事人便很有必要找一个熟悉法律的人来帮助自己。这类诉讼帮手就是最早的律师。古罗马对律师的要求比较高，律师需要接受修辞学和雄辩术的训练。不过，他们的社会地位也非常高，很多元老院的议员都曾兼任过律师，古罗马著名的政治家西塞罗就是当时律师之中的佼佼者。

律师这一职业发展到公元5世纪末期，终于成为一个固定的行业。然而，随着封建社会的到来，律师制度逐渐在欧洲各国销声匿迹。就算有的国家还存有这种制度，律师的权力也受到了极大的限制，难以发挥原有的作用。直到欧洲各国进入资本主义社会以后，律师制度才再度盛行起来。

宪法的历史起源

中国春秋时期的史学家左丘明曾在《国语》中写道："赏善罚奸，国之宪法也。"这便是"宪法"一词的起源。

现代概念中的宪法就是公民与国家之间订立的契约，在国家的法律体系中占据着最高的地位，拥有最高的法律效力。可以说，宪法就是国家的根本法。具体说来，宪法就是指一个国家或地区，或自治地区，或联邦国家各个州的最基本法律。

宪法可以是成文的，也可以是不成文的。举例说来，英国的宪法就是由好几部成文法律和不成文的案例与习惯共同构成的。世界上第一部成文宪法是美国宪法，形成于1787年的美国制宪会议。

《摩奴法论》

《摩奴法论》大约成书于公元前2世纪到公元2世纪，相传是由人类的始祖摩奴所著，但实际上此摩奴并非彼摩奴，此摩奴本是印度婆罗门教的一名祭司。

《摩奴法论》总共分为12章，2684条，内容涉及风俗、礼仪、道德、教育、法律、哲学、宗教、政治、经济、外交、军事等方方面面。《摩奴法论》的第1章讲述了创世的神话故事，第2章到第6章讲述了婆罗门教徒在人生的四个阶段中的行为规范，第7章到第11章讲述了印度当时的法律和婚姻制度，第12章则讲述了因果报应和转世轮回。

《摩奴法论》对印度人民有着长达2000多年的影响力。时至今日，这种影响力依旧存在。现在无论哪个国家的历史学家在研究印度的历史与现状时，都不会忽视《摩奴法论》这一基本文献。

《查士丁尼法典》

公元526年，东罗马帝国的皇帝查士丁尼大帝建立了一个由10名法学家组成的委员会，历时3年时间，终于在原有的罗马法的基础上编制了《查士丁尼法典》。公元529年，该法典正式颁布施行。

《查士丁尼法典》保留了罗马法中原有的维护奴隶主统治的内容，明确提出君权神授，从而肯定了皇权至高无上的地位，同时也维护了教会的利益。

《查士丁尼法典》系统搜集整理了自罗马共和时期一直到查士丁尼统治时期罗马所有的法律著作，是全世界第一部完备的奴隶制成文法。

查士丁尼与大臣
《查士丁尼法典》系统搜集整理了自罗马共和时期一直到查士丁尼统治时期罗马所有的法律著作，是全世界第一部完备的奴隶制成文法。

《萨利克法典》

《萨利克法典》诞生于公元6世纪初，是由法兰克人萨利克部族中通行的各种习惯法汇编而成的。该法典的内容以刑法和程序法为主，也包含了部分民法。对于各类违法犯罪行为应该支付的赔偿金额，法典都做出了详细的规定，特别是对人身伤害、财产损害、盗窃等犯罪行为的赔偿规定。另外，该法典还明确指出，受害人在得到赔偿金后，必须要将其中的三分之一上交给王室。

《萨利克法典》对后世最深远的影响在于，它规定女儿没有继承土地的权利。后来，欧洲许多国家据此做出了女性无权继承王位的规定，欧洲有不少战争就是由此引发的。

田柴科制

公元976年，朝鲜半岛的高丽王朝开始在国内实施田柴科制，其中"田"是指农田，"柴"是指山林，"科"是指官员的品级。田柴科制就是在国内进行土地清查，将全国的农田与山林都收归国有，并登记在册，然后将其中的部分农田与山林按照官员的品级分发下去，其余的大部分土地则充当公田，由国家直接租给农民耕种。

田柴科制在实施之初有效地控制了官僚地主对土地的兼并，可惜在进入12世纪以后，这种制度逐渐被破坏殆尽，绝大多数土地又重新回到了那些大地主大官僚手中。

听证简介

听证的程序如下：在行政机关做出某些决定前，首先听取当事人的陈述与申辩，然后由听证程序参与人就相关问题进行质疑与讨论，最后查明事情的真相。

听证这个法律术语最早起源于英国的"自然公正原则"。1215年，英国政府在《自由大宪章》中指出，听证的基本精神就在于以程序公正保证结果公正。这段时期的听证只适用于司法审判，后来听证制度流传到美国，才开始扩展到其他领域。

1993年，听证制度传到了中国，起初只是应用在价格听证中，后来中国的地方立法、行政处罚和国家赔偿等领域也相继引入了听证制度。

金玺诏书

金玺诏书又叫作黄金诏书，因诏书上盖有黄金印玺而得名。金玺诏书是神圣罗马帝国皇帝查理四世在1356年颁布的帝国法律。它将帝国的王权与教权之间近三百年的争执画上了句号，从此，罗马教皇不能再随意干涉神圣罗马帝国的王权。

1075年，神圣罗马帝国皇帝亨利四世与教皇格列高利七世产生了激烈冲突。格列高利七世向来主张教权高于王权，亨利四世对此很不以为是，于第二年公开宣布废黜格里高利七世的教皇之位。然而，亨利四世此举并没有得到民众的支持，不久，格列高利七世将亨利四世开除教籍。

此后，国内很多诸侯都表示，若是亨利四世不能在一年之内恢复教籍，他们将剥夺他的皇位。亨利四世被逼无奈，只能来到格列高利七世的城堡外，在冰雪之中站立了三天，恳请教皇宽恕他的罪过。格列高利七世最终恢复了亨利四世的教籍，亨利四世因此保住了自己的皇位，但是两人之间的矛盾并没有就此结束。

1080年，教皇与皇帝再起争端。亨利四世率军攻入罗马，格列高利七世外出逃亡，并在逃亡途中死去。此后，神圣罗马帝国的皇帝与罗马教皇一直冲突不断，直至1356年，金玺诏书问世，这种局面才宣告结束。

金玺诏书包括序言和31章正文，主要内容如下：神圣罗马帝国的皇帝由7位地位最高的选帝侯选举产生，这7位选帝侯包括3名大主教和4名世俗国王与诸侯；由选帝侯选举出来的神圣罗马帝国的皇帝不再需要罗马教皇的加冕；选帝侯有权监督帝国，他们在各自的领地内政治独立，并享有征税、铸币、盐、铁矿开采等国家主权与独立的司法裁判权。1806年，拿破仑解散了神圣罗马帝国，选帝侯也失去了原有的意义，只是以一种荣誉爵位的形式保存了下来。

英国《航海法案》的颁布

1651年10月，英国议会通过了首个保护英国本土航海贸易垄断的法案《航海法案》。法案的内容包括：只有英国或英国的殖民地拥有或制造的船才能运送英国殖民地的货物；烟草、糖、棉花、靛青、毛皮等英国政府指定的殖民地产品只能贩运到英国本土或是英国其他殖民地；其他国家制造的产品不能直接运销英国的殖民地，在销往殖民地之前，必须先经过英国本土；限制殖民地生产和英国本土竞争的产品，例如纺织品。

《航海法案》颁布的目的在于保障英国本土的产业发展，打压与英国进行贸易竞争的欧洲各国，其中尤以荷兰为甚。然而，该法案在让英国获利的同时，又给殖民地人民带来了巨大的不便。

进入19世纪后，英国开始采用自由贸易政策，《航海法案》随即被废除。

《权利法案》的颁布

17世纪，英国在进行资产阶级革命的过程中保留了君主制。为了限制国王的权力，英国议会于1689年10月颁布了《权利法案》。该法案是英国资产阶级革命中最重要的法律文件，它一方面保障了议会的立法权、司法权、财政权和军权，另一方面限制了国王的实际统治权，从而为英国资本主义的发展扫清了障碍。至此，英国终于确立了议会高于王权的原则。

英国的《王位继承法》

英国的《王位继承法》颁布于1701年，是对《权利法案》的补充。《王位继承法》规定英国王位的继承不是由国王而是由议会决定的，议会在决定王位继承人时，最主要的依据就是长子继承权制度，即先男后女，先长后幼。具体说来，就是王位应由现任国王的长子继承，若是长子已经离开了人世，则由次子继承，依此类推。若是没有儿子，则由长女继承王位，然后再依次轮到其他女儿。除此之外，《王位继承法》还规定王位的继承者及其配偶都不能是天主教徒，这一规定与英国严禁宗教歧视的法律条文相矛盾。

孟德斯鸠与《论法的精神》

孟德斯鸠生于1689年，早年曾专攻法律。1716年，孟德斯鸠继承伯父爵位，成为法院院长。任院长期间，他开始怀疑法律的公正性。1728年，孟德斯鸠辞职，潜心读书，游历各国。20年的阅读与游历生涯中，他为《论法的精神》收集了大量的材料。1748年，书籍出版，轰动世界。

《论法的精神》是一部政治理论书。书分三卷：第一卷是法的概述，着重讨论了法与政体的关系；第二卷论述法与政治权利的关系；第三卷则讲到了法与地理环境的关系。

在书中，孟德斯鸠提出了自由、法制、三权分立的主张，对当时的资产阶级产生了极大影响。这部著作结构完整、内容丰富、观点鲜明、逻辑严谨，直击统治阶级要害，引起教会及统治者的敌视。书出版后，一度遭禁。然而孟德斯鸠不畏强权，1750年再发新书《对〈论法的精神〉的辩护》，予以猛烈回击。

《论法的精神》被誉为"亚里士多德之后第一本综合性的政治学著作"，以及"那个时代最进步的政治理论书"，对世界各地的资产阶级革命都产生了巨大的影响。

《拿破仑法典》

1799年底，拿破仑通过雾月政变夺权，

拿破仑·波拿巴

《拿破仑法典》确立了资本主义社会的立法规范，一直到今天，欧美各国的民法也深受该法典的影响。

成了法国的最高统治者。1800年，拿破仑命令法国四位出色的法律专家开始起草《拿破仑法典》。一年后，法典的草案完成。拿破仑又命令枢密院等司法机关对其进行审核、修改。

1804年3月21日，《拿破仑法典》正式在法国颁布实施。该法典总共收录了2281条法律条文，具体可分为三大部分：第一部分是人法，即对于民事权利的相关规定；第二部分是物法，即对于财产所有权以及其他物权的相关规定；第三部分是对取得各种财产所有权的方法的规定。

在《拿破仑法典》中，有三项基本原则贯彻始终：第一是自由平等原则，即所有已经成年的法国公民都享有平等的民事行为权利；第二是所有权原则，即保护个人的私有财产不受到任何侵犯；第三是契约自由原则，即确保所有具备法律效力的契约都能得到履行。

《拿破仑法典》确立了资本主义社会的

立法规范。一直到今天，法国还在沿用这部民法典。另外，欧美各国的民法也深受该法典的影响。

《玉米法案》

《玉米法案》又叫作《谷物法》，它是英国政府在1815年到1846年间实施的一项限制谷物进口的法案。法案的具体内容是，当英国国内的谷物平均价格达到或超过了一定限度时，才能从国外进口谷物。

这项法案在限制谷物进口的同时，又鼓励谷物出口，从而最大限度地维护了英国地主阶级的利益。工人们提出了增加工资的要求，工厂主们也随即成立了"反谷物法联盟"，声称这项法案增加了工业生产成本，应当尽快废止。

在"反谷物法联盟"的努力下，英国政府最终于1846年废除了《玉米法案》。

军事战争

马其顿方阵

在马其顿方阵出现之前,步兵在打仗时毫无章法可言,一片混乱。这样的军队即使人数庞大,在整齐划一的马其顿方阵面前也会变得不堪一击。

大约在公元前7世纪,方阵战术正式问世。伯罗奔尼撒战争结束后,马其顿国王腓力二世开始潜心研究方阵战术。他的研究成果最终被他的儿子亚历山大继承,并发展成为世界闻名的马其顿方阵。

公元前4世纪,马其顿方阵盛极一时。腓力二世借助它统一了希腊,亚历山大又借助它消灭了波斯帝国,建立了强盛的亚历山大帝国。

然而,马其顿方阵也有着致命的缺点:方阵的战斗力集中在前方,侧翼的力量则比较脆弱,一旦侧翼被攻破,阵内的士兵便只能任人鱼肉。

后来,叙利亚军队在与希腊对抗的过程中使用了马其顿法阵,结果被希腊人用罗马军团战术全歼。自此之后,马其顿方阵就在世界各地的战场上销声匿迹了。

骑兵的由来

虽然人类很早就学会了骑马,但是骑兵的出现却是很久之后的事了。最早的骑兵出现于公元前9世纪。那时候,部分亚述人已经开始骑马作战,但这只是极少数。在骑兵大量出现之前,骑兵承担的作战任务都是由战车承担的。不过,战车对地面的平坦度要求很高,而且制造战车的成本也不低,这些都严重妨碍了战车的普及。尽管如此,人们还是未能想到可以大规模地骑马作战。这段时期,马主要被用来拉战车,或是将士兵和武器运送到战场上。

骑马作战的亚历山大大帝

西方的骑兵时代始于公元前333年。那一年,亚历山大大帝与大流士三世之间进行了伊苏斯战役。中国的骑兵正式成为一个兵种,始于春秋战国时期。公元前307年,赵武灵王效仿匈奴人在国内设立骑兵,中国的骑兵兵种就此诞生。

在人类进入热兵器时代以后,体积相对较大的骑兵很容易被火枪击中,因此逐渐退出了战场。现代社会,很多国家保留了少数骑兵,用于礼仪活动或是巡逻等,英国的骑警就是其中的典型。

举白旗溯源

在中国古代的两军交战中，如果其中一方打出了白旗，就意味着主动投降。另外一方在收到这一信息后，就要马上停止进攻，与之展开和谈。

秦朝末年，刘邦兵临咸阳城下，刚刚即位数十天的秦王子婴走投无路，便手举白色旗帜，出城投降。因为秦人以黑色来代表胜利，所以子婴便以与黑色截然相反的白色来代表投降。

西方人之所以也用白色来表示投降，是因为他们认为白色代表着一无所有、失败的意思。除此之外，白色旗帜还有一层意思，即对方可以在白旗上面画上他们的旗帜。

军衔的由来

军衔，是区别军人等级的称号，诞生于15至16世纪的西欧。在此之前，世界各国的军队中只有官衔，并无军衔。

15至16世纪，法国和意大利等国家出现了大批由外国人组成的雇佣军。雇佣军中绝大多数都是平民百姓，他们以连队为基本单位，几个连队组合在一起就是一个团。在资本主义的发展过程中，等价交换等观念传到军队中，按照军人所立的战功大小规定他们的职位大小，便成了军中盛行的新制度，军衔制就是在此基础上形成的。

军衔制度大大激发了军人的作战积极性，提高了军队的战斗力。此后，军衔制从西欧流传到世界各国，一直沿用至今。

军礼的诞生

有关军礼的诞生有两种说法：

第一种说法是军礼诞生于古罗马时期。当时古罗马帝国的骑兵们在骑马的过程中相遇时，为了向对方致敬，也为了表明自己的身份，避免不必要的冲突，都会将自己脸上戴的面甲摘下来，这便是最早的军礼。后来由于骑兵们不再戴面甲，这种军礼便演变成了脱帽致敬。到了17世纪，英国资产阶级革命的领袖克伦威尔，将致敬的方法由脱帽简化成手触碰帽檐，现代军礼由此诞生。

第二种说法是英国击败了西班牙的无敌舰队以后，女王伊丽莎白一世打算亲自为立功的将士颁奖。颁奖大会定下了一个规矩，领奖的将士不能平视女王，要用手挡住自己的眼睛。后来的军礼就是由这个遮挡眼睛的动作发展而成。

西点军校

西点军校即美国军事学院，它是美国第一所军事学校，因地处纽约州的军事要塞西点而得名。

在美国独立之前，华盛顿命人在西点建造了一座堡垒。这座堡垒位于呈S型的哈德逊河的拐弯处，一旦在此处建立据点，便可以掌控哈德逊河的航运。美国独立后，华盛顿想在此处建立军校，但因受当时美国宪法的限制，未能如愿。直至1802年，美国的第三任总统杰斐逊才在此处建立了西点军校。

1802年7月4日，西点军校正式开学。此时西点军校占地面积为1800英亩，第一期只收到了两名学生。时至今日，西点军校的面积已经扩充到16000英亩，每年都会有900多名学生从这里毕业。

西点军校发展到现在，校内的课程已经囊括了军事科、理工科与文科的各个科目。9·11事件过后，学校又增设了反恐怖主义等课程。

在麦克阿瑟担任西点军校校长期间，他提出了"每一个军校学生都是运动员"的口号，对学生的体育锻炼予以高度重视。这样的传统一直沿袭到今天，每年的6月到8月，西点军校的学生都要到野外参加军训。

西点军校是无数人仰慕的名校，要想成为该校的学生，必须符合以下几个条件：第一，年龄必须在17至22岁之间；第二，必须是未婚的高中毕业生或是具有同等学力的士兵；第三，身高必须在1.68米至1.98米之间；第四，要通过相关的体检与考试；第五，要有政府高官的推荐。校方会在符合上述五个条件的考生中择优录取。在1976年之前，西点军校的学生一直都是清一色的男生，此后才开始招收女生。

西点军校以"责任、荣誉、国家"为校训，对学生进行严格的训练与管理。毕业后，学生会得到理学学士学位和陆军少尉军衔。西点军校的毕业生必须在军队中服役5年以上，还要服3年预备役。

在西点军校历届的毕业生中，1913年的那一届无疑是最星光璀璨的。那一届总共有164名毕业生，其中出了2名五星上将，2名四星上将，7名三星中将，24名二星少将，以及24名一星准将。美国第34任总统艾森豪威尔便是其中一名五星上将。

海军陆战队

海军陆战队是兵科中一个十分特别的分支，通常由陆战步兵、炮兵、装甲兵、工程兵和侦察通信兵组成，有些还包括航空兵。海军陆战队的存在就是为了应对海陆空三军联合作战。

世界上第一支海军陆战队是在美国独立战争期间诞生的。到了17世纪中叶，为了满足对外扩张的需要，英国、俄国、葡萄牙、法国、西班牙等国也陆续成立了海军陆战队。第二次世界大战期间，各国的海军陆战队得到了迅速发展。在19世纪至20世纪的世界战争史上，海军陆战队一直发挥着重要的作用。

中国的海军陆战队最早出现于辛亥革命期间。中国人民解放军的海军陆战队则成立于1953年。

特种部队

特种部队是指一些国家为了实现某种特定的政治、经济、军事目的，或执行其他特殊任务，而在军队内部组建的部队。特种部队一般都由国家的最高军事指挥机关直接指挥和领导，其特点包括：编制灵活、人员精干、装备精良、机动快速、训练有素、战斗力强等。

特种部队需要承担的任务包括：袭扰破坏，敌后侦察，窃取情报，作战宣传，特种警卫，反颠覆、反特工、反偷袭、反劫持等。这些都决定了特种部队对战士的素质要求极高，不仅要体格健壮，头脑灵活，处事果决，受教育程度高，还要具备献身精神和一定的作战经验。在具备了这些条件以后，还需要接受极为严格的训练，内容涉及武器使用、心理素质、战略战术等方方面面，训练合格之后才能成为一名真正的特种部队战士。

1936年，世界上第一支特种部队在德国诞生。第二次世界大战期间，这支部队表现出众，其余各国也纷纷效仿，在本国成立了特种部队。

无限制潜艇战

第一次世界大战时，德国把英国和爱尔兰周边海域划分为军事地带，凡是经过该海域的船只，一律击沉。德国潜艇不需要提前发出警告。不过，德国也在口头上一再强调，尽量避免击沉中立国的船只。

其实在第一次世界大战初期，德国人采用的是有限制潜艇战。但后来因为战事陷入僵局，德国又面临非常严重的经济危机，德国人便在1917年2月4日宣布实施"无限制潜艇战"。

这项战略实行初期，成效非常显著。仅仅2月份，协约国商船的损失就达到40万吨，到4月，损失量激增到50万吨。从商船上获取的物资源源不断地流入德国，解救了深陷经济危机的德国海军部。同时，大量船只被德军阻截，也对英国形成了十分有效的封锁。

协约国在受到重创之后，立即启动"船队护航体系"，商船损失比例逐渐降低。而反潜技术的迅猛发展彻底扭转了战局。一年后，协约国商船虽仍在减损，但其造船总吨位远远超过轮船损失量，从而攻破了德国的"无限制潜艇战"。

德国则因多次击毁无辜的中立国船只，引起很多中立国的不满，尤其是美国。这为德国在第一次世界大战中战败埋下了伏笔。

普鲁士与普鲁士精神

普鲁士精神有个公式：专制主义加军国主义。普鲁士精神随普鲁士国家的发展而逐步成型。

普鲁士最早的统治者是霍亨索伦家族。10世纪时，霍亨索伦家族的领地只是瑞士北方索伦山上的一个城堡。1415年，神圣罗马帝国皇帝将勃兰登堡和选侯封号赐给了霍亨索伦家族的代表腓特烈一世。勃兰登堡人与临近的斯拉夫人之间战争不断，多年战争历练使勃兰登堡军队长于作战。

16世纪，勃兰登堡取得了波兰附属国东普鲁士的土地，成为勃兰登堡—东普鲁士选侯。1648年，借波兰新王登基之机，东普鲁士摆脱对波兰的附庸，独立出来。1701年，神圣罗马帝国皇帝将国王称号赐给选侯腓特烈一世。从那以后，东普鲁士统治者就从选侯变成了国王。1772年，东普鲁士又借瓜分波兰之机，得到了西普鲁士的土地。这样，东普鲁士、勃兰登堡和西普鲁士三块领地就组成了普鲁士王国。

普鲁士王国之所以能从小变大、从弱变强，是因为全国上下推行军国主义政策。在普鲁士，军队是立国之本，国家有一支常备军。选侯腓特烈·威廉在任时，大肆扩军，将普鲁士变成了一架军事机器。当时的普鲁士，士兵数目约为全国人口的百分之四。普鲁士人口在欧洲居第13位，士兵数目却居第4位。普鲁士国家财政收入的四分之三都用于建设军队。普鲁士军队中，军官可以随意鞭打士兵，所有士兵都盲目服从军官，常有士兵因不堪虐待而自杀。在普鲁士，军队是国家体制的灵魂，就连官僚系统都是靠军队的强制力量建立起来的。

选侯腓特烈·威廉成为普鲁士国王后，用治理军队的方法治理国家。经他治理，普鲁士成了一个权力高度集中的君主专制国家。普鲁士的社会生活中，军队纪律与专制

普鲁士的腓特烈大帝

等级无处不在。至此，普鲁士专制主义加军国主义的"普鲁士精神"完全形成。

水兵裤的起源

水兵裤设计成女士裤子的样式，两边开衩，一入水便会自动脱下来；前面不开裆，没有扣子，裤腿可以在入水的刹那充满气体，只要将裤子的上下两头扎起来，便可以当成救生圈用。有关水兵裤的起源，还有这样一个故事：

1713年，英国一艘军舰遭到突袭，被炮火击沉，船上的水兵全都掉进了大海。十多个小时以后，援军终于赶到。只可惜，这时候大多数落水的水兵都已经死了，只有一个名叫约翰·卡尔的水兵在漂流了17个小时后获救，帮助他幸运逃过此劫的就是他身上穿的裤子。

原来在出海之前，卡尔一直待在女友家中。有一天半夜，他忽然收到消息说要出海，便匆忙穿好衣服跑到了船上。后来他才发觉自己出门时太过慌张，竟然穿着女友的裤子出来了。

军舰被击沉时，卡尔为了逃生跳入水中，他身上的裤子一下子脱落了，里面充满了气体，漂浮在海面上。卡尔以此为救生圈，一直坚持到了救援人员到来的那一刻。

肩章的由来

古代欧洲的军人为了保护自己的双肩不被对手砍伤，便将两块铁板固定在肩上，这便是肩章的雏形。

在人类进入热兵器时代以后，这种金属制成的肩章便失去了原有的防御功效。但是，军人们依旧佩戴着它们，目的就是为了防止枪支磨损军装。

1763年，法国的军队首次出现了用以区别军衔的肩章。从这时开始，肩章便被赋予了标识军人身份的作用。可以说，真正意义上的肩章直到这时才诞生。

随后，这种肩章流传到了欧洲各国。各国军队在肩章上绘制不同的图案，以此作为不同军衔和兵种的标志。肩章发展到现在，其形状主要有梯形、剑形、斜角形和矩形这几大类，上面的图案主要以条纹和星形为主。

海军帽上为何有两条飘带

海军帽上的两条飘带据说在过去是为了帮助海军测试风向，尽管现在已经有了先进的机器设备代劳，但这种传统的海军帽样式却保存至今。除此之外，还有一种说法：这两条飘带的存在是为了纪念英国的纳尔逊将军。19世纪初，拿破仑率军与英国的海军交战。纳尔逊统领英国海军击败了拿破仑，但是纳尔逊本人却在战争中身受重伤，不治身亡。在他的葬礼上，海军战士们为了表达对他的敬意，便在各自的海军帽后面挂了两条黑色的飘带。后来，这种海军帽的样式便流传下来。

军装为何大多是草绿色的

在19世纪末期爆发的英布战争中，布尔人凭借8.8万的兵力重创英军的44万大军，尤其是在战争刚开始的阶段，英军接连失利，死伤无数。英军之所以会这样，与他们的红色军装脱不了干系。

英军与布尔人交战的地方多是南非的热带丛林，其中生长着很多绿色植物。英军身穿红色军装，在其中非常显眼，很容易被布尔人发现，沦为布尔人的靶子。与此同时，布尔人又将身上的衣服涂成了草绿色，潜藏在茂盛的丛林中，让英军难以发现。

英军在接连遭受多次重创之后，终于意识到这一问题。从此，英军便吸取教训，将红色的军装改成了草绿色，其他国家也纷纷借鉴。

头盔的来历

头盔的历史最早可以追溯到远古时期，当时的原始人已经知道用椰子壳或是乌龟壳等硬物来保护自己的头部。后来，伴随着冶炼技术的产生与发展，人们又开始利用金属制造头盔，并将其应用于战争之中。

现代头盔诞生于第一次世界大战期间。当时参战的士兵由于头部没有遮挡，在战场上很容易被纷飞的弹片射中。有一回，德军对法军发动了突袭。一名法国士兵正在做饭，面对突如其来的炮弹，他在情急之下，随手拿起一口铁锅便扣在了自己头上。弹片打到铁锅上，马上就被坚硬的钢铁弹了下来，这名法国士兵因此幸运地避过一劫。这件事很快传到了一名法国将军耳中，将军由此产生了用钢铁制造头盔的念头。在他的授意下，一批能够抵挡弹片袭击的钢盔被制造出来，送到了法军战士手中。其后，美国与英国也为本国的军队配置了这种钢盔。

在两次世界大战中，钢盔发挥了极为重要的作用。根据统计，在战场上有四分之三的伤亡都是由纷飞的弹片造成的，这些伤亡在战士们佩戴钢盔以后可以有效避免。例如，在第二次世界大战期间，就有至少7万美国士兵因为钢盔的保护，避免了被流弹射杀的噩运。

大马士革钢刀

大马士革钢刀原产于印度，是一种表面有铸造花纹的乌兹钢刀。这种刀的制造技术后来被波斯人掌握，并制造出了世界三大名刀之一的大马士革钢刀。

大马士革钢刀周身布满花纹，有的似云卷云舒，有的如行云流水，看上去异常美丽。大马士革钢刀刀身上的花纹与它的铸造技术有很大的关系。这种制造技术，一直被古代波斯人当作秘密世代流传，刀的花纹之谜直到近代才得以揭示。原来，用来制作大马士革钢刀的材料是一种叫作结晶花纹钢的钢材。这种钢材被渗碳后，在钢材内部会出现两种不同的颜色。其中亮的部分是比玻璃的硬度还大的雪明碳铁，暗的部分则是沃斯田铁和波来铁。如此一来，明暗一对比就出现了大马士革钢刀上面的花纹。另外，古时候的波斯人喜欢在刀上喂毒，由于喂毒能使刀刃变得更黑，所以大马士革钢刀的花纹就更加明显，也更加漂亮。因此，这种钢刀便有了"大马士革的夜空"的美誉。

大马士革钢刀的铸造用到了纳米技术。德累斯顿技术大学的科研人员，曾把一段17世纪时的大马士革钢刀样本用盐酸分解。经过研究，他们发现钢刀里面不仅有极小的难以分解的碳化铁纤维，而且还有纳米碳管。这些极细小的纤维，可以使刀刃处形成微小的肉眼看不到的锯齿。由于这些微小锯齿的存在，使得大马士革刀非常锋利。每次使用大马士革钢刀，这些小锯齿都会在自己打磨自己，因此大马士革刀会越用越锋利。

手枪溯源

14世纪初，中国人发明了一种手铳，即用铜制造的火铳。1331年，普鲁士的骑兵开始使用一种点火枪。这两种最早的手枪都需要在发射之前用引线点燃枪里的火药。

14世纪中期，意大利又出现了一种名叫"希奥皮"的手枪。前两种手枪可以说是手枪的雏形，"希奥皮"才是真正意义上的手枪。

到了15世纪，火绳式手枪诞生，使用这种手枪不必再点燃火药，单手便可以开枪射击。17世纪，燧发式手枪的问世，让火绳式手枪从此退出了历史舞台。

1835年，美国人塞缪尔·柯尔特发明了世界上第一支具有实用价值的左轮手枪。

1892年，奥地利人发明了世界上第一把自动手枪。左轮手枪和自动手枪的问世，标志着现代手枪的诞生。

手枪发展到现在，基本可分为三大类型：左轮手枪、半自动手枪和全自动手枪。手枪体积小，重量轻，威力大，有效射程在50米左右，十分适合自卫，因此被世界各国的军人和警察广泛使用。

加农炮

加农炮是火炮的一种，在攻坚战中经常会用到。加农炮发射的仰角比较小，弹道低平，可以直接瞄准射击，发射速度非常快。

加农炮起源于14世纪，初期的加农炮一般由青铜铸造而成。加农炮在射击时要用到数目庞大的火药，才能将重量高达300磅的炮弹发射出去。

15世纪，欧洲共有三种火炮，加农炮就是其中一种。16世纪前期，意大利人发现了炮弹以45度角发射时射程最大的规律，这对加农炮的发展产生了巨大的影响。16世纪中期，欧洲人以长管炮取代了此前的短管炮。16世纪末17世纪初，人们开始用药包式炮弹取代原先沉重的石弹。17世纪，伽利略的抛物线理论和牛顿减小空气阻力的理论促使加农炮迅速发展。到了今天，加农炮又衍生出了多种类型，例如坦克炮、高射炮、航空炮等。

步枪发展简史

中国南宋时期制造的竹管突火枪，是全世界最早的管形射击火器。在此基础上，又发明了金属管形射击火器火铳。

欧洲的步枪最早出现在15世纪初的德国。当时的步枪都是前装式滑膛枪，弹药由枪口直接填充进去。为了方便填充弹药，枪的沟槽都设计成直线形。后来，又出现了螺旋形膛线步枪，也就是来复枪。来复枪中的膛线能够增加子弹的射程，提升射击的准确性。

1825年，法国军官德尔文改进了来复枪，发明了长圆形子弹，以取代过去的圆形子弹。这段时期，步枪的弹药依然是从枪口填装的。19世纪40年代，德雷泽步枪问世，这种后装式步枪终于结束了弹药从枪口装入步枪的历史。

1865年，德国人毛瑟发明了最早的机柄式步枪毛瑟枪，这标志着现代步枪的诞生。至此，人类终于完成了从古代步枪发展到现代步枪的全过程。

护卫舰小史

护卫舰是一种轻型水面战斗舰艇，其主要任务包括反潜、护航、巡逻、警戒、侦察、登陆支援作战等。在执行这些任务的过程中，护卫舰一般会借助导弹、舰炮、深水炸弹、反潜鱼雷等武器设备。

护卫舰最早出现于16世纪，当时的护卫舰其实就是一种三桅武装帆船。在西方列强对外扩张期间，又出现了一些规模较小的护卫舰，用以在殖民地附近海域巡逻、护卫。日俄战争结束后，俄国专门制造了一批护卫舰，这是世界上首批专用护卫舰。

第一次世界大战期间，协约国为了抵御德国的潜艇，制造了大批护卫舰。其中一些护卫舰，无论是规模还是速度，都已初步具备了远洋作战的水平。

第二次世界大战期间，德国的潜艇对反法西斯同盟国造成了巨大的威胁，各国的护卫舰因此迅速发展起来，其中尤以美国与日本的护卫舰最为先进。

刺刀的诞生与发展

刺刀，最早出现于15世纪的中国。16

世纪中期，当时欧洲军队中产生了大量火枪手，火枪手每发射完一枚子弹，都要花费大约一分钟的时间装下一颗子弹。在此期间，为了保护火枪手的安全，很多士兵便手持长矛守在他们身边。

1640年，法官军官皮赛居发明了刺刀。1642年，皮赛居在率领法军攻打比利时的伊普尔时，在军中所有火枪手的枪上都安装了刺刀。如此一来，别的士兵便不必再用长矛守卫他们了。

这一时期的刺刀与枪支的连接不够牢固，甚至还会影响火枪手瞄准。针对这一情况，法国的陆军元帅德·沃邦于1688年发明了套筒型刺刀，将刺刀牢牢地固定在枪管外面。

19世纪的刺刀长达20寸以上，既可以装在枪上当刺刀，也可以拆下来当军刀。19世纪末，刺刀的长度缩短至20寸以下。现在的刺刀依旧是这个尺寸，不过第二次世界大战以后，刺刀的使用越来越少了。

西班牙无敌舰队

16世纪，为了方便扩张和掠夺，西班牙建立了一支强大的海上舰队，战舰总数在全盛时期甚至超越了1000艘，这便是西班牙的"无敌舰队"。

西班牙人利用这支舰队在殖民地大肆搜刮，再将搜刮来的大批贵重金属运回国内。英国人知道后，也开始仿照西班牙进行殖民扩张，并做起了海盗的勾当，时常抢劫西班牙的运货船，这些都极大地损害了西班牙人的利益。面对这样的情况，西班牙国王腓力二世便想阴谋废黜英女王伊丽莎白一世，扶持苏格兰女王玛丽登上英国的王位。伊丽莎白一世知道后，当机立断处决了玛丽，腓力二世的阴谋就此破产，他决定诉诸武力。

为了逼迫英国向西班牙臣服，1588年，腓力二世派出强大的"无敌舰队"与英军开战。在兵力上处于劣势地位的英军却出人意料地击溃了"无敌舰队"。

当时西班牙军舰上安装的多为加农炮，射程短，威力强，英国军舰上安装的多为长重炮，射程长，威力弱。在交战的过程中，英军一直与对手保持一定距离，这样一来，便可以炮击对方的战舰，却不被对方的大炮所伤。另外，英军还准备了秘密武器——八

描绘无敌舰队慌张撤退的绘画

艘燃烧的商船，船上装满了易燃物品。英军用这种秘密武器冲散了"无敌舰队"。最终，"无敌舰队"惨败。

此次战争过后，西班牙国力衰退，海上霸主的地位逐渐被英国取而代之。

地雷的发展史

地雷是一种爆炸性火器，在使用时需要将其埋入地表之下，或是直接设置在地表之上。中国南宋初年，就已经出现了最原始的地雷——铁壳地雷。当时，陕州的宋朝军队与来犯的金军交战，宋军将铁壳地雷埋在金军必经的路上，金军因此伤亡惨重，大败而归。

欧洲的地雷最早出现于15世纪，现代地雷则诞生于19世纪晚期。大约在1903年，俄国人发明了防步兵地雷，在日俄战争中发挥了不小的威力。在第一次世界大战期间，坦克首次出现在战场上，为了抵御这种庞然大物，德国人于1918年发明了防坦克地雷，并收到了良好的效果。这种地雷在第二次世界大战期间普及开来。

1938年前后，德国人发明了比先前的地雷威力更大的防步兵跳雷。1970年，德国人为了方便大范围布置地雷，又发明了火箭布雷系统。此后，苏联、美国、中国、法国等国家也先后研究出了火箭布雷系统。

时至今日，曾经在人类战争史上发挥重大作用的地雷已经被国际公约全面禁用。不过，这并没有让地雷从地球上彻底消失。据统计，现在全球地下埋藏的地雷高达1.1亿颗，每年还有250万颗新地雷被埋下去。

火箭炮发展历程

火箭炮是指发射火箭的装置，其作用主要包括点燃火箭弹，确定火箭弹的初始飞行方向。火箭炮可以连续发出多发火箭，速度快，火力猛，在远距离大面积射击中能够发挥巨大的作用。

中国北宋年间，发明了世界上第一支火药火箭。在此基础上，又研制出了火箭炮。在明朝的书籍中，已经有了数十种火箭炮的记载，其中提到当时中国的火箭炮已经可以一次性发射几十支火箭，并可以连续发射两次。

1933年，全球第一门现代火箭炮诞生于苏联。在第二次世界大战初期，苏联军队利用火箭炮重创德军。到了1941年，德国也研制出了火箭炮。第二次世界大战结束后，火箭炮的发展日新月异。到了今天，火箭炮已经成了现代炮兵不可或缺的武器。

手榴弹的发展

15世纪，欧洲出现了手榴弹，里面装有黑火药。到了17世纪中叶，手榴弹才开始被部分欧洲国家用于野战。当时士兵要使用手榴弹，必须事先经过培训，成为专门的掷弹兵。

在20世纪初爆发的日俄战争中，手榴弹发挥了重大作用。第一次世界大战期间，手榴弹成了各参战国的必备武器。第二次世界大战期间，手榴弹发展迅速，燃烧弹、催泪弹等都诞生于这段时期。

20世纪中期，手榴弹又引入了电子引信，钢丝缠绕的半预制，钢珠全预制，以及塑料等非金属材料。手榴弹的发展由此进入了一个全新时期。

潜艇的历史

最早的潜艇诞生于18世纪70年代。当时一个名叫布什内尔的美国人制造了一艘木制潜艇，可以在6米深的水下停留大约半个小时。1776年，美国人利用这种潜艇对英国的军舰发动了突袭，这在人类战争史上还是头一回。

潜艇刚刚问世时是用人力驱动的，后来

开始用蒸汽驱动。一段时间过后，潜艇又开始以机械为动力，这才是真正意义上的现代潜艇。1863年，由法国人制造的"潜水员"号潜艇，用80马力的发动机驱动，可以潜入水下12米，潜航3小时。到了1886年，英国人又制造出用蓄电池驱动的潜艇，续航力差不多有80海里。

潜艇作为一种军事装备，却在问世近一个世纪以后才真正发挥作用。1864年2月，正值美国南北战争期间，南方军队用潜艇发射鱼雷，击沉了北方军队的战舰，这是潜艇自问世后，首次将战舰击沉。到了20世纪初，潜艇已经具备了一定的实战能力。

第一次世界大战期间，潜艇为各参战国所用，总共击沉了近两百艘战舰。第二次世界大战期间，被潜艇击沉的船只高达5300多艘。早在第一次世界大战中，各国就已开始重视反潜战。在第二次世界大战中，有上千艘潜艇被击沉。

第二次世界大战结束后，核动力成了潜艇的最新驱动力。1955年，全世界第一艘核动力潜艇在美国问世。大约在1959年，苏联也研制出了核动力潜艇。

机关枪的发展

18世纪时期，为了满足人们提升枪械发射速度的需求，机关枪出现了。1851年，全世界第一挺机关枪问世，它的发明者是比利时一位工程师。这种机关枪起初需要手动操作，后来改为手动曲柄操作。由于故障频发，这种机关枪在问世20年后就淡出了人们的视线。后来，一个名叫加特林的美国人发明了手摇式机关枪，并在美国南北战争中首次应用。

1883年，美国人马克沁发明了马克沁机枪，这是全世界第一挺将火药燃气作为能源的机关枪。马克沁机枪重达27公斤以上，理论发射速度高达每分钟600发。第一次世界大战期间，德军用马克沁机枪在一天内射死射伤的英军总人数接近6万。

马克沁机枪是一种重机枪，自从马克沁机枪问世后，丹麦一位名叫麦德森的炮兵上尉便开始研制轻机枪。后来，他终于发明出了总重量不超过10公斤的麦德林轻机枪，可以架在肩膀上射击。

在第一次世界大战中，威力更强的大口径机枪诞生了。第一次世界大战结束后，德国人研制出了MG34通用机枪。第二次世界大战过后，美国、苏联、中国等也陆续研制出了多种新型通用机枪。现在的机关枪大致可以分为轻机枪、重机枪和通用机枪这几种类型。

战列舰的发展

战列舰，也叫作战斗舰、主力舰，是一种以大口径火炮的攻击力与厚重装甲的防护力为主要诉求的高吨位海军作战舰艇。

最早的战列舰出现于帆船时代。蒸汽机问世后，便出现了以蒸汽为动力的战列舰，此后以风帆为动力的战列舰逐渐退出了历史舞台。

1892年，君权号战列舰在英国问世，这是全世界第一艘全钢质舰体的战列舰。此后，世界各国的战列舰都以此为设计模板。

1906年，无畏舰的出现大大提升了战列舰的战斗力，此后各大强国的战列舰制造标准迅速向无畏舰看齐。第一次世界大战期间，英国与德国的海军在日德兰海战中激烈交锋。此次战役暴露了无畏舰的一些缺点，战后各国马上对其进行改进，"后日德兰型战列舰"由此诞生。

在第二次世界大战中，各国纷纷出动战列舰参战。1944年，美国与日本进行了世界上最后一场战列舰炮战，并成功击败了日本。

第二次世界大战结束后，战列舰的辉煌时代一去不复返。近年来，航空母舰和弹道导弹潜艇逐渐代替战列舰，成了海军舰队中的主力。

鱼雷的发展

鱼雷可用于攻击船只和潜艇，封锁港口或狭窄的海域。在使用的过程中，鱼雷首先从舰艇或飞机上发射出来，接下来它会控制自己航行的方向和入水深度，在触碰到船只的刹那便会自动爆炸。

1866年，全世界首枚鱼雷问世，它的发明者是英国一位名叫罗伯特·怀特黑德的工程师。因为这种武器的形状跟鱼很相似，便有了"鱼雷"这个称呼。当时的鱼雷还不能控制自己的航行方向，航行速度也只有每小时11公里。但就是这样的鱼雷，已经可以击沉大船。1887年，俄罗斯一艘通讯船被鱼雷击沉，这在人类海战史上从无先例。

1899年，全世界首枚可以控制自身航行方向的鱼雷在奥匈帝国问世，鱼雷的命中率得到了极大提升。

1904年，一个名叫布里斯的美国人在鱼雷上安装了热力发动机，使鱼雷的航行速度达到了每小时65公里。

第一次世界大战期间，鱼雷成了除火炮之外最重要的武器，在战争中击沉了大量船只。

第二次世界大战期间，德国人先后研制出了电动鱼雷、单平面被动式声自导鱼雷和线导鱼雷，鱼雷的命中率大大提升，并且极难被对手发现。

进入20世纪70年代以后，电脑也被装入了鱼雷中。到了今天，鱼雷依然深受世界各国的重视，是海战中必不可少的武器装备。

高射炮的起源与发展

高射炮的雏形在1870年爆发的普法战争中就已经出现了。当时，巴黎被普鲁士人重重包围。为了向城外传播消息，寻求援军的帮助，巴黎人民便制造了一只可以载人的热气球，从巴黎上空飞到城外去。此后，热气球便成了巴黎人民对外联系的交通工具。

这件事很快就被普鲁士人发现了，他们将加农炮改装成一种安装在四轮车上的火炮。一旦发现热气球，几名士兵便推着这种火炮移动、瞄准、射击。普鲁士人用这种火炮击中了很多热气球，这便是最早的高射炮，当时被称为气球炮。

1906年，德国人对原有的气球炮加以改进，制成了全世界第一门真正意义上的高射炮，这种高射炮表面有防护装甲，被安装在汽车上，专门用来射击飞机与飞艇。

1908年，德国人又制造出一门机动性更高的高射炮。先前那门高射炮的最大射程为4200米，这门高射炮的射程却达到了5200米，而且炮管由先前的1.5米延长到了2.3米，口径也由50毫米扩张到了65毫米，高低射界与方向射界也随之扩张了不少。

继德国人之后，1915年，俄国也研制出了高射炮，这种高射炮不仅可以射击空中的目标，还可以射击地面和水面上的目标。其他欧洲强国，如法国、意大利等也相继制造出了高射炮。

第一次世界大战期间，装载着炮弹的飞机被大量投放到战场上。各国加紧研究高射炮，以解除飞机带来的空中威胁。在各国的努力下，高射炮的射击精准度获得了大幅度提升。

第二次世界大战爆发后，为了应对德日飞机的狂轰滥炸，高射炮的初速度和射击高度都需要相应的提升，为此高射炮的炮管就变成了长炮管。这一时期，火控系统也被引入高射炮中。这种自动化程度相当高的装置，使得高射炮的战斗力迅速增强。

20世纪50年代，防空导弹逐渐取代了高射炮在战场上的地位，但高射炮的很多性能都是防空导弹不具备的，因此到了60年代后期，高射炮又重新回到了战场上。

高射炮发展到现在，可按口径大小分为小口径、中口径和大口径高射炮，小口径高射炮的口径小于60毫米，中口径高射炮在60毫米到100毫米之间，大口径高射炮在100毫米以上，其中尤以小口径高射炮的发展最受重视。

驱逐舰的发展

1893年，英国海军为了对付"鱼雷艇"，研制出了一种"鱼雷艇驱逐舰"。同一时期，德国海军也开始应用类似的驱逐舰。

后来，驱逐舰开始采用蒸汽动力驱使，舰上安装的鱼雷发射管口径增大，并装上了大口径的火炮，驱逐舰的战斗力因此大大提升。

第一次世界大战期间，驱逐舰得到了广泛的应用：护送舰队航行，侦察并阻止鱼雷的进攻，保护补给线。第一次世界大战结束时，驱逐舰的火力、吨位、航速和续航力都得到了极大的提升，驱逐舰已经成为各国海军的必要装备。

第二次世界大战期间，驱逐舰变成了适用范围最广的战舰，不仅要护航、反潜、炮击，还要防空，因为这段时期飞机已开始在海上突击中扮演十分重要的角色。

第二次世界大战结束后，驱逐舰为了适应导弹时代的到来，装备了强大的导弹和动力装置，吨位也在不断扩大。到了今天，驱逐舰已经发展成为现代海军舰艇中用途最广、数量最多的舰艇。

侦察机的产生和发展

侦察机是一种军用飞机，专门用于从空中进行侦察，获得情报。在各类机种中，侦察机的存续时间是最长的。

1910年6月9日，法国人驾驶着一架双翼机进行了全世界第一次侦察飞行。这架双翼机便是世界上最早的侦察机。当年10月，意大利人开始驾驶侦察机对土耳其展开军事侦察。

第一次世界大战期间，侦察机的应用受到了参战各国的普遍重视。在著名的马恩河战役中，协约国军队之所以能够取胜，与通过侦察机获取的重要军事情报密不可分。第二次世界大战期间，侦察机再次被广泛应用到战争中，侦察机的技术也得到了极大的提升。电子侦察机就产生于这一时期。

第二次世界大战结束后，侦察机继续发展进步。到了20世纪50年代，出现了专门设计的战略侦察机。侦察机可以分为战术侦察机和战略侦察机两类：战术侦察机适用于低空飞行，一般是由歼击机改装的；战略侦察机适用于高空飞行，一般是专门设计制造的。美国与苏联等国的战略侦察机发展到60年代，飞行高度已接近3万米，飞行速度也达到了音速的3倍。

随着防空导弹的应用与发展，侦察机在使用过程中的风险变得越来越大。在这样的情况下，各国便将一些极其危险的侦察任务交由无人驾驶侦察机执行。与此同时，各国也在加紧研究可以隐身的侦察机。

尽管现在侦察机的部分作用已被侦察卫星取代，但是侦察机在获取军事情报方面的优势仍是其他任何侦察设备都难以匹敌的。因此，在未来的军事舞台上，侦察机将继续扮演着十分重要的角色。

轰炸机简史

轰炸机上安装着炸弹、导弹、鱼雷等各类

德国二战时期的轰炸机

武器装备，并装有火控系统，以及自动驾驶仪、地形跟踪雷达、领航设备、电子干扰系统等电子设备，从而保证了轰炸机在拥有强大进攻性能的同时，又拥有强大的防御性能。

世界上最早的专用轰炸机诞生于1912年的俄国。1913年，这架轰炸机试飞成功，经过一系列改进之后应用于战争之中。1915年2月15日，当时正值第一次世界大战期间，俄国的轰炸机将重达272公斤的炸弹投放到了德国境内，轰炸机由此正式登上了世界战争舞台。

第二次世界大战中，轰炸机被很多参战国所用。这段时期，德国研制出了喷气式轰炸机，这种轰炸机最多可装载重达1400公斤的炸弹。第二次世界大战末期，美军利用大型轰炸机向日本的广岛和长崎投下了两颗原子弹，最终迫使日军投降。

20世纪50年代，美国为了与苏联对抗，研制出了超音速轰炸机，其行驶的最快速度达到了音速的2倍。到了70年代，美国又开始研究"隐身"轰炸机。后来，美国在与巴拿马、伊拉克交战的过程中，这种"隐身"轰炸机一度发挥了重大作用。

进入20世纪70年代以后，除了美国与苏联以外，其他国家渐渐不再重视轰炸机的研究与发展，因为当时中、远程导弹的问世使得轰炸机在战争中的作用已经大不如前。不过，轰炸机并没有就此淡出世界军事舞台，时至今日，轰炸机仍是各国空军的重要武器装备之一。

"陆战之王"坦克

坦克是一种履带式装甲战斗车辆，一般装备着大口径或中口径的火炮，以及多挺防空或同轴机枪。坦克具有强大的直射火力，高度越野机动性，以及强大的装甲防护力，其主要作战任务是与敌对方的坦克或其他装甲车辆交战。除此之外，坦克还能被用来压制、消灭反坦克武器，摧毁工事，歼灭敌方的有生力量。坦克是现代陆上作战的主要武器，被称为"陆战之王"。

1914年，第一次世界大战中的欧洲战场陷入了僵局。为了打破这一局面，交战双方迫切需要研制出一种结合火力、机动与防护的新型武器以突破由堑壕、铁丝网和机枪火力点组成的防御阵地。当时正在英国远征部队中服役的斯文顿中校，产生了在拖拉机上安装火炮与机枪，制造一种威力强大的装甲车的念头。这种装甲车可以在布满铁丝网的战场上开辟出全新的道路，可以翻越壕沟，还可以压制机枪的火力。

斯文顿将这个想法上报，很快得到了丘吉尔的支持。1915年2月，英国开始研制这种装甲车。当年9月，首辆装甲车试车成功，这便是坦克。1916年，"马克"I型坦克在英国问世。在1916年的索姆河战役中，"马克"I型坦克正式投入使用。1918年，法国也研制出了坦克。在第一次世界大战中，坦克为协约国军队击败德军立下了汗马功劳。此后，世界各国都开始研制这种新型武器。在未来的陆战中，坦克将继续发挥重要的作用。

冲锋枪小史

冲锋枪是一种介于手枪与机枪之间的武器。与步枪相比，冲锋枪更加短小轻便，方便突然开火，其射速快，火力猛，尤其适用于冲锋，"冲锋枪"这个名字就来源于此。冲锋枪结构简单，枪托基本都可以伸缩、折叠，枪管较短，弹匣容弹量较大，射速为每分钟40发。

第一次世界大战时，人们在战争中发现，仅仅使用步枪与手枪已经无法满足战斗需要。而配备一种介于两者之间，且火力较猛的单兵作战武器已经迫在眉睫。在这种需求的推动下，1914年，全世界第一支冲锋枪——维拉·佩罗萨冲锋枪由一位意大利陆军上校发明制造出来了。可惜这种冲锋枪由于体型笨重，精度较差，且射速过高，单凭一个士兵很难进行操纵。

1918年，伯格曼MP18型冲锋枪在德国诞生，这是世界上第一支真正意义上的冲锋枪。这种冲锋枪的精度较差，射程也不够远，不过它贵在火力较猛，体型轻便，单凭一个士兵便可以灵活操纵。因为这种冲锋枪诞生于第一次世界大战末期，所以并未在第一次世界大战中发挥作用。

冲锋枪首次引起世界各国关注，是在1936年爆发的西班牙内战中。当时，大量的冲锋枪被应用到此次战争中，其威力令各个世界大国纷纷开始研制冲锋枪。第二次世界大战是冲锋枪发展的鼎盛时期，在此期间，德国、英国、苏联等国制造的冲锋枪总数超过了1000万支。

第二次世界大战结束后，冲锋枪进一步发展，其性能与步枪的性能逐渐融合。冲锋枪发展到现在，依然是一种重要的枪械，是步兵、伞兵、侦察兵、边防部队、警卫部队等必不可少的自卫与战斗武器。

歼击机的产生

歼击机也叫作战斗机，在第二次世界大战之前被称为驱逐机。歼击机具备速度快、上升快、升限高、机动性好等特点。歼击机主要用来与敌方歼击机进行空战，夺取制空权。除此之外，歼击机还要负责拦截敌方的其他空袭兵器，如轰炸机、强击机和巡航导弹。另外，歼击机还可以执行对地面攻击的任务，为此歼击机上会承载一定数量的对地攻击武器。

第一次世界大战伊始，交战双方只是安排射击手坐在飞机的后座上，用枪械进行互相射击。1915年，德国制造出了一种机头安装着机枪的飞机，飞机驾驶员在驾驶飞机的同时，可以操控机枪对敌方进行射击，后世的歼击机都是在此基础上产生的。第一次世界大战期间，德国、英国与法国的歼击机迅速发展，飞行速度达到了每小时200公里，飞行高度达到了6000米。第二次世界大战期间，歼击机的飞行速度已经达到了每小时700公里，飞行高度也达到了1.1万千米。时至今日，歼击机的飞行速度已发展到每小时3000公里，飞行高度也已高达2万米。

航空母舰的发展

航空母舰是一种大型水面舰艇，以舰载机为主要作战武器。军用飞机可以在航空母舰上起飞、降落。航空母舰很少单独进行军事活动，通常情况下都会与其他船只组成一支航空母舰舰队，共同行动。在行动时，航空母舰是整支船队的军事主力，其他船只则负责贴身护送，并提供给养。

1918年5月，第一艘现代航空母舰正式在英国问世。这艘航空母舰的排水量达到了14459吨，能够承载20架飞机。第一次世界大战过后，一些海军强国，如美国、日本等也制造出了航空母舰，主要用于军事侦察。第二次世界大战期间，航空母舰得到了广泛的应用，特别是在太平洋战场上。日军就是用航空母舰偷袭了美国的珍珠港。其后，美国也大量使用航空母舰对日本进行反击。

航空母舰发展到现在，已经成了名副其实的"海上巨无霸"。它融合了各种最先进的科学技术和最强大的武器设备，进攻性能与防御性能同样强大。除了用常规动力即蒸汽轮机驱动的航空母舰之外，世界上还出现了以核反应堆为动力装置的核动力航空母舰。这种航空母舰中的核燃料在装满之后，能够连续使用30年。

直升机发展史

中国古代的竹蜻蜓和意大利著名画家达·芬奇绘制的直升机草图，是世界公认的直升机发展史的起点。在这两者的启发下，1907年，一个名叫保罗·科尔尼的法国人研制出了一架载人直升机，并且进行了试飞。这便是人类历史上的第一架直升机。1936年，德国福克公司对这种直升机进行了多方面的改造，最终制造出了FW-61直升机，并在1938年试飞成功。这便是世界上第一种试飞成功的直升机。

1939年夏天，美国人伊戈尔·西科斯基研制出了一架VS-300直升机，这是全世界第一架实用型直升机，其单旋翼带尾桨式构型一直沿用到现在。1940年，VS-300飞机试飞成功。20世纪40年代，美国沃特·西科斯基公司研制出了R-4轻型直升机，并开始批量生产，用于军队装备。

如今，旅游观光、火灾救援、海上急救、商务运输、喷洒农药、探测资源等国民经济的方方面面，都可以见到直升机的身影。

核武器发展史

核武器是对利用核裂变或聚变反应释放的能量，产生爆炸作用，从而产生大规模杀伤破坏效应的武器的总称。

1939年初，两位德国化学家发表了有关铀原子核裂变现象的论文，相关专家由此想到利用这种新能源——核能来为人类创造财富。核能最初的用途是在军事方面。第二次世界大战爆发后，欧洲局势动荡，许多科学家被迫迁往美国，其中就有著名的德国犹太裔物理学家爱因斯坦。1939年8月，爱因斯坦给美国总统罗斯福写信，提议利用核能研制原子弹。1941年12月，日军突袭珍珠港，美国政府开始投入大量的人力、物力与财力研制原子弹。在第二次世界大战结束前夕，美国的原子弹终于研制成功。

1945年8月6日和8月9日，美国先后在日本的广岛和长崎投掷了原子弹。

第二次世界大战结束后，美国人又开始研制氢弹。1952年11月，美国人进行了氢弹原理试验，但试验装置过分笨重，使得氢弹难以被真正应用。第二年8月，苏联进行的氢弹试验终于为氢弹的实用提供了可能性。20世纪50年代和60年代，英、法两国也先后进行了原子弹和氢弹试验。截止到现在，世界上已有5个国家掌握了核武器，分别是美国、俄国、英国、法国、中国。

雷达的用途

雷达是利用电磁波探测目标的电子设备。一般而言，雷达包括发射机、发射天线、接收机、接收天线、处理部分和显示器等主要设备，还包括电源设备、数据录取设备和抗干扰设备等辅助设备。在使用的过程中，首先用雷达对探测目标发射电磁波，然后再接收由目标反射回来的电磁波，据此得出目标与电磁波发射地点之间的距离、距离变化率、方位和高度等信息。

雷达最大的优点就是不容易受到外界环

境的影响，无论是白天还是黑夜，无论是晴天还是阴雨，雷达都能准确地发挥其作用。

贫铀弹

从金属铀中提炼出核材料铀235以后，就能得到一种以放射性较弱的铀238为主要成分的副产品，这便是贫铀。贫铀的密度是钢的2.4倍，用这种高密度的贫铀合金做弹芯的炮弹和炸弹就是贫铀弹。贫铀弹在爆炸时会发生高温化学反应，具有极强的穿透力，足可以穿透坦克装甲和高防护建筑物等。

20世纪50年代，美国开始研究制造贫铀武器。在20世纪90年代爆发的几次战争中，美军使用了大量贫铀弹。据估计，在1991年的海湾战争中，美军大约使用了80万枚贫铀弹。在1994年至1945年的波黑战争中，美军使用了超过1万枚贫铀弹。而在1999年的科索沃战争中，美军又使用了超过3万枚贫铀弹。虽然贫铀弹威力强大，但由于贫铀具有一定的放射性，贫铀弹在使用的过程中会对人体和生态环境造成严重破坏，这在海湾战争结束之后表现得最为明显。

卡迭石之战

公元前1298年，古埃及法老拉美西斯二世与赫梯帝国君主穆瓦塔尔为了争夺叙利亚的军事要塞卡迭石展开了激烈的交战。

战争伊始，拉美西斯二世率领10万大军向已被赫梯帝国占领的卡迭石进发。穆瓦塔尔收到消息以后，便派两名士兵出城去迷惑他们。很快，拉美西斯二世的部下就抓到了这两名士兵，并将他们送到法老面前。据这两名士兵交代，赫梯国王因为畏惧埃及的10万大军，已经匆匆撤离了卡迭石城。

拉美西斯二世信以为真，命令部下加快行军速度，力求在最短的时间内将卡迭石据为己有。然而，在进城以后，拉美西斯二世却意外地遭到了赫梯军队的围攻。埃及军队被打了个措手不及，连连败退。

幸而紧随其后的埃及大部队及时赶到，拉美西斯二世才借助兵力的优势击败了赫梯帝国，取得了卡迭石之战的胜利。

希波血战温泉关

公元前480年春，波斯国王薛西斯率领数十万大军开始朝希腊进军。波斯大军首先横渡赫勒斯滂海峡，当年夏天，他们抵达了由希腊北部地区南下的唯一入口德摩比勒隘口附近，因为隘口处有两眼温泉，而被人们称为温泉关。

这段时期，希腊境内正在举行奥运会，希腊人谨守奥运会期间不得打仗的规定，只在战略要塞温泉关安排了寥寥数千名守兵。在这样的情况下，薛西斯并没有轻举妄动。他首先率领大军驻扎在温泉关附近，并放出消息，说自己此次带来的波斯士兵足有百万人，希望以此恫吓希腊人，让他们主动缴械投降。然而，薛西斯未能如愿，希腊人对他

血战温泉关

的恐吓一直毫无反应。

薛西斯苦等了几日，终于决定与希腊人开战。波斯人在人数上占有绝对优势，但是希腊人却牢牢掌控着地形优势。温泉关易守难攻，波斯人几经艰辛，损兵折将，却始终未能破关而入。

就在这时，薛西斯从当地一位农民那里得知，附近有条小径可以通往温泉关背后。薛西斯马上命令部下绕到温泉关背后，将希腊人前后包围。

腹背受敌的希腊士兵勇猛地击退了波斯人一次又一次的进攻。波斯人付出了极大的代价，才终于攻克了温泉关。

萨拉米海湾之战

波斯国王薛西斯在取得了温泉关战役的胜利后，又开始进攻希腊的其他地区，并派出强大的水军，水陆包抄，接连获胜。

尽管波斯军舰在数量上占据绝对的优势，但在质量上却不能与希腊的军舰同日而语。希腊军舰体积较小，行动灵动；波斯军舰体积庞大，行动迟缓。在窄狭、水浅的萨拉米海湾中作战，希腊军舰具有明显的优势。

经过连续8小时的激战，希腊舰队终于取得了胜利。波斯舰队损失惨重，共有200艘战舰被击沉，另外还有50艘战舰落入了希腊人手中。

萨拉米海湾之战结束后，薛西斯率领的波斯军队在与希腊人交战的过程中逐渐处于下风，最终被希腊人击败。

伯罗奔尼撒战争

在薛西斯率领波斯军队进攻希腊的过程中，希腊境内的各个城邦逐渐分裂为两大派别，它们分别是以雅典为首的提洛同盟和以斯巴达为首的伯罗奔尼撒联盟。

公元前431年，伯罗奔尼撒战争爆发。

伯罗奔尼撒战争绘画
几乎所有希腊城邦都被卷入这场旷日持久的战争，战争的结果结束了雅典的黄金时代，改变了希腊许多城邦的命运。

两大派别打打停停，直到公元前421年战争才宣告结束，获胜的一方为斯巴达统领的伯罗奔尼撒战争联盟。这场战争也被称为古代的世界大战，因为其牵涉的范围差不多囊括了当时所有的希腊城邦。

伯罗奔尼撒战争给希腊经济造成了巨大破坏，农民和手工业者纷纷破产，农业与工商业发展停滞，希腊的城邦制度迅速没落。与此同时，这场战争又对世界军事的发展产生了极为深远的影响，很多新式作战方法都是在这场战争中首次出现的，而职业军人也起源于此。

高加米拉战役

高加米拉战役，是指公元前331年，马其顿与波斯帝国在高加米拉地区进行的一场战役。波斯国王大流士三世将国内近百万兵力全都投入到此次战争中，而马其顿国王亚历山大大帝麾下却只有4万多名士兵。尽管如此，在人数上占据绝对优势的波斯最后却遭遇惨败。

在此之前，大流士三世已在伊苏斯战役中败在了亚历山大手上，波斯的所有王室成员也因此成了亚历山大的俘虏，连大流士三世的母亲、妻子和儿子也未能幸免于难。这几乎使大流士丧失了所有的斗志，国王尚且如此，更何况是士兵！

在高加米拉战役开始前11天出现了月全食现象，按照波斯天文学的说法，这便是亡国的征兆。波斯士兵由此开始焦躁不安，军心涣散，最终导致波斯帝国在高加米拉战役中失利。在此次交战中，马其顿大约损失了2400名士兵，波斯帝国却足足损失了10万以上的兵力。

布匿战争

布匿战争是指从公元前264年到公元前146年，古罗马与迦太基之间爆发的三次战争。

公元前264年，古罗马与迦太基王国为争夺西西里地区爆发了第一次布匿战争。

乌鸦式战舰即在战舰的船头上安装一个形状类似乌鸦嘴的装置，在海战中，这个乌鸦嘴可以伸展出去，扣住对方战舰的船舷，在两艘战舰中间架起一座小吊桥，然后己方士兵就可以通过这座桥登上对方的战舰，与之展开厮杀。

在乌鸦式战舰的帮助下，罗马人屡战屡胜，最后终于迫使迦太基人主动向他们求和。公元前241年，双方签订了停战协定：迦太基将西西里让给罗马，并向罗马支付大量赔款。第一次布匿战争就此宣告结束。

此后，迦太基与罗马又在对外扩张的过程中产生了矛盾。公元前218年，迦太基人在汉尼拔的带领下对罗马发起了第二次布匿战争。在战争前期，汉尼拔领导迦太基士兵多次击败罗马军队，但是到了后期，罗马军队又重新振作起来，逐渐反败为胜，最终取得了第二次布匿战争的胜利。

在接下来的数十年间，罗马人始终未能忘记迦太基这个心腹大患。公元前149年，罗马人终于按捺不住，发动了第三次布匿战争。

罗马人将迦太基城团团包围，城内军民拼死抵抗。直到三年后，罗马人才攻入城中，灭亡了迦太基，同时也为布匿战争画上了句号。

诺曼征服

1066年，英国国王爱德华去世。由于爱德华并没有留下任何子嗣，威廉公爵便单方面声称爱德华生前曾口头承诺将王位传给自己，要求英国人履行这个承诺。然而，当时英国贵族已经推举韦塞克斯伯爵登上了王位，即哈罗德二世。威廉公爵很不甘心，便于当年9月召集法国的封建主对英国展开了进攻。

哈罗德二世亲自率军前去抵御侵略者。在黑斯廷斯一战中，哈罗德二世不幸战死，英军溃败，威廉公爵带领法军顺利进入伦敦。1066年12月25日，威廉在伦敦的威斯敏斯特教堂接受加冕，正式登基成为英国的国王。

成吉思汗西征

1206年，成吉思汗建立了蒙古汗国。从1219年开始，成吉思汗及其继位者先后三次西征，将蒙古的疆域一直扩展到欧洲。

1219年，成吉思汗率领大军第一次西征。蒙古大军一路进军到中亚。成吉思汗又率军攻到了印度河流域。1225年，成吉思汗的第一次西征胜利结束。

1227年，成吉思汗去世，将王位传给了儿子窝阔台。1235年，窝阔台命令侄子拔都率领大军发动了第二次西征。拔都对罗斯等欧洲国家发起了进攻。最后，蒙古大军直逼意大利威尼斯，在欧洲各国引起了巨大恐慌。1241年，窝阔台去世，拔都收到消息，匆忙结束了此次西征。

1251年，拔都等人拥立蒙哥即位。1253年，蒙哥派遣弟弟旭烈兀向西南亚发起了第三次西征。西征军一直进攻到地中海以东，后来在进攻埃及之前听闻蒙哥战死，西征军马上班师回朝。1260年，三次西征宣告结束。

英法百年战争

英法百年战争是指英国和法国在1337年到1453年之间的战争。

1337年，英国国王爱德华三世为了与法国国王腓力六世争夺法国的王位，展开了激烈交锋。英军在战争中接连获胜，最终迫使法国在1360年割地求和。

法国国王查理五世登基后，开始在国内实施政治和军事改革，法军在战场上逐渐转败为胜。查理五世去世后，法国政局动荡不堪，英军乘机反扑，法军节节败退。查理五世的继任者查理六世患有精神病，这令本就处于劣势的法军更加雪上加霜。1420年5月，查理六世与英国政府签订了《特鲁瓦条约》，法国就此沦为了英法联合王国的一个组成部分。

查理六世死后，英国国王亨利六世和法国太子查理七世为争夺法国的王位再度开战。圣女贞德率领法军击退了围困法国的英军，查理七世成了法国的新任君主。英法百年战争的局势就此扭转。在接下来的战争中，英军不断败退，终于在1453年宣布投降。英法百年战争终于结束。

贞德拯救法国

英法百年战争期间，法国出现了一位伟大的民族女英雄。她解除了英军对法国城市的围困，拯救了岌岌可危的法国，她便是被拿破仑誉为"法国救世主"的圣女贞德。

从16岁开始，贞德的人生步入了另一条轨迹，最终成就了一个伟大传奇。

据说，16岁的贞德在教堂做祷告时，意外听到了上帝的召唤。当时法国的国王查理六世刚刚离开了人世，法国太子查理想继承父亲的王位，却遭到了英国国王亨利六世的百般阻挠。这一时期，法军在与英军的交战过程中节节败退，已经到了生死存亡的关键时刻。在这种情况下，上帝召唤贞德去做法军的主帅，带领法军将士将英军赶出法国。

贞德遵照上帝的吩咐，前去求见查理太子。查理太子这时已经走投无路，贞德的到来让他看到了新的曙光，尽管这道曙光在很多人看来非常荒谬——一个从来没有上过战场的乡村姑娘如何能拯救整个法兰西？查理太子任命贞德为法军统帅，贞德就此开始了人生中最辉煌的一段时期。

1429年4月29日，贞德抵达战场。毫无战斗经验的贞德力排众议，开始实施自己的一整套作战计划。战场上的贞德十分大胆、激进，一反法国将领保守、谨慎的作风。在她的带领下，法军在短短两个月内就击退了围困奥尔良的英军。7月17日，查理太子在贞德的辅佐下登基为王，史称查理七世。

9月8日，贞德开始进军巴黎，准备将巴黎境内的英军驱逐出境。在此次交战中，贞德的腿被弓箭所伤，但她还是坚持留在战场上指挥作战。尽管如此，贞德的努力并没有得到法国王室的认可。由于贞德为法国立下了赫赫战功，在民众中的声望甚至已经超越了查理七世，很多王公贵族都对她起了戒心。在他们的怂恿下，查理七世在贞德攻克巴黎之前，忽然命令她撤军。

贞德无奈地服从了查理七世的命令。第二年，贞德在一次战役中被勃艮第人俘虏，随后又被出卖给英国政府。1431年1月，贞德被送到鲁昂接受审讯。对贞德恨之入骨的英国人操纵了法庭上的法官与证人，污蔑贞德是宗教异端和女巫，判处贞德火刑。

1431年5月30日上午，19岁的贞德被烧死在火刑柱上。

虽然贞德英年早逝，但是她在生前已经扭转了英法百年战争的局势。她去世后，法军与法国境内的英军展开了激烈交锋，终于在1453年迫使英军投降，撤出法国。

欧洲三十年战争

欧洲三十年战争是指1618年至1648年间，欧洲各国之间爆发的一次大规模的国际战争。此次战争一开始是神圣罗马帝国的内战，后来欧洲其他国家因为受到利益与霸主地位的诱惑，纷纷加入其中，最终演变为全欧洲的大战。

1526年，神圣罗马帝国兼并了波西米亚，即今天的捷克中西部。1617年，神圣罗马帝国的皇帝为了在波西米亚复兴天主教，任命哈布斯堡王朝的斐迪南大公为波西米亚国王。斐迪南在波西米亚大肆迫害新教徒，拆毁他们的教堂，严禁他们举行宗教活动。

1618年5月23日，愤怒的新教徒手拿武器冲进王宫，斐迪南闻讯匆忙逃走。新教徒没有找到国王，却找到了神圣罗马帝国的两位钦差大臣。他们将两名钦差从窗口扔了出去，这便是欧洲历史上著名的"掷出窗外事件"。随后，新教徒选举出三十人组建了临时政府，领导波西米亚人民起义，同时宣布波西米亚独立。欧洲三十年战争就此开始。

波西米亚的起义军一路高唱凯歌，最后打到了奥地利，与奥地利的新教徒里应外合。斐迪南从波西米亚逃出来以后，又继承了奥地利的王位，他联合西班牙军队残酷镇压起义军。1620年，波西米亚人民的起义宣告失败。然而，法国等国家不愿看到哈布斯堡王朝兴盛，便借此机会对其用兵。

截止到1648年，神圣罗马帝国已经在法国、瑞典等国的联合进攻下屡屡溃败，并失去了德意志的大部分领土。长达三十年的战争令参战各国都元气大伤，不得不在1648年10月达成停战协议，终结了此次战争。

三十年战争结束后，神圣罗马帝国只剩下了一个空壳子，尤其是国中国德意志作为战争的主要战场，损失惨重，而其他国中国也不再听从指挥，整个神圣罗马帝国已经变得四分五裂。西班牙在这场战争中屡战屡败，强国地位一去不复返。瑞典却因为获得了巨额战争赔款，一跃成为新的欧洲强国。荷兰由此取得了海上霸主的地位，法国则成了欧洲大陆的霸主。

除此之外，三十年战争还对欧洲各国的军事变革产生了巨大影响。为了让军队适应长期作战，各国开始实行征兵制，同时建立常备军和后勤系统。与此同时，一种标准的作战方法也在欧洲各国流传开来，即先后派出炮兵、骑兵、步兵轮番剿杀敌军的三段式作战方法。

英荷战争

英荷战争是指17世纪50年代至70年代，英国与荷兰为了争夺海上霸主地位，占有更多的殖民地发起的三次战争。

第一次英荷战争爆发于1652年，起因是英国在1651年颁布的《航海法案》侵犯了荷兰的利益。此次战争，英国与荷兰互有胜负，两国最终于1654年达成和议，结束了第一次英荷战争。

第二次英荷战争爆发于1665年，起因是英国侵占了荷兰在北美的殖民地新阿姆斯特丹。1667年战争结束，两国交换了各自在北美的殖民地，英国得到了原本属于荷兰的新阿姆斯特丹，荷兰得到了原本属于英国的苏里南。

第三次英荷战争爆发于1672年，当时英国趁着法国入侵荷兰之际对荷兰用兵，结果被荷兰打败。1674年，三次英荷战争宣告结束。

长达20年的英荷战争使荷兰国力衰退。19世纪初，荷兰被拿破仑率领的法军击溃，随即被法国兼并，荷兰的鼎盛时期一去不复返。